行有余力，则以学文。

修身，齐家，治国，平天下，君子之为也。

新理念

大学语文

张铭远　傅爱兰　主编

商务印书馆
The Commercial Press

主　　编	张铭远　傅爱兰
编 委 会	张铭远　傅爱兰　田　榕　张　娟 王一茹　刘冬梅　邬志伟　吴振兴
参编人员	解品茗　陈　珊　潘　悦　王静蕾 田　园　杜晓丹　刘　竟　孙　晗 陈　琛　马慧芳　陈明明　周阳阳 王晨晓　姬焕焕　王思博
责任编辑	白　冰
装帧设计	李杨桦

前 言

《新理念大学语文》的编写宗旨是培养学生具备中华传统文化的基本素养。何谓中华传统文化基本素养？这在当前传统文化的热潮中众说纷纭。编者试图从传统知识分子身上所具备的传统文化素养去寻求启示。传统知识分子由中国传统文化濡染塑造，更接近传统文化的本源。他们具备的传统文化素养主要体现为"四为一文"。何为"四为一文"？"四为"，即为道、为学、为人、为政；"一文"，即"行有余力，则以学文"。两千多年来，中国传统知识分子就是这样培养出来的。当代知识分子，也应向这"四为一文"看齐。

为道，是传统知识分子的终极价值观。"天命之谓性，率性之谓道，修道之谓教"，教育的目的就是修道。因此，"言学便以道为志"，大道至高无上，因此"君子从道不从君"。正是传统知识分子对终极价值观的苦苦追求，才最终造成了中华传统文化精神薪火相传。

为学，是传统知识分子的毕生之业。学习不仅是为了谋生，也不限于书本知识，而是修己安人之道，"大学之道，在明明德，在亲民，在止于至善"。因此，知识分子不仅要"博学"，还要"笃志"，而且还要"切问""近思"，理论联系实际。

为人，是传统知识分子的人格理想。"言人便以圣为志"，做人要以圣人为标准，而且只有这一个标准。倘若不能超越一己之私，家国天下便无从谈起。即便是家国天下之大业，其最终还是要回到修身、做人。

为政，是传统知识分子的社会使命。两千多年前"为政以德，譬如北辰"的德治思想，"民为邦本，本固邦宁"的民本思想，闪烁着中华古老智慧的思想光辉。不论为官与否，"以天下为己任"成为中国传统知识分子的共同使命，而万物一体为仁的理念更是将伟大的使命扩及宇宙万物。

"行有余力，则以学文。"传统知识分子不仅是思想家、政治家，而且还是文学艺术家，这也是中国文化独特的传统。究其根源，中国传统的思想、伦理、礼仪乃至于政治等各个方面，都渗透着浓郁的美学色彩，因此，浸染其中的传统知识分子也就具有了极高的文学艺术修养。

本书的编排分为"思想篇"和"文学篇"两大部分，将"四为"编入"思想篇"，将"一文"编入"文学篇"。今天，我们要想真正学到传统文化的精髓，就要像传统知识分子那样去学，这样既学到了传统文化的精髓，而且也使自己成为一个具有中国传统文化素养的人。本书选篇中亦有部分现代篇章，因为传统并非只停留在古代，而是代代传承的。

篇章后面的"切问""近思"是本书教学的重点。"切问""近思"是开放的，编者给出了一些自己的思考，希望能引发任课教师及修课学生的更加精彩的思考。

张铭远

目录

思想篇

大学（节选）…………………………………………… 3
论语（节选1）………………………………………… 5
论语（节选2）………………………………………… 8
论语（节选3）………………………………………… 11
孟子（节选1）………………………………………… 14
孟子（节选2）………………………………………… 16
孟子（节选3）………………………………………… 18
老子（节选1）………………………………………… 21
老子（节选2）………………………………………… 23
老子（节选3）………………………………………… 26
庄子（节选1）………………………………………… 28
庄子（节选2）………………………………………… 32
庄子（节选3）………………………………………… 34
墨子·兼爱（节选）…………………………………… 37
韩非子·五蠹（节选）………………………………… 40
诫子书…………………………………… 诸葛亮 44
颜氏家训·勉学第八………………………… 颜之推 47
坛经·行由品……………………………… 惠　能 50
教条示龙场诸生…………………………… 王阳明 55
日知录·廉耻篇……………………………… 顾炎武 59
原强（节选）………………………………… 严　复 63
就任北京大学校长之演说………………… 蔡元培 65

为学与做人 ……………………………………… 梁启超 68
清华大学王观堂先生纪念碑铭 ………………… 陈寅恪 74
三种人生态度——逐求、厌离、郑重 ………… 梁漱溟 76
大学一解（节选）………………………………… 梅贻琦 80
容忍与自由 ……………………………………… 胡　适 85
复兴中华文化人人必读的几部书（节选）……… 钱　穆 93
乡土中国·文字下乡 …………………………… 费孝通 108
中国文化的内涵 ………………………………… 季羡林 114

文 学 篇

诗 歌

诗经·小雅·蓼莪 ……………………………………… 121
楚辞·九歌·湘夫人 …………………………… 屈　原 124
饮马长城窟行 …………………………………… 汉乐府 129
拟挽歌辞三首 …………………………………… 陶渊明 132
庐山谣寄卢侍御虚舟 …………………………… 李　白 135
秋兴八首·其三 ………………………………… 杜　甫 138
西塞山怀古 ……………………………………… 刘禹锡 141
八声甘州（对潇潇暮雨洒江天）………………… 柳　永 144
临江仙（梦后楼台高锁）………………………… 晏几道 146
水龙吟·登建康赏心亭 ………………………… 辛弃疾 149
关山月 …………………………………………… 陆　游 152
正气歌 …………………………………………… 文天祥 155
我有一个恋爱 …………………………………… 徐志摩 162
断章 ……………………………………………… 卞之琳 165
太阳 ……………………………………………… 艾　青 167
蛇 ………………………………………………… 冯　至 170
相信未来 ………………………………………… 食　指 172

回答	北 岛	175
神女峰	舒 婷	177
亚洲铜	海 子	180
乡愁	余光中	182
卖火柴的小女孩	傅天虹	184
二十岁	于 坚	187

散 文

李将军列传（节选）	司马迁	191
与山巨源绝交书	嵇 康	198
原道	刘 勰	207
张中丞传后序	韩 愈	214
喜雨亭记	苏 轼	220
徐文长传	袁宏道	223
西湖七月半	张 岱	227
北京的茶食	周作人	231
骂人的艺术	梁实秋	234
天才梦	张爱玲	238
十年一梦	巴 金	242
沉默的大多数	王小波	247
一个王朝的背影	余秋雨	258
《金庸作品集》新序	金 庸	272
民国的文人	陈丹青	279

小 说

世说新语（二则）	刘义庆	293
枕中记	沈既济	296
霍小玉传	蒋 防	302

剑侠 ································· 王士禛 311
地藏王接客 ··························· 袁　枚 315
黄英 ································· 蒲松龄 320
田七郎 ······························· 蒲松龄 326
范进中举（节选）······················ 吴敬梓 332
红楼梦（节选）························ 曹雪芹 339
狂人日记 ····························· 鲁　迅 350
断魂枪 ······························· 老　舍 359
大淖记事 ····························· 汪曾祺 365
游园惊梦 ····························· 白先勇 379
棋王 ································· 阿　城 397
白雪猪头 ····························· 苏　童 425
弃婴 ································· 莫　言 433

戏　剧

西厢记（节选）························ 王实甫 453
牡丹亭（节选）························ 汤显祖 460
潘金莲 ······························· 欧阳予倩 466

思想篇

大　学（节选）

为 道 篇[*]

大学[1]之道，在明明德[2]，在亲民[3]，在止于至善[4]。

古之欲明明德于天下者，先治其国。欲治其国者，先齐其家[5]。欲齐其家者，先修其身[6]。欲修其身者，先正其心。欲正其心者，先诚其意。欲诚其意者，先致其知[7]。致知在格物[8]。物格而后知至，知至而后意诚，意诚而后心正，心正而后身修，身修而后家齐，家齐而后国治，国治而后天下平。

自天子以至于庶人[9]，壹是皆以修身为本[10]，其本乱而末治者否矣。其所厚者薄，而其所薄者厚，未之有也。此谓知本，此谓知之至也。

（选自王国轩，张燕婴译注. 论语·大学·中庸. 北京：中华书局，2010）

【注释】

[1] 大学：相对于小学而言的"大人之学"。古代八岁入小学，学习"洒扫应对进退、礼乐射御书数"等文化基础知识和礼节；十五岁入大学。学习"穷理正心，修己治人"的学问。

[2] 明明德：前一个"明"字做使动词用，即"使彰明"，也就是发扬、弘扬的意思；后一个"明"字是形容词，明德，即光明正大的德性。

[3] 亲民：程颐说"亲"当作"新"，即革新、自新。新民，使人弃旧图新、去恶从善。

[4] 至善：最完美的境界。

[5] 齐其家：治理好自己的家庭或家族。

---

[*] 此标题为编者所加。

[6] 修其身：修养自身的品性。

[7] 致其知：使自己获得知识。

[8] 格物：认识、研究万事万物的道理。

[9] 庶人：指平民百姓。

[10] 壹是：都是。本：根本。

（注释参选王国轩，张燕婴译注. 论语·大学·中庸. 北京：中华书局，2010）

【温故】

《大学》原为儒家经典《礼记》中的一篇，相传为曾子所作。"大学"一词在古代有两种含义：一是"博学"的意思；二是相对于小学而言的"大人之学"。《大学》的宗旨在于弘扬光明正大的品德，在于使人弃旧图新，达到最完善的境界。《大学》提出"三纲八目"，所谓"三纲"，是指明德、新民、止于至善。它既是《大学》的纲领旨趣，也是儒学"垂世立教"的目标所在。所谓"八目"，是指格物、致知、诚意、正心、修身、齐家、治国、平天下。它既是为达到"三纲"而设计的具体内容，也是儒学为我们所展示的人生进修阶梯。

【知新】

《大学》"三纲八目"的提出，将个人的修为提高到重要的地位，充分肯定了个人的主观能动性，一切从己出发，而与万物相联系，将个人与社会紧密相连。正如胡适所说："所以《大学》的主要方法，如上文所引，把'修身'作一切的根本。格物、致知、正心、诚意，都是修身的功夫。齐家、治国、平天下，都是修身的效果。这个'身'，这个'个人'便是一切伦理的中心点。"[①]随之《大学》也给出了修身的最高标准和原则，陈立夫认为："人须以共生共存之原则修身。原则既系道，则应用自不能离乎德，亦即不能离于智仁勇。"[②]这种共生共存的原则便是道，这就自然把弘道的重任落到了每个人身上，积极入世的思想也由此可见一斑。

【切问】

1.《大学》里所讲的"道"反映出儒家的何种宇宙观？

---

① 胡适. 中国哲学史大纲. 长沙：岳麓书社，2010：211.
② 陈立夫. 四书道贯：陈立夫解读《大学》《中庸》《论语》《孟子》. 北京：中国友谊出版公司，2009：202.

2. 《大学》中"三纲八目"的本末是什么？

3. 孔子把"仁"作为"修身"的最高目标，《大学》的"三纲八目"也强调了"修身"的重要性。试从中分析《大学》对孔子思想的继承与发展。

【近思】

1. 几千年前，《大学》就提出了修身的重要性，在当今的课程设置里，也有思想品德课的存在，试分析这种课程设置对于"修身"的作用以及局限性，你认为应该通过什么途径将"修身"的观念落实到人们的日常生活中？

2. 有人认为如今的大学学术越来越少，权术越来越多；大师越来越少，大官越来越多；追求真理的越来越少，追求级别的越来越多。面对这些现象，大学生可以从《大学》里借鉴到什么？谈谈你的看法。

论　语（节选1）

为 人 篇[*]

子曰："……夫[1]仁者，己欲立而立人，己欲达而达人。能近取譬，可谓仁之方也已。"（《论语·雍也》）

子曰："仁远乎哉？我欲仁，斯仁至矣。"（《论语·述而》）

子曰："君子道者三，我无能焉：仁者不忧，知者不惑，勇者不惧。"（《论语·宪问》）

子曰："知者乐水，仁者乐山。知者动，仁者静。知者乐，仁者寿。"（《论语·雍也》）

孔子曰："君子有三畏：畏天命，畏大人[2]，畏圣人之言。小人不知天命而不畏也，狎大人，侮圣人之言。"（《论语·季氏》）

孔子曰："君子有九思：视思明，听思聪，色思温，貌思恭，言思忠，事思敬，

---

[*] 此标题及后面节选2"为学篇"、节选3"为政篇"均为编者所加。

疑思问，忿思难，见得思义。"（《论语·季氏》）

子贡曰："贫而无谄，富而无骄，何如[3]？"子曰："可也。未若贫而乐[4]，富而好礼者也。"（《论语·学而》）

子曰："富与贵，是人之所欲也。不以其道得之，不处也。贫与贱，是人之所恶也。不以其道得之[5]，不去也。君子去仁，恶乎[6]成名？君子无终食之间违[7]仁，造次必于是，颠沛必于是。"（《论语·里仁》）

子曰："饭疏食[8]饮水[9]，曲肱[10]而枕[11]之，乐亦在其中矣。不义而富且贵，于我如浮云。"（《论语·述而》）

孔子曰："益者三友，损者三友。友直，友谅[12]，友多闻，益矣。友便辟，友善柔，友便佞，损矣。"（《论语·季氏》）

孔子曰："益者三乐，损者三乐。乐节礼乐，乐道人之善，乐多贤友，益矣。乐骄乐，乐佚游，乐宴乐，损矣。"（《论语·季氏》）

（选自杨伯峻译注．论语译注．北京：中华书局，2013）

【注释】

[1] 夫（fú）：文言文中的提挈词。

[2] 大人：古代对于在高位的人叫"大人"，如《易·乾卦》"利见大人"，《礼记·礼运》"大人世及以为礼"，《孟子·尽心下》"说大人，则藐之"。对于有道德的人也可以叫"大人"，如《孟子·告子上》"从其大体为大人"。这里是"大人"是指在高位的人，而"圣人"则是指有道德的人。

[3] 何如：怎么样。

[4] 贫而乐：皇侃本"乐"下有"道"字。郑玄《注》云："乐谓志于道，不以贫为忧苦。"

[5] 贫与贱……不以道得之："富与贵"可以说"得之"，"贫与贱"却不是人人想"得之"的。这里也讲"不以道得之"，"得之"应该改为"去之"。

[6] 恶（wū）乎：何处。"恶乎"即"与何处"，可译为"怎样"。

[7] 违：离开。

[8] 疏食：有两个解释：一指粗粮。古代以稻谷为细粮，以稷为粗粮。一指糙米。

[9] 水：古代常以"汤"和"水"对言，"汤"的意义是热水，"水"就是冷水。

［10］肱（gōng）：胳膊。

［11］枕：用作动词，旧读去声。

［12］谅：《说文》："谅，信也。""谅"和"信"有时意义相同，这里便如此。有时意义有别。如《宪问篇第十四》"其若匹夫之为谅也"的"谅"只是"小信"的意思。

（注释参选杨伯峻译注. 论语译注. 北京：中华书局，2013）

【温故】

"仁"是孔子学说体系的核心，对个人的人生而论，它是立身处世的基础，同时也是培养个人德行的最高准则。"仁"蕴含了君子所必须具备的道德品性和个人修养，例如"孝""忠""信""恕"等人们内心的道德情感和要求。而"礼"是外在的表现，礼反映人的仁德。孔子以礼定仁，依礼而行就是仁的根本要求。仁是内在，礼是外在，二者紧密结合。有仁者之心，便能对友忠，对人恕，对社会义。无论贫贱富贵，都能不改其志，以不违仁，不背礼为标准。由此推及交友、喜乐等为人处世之一切事情，都要合乎礼，归于仁。

【知新】

孔子提出了理想的做人之道：仁，树立理想的规范，把原本内在的自我要求，外化为普遍的社会规范。胡适认为这种理想人格的设立是源于孔子的正名主义："孔子的名学注重名的本义，要把理想中标准的本义来改正现在失了原意的事物。"[1]对于仁来说："'仁者人也'，只是说仁是理想的人道，做一个人，须要尽人道。能尽人道，即是仁。"[2]因此仁者即是孔子心中最完美的人格存在。

李泽厚先生谈儒家的仁，认为人是处在一个与他人共在的整体中的。作为一个完整正直的人，要修身养性，持"君子"之道，内圣之后外王，最终推动整个社会的一个良性发展。[3]作为孔子的核心价值观，"志于道、据于德、依于仁、游于艺"全面概括了为人处世的内在原则，而这恰恰是当今社会人们缺失的内心的准则。陈立夫在《四书道贯》中亦谈到："此言至圣有肆应之才识，有宽宏之度量，有坚定之信仰，有端庄之仪态，有高深之学问。五者具备，则人格全。"[4]汤

---

[1][2] 胡适. 中国哲学史大纲. 长沙：岳麓书社，2010：85.
[3] 李泽厚. 论语今读. 天津：天津社会科学院出版社，2007.
[4] 陈立夫. 四书道贯：陈立夫解读《大学》《中庸》《论语》《孟子》. 中国友谊出版公司，2009：202.

一介主编的《中国儒学史》中引法国索邦大学查·华德教授的话说："孔子思想中充满信仰、希望、慈悲，具有普遍性。在二十一世纪的今天不仅有道德的示范作用，更有精神的辐射作用。"①

【切问】
1. 孔子谈论了对贫贱与富贵的看法，从中反映出儒家的何种义利观？
2. 儒家讲求以"能近取譬"的仁者之心对待众人，这体现出什么思想？
3. 在百家争鸣的春秋战国时期，优秀的思想文化层出不穷，孔子为何被称为至圣先师？

【近思】
孔子说："不义而富且贵，于我如浮云。"反观现在，有关人们追名逐利，一切向"钱"看的新闻报道随处可见，你觉得孔子思想在当下是否依然还有价值？如果有，在商品经济日益发达的今天，我们应该如何提倡健康的取利之道？

论　语（节选2）

为　学　篇

子曰："古之学者为己，今之学者为人[1]。"（《论语·宪问》）
子曰："君子求诸己，小人求诸人。"（《论语·卫灵公》）
子曰："不患人之不己知，患其不能也。"（《论语·宪问》）

子曰："学而时[2]习[3]之，不亦说[4]乎？有朋[5]自远方来，不亦乐乎？人不知而不愠[6]，不亦君子乎？"（《论语·学而》）
子曰："性相近也，习相远也。"（《论语·阳货》）
子曰："温故而知新[7]，可以为师矣。"（《论语·为政》）

---
① 汤一介，李中华主编. 中国儒学史（现代卷）. 北京：北京大学出版社，2011.

子曰："君子[8]食无求饱，居无求安，敏于事而慎于言，就有道而正[9]焉，可谓好学也已。"（《论语·学而》）

哀公问："弟子孰为好学？"孔子对曰："有颜回者好学，不迁怒，不贰过。不幸短命死矣。今也则亡，未闻好学者也。"（《论语·雍也》）

子曰："知之者不如好之者，好之者不如乐之者。"（《论语·雍也》）

子曰："不愤[10]不启，不悱[11]不发[12]。举一隅不以三隅反，则不复也。"（《论语·述而》）

子曰："三人行，必有我师焉；择其善者而从之，其不善者而改之。"（《论语·述而》）

（选自杨伯峻译注．论语译注．北京：中华书局，2013）

【注释】

［1］为己、为人："为己"是为了自己的学问道德；"为人"是为了显示学问，给别人看。

［2］时："时"字在周秦时候做副词用，等于《孟子·梁惠王上》"斧斤以时入山林"的"以时"，有"在一定的时候"或"在适当的时候"的意思。朱熹的《论语集注》把它解为"时常"。

［3］习：一般用作"温习"。但是在古书中，它还有"实习""演习"的意义。

［4］说：音读和意义跟"悦"相同，高兴、愉悦的意思。

［5］有朋：古本有作"友朋"的。旧注说："同门曰朋。"可译为"志同道合之人"。

［6］愠（yùn）：怨恨。

［7］温故而知新：皇侃《义疏》说，"温故"就是"月无忘其所能"，"知新"就是"日知其所亡"。

［8］君子：《论语》的"君子"有时指"有位之人"，有时指"有德之人"。此处取后一解释。

［9］正：《论语》中"正"做动词时，作"匡正""端正"讲。

［10］愤：心求通而未得之意。

［11］悱（fěi）：口欲言而未能之貌。

［12］不启、不发：这是孔子自述其教学方法，必须等受教者发生困难，有求知的动机时，才去启发他。这样，教学效果自然好些。

（注释参选杨伯峻译注．论语译注．北京：中华书局，2013）

【温故】

● 孔子

孔子（前551—前479年），名丘，字仲尼。春秋末期鲁国人。伟大的哲学家、教育家，是中华文化思想的集大成者，儒家学派的创始人。孔子在政治上不得意，使其将很大一部分精力用在教育事业上。孔子任鲁国司寇，后携弟子周游列国，最终返回鲁国，专心执教。孔子打破了教育垄断，开创了私学。在世时已被誉为"天纵之圣""天之木铎"，后世统治者更尊其为孔圣人、至圣、至圣先师、万世师表。

●《论语》

《论语》是记录了孔子及其弟子言行的一部语录体的书，是儒家最重要的一部经典著作。《论语》语言简洁，含义深刻，体现了孔子的政治主张、伦理思想、道德观念、教育原则、处世方法等。孔子处于周室衰微、礼乐不制的时代，为了挽救危世，他提出了"克己复礼"的主张，而要恢复礼乐制度，就必须向古人、向圣贤学习，为学则须身体力行，乐于其中。《论语》以《学而》开篇，并且"学"字出现64次，可见孔子对为学的重视。

【知新】

对于孔子来说，作为一名"士君子"，复礼的重任必须通过克己来完成，正如钱逊所说："《论语》中反复讲了孔子为人处世的一个根本态度：求诸己。"[1]不仅可作为为人处世的原则，对于为学同样适用。钱穆提出："孔门论学，范围虽广，然必兼心地修养与人格完成之两义。"[2]"心地修养"与"人格完成"就是"求诸己"的两处落脚点。这种"求诸己"的心理除了本身具有的责任感外，还是源于自己内心的需求，梁漱溟谈到"孔子之所谓己，是说我们当下的心意，当下的情，当下直觉之所觉。我们在为己的行事，是为当下心情之兴奋而活动，即行其心情之所安是也。"[3]正是源于内心所安而学，则才会乐于学，才会达到为学的最高境界。

【切问】

1. "为己之学"与"为人之学"体现两种不同的学习追求，试比较两者的价值取向。

---

[1] 钱逊.《论语》读本. 北京：中华书局，2007：3.
[2] 钱穆. 论语新解. 北京：生活·读书·新知三联书店，2002：5.
[3] 梁漱溟. 梁漱溟先生讲孔孟. 北京：中华书局，2014：66—67.

2. 孔子说颜回"不迁怒，不贰过"即为好学，似乎与我们现在所说的好学之意有不同，从孔子的评价中可以看出孔子是从哪个角度来谈为学之道的？

【近思】

　　孔子在谈到为学之道时，特别强调一个"乐"字，但现在有些学生，面对众多的课业，疲于学习，又不能掌握正确的学习之道，便出现厌学的情绪。读完孔子的上述为学之道后，你能从中得到哪些关于学习的启发？孔子的哪些观点能够帮助学生达到"乐学"的境界？

论　语（节选3）

为 政 篇

　　季康子问政于孔子。孔子对曰："政者，正也。子帅以正，孰敢不正？"（《论语·颜渊》）

　　子曰："苟正其身矣，于从政乎何有？不能正其身，如正人何？"（《论语·子路》）

　　子曰："为政以德，譬如北辰[1]，居其所而众星共[2]之。"（《论语·为政》）

　　哀公[3]问曰："何为则民服？"孔子对曰[4]："举直错诸枉[5]，则民服；举枉错诸直，则民不服。"（《论语·为政》）

　　子贡问政。子曰："足食，足兵[6]，民信之矣。"子贡曰："必不得已而去，于斯三者何先？"曰："去兵。"子贡曰："必不得已而去，于斯二者何先？"曰："去食。自古皆有死，民无信不立。"（《论语·颜渊》）

　　定公问："一言而可以兴邦，有诸？"孔子对曰："言不可以若是其几也。人之言曰：'为君难，为臣不易。'如知为君之难也，不几乎一言而兴邦乎？"曰："一言而丧邦，有诸？"孔子对曰："言不可以若是其几也。人之言曰：'予无乐乎为君，唯其言

而莫予违也。'如其善而莫之违也，不亦善乎？如不善而莫之违也，不几乎一言而丧邦乎？"（《论语·子路》）

子曰："道[7]千乘之国[8]，敬事[9]而信，节用而爱人[10]，使民以时[11]。"（《论语·学而》）

子贡曰："如有博施[12]于民而能济众，何如？可谓仁乎？"子曰："何事于仁！必也圣乎！尧舜[13]其犹病诸！"（《论语·雍也》）

叶公问政。子曰："近者说，远者来。"（《论语·子路》）

子曰："善人教民七年，亦可以即戎[14]矣。"（《论语·子路》）

子曰："以不教民[15]战，是谓弃之。"（《论语·子路》）

（选自杨伯峻译注. 论语译注. 北京：中华书局，2013）

【注释】

［1］北辰：北极星。

［2］共：同"拱"，环抱、环绕之意。

［3］哀公：鲁君，姓姬，名蒋，定公之子，继定公而即位，在位二十七年。"哀"是谥号。

［4］孔子对曰：《论语》的行文体例是，臣下对答君上的询问一定用"对曰"，这里孔子答复鲁君之问，所以用"孔子对曰"。

［5］错诸枉："错"有放置的意思，也有废置的意思。一般人把它解为废置，就是说"废置那些邪恶的人"。

［6］兵：兵器。

［7］道：动词，治理的意思。

［8］千乘（shèng）之国：古代用四匹马拉着的兵车。春秋时代，打仗用车子，所以国家的强弱都用车轮的数目来计算。

［9］敬事："敬"字一般用于表示工作态度，因之常和"事"字连用，如《卫灵公篇》的"事君敬其事而后其食"。

［10］爱人：古代"人"字有广义与狭义之分。广义的"人"指一切人群；狭义的"人"只指士大夫以上各阶层的人。这里和"民"对言，用的是狭义。

［11］使民以时：古代以农业为主，"使民以时"即是《孟子·梁惠王上》的

"不违农时"，因此用意译。

[12] 施：旧读去声。

[13] 尧舜：传说中的上古两位帝王，也是孔子心目中的榜样。

[14] 即戎："即"是"即位"的"即"，就也往那里去的意思。"戎"是"兵戎"的意思。

[15] 不教民：即"不教之民"，正如《诗经·邶风·柏舟》"心之忧矣，如匪浣衣"的"匪浣衣"一样，意思就是"匪浣之衣"（不曾洗涤过的衣服）。

（注释参选杨伯峻译注．论语译注．北京：中华书局，2013）

【温故】

与"为人"思想一样，孔子论政也十分重视模范的作用，因此，为了使国家安定，首先统治者必须以身作则；以仁者之心对待国家、对待人民。同时，也要"富而教之"，使人民安乐，然后给予教化，最终社会和谐，国家安定。虽然孔子的政治思想在当时未能解决治国问题，但是对中国以后的伦理思想的发展以及整个社会的发展产生了深远的影响。

【知新】

孔子的政治观点，是希望统治者能够"道之以德，齐之以礼"，同法家的重视刑法完全不同，徐复观概括说："儒家的政治思想，从其最高的准则来说，我们不妨方便称之为德治主义。从其基本努力的对象来说，我们不妨方便称之为民本主义。把原则落到对象上面，则以'礼'经纬于其间。"① 而德治的基础在于统治者的高尚品德以及人民的善良本性。傅佩荣这样解释："事实上，德治与无为而治不同，但是为何天下自然而然归于太平？这是因为孔子对人性有一个基本的信念，就是人性向善，所以百姓会自动响应德治的帝王。"② 这种政治观点与其为人之道的提倡一脉相承，是"仁"的又一表现。其民本思想的提倡，也足以看出孔子思想中的进步意义。

【切问】

1. 在足食、足兵、民信之问题上，孔子认为"民信之"是三者中最重要的，你认同

---

① 李维武．徐复观文集．武汉：湖北人民出版社，2002：111.
② 傅佩荣．傅佩荣译解论语．北京：东方出版社，2012：13.

他这种看法吗？如果让你回答子贡，你会如何解答他的提问？试述你的理由。
2. "以德治国"与"依法治国"是两种治国方略，前者体现了儒家"为政以德"思想，后者则提倡法家"法"的重要性，试比较两者的异同。

【近思】

1. "君子喻于义，小人喻于利。"孔子的重义轻利的为政思想如何落实到政府中？对我们今后的价值观取向有哪些借鉴？
2. 面对经济全球化、信息全球化的新时代，社会在不断地进步，但也在不断地被冲击，人们面前的诱惑越来越多，社会也便产生了不稳定的因素。国家为了弘扬正气、打击犯罪，大力提倡依法治国，你认为仅仅依靠法律是否能够维持社会的稳定？我们应该如何看待孔子提出的以德治国？

孟 子（节选1）

为 人 篇*

浩生不害[1]问曰："乐正子[2]何人也？"孟子曰："善人也，信人也。""何谓善？何谓信？"曰："可欲之谓善，有诸己之谓信。充实之谓美，充实而有光辉之谓大，大而化之之谓圣，圣而不可知之之谓神。乐正子，二之中，四之下也。"（《孟子·尽心下》）

由是观之，无恻隐之心，非人也；无羞恶之心，非人也；无辞让之心，非人也；无是非之心，非人也。恻隐之心，仁之端也；羞恶之心，义之端也；辞让之心，礼之端也；是非之心，智之端也。人之有是四端也，犹其有四体也。有是四端而自谓不能者，自贼者也；谓其君不能者，贼其君者也。（《孟子·公孙丑上》）

孟子曰："爱人不亲，反其仁；治人不治，反其智；礼人不答，反其敬。行有不得者

---

* 此标题及节选2的"为学篇"、节选3的"为政篇"均为编者所加。

皆反求诸己，其身正而天下归之。诗云：'永言配命[3]，自求多福。'"（《孟子·离娄上》）

（选自万丽华，蓝旭译注. 孟子. 北京：中华书局，2006）

【注释】

[1] 浩生不害：人名。姓浩生，名不害。齐国人。

[2] 乐正子：人名。

[3] 言：语助词。引诗见《诗经·大雅·文王》。

（注释参选万丽华，蓝旭译注. 孟子. 北京：中华书局，2006）

【温故】

"性善论"的提出是孟子学说的一大特色，与荀子所代表的"性恶论"沿着两条路来重新阐释儒家的精神，各自建构起了自己的理论体系。以"性善论"为理论出发点，孟子极大地突出了同情心和善心的地位和作用，并将其赋予了属于人特性的性质，认为人与动物的不同便在于人有"四端"的存在，即仁、义、礼、智。由此，他推导出为善便不是外在的要求，而应该是内心的自发需要和人独特而必需的本质。

【知新】

孟子的这种观点，是将道德提高到一个普世原则的高度。它独立于其他的因素，对"为人"具有指导性。夏甄陶认为"孟子把良知、良能普遍化为人皆有之"，"打破了孔子的认识主体的等级界限，这至少在形式上承认了人人都是平等的认识主体"。[①] 李泽厚谈到这种哲学伦理学时评价说："道德高于人世，所以其根源与感性无涉，它是主宰、支配感性的超验的或先验的命令。"[②] 道德具有至高无上的地位，人们只能服从。虽然孟子的体系中没有外在法制的制约，但其实他已经为内在的道德约束增添了一种强制性。

【切问】

1. 孟子提出"性善论"，如何理解孟子思想中"善"的含义？
2. 试分析孟子"性善论"与荀子的"性恶论"的缘起和内涵，你更认同哪个观点？

---

① 夏甄陶. 中国认识论思想史稿. 北京：中国人民大学出版社，1992.
② 李泽厚. 中国古代思想史论. 天津：天津社会科学院出版社，2003：38.

【近思】

　　无论"性善论"成立与否,"自求多福"都是可借鉴的为人处世的方法,试观当下,人们在交往中往往严以待人,宽以律己,出了问题先在对方身上找原因,从孟子的观念中,我们应该如何将善于反思贯彻到为人处世中?

孟　子（节选2）

为　学　篇

　　孟子曰："仁,人心也;义,人路也。舍其路而弗由[1],放其心而不知求,哀哉!人有鸡犬放,则知求之;有放心,而不知求[2]。学问之道无他,求其放心而已矣。"（《孟子·告子上》）

　　孟子曰："人之所不学而能者,其良能也;所不虑而知者,其良知也[3]。孩提之童[4],无不知爱其亲者;及其长也,无不知敬其兄也。亲亲,仁也;敬长,义也。无他,达之天下也。"（《孟子·尽心上》）

　　孟子曰："言近而指[5]远者,善言也;守约而施博者,善道也。君子之言也,不下带[6]而道存焉。君子之守,修其身而天下平。人病舍其田而芸人之田,所求于人者重,而所以自任者轻。"（《孟子·尽心下》）

（选自万丽华,蓝旭译注.孟子.北京：中华书局,2006）

【注释】

　　[1] 由：经过,通过。
　　[2] 求放心：吴定《紫石山房文集·求放心解》云："孟子所谓'求放心'者,非纳其放心聚之于学之谓,'放心'即孟子所谓'放其良心'、'失其本心'者也。"

[3] 良能、良知：赵岐《注》云："良，甚也。"则"良能""良知"当译为"所最能的""所最知的"。朱熹《集注》云："良者，本然之善也。"则"良能"可译为"本能"。此孟子哲学术语，不译为妥。

[4] 孩提之童：指两三岁的小孩子。孩，小儿笑也。赵岐《注》云："孩提，二三岁之间在襁褓，知孩笑、可提抱者也。"

[5] 指：意旨，意向。

[6] 不下带：古代注视人，目光不可低于对方的腰带。文中比喻注意眼前常见之事。带，腰带。

（注释参选万丽华，蓝旭译注．孟子．北京：中华书局，2006）

【温故】

孟子（约前372—前289年），名轲，字子舆，战国时期邹国人。中国古代著名的思想家、政治家，儒家的重要代表人物。相传孟子是鲁国贵族孟孙氏的后裔，幼年丧父，家境贫寒，受业于子思门人。受儒学影响，孟子曾效仿孔子带领门徒游说各国，但不被当时各国所接受，只好退而与弟子著书立说，有《孟子》一书传世。南宋时朱熹将《孟子》与《论语》《大学》《中庸》合称"四书"。元、明以后成为科举考试的内容，更是读书人的必读书了。

孔子论学之至道为"仁"，孟子延续了这种观念，并为其赋予了新的含义。荀子、孟子虽都属儒家，都提倡学习的重要性，但是其立论基础却大相径庭，不同于荀子的"性恶论"，孟子认为人性本善，学习并不是为了去恶，而是使人原本就有的善心被激发和得以保存，在此基础上"人皆可以为尧舜"。

【知新】

孟子为学，注重反省本心，从本原上将为学之根本途径和不善（恶）之来源讲清楚。"求放心"，即以反思内省的方式使"本心"重新呈显出来。这个"学问之道"，具体说来，就是"存善"。

"学问之道无他，求其放心而已矣"这句话还可以解释为"读书学习没有任何别的目的，唯一的目的就是追求心灵的旷达、高远、超越与自由境界"。人们在保存、养护好天赋善性（良心、良知、良能）的同时，还要充分发挥个体的主观能动作用，努力地扩展、充实、完善它，追求更完美、更崇高的理想人格目标，实现更伟大、更高远的理想社会追求。只有这样，才能将个体求学修养与社会发展完善结合起来。这既是孟子阐发"学问之道无他"的真正目的所在,也是儒家所倡导的修身为学的真正目的所在。①

【切问】

1. 同样提倡为学之道为求仁,孔子认为要"近取譬",孟子认为要"求放心",这种求仁之法的不同,分别体现了两人的何种为学观?孟子这种为学观又是在何种不同背景下提出的?
2. 孟子每提"仁",便往往与"义"并举,试分析在孟子的思想体系中,"义"的含义以及其与"仁"的关系。

【近思】

孟子认为学习是要保持和唤醒善心,如果这种"性善论"成立,那么面对如此复杂的社会环境,作为学习的主要场所,学校应该如何促进学生善心的发现和保持?你有何建议?

孟 子(节选3)

为 政 篇

孟子曰:"民为贵,社稷次之,君为轻。是故得乎丘民而为天子[1],得乎天子为诸侯,得乎诸侯为大夫。"(《孟子·尽心下》)

孟子曰:"诸侯之宝三:土地、人民、政事。宝珠玉者,殃必及身。"(《孟子·尽心下》)

齐宣王问曰:"文王之囿方七十里,有诸?"孟子对曰:"于传有之。"曰:"若是其大乎?"曰:"民犹以为小也。"曰:"寡人之囿方四十里,民犹以为大,何也?"曰:"文王之囿方七十里,刍荛[2]者往焉,雉兔者往焉,与民同之。民以为小,不亦宜乎?臣始至于境,问国之大禁,然后敢入。臣闻郊关之内,有囿方四十里,杀其麋

---

① 傅琳凯,王立仁. 论孟子的理想人格理论. 东北师大学报(哲学社会科学版),2010(9).

鹿者，如杀人之罪。则是方四十里为阱于国中。民以为大，不亦宜乎？"（《孟子·梁惠王下》）

孟子见齐宣王，曰："所谓故国者，非谓有乔木之谓也，有世臣之谓也。王无亲臣矣，昔者所进，今日不知其亡[3]也。"王曰："吾何以识其不才而舍之？"曰："国君进贤，如不得已，将使卑逾尊，疏逾戚，可不慎与？左右皆曰贤，未可也；诸大夫皆曰贤，未可也；国人皆曰贤，然后察之。见贤焉，然后用之。左右皆曰不可，勿听；诸大夫皆曰不可，勿听；国人皆曰不可，然后察之。见不可焉，然后去之。左右皆曰可杀，勿听；诸大夫皆曰可杀，勿听；国人皆曰可杀，然后察之。见可杀焉，然后杀之。故曰国人杀之也。如此，然后可以为民父母。"（《孟子·梁惠王下》）

孟子曰："不仁而得国者有之矣；不仁而得天下者未之有也。"（《孟子·尽心下》）

孟子曰："三代之得天下也以仁，其失天下也以不仁。国之所以废兴存亡者亦然。天子不仁，不保四海；诸侯不仁，不保社稷[4]；卿大夫不仁，不保宗庙[5]；士庶人不仁，不保四体。今恶死亡而乐不仁，是犹恶醉而强酒[6]。"（《孟子·离娄上》）

孟子曰："无罪而杀士，则大夫可以去；无罪而戮民，则士可以徙。"（《孟子·离娄下》）

孟子曰："有天爵者，有人爵者。仁义忠信，乐善不倦，此天爵也；公卿大夫，此人爵也。古之人修其天爵，而人爵从之。今之人修其天爵，以要人爵；既得人爵，而弃其天爵，则惑之甚者也，终亦必亡而已矣。"（《孟子·告子上》）

孟子曰："今之事君者曰：'我能为君辟土地，充府库。'今之所谓良臣，古之所谓民贼也。'君不乡道[7]，不志于仁，而求富之，是富桀也。'我能为君约与国[8]，战必克。'今之所谓良臣，古之所谓民贼也。君不乡道，不志于仁，而求为之强战，是辅桀也。由今之道，无变今之俗，虽与之天下，不能一朝居也。"（《孟子·告子下》）

（选自万丽华，蓝旭译注. 孟子. 北京：中华书局，2006）

【注释】

［1］丘民：众民。丘，众。

［2］刍荛（yáo）：指割草砍柴的人。刍，割草。荛，砍柴。

[3] 亡：去位，去国。

[4] 社稷：土神和谷神，指代国家。

[5] 宗庙：祭祀祖先的处所。这里指代卿大夫的采邑。

[6] 强（qiǎng）：勉强。

[7] 乡：同"向"。

[8] 与国：友好的国家。

（注释参选万丽华，蓝旭译注．孟子．北京：中华书局，2006）

【温故】

孟子从"性善论"出发，扩展到政治上，针对统治者提出了"仁政王道"的主张，突出了统治者自身道德修养对国家治理的重要性，并将社会秩序的维护建立在人生来就有的仁心上。孟子思想中另一重点是针对人民的"民本"思想，强调得民心者得天下，劝告统治者重视人民。他提倡民贵君轻、顺应民心、保民、养民、富民和教民等思想。虽然这最终也是为了巩固统治者的统治地位，但是他毕竟把民生问题提高到了为政者有必要处理的课题的位置上。"民本"思想成为后来改革者、革命者的理论依据。

【知新】

孟子论政继承了孔子的仁政思想，并逐渐强化了儒家的内倾性，李泽厚指出："孟子把他的整个'仁政王道'的经济政治纲领完全建立在心理的情感原则上。即是说，'仁政王道'之所以可能，并不在于任何外在条件，而只在于统治者的'一心'。"[①] 而如韦政通先生所言："这种政治思想，虽侧重在内容的构想，缺乏客观运作的制度，但这些内容，实是为人类的古典政治，开出许多新的理念，至今仍是政治上应当追求的伟大理想。"[②] 理想与现实的矛盾永远不会消失，而我们当代人犹能以孟子的思想作为政治制度的基础理念。

【切问】

1. 孟子把国家的得失归结于统治者是否具有"仁"心，你是否认同这种看法？
2. "无罪而杀士，则大夫可以去；无罪而戮民，则士可以徙。"这句话的主张与传

---

① 李泽厚．中国古代思想史论．天津：天津社会科学院出版社，2003：36．
② 吴光主编．当代儒学的发展方向——当代儒学国际学术研讨会论文集．上海：汉语大词典出版社，2005：612．

统的忠君思想是否有矛盾？如果有，你认为两者应该如何取舍？

【近思】

1. 民主有多种形式，如何转化儒家传统的政治观念，尤其是将孟子的仁政、"民本"思想，融入现今的自由民主政治中，你有何想法？
2. 先秦人所理解的"天下"和我们今天所说的国际社会意义相近，东周与各个诸侯国之间的关系，也与今天的国际关系有很多相似之处。因此孟子的王道和仁政理论在今天仍有重要意义，谈谈你从中获得怎样的启示，我们该如何处理中国与世界各国的关系？

老 子（节选1）

为 人 篇[*]

上善若水。水善利万物而不争，处众人之所恶，故几[1]于道。居善地，心善渊，与善仁，言善信，正善治，事善能，动善时。夫唯不争，故无尤[2]。（《老子·八章》）

大成若缺，其用不弊；大盈若冲[3]，其用不穷。大直若屈，大巧若拙，大辩若讷。躁[4]胜寒，静胜热，清静为天下正。（《老子·四十五章》）

知人者智，自知者明。胜人者有力，自胜者强。知足者富，强行者[5]有志，不失其所者久，死而不亡者寿。（《老子·三十三章》）

（选自〔魏〕王弼注，楼宇烈校释. 老子道德经注. 北京：中华书局，2011）

【注释】

[1] 几：接近。

---

[*] 此标题及后面节选2的"为道篇"、节选3的"为政篇"均为编者所加。

[2] 尤：过失，罪过。

[3] 冲：空虚。

[4] 躁：通"燥"，干。

[5] 强行者：勤劳而能够行动的人。

（注释参选〔魏〕王弼注，楼宇烈校释. 老子道德经注. 北京：中华书局，2011）

【温故】

老子（前570—前470年），姓李名耳，字聃，楚国人，是我国古代伟大的哲学家、思想家，道家学派的创始人。他主张"无为"，提出了"道"的哲学范畴，试图寻找一个可以涵盖宇宙天地的真理。他的学说对中国古代哲学的发展具有深刻影响。著有《老子》一书，又名《道德经》，分上下两册，共有八十一章，五千余言，与《易经》《论语》一同被认为是对中国人影响最深远的三部思想巨著。

【知新】

老子的人生哲学是讲究"无为"的。关于"无为"应当怎样解释，历来有各种说法。胡适先生认为，这个"无为"可以理解为劝人知足的意思："知识愈高，欲望愈难满足，又眼见许多不合意的事，心生无限烦恼，倒不如无知的草木，无思虑的初民，反可以混混沌沌，自寻乐趣。老子常劝人知足。他说'知足不辱，知止不殆，可以长久'。"[1]

冯友兰先生则认为，老子这种"无为""知足"的为人处世哲学可以解释为"通则"，所谓"大成若缺，其用不弊；大盈若冲，其用不穷。大直若屈，大巧若拙，大辩若讷"就是"通则"，一个人在世上想要好好活着，就要做到"通则"，即如冯先生所说："道家的中心问题本来是全生避害，躲开人世的危险。老子对于这个问题的回答和解决，就是如此。谨慎地活着的人，必须柔弱、谦虚、知足，柔弱是保存力量因而成为刚强的方法。谦虚与骄傲正好相反，所以，如果说骄傲是前进到了极限的标志，谦虚则相反，是极限远远没有达到的标志。知足使人不会过分，因而也不会走向极端。"[2]

---

[1] 胡适. 中国哲学史大纲. 石家庄：河北教育出版社，2001：54.
[2] 冯友兰. 中国哲学简史. 北京：北京大学出版社，1985：120.

【切问】

1. 老子言"知人者智，自知者明"，我们平时也常说"人贵有自知之明"，试分析这句话背后的含义。
2. 如今，"上善若水"常常与《易经》中的"厚德载物"并用，来概括中华民族的传统美德和精神，谈谈你对二者的理解。
3. 试分析老子为人处世的思想核心，并谈谈你认为做人的最重要准则应该是什么。

【近思】

当下，在我们不断地追求社会和谐的同时，却也清楚看到有关"医患""师生"关系等各个方面的反面例子充斥着网络和媒体，社会仍然面临着人与人之间的关系越来越紧张的事实。这一方面是由于社会物质发展和多元文化的影响，另一方面，我们每个人也应当检讨自己"为人处世"的智慧。试用老子"无为"的观点来谈谈我们应该怎样应对生活中的种种不和谐。

老 子（节选2）

为 道 篇

道可道[1]，非常道；名可名[2]，非常名。无[3]名天地之始，有[4]名万物之母。故常无欲[5]，以观其妙[6]；常有欲，以观其徼[7]。此两者[8]同出而异名，同谓之玄[9]，玄之又玄，众妙之门。（《老子·一章》）

有物混成[10]，先天地生，寂兮寥兮[11]，独立而不改，周行而不殆，可以为天下母。吾不知其名，字之曰道，强为之名曰大[12]。大曰逝[13]，逝曰远[14]，远曰反[15]。故道大，天大，地大，王[16]亦大。域中有四大，而王居其一焉。人法[17]地，地法天，天法道，道法自然。（《老子·二十五章》）

天下皆知美之为美，斯[18]恶已；皆知善之为善，斯不善已。故有无相生，难易相成，长短相较，高下相倾[19]，音声相和，前后相随。是以圣人处无为之事，行不言

之教，万物作焉而不辞。生而不有，为而不恃，功成而弗居。夫唯弗居，是以不去[20]。（《老子·二章》）

（选自〔魏〕王弼注，楼宇烈校释. 老子道德经注. 北京：中华书局，2011）

【注释】

[1] 道可道：第一个"道"是名词，指的是宇宙的本原和实质，引申为原理、原则、真理、规律等。第二个"道"是动词，是解说、表述的意思，这里指可以被说得出。

[2] 名可名：第一个"名"是名词，在《老子》一文中指"道"的形态。第二个"名"是动词，解释说明的意思。

[3] 无：指"道"。《老子》四十章："天下万物生于有，有生于无。"

[4] 有：万有，指可识可见有形象之具体事物。

[5] 常无欲：即虚静而无思无欲之意。

[6] 妙：微，微之极致称妙。

[7] 徼：王弼注本认为，"徼，归终也"，即边界。

[8] 两者：指"始"和"母"。

[9] 玄：王弼认为，"玄"是一种"冥默无有"的状态。"玄"不同于某一具体事物的名称，而只是对"无""道"的一种形容。

[10] 混成：即浑然不可得知而万物以成。混，指浑然不可分。

[11] 寂兮寥兮：没有形体的样子。

[12] 强为之名曰大：王弼作注，"吾所以字之曰道者，取其可言之称最大也。"意思为因不知其名而勉强用可以形容的方式称呼。

[13] 逝：行。

[14] 远：极。

[15] 反：通"返"。

[16] 王：人之主。

[17] 法：法则，即以……为法则。

[18] 斯：这。

[19] 相倾：相互对立而存在。

[20] 去：失去。

（注释参选〔魏〕王弼注，楼宇烈校释. 老子道德经注. 北京：中华书局，2011）

【温故】

"道"是中国古代哲学的一个重要范畴,是用以说明世界的本原或规律的,老子论"道",就是在探究世界的本原。老子认为,天地和万物都始于"道",即"道生一,一生二,二生三,三生万物",但对于"道"本身究竟是什么,也没有给出十分明确的概念。不过,老子在《道德经》中总结出,"道"有三个特征:一是无形无相难以言说,即"道可道,非常道""无名天地之始";二是"道"是混成之物,即"有物混成,先天地生";三是"道"的运动规律是相互转化,即"有无相生,难易相成,长短相形,高下相倾,音声相和,前后相随"。

【知新】

自古以来,对老子"道"的理解众说纷纭。近代以来,有无数中外学者试图从不同的角度来回答。著名哲学家张岱年从哲学理论方面认为,老子的"道"是世界的终极本原,开创了中国哲学的本体论:"老子的突出贡献是提出了'先天地生'的'道'的观念,从而打破了从古以来以'天'为最高最大的观点,于是开创了哲学本体论。"[1]英国著名学者李约瑟则从科学的角度出发,认为"道""道法自然"也是一种科学的概念:"它是一种哲学与宗教的出色而极其有趣的结合,同时包含着'原始的'科学与方技……同时,仍然存在着道教与原始科学的自然主义之间那种古老的联系。"[2]

所谓"为道",即对老子"道"这一理念的践行。殷旵先生把"为道"分为三步:"为学""为道""无为",即"为道"的"模仿阶段""修炼阶段"和"成熟阶段",针对这三步,又有"损益法",即"日益""日损""无不为"[3]。他认为,解读老子的关键不在于对"道"有多少种解读,而在于如何可以"为道":"近两年,我每与人谈及《老子》都要表述我的体会,认为'道是什么'的定义是专家们的事,对于我们来说并不重要,重要的是在日常生活中如何'为道'……人人都在道中,时时都在'为道'。老子'为道'正是百姓的为人之常道……这个常道不是用语言说出来的,而是做(为)出来的。"[4]

【切问】

1.多数学者认为,老子思想中的"道"和"无为"都是带有功利主义色彩的,请

---

[1] 张岱年. 论老子在哲学史上的地位. 道家文化研究(第1辑). 上海:上海古籍出版社,1992.
[2] [英]李约瑟,王钱国忠编. 李约瑟文录. 杭州:浙江文艺出版社,2004:113.
[3] 殷旵. 老子为道. 北京:当代世界出版社,2006.
[4] 殷旵. 老子为道. 北京:当代世界出版社,2006:8—10.

谈谈你的看法。

2. 谈谈你怎样看待"常道不是用语言说出来的，而是做（为）出来的"这句话，并阐释"常道"的含义。

【近思】

世间万物的运行都是有规律的，而如今，无论是面对自然还是社会，人类都开始渐渐失去对规律和"道"的敬畏，开始试图逾越甚至是违背规律。这种行为导致了我们的社会不断出现各种问题，我们的自然也失去了原有的宁静。结合老子"道"的哲学思想，谈谈我们应当如何面对社会，面对自然，面对天地。

老 子（节选3）

为 政 篇

以正治国，以奇[1]用兵，以无事取天下。吾何以知其然哉？以此[2]。天下多忌讳，而民弥贫；民多利器[3]，国家滋昏；人多伎巧，奇物滋起；法令滋彰，盗贼多有。故圣人云，我无为而民自化，我好静而民自正，我无事而民自富，我无欲而民自朴。（《老子·五十七章》）

其政闷闷[4]，其民淳淳[5]；其政察察，其民缺缺[6]。祸兮福之所倚，福兮祸之所伏。孰知其极？其无正？正[7]复为奇，善复为妖，人之迷，其日固久。是以圣人方[8]而不割，廉[9]而不刿[10]，直而不肆，光而不耀。（《老子·五十八章》）

天下皆谓我道大，似不肖[11]。夫唯大，故似不肖。若肖，久矣其细[12]也夫。我有三宝，持而保之。一曰慈，二曰俭，三曰不敢为天下先。慈，故能勇；俭，故能广；不敢为天下先，故能成器长[13]。今舍慈且[14]勇，舍俭且广，舍后且先，死矣！夫慈，以战则胜，以守则固，天将救之，以慈卫之。（《老子·六十七章》）

（选自〔魏〕王弼注，楼宇烈校释. 老子道德经注. 北京：中华书局，2011）

【注释】

[1] 奇：诡异。

[2] 以此："此"指下文。

[3] 利器：利己之器。

[4] 闷闷：无所识别的样子。

[5] 淳淳：朴实、宽厚。

[6] 缺缺：昏暗不明的样子。

[7] 正：同"政"，指刑政、威权。

[8] 方：正直。

[9] 廉：清廉。

[10] 刿：刿伤、割伤。

[11] 肖：像。

[12] 细：一本作"小"。

[13] 成器长：刘师培注认为，"成器长，大官也。盖古代'工'、'官'通用，故大官亦名'成器长'。"

[14] 且：取。

【知新】

对于《老子》中的政治思想古今有各种解读，其中多数认为，老子的为政方针就是不必忙于治世，而是废除多余的不必的制度与政策。世间种种烦恼，都不是因为事情做得少，而是因为欲望太多，事情做得过于繁重杂多。因此，老子提倡"无为"而治。冯友兰认为老子的理想政治是："圣人治国，要除掉世上祸害的根源。继此之后，圣人将实行无为而治。无为而无不为，世事将自然取得成就。这便是《道德经》第五十七章所说：'我无为，而民自化；我好静，而民自正；我无事，而民自富；我无欲，而民自朴。'"朴，在《老子》中象征着朴实自然，也就是要求行事为人，要求朴实自然。而在圣人清静无为、朴实自然的政治方针下，百姓也是淳厚自足的。

【切问】

《汉书·艺文志》评价道家思想："历记成败、存亡、祸福、古今之道，然后知秉要执本，清虚以自守，卑弱以自持，此君人南面之术也。"请结合课文所节选的部分，谈谈老子是如何阐释为政之道的。

【近思】

我们常说，儒家是"知其不可为而为之"，道家则认为要"无为而治"，你如何看待这两种思想在治国政治中的地位与价值？请联系实际生活，思考儒道思想在中国近百年历史中是否依然有生命力，如果有，又有哪些具体体现。

庄 子（节选1）

为 人 篇[*]

鲁哀公问于仲尼曰："卫有恶人[1]焉，曰哀骀它[2]。丈夫与之处者，思而不能去也；妇人见之，请于父母曰：'与为人妻，宁为夫子妾'者，十数而未止也。未尝有闻其唱[3]者也，常和人而已矣。无君人之位以济[4]乎人之死，无聚禄以望人之腹[5]，又以恶骇天下，和而不唱，知不出乎四域[6]，且而雌雄[7]合乎前，是必有异乎人者也。寡人召而观之，果以恶骇天下。与寡人处，不至以月数，而寡人有意乎其为人也；不至乎期年，而寡人信之。国无宰，寡人传国[8]焉。闷然[9]而后应，氾然[10]而若辞。寡人丑[11]乎，卒授之国。无几何也，去寡人而行。寡人恤焉[12]若有亡也，若无与乐是国也[13]。是何人者也？"

仲尼曰："丘也尝使于楚矣，适见豚子[14]食于其死母者。少焉眴若[15]，皆弃之而走。不见己焉尔[16]，不得类焉尔。所爱其母者，非爱其形也，爱使其形者也[17]。战而死者，其人之葬也不以翣资[18]；刖者之屦[19]，无为爱之。皆无其本矣。为天子之诸御[20]：不爪翦[21]，不穿耳；取妻者止于外，不得复使。形全犹足以为尔，而况全德之人乎！今哀骀它未言而信，无功而亲，使人授己国，唯恐其不受也，是必才全而德不形者也[22]。"

哀公曰："何谓才全？"

---

[*] 此标题及后面节选2"为道篇"、节选3"为政篇"均为编者所加。

仲尼曰："死生、存亡、穷达、贫富、贤与不肖、毁誉、饥渴、寒暑，是事之变、命之行也[23]。日夜相代乎前，而知不能规乎其始者也[24]。故不足以滑和[25]，不可入于灵府[26]。使之和豫通而不失于兑[27]。使日夜无隙而与物为春[28]，是接而生时于心者也。是之谓才全。"

"何谓德不形？"

曰："平者，水停之盛[29]也。其可以为法也，内保之而外不荡也。德者，成和[30]之修也。德不形者，物不能离也。"

哀公异日以告闵子[31]曰："始也吾以南面而君天下，执民之纪而忧其死，吾自以为至通[32]矣。今吾闻至人之言，恐吾无其实，轻用吾身而亡吾国。吾与孔丘，非君臣也，德友而已矣！"

（《庄子·德充符》）

（选自孙通海译注．庄子．北京：中华书局，2007）

【注释】

[1] 恶人：指形貌丑陋的人。

[2] 哀骀它：虚拟人物。

[3] 唱：倡导。

[4] 济：救济，挽救。

[5] 聚禄：积蓄的钱财。望：月满为望。这里指饱。

[6] 四域：四方，指人世。

[7] 雌雄：指妇人、丈夫。

[8] 传国：授以国政。

[9] 闷然：无心的样子。

[10] 氾然：漠不关心的样子。氾，同"泛"。

[11] 丑：惭愧。

[12] 恤焉：忧虑的样子。

[13] 若无与乐是国也：即"是国若无与乐也"。是，此，指鲁国。

[14] 豚（tún）子：小猪。食：吃奶。

[15] 眴若：惊慌的样子。

[16] 焉尔：才如此，指弃之而走的原因。

［17］使其形：主宰它的形体，指精神。

［18］翣（shà）：棺材饰物。资：送，给。

［19］刖（yuè）：古代砍足的刑罚。屦（jù）：鞋。

［20］诸御：宫女及其嫔妃。

［21］不爪翦：不剪指甲。翦，同"剪"。

［22］才全：天性完备未损。德不形：内德不外露。

［23］命：天命，自然。

［24］知：同"智"，智慧。规：读作"窥"，窥视。

［25］滑和：扰乱和顺的本性。滑，乱。

［26］灵府：精神的府宅，指心灵。

［27］和：和顺。豫：豫适。通：通畅。兑：悦。

［28］日夜无隙：日夜都不间断。与物为春：与万物同游于春和之中。

［29］盛：至，极。

［30］成和：成就纯和。

［31］闵子：孔子弟子，姓闵，名损，字子骞。

［32］至通：非常通达，指明于治道。

（注释参选孙通海译注．庄子．北京：中华书局，2007）

【温故】

庄子（约前369—前286年），名周，宋国蒙人，曾为蒙地漆园吏。战国时期思想家，道家思想代表人物。

《庄子》今留存三十三篇（内篇七、外篇十五、杂篇十一），一般认为，内篇为庄子所作。外篇、杂篇均出于庄子后学。《庄子》中"道"的思想继承于老子，而又有所发展，"道"既是关于万物本源，又是至人的境界。《庄子》是一部极具浪漫气息的哲理散文，但没有采用逻辑推理的表达方式，而是将哲理寓于故事与形象之中，通过生动的寓言表达其"自然无为"的思想主张。

《庄子》语言极富诗意，鲁迅评价："汪洋辟阖，仪态万方，晚周诸子之作，莫能先也"。

【知新】

庄子对于人和人生的理解与他的"道"是相一致的，他向往着"逍遥""自由"与超越世俗尘垢的精神解脱。李泽厚先生认为，庄子追求一种与"道"同体的理想人格："庄子都要求人应该效仿自然事物，既无知识又无愿欲任凭那意识无目的而又合规律的客观过程自然运行，庄子认为只有这样才合乎'道'。"①而想要达到这种人生状态，就是一个"无为"的过程："既然'道'是'无为'，是顺应自然，那么人就应该'安时而处顺'，对一切都无所谓……'生死存亡，穷达贫富，贤与不肖毁誉，饥渴寒暑，是事之变，命之行也'，这也就是听天由命，毫不作为。"②

达到理想的人生境界，就可以成为"有道之士"，成为像关尹、老聃一样的"真人"。庄子对于"真人"的描写也是很丰富的。郭沫若曾经说到："这种'真人'，在《大宗师》里面描写得很尽致……在《大宗师》里面所刻画的，虽然已经够离奇，但还是正常的面貌，而在《德充符》里面，他的幻想更采取了一个新的方向，把'真人'的面貌，专从奇怪一方而来报写……他的意思是说绝对的精神超越乎相对的形体，所谓'德有所长而形有所忘'。"③

【切问】

1. 请具体阐释一下"才全而德不形"一句中，"德"如何理解，并谈谈庄子所认同的做人的标准是什么。
2. 结合庄子本人的事迹，谈谈他是如何实践自己"逍遥""自由""超脱世俗"的人生理想的。

【近思】

后现代主义认为，随着社会的不断进步，面对物质财富的极具丰富、科学技术的高度发展，人们面临着"物化""异化"的困境，即被财富、权势、技术、机械等"外物"所役使，以至于丧失本心。国内有学者认为，庄子"抗议'人为物役'，要求'不物于物'，要求恢复和回到人的'本性'"④的呼声是社会个体在"异化"的病态中对自我生命本体的深沉叩问和反思的体现，学习庄子的思想有助于帮助人们回归自我。你怎样看待这一观点？你认为我们应该怎样应对这种"异化"？

---

① ② 李泽厚. 中国古代思想史论. 北京：生活·读书·新知三联书店. 2003：196.
③ 胡道静主编. 十家论庄. 上海：上海人民出版社，2008：97.
④ 李泽厚. 中国古代思想史论. 北京：生活·读书·新知三联书店，2003：187.

庄　子（节选2）

为 道 篇

夫道未始有封，言未始有常，为是而有畛也[1]。请言其畛。有左有右，有伦有义[2]，有分有辩，有竞有争，此之谓八德。六合[3]之外，圣人存而不论；六合之内，圣人论而不议；春秋经世先王之志[4]，圣人议而不辩。故分也者，有不分也；辩也者，有不辩也。曰：何也？圣人怀之[5]，众人辩之以相示也。故曰：辩也者，有不见也。（《庄子·齐物论》）

夫大道不称，大辩不言，大仁不仁，大廉不嗛，大勇不忮[6]。道昭而不道，言辩而不及，仁常而不成，廉清而不信，勇忮而不成。五者无弃而几向方[7]矣！故知止其所不知，至矣。孰知不言之辩，不道之道？若有能知，此之谓天府[8]。注焉而不满，酌焉而不竭，而不知其所由来，此之谓葆光[9]。（《庄子·齐物论》）

故夫知效一官，行比一乡，德合一君而征一国者[10]，其自视也，亦若此矣。而宋荣子犹然笑之[11]。且举世而誉之而不加劝，举世而非之而不加沮，定乎内外之分，辩乎荣辱之境，斯已矣。彼其于世，未数数然[12]也。虽然，犹有未树[13]也。（《庄子·逍遥游》）

夫列子御风而行[14]，泠然[15]善也，旬有五日而后反。彼于致福者[16]，未数数然也。此虽免乎行，犹有所待者也。（《庄子·逍遥游》）

若夫乘天地之正[17]，而御六气之辩[18]，以游无穷者[19]，彼且恶乎待哉！故曰：至人无己，神人无功，圣人无名。（《庄子·逍遥游》）

（选自孙通海译注．庄子．北京：中华书局，2007）

【注释】

[1] 为是而有畛（zhěn）也：为了一个"是"字而有了界限。畛，界限。

[2] 伦：次序。义：通"仪"，仪测。

[3] 六合：天地和东西南北四方。

[4] 春秋：泛指史书。志：记载。

[5] 怀之：不分不辩，涵容于心。

[6] 忮（zhì）：害，伤害。

[7] 方：道。

[8] 天府：自然的城府，指心胸广阔，包容一切。

[9] 葆光：包藏光明而不外露。

[10] 故夫三句：知，同"智"。效，胜任。比、合，适合，符合。征，信。

[11] 宋荣子：宋钘，战国时期宋人。犹然：嗤笑的样子。

[12] 数数然：汲汲追求名利的样子。

[13] 未树：不曾树立的，指超越自我的境界。

[14] 列子：列御寇，战国时期郑人。御风：乘风。

[15] 泠（líng）然：轻妙的样子。

[16] 彼：指列子。致：求，得。福：福报。

[17] 乘：因循，随顺。正：规律，本性。

[18] 御：与"乘"同义，顺从。六气：指阴、阳、风、雨、晦、明。辩：通"变"，变化。

[19] 无穷者：虚指无限的境界，实指无限的自然界。对主体个人讲，达到绝对自由自在的境界。

（注释参选孙海通译注．庄子．北京：中华书局，2007）

【温故】

《庄子》一书，《汉书·艺文志》记载："《庄子》五十二篇。"及至《清史稿·艺文志》中，则为："《庄子解》三十三卷。"一般认为，《庄子》原书确为五十二篇，后来散佚部分，于是今存三十三篇，其中内篇七，外篇十五，杂篇十一。全书以"卮言""重言""寓言"为主要创作手段，以超乎寻常的想象力，构造了一个光怪陆离、奇幻浪漫的形象世界。刘熙载《艺概·文概》称赞其"意出尘外，怪生笔端"，形象生动地表达了庄子本人卓绝的创造力。同时，《庄子》语言行云流水、汪洋恣肆，节奏鲜明、音调和谐，可谓先秦诸子著作中的典范。

【知新】

　　对无限精神自由的向往与追求，是《庄子》一书的思想核心，这种自由是人超脱"物"的限制后与自然达到和谐统一的境界，也就是逍遥游的境界。其中，《庄子》中"游"一字出现多达106次，频繁使用"游"字，反映了庄子独特的哲学思想，也代表了庄子的生活态度，"游"字可看作庄子对于自由的一种形象表达，是精神境界达到自由后的一种状态。由自由的精神世界关照现实生活后，生活也可处于一种"游"的逍遥自然状态中。陈鼓应将这种哲学境界概括为"开放的心灵和审美的心境"，并在《庄子内篇的心学》中提出："'游'之内涵，不仅反映着庄子的一种独特的生活方式，也呈现出一种独特的艺术情怀，所表达的自由精神，所洋溢的生命智慧，所蕴含的审美意蕴，成为境界哲学的重要部分。"①

【切问】

1. "庄子心眼极冷，心肠极热。眼冷，故是非不管；心肠热，故悲慨万端。虽知无用，而未能忘情，到底是热肠挂住；虽不能忘情，而终不下手，到底是冷眼看穿。"（〔清〕胡文英《庄子独见》）你怎样理解这段话？
2. 结合春秋战国的时代背景，你认为庄子哲学是"避世的软弱"，还是"安生的智慧"？为什么？

【近思】

　　面对物质财富的极大丰富，当今社会，人们无形中会被财富、权势、贪欲等"外物"所役使，丧失了本心。有学者认为，庄子所追求的理想人格是社会个体在病态的、不健康的社会中对自我生命本体的深沉叩问和反思的体现，学习庄子的思想有助于帮助人们回归自我。谈谈你的想法。

庄　子（节选3）

为 政 篇

　　肩吾见狂接舆。狂接舆曰："日中始何以语女[1]？"

---

① 陈鼓应.《庄子》内篇的心学（下）.哲学研究，2009（3）：51—59.

肩吾曰："告我，君人者以己出经式义度[2]，人孰敢不听而化诸[3]？"

狂接舆曰："是欺德也[4]。其于治天下也，犹涉海凿河，而使蚊负山也。夫圣人之治也，治外乎[5]？正而后行[6]，确乎能其事者而已矣。且鸟高飞以避矰弋之害[7]，鼷鼠深穴乎神丘之下以避熏凿之患[8]，而曾二虫之无知[9]？"

天根游于殷阳[10]，至蓼水之上[11]，适遭无名人而问焉[12]，曰："请问为天下[13]。"

无名人曰："去！汝鄙人也，何问之不豫也[14]！予方将与造物者为人[15]，厌则又乘夫莽眇之鸟[16]，以出六极之外，而游无何有之乡，以处圹埌之野[17]。汝又何帠以治天下感予之心为[18]？"

又复问，无名人曰："汝游心于淡，合气于漠[19]，顺物自然而无容私焉，而天下治矣。"

阳子居见老聃[20]，曰："有人于此，向疾强梁[21]，物彻疏明[22]，学道不倦。如是者，可比明王乎？"

老聃曰："是于圣人也，胥易技系[23]，劳形怵心者也[24]。且也虎豹之文来田[25]，猨狙之便、执斄之狗来藉[26]。如是者，可比明王乎？"

阳子居蹴然曰[27]："敢问明王之治。"

老聃曰："明王之治：功盖天下而似不自己，化贷万物而民弗恃[28]；有莫举名[29]，使物自喜；立乎不测，而游于无有者也[30]。"

（《庄子·应帝王》）

（选自孙通海译注. 庄子. 北京：中华书局，2007）

【注释】

［1］日中始：虚拟人物。女：同"汝"，你。

［2］君人者：国君。经、式、义、度：皆谓法度。义，读为"仪"。

［3］诸：句尾助词，犹"乎"。

［4］欺德：虚伪骗人的言行。

［5］治外：指用"经式仪度"来治理人的外表。

［6］正而后行：自正而后化行天下。此"正"指无为，此"行"指自然。即《老子》所说："我无为而民自化，我好静而民自正。"

［7］矰弋（zēng yì）：捕鸟的器具。矰是鸟网，弋是系有丝绳的箭。

［8］鼷（xī）鼠：小鼠。熏凿：谓烟熏和挖掘。

[9] 无知：奚侗认为"'知'当作'如'，其义较长。'无如'犹言'不如'也"。
[10] 天根：虚拟人物。殷阳：虚拟地名。
[11] 蓼水：虚拟水名。
[12] 无名人：虚拟人物。
[13] 为：治，治理。
[14] 不豫：不悦，不快。
[15] 为人：为友。
[16] 莽眇之鸟：像鸟般的轻盈虚渺之气。
[17] 圹埌（kuànglàng）：空旷寥阔。
[18] 帠（yì）："臬"的坏字，读作"寱"，"呓"的本字。
[19] 淡、漠：皆指清静无为的境界。
[20] 阳子居：虚拟人物。历来多认为阳子居是主张"贵己"的杨朱，其实不相干。
[21] 向疾：敏捷如响。向，通"响"。强梁：强悍果断。
[22] 物彻：观察事物透彻。疏明：疏通明白。
[23] 胥：有才智的小吏。易：掌管占卜的小官。技系：被技术所束缚而不能脱身。
[24] 劳形怵心：形体劳累，内心担惊受怕。怵，惊惧。
[25] 文：花纹。来：招来。田：田猎。
[26] 便：灵便。㺆（lí）：狐狸。藉：拘系。
[27] 蹴（cù）然：脸色突然改变的样子。
[28] 贷：施。弗恃：不觉有所依赖。
[29] 莫：无。举：显示，称说。
[30] 无有：指至虚之境。

（注释参选孙通海译注．庄子．北京：中华书局，2007）

【知新】

庄子不仅在个人生活方面追求"逍遥""自由"，在政治方面也同样如此，追求大自在与大自由。钱穆先生认为，这种自由、自在的政治理想局面依托于"虚无体"君主的"无知无为""无所恃无所喜"，可以解释为某种层面的"无君无政府之理论也"："庄周并未明白主张无君论。庄周亦未明白主张不要一切政治与政府。彼只谓一个理想之君，须能存心淡漠，顺物之自然，而不容于私。庄周之所谓私,即指君人者私人之主张意见。由于此等私人之主张意见,而遂有所谓经式义度。如是则有君即等于无君,有政府亦将等如无政府。"①

庄子对于如何使政治达到"无为"境界,消除社会的一切不安也有论述。吕振羽先生认为,庄子根据他的宇宙论和人生论提出了具体方法:"若能去'人知'而返归于'天机',人类的这种观念,便都可以消灭,社会也便可以从斗争(有为)而转入到无斗争(无为)的状态。去'人知',复'天机',这种观念的转变,他认为完全在于各人主观之一念。故说'游心于淡,合气于漠,顺物自然而无容私焉,而天下治矣'。"②

【切问】

1. 在庄子看来,贤明的君王应当是什么样的?
2. 谈谈你对"游心于淡,合气于漠,顺物自然而无容私焉,而天下治矣"这句话的理解,并分析庄子所认同的"顺物自然""无容于私"是怎样一种状态。
3. 比较孟子"王道"政治思想和庄子"无为"政治思想的异同,并结合中国古代历史,谈谈这两种理念的应用。

【近思】

目前,我国正在积极构建民主法治、公平正义、诚信友爱、充满活力、安定有序、人与自然和谐相处的社会主义和谐社会。一直以来,我们主要是采取"有为"的方式来实践我们的社会政治理想,然而不少人认为,庄子"无为而治"的政治理念也许更有利于和谐社会的建设。你怎样看待这种观点?

墨子·兼爱(节选)

子墨子言曰:"仁人之所以为事者,必兴天下之利,除天下之害,以此为事者也。"然则天下之利何也?天下之害何也?子墨子言曰:今若国之与国之相攻,家之与家之相

---

① 钱穆. 庄老通辨. 北京:生活·读书·新知三联书店,2002:111—112.
② 胡道静主编. 十家论庄. 上海:上海人民出版社,2008:80.

篡[1]，人之与人之相贼[2]；君臣不惠忠，父子不慈孝，兄弟不和调，此则天下之害也。然则崇此害亦何用生哉[3]？以不相爱生邪[4]？子墨子言：以不相爱生。今诸侯独知爱其国，不爱人之国，是以不惮举其国以攻人之国。今家主独知爱其家[5]，而不爱人之家，是以不惮举其家以篡人之家。今人独知爱其身，不爱人之身，是以不惮举其身以贼人之身。是故诸侯不相爱，则必野战；家主不相爱，则必相篡；人与人不相爱，则必相贼；君臣不相爱，则不惠忠；父子不相爱，则不慈孝；兄弟不相爱，则不和调。天下之人皆不相爱，强必执弱，富必侮贫，贵必敖贱[6]，诈必欺愚。凡天下祸篡怨恨，其所以起者，以不相爱生也。是以仁者非之。

既以非之，何以易之？子墨子言曰：以兼相爱、交相利之法易之。然则兼相爱、交相利之法将奈何哉？子墨子言：视人之国若视其国，视人之家若视其家，视人之身若视其身。是故诸侯相爱，则不野战；家主相爱，则不相篡；人与人相爱，则不相贼；君臣相爱，则惠忠；父子相爱，则慈孝；兄弟相爱，则和调。天下之人皆相爱，强不执弱，众不劫寡，富不侮贫，贵不敖贱，诈不欺愚。凡天下祸篡怨恨可使毋起者，以相爱生也，是以仁者誉之。

然而今天下之士君子曰：然，乃若兼则善矣。虽然，天下之难物于故也[7]。子墨子言曰：天下之士君子，特不识其利[8]、辩其故也。今若夫攻城野战，杀身为名，此天下百姓之所皆难也。苟君说之[9]，则士众能为之。况于兼相爱、交相利，则与此异。夫爱人者，人必从而爱之；利人者，人必从而利之；恶人者，人必从而恶之；害人者，人必从而害之。此何难之有！特上弗以为政，士不以为行故也。

（选自李小龙译注．墨子．北京：中华书局，2007）

【注释】

［1］篡：用强力夺取。

［2］贼：杀害。

［3］崇：应为"崇"，同"察"。

［4］不相爱："不"字当删。

［5］家主：指公卿大夫。

［6］敖：同"傲"。

［7］于故：当作"迂故"，即迂阔之事。

［8］利：当为"物"字。

［9］说：同"悦"。

【温故】

● 墨子

墨子（约前480—前390年），名翟，墨家学派的创始人，战国时期著名思想家、政治家、军事家、社会活动家。提出"兼爱""非攻""尚贤""尚同""节用""节葬""天志""明鬼""非乐""非命"十大主张，以"兼爱"思想为十大主张的灵魂。墨子生平不详，有说是工匠，因其擅长技术；有说是武士，因其创立的组织实施军事化管理。相传墨子早年"学儒者之业，受孔子之术"，后自创墨家学派而反儒。但《墨子》的文风冗长而烦琐，缺乏《论语》那种优雅的贵族式风格，可见儒者之业对墨子并无很深的熏陶。墨子立志做拯救天下的"贤人"，四处游历、宣扬自己的主张，但并不被统治者采纳。其弟子根据墨子生平事迹的史料，收集其语录，形成《墨子》一书传世。墨家学说曾与儒家学说并称为"当世之显学"，但到汉代初期，墨家学说很快式微，对后世一直没有太大的影响，直到20世纪初才有人重新关注与强调。

● 墨子的"兼爱"思想

梁启超说："墨学所标纲领，虽有十条，其实只从一个观念出来，就是兼爱。"[1]在墨子所强调的十项主张中，"兼爱"是其根本，其他九项是"兼爱"的延伸。墨子主张"兼爱"的目的是为了消除当时的乱世纷争，这些纷争主要发生在国与国之间，家与家（主要是权贵之家）之间，家族成员（主要是权贵之家内部成员）之间。墨子主张的兼爱是从功利主义原理出发，假设人的本性只会追求自身利益，并非依靠德性教化所能改变，只有把"兼相爱"与"交相利"相结合，让利己主义的人们相信，自身利益无法离开所有人的利益，从而劝诱人们通过"爱人若爱其身"达到互利互惠的目的，这样就能消除纷争，达到天下太平。

【知新】

墨子在他的时代捍卫弱国的利益，抵抗强国的侵略，主张各国互利互惠，和平共处，认同多国并存体制，这在当时虽然不合潮流，但对于今日世界却有一定的启示。在《展望21世纪：汤因比与池田大作对话录》一书中，英国历史学家汤因比提到："把普遍的爱作为义务的墨子学说，对现代社会世界来说，更是恰当的主张，因为现代世界在技术上已经统一，但在感情方面还没有统一起来。只有普遍的爱，才是人类拯救自己的唯一希望。"日本思想家池田大作认为，"墨子关于舍去利己、树立爱他的兼爱学说，是反对侵略战争的理论先导，就是说，正

---

[1] 梁启超. 饮冰室合集. 北京：中华书局，1989.

如谴责侵害他人、谋取私利的强盗行径一样，也应该谴责大国侵害小国、大量屠杀以及破坏经济的行为。这种理论是极其现代化的，只是墨子主张的兼爱，过去只是指中国。而现在应作为世界性的理论去理解。"①

【切问】

1. 20世纪20年代开始，思想界出现墨子复兴思潮，对墨子的评价超过孔孟老庄，仅举几例：

  章太炎：墨子之道德，非孔老所敢窥视。

  孙中山：仁爱也是中国的道德，古时最讲爱字莫过于墨子。墨子讲的兼爱与耶稣的博爱一样。

  梁启超：吾当谛观思维：则墨学精神，深入人心，至今不坠，因以形成吾民族特性之一者，盖有之矣。墨教之根本义，在肯牺牲自己。

  毛泽东：墨子是比孔子更伟大的圣人，是中国的赫拉克利特。

  对于以上观点你有什么看法？

2. 这股思潮兴起的原因是什么？

【近思】

1. 当今假冒伪劣商品充斥市场，为了逐利危害他人、破坏环境、损害国家和民众利益的劣行比比皆是。墨子所倡导的"兼相爱"与"交相利"思想对我们有何启发？

2. 按照墨子的说法，只要对他人付出了爱就会得到相同的回报，但是，在现实社会中，类似好心扶起倒地老人却被讹诈的现象却屡见不鲜，我们应该怎样看待这样的现象呢？

韩非子·五蠹[1]（节选）

上古之世，人民少而禽兽众，人民不胜[2]禽兽虫蛇。有圣人作[3]，构木为巢以避

---

① ［日］池田大作，［英］阿·汤因比. 展望21世纪：汤因比与池田大作对话录. 国际文化出版公司，1985：410.

群害，而民悦[4]之，使王天下[5]，号之曰[6]有巢氏[7]。民食果蓏蚌蛤，腥臊恶臭而伤害腹胃，民多疾病。有圣人作，钻燧取火[8]以化腥臊，而民说[9]之，使王天下，号之曰燧人氏[10]。中古[11]之世，天下大水，而鲧禹决渎[12]。近古之世，桀纣[13]暴乱，而汤武[14]征伐。今有构木钻燧于夏后氏之世者[15]，必为鲧禹笑矣；有决渎于殷[16]周之世者，必为汤武笑矣。然则今有美尧、舜[17]、汤、武、禹之道于当今之世者，必为新圣[18]笑矣。是以圣人不期修古[19]，不法常可，论世之事，因为之备[20]。宋[21]人有耕者，田中有株[26]，兔走触株，折颈而死，因释其耒[22]而守株，冀复得兔，兔不可复得，而身为宋国笑。今欲以先王之政治当世之民，皆守株之类也。

（选自梁启雄注.韩子浅解.北京：中华书局，1960）

【注释】

[1] 蠹：蛀虫。

[2] 不胜：力不能敌。

[3] 作：兴起、出现。

[4] 悦：喜欢。

[5] 王（wàng）天下：统治天下，为天下之王。王，称王，即统治。

[6] 号之曰：称之为。

[7] 有巢氏：传说中发明巢居的人。

[8] 钻燧取火：钻燧木以取得火种。燧（suì），古代取火的器具。

[9] 说（yuè）：通"悦"，喜欢。

[10] 燧人氏：传说中发明钻木取火的人。

[11] 中古：指尧舜禹时代。

[12] 鲧（gǔn）禹决渎（dú）：传说鲧是禹的父亲，夏后氏的部落首领。他奉尧的命令治水，采用拦河筑坝的方法，没有成功，被舜杀死；禹接受了他父亲的教训，疏通河道，导流入海，治服了洪水。韩非把鲧列入圣人之列，说他也是治水有功之人。

[13] 桀纣：桀，名履癸，夏朝最后一个王。纣，名受辛，商朝最后一个王。

[14] 汤武：汤，指商汤，名子履，商朝的开国君主。武，武王，名姬发灭商朝后建立了周朝。

[15] 夏后氏之世：指夏朝。夏后氏，夏朝开国之君禹。后，君主。

[16] 殷：商朝的别称，因为商朝传到盘庚时，迁都于殷（今河南安阳西）。

[17] 尧、舜：夏朝以前有盛名之二君主，尧传舜，舜传禹。

[18] 新圣：新兴帝王。

[19] 期修古：期，希求。修，习，治。修古，学习古法。

[20] 因为之备：从而为之做准备，采取措施。因，依，按照。备，采取措施。

[21] 宋：诸侯国名，范围包括今河南东部和山东、江苏的部分地区。

[22] 耒（lěi）：古代翻土的农具。

（注释参选高华平，王齐洲，张三夕译注．韩非子．北京：中华书局，2010）

【温故】

● 韩非

　　韩非（？—前233年），出身韩国贵族，曾和李斯同学于荀况，李斯自以为不及。当时韩国国力衰弱，韩非多次上书韩王，他从主张变革、反对复古的历史观出发，宣扬君主集权，任法术而尚功利；提出富国强兵、修明法制的主张，不被采纳，退而著书，成十万余言，是先秦法家学说的集大成者。

　　韩非精于"刑名法术之学"，总结了商鞅、申不害和慎到三家的思想，提出一套法、术、势相结合的法治理论；"而其归本于黄老"，对老子的《道德经》很有研究，著有《解老》《喻老》等篇。韩非目睹战国末期的韩国积贫积弱，试图变法图强，但其主张始终得不到采纳，便退而著书。后秦攻韩，韩非到秦遭李斯陷害，在狱中服毒而死。韩非的思想主要保留在《韩非子》一书中，该书自古为帝王之学，主讲为君驭下之道。秦始皇初见韩非著作部分篇文内容后，曾高度评价道："寡人得见此人与之游，死不恨矣。"该书文章构思精妙，语言幽默，具有耐人寻味、警策世人的艺术风格。司马迁曾评价说："韩非'观往者得失之变'。"《韩非子》一书主张法治，提出重赏、重罚、重农、重战四项政策，对中国历代封建专制主义集权统治的建立颇有影响。

● 五蠹

　　《韩非子》篇名。说文："蠹，木中虫也"，即蛀虫。文章中的五蠹指五种人：（一）学者，指战国末的儒家；（二）带剑者，指带剑的侠客；（三）言谈者，指纵横家；（四）患御者，似指奸臣私门内的党人；（五）商人和手工业者。《五蠹》前半部分，用社会起源和社会组织古今变迁实际情况来论证法治是合于新时代要求的；也就是拿历史发展的观点来论证他的政论是正确的。后半部分，批评儒家、侠士、纵横家、患御者和工商五种人无益于耕战，斥他们是蛀虫。篇中揭露君主在措施上和认识上的矛盾。①

【知新】

1. 商鞅说："上世亲亲而爱私，中世上贤而说仁，下世贵贵而尊官"（《商君书·开塞》），他实际上是将道德伦理等观念作为文化史分期的标准。韩非子的文化史分期观念在《五蠹》"上古之世，人民少而禽兽众，人民不胜禽兽虫蛇……""中古之世，天下大水，而鲧禹决渎""近古之世，桀纣暴乱，而汤武征伐""当今争于气力"中体现，他将全部文化史分为上古、中古、近古、今世四个时期，可见其历史视野的扩大和前后相继历史整体观念的进一步发展。近代思想家梁启超说"故夫变者，古今之公理也……自太古、上古、中古、近古以至今日，国已不知万百千变"②。除了"太古"以外，梁启超涉及的其他四个时期与韩非的文化史分期完全相同，回望历史亦可体现韩非的文化史分期观念的独到价值，同时也是古代历史观的重要进步。

2. 《韩非子》是先秦散文臻于成熟的标志。韩非的说理散文在先秦诸子中独出心裁，思想明彻犀利，文字严峻峭刻，论据充实、逻辑严密，具有大气磅礴、波澜壮阔的风格。明代学者茅坤评论说："先秦散文，韩子则擅场矣"，"先秦之文，韩子其之觳焉。其书二十卷，五十三篇，十万余言。纤者、钜者、谲者、奇者、谐者、俳者、欷歔者、愤懑者，号呼而泣诉者，皆自其心之所欲为，而笔之于书，未尝有所宗祖其何氏何门也。一开帙而爽然、耸然、赫然、渤然，英精晃荡，声中皇宫，耳有闻，目有见"（《韩子迂评后语》）。可见韩非所作之文精深宏博，文采飞扬。

3. 在《五蠹》中韩非用"守株待兔"的寓言故事讽刺用先王之道来治理当今社会的因循守旧之作为，阐明"论世之事，因为之备"法治思想。刘勰在《文心雕龙·诸子》说"韩非著博喻之富"，韩非把大量寓言故事作为形象说理的比喻，诙谐有趣，短小精悍。《韩非子》汇集的寓言故事多达三百一十余则，"滥竽充数""削足适履""自相矛盾"等寓言故事更是广为流传、家喻户晓。在《韩非子》中不乏有较完整的故事情节和鲜明的人物形象，明人有韩非为"小说之祖"的说法："史统散而小说兴。始于周季，盛于唐，而浸淫于宋。韩非、列御寇诸人，小说之祖也。"（绿天馆主人题《古今小说叙》）。

---

① 梁启雄注. 韩子浅解. 北京：中华书局，1960：465.
② 梁启超. 梁启超哲学思想论文选. 北京：北京大学出版社，1984：1.

【切问】

1. 韩非以"构木为巢""钻燧取火"强调古今异俗,以"是以圣人不期修古,不法常可,论世之事,因为之备"(《韩非子·五蠹》)强调不应迷信先王之道,应立足现实、因时制宜制定应备措施。恩格斯曾说:"为了了解单个的现象,我们就必须把它们从普遍的联系中抽出来,孤立地考察它们,而且在这里不断更替的运动就显现出来,一个为原因,另一个为结果。"① 请你联系韩非的观点,谈谈你对上述恩格斯引言的理解。

2. 汉代思想家扬雄说:"夫物不因不生,不革不成"(《太玄·太玄莹》),又说"或问:'道有因无因乎?'曰:'可则因,否则革'。或问新敝,曰:'新则敝之,敝则益损之'"(《法言·问道》)。在上文中,"因""革"分别解释为"继"与"变",试分析韩非与扬雄二人对待事物发展的态度有何异同。

【近思】

1. "破四旧"在"文化大革命"时期指破除旧文化、旧思想、旧风俗和旧习惯。② 1966年6月1日,人民日报社论《横扫一切牛鬼蛇神》,提出"破除几千年来一切剥削阶级所造成的毒害人民的旧思想、旧文化、旧风俗、旧习惯"的口号。请你联系对《韩非子·五蠹》的理解,谈谈你如何看待当年的"破四旧"?

2. 宋朝名相赵普说"半部《论语》治天下",近代著名学者章太炎称"半部《韩非子》治天下",两个半部合二为一,"外儒内法"构成了我国封建社会的统治基础,试比较"儒""法"两家思想的异同。

诫子书[1]

诸葛亮

夫君子之行,静以修身,俭[2]以养德。非澹泊[3]无以明志,非宁静无以致远。夫学须静也,才须学也,非学无以广才[4],非志无以成学。怠慢[5]则不能励精[6],险

---

① 恩格斯. 自然辩证法. // 马克思恩格斯选集(第3卷). 北京:人民出版社,1972:552.
② 于根元主编. 现代汉语新词语词典. 北京:中国青年出版社,1994:689.

躁[7]则不能治性[8]。年与[9]时驰，意与岁去，遂成枯落[10]。多不接世[11]，悲守穷庐，将复何及！

（选自诸葛亮. 诸葛亮集. 北京：中华书局，1960）

【注释】

[1] 诫：警告，劝人警惕。子：儿子。这是诸葛亮写给儿子诸葛瞻的一封家书。

[2] 俭：约束、节制。

[3] 澹泊：内心恬淡，不追逐名利。

[4] 广才：增长才干。

[5] 慆慢：傲慢懈怠。

[6] 励精：振奋精神。

[7] 险躁：轻薄浮躁。

[8] 治性：治，通"冶"，陶冶性情。

[9] 与：跟随。

[10] 枯落：枯枝和落叶，此指像枯叶一样飘零，形容人韶华逝去。

[11] 接世：济世。

【温故】

● 诸葛亮

诸葛亮（181—234年），字孔明，号卧龙，琅琊阳都（今山东沂南县南）人。三国时期著名的政治家、军事家。早年避难隐居荆州，躬耕陇亩，自比管仲、乐毅。后辅助刘备，隆中对策，建议三分天下，联吴抗曹，西取益州，建立蜀汉。刘备称帝后，拜为丞相。刘备去世后，辅佐刘禅，被封为武乡侯，领益州牧，主持朝政。前后六次出师北伐曹魏，鞠躬尽瘁，死于军中。刘禅追谥其为忠武侯，故后世常以武侯、诸葛武侯尊称诸葛亮。代表作品有《前出师表》《后出师表》等。

● 《诫子书》

这篇文章是诸葛亮晚年写给他的儿子诸葛瞻的一封家书，诸葛亮在这篇文章中表达了一位父亲对儿子的谆谆教诲。写给孩子的家诫、家训，往往是一位父亲人生经验的总结，是他最真实的人生态度与心境的表现，由此，可以看出许多有价值的经验。

　　这篇《诫子书》内容精短,却有非常深厚的内涵。文章概括了为人和治学的经验,着重围绕一个"静"字加以论述,同时把失败归结为一个"躁"字,对比鲜明。他给孩子提出了修身、养德、明志、好学的要求,他认为一个君子,一个优秀的人应该沉静、节俭、励志、好学、勤奋、惜时、自我约束、淡泊名利。同时,他很言简意赅地道明其中的关系:才须学,学须静,学须志,明志须淡泊,致远须宁静。他对时间易逝的描述非常诗意而具有感染力。可以说这篇《诫子书》言简而意赅,短小而深刻,富于诗意,故而传诵千古,影响了一代又一代的中国人。

【知新】

　　汉末魏晋南北朝时期,许多文人学者都留有许多家诫、家训等作品,除了诸葛亮的《诫子书》外,比较著名的还有颜之推的《颜氏家训》、嵇康《家诫》、陶渊明《责子》、王昶《戒兄子及子书》等。这些诫子书往往是当时精英家族教育家族子弟的典范文本,是他们心迹真情的率真流露。可以反映出魏晋士人真实的人生价值取向。

　　汉末魏晋时代,尽管儒学独尊的地位被打破,出现了儒、道、释互融的局面,但儒家伦理思想的社会主导地位并没有丧失。诸葛亮以"君子"来要求孩子,君子是儒家哲学思想中所追求的理想人格境界。仁、礼、学三者都是君子的品格中重要的组成部分,诸葛亮在这里突出了"学",正如狄百瑞所述,"如果'仁'与'礼'是《论语》里文人君子身上最突出的美德,那么学问和知识就可以共同构成另一个同等重要的主题。"[1]才学是儒家君子资以进取的基础。而诸葛亮所提出的"淡泊""宁静"又可以看出老庄哲学所推崇的人生智慧。儒家鼓励积极进取,有所作为,道家倡导淡泊名利,顺应自然。儒道互补,这是诸葛亮开给孩子的立身处世良方,其实也是历代中国人立身处世的智慧。这种智慧既有儒家的积极进取作为动力,志存高远,经世致用,为社会贡献一己之力量,又有道家的淡泊宁静作为底蕴,因而无论遇到什么坎坷,内心都能安然宁静,有力量去化解。

【切问】

1. 诸葛亮在史书《三国志》、小说《三国演义》以及他自己笔下,其形象是不是一致呢?你在这篇文章中读到了一个怎样的诸葛亮?
2. 诸葛亮在《诫子书》中说"多不接世,悲守穷庐,将复何及!"认为人生的意

---

[1] [美]狄百瑞著,黄水婴译. 儒家的困境. 北京:北京大学出版社,2009:36—37.

义在于经世致用，做出较大的社会贡献，而不是安居于穷庐，你赞成他的这种观点吗？幸福的普通人是不是也是一种成功呢？

【近思】

1. 读一读中国古代其他文人的诫子书，如郑玄《诫子书》、嵇康《家诫》、陶渊明《责子》、王昶《戒兄子及子书》、颜之推的《颜氏家训》等，说说他们对孩子都有哪些殷切期望和谆谆告诫，有哪些一致的要求。
2. 采访一下你所熟悉的已经成为了父母的老师们，请他们谈谈他们有什么宝贵的人生经验要传递给下一代。将你的采访结果做成一个视频或整理成一篇小文章与同学们分享。

颜氏家训·勉学第八

颜之推

自古明王圣帝犹须勤学，况凡庶乎！此事遍于经史，吾亦不能郑重[1]，聊举近世切要，以启寤汝耳[2]。士大夫子弟，数岁已上，莫不被教，多者或至《礼》《传》，少者不失《诗》《论》。及至冠婚，体性稍定；因此天机，倍须训诱。有志尚者，遂能磨砺，以就素业[3]，无履立者[4]，自兹堕慢[5]，便为凡人。人生在世，会当有业：农民则计量耕稼，商贾则讨论货贿，工巧则致精器用，伎艺则沉思法术，武夫则惯习弓马，文士则讲议经书。多见士大夫耻涉农商，差务工伎，射则不能穿札[6]，笔则才记姓名，饱食醉酒，忽忽无事[7]，以此销日，以此终年。或因家世余绪，得一阶半级，便自为足，全忘修学；及有吉凶大事，议论得失，蒙然张口[8]，如坐云雾；公私宴集，谈古赋诗，塞默低头，欠伸而已[9]。有识旁观，代其入地[10]。何惜数年勤学，长受一生愧辱哉！

梁朝全盛之时，贵游子弟[11]，多无学术，至于谚云："上车不落则著作[12]，体中何如则秘书[13]。"无不熏衣剃面，傅粉施朱，驾长檐车[14]，跟高齿屐[15]，坐棋子方褥[16]，凭斑丝隐囊[17]，列器玩于左右，从容出入，望若神仙。明经求第[18]，则顾人答策[19]；三九公宴[20]，则假手赋诗。当尔之时，亦快士也[21]。及离乱之后，朝市迁革，铨衡选举[22]，非复曩者之亲[23]；当路秉权，不见昔时之党。求诸身而无所得，施之世而无所用。被褐而丧珠，失皮而露质，兀若枯木，泊若穷流，鹿独戎马之间[24]，转死沟壑之际。当尔之时，诚驽材也。有学艺者，触地而安。自荒乱以来，诸见俘虏。虽百世小人，知读《论语》《孝经》者，尚为人师；虽千载冠冕，不晓书记者，莫不耕田养马。以此观之，安可不自勉耶？若能常保数百卷书，千载终不为小人也。

夫明"六经"之指[25]，涉百家之书，纵不能增益德行，敦厉风俗[26]，犹为一艺，得以自资。父兄不可常依，乡国不可常保，一旦流离，无人庇荫，当自求诸身耳。谚曰："积财千万，不如薄伎在身[27]。"伎之易习而可贵者，无过读书也。世人不问愚智，皆欲识人之多，见事之广，而不肯读书，是犹求饱而懒营馔[28]，欲暖而惰裁衣也。夫读书之人，自羲、农已来，宇宙之下，凡识几人，凡见几事，生民[29]之成败好恶，固不足论，天地所不能藏，鬼神所不能隐也。

（选自檀作文译注. 颜氏家训. 北京：中华书局，2007）

【注释】

[1] 郑重：这里是频繁的意思。

[2] 寤：使明白。

[3] 素业：清素之业，即士族所从事的儒业。

[4] 履立：操行。

[5] 堕慢：散漫。

[6] 札：铠甲上用皮革或金属制成的叶片。

[7] 忽忽：恍惚。

[8] 蒙然：无知的样子。

[9] 欠伸：倦时打哈欠和伸懒腰。

[10] 入地：羞愧入地。

[11] 贵游子弟：无官职的王公贵族叫贵游。这里泛称贵族子弟。

[12] 著作：即著作郎，古代官名。

[13] 体中何如：当时书信中的客套话。这里是指这些贵游子弟，无才无学，仅仅能写一般问候起居的书信而已。

[14] 长檐车：一种用车幔覆盖整个车身的车子。

[15] 跟：穿屐。高齿屐：一种装有高齿的木底鞋。

[16] 棋子方褥：一种用方格图案的织品制成的方形坐褥。

[17] 凭：倚。隐囊：靠枕。

[18] 明经：通晓经术。

[19] 顾：通"雇"。答策：即对策。

[20] 三九：即三公九卿，封建王朝执掌中央政权的高级官员。

[21] 快士：优秀人物。

[22] 铨衡：衡量，品评。选举：选拔人才。

[23] 曩（nǎng）：过去。

[24] 鹿独：颠沛流离的样子。

[25] 六经：指《诗》《书》《礼》《乐》《易》《春秋》六部儒家经典。

[26] 敦厉：敦促劝励。

[27] 伎：技艺，才能。

[28] 馔（zhuàn）：食物。

[29] 生民：百姓。

（注释参选檀作文译注. 颜氏家训. 北京：中华书局，2007）

【温故】

颜之推（531—591年），字介，原籍琅琊临沂（今山东临沂），生于建康。中国古代文学家，教育家。早传家业，博览群书，为文词情并茂，得梁湘东王赏识而任国左常侍一职。后投奔北齐，官至黄门侍郎。后又被征为北周御史上士。隋代北周被召为学士。颜之推一生，历仕四朝，"三为亡国之人"，可谓"一生而三化，备荼苦而蓼辛"。著有《颜氏家训》《观我生赋》《还冤志》《集灵记》等传世。

《颜氏家训》是颜之推一生处世、为学的经验总结，被后世称此书为"家教规范"。全书分七卷，共二十篇，名为家训，实则包罗万象，是后世的人们修身治学必读的典籍。书中提出的一系列修身治学的思想，影响深远，奠定了我国封建社会道德教育的理论基础，被人们誉为"隋代之前教子学的集大成著作"，时至今日对现代的教育仍有重要的借鉴意义和指导作用。"勉学"为《颜氏家训》第八篇的篇名，单独占一卷的篇幅，足见颜氏对此的推崇和重视。

【知新】

在颜之推之前，论证学习重要性的就大有人在，比如荀子的《劝学》，但

《勉学》篇不同于儒家单单从理论体系和哲学上阐述学习的意义，而是如秦元所说："《勉学》篇注重从士大夫个体生存的角度论述学习的重要性。"[1]纵然士族在社会稳定之时无须担忧，可以得过且过，但一旦遇上社会动乱，便会失去生存的优势，士族无法再给予他们庇佑，要想更好地生存下去，必须要依靠自己，根据颜之推自身的经历，他认为掌握学习的技巧和掌握丰厚的知识便是赋予了自己生存优势，也即在作者看来"读书是立身之本"[2]，读书可以为自己获得一技之长，"犹为一艺，得以自资"。这就赋予了学习以现实意义，更加实用。

【切问】

1. 《颜氏家训》虽然批判了梁朝士族的不学无术，但"若能常保数百卷书，千载终不为小人也"一句仍能看出其最终落脚点还是为了士族的发展，试分析士族观念对本文观点和表述的影响。

2. 文中说："伎之易习而可贵者，无过读书也。"作者把读书作为增加技艺的一种方法，这种学习论与儒家观点中读书的目的是提升人的精神境界有什么不同？从这种学习论的不同认识中可以看出时代风气的何种变迁？

【近思】

　　颜之推认为读书是必要的，是有实用价值的，但是当今社会却流行一种"读书无用论"的观点，认为读书并不能带来人们所希望的财富，反倒是早早辍学的一批人能够混迹于上层社会。你如何看待这种现象？又如何对待人们对"读书无用论"的评价？谈谈你对读书的意义的看法。

坛经·行由品

惠　能

　　祖一日唤诸门人总来："吾向汝说：世人生死事大，汝等终日只求福田，不求出

---

[1] 秦元. 颜之推研究. 济南：齐鲁书社，2012：36.
[2] 唐翼明. 唐翼明解读《颜氏家训》. 长沙：湖南科学技术出版社，2012：69.

离生死苦海[1]。自性若迷，福何可救？汝等各去，自看智慧，取自本心般若之性[2]，各作一偈[3]，来呈吾看，若悟大意，付汝衣法[4]，为第六代祖。……"

神秀作偈成已，数度欲呈，行至堂前，心中恍惚，遍身汗流，拟呈不得。前后经四日，一十三度，呈偈不得。

秀乃思惟，不如向廊下书著，从他和尚看见，忽若道好，即出礼拜，云是秀作。若道不堪，枉向山中数年，受人礼拜，更修何道？

是夜三更，不使人知，自执灯，书偈于南廊壁间，呈心所见。偈曰：

身是菩提树[5]，心如明镜台[6]，时时勤拂拭，勿使惹尘埃。

秀书偈了，便却归房，人总不知。秀复思惟：五祖明日见偈欢喜，即我与法有缘，若言不堪，自是我迷，宿业障重[7]，不合得法，圣意难测。房中思想，坐卧不安，直至五更。

祖已知神秀入门未得，不见自性。天明，祖唤卢供奉来，向南廊壁间绘画图相，忽见其偈。报言："供奉却不用画，劳尔远来。经云：凡所有相，皆是虚妄。但留此偈，与人诵持。依此偈修，免堕恶道[8]。依此偈修，有大利益。"令门人炷香礼敬，尽诵此偈，即得见性。

门人诵偈，皆叹善哉。

祖三更唤秀入堂，问曰：偈是汝作否？

秀言："实是秀作，不敢妄求祖位。望和尚慈悲，看弟子有少智慧否？"

祖曰："汝作此偈，未见本性，只到门外，未入门内。如此见解，觅无上菩提[9]，了不可得。无上菩提，须得言下识自本心，见自本性。不生不灭[10]，于一切时中[11]，念念自见[12]。万法无滞，一真一切真。万境自如如[13]，如如之心，即是真实[14]。若如是见，即是无上菩提之自性也。汝且去一两日思惟，更作一偈，将来吾看汝偈，若入得门，付汝衣法。"

神秀作礼而出，又经数日，作偈不成，心中恍惚，神思不安，犹如梦中，行坐不乐。

复两日，有一童子[15]，于碓坊过[16]，唱诵其偈。惠能一闻，便知此偈未见本性。虽未蒙教授，早识大意。……

惠能偈曰：菩提本无树，明镜亦非台，本来无一物，何处惹尘埃。

书此偈已，徒众总惊，无不嗟讶，各相谓言："奇哉，不得以貌取人，何得多时使他肉身菩萨[17]。"

祖见众人惊怪，恐人损害，遂将鞋擦了偈，曰："亦未见性。"众以为然。

（选自尚荣译注．坛经．北京：中华书局，2013）

【注释】

［1］生死苦海：指各种苦难的世界，亦即生死轮回之三界六道。众生沉沦于三界六道之苦恼中，渺茫无际，犹如沉没于大海难以出离，故以广大无边的海来比喻。

［2］般若：梵文 prajñā，"般若"为其音译，又作"波若""般罗若""钵剌若"，意译为"慧""智慧"，指明见一切事物及道理的高深智慧，唯佛具之成之，故中国古代的僧人常将之称为"圣智"。

［3］偈（jì）：梵文 gāthā，意译为"颂"。颂者，美歌也。泛指一种略似于诗的有韵文辞，不问三言四言乃至多言，通常四句一偈。通用于佛教经律论。

［4］衣法：指衣与法。衣，指出家人的袈裟。法，指佛教所传的正法。将衣与法二者相结合作为佛教传承，认为内传心法以心证心、外传袈裟表正法所在，这种做法源自释迦牟尼佛将一领袈裟留在鸡足山以待印证弥勒未来成佛的传说。

［5］菩提树：原名"毕钵罗树"。"毕钵罗"为梵文 Pippala 的音译。此树冬夏常绿，高可几十米，叶如心形，花隐于花托之中，子呈圆形，产于东印度，是一般所称的菩提子。佛教传说释迦牟尼佛即是在毕钵罗树下获得无上菩提智慧的，所以此树又称为"菩提树"。

［6］明镜台：古人梳妆之镜为铜质，镜有鉴照之用，其台则有依托之功。不过，"明镜台"在"心如明镜台"中出现，显然不能被理解为"明镜"与"台"，当取汉语中的偏正用法，或作"明镜"解，或作"明镜之台"解。从现有资料来看，惠能之后的唐代禅师如宗密者便明确认为可做"心如净明镜"解。不过，从《坛经》版本的演变来看，这一做法并没有被历代校勘者所汲取，所以有人认为"明镜台"和"菩提树"一样，"明镜"与"菩提"同指最高智慧，而"台"和"树"则指这种智慧赖以生发实现的人之"心""身"。

［7］宿业障重：又称"宿作业"。佛教说宿业是指过去世所造的善恶业因。障，指烦恼，烦恼能障碍圣道，故名"障"。"宿业障重"即指过去世所做的恶业烦恼深重，影响人认识本心。

［8］恶道：为"善道"的对称，与"恶趣"同义，即指生前造作恶业，而在死后所去往的苦恶处所，主要指地狱。在"六道"之中，一般以地狱、饿鬼、

畜生三者称为"三恶道"，阿修罗、人间、天上则称为"三善道"。

［9］无上菩提：指至高无上的觉悟。菩提有三等，佛、缘觉、声闻，各于其果所得的觉智，称为"菩提"。此中佛所得的菩提，无有过之者，为无上究竟，故称"无上菩提"。

［10］不生不灭：生灭，指生起与灭尽，与"生死"同义。离因缘而永久不变的常住存在为无为法，无生无灭、不生不灭。依因缘和合而有，叫作"生"；依因缘分散而无，叫作"灭"。有生有灭，是有为法，不生不灭，是无为法。"不生不灭"乃"生灭"的相对词，是"常住"的别名，也是永生的意思。凡佛经均不外此意。

［11］于一切时中：指在过去、现在和未来的一切时间，即时时刻刻。一切时，指从无始以来相续无穷的时间，称为"一切时"。无论何时，包括过去、现在、未来所有的时间，都称为"一切时"。

［12］念念自见：佛教认为事物和现象变化之迅速莫过于人的心念的起灭。念念者，刹那的意思，意谓极其短暂之时间。

［13］万境自如如：即指万事万物都真实平等，没有分别。万境，指一切的境界，即人们感觉和思维的一切事物和现象。如如，即"如于真如"。是不动、寂默、平等不二、不起颠倒分别的自性境界，即如理智所证得的真如，故而称"如如"。

［14］真实：离迷情、绝虚妄称为"真实"。与"方便权假"对应。身口各异，言念无实，称为"虚伪"。若表里如一，更无虚妄，则为"真实"。

［15］童子：对寺院中尚未正式出家的青少年的称呼。

［16］碓坊：舂米的房间。

［17］肉身菩萨：菩萨，指据大乘佛教教义修行而能够于未来成就佛道的修行者。肉身菩萨，指生身菩萨，即以父母所生之身而至菩萨修行阶位的人。肉身菩萨于入寂后可得全身舍利。所谓舍利，据《法苑珠林》卷四十所载，舍利即身骨，为有别于凡夫死人之骨，故保留梵名。可分为三种：一、骨舍利，白色；二、发舍利，黑色；三、肉舍利，赤色。全身舍利系于高僧或大善知识示寂后，其身躯虽经年代久远，时空变迁，却未腐朽溃烂，常保原形而栩栩如生。

（注释参选尚荣译注. 坛经. 北京：中华书局，2013）

【温故】

● 惠能

　　惠能（638—713年），俗姓卢，原籍范阳（今河北涿州），后因父亲谪官到岭南新州（今广东新兴县东）而为新州人。惠能得黄梅五祖弘忍传授衣钵，继承东山法门，开创了禅宗南宗。他弘化于岭南，对边区以及海外文化，产生了一定的影响；同时也得到中原皇室的尊重。唐宪宗追谥其为"大鉴禅师"，世称"禅宗六祖"。

● 《坛经》

　　《坛经》亦称《六祖坛经》，是惠能的弟子法海辑录的一部佛家经典，亦是中国佛教著作唯一被尊称为"经"者。《坛经》记录了惠能一生得法传法的事迹及启导门徒的言教，内容丰富，文字通俗易懂，是研究禅宗思想渊源的重要依据。《坛经》主张"即心即佛"的佛性论、"顿悟见性"的修行观，提出"无念为宗，无相为体，无住为本"的修行方法。惠能的顿悟成佛从根本上否定外物，让人们忘掉一切，领悟一切皆空的境界，从而将禅学引入世俗化，为禅宗的开展，奠定了理论基础。

【知新】

　　毛泽东曾高度评价《坛经》："慧（惠）能主张佛性人人皆有，创顿悟成佛说，一方面使繁琐的佛教简易化；一方面使印度传入的佛教中国化。因此，他被视为禅宗的真正创始人，亦是真正的中国佛教的始祖。"陈寅恪亦称赞六祖："特提出直指人心、见性成佛之旨，一扫僧徒繁琐章句之学，摧陷廓清，发聋振聩，固我国佛教史上一大事也！"太虚法师在《禅宗六祖与国民党总理》如此评价六祖惠能法师："自有六祖，则中国一切从梵文译来的经典，向来在文字或思想上有隔膜的，不能体贴消化的，都可以融会贯通；从此，佛法与中国人底心理不发生丝毫的障隔，深深地契合和相应，流演于后世，没有文字语言上的障碍，也没有心理思想上的隔膜。故由六祖，才把佛教的真髓深深地打入中国人的心坎中。不仅于佛教的功绩是如此，即隋、唐以来的中国文化，亦莫不受他那种彻悟思想的影响。故六祖实为中国隋唐以后最伟大的人物。"[①]

【切问】

1. 后世评论神秀与惠能的偈语体现两种修行方式，前者主张"渐悟"而后者则提倡"顿悟"，两者的思想理念有什么不同？

---

① 太虚大师全书（第二十七卷）. 北京：宗教文化出版社，2005：20.

2. 禅宗是中国传统思想儒、释、道三家中的佛家的代表者。请简要谈谈禅宗观念与儒家、道家思想的异同。

【近思】

　　禅宗传入日本后，其精神理念在现代日本的茶道等传统活动中得到传承与实践，很多方面甚至比我国做得更好，这种现象对我国禅宗的发展有什么借鉴意义？

教条示龙场诸生

王阳明

　　武宗正德元年，王守仁三十七岁，以上书救戴铣等，忤宦官刘瑾，廷杖几死，贬为贵州龙场驿丞。时龙场犹穷荒不文，守仁日与诸生讲学不辍，书此教条以为训示。

　　诸生相从于此，甚盛。恐无能为助也，以四事相规，聊以答诸生之意：一曰立志；二曰勤学；三曰改过；四曰责善。其慎听，毋忽！

立　志

　　志不立，天下无可成之事。虽百工技艺，未有不本于志者。今学者旷废隳[1]惰，玩岁愒时[2]，而百无所成，皆由于志之未立耳。故立志而圣，则圣矣；立志而贤，则贤矣；志不立，如无舵之舟，无衔[3]之马，漂荡奔逸，终亦何所底乎？昔人所言，使为善而父母怒之，兄弟怨之，宗族乡党贱恶之，如此而不为善可也；为善则父母爱之，兄弟悦之，宗族乡党敬信之，何苦而不为善为君子？使为恶而父母爱之，兄弟悦之，宗族乡党敬信之，如此而为恶可也；为恶则父母怒之，兄弟怨之，宗族乡党贱恶之，何苦而必为恶为小人？诸生念此，亦可以知所立志矣。

勤　学

　　已立志为君子，自当从事于学。凡学之不勤，必其志之尚未笃也。从吾游者，不以聪慧警捷为高，而以勤确谦抑[4]为上。诸生试观侪辈之中，苟有虚而为盈，无而为有，讳己之不能，忌人之有善，自矜自是[5]，大言欺人者，使其人资禀虽甚超迈，侪辈之中，有弗疾恶之者乎？有弗鄙贱之者乎？彼固将以欺人，人果遂为所欺，有弗窃笑之者乎？苟有谦默自持，无能自处，笃志力行，勤学好问，称人之善，而咎己之失，从人之长，而明己之短，忠信乐易，表里一致者，使其人资禀虽甚鲁钝，侪辈之中，有弗称慕之者乎？彼固以无能自处，而不求上人，人果遂以彼为无能，有弗敬尚之者乎？诸生观此，亦可以知所从事于学矣。

改　过

夫过者，自大贤所不免，然不害其卒为大贤者，为其能改也。故不贵于无过，而贵于能改过。诸生自思平日亦有缺于廉耻忠信之行者乎？亦有薄于孝友之道，陷于狡诈偷刻之习者乎？诸生殆不至于此。不幸或有之，皆其不知而误蹈，素[6]无师友之讲习规饬[7]也。诸生试内省，万一有近于是者，固亦不可以不痛自悔咎。然亦不当以此自歉，遂馁[8]于改过从善之心。但能一旦脱然洗涤旧染，虽昔为寇盗，今日不害为君子矣。若曰吾昔已如此，今虽改过而从善，将人不信我，且无赎于前过，反怀羞涩疑沮[9]，而甘心于污浊终焉，则吾亦绝望尔矣。

责　善

责善[10]，朋友之道，然须忠告而善道之。悉其忠爱，致其婉曲，使彼闻之而可从，绎[11]之而可改，有所感而无所怒，乃为善耳。若先暴白其过恶，痛毁极诋，使无所容，彼将发其愧耻愤恨之心，虽欲降以相从，而势有所不能，是激之而使为恶矣。故凡讦[12]人之短，攻发人之阴私，以沽直[13]者，皆不可以言责善。虽然，我以是而施于人不可也。人以是而加诸我，凡攻我之失者，皆我师也，安可以不乐受而心感之乎？某于道未有所得，其学卤莽[14]耳。谬为诸生相从于此，每终夜以思，恶且未免，况于过乎？人谓事师无犯无隐，而遂谓师无可谏，非也。谏师之道，直不至于犯，而婉不至于隐耳。使吾而是也，因得以明其是；吾而非也，因得以去其非。盖教学相长也。诸生责善，当自吾始。

（选自王守仁著，吴光等校注．王阳明全集．续编一．上海：上海古籍出版社，2014）

【注释】

　　[1]隳（huī）：毁坏、损毁。

[2]玩岁愒(qì)时：贪图安逸，虚度光阴。愒，贪。

[3]衔：装在马口用来控制马匹的铁制用具。

[4]谦抑：谦虚退让。

[5]自矜自是：自己夸耀，自以为是。

[6]素：平日。

[7]规饬(chì)：规劝告诫。

[8]馁：沮丧，失去勇气。

[9]涩疑：恐惧沮丧。

[10]责善：互相切磋督责，希望对方品格能止于至善。

[11]绎：理出头绪。

[12]讦(jié)：揭发别人的隐私或攻击别人的短处。

[13]沽直：故作正直的举止来谋取名誉。

[14]卤莽：粗鲁、莽撞。

【温故】

● 王阳明

　　王阳明（1472—1529年），即王守仁，"陆王心学"的集大成者，非但精通儒、释、道，而且善于统兵作战，是中国历史上罕见的全能大儒。其字伯安，别号阳明，明代最著名的思想家、文学家、哲学家、军事家和教育家，官至南京兵部尚书、南京都察院左都御史，因平定"宸濠之乱"等军功而被封为新建伯，隆庆年间追封侯爵。王阳明12岁时作《蔽月山房》诗："山近月远觉月小，便道此山大于月。若有人眼大如天，当见山高月更阔。"为时人所惊叹。提出"致良知""知行合一"等学说，创立"阳明心学"。封"先儒"，奉祀孔庙东庑第58位。王守仁（心学集大成者）和孔子（儒学创始人）、孟子（儒学集大成者）、朱熹（理学集大成者）并称为"孔孟朱王"。为"三不朽"立德、立功、立言于一身，成就冠绝有明一代。谥文成，故后人又称王文成公。王阳明弟子门人遍地，其学术思想不仅在中国影响很大，而且远播海外，对日本、朝鲜半岛以及东南亚等地区都有重要而深远的影响。著有《大学问》《传习录》等，作品集结为《王阳明全集》，共三十九卷。

● 龙场悟道

　　王阳明于明武宗正德元年（1506），因反对宦官刘瑾，被廷杖四十，谪贬至贵州龙场（贵阳西北七十里，修文县治）当驿丞。龙场万山丛薄，苗、僚杂居。在龙场这既安静又困难的环境里，王阳明结合历年来的遭遇，日夜反省。一天半夜里，他忽然有了顿悟，认为心是感应万事万物的根本，由此提出"心即理也""心外无理，心外无物，心外无事"的命题，认识到"圣人之道，吾性自足，向之求理于事物者误也"。这就是著名的"龙场悟道"。

【知新】

王阳明是明代最著名的教育家，从34岁开门授徒，到57岁离世，其教育实践长达23年。他兴建学校，创立书院，大兴学社，保持了自由讲学的传统，他所提出的教育思想对梁启超、蔡元培、陶行知、陈鹤琴等中国近现代教育家都有深刻的影响，郭沫若曾说："王阳明对于教育方面也有他独到的主张，而他的主张与近代进步的教育学说每多一致。他在中国的思想史乃至日本的思想史上曾经发生过很大的影响。"

在本文中，王阳明具体地提出了自己的教育主张。在他看来，立志、勤学、改过、责善这四个方面缺一不可。前面两条的立意在学问，后面两条则着力在做人。不立志，不可能勤学；不勤学志就不能成就；为人处世，不可能无过，但应该有过则改；每个人不仅要自己向善，还要责人向善。但责人必须注意谏言方式，要让人能够欣悦接纳，否则，只会适得其反。自己不可攻人之短，但要乐于闻己之短。

【切问】

1. 王阳明在《传习录》中曾言"满街都是圣人"，思考教育家陈鹤琴"没有教不好的学生，只有不会教的老师"一说，结合孔子责宰予"朽木不可雕也"及其"因材施教"的教育主张，并联系自身，谈谈你的认识与感想。

2. 古人云"法乎其上得其中，法乎其中得其下"，王阳明自幼抱有"读书学圣贤"的志向，王阳明在本文中说"故立志而圣，则圣矣；立志而贤，则贤矣"，其讲学授徒也教人"先立必为圣人之志"。不仅古人，当下的中国教育亦皆倡导孩子应从小就树立远大理想，对此你有何看法？

【近思】

1. "改过"是对己而言，"责善"是对人而言，即相互批评、规劝以至"改过"。当然批评要讲求方式，王阳明的批评方式可分为说理式与粗暴式的批评。说理式的批评"悉其忠爱，致其婉曲，使彼闻之而可从"，不会对被批评者造成伤害或者让其反感，而粗暴式的批评往往"先暴白其过恶，痛毁极诋，使无所容"，其认为粗暴式的批评不是真正的批评。联系自身或身边的朋友，回想你们之间的批评经常是说理式的还是粗暴式的呢？都收到了什么样的效果呢？

2. 批评与自我批评是中国共产党的三大工作作风之一，回顾一下自己身边有没有因"少了批评之声，多了奉承之音"而步入迷途甚至歧途之人呢？你是否是一个喜欢或善于接纳别人对自己善意批评的人呢？

日知录·廉耻篇

顾炎武

《五代史·冯道[1]传论》曰："'礼义廉耻，国之四维。四维不张，国乃灭亡。善乎，管生[2]之能言[3]也！礼义，治人之大法；廉耻，立人之大节。盖不廉则无所不取，不耻则无所不为。人而如此，则祸败乱亡亦无所不至。况为大臣，而无所不取，无所不为，则天下其[4]有不乱，国家其有不亡者乎！"然而四者之中，耻尤为要。故夫子之论士，曰："行己有耻。"[5]孟子曰："人不可以无耻，无耻之耻，无耻矣。"又曰："耻之于人大矣，为机变之巧者，无所用耻焉。"[6]所以然者，人之不廉而至于悖礼犯义，其原[7]皆生于无耻也。故士大夫之无耻，是谓国耻。吾观三代以下[8]，世衰道微，弃礼义，捐[9]廉耻，非一朝一夕之故。然而松柏后凋于岁寒[10]，鸡鸣不已于风雨[11]，彼昏之日，固未尝无独醒之人也。顷[12]读《颜氏家训》有云："齐朝一士夫尝谓吾曰'我有一儿，年已十七，颇晓书疏[13]。教其鲜卑语及弹琵琶，稍欲通解。以此伏事[14]公卿，无不宠爱。'吾时俯而不答[15]。异哉，此人之教子也！若由此业自致[16]卿相，亦不愿汝曹[17]为之。"嗟乎，之推不得已而仕于乱世，犹为此言，尚有《小宛》诗人之意，彼阉然[18]媚[19]于世者，能无愧哉！

罗仲素曰："教化者，朝廷之先务；廉耻者，士人之美节；风俗者，天下之大事。朝廷有教化，则士人有廉耻；士人有廉耻，则天下有风俗。"[20]

古人治军之道，未有不本于廉耻者。《吴子》曰："凡制国治军，必教之以礼，励之以义，使有耻也。夫人有耻，在大足以战，在小足以守矣。"《尉缭子》言："国必有慈孝廉耻之俗，则可以死易生。"而太公对武王："将有三胜"，一曰"礼将"，二曰"力将"，三曰"止欲将"。[21] 故礼者所以班朝治军，而《兔罝》之武夫皆本于文王后妃之化，岂有淫刍荛[22]，窃牛马，而为暴于百姓者哉！《后汉书》："张奂为安定属国都尉，羌豪帅感奂恩德，上马二十匹，先零酋长又遗金鐻八枚。奂并受之，而召主簿于诸羌前，以酒酹地曰：'使马如羊，不以入厩。使金如粟，不以入怀。'悉以金马还之。羌性贪而贵吏清，前有八都尉，率好财货，为所患苦，及奂正身洁己，威化大行。"呜呼，自古以来，边事之败，有不始于贪求者哉？吾于辽东之事有感。

杜子美诗："安得廉颇将，三军同晏眠。"一本作"廉耻将"，诗人之意未必及此。然吾观《唐书》言："王佖为武灵节度使。先是，吐蕃欲成乌兰桥，每于河壖[23]先贮材木，皆为节帅遣人潜载之，委于河流，终莫能成。蕃人知佖贪而无谋，先厚遗之，然后并役成桥，仍筑月城守之。自是朔方御寇不暇，至今为患。"由佖之黩货[24]也。故贪夫为帅，而边城晚开。得此意者，郢书燕说，或可以治国乎？

（选自〔清〕顾炎武著，黄汝成集释. 日知录集释. 上海：上海古籍出版社，2006）

【注释】

[1] 冯道（882—954年）：字可道，历五代十帝，中国历史上唯一的"十朝元老"。

[2] 管生（前719—前645年）：管，即管仲，名夷吾，字仲，春秋时期法家代表人物。生，先生的省称，指有才学的人。

[3] 能言：善于立论。

[4] 其：通"岂"，反诘语气词。

[5] 见《论语·子路》。

[6] 见《孟子·尽心下》。

[7] 原：通"源"，指根本原因。

[8] 三代以下：指夏、商、周三代以后。

[9] 捐：弃置。

[10] 松柏后凋于岁寒：在岁末寒冬，松柏仍坚韧不凋谢。比喻在世衰道微时，才看得出君子持正不苟，经得起考验。后凋，即不凋。语见《论语·子罕》。

[11] 鸡鸣不已于风雨：纵使天将亮时是狂风骤雨，但报晓的鸡声绝不会停止。比喻君子处于乱世，而不改其节操。语见《诗经·郑风·风雨》。

[12] 顷：最近。

[13] 书疏：书牍奏章。疏，奏疏。是臣下呈给君上的一种公文。

[14] 伏事：侍奉之意。伏，通"服"。

[15] 俯而不答：低头不语。

[16] 自致：由此而到达。

[17] 汝曹：你们。此之推指其子孙。

[18] 阇然：遮遮掩掩的样子。

[19] 媚：讨人欢心。

[20] 见罗从彦《豫章文集》卷一《议论要语》。

[21] 见《太公六韬》卷三《属军》。

[22] 刍荛（chúráo）：割草打柴的人。谦称自己的意见很浅陋。

[23] 河壖（ruán）：亦作"河堧"。河边地。

[24] 黩货：贪污纳贿。

（注释参选〔清〕顾炎武著，黄汝成集释．日知录集释．上海：上海古籍出版社，2006）

【温故】

● 顾炎武

顾炎武（1613—1682年），原名绛，明亡后改为炎武，字宁人，后人尊称其为亭林先生，著名经学家、史地学家、音韵学家，与黄宗羲、王夫之并称明末清初"三大儒"。梁启超曾评价其曰"言清学之祖，必推亭林"[1]。其传诵于世最著名的是"天下兴亡，匹夫有责"的抱负及经世致用的哲学思想。主要作品有《日知录》《天下郡国利病书》《肇域志》《音学五书》《韵补正》《古音表》《诗本音》《唐韵正》《音论》《金石文字记》《亭林诗文集》等。

● 《日知录》

《日知录》的书名取之于《论语·子张篇》："子夏曰：'日知其所亡，月无忘其所能，可谓好学也已矣。'"顾炎武以"明道""救世"为成书宗旨，在书中细述了自己的学术观点和政治主张。《四库全书总目提要》中言"书前有自

---

[1] 梁启超．论中国学术思想变迁之大势．//饮冰室合集文集（之七）．北京：中华书局，1989：82．

记，称自少读书，有所得，辄记之。其有不合，时复改定，或古人先我而有者，则遂削之。积三十余年，乃成一编。盖其一生精力所注也"，点明了顾炎武撰写《日知录》"意在拨乱涤污，法古用夏，启多闻于来学，待一治于后王"的希冀。

【知新】

钱穆指出，顾炎武的论学宗旨不外"行己有耻""博学于文"两句话。在明末清初的乱局中，顾炎武持守严正，人格俊伟，"使三百年后学者读之，如承面命，何其感人之深耶！"[1]为一辈高谈身心性命的人树立了坚实的模范。顾炎武论史尤重风俗，认为天下治乱兴亡，本于风俗，而风俗盛衰，由于一二贤知之士的导引。"天下兴亡，匹夫有责"，这就是顾炎武所倡导的"行己有耻"之教。然而，顾炎武当年已称狷介，与世不谐，及其身后，更难得解人。由此，钱穆不胜感慨："然三百年来，亭林终不免以多闻博学见推，是果为亭林之辱欤！亭林地下有知，客死之魂，不知又将于何归依？今谓亭林乃清学开山，亦仅指其多闻博学，而忘其'行己有耻'之教者。岂不更可痛之甚耶！"[2]

【切问】

1. 作者认为礼义廉耻中"耻尤为要"，而有的人却认为当今社会中"廉"更为重要，你怎么看？
2. 《后汉书》载，张奂任都尉时，羌族首领为感恩德，送上马二十匹，先零族的酋长又赠送他金环八枚，张奂一起收了下来。随即召唤属下的主簿在羌族众人面前，以酒酹地道："即使送我的马多得像羊群那样，我也不让它们进马厩；即使送我的金子多得如粟米，我也不放进我的口袋。"而后把金和马全部退还。你认为他的做法恰当吗？是否符合礼仪？如果是你会怎么做？

【近思】

1. 《颜氏家训》有云："齐朝一士夫尝谓吾曰'我有一儿，年已十七，颇晓书疏。教其鲜卑语及弹琵琶，稍欲通解。以此伏事公卿，无不宠爱。'"这一做法虽为不妥，却也是当今社会常见的一种教育方式，请谈谈你对这一教育方式的见解。
2. 有人认为"廉耻"是一种内化的修养，须靠自身的努力去完成，外界难以对其

---

[1] 钱穆. 中国近三百年学术史（上册）. 北京：商务印书馆，1997：139.
[2] 钱穆. 中国近三百年学术史（上册）. 北京：商务印书馆，1997：145.

产生影响，而有的人却持反对观点，认为通过后天的学习和其他人、事、物的熏陶，性亦可移，你的看法是什么？

原 强（节选）

严 复

夫人才者，民力、民智、民德三者之征验也，求之有位之中，既如此矣。意或者沉伏摧废，高举远引而不可接欤？乃吾转而求之草野闾巷之间，则又消乏彫亡，存一二于千万之中，竟谓同无，何莫不可？然则神州九万里地，四十京之民，此廓廓者徒土荒耳，是茧茧者徒人满耳。尚自诩冠带之民，灵秀之种，周孔所教，礼义所治，诸君聊用自娱则可耳，何关人事也耶！且事之可忧可畏者，存乎其真，而一战之胜败，不足计也。使中国而为如是之中国，则当日中东之事，微论败也，就令边衅不开，开而幸胜，然而自有识之士观之，其为忧乃愈剧。何则？民力已苶，民智已卑，民德已薄故也，一战之败，何足云乎！今虽有圣神用事，非数十百年薄海知亡，君臣同德，痛锄治而鼓舞之，将不足以自立。而岁月悠悠，四邻眈眈，恐未及有为，已先作印度、波兰之续，将斯宾塞尔之术未施，而达尔文之理先信。矧自甲午迄今者几何时，天下所振兴者几何事，固诸君所共闻共见者耶！呜呼！吾辈一身无足惜，如吾子孙与四百兆之人种何！天地父母，山川神灵，尚相兹下土民以克诱其衷，咸俾知奋！

（选自王栻主编．严复集［第一册］．北京：中华书局，1986）

【温故】

● 严复

严复（1854—1921年），原名宗光，字又陵，后改名复，字几道，福建福州人，是近代中国思想家、翻译家。他提倡西学，但反对洋务派"中学为体、西学为用"的观点，认为要救中国必须学西学和西洋"格致"，即思想，"中学有中学之体用，西学有西学之体用"。他翻译了《天演论》《原富》等，在天津创立了《国闻报》，传播西方思想，系统地介绍了西方的民主和科学。康有为曾称赞他是"精通西学第一人"。

此外，他还是我国近代著名的翻译家，提出了"信、达、雅"的翻译理念，对我国之后的翻译工作影响深远。

● 《原强》

《原强》是严复在1895年甲午战争后在天津《直报》发表的一篇文章，1901年在《直报》上又刊出过修订稿。在这篇文章中，严复提出了他的政治理念和教育思想，主张维新自强以抗击侵略者，达到救亡图存的目的。一方面，《原强》指出，西方国家的发展已经到达了转折点，必会出现"民贫富贵贱之相悬滋益远矣"的局面，国家的发展不能局限于此；另一方面，也指出一个国家的强弱存亡决定于三个基本条件"一曰血气体力之强，二曰聪明智慧之强，三曰德性义仁之强"，希望能通过国民德、智、体的全面发展实现国家的富强。

【知新】

严复是晚清力主向西方学习，开启民智以救亡图存的一位有识之士。第一次鸦片战争以后，中国人开始将眼光投向国门之外的广阔领域，无数先进知识分子主张学习西方科学技术，"师夷长技以制夷"。严复在此基础上更进一步，将视野率先阔大到了西方思想："他是认真地、紧密地、持久地把自己与西方思想关联在一起的第一个中国学者。"[1]

在向西方学习、关注西方思想的同时，严复也在寻求实现国家富强、民族繁荣的道路，"他一心关注的事也是他那一代人特别关心的事。中国的状况和严复对这种状况的反应无不深深地带有中国文化的印记"[2]。最终，严复也确实找到了他所认为的正确的兴国之路，即他的"三民思想"。对于"三民思想"，学术界目前有两种看法：一种认为，"严复的德、智、力全面发展的理论从根本上超越了儒家的纲常礼教，为近代国民性的改造明确了方向"[3]；另一种则认为，"严复辛亥革命时期的思想主要以三民思想为指导的教育救国论，这种把复兴民族的希望寄托在教育上面，尽管有其合理因素，但这是从唯心史观出发的片面之谈，而且这种论调在客观上也与预备立宪相呼应，成为其欺骗性的理论基础，造成了相当消极的影响"[4]。

---

[1] [美]本杰明·史华兹著，叶凤美译. 寻求富强：严复与西方. 南京：江苏人民出版社. 2010：2.
[2] [美]本杰明·史华兹著，叶凤美译. 寻求富强：严复与西方. 南京：江苏人民出版社. 2010：3.
[3] 郭国灿. 中国人文精神的重建：戊戌——五四. 长沙：湖南教育出版社，1992：45.
[4] 杨正典. 严复评传. 北京：中国社会科学出版社，1997：24.

【切问】

1. 许多学者认为，严复的"民力""民智""民德"观点来自于"物竞天择，适者生存"的进化论观点。你怎么看？
2. 很多学者认为，严复"三民思想"救国理念是一种改良主义，并且落后于"康梁"的政治疾呼。你认为这种说法对吗？为什么？
3. 试根据课文分析严复对于中国国民素质的看法。

【近思】

1. 今天我们的教育仍然在讲求"德、智、体、美、劳"的全面发展，但在实际的教学实践中，对智育的重视仍然是第一位的，甚至于牺牲了其他方面的发展。你认为这种现状应当如何改变？
2. 国民素质是国家综合实力的一部分，是一个国家的文化软实力。人民素质的高低，在很大程度上影响着国家的实力和形象。很多国人在出国旅游的时候，有时会做出一些影响国家形象的事情，你认为这种情况应当如何解决？

就任北京大学校长之演说

（一九一七年一月九日）

蔡元培

五年前，严几道先生为本校校长时，余方服务教育部，开学日曾有所贡献于同校。诸君多自预科毕业而来，想必闻知。士别三日，刮目相见，况时阅数载，诸君较昔当为长足之进步矣。予今长斯校，请以三事为诸君告。

一曰抱定宗旨　诸君来此求学，必有一定宗旨，欲求宗旨之正大与否，必先知大学之性质。今人肄业专门学校，学成任事，此固势所必然。而在大学则不然，大学者，研究高深学问者也。外人每指摘本校之腐败，以求学于此者，皆有做官发财思想，故毕业预科者，多入法科，入文科者甚少，入理科者尤少，盖以法科为干禄之终南捷径也。因做官心热，对于教员，则不问其学问之浅深，惟问其官阶之大小。官阶大者，特别欢迎，盖为将来毕业有人提携也。现在我国精于政法者，多入政界，专任教授者甚少，故聘请教员，不得不聘请兼职之人，亦属不得已之举。究之外人指摘之当否，姑不具论。然弭谤莫如自修，人讥我腐败，而我不腐败，问心无愧，于我何损？果欲达其做官发财之目的，则北京不少专门学校，入法科者尽可肄业于法律学堂，入商科者亦可投考商业学校，又何必来此大学？所以诸君须抱定宗旨，为求学而来。入法科者，非为做官；入商科者，非为致富。宗旨既定，自趋正轨。诸君肄业于此，或三年，或四年，时间不为不多，苟能爱惜分阴，孜孜求学，则其造诣，容有底止。若徒志在做官发财，宗旨既乖，趋向自异。平时则放荡冶游，考试则熟读讲义，不问学问之有无，惟争分数之多寡；试验既终，书籍束之高阁，毫不过问，敷衍三四年，潦草塞责，文凭到手，即可借此活动于社会，岂非与求学初衷大相背驰乎？光阴虚度，学问毫无，是自误也。且辛亥之役，吾人之所以革命，因清廷官吏之腐败。即在今日，吾人对于当轴多不满意，亦以其道德沦丧。今诸君苟不于此时植其基，勤其学，则将来万一因生计所迫，出而任事，担任讲席，则必贻误学生；置身政界，则必贻误国家。是误人也。误己误人，又岂本心所愿乎？故宗旨不可以不正大。此余所希望于诸君者一也。

二曰砥砺德行　方今风俗日偷，道德沦丧，北京社会，尤为恶劣，败德毁行之事，触目皆是，非根基深固，鲜不为流俗所染。诸君肄业大学，当能束身自爱。然国家之兴替，视风俗之厚薄。流俗如此，前途何堪设想。故必有卓绝之士，以身作则，力矫颓俗，诸君为大学学生，地位甚高，肩此重任，责无旁贷，故诸君不惟思所以感己，更必有以励人。苟德之不修，学之不讲，同乎流俗，合乎污世，己且为人轻侮，更何足以感人。然诸君终日伏首案前，芸芸攻苦，毫无娱乐之事，必感身体上之苦痛。为诸君计，莫如以正当之娱乐，易不正当之娱乐，庶于道德无亏，而于身体有益。诸君入分科时，曾填写愿书，遵守本校规则，苟中道而违之，岂非与原始之意相反乎？故品行不可以不谨严。此余所希望于诸君者二也。

三曰敬爱师友　教员之教授，职员之任务，皆以图诸君求学便利，诸君能无动于衷乎？自应以诚相待，敬礼有加。至于同学共处一室，尤应互相亲爱，庶可收切磋之效。不惟开诚布公，更宜道义相勖，盖同处此校，毁誉共之。同学中苟道德有亏，行有不正，为社会所訾詈，己虽规行矩步，亦莫能辩，此所以必互相劝勉也。余在德国，每至店肆购买物品，店主殷勤款待，付价接物，互相称谢，此虽小节，然亦交际所必需，常人如此，况堂堂大学生乎？对于师友之敬爱，此余所希望于诸君者三也。

余到校视事仅数日，校事多未详悉，兹所计划者二事：一曰改良讲义。诸君既研究高深学问，自与中学、高等不同，不惟恃教员讲授，尤赖一己潜修。以后所印讲义，只列纲要，细微末节，以及精旨奥义，或讲师口授，或自行参考，以期学有心得，能裨实用。二曰添购书籍。本校图书馆书籍虽多，新出者甚少，苟不广为购办，必不足供学生之参考。刻拟筹集款项，多购新书，将来典籍满架，自可旁稽博采，无虞缺乏矣。今日所与诸君陈说者只此，以后会晤日长，随时再为商榷可也。

（选自高平叔编. 蔡元培全集［第三卷］. 北京：中华书局，1984）

【温故】

● 蔡元培

蔡元培（1868—1940年），近代民主革命家、教育家，浙江绍兴人。清光绪进士，1894年任翰林院编修。1898年，弃官南下，任绍兴中西学堂监督。1904年创设光复会，次年加入同盟会。1907年，赴德国留学。1911年回国后出任中华民国首任教育总长，对封建教育进行改革，奠立了民主教育基石。1917年任北京大学校长，提出"思想自由，兼容并包"的办学理念，开创了学术民主新风，使北大成为五四运动、新文化运动的摇篮。1928年创办中央研究院，任院长一职，奠定了我国科学研究事业基础。毛泽东称之为"学界泰斗，人世楷模"。1940年病逝香港。

本文是蔡元培先生就职北大校长时做的演说，言简意赅，在我国大学体制改革转型时期具有重要意义。其内容主要勉励大学生三件事：一、抱定宗旨；二、砥砺德行；三、敬爱师友。

● "思想自由，兼容并包"

"思想自由，兼容并包"是蔡元培就职北京大学校长后提出的办学方针。他认为大学是"囊括大典、网罗众家"的学府，应该广泛吸收人才，容纳各种学术和思想流派。所谓思想自由，蔡元培认为是"一己之学说，不得束缚他人；而他人之学说，亦不束缚一己。诚如是，则科学、社会等将均任吾人自由讨论矣"。兼容并包旨在尊重学术自由，不论新旧学派均给予做正当学术工作的自由。蔡元培任校长期间，北大学术气氛活跃，树立了一代自由且独立的文化新风。

【知新】

蔡元培不仅是一位极为优秀的教育家，也是一位极为卓越的学者，关于他的学术理论，曾有学者这样总结评价："蔡元培的学术观，点中了中国传统文化的命门。中国传统文化属依附型文化,唯政治之马首是瞻。它不仅缺乏'民主'和'科学'的因子,甚至还缺乏'艺术'或'美学'的元素;它所更为缺乏的,还有高屋建瓴的哲学思辨,以及毫不护短的自我批判精神。正是这种学术的缺陷和短视,阉割了教育的创新精神,使中国文化的土壤上,不可能萌生出现代意义的大学。而当西方的大学制度移植到中国来之后,不仅有土壤的不适,更有政治骄阳的过度和经济雨露的不足,因而便难免会有'南橘北枳'之讥……若想取得长足的进步,窃以为,还须从重温蔡元培的相关主张做起。"[①]

【切问】

1. 梁启超在《为学与做人》中告诫学生要注意"知育""情育""意育"三件事,他的观点和蔡元培在文中所提到的"三件事"有何异同?
2. 结合课文,谈谈你认为大学生在大学期间最应该培养怎样的品质和能力。

【近思】

　　"穷则独善其身,达则兼济天下"是中国传统知识分子安身立命的人生准则。但有人认为现在大学生毕业后就业都很困难,怎么承担得了社会责任。结合蔡元培的演讲,谈谈你的观点与看法。

为学与做人

(民国十一年十二月二十七日)

梁启超

　　诸君!我在南京讲学将近三个月了。这边苏州学界里头,有好几回写信邀我;可惜我在南京是天天有功课的,不能分身前来。今天到这里,能够和全城各校诸君聚在一堂,令我感激的很。但有一件,还要请诸君原谅:因为我一个月以来,都带着些病,勉强支持。今天不能作很长的讲演,恐怕有负诸君期望哩。

[①] 喻本伐,喻琴. 蔡元培的学术观及其大学理念. 华中师范大学学报(人文社会科学版). 2011(2):135.

问诸君"为什么进学校？"我想人人都会众口一辞的答道："为的是求学问。"再问："你为什么要求学问？""你想学些什么？"恐怕各人的答案就很不相同，或者竟自答不出来了。诸君啊！我替你们总答一句罢："为的是学做人。"你在学校里头学的什么数学、几何、物理、化学、生理、心理、历史、地理、国文、英语，乃至什么哲学、文学、科学、政治、法律、经济、教育、农业、工业、商业等等，不过是做人所需的一种手段，不能说专靠这些便达到做人的目的。任凭你把这些件件学的精通，你能够成个人不能成个人还是个问题。

人类心理，有知、情、意三部分；这三部分圆满发达的状态，我们先哲名为三达德——智，仁，勇。为什么叫做"达德"呢？因为这三件事是人类普通道德的标准，总要三件具备能成一个人。三件的完成状态怎么样呢？孔子说："知者不惑，仁者不忧，勇者不惧。"所以教育应分为知育、情育、意育三方面。——现在讲的智育、德育、体育，不对。德育范围太笼统，体育范围太狭隘。——知育要教到人不惑，情育要教到人不忧，意育到教到人不惧。教育家教育学生，应该以这三件为究竟；我们自动的自己教育自己，也应该以这三件为究竟。

怎么样才能不惑呢。最要紧的是养成我们的判断力。想要养成判断力：第一步，最少须有相当的常识；进一步，对于自己要做的事须有专门智识；再进一步，还要有遇事能断的智慧。假如一个人连常识都没有，听见打雷，说是雷公发威；看见月蚀，说是蛤蟆贪嘴。那么，一定闹到什么事都没有主意，碰到一点疑难问题，就靠求神问卜看相算命去解决，真所谓"大惑不解"，成了最可怜的人了。学校里小学中学所教，就是要人有了许多基本的常识，免得凡事都暗中摸索。但仅仅有点常识还不够。我们做人，总要各有一件专门职业；这门职业，也并不是我一人破天荒去做，从前已经许多人做过。他们积累了无数经验，发现出好些原理原则，这就是专门学识。我打算做这项职业，就应该有这项专门的学识。例如我想做农吗：怎么的改良土壤，怎么的改良种子，怎么的防御水旱病虫……等等，都是前人经验有得成为学识的。我们有了这种学识，应用他来处置这些事，自然会不惑；反是则惑了。做工、做商等等都各有他的专门学识，也是如此。我想做财政家吗：何种租税可以生出何样结果，何种公债可以生出何样结果……等等，都是前人经验有得成为学识的。我们有了这种学识，应用他来处置这些事，自然会不惑，反是则惑了。教育家、军事家……等等都各有他的专门学识，也是如此。我们在高等以上学校所求的知识，就是这一类。但专靠这种常识和学识就够吗？还不能。宇宙和人生是活的不是呆的；我们每日碰见的事理是复杂的变化的不是单纯的刻板的。倘若我们只是学过这一件才懂这一件，那么，碰着一件没有学过的事来到跟前，便手忙脚乱了。所以还要养成总体的智慧才能得有根本的判断力。这种总体的智慧如何才能养成呢？第一件：要把我们向来粗浮的脑筋，着实磨炼他，叫他变成细密而且踏实。那么，无论遇着如何繁难的事，我都可以彻头彻尾想清楚他的条理，自然不至于惑了。第二件：要把我们向来浑浊的脑筋，着实将养他，叫他变成清明。那么，一件事理到跟前，我才能很从容很莹澈的去判断他，自然不至于惑了。以上所说常识学识和总体的智慧，都是智育的要件，目的是教人做到"知者不惑"。

  怎么样才能不忧呢？为什么仁者便会不忧呢？想明白这个道理，先要知道中国先哲的人生观是怎么样。"仁"之一字，儒家人生观的全体大用都包在里头。"仁"到底是什么？很难用言语说明。勉强下个解释，可以说是："普遍人格之实现。"孔子说："仁者人也。"意思是说人格完成就叫做"仁"。但我们要知道：人格不是单独一个人可以表现的，要从人和人的关系上来看。所以仁字从二人，郑康成解他做"相人偶"。总而言之，要彼此交感互发，成为一体，然后我的人格才能实现。所以我们若不讲人格主义，那便无话可说；讲到这个主义，当然归宿到普遍人格。换句话说：宇宙即是人生，人生即是宇宙，我的人格和宇宙无二区别，体验得这个道理，就叫做"仁者"。然则这种仁者为什么就会不忧呢？大凡忧之所从来，不外两端，一曰忧成败，二曰忧得失。我们得着"仁"的人生观，就不会忧成败。为什么呢？因为我们知道宇宙和人生是永远不会圆满的，所以《易经》六十四卦，始"乾"而终"未济"。正为在这永远不圆满的宇宙中，才永远容得我们创造进化。我们所做的事，不过在宇宙进化几万万里的长途中，往前挪一寸两寸，那里配说成功呢？然则不做怎么样呢？不做便连这一寸都不往前挪，那可真真失败了。"仁者"看透这种道理，信得过只有不做事才算失败，凡做事便不会失败。所以《易经》说："君子以自强不息。"换一方面来看：他们又信得过凡事不会成功的，几万万里路挪了一两寸，算成功吗？所以《论语》："知其不可而为之。"你想！有这种人生观的人，还有什么成败可忧呢？再者：我们得着"仁"的人生观，便不会忧得失。为什么呢？因为认定这件东西是我的，才有得失之可言。连人格都不是单独存在，不能明确的画出这一部分是我的，那一部分是人家的，然则哪里有东西可以为我们所得？既已没有东西为我所得，当然也没有东西为我所失。我只是为学问而学问，为劳动而劳动，并不是拿学问劳动等等做手段来达某种目的——可以为我们"所得"的。所以老子说："生而不有，为而不恃。""既以为人已愈有，既以与人已愈多。"你想！有这种人生观的人，还有什么得失可忧呢？总而言之：有了这种人生观，自然会觉得"天地与我并生，而万物与我为一"；自然会"无入而不自得"[2]。他的生活，纯然是趣味化艺术化。这是最高的情感教育，目的教人做到仁者不忧。

怎么样才能不惧呢？有了不惑不忧工夫，惧当然会减少许多了。但这是属于意志方面的事；一个人若是意志力薄弱，便有很丰富的智识，临时也会用不着；便有很优美的情操，临时也会变了卦。然则意志怎么会才坚强呢？头一件须要心地光明。孟子说："浩然之气，至大至刚。行有不慊于心，则馁矣。"又说："自反而不缩，虽褐宽博，吾不惴焉；自反而缩，虽千万人吾往矣。"俗话说得好："生平不作亏心事，夜半敲门也不惊。"一个人要保持勇气，须要从一切行为可以公开做起。这是第一著。第二件要不为劣等欲望之所牵制。《论语》记：子曰："吾未见刚者。或对曰：申枨。"子曰："枨也欲，焉得刚。"一被物质上无聊得嗜欲东拉西扯，那么，百炼成刚也会变为绕指柔了。总之一个人的意志，由刚强变为薄弱极易，由薄弱返到刚强极难。一个人有了意志薄弱的毛病，这个人可就完了。自己作不起自己的主，还有什么事可做？受别人压制，做别人奴隶，自己只要肯奋斗，终须能恢复自由。自己的意志做了自己情欲的奴隶，那么，真是万劫沉沦，永无恢复自由的余地，终身畏首畏尾，成了个可怜人了。孔子说："和而不流，强哉矫；中立而不倚，强哉矫；国有道，不变塞焉，强哉矫；国无道，至死不变，强哉矫。"我老实告诉诸君说罢：做人不做到如此，决不会成一个人。但做到如此真是不容易，非时时刻刻做磨炼意志的工夫不可。意志磨炼得到家，自然是看着自己应做得事，一点不迟疑，扛起来便做，"虽千万人吾往矣"。这样才算顶天立地做一世人，绝不会有藏头躲尾左支右绌的丑态。这便是意育的目的，要教人做到勇者不惧。

我们拿这三件事作做人的标准，请诸君想想，我自己现时做到哪一件——哪一件稍微（为）有一点把握。倘若连一件都不能做到，连一点把握都没有，嗳哟！那可真危险了，你将来做人恐怕就做不成。讲到学校里的教育吗：第二层的情育，第三层的意育，可以说完全没有；剩下的只有第一层的知育。就算知育罢：又只有所谓常识和学识，至于我所讲的总体智慧靠来养成根本判断力的，却是一点儿也没有。这种"贩卖智识杂货店"的教育，把他前途想下去，真令人不寒而栗！现在这种教育，一时又改革不来，我们可爱的青年，除了他更没有可以受教育的地方。诸君啊！你到底还要做人不要？你要知道危险呀！非你自己抖擞精神想方法自救，没有能人救你呀！

诸君啊！你千万别要以为得些断片的智识就算是有学问呀。我老实不客气告诉你罢：你如果做成一个人，智识自然是越多越好；你如果做不成一个人，智识却是越多越坏。你不信吗？试想想全国人所唾骂的卖国贼某人某人，是有智识的呀，还是没有智识的呢？试想想全国人所痛恨的官僚政客——专门助军阀作恶鱼肉良民的人，是有智识的呀，还是没有智识的呢？诸君须知道啊：这些人当十几年前在学校的时代，意气横历，天真烂漫，何尝不和诸君一样？为什么就会堕落到这样的田地呀？屈原说的："何昔日之芳草兮，今直为此萧艾也！岂其有他故兮，莫好修之害也。"天下最伤心的事，莫过于看着一群好好的青年，一步一步的往坏路上走。诸君猛醒啊！现在你所厌所恨的人，就是你前车之鉴了。

诸君啊！你现在怀疑吗？沉闷吗？悲哀痛苦吗？觉得外边的压迫你不能抵抗吗？我告诉你：你怀疑和沉闷，便是你因不知才会惑。你悲哀痛苦，便是你因不仁才会忧。你觉得你不能抵抗外界的压迫，便是你因不勇才有惧。这都是你的知情意未经过修养磨炼，所以还未成个人。我盼望你有痛切的自觉啊！有了自觉，自然会自动。那么，学校之外，当然有许多学问，读一卷经，翻一部史，到处都可以发现诸君的良师呀！

诸君啊，醒醒罢！养足你的根本智慧，体验出你的人格人生观，保护好你的自由意志。你成人不成人，就看这几年哩！

（选自《梁任公学术讲演集》第三辑．北京：商务印书馆，1924）

【温故】

● 梁启超

梁启超（1873—1929年），字卓如，一字任甫，号任公，又号饮冰室主人。广东新会人，清朝光绪年间举人，是中国近代思想家、政治家、文学家。曾随康有为在广州万木草堂读书，接受了康有为的学说。1895年，他与康有为一起主导了"公车上书"，拉开了中国近代史上"戊戌变法"的序幕。

梁启超一生四处游历，各处讲学，在学术研究方面做出了巨大贡献，被公认为是清朝末期最优秀的学者，中国近代史上一位百科全书式人物。其主要作品均收录于《饮冰室合集》。

●《少年中国说》

百日维新失败以后，梁启超在1900年写了著名的《少年中国说》。文中极力歌颂少年的朝气蓬勃、积极昂扬，指出当时的中国是"老大帝国"，并热切希望出现"少年中国"，实现中国的崛起。其中著名章节激励了一批又一批有志青年。

"故今日之责任，不在他人，而全在我少年。少年智则国智，少年富则国富，少年强则国强，少年独立则国独立；少年自由，则国自由；少年进步，则国进步；少年胜于欧洲，则国胜于欧洲；少年雄于地球，则国雄于地球。红日初升，其道大光。河出伏流，一泻汪洋。潜龙腾渊，鳞爪飞扬。乳虎啸谷，百兽震惶。

鹰隼试翼，风尘翕张。奇花初胎，矞矞皇皇。干将发硎，有作其芒。天戴其苍，地履其黄。纵有千古，横有八荒。前途似海，来日方长。美哉我少年中国，与天不老！壮哉我中国少年，与国无疆！"①

【知新】

君子二字其意甚广，欲为之诠注，颇难得其确解。为英人所称劲德尔门包罗众义与我国君子之意差相吻合。证之古史，君子每与小人对待，学善则为君子，学不善则为小人。君子小人之分，似无定衡。顾习尚沿传类以君子为人格之标准。望治者，每以人人有士君子之心相勖。《论语》云：君子人与君子人也，明乎君子品高，未易几及也。

……

乾象言，君子自励犹天之运行不息，不得有一暴十寒之弊。才智如董子，犹云勉强学问。《中庸》亦曰，或勉强而行之。人非上圣，其求学之道，非勉强不得入于自然。且学者立志，尤须坚忍强毅，虽遇颠沛流离，不屈不挠，若或见利而进，知难而退，非大有为者之事，何足取焉？人之生世，犹舟之航于海。顺风逆风，因时而异，如必风顺而后扬帆，登岸无日矣。

……

坤象言君子接物，度量宽厚，犹大地之博，无所不载。君子责己甚厚，责人甚轻。孔子曰："躬自厚而薄责于人。"盖惟有容人之量，处世接物坦焉无所芥蒂，然后得以膺重任，非如小有才者，轻佻狂薄，毫无度量，不然小不忍必乱大谋，君子不为也。当其名高任重，气度雍容，望之俨然，即之温然，此其所以为厚也，此其所以为君子也。②

……

（选自《君子》，1914年梁启超在清华大学的演讲）

【切问】

1. 你认为"为学"与"做人"之间的关系应该是怎样的？怎么样才是达到了"做人"的标准？
2. 梁启超对于青少年教育有着诸多的见解，都表现在他针对学生和教育界的诸多演讲中。请根据你的课外阅读，梳理出梁启超的教育思想体系。

---

① 梁启超. 饮冰室合集（第一册第五集）. 北京：中华书局，2008：7.
② 梁启超.《饮冰室合集》集外文（中册）. 北京：北京大学出版社，2005：602—603.

【近思】

　　著名教育家陶行知先生在他的《学做一个人》这篇文章中写道："道德是做人的根本。根本一坏，纵然你有一些学问和本领，也无甚用处，并且，没有道德的人，学问和本领愈大，就能为非作恶愈大。"[①] 请结合本文，谈谈你对"为学与做人"之间关系的看法。

清华大学王观堂先生纪念碑铭

陈寅恪

　　海宁王静安先生自沉后二年，清华研究院同人咸怀思不能自已。其弟子受先生之陶冶煦育者有年，尤思有以永其念。佥曰，宜铭之贞珉，以昭示于无竟。因以刻石之词命寅恪，数辞不获已，谨举先生之志事，以普告天下后世。其词曰：士之读书治学，盖将以脱心志于俗谛之桎梏，真理因得以发扬。思想而不自由，毋宁死耳。斯古今仁圣所同殉之精义，夫岂庸鄙之敢望。先生以一死见其独立自由之意志，非所论于一人之恩怨，一姓之兴亡。呜呼！树兹石于讲舍，系哀思而不忘。表哲人之奇节，诉真宰之茫茫。来世不可知者也。先生之著述，或有时而不章。先生之学说，或有时而可商。惟此独立之精神，自由之思想，历千万祀，与天壤而同久，共三光而永光。

（选自陈美延编.《陈寅恪集·金明馆丛稿二编》.
北京：生活·读书·新知三联书店，2009）

【温故】

　● 陈寅恪

　　陈寅恪（1880—1969年），近代历史学家、语言学家、古典文学研究者，字鹤寿，江西修水人。早年留学日本、欧美。先后就读于德国柏林大学、瑞士苏

---

① 陶行知. 陶行知全集（第二卷）. 成都：四川教育出版社，2009：236.

黎世大学、法国巴黎高等政治学校和美国哈佛大学。1925年，陈寅恪回国任清华大学中文系、历史系教授，因其学识丰富，被誉为"教授中的教授"。1937年"卢沟桥事变"之后，举家南迁，先后任教于西南联合大学、香港大学、广西大学和燕京大学。1946年回清华大学任教，1948年南迁广州，先后任教于岭南大学、中山大学。1969年于广州病逝。

陈寅恪著有《隋唐制度渊源论稿》《唐代政治史论稿》《柳如是别传》等著作，本文是陈寅恪在王国维先生投水自尽后做的纪念碑铭。

● 独立之精神，自由之思想

王国维（1877—1927年），字静安，初号礼堂，晚号观堂，浙江海宁人。近代考古学家、文学家，曾任末代皇帝溥仪南书房行走。1927年，自沉于颐和园鱼藻轩。"独立之精神，自由之思想"不仅是陈寅恪对王国维先生的称颂，也是他终其一生在学术上的精神追求。陈寅恪认为，文人做学问应当有自己的独立精神，学术见解可存在不足存有争议，但不能丧失气节，为外界功利因素所左右。

【知新】

"……寅恪先生为一代史学大师。这一点恐怕是天下之公言，决非他的朋友们和弟子们的私言。怎样才能算是一代大师呢？据我个人的看法，一代大师必须能上承前代之余绪，下开一世之先风，踵事增华，独辟蹊径。如果只是拾人牙慧，墨守成规，决不能成为大师的。综观寅恪先生一生治学道路，正符合上述条件。他一生涉猎范围极广，但又有中心，有重点。从西北史地、蒙藏绝学、佛学义理，天竺影响，进而专心治六朝隋唐历史，晚年又从事明清之际思想界之研究。从表面上看起来，变化莫测；但中心精神始终如一。他号召学者们要'预流'，也就是王静安先生和他自己所说的'一个时代有一个时代的新学问'，学者能跟上时代，就算是'预流'。寅恪先生在上述各个方面都能'预流'，这一点必须着重指出。他喜欢用的一句话是'发前人未发之覆'。在他的文章中，不管多长多短，他都能发前人未发之覆。没有新意的文章，他是从来不写的。他有时立一新意，骤视之有如石破天惊，但细按之又入情入理，令人不禁叫绝。寅恪先生从来不以僻书吓人。他引的书都是习见的，他却能在习见中，一般习而不察中，提出新解，令人有化腐朽为神奇之感。"

——选自季羡林《纪念陈寅恪先生诞辰百年学术论文集·序》

【切问】

1. 一直以来，大家均认为这篇碑铭的思想核心是"独立之精神，自由之思想"。怎样理解陈寅恪先生在学术方面的"精神独立"和"思想自由"？
2. 陈寅恪先生在清华大学为王国维立纪念碑时曾说过："凡一种文化值衰落之时，为此文化所化之人，必感苦痛，其表现此文化之程量愈宏，则其受之苦痛亦愈甚，迨既达极深之度，殆非出于自杀无以求一己之心安而义尽也。"你怎么看待这句话所表现的观点？

【近思】

"独立之精神，自由之思想"，这种精神当下现实生活中是否还有体现？具体有哪些体现？这一精神在当下又有何意义与价值？谈谈你的思考。

三种人生态度*
——逐求、厌离、郑重

梁漱溟

"人生态度"是指人日常生活的倾向而言，向深里讲，即入了哲学范围；向粗浅里说，也不难明白。依中国分法，将人生态度分为"出世"与"入世"两种，但我嫌其笼统，不如三分法较为详尽适中。我们仔细分析：人生态度之深浅、曲折、偏正……各式各种都有；而各时代、各民族、各社会，亦皆有其各种不同之精神，故欲求不笼统，而究难免于笼统。我们现在所用之三分法，亦不过是比较适中的办法而已。

按三分法，第一种人生态度，可用"逐求"二字以表示之。此意即谓人于现实生活中逐求不已：如，饮食、宴安、名誉、声、色、货、利等，一面受趣味引诱，一面受问题刺激，颠倒迷离于苦乐中，与其他生物亦无所异；此第一种人生态度（逐求），

---

* 本文为1933年前后，梁漱溟先生与同学们每天例行的"朝会"上的一次谈话。

能够彻底做到家，发挥至最高点者，即为近代之西洋人。他们纯为向外用力，两眼直向前看，逐求于物质享受，其征服自然之威力实甚伟大，最值得令人拍掌称赞。他们并且能将此第一种人生态度理智化，使之成为一套理论——哲学。其可为代表者，是美国杜威之实验主义，他很能细密地寻求出学理的基础来。

第二种人生态度为"厌离"的人生态度。第一种人生态度为人对于物的问题。第三种人生态度为人对于人的问题，此则为人对于自己本身的问题。人与其他动物不同，其他动物全走本能道路，而人则走理智道路，其理智作用特别发达。其最特殊之点，即在回转头来反看自己，此为一切生物之所不及于人者。当人转回头来冷静地观察其生活时，即感觉得人生太苦，一方面自己为饮食男女及一切欲望所纠缠，不能不有许多痛苦；而在另一方面，社会上又充满了无限的偏私、嫉忌、仇怨、计较，以及生离死别种种现象，更足使人感觉得人生太无意思。如是，乃产生一种厌离人世的人生态度。此态度为人人所同有。世俗之愚夫愚妇皆有此想，因愚夫愚妇亦能回头想，回头想时，便欲厌离。但此种人生态度虽为人人所同具，而所分别者即在程度上深浅之差，只看彻底不彻底，到家不到家而已。此种厌离的人生态度，为许多宗教之所由生。最能发挥到家者，厥为印度人；印度人最奇怪，其整个生活，完全为宗教生活。他们最彻底，最完全；其中最通透者为佛家。

第三种人生态度，可以用"郑重"二字以表示之。郑重态度，又可分为两层来说：其一，为不反观自己时——向外用力；其二，为回头看自家时——向内用力。在未曾回头看而自然有的郑重态度，即儿童之天真烂漫的生活。儿童对其生活，有天然之郑重，与天然之不忽略，故谓之天真；真者真切。天者天然，即顺从其生命之自然流行也。于此处我特别提出儿童来说者，因我在此所用之"郑重"一词似太严重。其实并不严重。我之所谓"郑重"，实即自觉地听其生命之自然流行，求其自然合理耳。"郑重"即是将全副精神照顾当下，如儿童之能将其生活放在当下，无前无后，一心一意，绝不知道回头反看，一味听从于生命之自然的发挥，几与向前逐求差不多少，但确有分别。此系言浅一层。

更深而言之，从反回头来看生活而郑重生活，这才是真正的发挥郑重。这条路发挥得最到家的，即为中国之儒家。此种人生态度亦甚简单，主要意义即是教人"自觉的尽力量去生活"。此话虽平常，但一切儒家之道理尽包含在内；如后来儒家之"寡欲""节欲""窒欲"等说，都是要人清楚地自觉地尽力于当下的生活。儒家最反对仰赖于外力之催逼，与外边趣味之引诱往前度生活。引诱向前生活，为被动的、逐求的，而非为自觉自主的；儒家之所以排斥欲望，即以欲望为逐求的、非自觉的，不是尽力量去生活。此话可以包含一切道理：如"正心诚意""慎独""仁义""忠恕"等，都是以自己自觉的力量去生活。再如普通所谓"仁至义尽""心情俱到"等，亦皆此意。

此三种人生态度，每种态度皆有浅深。浅的厌离不能与深的逐求相比。逐求是世俗的路，郑重是道德的路，而厌离则为宗教的路。将此三者排列而为比较，当以逐求态度为较浅；以郑重与厌离二种态度相较，则郑重较难；从逐求态度进步转变到郑重态度自然也可能，但我觉得很不容易。普通都是由逐求态度折到厌离态度，从厌离态度再转入郑重态度，宋明之理学家大多如此，所谓出入儒释，都是经过厌离生活，然后重又归来尽力于当下之生活。即以我言，亦恰如此。在我十几岁时，极接近于实利主义，后转入于佛家，最后方归转于儒家。厌离之情殊为深刻，由是转过来才能尽力于生活；否则便会落于逐求，落于假的尽力。故非心里极干净，无纤毫贪求之念，不能尽力生活。而真的尽力生活，又每在经过厌离之后。

（选自梁漱溟全集（第二卷）．济南：山东人民出版社，2005）

【温故】

● 梁漱溟

梁漱溟（1893—1988年），原名焕鼎，字寿铭，蒙古族。曾用笔名寿名、瘦民、漱溟等。他是中国现代著名的思想家、哲学家、教育家，也是现代新儒家的代表人物，曾被称为"中国最后一个大儒"。其研究方向主要集中在社会问题、人生哲学等方面。在社会研究方面，他曾经在中国发起过乡村建设运动的实践，著有《乡村建设理论》一书；在思想方面，他将我国传统儒家思想、释家思想和西方著名哲学家帕格森的生命哲学相结合，形成了他自己独特的人生哲学思想，影响深远。代表作品有《东西文化及其哲学》《人心与人生》等。

● 《人生的三路向》

梁漱溟先生的人生哲学，可以说集我国传统儒家、禅宗思想与西方"生命哲学"于一体，十分注重活在当下、顺应自然。《三种人生态度》一文，阐明了他对于人应该怎样活着的一点看法。此外，关于对人生的探讨，他还有很著名的《人生的三路向》一篇文章。在《人生的三路向》一文中，他结合中西方文化，提出人生中存在"向前面要求"，"对于自己的意思变换、调和、持中"，"转身向后去要求"这三种方向；又指出面对欲望，面对不同的生活问题，无论秉承什么样的态度，用什么方法解决，最重要的就是要认真生活，不能敷衍了事。总而言之，生命的意义也可以说是活得认真、自然、流畅。

【知新】

梁漱溟先生的"人生三路向""三种人生态度"是他以人生为切入点，比较中西方哲学思想得出的深刻见解，是他对于文化的看法的延伸。他的文化哲学和人生哲学以叔本华的"意欲"概念为核心。"他认为，人生是'意欲'的活动和表现，'意欲'的内在要求和环境的外部障碍的矛盾斗争，构成了生活的本质。生活的过程也即'意欲'之满足与不满足的无尽连续"①，由此，他根据"意欲"的不同趋向分出了人生的三路向和三种态度，即"梁氏后来也用'逐求'、'郑重'、'厌世'来概括西、中、印三种文化精神。在他看来，这三种文化精神分别代表了三种人生的根本态度和人类文化的三种基本路向"②。

梁漱溟的人生态度观在"出世"和"入世"的基础上进一步划分为"逐求""厌离""郑重"，融佛教思想、传统儒家思想和西方哲学于一体，集中体现了他思想的复杂性，正如后人所言："总起来看，梁氏人生哲学的复杂性质正在于他以佛证儒、以佛融儒的特点。"③

【切问】

1. 结合课文，谈谈你认为作者所提出的"郑重"的人生态度具体指什么。作者所认为的"郑重"与我们日常所讲的"郑重"有何不同？
2. 欲望是人生中不可或缺的一环。谈谈你对如何面对个人欲望这一问题的看法。
3. 在作者看来，逐求、厌离、郑重三种态度可以与世俗、宗教、道德三者相对应，你怎样理解这种看法？你赞同作者这种观点吗？
4. 梁漱溟曾批评胡适的人生哲学过于注重为人生"找意义""找价值"④，认为生活就是要生活，不应刻意追求动机。你怎么看待他这一观点？你认为生活应该有意义吗？我们需要刻意追求某种人生态度吗？

【近思】

"人为什么要活着？""人应该怎样活着？"可以说是哲学的根本问题之一，

---

① ② 高力克. 现代化与儒家人生. 北京师范大学学报，1990（6）：96—97.
③ 龚建平. 略论梁漱溟人生哲学中的儒佛双重性. 陕西师范大学学报（哲学社会科学版），1996（3）：102.
④ 梁漱溟. 人生的三路向. 北京：当代中国出版社，2010：166.

自人类有文明以来有无数哲学家为之争论、困惑。当代高校大学生中，不乏有学生轻视生命、游戏人生，因各种各样小事放弃自己或是伤害同学。请谈谈你对这种现象的看法，或者你觉得当代青年学生应该有什么样的人生态度，应该如何帮助大学生树立良好的人生观、价值观。

大学一解（节选）

梅贻琦

今日之大学教育，骤视之，若与明明德、新民之义不甚相干，然若加深察，则可知今日大学教育之种种措施，始终未能超越此二义之范围，所患者，在体认尚有未尽而实践尚有不力耳。大学课程之设备，即属于教务范围之种种，下自基本学术之传授，上至专门科目之研究，固格物致知之功夫而明明德之一部分也。课程以外之学校生活，即属于训导范围之种种，以及师长持身、治学、接物、待人之一切言行举措，苟于青年不无几分裨益，此种裨益亦必于格致诚正之心理生活见之。至若各种人文科学、社会科学学程之设置，学生课外之团体活动，以及师长以公民之资格对一般社会所有之努力，或为一种知识之准备，或为一种实地工作之预习，或为一种风声之树立，青年一旦学成离校，而于社会有所贡献，要亦不能不资此数者为一部分之挹注。此又大学教育新民之效也。

然则所谓体认未尽实践不力者又何在？明明德或修己工夫中之所谓明德，所谓己，所指乃一人整个之人格，而不是人格之片段。所谓整个之人格，即就比较旧派之心理学者之见解，至少应有知、情、志三个方面，而此三方面者皆有修明之必要。今则不然，大学教育所能措意而略有成就者，仅属知之一方面而已，夫举其一而遗其二，其所收修明之效因已极有限也。然即就知之一端论之，目前教学方法之效率亦大有尚待扩充者。理智生活之基础为好奇心与求益心，故贵在相当之自动，能有自动之功，斯能收自新之效，所谓举一反三者，举一虽在执教之人，而反三总属学生之事。若今日之教学，恐灌输之功十居七八，而启发之功十不得二三。明明德之义，释以今语，即为自我之认识，为自我知能之认识，此即在智力不甚平庸之学子亦不易为之，故必有执教之人为之启发，为之指引，而执教者之最大能事，亦即至此而尽，过此即须学子自为探索；非执教者所得而助长也。故古之善教人者，《论语》谓之善诱，《学记》谓之善喻。孟子有云："君子深造之以道，欲其自得之也，自得之，则居之安，居之安，则资之深，资之深，则取之左右逢其源，故君子欲其自得之也"，此善诱或善喻之效也。今大学中之教学方法，即仅就知识教育言之，不逮尚远。此体认不足实践不力之一端也。

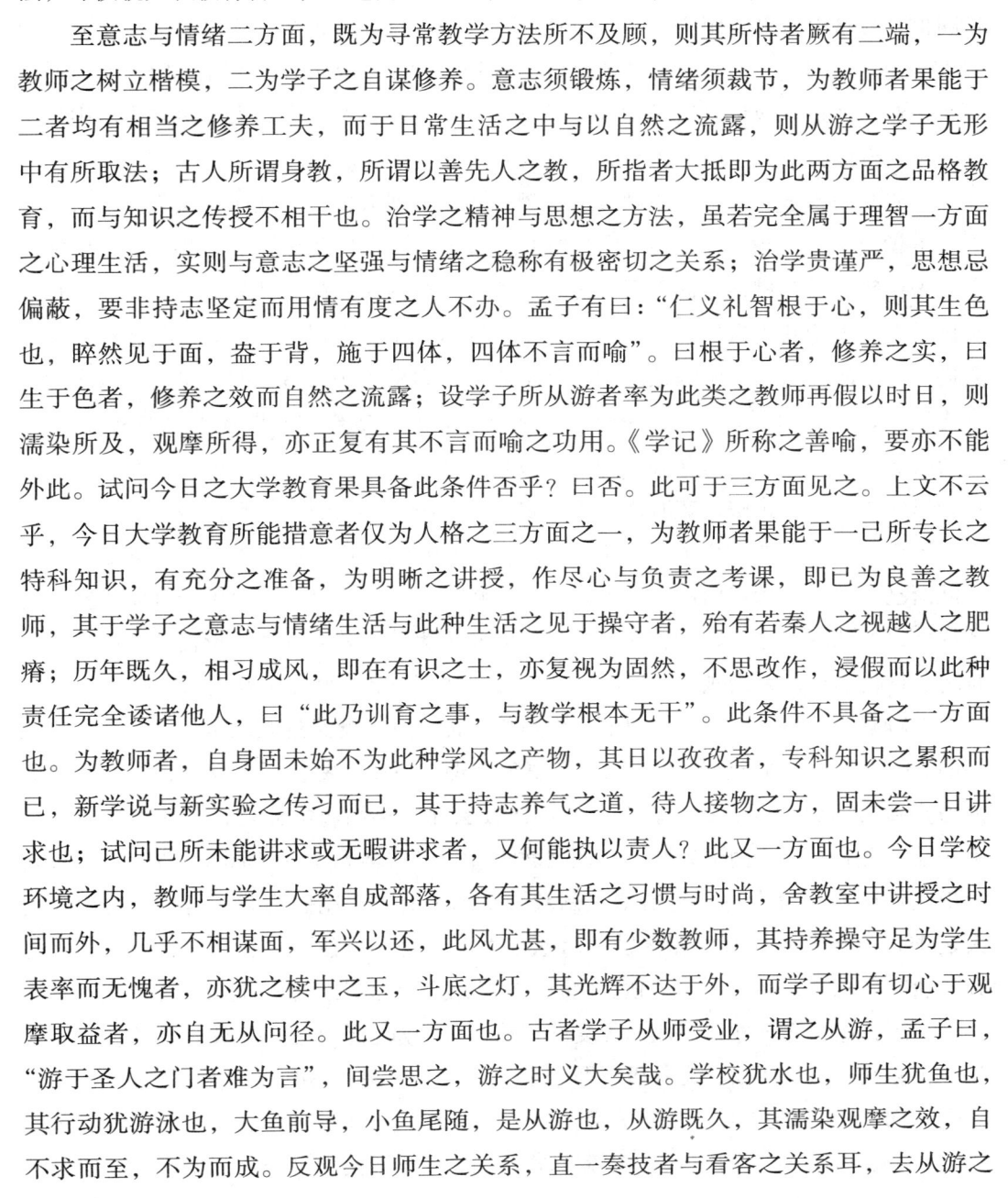

至意志与情绪二方面，既为寻常教学方法所不及顾，则其所恃者厥有二端，一为教师之树立楷模，二为学子之自谋修养。意志须锻炼，情绪须裁节，为教师者果能于二者均有相当之修养工夫，而于日常生活之中与以自然之流露，则从游之学子无形中有所取法；古人所谓身教，所谓以善先人之教，所指者大抵即为此两方面之品格教育，而与知识之传授不相干也。治学之精神与思想之方法，虽若完全属于理智一方面之心理生活，实则与意志之坚强与情绪之稳称有极密切之关系；治学贵谨严，思想忌偏蔽，要非持志坚定而用情有度之人不办。孟子有曰："仁义礼智根于心，则其生色也，睟然见于面，盎于背，施于四体，四体不言而喻"。曰根于心者，修养之实，曰生于色者，修养之效而自然之流露；设学子所从游者率为此类之教师再假以时日，则濡染所及，观摩所得，亦正复有其不言而喻之功用。《学记》所称之善喻，要亦不能外此。试问今日之大学教育果具备此条件否乎？曰否。此可于三方面见之。上文不云乎，今日大学教育所能措意者仅为人格之三方面之一，为教师者果能于一己所专长之特科知识，有充分之准备，为明晰之讲授，作尽心与负责之考课，即已为良善之教师，其于学子之意志与情绪生活与此种生活之见于操守者，殆有若秦人之视越人之肥瘠；历年既久，相习成风，即在有识之士，亦复视为固然，不思改作，浸假而以此种责任完全诿诸他人，曰"此乃训育之事，与教学根本无干"。此条件不具备之一方面也。为教师者，自身固未始不为此种学风之产物，其日以孜孜者，专科知识之累积而已，新学说与新实验之传习而已，其于持志养气之道，待人接物之方，固未尝一日讲求也；试问己所未能讲求或无暇讲求者，又何能执以责人？此又一方面也。今日学校环境之内，教师与学生大率自成部落，各有其生活之习惯与时尚，舍教室中讲授之时间而外，几乎不相谋面，军兴以还，此风尤甚，即有少数教师，其持养操守足为学生表率而无愧者，亦犹之椟中之玉，斗底之灯，其光辉不达于外，而学子即有切心于观摩取益者，亦自无从问径。此又一方面也。古者学子从师受业，谓之从游，孟子曰，"游于圣人之门者难为言"，间尝思之，游之时义大矣哉。学校犹水也，师生犹鱼也，其行动犹游泳也，大鱼前导，小鱼尾随，是从游也，从游既久，其濡染观摩之效，自不求而至，不为而成。反观今日师生之关系，直一奏技者与看客之关系耳，去从游之义不綦远哉！此则于大学之道，体认尚有未尽实践尚有不力之第二端也。

至学子自身之修养又如何？学子自身之修养为中国教育思想中最基本之部分，亦即儒家哲学之重心所寄。《大学》八目，涉此者五，《论语》《中庸》《孟子》之所反复申论者，亦以此为最大题目。宋元以后之理学，举要言之，一自身修善之哲学耳；其派别之分化虽多，门户之纷呶虽甚，所争者要为修养之方法，而于修养之必要，则靡不同也。我侪以今日之眼光相绳，颇病理学教育之过于重视个人之修养，而于社会国家之需要，反不能多所措意；末流之弊，修身养性几不复为人德育才之门，而成遁世避实之路。然理学教育之所过即为今日学校教育之所不及。今日大学生之生活中最感缺乏之一事即为个人之修养。此又可就下列三方面分别言之：

一曰时间不足。今日大学教育之学程太多，上课太忙，为众所公认之一事，学生于不上课之时间，又例须有多量之"预备"功夫，而所预备者又不出所习学程之范围，于一般之修养邈不相涉。习文史哲学者，与修养功夫尚有几分关系，其习它种理实科目者，无论其为自然科学或社会科学，犹木工水作之习一艺耳。习艺愈勤去修养愈远。何以故？曰，无闲暇故。仰观宇宙之大，俯察品物之盛，而自审其一人之生应有之地位，非有闲暇不为也。纵探历史之悠久，文教之累积，横索人我关系之复杂，社会问题之繁变，而思对此悠久与累积者宜如何承袭节取而有所发明，对复杂繁变者宜如何应付而知所排解，非有闲暇不为也。人生莫非学问也，能自作观察、欣赏、沉思、体会者，斯得之。今学程之所能加惠者，充其量，不过此种种自修功夫之资料之补助而已，门径之指点而已，至若资料之咀嚼融化，门径之实践以致于升堂入室，博者约之，万殊者一之，则非有充分之自修时间不为功，就今日之情形而言，则咀嚼之时间，且犹不足，无论融化，粗识门径之机会犹或失之，姑无论升堂入室矣。

二曰空间不足。人生不能离群，而自修不能无独，此又近顷大学教育最所忽略之一端。《大学》一书尝极论毋自欺，必慎独之理。不欺人易，不自欺难，与人相处而慎易，独居而慎难。近代之教育，一则曰社会化，再则曰集体化，卒使簧舍悉成营房，学养无非操演，而慎独与不自欺之教亡矣。夫独学无友，则孤陋而寡闻，乃仅就智识之切磋而为言者也；至情绪之制裁，意志之磨砺，则固为我一身一心之事，他人之于我，至多亦只所以相督励，示鉴戒而已。自"慎独"之教亡，而学子乃无复有"独"之机会，亦无复作"独"之企求；无复知人我之间精神上与实际上应有之充分之距离，适当之分寸，浸假而无复和情绪制裁与意志磨练之为何物，即无复和《大学》所称诚意之为何物，充其极，乃至于学问见识一端，亦但知从众而不知从己，但知附和而不敢自作主张，力排众议。晚近学术界中，每多随波逐浪（时人美其名曰"适应潮流"）之徒，而少砥柱中流之辈，由来有渐，实无足怪。大学一书，于开章时阐明大学之目的后，即曰，"知止而后有定，定而后能静，静而后能安，安而后能虑，虑而后能得"。今日之青年，一则因时间之不足，再则因空间之缺乏，乃至数年之间，竟不能如绵蛮黄鸟之得一丘隅以为休止。休止之时地既不可得，又遑论定、静、安、虑、得之五步功夫耶？此深可虑而当亟为之计者也。

三曰师友古人之联系之阙失。关于师之一端，上文已具论文，今日之大学青年，在社会化与集体生活化一类口号之空气之中，所与往还者，有成群之大众，有合伙之伙伴，而无友。曰集体生活，又每苦不能有一和同之集体，或若干不同而和之集体，于是人我相与之际，即一言一动之间，亦不能不多所讳饰顾忌，驯至舍寒暄笑谑与茶果征逐而外，根本不相往来。此目前有志之大学青年所最感苦闷之一端也。夫友所以祛孤陋，增闻见，而辅仁进德者也，个人修养之功，有恃于一己之努力者固半，有赖于友朋之督励者亦半；今则一己之努力既因时空两间之不足而不能有所施展，有如上文所论，而求友之难又如此，又何怪乎成德达材者之不多见也。古人亦友也，孟子有尚友之论，后人有尚友之录，其对象皆古人也。今人与年龄相若之同学中既无可相友者，有志者自犹可于古人中求之。然求之又若不易。史学之必修课程太少，普通之大学生往往仅修习通史一两门而止，此不易一也。时人对于史学与一般过去之经验每不重视，甚者且以为革故鼎新之精神，即在完全抹杀已往，而创造未来，前人之言行，时移世迁，即不复有分毫参考之价值，此不易二也。即在专攻史学之人，又往往用纯粹物观之态度以事研究，驯至古人之言行举措，其所累积之典章制度，成为一堆毫无生气之古物，与古生物学家所研究之化石骨殖无殊此种研究之态度，非无其甚大之价值，然设过于偏注，则史学之与人生将不复有所联系，此不易三也。有此三不易，于是前哲所再三申说之"以人鉴人"之原则将日趋湮没，而"如对古人"之青年修养之一道亦日即于荒秽不治矣。学子自身之不能多所修养，是近代教育对于大学之道体认尚有未尽实践尚有不力之第三端也。

以上三端，所论皆为明德一方面之体认未尽与实践不力，然则新民一方面又如何？大学新民之效，厥有二端。一为大学生新民工作之准备；二为大学校对社会秩序与民族文化所能建树之风气。于此二端，今日之大学教育体认亦有未尽，而实践亦有不力也。试分论之。

大学有新民之道，则大学生者负新民工作之实际责任者也。此种实际之责任，因事先必有充分之准备，相当之实验或见习，而大学四年，即所以为此准备与实习而设，亦自无烦赘说。然此种准备与实习果尽合情理否乎？则显然又为别一问题。明德功夫即为新民功夫之最根本之准备，而此则已大有不能尽如人意者在，上文已具论之矣。然准备之缺乏犹不止此。今人言教育者，动称通与专之二原则。故一则曰大学生应有通识，又应有专识，再则曰大学毕业之人应为一通才，亦应为一专家，故在大学期间之准备，应为通专并重。此论固甚是，然有不尽妥者，亦有未易行者。此论亦固可以略救近时过于重视专科之弊，然犹未能充量发挥大学应有之功能。窃以为大学期内，通专虽应兼顾，而重心所寄，应在通而不在专，换言之，即须一反目前重视专科之倾向，方足以语于新民之效。夫社会生活大于社会事业，事业不过为人生之一部分，其足以辅翼人生，推进人生，固为事实，然不能谓全部人生即寄寓于事业也。通识，一般生活之准备也，专识，特种事业之准备也，通识之用，不止润身而已，亦所以自通于人也，信如此论，则通识为本，而专识为末，社会所需要者，通才为大，而专家次之，以无通才为基础之专家临民，其结果不为新民，而为扰民。此通专并重未为恰当之说也。大学四年而已，以四年之短期间，而既须有通识之准备，又须有专识之准备，而二者之间又不能有所轩轾，即在上智，亦力有未逮，况中资以下乎？并重之说所以不易行者此也。偏重专科之弊，既在所必革，而并重之说又窒碍难行，则通重于专之原则尚矣。

（选自《清华学报》第十三卷第一期．1941年4月）

【温故】

梅贻琦（1889—1962年），字月涵，天津人，留学美国后于1916年任教清华大学，并于1931—1948年任国立清华大学校长，是清华大学历史上任期最长的校长，被誉为清华大学的"终生校长"和奠定清华校格的教育思想家。1955年，在台湾新竹创建清华大学并任校长。他所提出的"所谓大学者，非谓有大楼之谓也，有大师之谓也"的教育理念一直为世人所推崇。

《大学一解》是梅贻琦在主持西南联大常务工作期间所写，体现了他教育理念中的核心观点。他借助儒家思想，提出了大学的基本宗旨即在于"明明德"和"新民"。并从学生自身、老师以及学校等不同的方面来论述大学的作用及应采取的方法。最后他提出了"通才教育"和"通识教育"的观念，认为只有通过"通识教育"才能实现大学的宗旨，发扬大学的精神。

【知新】

梅贻琦认为大学的教育是从个人出发最终落脚到社会，也即马英利所说："如果把大学促进人的发展（明明德）看作基本功能，把大学促进社会发展（新民）看作衍生功能，那么求得社会和谐（止于至善）应该是大学的目标功能。"[①]
而要实现这一目标，则必须通过培养通才来实现，黄延夏对梅贻琦的教育思想进

[①] 马英利．《大学一解》解析．教育思想，2010（2）：15.

行梳理时说道："'通识教育'思想，是梅贻琦教育思想的核心。正是奉行这种思想，使他在三十年代短短数年内，培养出各个领域中真正称得上是卓越的，第一流的人才，创出了清华校史上的'黄金时代'，而到了抗战时期的《大学一解》之作，使这一思想得到理论上的概括。"（《梅贻琦教育思想研究》辽宁教育出版社）《大学一解》即是以"通识教育"为核心，以"明明德"和"新民"作为两个论述出发点，对当时的大学教育存在的问题进行反思，并建立起一个完整的教育体系。

【切问】

1. 梅贻琦认为要想实现大学的"明明德"与"新民"的宗旨，首先要解决的就是两方面的问题，一是学生，一是老师。请根据文章总结梅贻琦的教师观与学生观，并思考这两种观念对构建特色学校有什么启示。
2. 本文虽是作者从中西两方面的教育观念的对比入手，但是却借助了中国传统的儒家思想来提出自己的思考。以本文为例，分析作者的教育理念中在哪些方面受到了儒家思想的影响。

【近思】

梅贻琦提出大学教育应该以通识教育为主，为社会培养需要的通才，而专才则由社会上其他教育机构承担。但是现在的大学却分出越来越细的专业，以适应社会职业的需要，越来越趋于培养专才。结合现实与自身的教育经历，谈谈通才教育与专才教育哪种更适合人才的培养和社会的需要。

容忍与自由[*]

胡　适

雷先生！《自由中国》社的各位朋友们！我感觉到刚才有位来宾说的话最为恰当。夏涛声先生一进门就对我说："恭喜恭喜！这个年头能活到十年，是不容易的。"我觉得夏先生这话，很值得作为《自由中国》半月刊创刊十周年的颂词。这个年头能活上

---

[*] 本文是胡适1959年11月20日在台北《自由中国》十周年纪念会上的演说词，刊于《自由中国》第21卷第11期，并同时发表于《民主潮》第9卷第23期。

十年，的确不容易的。《自由中国》社之所以能够维持到今天，可以说是雷儆寰先生以及他的一些朋友继续不断努力的结果。今天十周年的纪念会，我们的朋友，如果有是来道喜的，应该向雷先生道喜；我只是担任了头几年发行人的虚名。雷先生刚才说：他口袋里有几个文件，没有发表。我想过去的事情，雷先生可以把它写出来。他所提到的两封信，也可以公开。记得民国三十八年三四月间，我们几个人在上海；那时我们感觉到这个形势演变下去，会把中国分成"自由的"和"被奴役的"两部分，所以我们不能不注意这一个"自由"与"奴役"的分野，同时更不能不注意"自由中国"这个名字。我想，可能那时我们几个人是最早用"自由中国"这个名字的。后来几位朋友想到成立一个"自由中国出版社"。当初并没有想要办杂志，只想出一点小册子。所以"自由中国出版社"刚成立时，指出来一些小册子性质的刊物。我于四月六日离开上海，搭威尔逊总统轮到美国。在将要离开上海时，他们要我写一篇"自由中国社的宣言"。后来我就在到檀香山途中，凭我想到的写了四条宗旨，寄回来请大家修改。但雷先生他们都很客气，就用我当时在船上所拟的稿子，没有修改一字；《自由中国》半月刊出版以后，每期都刊登这四条宗旨。《自由中国》半月刊到现在已十年了。回想这十年来，我们所希望做到的事情没有能够完全做到；所以在这十周年纪念会中，我们不免有点失望。不过我们居然能够有这十年的生命，居然能在这样的困难中生存到今天，这不能不归功于雷先生同他的一班朋友的努力；同时我们也很感谢海内外所有爱护《自由中国》的作者和读者。

原来我曾想到今天应该说些什么话；后来没有写好。不过我今天也带来了一点预备说话的资料。在今年三四月间，我写了一封信给《自由中国》编辑委员会同仁；同时我也写了一篇文章，文章登在《自由中国》第二十卷第六期，信登在第七期。那篇文章的题目是《容忍与自由》。后来由毛子水先生写了一篇《〈容忍与自由〉书后》；殷海光先生也写了一篇《胡适论〈容忍与自由〉读后》：都登在《自由中国》二十卷七期上。前几天出版的《自由中国》创刊十周年纪念特刊上，有二十几位朋友写文章。毛子水先生也写了一篇《〈自由中国〉十周年感言》，内容同我们在几个月前所讲的话意思差不多。同时雷先生也有一篇文章讲到关于舆论的态度。所以这个问题值得我们想一想。今天我想说的话，也是从几篇文章中的意思，择几点出来说一说。

我在《容忍与自由》一文中提出一点：我总以为容忍的态度比自由更重要，比自由更根本。我们也可以说，容忍是自由的根本。社会上没有容忍，就不会有自由。无论古今中外都是这样：没有容忍，就不会有自由。人们往往都相信他们的想法是不错的，他们的思想是不错的，他们的信仰也是不错的：这是一切不容忍的本源。如果社会上有权有势的人都感觉到他们的信仰不会错，他们的思想不会错，他们就不许人家信仰自由，思想自由，言论自由，出版自由。所以我在那个时候提出这个问题来，一方面是为了对我们自己说话，一方面也是为了对政府、对社会上有力量的人说话，总希望大家懂得容忍是双方面的事。一方面我们运用思想自由、言论自由的权利时，应该有一种容忍的态度；同时政府或社会上有势力的人，也应该有一种容忍的态度。大家都应该觉得我们的想法不一定是对的，是难免有错的，便应该容忍逆耳之言；这些听不进去的话，也许有道理在里面。这是我写《容忍与自由》那篇文章主要的意思。后来毛子水先生写了一篇《书后》。他在那篇文章中指出：胡适之先生这篇文章背后有一个哲学的基础。他引述我于民国三十五年在北京大学任内作开学典礼演讲时所说的话。在那次演说里，我引用了宋朝的大学问家吕伯恭先生的两句话，就是："善未易明，理未易察。"宋朝的理学家，都是讲"明善、察理"的。所谓"善未易明，理未易察"，就是说善与理是不容易明白的。……过了十二三年，毛先生又引用了这两句话。所谓"理未易明"，就是说真理是不容易弄明白的。这不但是我写《容忍与自由》这篇文章的哲学背景，所有一切保障自由的法律和制度，都可以说是建立在"理未易明"这句话上面。

最近出版的《自由中国》创刊十周年纪念特刊中，毛子水先生写了一篇《〈自由中国〉十周年感言》。他在那篇文章中又提到一部世界上最有名的书，就是出版了一百年的穆勒的《自由论》（On Liberty）；从前严又陵先生翻译为《群己权界论》。毛先生说：这本书，到现在还没有一本白话文的中译本。严又陵先生翻译的《群己权界论》，到现在已有五六十年；可惜当时国人很少喜欢"真学问"的，所以并没有什么大影响。毛先生认为主持政治的人和主持言论的人，都不可以不读这部书。穆勒在该书中指出，言论自由为一切自由的根本。同时穆勒先生又以为，我们大家都得承认我们认为"真理"的，我们认为"是"的，我们认为"最好"的，不一定就是那样的。这是穆勒在那本书的第二章中最精彩的意思。凡宗教所提倡的教条，社会上所崇尚的道德，政府所谓对的东西，可能是错的，是没有价值的。你要去压迫和毁灭的东西，可能是真理。假如是真理，你把它毁灭掉，不许他发表，不许他出现，岂不可惜！万一你要打倒的东西，不是真理，而是错误：但在错误当中，也许有百分之几的真理，你把它完全毁灭掉，不许它发表，那几分真理也一同被毁灭掉了。这不也是可惜的吗？再有一点：主持政府的人，主持宗教的人总以为他们的信仰，他们的主张完全是对的；批评他们或反对他们的人是错的。尽管他们所想的是对的，他们也不允许人家自由发表言论。为什么呢？因为如果教会或政府所相信的是真理，但不让人家来讨论或批评他，结果这个真理就变成了一种成见，一种教条。久而久之，因为大家都不知道当初立法或倡导的精神和用意所在，这种教条，这种成见，便慢慢趋于腐烂。总而言之，言论所以必须有自由，最基本的理由是：可能我们自己的信仰是错误的；我们所认为真理的，可能不完全是真理，可能是错的。这人就是刚才我所说的，在七八百年以前，我们的一位大学者吕伯恭先生所提出来的观念，就是"理未易明"。"理"不是这样容易弄得明白的！毛子水先生说，这是胡适之之所以讲"容忍"的哲学背景。现在我公开地说，毛先生的解释是对的。同时我受到穆勒大著《自由论》的影响很大。我颇希望在座有研究有兴趣的朋友，把这部大书译成白话的、加注解的中文本，以飨我们主持政治和主持言论的人士。

在殷海光先生对我的《容忍与自由》一文所写的一篇《读后》里，他也赞成我的意见。他说如果没有"容忍"，如果说我的主张都是对的，不会错的，结果就不会允许别人有言论自由。我曾在《容忍与自由》一文中举了一个例子；殷先生也举了一个例子。我的例子讲到欧洲的宗教革命。欧洲的宗教革命完全是为了争取宗教信仰自由。但我在那篇文章中指出，等到主持宗教革命的那些志士获得胜利以后，他们就慢慢走到不容忍的道路上去。从前他们争取自由；现在他们自由争取到了，就不允许别人争取自由。我举例说，当时领导宗教革命的约翰·高尔文（John Calvin）掌握了宗教大权，就压迫新的批评宗教的言论。后来甚至于把一个提倡新的宗教思想的学者塞维图斯（Servetus）用铁链锁在木桩上，堆起柴来慢慢烧死。这是一个很惨的故事。因为约翰·高尔文他相信自己思想不会错，他的思想是代表上帝；他把反对他的人拿来活活的烧死是替天行道。殷海光先生所举的例也很惨。在法国革命之初，大家都主张自由；凡思想自由，信仰自由，宗教自由，言论出版自由，都明定在人权宣言中。但革命还没有完全成功，那时就起来了一位罗伯斯庇尔（Robespierre）。他在争到政权以后，就完全用不容忍的态度对反对他的人，尤其是对许多旧日的皇族。他把他们送到断头台上处死。仅巴黎一地，上断头台的即有两千五百人之多，形成法国大革命期间的恐怖统治。这一班当年主张自由的人，一朝当权，就反过来摧残自由，把主张自由的人烧死了，杀死了。推究其根源，还是因为没有"容忍"。他认为我不会错；你的主张和我的不一样，当然是你错了。我才是代表真理的。你反对我，便是反对真理：当然该死。这就是不容忍。

不过殷先生在那篇文章中又讲了一段话。他说：同是容忍，无权无势的人容忍容易，有权有势的人容忍很难。所以他好像说，胡适之先生应该多向有权有势的人说说容忍的意思，不要来向我们这班拿笔杆的穷书生来说容忍。我们已是容忍惯了。殷先生这番话，我也仔细想过。我今天想提出一个问题来，就是：究竟谁是有权有势的人？还是有兵力、有政权的人才可以算有权有势呢？或者我们这班穷书生、拿笔杆的人也有一点权，也有一点势呢？这个问题也值得我们想一想。我想有许多有权有势的人，所以要反对言论自由，反对思想自由，反对出版自由，他们心里恐怕觉得他们有一点危险。他们心里也许觉得那一班穷书生拿了笔杆在白纸上写黑字而印出来的话，可以得到社会上一部分人的好感，得到一部分人的同情，得到一部分人的支持。这个就是力量。这个力量就是有权有势的人感到危险的原因。所以他们想要种种法子，大部分是习惯上的，来反对别人的自由。诚如殷海光先生说的，用权用惯了，颐指气使惯了。不过他们背后这关观念倒是准确的；这一班穷书生在白纸上写黑字而印出来的，是一种力量，而且是一种可怕的力量，是一种危险的力量。所以今天我要请殷先生和在座的各位先生想一想，究竟谁是有权有势？今天在座的都是拿笔杆写文章的朋友。我认为我们这种拿笔杆发表思想的人，不要太看轻自己。我们要承认，我们也是有权有势的人。因为我们有权有势，所以才受到种种我们认为不合理的压迫，甚至于像"围剿"等。人家为什么要"围剿"？还不是对我们力量的一种承认吗？所以我们这一班主持言论的人，不要太自卑。我们不是弱者；我们也是有权有势的人。不过我们的势力，不是那种幼稚的势力，也不是暴力。我们的力量，是凭人类的良知而存在的。所以我要奉告今天在座的一百多位朋友，不要把我们自己看得太弱小；我们也是强者。但我们虽然也是强者，我们必须有容忍的态度。所以毛子水先生指出我在《容忍与自由》那篇文章里说的话，不仅是对压迫言论自由的人说的，也是对我们主持言论的人自己说的。这就是说，我们自己要存有一种容忍的态度。我在那篇文章中又特别指出我的一位死去的朋友陈独秀先生的主张：他说中国文学一定要拿白话文做正宗；我们的主张绝对的是，不许任何人有讨论的余地。我对于"我们的主张绝对的是"这个态度，认为要不得。我也是那时主张提倡白话文的一个人；但我觉得他这种不能容忍的态度，容易引起反感。

  所以我现在要说的就是两句话：第一，不要把我们自己看成是弱者。有权有势的人当中，也包括我们这一班拿笔杆的穷书生；我们也是强者。第二，因为我们也是强者，我们也是有权有势的人，我们绝对不可以滥用我们的权力。我们的权力要善用之，要用得恰当：这就是毛先生主张的，我们说话要说得巧。毛先生在《〈自由中国〉十周年感言》中最后一段说：要使说话有力量，当使说话顺耳，当使说出的话让人家听得进去。不但要使第三者觉得我们的话正直公平，并且要使受批评的人听到亦觉得心服。毛先生引用了《礼记》上的两句话，就是："情欲信，辞欲巧。"内心固然要忠实，但是说话亦要巧。从前有人因为孔子看不起"巧言令色"，所以要把这个"巧"字改成了"考"（诚实的意思）字。毛先生认为可以不必改；这个"巧"字意思很好。我觉得毛先生的解释很对。所谓"辞欲巧"，就是说的话令人听得进去。怎么样叫做巧呢？我想在许多在座的学者面前背一段书做例子。有一次我为《中国古代文学史选例》选几篇文章，就在《论语》中选了几篇文章做代表。其中有一段，就文字而论，我觉得在《论语》中可以说是最美的。拿今天所说的说话态度讲，可以说是最巧的。现在我把这段书背出来：——定公问："一言而可以兴邦，有诸？"孔子对曰："言不可以若是；其'几'也！人之言曰：'为君难，为臣不易。'如知为君之难也，不'几'乎一言而兴邦乎？"曰："一言而丧邦，有诸？"孔子对曰："言不可以若是；其'几'也！人之言曰：'予无乐乎为君；唯其言而莫予违也。'如其善而莫之违也，不亦善乎？如不善而莫之违也，不'几'乎一言而丧邦乎？"《论语》中这一段对话，不但文字美妙，而且说话的人态度非常坚定，而说话又非常客气，非常婉转，够得上毛子水先生所引用的"情欲信，辞欲巧"中的"巧"字。所以我先了这一段作为《论语》中第一等的文字。

现在我再讲一点。譬如雷先生，他是最努力的一个人；他是《自由中国》半月刊的主持人。最近他写了一篇文章，也讲到说话的态度。他用了十个字，就是："对人无成见，对事有是非。"底下他说："对任何人没有成见。……就事论事。由分析事实去讨论问题；由讨论问题去发掘真理。"我现在说话，并不是要驳雷先生；不过我要借这个机会问问雷先生：你是否对人没有成见呢？譬如你这一次特刊上请了二十几个人做文章；你为什么不请代表官方言论的陶希圣先生和胡健中先生做文章呢？可见雷先生对人并不是没有一点成见的。尤其是今天请客，为什么不请平常想反对我们言论的人，想压迫我们言论的人呢？所以，要做到一点没有成见，的确是不容易的事情。至于"对事有是非"，也是这样。这个是与非，真理与非真理，是很难讲的。我们总认为我们所说的是对的；真理在我们这一边。所以我觉得要想做到毛先生所说"克己"的态度，做到殷海光先生所说"自我训练"的态度，做到雷先生所说"对人无成见，对事有是非"十个字，是很不容易的。如要想达到这个自由，恐怕要时时刻刻记取穆勒《自由论》第二章的说话。我颇希望殷海光先生能把它翻译出来载在《自由中国》这个杂志上，使大家能明白言论自由的真谛，使大家知道从前哲人为什么抱着"善未易明，理未易察"的态度。

雷先生在那篇文章中又说："我们要用负责的态度，来说有分际的话。"这就是说，我们说话要负责；如果说错了，我愿意坐监牢，罚款，甚至于封闭报馆。讲到说有分际的话，这也不是容易做到的。不过我们总希望雷先生同我们的朋友一起来做。怎么样叫做"说有分际的话"呢？就是说话要有分量。我常对青年学生说：我们有一分的证据，只能说一分的话；我有七分证据，不能说八分的话；有了九分证据，不能说十分的话，也只能说九分的话。我们常听人说道"讨论事实"。什么叫"事实"，很难认清。公公有公公的事实；婆婆有婆婆的事实；儿媳有儿媳的事实；公公有公公的理；婆婆有婆婆的理；儿媳有儿媳的理。我们只应该用负责任的态度，说有分际的话。所谓"有分际"，就是"有几分证据，说几分话"。如果我们大家都能自己勉励自己，做到我们几个朋友在困难中想出来的话，如"容忍""克己""自我训练"等；我们自己来管束自己，再加上朋友的诚勉；我相信我们可以做到"说话有分际"的地步。同时我相信，今后十年的《自由中国》，一定比十年前的《自由中国》更可以做到这个地步。

（选自《胡适学术文集》[哲学与文化卷]．中华书局，2001）

【温故】

- 胡适

胡适（1891—1962年），原名嗣穈，学名洪骍，字适之，安徽绩溪上庄村人，中国近代文学家、思想家，曾任北京大学校长。早年留学于美国康奈尔大学，师从著名教育家杜威。胡适是第一位提倡白话文和新诗的学者，1917年初，他在《新青年》上发表了《文学改良刍议》，和陈独秀等拉开了新文化运动的序幕。

胡适一生的学术研究活动主要集中于文学、哲学、历史学等方面。著有《中国哲学史大纲》《尝试集》《白话文学史》和《胡适文存》等。他提出了"大胆的假设，小心的求证"的治学方法，影响深远。

- 新文化运动

新文化运动是1919年五四运动前后中国思想文化界的一次比较彻底的启蒙运动，这次运动全面动摇了封建思想的统治地位，使国民的思想得到空前的解放，自此，解除了思想禁锢的知识分子们，开始投身更多的政治活动。

1915—1920年前后，胡适、陈独秀、鲁迅、钱玄同、李大钊等一些受过西方新式教育的人，以《新青年》为主要阵地，发起了一次"反传统、反孔教、反文言"的思想解放运动。它的基本内容是："提倡民主，反对专制；提倡科学，反对愚昧;提倡新道德,反对旧道德;提倡新文学,反对旧文学。"1917年,胡适发表了《文学改良刍议》,与陈独秀的《文学革命论》一起,成为前期文学改良的旗帜。1918年,鲁迅在《新青年》上发表《狂人日记》,成为中国第一篇白话文小说。1919年"五四"前夕,陈独秀在《新青年》上提出"民主""科学"的口号,自此,新文化运动达到了高潮,为五四运动以后,马克思主义思想在中国的传播奠定了基础。

这次运动沉重打击了统治中国两千多年的传统礼教,启发了人们的民主觉悟,推动了现代科学在中国的发展,为中国政治走向民主提供了思想支持。

【知新】

胡适是一个治学严谨的人,他曾提出"大胆的假设,小心的求证"的治学方法,对后世影响很大。他在1921年11月3日撰写的《清代学者的治学方法》一文写道:"我想上文举的例子很可以使读者懂得清代学者的治学方法了。他们用的方法,总括起来,只有两类:(1)大胆的假设。(2)小心的求证。假设不大胆,不能有所发明。证据不充足,不能使人信仰。"[1]

胡适有很多小事都能表现他对学问的热爱。季羡林曾评价胡适"是一个书生,说不好听一点,就是一个书呆子"。他列举了一件小事:胡适一次会议前声明要提前退席,会上忽而有人谈到《水经注》,胡适之先生立即精神抖擞,眉飞色舞,口若悬河起来,乃至忘了提早退席[2]。

【切问】

"那天伯尔先生和我谈了一天的话,我至今还没有忘记。他说:'我年纪越大,越觉得容忍比自由还更重要'。其实容忍就是自由:没有容忍,就没有自由。我自己也有'我年纪越大,越觉得容忍比自由还更重要'的感想。"

——胡适《容忍与自由》

"就咱们中国而论,自古至今,容忍的总是老百姓,被容忍的总是统治者","适之先生要提倡容忍的话,还得多多向这类人士说法"。

——殷海光《胡适〈容忍与自由〉读后》

"我们仔细检讨胡先生的一生,可以肯定地说,抗议和容忍实在就是他的基本态度与精神","我们应该用容忍与抗议两个轮子来作为'争取自由民主的基

---

[1] 胡明. 胡适精品集(第一册). 北京:光明日报出版社,1998:368.
[2] 季羡林. 站在胡适之先生墓前. 百年潮,1999(7):14.

本态度和精神'","胡先生似乎比伏尔泰更偏向于容忍一方面"。

——周策纵《胡适之先生的抗议与容忍》

阅读上述材料，结合课文，你认为胡适先生所提出的"容忍"和"自由"的内涵是什么？

【近思】

近年来，大学生之间因为宿舍纠纷等小事而产生的刑事案件越来越多。除了事件本身的缘由，很多时候往往是因为当事人只注重发展自己个性、追求自己方便，而不能容忍别人。你自己是否有这样的情况？如果有，你觉得我们可以如何改正？

复兴中华文化人人必读的几部书 *（节选）

钱　穆

一　引　言

今天我所讲的，是我们要复兴中华文化，能不能提出几部人人必读的书来？这与振兴学术改造风气这两方面都有关系。可是我今天所提出的，也只是一问题而已。我们要不要有这样几部书，能不能有这样几部书？这都是问题。我只借这个机会，举出几部书来，这几部书是不是我们人人必读，当然希望在座各位，乃至全社会，拿来做一个共同讨论的问题。此刻所讲只是我个人的想法。文化是一个共业，大家来共同合作。当我们的文化，在正常或是在隆盛的时候，好像一健康的人不注意到他的身体般，我们只在这个文化空气中生活着，大家不觉得，又好像我们此刻坐在这所房子里面，不注意到这所房子。但今天我们的中国文化，已经到了一个支离破碎将次崩溃的时候，大家反对它，看不起它，至少怀疑它，在这时候来谈复兴，我们首先能不能集中到一个大方向，虽不能有个共同的信仰，也该有一个共同的了解，这里要提出几部人人必读的书，便是由这问题而起。可是所谓人人必读，我的想法，只要他能有相当

---

* 本文为1967年12月17日复兴中国文化会第十次学术讲演内容，发表于1968年2月的《青年战士报》。

于高中或大学的程度，社会上一切人都在内，是不是真能有一部两部或多几部，大家应该都看一下的书。这样可使大家在心理上有一个共同的规范，或是共同的了解。就如我们同在这个屋子里，自然大家的座位可以在这边，在那边，人人尽可有不同，可是大家总是共同在此一个屋子之内，我们才能为此屋子有些想法，有些做法。所谓复兴文化，也该有一些共同向往之点，共同了解之点。至于意见，却尽不妨各人有各人之相异。

我们要从年轻人，譬如一个高中学生，直到老年人，不论他在社会还担任责任或不担任责任，不论他做什么事业、什么行业，都希望他能来读这样一本书或几本书，如此说来，也就觉得困难。要大家能读，不是说要我们少数人能读。若为今天来到这里听我讲话的人举出几本人人能读的书，还比较是轻而易举。但我们要着想到社会上的一般人，这就难了，能不能真有几本这样的书人人能读，而又是人人必读呢？说到这里，我要请各位原谅。我认为文化一定有传统，没有传统，便不叫做文化。若使今天有一位思想家、大学问家，他发明一套新理论，提供一套新知识，但这不就叫文化，这是他个人的思想、理论、知识、研究成果。不晓得这些思想、理论、知识、成果，还要经过多少年，或是几十年或是几百年，而后才慢慢地变成了某一文化里重要的一部分，我们不能今天就把这个来叫作文化。我大胆告诉诸位，文化中一定有古老的东西，而且可说都是古老的。新的只是由此古老中所生，斩断了古老的根，便不能有新生的枝叶和花果。今天我们大家讲，复兴文化不是要复古。那么我请问各位，要复的是什么东西？你说我们要学外国人，但外国有外国之古，外国也不能只有今天一天全新的东西。你讲近代科学，近代科学也至少有两三百年之古在里面。讲民主政治，民主政治也至少有四五百年之古在里面，所以文化不能全是新的。全新的不成为文化，要慢慢在旧文化里演出新花样，这是中外一律的。所以我今天在此要想提出几部书来，却都是几部代表传统性的古老书，没有一部近代人的新出书。最重要的一点，我们呢要懂得我们以前的中国人，他们是怎样想法、怎样讲法、怎样做法？我们希望今天的中国人，能同我们的父母祖宗，几百年、一千年、两千年以前的中国人，通一口气，这才叫"有文化"，叫"有传统"。若这口气不通的话，将来纵使中国或可以做出一个极富极强的国家来，但不一定就是文化复兴。至于一个并没有文化传统的民族与国家是否能极富极强，这是另一问题，不在此刻讨论。

现在我想要找几部人人必读的书，从前述意见讲来，还是要找出从前我们中国人大家读的书。这是比较客观的标准。若我今天提出一部书，与文化传统无关，可能这部书有贡献，有影响，或许可变成将来文化重要的一部分，确实使中国文化改造，起了新变化。可是在此刻，只是我一人意见，不能强人人必读。我们此刻是在"复兴中华文化"的前提之下来选几部书，此几部书，则是古人的，从前大家读过的，在中国社会上递传了多少年，有凭有据。不能说有我一个人来提倡读这几部书。否则我认为应该读什么几部书，你认为应该读什么几部书，各有各的意见，很难得调和。因此我们该是站在中国文化的立场，在中国传统文化里，看有哪几部特别应该看的书？其主要条件，则是从前中国人都曾看的。为何要把此作标准？这很简单，若要讲中国文化，则不能不理会到中国古人。此刻讲民主，该由大家投票表决。在今天你认为这几部书不该看，但我们上一代、两代、三代、四代、十代、二十代历史上的古人，都曾读，都曾看中这几部书，那么这即是中华文化传统一向集中偏重在那里。我要把此标准来举出几部历史上大家都读的书，来作为我们今天也应该人人一看，让我们从此了解到从前中国人想些什么，讲些什么，看重些什么。这岂不与我们此刻要来复兴文化也有些关联。

但是这些书也不能是大书，大书不能大家有工夫去看。我已经讲过，若你在大学里当教授，设讲座，你可以从容研究。现在讲的是希望人人有一份。既不能是大书，同时又不能太专门。现在大学分科分得很细，很专门。或学文学，学史学，学经济，学法律，讲艺术，讲哲学。自然科学更不论，分门别类，实是太细太多了。我们现在的标准是人人的，不论像是艺术家，建筑师，或是医生，或是律师，或是任何行业，我们要在文化传统的共同之点上有一个了解，而来读这部书。而且要这部书不一定是学术界中人才能读，要男女老少形形色色人都能读。我告诉诸位，这像是难，却不难。只要真正是一部大有价值的书，大家都该读的书，也就绝不是一部专门书。要讲专门书，如讲史学，某一人某少数人可以读《二十四史》，却不能讲大家都读《二十四史》。在学校里课，可以讲专门。而文化则不是一项专门学问，亦不能由某一项专门学问家来讲。我们需要的是有一个共同了解，人人必读的书则绝非专门的，而且也绝不是大部的书。大部的书只可放在图书馆里去研究成一个学者的。现在是要社会上流行的书，是要人人能读的书，那往往是几句话的书，绝不是大书。惟其是几句话的书，所以能流传到整个社会，所以能成为文化传统中一个共同的目标。但是不是有这样的书呢？我此下所举，当然只是我个人的意见。

我上面讲的这套话，我想第一是原则上的，要先讨论，是不是要提出几部我们应该提倡大家来看的书。第二是这类的书，一定要传统性，要能使我们中华民族上下通气。要使今天我们有一口气通到上面中国古人身边去。诸位不要怕这就是落伍，其实这是不落伍的，这些书应该在今天还有价值。若使中国古书在今天都落伍了，那么这就是中国文化落伍，所以有些人要提倡线装书扔毛厕里，要废止汉字，要用罗马拼音，这就没有话讲了。若使我们中国古代还有几部传统性的书，这套思想，这套理论，今天还有价值，那么我们中国文化就该存在，我们今天自该也来用心一看。要说这都没有了，只有要我们今天来创造一番新的，我请问诸位，怎样般去创造？那就只有到国外留学去，但这也不是创造，只是去拿人家的，来借作自己的用。倘使我们本来没有，去拿一点人家的来，这事也还简单。譬如这房子里面空荡荡地没有东西，搬张桌子来，搬张椅子来，很简单。所可恨的，是我们这所房子里早有东西充满了，要从外面拿进来，先要把自己里面的拿出去。所以先要打倒中国文化，就是这个理由。因为外面的拿不进，拿进来了又不合式，则只有先行拿掉里面的。又可恨，里面的拿不走，又拿不尽。我们今天的问题在这里。今天我们蒋公既然提倡到复兴文化这句话，我们能不能从正面来具体想想，究竟中国文化有没有些存在的价值？若我们真认为有，那么我们要复兴中华文化，便应该在中国的旧书里，找出几部人人必读的，至少希望造成一种风气，亦可为振兴学术奠一基础。

二　四书——论语、孟子、大学、中庸

我想举的第一部书是《论语》。你若要反对中国文化，那很简单，第一就该打倒孔家店。当时立意要打倒孔家店的人，就都在《论语》里找话柄。如说："唯女子与小人为难养也"，说这是孔子看不起女人。又如说"民可使由之，不可使知之"，说孔子主张愚民政策。又如"子见南子"，把来编成剧本表演。拿《论语》里凡可以挑剔出毛病的，都找出来。至于如《论语》开卷所说"学而时习之，不亦说乎？"有何毛病呢？这就不管了。至少从汉朝开始，那时中国人就普遍读《论语》，像如今天的小学教科书。《论语》《孝经》《尔雅》，人人必读。《尔雅》是一部字典，现在我们另外有合用的字典，不需要读《尔雅》。《孝经》今天也不须读，已经经过很多人研究，《孝经》并不是孔子讲的话。我想《论语》还应该是我们今天人人必读的一部书。倘使要找一部比《论语》更重要，可以用来了解中国文化，又是人人可读的，我想这不容易。只有《论语》，照我刚才所讲条件，从汉朝起，到我们高呼打倒孔家店时为止，本是人人必读的，在中国没有一个读书人不读《论语》，已是经历了两千年。我们要了解一些中国文化，我想至少该看看《论语》。

既然要读《论语》，便连带要读《孟子》。讲孔子讲得最好的，莫过于孟子，宋代以后的中国人常合称孔孟。唐朝以前只叫周、孔，不叫孔、孟，这不能说不是中国

后代一个大进步。说周孔，是看重在政治上。说孔孟，是看重在学术、教育上。至少从宋朝到现在，一般中国人都拿孔孟并称，所以我们读《论语》也该连读《孟子》。《论》《孟》这两本书我现在举出为大家该读之书，读了《论语》有不懂，再读《孟子》，容易帮我们懂孔子。

　　既然讲到《论语》和《孟子》，又就联想到《大学》和《中庸》，这在宋代以来合叫做《四书》。实际上，《大学》《中庸》只是两篇文章，收在《小戴礼记》中，不算是两部独立的书。但很早就有人看重这两篇文章。到了宋朝，特别是到了朱夫子，就拿《大学》《论语》《孟子》《中庸》合称《四书》。他说《大学》是我们开始第一本该读的。中间所讲格物、致知、诚意、正心、修身、齐家、治国、平天下，八个大纲领。把中国学术重要之点全包在内。使一个初学的人，开始就可知道我们做学问的大规模，有这样八个纲领。至于如何来讲究这格物、致知、诚意、正心、修身、齐家、治国、平天下这一套，就该进而读《论语》和《孟子》。这样读过以后，才叫我们读《中庸》。《中庸》有些话讲得深微奥妙，好像我们今天说太哲学了。所以朱子说，《四书》的顺序，该最后才读《中庸》。后来坊间印本书，《大学》《中庸》的分量都太单薄了，就把这两本书合订成一本，于是小孩子跑进学校，就先读《大学》《中庸》，再读《论语》《孟子》，这就违背了我们提倡读《四书》的人的原来意见。可是《四书》认为是我们人人必读的书，从元朝就开始，到今天已经七百年。

　　我的想法，我们既然要读《论语》《孟子》，兼读《大学》《中庸》也省事，而且《大学》、《中庸》这两篇文章，也是两千年前已有，中间确也有些很高深的道理。我们不必把它和《语》《孟》再拆开，说读了《语》《孟》，便不必读《学》《庸》，所以我主张还是恢复旧传统旧习惯，依然读《四书》，只把读的方法变动些。不要在开始进学校识字就读，我也不主张在学校里正式开这《四书》一门课。我只希望能在社会上提倡风气，有了高中程度的人，大家应该看看这《四书》。尤其重要的，读《四书》一定该读朱子的《注》。提倡《四书》的是朱子，朱子一生，从他开始著作，经历四十年之久，把他全部精力多半放在为《四书》作《注》这一工作上，因此朱子的《论孟集注》《学庸章句》可以说是一部非常值得读的书。我们中国的大学者，多方面有成就，在社会上有最大影响的，所谓"集大成"的学者，上面是孔子，下面是朱子。朱子到今天也已八百年，我们不该不看重这个人。《四书》是两千年前的书，今天我们不易读。我们拿八百年前朱子的注来读两千年前的《四书》，这就容易些。直到今天，还没有一个人注《四书》能超过了朱子。所以我希望诸位倘使去读《论语》《孟子》《大学》《中庸》，一定要仔细看朱子的《注》。

我再敢直率讲一句，倘使我们读了《四书》，就不必读《五经》。当时宋朝人提出这《四书》来，就是要我们把《四书》来替代《五经》。读《四书》，既省力又得益多。至于《五经》，在汉代以来就规定为大学教材的，然而《五经》不易读。在汉时，已经讲得各家各说，莫衷一是。朱子也曾在《五经》里下工夫，但他一生，只讲了两部经，一是《诗经》，一是《易经》。可是他后来说他的工夫浪费了，他读《诗》《易》所得，远不如他读《四书》所得之多而大。倘使我们今天还要拿《诗》和《易》来做人人必读的书，那就有些不识时务。至于《春秋》，那是孔子自己写的，但谁能真懂得《春秋》？朱子说，他对《春秋》实在不能懂。直到今天，也没有人真能懂。讲《春秋》的，就要根据《左传》《穀梁传》《公羊传》，把这《三传》的讲法来讲《春秋》，但《三传》讲法又不同。所以讲《春秋》的一向要吵架。朱子劝他学生们且不要去读《春秋》，现在人还要来讲《春秋》，这是自欺欺人。谁也不懂得。又若讲礼，《仪礼》十七篇今天社会上哪里行得通。而且从唐代韩昌黎起他已说不懂这部书。从唐到清凡是讲礼的，都得是专家之学，不是人人能懂，而且也易起争辩。若论《书经》，清代如戴东原，近代如王静安，都说它难读难懂。目前学者，还不见有超出戴、王的，他们如何却对《书经》能读能懂。所以我认为到今天我们还要来提倡读经，实是大可不必了。但我也并不是要主张废止经学，经学可以待大学文科毕业，进入研究院的人来研究。纵使在大学研究院，也该郑重其事。近代能读古书的大师如梁任公王静安他们在清华大学研究院作导师，也不曾提倡研究经学。若要稍通大义则可，要一部一部一字一句来讲，要在经学中作专门研究，其事实不易。王静安研究龟甲文，讲训诂，讲经学。据说他劝学者略看《仪礼》，因为名物制度有些和研究龟甲文有关。譬如一个庙，一项祭典，一件衣服，龟甲文中有些字非参考《仪礼》《尚书》守古经典不可。一言以蔽之，我并不反对大学研究院有绝顶的高才生，真等经学专家作导师，再来研究《五经》，来一部一部作研究。可是从宋朝起，一般而论，大家就已不像汉、唐时代以经学为主。元、明、清三朝的科举考试，虽也考《五经》，实际上只要第一场《四书》录取，第二场以下的《五经》只是名义上亦加考试，而录取标准并不在此。这三朝来，如《通志堂经解》，《清经解》正、续编，卷帙繁重，真是汗牛充栋，不先理会这些书，又如何来对经学上有更进一步之新发现。所以我认为我们今天虽要提倡文化复兴，似乎可以不必再要人去读《五经》。读通《五经》的是孔子，我们今天读了孔子的书，也就够了。而且经学中也尽有孔子所没有读过的，譬如《仪礼》，这是孔子以后的书，孔子一定没有读过。

今天我们要讲复兴文化，并不是说不许人复古，但古代的东西也该有一选择。更要是使人能了解。近人又认为《五经》虽难懂，翻成语体文便易懂，但先要有人真能懂，才能翻。若请梁任公、王静安来翻，他们必然敬谢不敏。在清朝时代讲经学，那时尚有个行市、行情。一人说错了，别人来纠正。今天经学已无行市、行情可言，大家不管了，一个人如此讲，别人也无法来批评，你是一个专家，尽你讲，没人作批评。却要叫人人来读你翻的，那太危险了。所以我想《五经》最好是不读，我们就读《四书》吧。

三　老子、庄子

但是我要告诉诸位，讲中国文化，也不是儒家一家就可代表得尽，还有《庄子》《老子》道家一派的思想，从秦开始到清也历两千载。我们最多只能说道家思想不是正面的、不是最重要的。但不能说在中国文化里没有道家思想之成分。儒、道两家思想固有不同，但不能说此两派思想完全违反如水火冰炭不相容。我们要构造一所房子，决不是一根木头能造成的。我们讲文化，也决不是一家思想所能构成。

中国自汉到清，恐怕读过《庄子》《老子》书的很多，不曾读过《庄子》《老子》书的很少。如陆德明《经典释文》中有《庄》《老》，但无《孟子》。宋以前不论，宋以后虽则大家读《四书》，但还是大家都兼看《庄》《老》。我想要讲中国文化，应该把《孔》《孟》《庄》《老》定为《四书》。儒、道两家在中国传统文化中是一阴一阳，一正一反，一面子，一夹里。虽在宋朝以下，所谓《四书》是《大学》《中庸》《论语》《孟子》，可是我们今天是要讲中华文化，不是单讲儒家思想。儒家思想是中国文化里一根大梁，但其他支撑此文化架构的，也得要。所以我主张大家也不妨可以注意读读《庄》《老》。《老子》只有五千言，其实《论语》也不过一万多字，《孟子》多了，也不过三万多字。今人一动笔，一口气写一篇五千一万三万字的文章并不太困难，读《论语》《老子》《孟子》三书合共不超过六万字，这又有什么困难呀！每天看一份报章，也就五六万字一气看下了。只有《庄子》三十三篇较为麻烦一些。但我想，我们读《庄子》，只要读《内篇》七篇，不读其《外篇》《杂篇》也可以，当然喜欢全读也尽可全读。但《内篇》大体是庄子自己写的，《外篇》《杂篇》或许也有庄子自己的话，或许更多是庄子的学生及其后学们的话加上去。《内篇》七篇也不到一万字上下，读来很轻松。

若我们要读《庄子》《老子》的话，大家知道，《老子》有王弼《注》，《庄子》有郭象《注》，但两部注书实不同。从王弼到郭象，还有几十年到一百年，这个时候正是中国大变的时候，等于我们从民国初年到今天，思想、学术、社会上各方面都大变。所以我们看王弼注的《老子》，也还不太离谱。至于郭象注《庄子》，文章写得很好，可是这些话是郭象自己的意见，并不是庄子的原意。我们若要研究中国思想史，应该有一个郭象的思想在那里。他的思想正在他的《庄子》注里面。倘使我们喜欢，当然郭象的文章比较容易读，庄子的文章比较难读。但是我们读了郭象《注》，结果我们认识了郭象的思想而误会了庄子的思想，那也不好。因此我想另外介绍一本注《庄子》的书，那是清代末年的王先谦。他有一部《庄子集解》，这部书商务印书馆有卖，篇幅不大。有两个好处：一是注得简单。庄子是一个哲学家，但他的注不重在哲学，只把《庄子》原文调直一番，加一些字句解释便是。第二个好处是他把《庄子》原文分成一章一节，更易读。若你读郭象《注》，读成玄英《疏》，一篇文章连下去，就较麻烦。能分章分节去读便较容易。《论语》《孟子》《老子》都是一章一章的，只有《庄子》是一长篇，所以要难读些。也把来分了章，便不难。若这一章读不懂，不妨跳过去读下一章，总有几章能懂的。

　　诸位当知，这些都是两千年前人的书，此刻我们来读，定不能一字一句都懂，你又不是在个大学开课设讲座，来讲孔、孟、庄、老。只求略通大义即得。纵使大学讲座教授，有学生问，这字怎样讲？教授也可说这字现在还无法确定讲，虽有几个讲法，我都不认为对，且慢慢放在那里，不必字字要讲究。大学教授可以这样，提出博士论文也可以这样。写一本研究《庄子》的书，也可说这里不能讲，讲不通。真讲书的人，其实哪本书真能从头到尾讲，每一字都讲得清楚明白呢？这是一件不可能的事。假读书的人，会把这些来难你，叫你不敢读，或者一样来假读不真读。这些话，并不是我故意来开方便之门，从来读书人都如此。能读通大义，才是真读书。或许诸位会问，那么朱子注《四书》不也是逐字逐句讲究吗？但朱子是个数一数二的大学者，他注《四书》为方便我们普通读《四书》的人。我们是普通的读书人，为要读书，不为要注书。而且我们只要普通能读，不为要人人成学者。这里是有绝大分别的。从前人说读《六经》，我想现在把《论语》《孟子》《大学》《中庸》《老子》《庄子》定为"新六经"，那就易读，而且得益也多些。

四　六祖坛经

　　以上所讲都是秦朝以前的古书，但我还要讲句话，中国的文化传统里，不仅有孔子、老子，儒家道家，还有佛学。其原始虽不是中国的，但佛教传进中国以后，从东汉末年到隋唐，佛学在中国社会普遍流行，上自皇帝、宰相，下至一切人等信佛教的多了，实已成为中国文化之一支。直到今天，我们到处信佛教的人还是不少。印度佛教经典，几乎全部翻成了中文，如《大藏经》《续藏经》，所收真是浩瀚惊人，而且历代的《高僧传》，不少具有大智慧、大修养、大气魄、大力量的人，在社会上引起了大影响，那些十分之九以上都是中国人，你哪能说佛教还不是中国文化的一支呢？这正是中国民族的伟大，把外来文化吸收融化，成为自己文化之一支。

据此推论，将来我们也能把西方文化吸收过来融化了，也像佛教般，也变成为中国文化之又一支，那决不是一件不可想像的事。而且佛教是讲出世的，孔、孟、庄、老都是讲入世的，出世、入世两面尚能讲得通，至于我们吸收近代西方文化讲民主、讲科学，这些都是入世的，哪有在中国会讲不通之理？从前中国人讲修身、齐家、治国、平天下，讲治国平天下怎样不讲经济？又怎样不喜欢讲民主？我们何必要拿这所房子里的东西一起全搬出去了，才能拿新的进来。从前人讲佛教，拿佛经一部一部的翻，使中国社会上每个人都能读，何尝是先要把中国古书烧掉，抑扔进毛厕去。今天讲西方文化的人，却不肯把西方书多翻几本，有人肯翻，却挑眼说他翻错了。翻错了也不打紧，《金刚经》薄薄一小本，不也翻了七次吗？不论翻书，连讲话也不肯讲中国话，必要用英语讲，至少遇话中重要字必讲英语。这样，好像存心不要外国文化能变成中国文化，却硬要中国舍弃自己一切来接受外国文化，那比起中国古僧人来，真大差劲了。最了不起的是唐玄奘，他在中国早把各宗派的佛经都研究了，他又亲到印度去。路上千辛万苦不用提，他从印度回来，也只从事翻译工作。他的翻译和别人不同，他要把中国还没有翻过来的佛经关于某一部分的全部翻。他要把全部佛教经典流传在中国，那种信仰和气魄也真是伟大。

若使现代中国这一百年乃至五十年来，亦有一个真崇信西洋文化像玄奘般的人来毕生宏扬，要把西方文化传进中国来，也决不是一件难事。若使玄奘当时，他因要传进佛学先来从事打倒孔子、老子，我也怕他会白费了精力，不仅无效果，抑且增纠纷。

隋唐时，佛教里还有许多中国人自创的新宗派，以后认为这些是中国的佛学。这里有三大派：天台宗、禅宗、华严宗，而最重要的尤其是禅宗。在唐以后中国社会最流行，几乎唐以后的佛教，成为禅宗的天下。我这些话，并不是来提倡佛教，更不是在佛教里面来提倡禅宗，诸位千万不要误会。或许有信佛教的人在此听讲，不要认为我太偏，我来大力讲禅宗，我只说中国唐代以后，中国佛教中最盛行的是禅宗。这只是一件历史事实。因此我要选出唐代禅宗开山的第一部书，那就是《六祖坛经》。这是在中国第一部用白话文来写的书。这书篇幅不大，很易看，也很易懂。而且我们此刻自然有不少人热心想把西洋文化传进中国，那更该一读此书，其中道理，我不想在此详细讲。

　　我记得我看《六祖坛经》，第一遍只看了整整一个半天，就看完了，但看得手不忍释。那时很年轻，刚过二十岁，那个星期，恰有些小毛病，觉得无聊，随手翻这本书，我想一个高中学生也就应该能读这本书的了。如此一来，我上面举出的书里，儒、释、道三教都有了。也许有人又要问，你为什么专举些儒、释、道三教的书，或说是有关思想方面的书呢？这也有我的理由。若讲历史，讲文学，讲其他，不免都是专门之学，要人去做专家。我只是举出一些能影响到整个社会人生方面的书，这些书多讲些做人道理，使人人懂得，即如何去做一个中国人。若能人人都像样做个中国人，自然便是复兴中国文化一条最重要的大道。这是我所以举此诸书之理由。这样我上面举了六经，此刻加上《六祖坛经》，可以说是"七经"了。

五　近思录、传习录

　　从唐代《六祖坛经》以后，我还想在宋、明两代的理学家中再举两书。诸位也许又要说，理学家不便是儒家吗？但我们要知道，宋明两代的理学家已经受了道家、佛家的影响，他们已能把中国的儒、释、道三大派融化会通成为后代的"新儒家"。

　　从历史来说，宋以后是我们中国一个新时代，若说孔、孟、老、庄是上古，禅宗《六祖坛经》是中古，那宋明理学便是近古，它已和唐以前的中国远有不同了。现在我想在宋明理学中再举出两部书来：一部是朱子所编的《近思录》，这书把北宋理学家周濂溪、程明道、程伊川、张横渠四位的话分类编集。到清朝江永，把朱子讲的话逐条注在《近思录》之下，于是《近思录》就等于是五个人讲话的一选本。这样一来，宋朝理学大体也就在这里了。

　　也许有人说我是不是来提倡理学呢？这也不是。在《近思录》的第一卷，朱子自己曾说，这一卷不必读。为何呢？因这中间讲的道理太高深，如讲《太极图》之类，也可说是太哲学了。既不要人人做一哲学家，因此不必要大家读。下面讲的只是些做人道理，读一句有一句之用，读一卷有一卷之用，适合于一般人读，不像前面一卷是为专门研究理学的人读的，所以我们尽可只读下面的。我选此书，也不是要人去研究理学，只是盼人注重"做人"，则此书实是有用的。

　　最后一本是明代王阳明先生的《传习录》，这本书也是人人能读的。我劝人读《六祖坛经》，因六祖是一个不识字的人。当然后来他应识得几个字，可是他确实不是读书人。他也不会自己来写一本书。那部《坛经》是他的佛门弟子为他记下,如是的一本书,我说一个高中程度的人应能读。至于王阳明自己是一个大学者,但他讲的道理,却说不读书人也能懂,他的话不一定是讲给读书人听,不读书人也能听。而且阳明先生的《传习录》,和朱子的《近思录》,恰恰一面是讲陆王之学的,一面是讲程朱之学。宋明理学中的两大派别,我也平等地选在这里。教人不分门户平等来看。

六 结 言

以上我所举的书,《论语》《孟子》《大学》《中庸》《老子》《庄子》《六祖坛经》《近思录》《传习录》,共九部。九部书中,有孔、孟,有庄、老,有佛家,有程、朱,有陆、王,种种派别。我们当知中国文化,本不是一个人一家派所建立的。诸位读这九部书,喜欢那一派、喜欢这一派,都可以,而且我举此九部书,更有一个特别重要的,因此九部书其实都不是一部书,都可以分成一章一节。诸位果是很忙,没有工夫的话,上毛厕时也可带一本,读上一条也有益,一条是一条。不必从头到尾通体去读。倘使你遇有闲时,一杯清茶,或者一杯咖啡,躺在藤椅子上,随便拿一本,或是《近思录》,或是阳明《传习录》,依然可以看上一条、两条就算了。究看哪些条,这又随你高兴,像抽签一样,抽到哪条就哪条。

或有人说,中国人的思想就是这么不科学,没系统、无组织。但我认为中国思想之伟大处,也就在这地方,不从一部一部的书来专讲一个道理。我们只是一句一个道理、一条一个道理,但那些道理到后却讲得通,全部都通了。西方人喜欢用一大部书来专讲一个道理。像马克斯的《资本论》,老实说,我从没有时间来读它,其实西方人真能从头到尾读它的恐怕也不多,如果马克斯是一个中国人,他受了中国文化影响,我想只很简单两句话就够了,说你这些资本家太不讲人道,赚了这许多钱,也该为你的劳工们想想办法,让他们的生活也得改好些。这就好了。如此说来,他的话也是天经地义,一些也没错。但西方习惯,定要成为一家的思想,只此一家,别无分出,于是不免要装头装尾,装出许多话。于是,历史的命定论、唯物史观、阶级斗争种种理论都装上。本是讲经济,讲资本主义,后来不晓得讲到哪里去,毛病就出在这些加上的话。

我对西洋哲学,当然是外行。但我觉得一部书从头到尾读完,其实也只几句话。但他这几句话,必须用许多话来证。中国书中讲一句是一句,讲两句是两句,不用再有证。只此一句两句已把他要说的道理说完了。所以西方哲学,是出乎人生之外的,要放在大学或研究院里去研究，中国人孔、孟、庄、老所说的话，是只在人生之内的，人人可以读，人人也能懂。从这个门进来，可以从那个门出去，随便哪条路，路路可通。我们中国人认为有最高价值的书应如此。

我所举的这九部书，每部书都如此。可以随你便挑一段读，读了可以随便放下，你若有所得，所得就在这一条。如《论语》云"言忠信，行笃敬，虽蛮貊之邦，行矣。言不忠信，行不笃敬，虽州里行乎哉！"你若到外国留学去，这段话对你恰好正有用。我们此刻要讲中国文化，孔子思想，卑之毋甚高论，即如"言忠信、行笃敬"六字也有用，难道有此六字，便使你不能留学！必得先打倒孔家店才能留学吗？若要民主与科学，有此六字亦何害？你到外国，言不忠信，行不笃敬，你在家里，你到街上，言不忠信，行不笃敬，到底会行不通。难道你嫌孔子讲的思想太简单？但中国思想的长处就在这简单上。我不说外国思想要不得，但和我们确有些不同。正如一人是网球家，一人是拉小提琴的，你拿打网球的条件来批评拉小提琴，只见短处，不见长处；只有不是，没有是处。你总是要我把小提琴丢了，来打网球，那未免太主观太不近人情。我们不能尽拿外国的来批评中国，等于不能拿狮子来比老鹰，老鹰在天上，狮子不能上天去。

我这样讲，你说我顽固守旧，那也没法。我在小孩时最受影响的有一故事，试讲给诸位听。那时我在初级小学，那是前清光绪时代，一位教体操的先生，他摸摸我的头，问我说："你会读《三国演义》是吗？"我说"是的"。他说："这书不要读，开头就错了，什么叫做天下分久必合，合久必分，一治一乱，这都是中国人走错了路，中国的历史才这样。你看外国，像英国、法国，他们治了还会乱，合了还会分吗？"那是六十多年前的事。中国人崇拜西洋，排斥中国自己的那一套心理，前清时代就有，我在小学时那位体操先生就是思想前进早会讲这些话。但现在的英国、法国又是如何呢？我的意思，还是劝诸位且一读这九部书，也不劝诸位去全部读，可以一条一条随便的读。读了一条又一条，其间可以会通。如读《论语》这一条，再翻《论语》那一条，这条通了，那条也可通。读了王阳明这一条，再读王阳明那一条，其间也可以通。甚至九部书全可得会通。

我提出了这九部书，照理我该提出第十部，我们蒋总统提倡复兴中华文化，就是要实行国父孙中山先生的"三民主义"，《三民主义》应该是今天的国民党一部人人必读的书，《三民主义》并没有抹杀中国文化，在近代可说是独出人群一个大见解。也可定为中国人一部人人必读书，可是我今天只想举几部古书，不举今人的著作。因此也不把《三民主义》举在内。

这九部书中，也不一定要全读，读八部也可七部也可。只读一部也可。若只读一部，我劝诸位读《论语》。《论语》二十篇，至少有几篇可以不读，譬如第十篇《乡党》，记孔子平常生活，吃什么穿什么，那一篇可以不读。最后一篇《尧曰》，不晓得讲些什么，也可不读，只《尧曰篇》最后一条却该读。如是一来，《论语》二十篇只读十八篇也好。十八篇中你不喜欢的，也可不必读，譬如上面说过"唯女子与小人为难养也"，这一条，你说不行，你不读这条也好。哪一部书找不出一点毛病，不要把这一点毛病来废了全书。你不能说孔子这人根本就不行，当知这只是一种时代风气，时代过了，那些便只是偏见，很幼稚，很可笑。《孟子》的文章是好的，《庄子》文章也好，若不能全读，只读《内篇》，就《内篇》中分章分段把懂的读。其余各书当然一样。我们既不是要考博士，又不是应聘到大学里去当教授，既为中国人，也该读几部从前中国人人人读的书。若有人把这几本书来问你懂不懂，你尽说不懂便好。你若把书中道理你懂得的讲，人家会把西洋人见解和你辩。那是急切辩不出结果来的。只要我读了一遍感觉有兴趣，自然会读第二遍，读一条感觉有兴趣，自然会读第二条。

让我再举一故事。那时我还不到二十岁，十九岁时，那是民国二年，已在一小学里教书。一天病了，有一位朋友同在一校，他说他觉得《论语》里有一条话很好，我问哪一条，他说"子之所慎，斋、战、疾"一条很好。他说你此刻生病，正用得着，应该谨慎，小心一点，不要不当一件事，不要大意，可也不要害怕，不要紧张，请个医生看看，一两天就会好。我到今天还记得那段话。还觉得《论语》此一条其味无穷，使我更增加读《论语》的兴趣。你不能说今天是二十世纪，是科学时代，这一条七个字要不得，不能存在了。其实在《论语》里，直到今天还可以存在的，绝不只这一条七个字。如"言忠信，行笃敬"，这条能不能存在呢？"子曰：'学而时习之……'"这条能不能存在呢？你若用笔去圈出其能存在的，第一遍至少圈得出二三十条，第二遍可圈出七八十条都不止。

还有一位朋友问我对《论语》最喜欢哪一条，我一时感得奇怪，说我并没注意喜欢哪一条。我反问他你喜欢哪一条呢？他说他最喜欢"饭疏食，饮水，曲肱而枕之，乐亦在其中矣。不义而富且贵。于我如浮云"那一条。那位先生比我还要穷，他喜欢这一条，是有特别会心的。我仔细再把这一条来读，我说你讲得好。回想那时，民国初年，在小学里教书，还能有朋友相讨论，此刻是不同了，肯读《论语》的人更少了。

我今天所讲，当然并不是一个学术上的问题，读书得其大意，为自己受用。若能成为风气，大家来读，那时情形就更不同，可以互相讨论，可以温故知新，可以各自受用。不论政、军、商、学各界，学科学的、做医生的都可读，医院里的护士，店铺里的伙计都该读。此刻的问题我所举的九部书是不是可以替换？这也无所谓。只要是大家能读，容易读，而读了又有用。

今天我大胆的提出这九部书，这九部书，可以减，可以加。有几部该读注，有几部不要注。从前我曾把王阳明先生的《传习录》作一节要本，并不是说某几条不重要故节了，我只把《传习录》里凡引到《大学》《论语》《孟子》，引到其他古书的都删了，我要使一个只懂白话，一本古书也没有读过的，让他去读这节本，我是这样节法的。我想诸位劝别人读阳明先生的《传习录》，他要说他没有读过中国古书，好了，凡是里面引到《论语》《大学》《孟子》种种古书的暂且都不要读，不好吗！等他读了有兴趣，再去找本《四书》看，自然会把自己领上一条路。最难的是对中国无兴趣，对中国古人古书更无兴趣，那就无话可讲。但如此下去，终必对自己也无兴趣，对中国人一切无兴趣，把中国人的地位全抹杀，中国的前途也真没有了。

我们今天如何来改造社会转移风气，只有从自己心上做起，我最后可以告诉诸位，至少我自己是得了这几部书的好处，所以我到今天，还能觉得做一中国人也可有光荣。

（选自钱穆著．中国文化丛谈［新校本］．九州出版社，2011）

【温故】

钱穆（1895—1990年），字宾四，江苏无锡人，中国现代著名历史学家、教育家、国学大师。钱穆9岁入私塾，1912年辍学后自学，于家乡的中小学任教。1930年因发表《刘向歆父子年谱》成名，被顾颉刚推荐，聘为燕京大学国文讲师，后历任燕京大学、北京大学、清华大学等多所著名大学教授。1949年迁居香港，创办了新亚书院，任院长，从事教学和研究工作至1964年退休。期间曾获得香港大学、美国耶鲁大学名誉博士称号。

对于中国文化，钱穆有自己独特的认识，认为"无论中国及及世界问题，都使我们要着眼到文化问题上去。一切问题，由文化问题产生。一切问题，由文化问题解决。"[①] 而中华文化恰恰蕴含在中华民族几千年的历史中，蕴含在历史产生的经典著作中。同西方文化的极端性相比，中华文化有其中和的优势，

[①] 钱穆．文化学大义．北京：九州出版社，2012：2．

中华文化无论在政治制度还是思想伦理上，都渊深博大。其中对中国影响最大的便是儒家、道家、佛教以及宋明时期集大成的新儒家。钱穆所列的几本书，正是贯穿了中华文化的发展脉络，涵盖了中华文化中最重要的几个方面。其正是想通过对中华传统文化的学习，来重新审视新时代的要求，使中华文化得以继续传承与发扬。

【知新】

从 21 世纪开始，中国人陷入了民族认同和文化认同的危机。争论焦点是对中西文化的态度，归根结底是在西方文化的强烈冲击之下，我们究竟应该如何对待传统文化？是固守传统，还是认同西方？抑或是将二者融合？钱穆先生的基本观点是要立足于中国传统文化，不失民族文化的认同，在此基础上吸收西方的新文化。这和陈寅恪先生"一方面吸收输入外来之学说，一方面不忘本来民族之地位"的观点完全一致。

钱穆在此罗列九本书，意图是渴望大家通过读书来复兴中华文化，他认为"中国文化是以'道德精神'为其最高领导的一种文化。"[①] 与西方的关注外在不同，中华文化的实质是"内倾性"，从自我内在的道德修养出发，来影响他人与社会。钱穆所提倡的复兴中华文化亦指向内在的自我，"归根结底，读书之终极目的是为了做一个道德的人，做一个善良的人，做一个堂堂正正的中国人。"[②] 这样便将复兴中华文化这一看似宏大的主题平民化，转化为人人皆可为的行动指向。

【切问】

1. 作者在演讲中透露出怎样的读书观？
2. 作者所列举的九本书，涵盖了儒、释、道与新儒学的经典之作，谈谈哪部著作或哪家学派对你的影响最深？为什么？
3. 钱穆认为中国的书讲道理贵简，一句话一个道理，深入浅出；而西方的书则贵丰，一个道理要许多话来证，虽成系统但过于复杂。你是否赞成这种看法？这种不同的表达方式又能体现出何种文化影响？

【近思】

1. 钱穆在演讲结尾强调选择哪本古书来读不要紧，最难的是对中国无兴趣。作为

---

② 钱穆. 文化学大义. 北京：九州出版社，2012：75.
③ 魏兆峰. 钱穆论读书. 新世纪图书馆，2014（10）：69.

大学生，谈谈你对于阅读国学经典的看法。
2. 在中国文化有破无立之时，西方各种新奇潮流与思想传入中国，一时压倒中国传统文化，无论学术还是社会风气，大都是以谈论西方文化为荣，视中国文化为糟粕。面对这种现状，你认为应该从哪些方面入手来复兴中国文化，而又使中国文化紧跟时代的潮流？

乡土中国·文字下乡

费孝通

  乡下人在城里人眼睛里是"愚"的。我们当然记得不少提倡乡村工作的朋友们，把愚和病贫联结起来去作为中国乡村的症候。关于病和贫我们似乎还有客观的标准可说，但是说乡下人"愚"，却是凭什么呢？乡下人在马路上听见背后汽车连续地按喇叭，慌了手脚，东避也不是，西躲又不是，司机拉住闸车，在玻璃窗里，探出半个头，向着那土老头儿，啐了一口："笨蛋！"——如果这是愚，真冤枉了他们。我曾带了学生下乡，田里长着包谷，有一位小姐，冒充着内行，说："今年麦子长得这么高。"旁边的乡下朋友，虽则没有啐她一口，但是微微的一笑，也不妨译作"笨蛋"。乡下人没有见过城里的世面，因之而不明白怎样应付汽车，那是知识问题，不是智力问题，正等于城里人到了乡下，连狗都不会赶一般。如果我们不承认郊游的仕女们一听见狗吠就变色是"白痴"，也就自然没有理由说乡下人不知道"靠左边走"或"靠右边走"等时常会因政令而改变的方向是因为他们"愚不可及"了。"愚"在什么地方呢？

  其实乡村工作的朋友说乡下人愚那是因为他们不识字，我们称之曰"文盲"，意思是白生了眼睛，连字都不识。这自然是事实。我决不敢反对文字下乡的运动，可是如果说不识字就是愚，我心里总难甘服。"愚"如果是智力的不足或缺陷，那么识字不识字却并非愚不愚的标准。智力是学习的能力。如果一个人没有机会学习，不论他有没有学习的能力还是学不到什么的。我们是不是说乡下人不但不识字，而且识字的能力都不及人呢？

说到这里我记起了疏散在乡下时的事来。同事中有些孩子送进了乡间的小学，在课程上这些孩子样样比乡下孩子学得快、成绩好。教员们见面时总在家长面前夸奖这些孩子们有种、聪明。这等于说教授们的孩子智力高。我对于这些恭维自然是私心窃喜。穷教授别的已经全被剥夺，但是我们还有别种人所望尘莫及的遗传。但是有一天，我在田野里看放学回来的小学生们捉蚱蜢，那些"聪明"而有种的孩子，扑来扑去，屡扑屡失，而那些乡下孩子却反应灵敏，一扑一得。回到家来，刚才一点骄傲似乎又没有了着落。

乡下孩子在教室里认字认不过教授们的孩子，和教授们的孩子在田野里捉蚱蜢捉不过乡下孩子，在意义上是相同的。我并不责备自己孩子蚱蜢捉得少，第一是我们无需用蚱蜢来加菜（云南乡下蚱蜢是下饭的，味道很近于苏州的虾干），第二是我的孩子并没有机会练习。教授们的孩子穿了鞋袜，为了体面，不能不择地而下足，弄污了回家来会挨骂，于是在他们捉蚱蜢时不免要有些顾忌，动作不活灵了。这些也许还在其次，他们日常并不在田野里跑惯，要分别草和虫，须费一番眼力，蚱蜢的保护色因之易于生效。——我为自己孩子所做的辩护是不是同样也可以用之于乡下孩子在认字上的"愚"么？我想是很适当的。乡下孩子不像教授们的孩子到处看见书籍，到处接触着字，这不是他们日常所混熟的环境。教授们的孩子并不见得一定是遗传上有什么特别善于识字的能力，显而易见的却是有着易于识字的环境。这样说来，乡下人是否在智力上比不上城里人，至少还是个没有结论的题目。

这样看来，乡村工作的朋友们说乡下人愚，显然不是指他们智力不及人，而是说他们知识不及人了。这一点，依我们上面所说的，还是不太能自圆其说。至多是说，乡下人在城市生活所需的知识上是不及城市里人多，这是正确的。我们是不是也因之可以说乡下多文盲是因为乡下本来无需文字眼睛呢？说到这里，我们应当讨论一下文字的用处了。

我在上一篇里说明了乡土社会的一个特点就是这种社会的人是在熟人里长大的。用另一句话来说，他们生活上互相合作的人都是天天见面的。在社会学里我们称之作 Face to face group，直译起来是"面对面的社群"。归有光的《项脊轩记》里说，他日常接触的老是那些人，所以日子久了可以用脚声来辨别来者是谁。在"面对面的社群"里甚至可以不必见面而知道对方是谁。我们自己虽说是已经多少在现代都市里住过一时了，但是一不留心，乡土社会里所养成的习惯还是支配着我们。你不妨试一试，如果有人在你门上敲着要进来，你问"谁呀！"门外的人十之八九回答你一个大声的"我"。这是说，你得用声气辨人。在面对面的社群里一起生活的人是不必通名报姓的。很少太太会在门外用姓名来回答丈夫的发问。但是我们因为久习于这种"我呀！""我呀！"的回答，也很有时候用到了门内人无法辨别你声音的场合。我有一次，久别家乡回来，在电话里听到了一个无法辨别的"我呀"时，的确闹了一个笑话。

"贵姓大名"是因为我们不熟悉而用的。熟悉的人大可不必如此，足声、声气、甚至气味，都可以是足够的"报名"。我们社交上姓名的不常上口也就表示了我们原本是在熟人中生活的，是个乡土社会。

文字发生之初是"结绳记事"，需要结绳来记事是为了在空间和时间中人和人的接触发生了阻碍，我们不能当面讲话，才需要找一些东西来代话。在广西的瑶山里，部落有急，就派了人送一枚铜钱到别的部落里去，对方接到了这记号，立刻派人来救。这是"文字"，一种双方约好代表一种意义的记号。如果是面对面可以直接说话时，这种被预先约好的意义所拘束的记号，不但多余，而且有时会词不达意引起误会的。在十多年前青年们讲恋爱，受着直接社交的限制，通行着写情书，很多悲剧是因情书的误会而发生的。有这种经验的人必然能痛悉文字的限制。

文字所能传的情、达的意是不完全的。这不完全是出于"间接接触"的原因。我们所要传达的情意是和当时当地的外局相配合的。你用文字把当时当地的情意记了下来，如果在异时异地的圜局中去看，所会引起的反应很难尽合于当时当地的圜局中可能引起的反应。文字之成为传情达意的工具常有这个无可补救的缺陷。于是在利用文字时，我们要讲究文法，讲究艺术。文法和艺术就在减少文字的"走样"。

在说话时，我们可以不注意文法。并不是说话时没有文法，而是因为我们有着很多辅助表情来补充传达情意的作用。我们可以用手指指着自己而在话里吃去一个我字。在写作时却不能如此。于是我们得尽量的依着文法去写成完整的句子了。不合文法的字词难免引起人家的误会，所以不好。说话时我们如果用了完整的句子，不但显得迂阔，而且可笑。这是从书本上学外国语的人常会感到的痛苦。

文字是间接的说话，而且是个不太完善的工具。当我们有了电话、广播的时候，书信文告的地位已经大受影响。等到传真的技术发达之后，是否还用得到文字，是很成问题的。

这样说来，在乡土社会里不用文字绝不能说是"愚"的表现了。面对面的往来是直接接触，为什么舍此比较完善的语言而采文字呢？

我还想在这里推进一步说，在面对面社群里，连语言本身都是不得已而采取的工具。语言本是用声音来表达的象征体系。象征是附着意义的事物或动作，我说"附着"是因为"意义"是靠联想作用加上去的，并不是事物或动作本身具有的性质。这是社会的产物，因为只有在人和人需要配合行为的时候，个人才需要有所表达；而且表达的结果必须使对方明白所要表达的意义。所以象征是包括多数人共认的意义，也就是这一事物或动作会在多数人中引起相同的反应。因之，我们绝不能有个人的语言，只能有社会的语言。要使多数人能对同一象征具有同一意义，他们必须有着相同的经历，就是说在相似的环境中接触和使用同一象征，因而在象征上附着了同一意义。因此在每个特殊的生活团体中，必有他们特殊的语言，有许多别种语言所无法翻译的字句。

语言只能在一个社群所有相同经验的一层上发生。群体愈大，包括的人所有的经验愈繁杂，发生语言的一层共同基础也必然愈有限，于是语言也就愈趋于简单化。这在语言史上是看得很清楚的。

可是从另一方面说，在一个社群所用的共同语言之外，也必然会因个人间的需要而发生许多少数人间的特殊语言，所谓"行话"。行话是同行人中的话，外行人因为没有这种经验，不会懂的。在每个学校里，甚至每个寝室里，都有他们特殊的语言。最普遍的特殊语言发生在母亲和孩子之间。

"特殊语言"不过是亲密社群中所使用的象征体系的一部分，用声音来作象征的那一部分。在亲密社群中可用来作象征体系的原料比较多。表情、动作，在面对面的情境中，有时比声音更容易传情达意。即使用语言时，也总是密切配合于其他象征原料的。譬如：我可以和一位熟人说："真是那个！"同时眉毛一皱，嘴角向下一斜，面上的皮肤一紧，用手指在头发里一插，头一沉，对方也就明白"那个"是"没有办法""失望"的意思了。如果同样的两个字用在另一表情的配合里，意义可以完全不同。

"特殊语言"常是特别有效，因为它可以摆脱字句的固定意义。语言像是个社会定下的筛子，如果我们有一种情意和这筛子的格子不同也就漏不过去。我想大家必然有过"无言胜似有言"的经验。其实这个筛子虽则有助于人和人间的了解，但同时也使人和人间的情意公式化了，使每一人、每一刻的实际情意都走了一点样。我们永远在削足适履，使感觉敏锐的人怨恨语言的束缚。李长吉[1]要在这束缚中去求比较切近的表达，难怪他要呕尽心血了。

于是在熟人中，我们话也少了，我们"眉目传情"，我们"指石相证"，我们抛开了比较间接的象征原料，而求更直接的会意了。所以在乡土社会中，不但文字是多余的，连语言都并不是传达情意的唯一象征体系。

我决不是说我们不必推行文字下乡，在现代化的过程中，我们已经开始抛离乡土社会，文字是现代化的工具。我要辨明的是乡土社会中的文盲，并非出于乡下人的"愚"，而是由于乡土社会的本质。而且我还愿意进一步说，单从文字和语言的角度去批判一个社会中人和人的了解程度是不够的，因为文字和语言，只是传情达意的一种工具，并非唯一的工具；而且这工具本身也是有缺陷的，能传的情、能达的意是有限的。所以在提倡文字下乡的人，必须先考虑到文字和语言的基础，否则开几个乡村学校和使乡下人多识几个字，也许并不能使乡下人"聪明"起来。

（选自费孝通. 乡土中国. 北京：北京大学出版社，2012）

【注释】

[1] 李长吉，即李贺（790—816年），唐代著名诗人，一生愁苦多病，被誉为"鬼才""诗鬼"，与李白、李商隐并称"三李"。

（注释参选费孝通. 乡土中国. 北京：北京大学出版社，2012）

【温故】

● 费孝通

费孝通（1910—2005年），著名社会学家、人类学家、社会活动家。生于江苏吴江。曾就读于燕京大学社会学系、清华大学研究院，后留学英国伦敦经济政治学院，获博士学位。他立志探索中国农民如何走上富裕之路。他调查研究，著书立说，为中国社会学和人类学的发展做出了重要贡献。先后获得国际应用人类学会该年度马林诺夫斯基荣誉奖（1980）、英国皇家人类学会赫胥黎奖（1981）、英国伦敦经济学院荣誉博士称号（1982）等。曾任中国社科院社会学研究所所长、北京大学社会学人类学研究所所长、中国社会学学会会长。主要著作有：《江村经济》《乡土中国》《从事社会学五十年》《边区开发与社会调查》《行行重行行——乡镇发展论述》等。

● 《乡土中国》

《乡土中国》出版于1947年，收录的是费孝通根据其在西南联大和云南大学所讲"乡村社会学"一课内容，应约分期连载的十四篇文章。尝试回答"作为中国基层社会的乡土社会究竟是个什么样的社会"这个问题。《乡土中国》是社会学中国化的重要著作,著名的"差序格局"等有中国风格的社会学理论,就是在这本书中提出并加以论证的。本书亦代表了费孝通早期社会学研究生涯中的一个重要转折点,即从实地的社区研究转变为社会结构的分析。[1]

【知新】

《乡土中国》中对中国传统乡土社会的文化传递、家族制度、道德观念、权力结构、社会规范、社会变迁等各方面分析、解剖了中国乡土社会的结构及其本色,有助于我们反思当代中国的社会问题。四川大学文学与新闻学院刘磊在《中国乡土社会当代境遇的文化反思——从〈乡土中国〉到〈中国农民调查〉》中说:"中国乡土社会虽然经过半个多世纪的变迁,其文化根源还是一脉相承,《乡土中国》在六十年前给我们树立的典范,到今天依然具有其解释力。在出现新问题的时候,对于文化的剖析,有助于更深刻地理解社会现实,进而寻求合理有效的解决途径。"对这部经典做了恰如其分的评价。[2] 当今农村社会结构的变迁对整个社会关系的变革产生巨大的影响,重视农村社会的建构与农村文化具有非同寻常的意义。

【切问】

1. 相对于文字这种"不太完善的工具",在乡土社会中人们更习惯使用什么样的沟通工具?
2. 文中指出:"乡土社会中的文盲,并非出于乡下人的'愚',而是由于乡土社会的本质。"那么,乡土社会的"本质"是什么?
3. 试论述作者理想的文字下乡的方式,怎样才能"考虑到文字和语言的基础"?

【近思】

1. 采访身边人,了解一下在现实生活中,城市人是怎样看待乡下人的"愚"与"特殊语言",同时,各地的文化是否有优劣之分。
2. 近年来,由于大批农村青壮年人口涌向城市,政府为了集中优质教育资源,将学校向城镇集中,建设大量巨型学校。有学者把这种现象称之为"文字上移"。"文字下乡"走过了一百多年,而当下的"文字上移"却只用了几年时间。你如何看待这种现象?

---

[1] 郑杭生. 费孝通对中国社会学的巨大贡献. 江苏社会科学, 2006 (1).
[2] 刘磊. 中国乡土社会当代境遇的文化反思——从《乡土中国》到《中国农民调查》. 当代经理人, 2006 (4).

中国文化的内涵

季羡林

我曾经把文化分为两类：狭义的文化和广义的文化。狭义指的是哲学、宗教、文学、艺术、政治、经济、伦理、道德等等。广义指的是包括精神文明和物质文明所创造的一切东西，连汽车、飞机等等当然都包括在内。

周一良先生曾把文化分为三个层次：狭义的、广义的、深义的。前二者用不着再细加讨论。对于第三者，深义的文化，周先生有自己的看法。他说："在狭义文化的某几个不同领域，或者在狭义和广义文化的某些互不相干的领域中，进一步综合、概括、集中、提炼、抽象、升华，得出一种较普遍地存在于这许多领域中的共同东西。这种东西可以称为深义的文化，亦即一个民族文化中最为本质或最具有特征的东西。"他举日本文化为例，他认为日本深义的文化的特质是"苦涩""闲寂"。具体表现是简单、质朴、纤细、含蓄、古雅、引而不发、不事雕饰等。周先生的论述和观察，是很有启发性的。我觉得，他列举的这一些现象基本上都属于民族心理状态或者心理素质，以及生活情趣的范畴。

把这个观察应用到中华民族文化上，会得到什么结果呢？我不想从民族心态上来探索，我想换一个角度，同样也能显示出中华文化的深层结构或者内涵。

这个问题上，寅恪先生实际上已先我著鞭。在《王观堂先生挽词·序》中，寅恪先生写道：

  吾中国文化之定义，具于《白虎通》三纲六纪之说，其意义为抽象理想最高之境，犹希腊柏拉图所谓 Idea 者。

我觉得，这是非常精辟的见解。在下面谈一下我自己的一些想法。

中国哲学同外国哲学不同之处极多，其中最主要的差别之一就是，中国哲学喜欢谈论知行问题。我想按照知和行两个范畴，把中国文化分为两部分：一部分是认识、理解、欣赏等等，这属于知的范畴；一部分是纲纪伦常、社会道德等等，这属于行的范畴。这两部分合起来,形成了中国文化。在这两部分的后面存在着一个最为本质,最具有特征的、深义的中华文化。

寅恪先生论中国思想史时指出:

> 南北朝时,即有儒释道三教之目。故自晋至今,言中国之思想,可以儒释道三教代表之。此虽通俗之谈,然稽之旧史之事实,验以今世之人情,则三教之说,要为不易之论。故两千年来华夏民族所受儒家学说之影响,最深最巨者,实在制度法律公私生活之方面,而关于学说思想之方面,或转有不如佛道二教者。

事实正是这个样子。对中国思想史仔细分析,衡之以我上面所说的中国文化二分说,则不难发现,在行的方面产生影响的主要是儒家,而在知的方面起决定作用的则是佛道二家。潜存于这二者背后那一个最具中国特色的深义文化是三纲六纪等伦理道德方面的东西。

专就佛教而言,它的学说与实践也有知行两个方面。原始佛教最根本的教义,如无常、无我、苦,以及十二因缘等等,都属于知的方面。八正道、四圣谛等,则介于知行之间,其中既有知的因素,也有行的成分。与知密切联系的行,比如修行、膜拜,以及涅槃、跳出轮回,则完全没有伦理的色彩。传到中国以后,它那种无父无君的主张,与中国的三纲六纪等等,完全是对立的东西。在与中国文化的剧烈冲击中,佛教如果不能适应现实情况,必然不能在中国立定脚跟,于是佛教只能做出某一些伪装,以求得生存。早期佛典中有些地方特别强调"孝"字,就是歪曲原文含义以适应中国具有浓厚纲纪色彩文化的要求。由此也可见中国深义文化力量之大、之不可抗御了。

这一点,中国不少学者是感觉到了的。我只举几个例子。这些例子全出于《论中国传统文化》,中国文化书院讲演录第一集。

梁漱溟先生说:

> 中国人把文化的重点放在人伦关系上,解决人与人之间怎样相处。

冯友兰先生说:

> 基督教文化重的是天,讲的是"天学";佛教讲的大部分是人死后的事,如地狱、轮回等,这是"鬼学",讲的是鬼;中国的文化讲的是"人学",注重的是人。

庞朴先生说:

> 假如说希腊人注意人与物的关系,中东地区则注意人与神的关系,而中国是注意

人与人的关系，我们的文化的特点是更多地考虑社会问题，非常重视现实的人生。

这些意见都是非常正确的。事实上，孔子就是这种意见的代表者。"子不语怪、力、乱、神"，就是证明。他自己还说过："未知生，焉知死。"

国外一些眼光敏锐的思想家也早已看到了这一点，比如德国最伟大的诗人歌德，就是其中之一。1827年1月29日同爱克曼谈"中国的传奇"时，他说：

> 中国人在思想、行为和情感方面几乎和我们一样，使我们很快就感到他们是我们的同类人，只是在他们那里一切都比我们这里更明朗，更纯洁，也更合乎道德。还有许多典故都涉及道德和礼仪。正是这种在一切方面保持严格的节制，使得中国维持到几千年之久，而且还会长存下去。

连在审美心理方面，中国人、中国思想、中国文化都有其特点。日本学者岩山三郎说：

> 西方人看重美，中国人看重品。西方人喜欢玫瑰，因为它看起来美，中国人喜欢兰竹，并不是因为它们看起来美，而是因为它们有品。它们是人格的象征，是某种精神的表现。这种看重品的美学思想，是中国精神价值的表现，这样的精神价值是高贵的。

我在上面的论述，只是想说明一点：中国文化同世界其他国家的文化，既然同为文化，必然有其共性。我在这里想强调的却是它的特性。我认为，中国文化的特性最明显地表现在或者可以称为深义的文化上，这就是它的伦理色彩，它所张扬的三纲六纪，以及解决人与人之间的关系的精神。

（选自季羡林著，王岳川编．季羡林学术精粹［第4卷］．济南：山东友谊出版社，2004）

【温故】

季羡林（1911—2009年），字希逋，又字齐奘，山东临清人。国际著名东方学大师、比较学大师。精通英文、德文、梵文、巴利文以及吐火罗文，是公认的学界泰斗。其多次从东西方比较文化的角度谈论中国文化，提出了文化多元论以及文化交流论，在对东西方文化各自内涵的梳理中，预测了东方文化的复兴以及东西方文化的互补趋势。季羡林的文化观促使人们开始重新思考中国文化内涵和未来走向以及与世界文化的融合过程应该注意的问题。

【知新】

　　在谈及文化时，季羡林认为应该从宏观上来探讨，应该把中国文化放在世界文化氛围下，因此他把世界文化从思维方式上分为两类："从最大的宏观上来看，人类文化无非是东方文化与西方文化两大体系。其思维基础一是综合，一是分析。综合者从整体着眼，着重事物间的普遍联系，既见树木，又见森林。分析者注重局部，少见联系，只见树木，不见森林。"[①]而中国文化属于东方文化的一部分，因此其综合性表现十分突出，其中最重要的表现是中国文化重视人的地位，重视人的社会关系和伦理关系，也即关注人们之间的普遍联系，从社会整体上来分析人的价值与地位。有人认为"季老关于东西方文化与思维模式的二元论具有重大理论意义，它反映了当代文化研究中寻求'差异'和'文化身份'的努力。"[②]

【切问】

1. 季羡林认为中国文化具有其独有的特性，他认为："最具中国特色的深义文化是三纲六纪等伦理道德方面的东西"，你赞同这种观点吗？请结合实例具体分析，谈谈你的看法。

2. 本文中作者提到，佛教传入中国后为求生存，便只能做出一些伪装，可见中国深义文化的力量之大。由此你能联想到其他从异国传入后，与中国文化发生融合的例子吗？

【近思】

1. 本文在论述中国文化的内涵时，对儒、释、道各家学派理论进行了深刻的论述，最终得出中国文化深义就是它的伦理色彩。试论今天儒、释、道的思想如何影响着我们处理人与人之间关系的方式。

2. 随着经济全球化和信息全球化的发展，外来文化与中国文化极速融合，既有人认为中国文化应该"全盘西化"，又有人认为中国文化应该复兴传统。请结合你对中国文化内涵的理解，谈谈如何对待中国文化与世界文化的关系，思考中国文化中核心和内涵部分是否仍值得我们继承与发扬。

---

① 季羡林. 季羡林文集（第六卷）. 南昌：江西教育出版社，1996：422.
② 万本根. 东方文化的复兴——试论季羡林先生的东方文化观. 中华文化论坛，2001（2）.

文学篇

诗 歌

诗经·小雅·蓼莪

蓼蓼者莪[1]，匪莪伊蒿[2]。哀哀父母，生我劬劳[3]。

蓼蓼者莪，匪莪伊蔚[4]。哀哀父母，生我劳瘁[5]。

瓶之罄矣[6]，维罍之耻[7]。鲜民之生[8]，不如死之久矣！无父何怙[9]，无母何恃！出则衔恤[10]，入则靡至[11]！

父兮生我，母兮鞠我[12]。抚我畜我[13]，长我育我，顾我复我[14]，出入腹我[15]。欲报之德[16]，昊天罔极[17]！

南山烈烈[18]，飘风发发[19]。民莫不穀[20]，我独何害[21]！

南山律律[22]，飘风弗弗[23]，民莫不穀，我独不卒[24]！

（选自程俊英. 诗经译注. 上海：上海古籍出版社，1985）

【注释】

[1] 蓼蓼（lù）：高大的样子。莪：莪蒿，俗称抱娘蒿。

[2] 匪：非。伊：是。蒿：即蒿子。有青蒿、白蒿等数种。

[3] 劬劳：劳苦。

[4] 蔚：蒿的一种，又名牡蒿。全草供药用，晒干可燃烟驱蚊。

[5] 瘁：憔悴。

[6] 罄（qìng）：尽、空的意思。

[7] 罍：大肚小口的酒坛。言酒瓶空是酒坛之耻，比喻民穷不能养父母是统治者之耻。

[8] 鲜（xiǎn）：寡。鲜民：寡民、孤子。

[9] 怙（hù）：依靠。

[10] 出：出门，指离家服役。衔：含。恤：忧愁。

[11] 入：进门，指回家。至：亲。靡至，没有亲人。《说文》："亲，至也。"

[12] 鞠：养。

[13] 拊：通"抚"，抚摸。《后汉书·梁竦传》引这句诗作"抚我"。畜（xù）：爱。

[14] 顾：指在家时对他照顾。复：指出门后对他的挂念。

[15] 腹：抱在怀里。

[16] 之：这。

[17] 罔极：无常，没有定准。

[18] 烈烈：山高峻险阻的样子。

[19] 飘风：暴风。发发：大风呼啸的声音。

[20] 穀：赡养。

[21] 何：通"荷"，蒙受。

[22] 律律：山势高耸突起的样子。

[23] 弗弗：大风扬尘的样子。

[24] 不卒：不得为父母送终。

（注释参选程俊英. 诗经译注. 上海：上海古籍出版社，1985）

【温故】

● 《诗经》

《诗经》是我国第一部诗歌总集，共收入自西周初期至春秋中叶约五百年间的诗歌305篇。最初称《诗》，汉代儒者奉为经典，被称为《诗经》。《诗经》由风、雅、颂三部分组成。风为风土之音，是各地区的乐调，包括十五国风，诗160篇；雅指朝廷正乐，是西周王畿的乐调，包括大雅、小雅，诗105篇；颂是宗庙祭祀之乐，包括周颂、商颂、鲁颂，共40篇。《诗经》中的作品反映了殷周时期社会生活的各个方面，如爱情、婚姻、农事、劳役、征战、贵族宴飨、祭祖颂歌等。

《诗经》句式以四言为主，重章叠句的复沓结构和大量叠字及双声叠韵的语词，使《诗经》具有一种一唱三叹、回环往复的音韵效果。赋、比、兴的艺术手法是《诗经》艺术特征的重要表现形式。据朱熹的解释，赋是指"敷陈其事而直言之"，就是诗人把思想感情及与其相关的事物直接表达出来；比是指"以彼物比此物"，即比喻；兴是指"先言他物以引起所咏之辞"，即借助他物为所咏内容做铺垫。《诗经》开启了我国抒情诗的文学传统，具有强烈的现实主义色彩，对后世诗歌影响深远。

● 《蓼莪》

《蓼莪》是一首悼念父母，哭诉不能终养父母的诗。作者深痛自己久役贫困，不能在父母生前尽孝养之责。赋、比、兴的灵活运用是《蓼莪》一诗的特点。诗中运用比与兴来表现不能成材、不能供养父母之痛。"蓼蓼者莪"义兼比兴，写诗人所见到长得茂盛的蒿与蔚，错认作莪，内心有所触动。莪、蒿、蔚三种植物有区别，据李时珍《本草纲目》，"莪"抱根丛生，俗称"抱娘蒿"，比喻人成材且孝顺。蒿与蔚，则不是丛生而是散生，蒿不可食用，蔚既不能食用也不结子，诗人借此比喻不成材且不能尽孝。第二章所写的瓶与罍也是比喻。瓶比喻父母，罍比喻孩子。瓶空需要汲水，却无法从罍中汲水，比喻父母需要赡养，而子女无法供养父母，因此感到羞耻。最后"南山烈烈，飘风发发""南山律律，飘风弗弗"则是兴，用凛冽的寒风来烘托肃杀悲凉的气氛和诗人悲怆伤痛的心情。

【知新】

诗中抒写了父母生我养我的辛劳，以及我未能成材、未能报答父母养育之恩的自责与愧疚，感情强烈真挚，可谓声声泪，字字血，具有很强的艺术感染力。夏传才先生点评此诗说："第二、三章写父母生养抚育之恩，而以未能报恩而痛心，诗中连用生、鞠、抚、畜、长、育、顾、复、腹九个动词和九个'我'字，言直而意切，语拙而情挚，姚际恒《通论》说'勾人眼泪全在无数"我"字。'"[①]

全诗以强烈的情感表现孝养父母之情，对后世影响很大。历代史书中都有记载，不少人在读《蓼莪》一诗"哀哀父母，生我劬劳"时痛哭流涕。蒋立甫先生说："子女赡养父母，孝敬父母，本是我们中华民族的美德之一，实际也应该是

---

① 夏传才. 诗经讲座. 桂林：广西师范大学出版社，2007：469.

人类社会的道德义务，而本诗则是以充沛情感表现这一美德最早的文学作品，对后世影响极大，不仅在诗文赋中常有引用，甚至在朝廷下的诏书中也屡屡言及。《诗经》这部典籍对我们民族心理、民族精神形成的影响由此可见一斑。"①

【切问】

1. 对于"父兮生我，母兮鞠我。抚我畜我，长我育我，顾我复我，出入腹我"一句，姚际恒《诗经通论》评论说"勾人眼泪全在无数'我'字"，为什么这无数"我"字能勾人眼泪？这9个"我"字给全诗带来什么样的艺术效果？请谈谈你的看法。
2. 最后一章写凛冽的南风，用了四个入声字重叠：烈烈、发发、律律、弗弗。这种表现手法有什么效果？能否在《诗经》其他篇章中也找到相似的表现方法？

【近思】

1. 分小组吟诵这首诗，说说你在吟诵时如何对这首诗感情进行表现与处理。
2. 子欲养而亲不在，这是千百年来人们的痛苦。今天，当父母在我们身边时，我们往往不能体会这种感觉。说说今天我们应当怎样孝敬父母，感恩父母的养育之劳。

楚辞·九歌·湘夫人 [1]

屈 原

帝子降兮北渚[2]，目眇眇兮愁予[3]。嫋嫋兮秋风[4]，洞庭波兮木叶下[5]。登白薠兮骋望[6]，与佳期兮夕张[7]。鸟何萃兮蘋中[8]，罾何为兮木上[9]。沅有茝兮醴有兰[10]，思公子兮未敢言[11]。荒忽兮远望[12]，观流水兮潺湲[13]。麋何食兮庭中[14]？蛟何为兮水裔[15]？

朝驰余马兮江皋[16]，夕济兮西澨[17]。闻佳人兮召予，将腾驾兮偕逝[18]。

---

① 姜亮夫等. 先秦诗鉴赏辞典. 上海：上海辞书出版社，1998：431.

筑室兮水中，葺之兮荷盖[19]，荪壁兮紫坛[20]，播芳椒兮成堂[21]。桂栋兮兰橑[22]，辛夷楣兮药房[23]。罔薜荔兮为帷[24]，擗蕙櫋兮既张[25]。白玉兮为镇[26]，疏石兰兮为芳[27]。芷葺兮荷屋，缭之兮杜衡[28]。合百草兮实庭[29]，建芳馨兮庑门[30]。九嶷缤兮并迎，灵之来兮如云[31]。

捐余袂兮江中，遗余褋兮醴浦[32]。搴汀洲兮杜若[33]，将以遗兮远者[34]。时不可兮骤得[35]，聊逍遥兮容与[36]。

（选自洪兴祖．楚辞补注．北京：中华书局，1983）

【注释】

[1] 此篇与《九歌》中另一篇《湘君》为姊妹篇。关于湘夫人和湘君为谁，多有争论。二人为湘水之神，则无疑。此篇写湘君等待湘夫人而不至，产生的思慕哀怨之情。

[2] 帝子：指湘夫人。舜妃为帝尧之女，故称帝子。相当于后世的"公主"。

[3] 眇眇：望而不见的样子。愁予：使我忧愁。

[4] 嫋嫋：通"袅"，微风吹拂的样子。

[5] 波：生波。下：落。

[6] 蘋：水草名，生湖泽间。骋望：纵目而望。

[7] 佳：佳人，指湘夫人。期：期约。张：音帐，陈设也。

[8] 萃：集。

[9] 罾何句：罾原应在水中，反说在木上，比喻所愿不得，失其应处之所。罾（zēng），渔网。

[10] 沅：即沅水，在今湖南省。醴：即澧水，在今湖南省，流入洞庭湖。茝：白芷，一种香草。

[11] 公子：指湘夫人。古代贵族称公族，贵族子女不分性别，都可称"公子"。

[12] 荒忽：不分明的样子。

[13] 潺湲：水流的样子。

[14] 麋：兽名，似鹿。

[15] 蛟何句：蛟本当在深渊却在水边，比喻所处失常。水裔，水边。

[16] 皋：水边高地。

[17] 澨（shì）：水边。

[18] 腾驾：驾着马车奔腾飞驰。偕逝：同往。

［19］葺：覆盖。盖：指屋顶。

［20］荪壁：用荪草饰壁。荪（sūn），一种香草。紫：紫贝。坛：中庭。

［21］椒：一种香木。

［22］栋：屋栋，屋脊柱。橑（lǎo）：屋椽。

［23］辛夷：香木名，初春开花。楣：门上横梁。药：白芷。

［24］罔：通"网"，作结解。薜荔：一种香草，缘木而生。帷：帷帐。

［25］擗：析开。蕙：一种香草。櫋（mián）：屋檐木。

［26］镇：镇压坐席之物。

［27］疏：分布。石兰：一种香草。

［28］缭：缠绕。杜衡：一种香草。

［29］合：合聚。百草：指众芳草。实：充实。

［30］庑：走廊。

［31］九嶷二句：九嶷缤纷啊一起来迎，神灵的到来啊如云。九嶷，山名，传说中舜的葬地，在湘水南。这里指九嶷山神。缤，盛多的样子。灵，神。如云，形容众多。

［32］捐余二句：抛弃我的衣袖啊在江中，丢掉我的单衣啊在澧水边。袂，衣袖。褋，外衣。

［33］汀：水中或水边的平地。杜若：一种香草。

［34］远者：指湘夫人。

［35］骤得：很快得到。

［36］聊：姑且。容与：悠闲的样子。

（注释参选洪兴祖．楚辞补注．北京：中华书局，1983）

【温故】

● 屈原

屈原（前339—前278年），名平，字原，战国末期楚国丹阳（今湖北秭归）人。屈原是楚王同姓贵族，曾任左徒、三闾大夫等官职。他博闻强识，富有政治理想，主张任用贤能，修明法度，合纵抗秦。曾辅助楚怀王处理国政，应对诸侯，甚得信任。后为上官大夫诬陷，被怀王疏远。楚顷襄王时，屈原再次受到楚国贵族的谗害，遭流放江南，历经长江、洞庭湖、沅水、湘水等地。屈原在流放漂泊中，忧愁忧思，担心祖国安危，不能忘怀国事，最后他在楚国危亡之际，自投汨罗江而死。

屈原一生满怀理想，品行高洁，正如他在其作品《橘颂》中所言"苏世独立""横而不流"，拒绝与小人同流合污。而他这种宁愿献出生命也不愿变志从俗，宁愿沉入江底也不愿离开故土的精神，得到中国历代士人的敬仰和认同，其人格力量和爱国情怀感染着后世无数的文人士子。

屈原的代表作品有《离骚》一篇，《九歌》十一篇，《九章》九篇，《天问》一篇，《招魂》一篇。在屈原的作品中，可以看到他对祖国的眷念、对国事的担忧、对小人当道的激愤、对乡土文化的热爱与熟悉、对流放江南的悲痛与哀怨。

● 楚辞

楚辞与《诗经》共同构成中国文学的两大源头。楚辞作为一种诗体，指战国时期以屈原作品为代表的，具有楚语和楚音特征、富有楚地文化色彩的诗歌。因其代表作为屈原的《离骚》，所以也称"骚体"。其主要诗体特征是以六言为主的杂言，句尾或句中有语气词"兮"（或"些""只"）。

楚文化是楚辞诞生的土壤，楚国在长江、汉水流域，不同于中原文化，"其俗信鬼而好祠，其祠，必作歌乐鼓舞以乐诸神"[①]，因为楚地风土人情与娱神文化的影响，楚辞大量运用神话传说，想象丰富，文辞绚丽，感情热烈，充满着奇异浪漫的色彩。

【知新】

《九歌》原为楚地民间祭祀巫歌，屈原认为其辞鄙陋，因此对它进行了修改。《九歌》的基本情节是人神恋爱，以人神恋爱的成功来象征祭祀成功，而人神情感的描写是《九歌》中最打动人心的部分，人神相悦之艰难也内蕴了屈原实现理想之艰难，因而具有浓浓的忧伤色彩。

《九歌》包括《东皇太一》《东君》《云中君》《湘君》《湘夫人》《大司命》《少司命》《河伯》《山鬼》《国殇》《礼魂》十一篇，与题目"九"不同。闻一多先生认为《九歌》首尾两章（即《东皇太一》和《礼魂》）分别为迎神、送神之曲，中间九章为娱神曲，《九歌》因中间九章而得名。[②]

《湘夫人》为《九歌》中的代表作品，是《湘君》的姊妹篇。湘君、湘夫人皆为湘水之神，诗中湘君久久等候湘夫人，但始终没有见到她，因而产生一种深切思慕哀怨之情。《湘夫人》中最为精彩的是以奇特浪漫的想象描绘了一座理想的水中

---

① 王逸. 楚辞章句·九歌序. // 洪兴祖. 楚辞补注. 北京：中华书局，1983：55.
① 闻一多. 什么是九歌. // 闻一多全集（第一卷）. 武汉：湖北人民出版社，1993.

住所，它是以荷为盖、荪为壁、椒为堂、桂为栋、兰为橑、辛夷为楣、薜荔为帷、石兰、杜蘅遍植庭院，充满着具有鲜明楚地色彩的香草意象。"香草美人"是楚辞所开创的诗歌象征手法，这是对《诗经》比兴手法的继承与发展。香草本是献祭取悦神的物品，表层意义上是一种追求爱情的象征，但在楚辞中的广泛使用中形成了一种影响后世的文化传统，那就是香草美人是君子美好人格的象征。正如王逸《楚辞章句》中所说"善鸟香草，以配忠贞；恶禽臭物，以比谗佞；灵修美人，以媲于君，宓妃佚女，以譬贤臣；虬龙鸾凤，以托君子；飘风云霓，以为小人。"①

【切问】

1. 明代胡应麟说"嫋嫋兮秋风，洞庭波兮木叶下"一句是"千古言秋之祖"。这一句中使用的"秋风""木叶"成为中国诗歌传统中最富于敏感的词语。请联系中国古代其他诗词，说说哪些诗句中使用了这些意象，这些意象所构成的是怎样的一种文化积淀。

2. （屈原）其志洁，故其称物芳；其行廉，故死而不容自疏。濯淖污泥之中，蝉蜕于浊秽，以浮游尘埃之外，不获世之滋垢，皭然泥而不滓者也。推此志也，虽与日月争光可也。

——司马迁《屈原贾生列传》

今若屈原，露才扬己，竞乎危国群小之间，以离谗贼。然责数怀王，怨恶椒兰，愁神苦思，非其人，忿怼不容，沉江而死，亦贬絜狂狷景行之士。

——班固《离骚序》

关于屈原，司马迁与班固两位史学家的评价很不一致。司马迁认为屈原志洁行廉，以死抗拒同流合污，可以与日月争光。班固认为屈原性格狂狷，露才扬己而招致妒忌，轻视生命，不能以宽厚的胸怀面对别人的指责，不足以学习。说说两位史学家评价如此不同的原因，你赞成谁的看法？为什么？

【近思】

1. 《湘夫人》具有成为戏剧的可能性，却被写成了诗歌。请结合楚地风俗，将诗歌《湘夫人》改编为戏剧。

2. 端午节我们都要划龙舟，吃粽子，以纪念屈原。请试一试为这样的纪念活动写一副哀悼屈原的对联。可以阅读《史记·屈原贾生列传》以及屈原的其他作品来了解屈原。

---

② 王逸. 楚辞章句·离骚序. // 洪兴祖. 楚辞补注. 中华书局，1983：2—3.

饮马长城窟行

汉乐府

青青河畔草，绵绵思远道[1]。远道不可思，宿昔梦见之[2]。梦见在我傍，忽觉在他乡[3]。他乡各异县，展转不相见[4]。枯桑知天风，海水知天寒[5]。入门各自媚，谁肯相为言[6]！客从远方来，遗我双鲤鱼[7]。呼儿烹鲤鱼，中有尺素书[8]。长跪读素书[9]，书中竟何如？上言加餐食，下言长相忆[10]。

（选自郭茂倩辑．乐府诗集［卷38］．北京：中华书局，1998）

【注释】

［1］绵绵：这里义含双关，由看到连绵不断的青青春草，而引起对征人的缠绵不断的情思。远道：远行。

［2］宿昔：昨夜。

［3］觉：睡醒。

［4］展转：亦作"辗转"，不定。这里是说在他乡作客的人行踪无定。"展转"又是形容不能安眠之词。如将这一句解释指思妇而言，也可以通，就是说她醒后翻来覆去不能再入梦。

［5］枯桑二句：枯桑虽然没有叶，仍然能感到风吹，海水虽然不结冰，仍然能感到天冷。比喻那远方的人纵然感情淡薄也应该知道我的孤凄、我的想念。枯桑，落了叶的桑树。

［6］入门：指各回自己家里。媚：爱。言：问讯。以上二句是把远人没有音信归咎于别人不肯代为传送。

［7］双鲤鱼：指藏书信的函，就是刻成鲤鱼形的两块木板，一底一盖，把书信夹在里面。一说将上面写着书信的绢结成鱼形。

［8］烹：煮。假鱼本不能煮，诗人为了造语生动故意将打开书函说成烹鱼。尺

素书：古人写文章或书信用长一尺左右的绢帛，称为"尺素"。素，生绢。书，信。

[9] 长跪：伸直了腰跪着，古人席地而坐，坐时两膝着地，臀部压在脚后跟上。跪时将腰伸直，上身就显得长些，所以称为"长跪"。

[10] 上、下：指书信的前部与后部。

【温故】

● 汉乐府

乐府是汉武帝时设立的一个音乐机构。乐府机关的职责是写词配曲，演习排练并采集民间歌谣来配乐，以备朝廷祭祀或宴会时演奏之用。乐府搜集整理的诗歌，后世就称"乐府诗"，或简称"乐府"。汉乐府是继《诗经》之后，古代民歌的又一次大汇集。汉代乐府民歌（不包括民谣、民谚）流传到今天的约有60篇，主要保存在南朝宋郭茂倩所编《乐府诗集》的《相和歌词》《鼓吹曲辞》和《杂歌谣辞》中。汉乐府的艺术成就很高，汉乐府诗"感于哀乐，缘事而发"，表现的是平民百姓的生活与情感，写了普通人的爱与恨、苦与乐、生与死。汉乐府诗语言质朴真淳，具有鲜明的故事性，人物形象生动细致，开创并完成了五言诗歌的形式。

●《饮马长城窟行》

《饮马长城窟行》是汉代乐府古题，在《乐府诗集》中属于《相和歌辞·瑟调曲》，又名《饮马行》。《文选》李善注说："言征戍之客，至于长城而饮其马，妇思之，故为《长城窟行》。"① 郭茂倩之说与此略同。

据郦道元《水经注》，长城之下，有泉窟，可以饮马，征人至此饮马而伤悲。这是这篇乐府古辞的由来。秦汉时期，穷兵黩武，远戍长城，从而产生大量征人思妇之诗。这首诗并不如古题本事那样写在长城边饮马，而是写一位妇人对征戍者的思念之情。

【知新】

爱情婚姻题材在乐府诗占有较大比重。这首诗歌非常细致曲折地描绘了一位女子思念远出不归的丈夫那种苦楚又期盼的心情。沈德潜在《古诗源》中评此诗时说："缠绵宛折，篇法极妙。"② 说的正是诗中所述的感情是几经周折，悲喜交

---

① 萧统编，李善注. 文选. 上海：上海古籍出版社，1986：1277.
① 沈德潜. 古诗源. 北京：中华书局，1963：57.

替，起伏变化的。诗以"青青河畔草"起兴，进而写思念远道之人，这是悲愁；而思念不成，则于梦中追寻，梦见在身旁，这是喜悦；然而梦醒后却发觉所思念之人仍在他乡，这又是悲愁；远归的邻人各自回家，没有人替我捎来一点音讯，这是失落；而接下来却又转入惊喜，客从远方来，捎来尺素书。

这首诗语言质朴淳真，具有民歌特色，但又不是直白无味，而是流畅旖旎。"客从远方来，遗我双鲤鱼……上言加餐食，下言长相忆"，这种鱼雁传书的诗歌模式，在汉乐府以及汉诗《古诗十九首》中是常见的表达方式。如《古诗十九首》之《孟冬寒气至》一诗中有："客从远方来，遗我一书札。上言长相思，下言久离别。"而《客从远方来》一诗中有"客从远方来，遗我一端绮"。这些表达方式几乎相同，只是个别韵脚字词有所变化。诗篇间的随意组合与套语的使用在汉魏乐府诗中比较常见。余冠英先生指出："古乐府歌辞，许多是经过割截拼凑的，方式并无一定，完全为合乐的方便。所谓乐府重声不重辞，可知并非妄说。"① 这种现象的出现，是因为汉乐府是合乐文学，乐调相对固定，因而歌辞中常见套语，正如赵敏俐先生所解释："第一是为了顺利流畅地表达而充分地使用套语，第二是歌诗的写作要符合汉乐府相和诸调的表演套路。总的来说，汉乐府歌诗应该属于表演的、大众的艺术，而不是文人的和表现的艺术。"②

【切问】

1. "枯桑知天风，海水知天寒"一句的描写在这首诗中能起到了什么作用？
2. 关于徭役之苦，历代文人都从不同角度来进行具体描述。请同学们再阅读陈琳所写《饮马长城窟行》，比较这两首诗歌的异同。
3. 汉代为什么会出现许多征人思妇之诗？请结合历史说说原因。

【近思】

1. 汉乐府中套语的使用与歌辞的拼凑组合，放在文人诗歌创作中是否合适？为什么？
2. 有人说："汉乐府是配乐演唱的，是以音乐为主的一种表演艺术，而歌词则是对于音乐和表演的一种解释，所以它必须通俗明白，让人一听即懂。其次，为了不影响观众对音乐和表演的欣赏，歌诗的语言一定要简洁明了。"（赵敏俐

---

② 余冠英. 汉魏六朝诗论丛. 北京：中华书局，1962：25.
③ 赵敏俐. 汉乐府歌诗演唱与语言形式之关系. 文学评论，2005（5）：154.

《汉乐府歌诗演唱与语言形式之关系》）你赞同这种观点吗？你觉得今天的流行歌曲的歌词是否也具有这种特点呢？请选择一两位你喜欢的流行歌曲词作者的作品，与同学们讨论分析其风格特点。

拟挽歌辞三首

陶渊明

其 一

有生必有死，早终非命促。昨暮同为人，今旦在鬼录[1]。魂气散何之，枯形寄空木[2]。娇儿索父啼，良友抚我哭。得失不复知，是非安能觉[3]？千秋万岁后，谁知荣与辱？但恨在世时，饮酒不得足。

其 二

在昔无酒饮，今但湛[4]空觞。春醪生浮蚁[5]，何时更能尝！肴案盈我前[6]，亲旧哭我傍。欲语口无音，欲视眼无光[7]。昔在高堂寝，今宿荒草乡；荒草无人眠，极视正茫茫。一朝出门去，归来良未央[8]。

其 三

荒草何茫茫，白杨亦萧萧。严霜九月中，送我出远郊。四面无人居，高坟正嶕峣[9]。马为仰天鸣，风为自萧条[10]。幽室一已闭，千年不复朝[11]。千年不复朝，贤达无奈何。向来相送人[12]，各自还其家。亲戚或余悲，他人亦已歌。死去何所道，托体同山阿[13]。

【注释】

[1] 录：簿籍。鬼录指阴间簿籍，古人迷信的看法，阴间有生死簿记载人之寿命。

[2] 魂气二句：魂魄已散，只留枯形存于棺木之中。空木，中空之木。《说苑·

反质》：“昔尧之葬者，空木为椟。”

[3] 觉：感知。

[4] 今但：《乐府诗集》作"但恨"。湛：盈满。

[5] 春醪生浮蚁：春酒上泛有浮沫，这是指酒为新酿的。

[6] 肴案：指陈列祭品的几案。

[7] 眼无光：看不见。

[8] 一朝二句：一旦出门而宿于荒草之乡，就永归于黑夜之中。良，诚然。未央，未旦。《诗经·小雅·庭燎》："夜如何其，夜未央。"《毛传》："央，旦也。"

[9] 嶕峣：突兀高起的样子。

[10] 马为二句：马仰天而鸣，好像在思念主人。马，送葬的马。萧条，风声。

[11] 幽室二句：墓穴一旦封闭，永不得再见天日。幽室，墓穴。朝，早晨。

[12] 向来：刚才。

[13] 托体句：死亡后身体复归于山川大地。阿，《尔雅·释地》："大陵曰阿。"

（原文及注释选自袁行霈. 陶渊明集笺注. 中华书局，2003）

【温故】

● 陶渊明

陶渊明（365—427年），字元亮，一说名潜，字渊明，号五柳先生，私谥"靖节"，世称靖节先生。东晋寻阳柴桑（今江西九江西南）人。曾任江州祭酒、建威参军、镇军参军等职，最后一次出仕为彭泽县令，八十多天便弃职而去，从此归隐田园。陶渊明将田园风光与日常生活带入诗歌中，开创了田园生活的诗歌题材。他的诗歌题材不单只有田园诗，还包括咏怀、咏史、赠别、家训等，以咏怀与田园诗成就最高。陶渊明的诗歌平淡自然，亲切淳真，浑融天成，意境高远，有《陶渊明集》。

从宋代开始，陶渊明作品的艺术价值和人格形象备受推崇。陶渊明的诗歌平淡自然，浑融玄远，苏轼称赞他的诗歌"质而实绮，癯而实腴"（《与苏辙书》），元好问誉为"一语天然万古新，豪华落尽见真淳"（《论诗绝句三十首》）。同时，陶渊明不为五斗米折腰、固守穷困而不事权贵的峻洁的人格，不与黑暗势力同流合污的高尚精神和顺随自然、乐知天命的思想也深刻地影响了历代知识分子。

● 挽歌与拟挽歌

挽歌是为死者送葬所唱的歌曲，表达的是生者对死者的怀念和哀悼之情。汉魏时期挽歌盛行，《薤露》《蒿里》就是古代著名的挽歌。汉代时，挽歌的音乐体制正式形成，为丧葬礼仪中的一个组成部分，成为官方的"送终之礼"。挽歌本来是生者为死者所唱，但在魏晋时期却出现了特殊的现象，就是文人自己为自己写挽歌，这就是"拟挽歌"，这种"拟挽歌"弱化了挽歌的实用功能，具有很浓的文学意味。陶渊明这三首诗就是为自己写的挽歌。

【知新】

陶渊明的三首挽歌为组诗，分别为诗人想象死后入殓、祭奠出殡、送葬三个过程的场景，描述了自己与亲人的表现与感受。诗中一边叙述丧礼进程，一边想象每个场面中的死者的状态和生者的反应，并抒发对人生与生死的感慨，观察人情世故透彻，笔墨冷峻。李泽厚评论说："在中国古代文学中，像这样动人地吟咏人生之死的诗，差不多可以说绝无仅有。这里有一种深刻的哀伤，但又是一种大彻大悟的哀伤。它以一种极为冷静清醒的眼光去看人生的死。"[①]

陶渊明的这首诗构思新颖，思考的主题深沉，其对死亡的思考有一种哲学的况味。诗中，陶渊明认为，人本来禀受自然"大块之气"而生，死后复归于自然，这是自然之理，应该顺应自然，无复忧虑。作者能坦然面对自己的死亡，并写挽歌自己祭奠哀悼自己，这是一种从容与宁静的面对死亡的态度，"陶渊明的自挽诗表达了一种对人生与生死透彻的理解，净化了对于死的恐惧，以通达和洒脱的态度，真实而从容地面对死亡。"[②]

死亡是人类普遍面对的、不可解脱的人生问题。汉魏时期的文学作品中这是一个普遍话题。李泽厚先生说，"在表面看来似乎是如此颓废、悲观、消极的感叹中，深藏着的恰恰是它的反面，是对人生、生命、命运、生活的强烈欲求和留恋。"[③] 正是因为人们对生命的珍惜与热爱，人们才会如此关注死亡这个话题。这组诗让我们看到了陶渊明对于生死的洒脱之情和平常心态，又看到了他热爱生命与生活的一面。热爱生活，直面死亡，随缘任化，通达洒脱，这是陶渊明的人生态度，也是他给予后人的深刻影响。

---

① 李泽厚，刘纲纪. 中国美学史. 合肥：安徽文艺出版社，1999：381.
① 吴承学. 汉魏六朝挽歌考论. 文学评论，2002（3）：66.
② 李泽厚. 美的历程. 天津：天津社会科学出版社，2001：151.

【切问】

1. 找出诗中描写墓地荒野苍凉的诗句，说说这给全诗带来了什么样的效果。
2. "死去何所道，托体同山阿"这句话表达了陶渊明对死亡的认识，你认为他对死亡的看法是怎样的？与庄子相比较有什么同与不同？

【近思】

1. 陶渊明受到的思想影响非常复杂，儒、释、道三家兼而有之，以儒、道为主。《拟挽歌辞三首》所表达的生死观体现了陶渊明哪种思想倾向？
2. 每个时代都有很多诗人在诗中表现自己对生与死的思考、对人生短促的感慨，请寻找并阅读三首当下作家、诗人同类题材的作品，对比一下它们和陶渊明诗歌的异同。

庐山谣寄卢侍御虚舟 [1]

李 白

我本楚狂人，凤歌笑孔丘[2]。手持绿玉杖[3]，朝别黄鹤楼。五岳寻仙不辞远[4]，一生好入名山游。庐山秀出南斗旁[5]，屏风九叠云锦张，影落明湖青黛光[6]。金阙前开二峰长，银河倒挂三石梁[7]，香炉瀑布遥相望，回崖沓嶂凌苍苍[8]。翠影红霞映朝日，鸟飞不到吴天长[9]。登高壮观天地间，大江茫茫去不还。黄云万里动风色，白波九道流雪山[10]。好为庐山谣，兴因庐山发[11]。闲窥石镜清我心，谢公行处苍苔没[12]。早服还丹无世情，琴心三叠道初成[13]。遥见仙人彩云里，手把芙蓉朝玉京[14]。先期汗漫九垓上，愿接卢敖游太清[15]。

（选自王琦注．李太白全集．北京：中华书局，1977）

【注释】

[1] 卢侍御虚舟：即卢虚舟，字幼真，唐代范阳人，在唐肃宗时期担任殿中侍御史，曾与李白同游庐山。

[2] 楚狂人：孔子去楚国，一位楚国狂人接舆唱着歌走过孔子身边，其歌唱道："凤兮凤兮，何德之衰？往者不可谏，来者犹可追。已而！已而！今之从政者殆而！"（见《论语·微子》）

[3] 绿玉杖：神仙用的手杖。

[4] 五岳：东岳泰山、西岳华山、南岳衡山、北岳恒山、中岳嵩山。

[5] 秀出：突出。南斗：星名，即二十八宿中的斗宿，古人认为庐山一带是斗宿的分野。

[6] 屏风九叠：即庐山九叠屏，峰峦起伏，状如屏风九叠。云锦张：形容山色美丽，若展开的锦绣云霞。明湖：指鄱阳湖。青黛：青黑色。

[7] 金阙：指庐山金阙岩，又名石门。银河：指瀑布，即九叠屏左边的三叠泉，其势三折而下，如银河之挂石梁。

[8] 香炉：庐山香炉峰。回崖：曲折的山崖。沓嶂：重叠的山峰。凌：超越。苍苍：青天。

[9] 翠影：指山色。吴天：庐山一带春秋时属吴国，三国时为吴地。

[10] 九道：相传长江流到浔阳分为九道。雪山：指长江之浪峰。

[11] 兴：诗兴。

[12] 谢公：指谢灵运。其《入彭蠡湖口》云："攀崖照石镜。"没：淹没。

[13] 还丹：道家炼丹，将九转丹再炼，化为还丹，谓服之可白日升天。无世情：摒弃人世之情。琴心三叠：道教修炼术语，指心神宁静的一种境界。

[14] 玉京：道教谓元始天尊所居的仙境。

[15] 期：约定。九垓：九重天，指天空极高远之处。卢敖：战国末期燕国人，秦始皇召为博士，被派遣外出求仙，一去不返，此处以卢敖借指卢侍御。太清：道教以玉清、上清、太清为三清，太清为上天的最高处，是神仙居住的仙境。

（注释参选王琦注．李太白全集．北京：中华书局，1977）

【温故】

● 李白

李白（701—762年），字太白，号青莲居士，祖籍陇西成纪（今甘肃秦安）。李白自青年起就云游四方，思想具有多元性和复杂性，融儒、道以及游侠精神为一体。性格豪放不羁，积极入世，向往建功立业，渴望功成身退。其诗围绕入世与出世这对矛盾，既表现了奋发向上的豪情壮志，表达了怀才不遇的苦闷，抒发了对理想生活的向往，又流露出及时行乐的情绪。李白继承了屈原的浪漫主义传统，其诗歌感情饱满，大气磅礴，想象奇特，语言清新，色调瑰玮绚丽，风格雄奇浪漫，豪放俊逸，带有强烈的主观色彩，被后人誉为"诗仙"，与杜甫并称为"李杜"。他的诗现存九百多首，有《李太白集》三十卷。

● 《庐山谣寄卢侍御虚舟》

　　李白有儒家积极入世的人生态度，渴望经世济时，建功立业。安史之乱中，他入永王李璘幕府，因此受牵连，因反叛罪蒙冤入狱，被流放夜郎。上元元年（760），李白流放夜郎途中遇赦之后游庐山，作了《庐山谣寄卢侍御虚舟》一诗。诗人在这首诗中，在写庐山的秀丽雄奇景色的同时，表达了内心复杂的思想感情。"我本楚狂人，凤歌笑孔丘"，借用楚狂接舆歌而过孔丘的典故，一方面表现出他对儒家思想的嘲弄；另一方面，也暗示着他对世道的失望和不满，宣泄着从政招祸的愤懑，希望像楚狂一样避世隐身。

【知新】

　　在这首诗中李白表现出明显的寻仙访道、摆脱世情羁绊、进入缥缈虚幻的仙境的愿望。李白思想中有很强的神仙道教信仰，他青少年时期曾先后在岷山、嵩山等地修过道，在天宝三载（744）正式受"道箓"，当他仕途失意的时候，便向道家思想和道教信仰寻求解脱。同时，李白一生热爱山水漫游，足迹遍及大半个中国，写下众多描写祖国壮丽河山的诗歌，如长江、黄河、天姥、峨眉、天门等。山水漫游与企慕神仙，其本质是李白对生命自由的热爱和对逍遥人生境界的追求。他的自信自负、狂放不羁的性格，飘逸洒脱、豪放浪漫的气质，都来源于这种自由与独立。

　　李白的一生差不多是和盛唐时代相始终的，李白是盛唐文化孕育的诗人，他的诗歌也是盛唐气象的体现。盛唐气象指的是诗歌中"蓬勃的气象"[1]，是盛唐诗歌给人的总体印象。正如袁行霈先生所总结，盛唐诗歌的时代风格、时代精神是"博大、雄浑、深远、超逸；充沛的活力、创造的愉悦、崭新的体验；以及通过意象的运用、意境的表现，性情、声色的结合而形成的新的美感"[2]。盛唐时代，经济繁荣，国力强盛，文化包容，在文学中即以开阔的眼界、自由活跃的思想、蓬勃向上的生命力、激奋昂扬的气概展现了强大民族鼎盛时代的

---

[1] 林庚. 唐诗综论. 北京：商务印书馆，2011：28.
[2] 袁行霈. 盛唐诗歌与盛唐气象. 高校理论战线，1998（12）：33.

整体精神风貌。李白在这首诗中也展示了这种蓬勃的力量,"庐山秀出南斗旁,屏风九叠云锦张……登高壮观天地间,大江茫茫去不还。黄云万里动风色,白波九道流雪山"这几句诗,诗人用亮丽的色彩,雄奇壮美的意象,大胆的想象,夸张的手法,摆脱了真实空间的束缚,突出了山川的瑰玮秀丽,展现出诗人壮阔的胸怀。

【切问】

1. 本诗首句"我本楚狂人,凤歌笑孔丘"借用了楚国狂人接舆驱车笑孔子这一典故,李白为何要嘲笑孔丘?请联系此诗的时代背景谈谈你的理解。
2. 袁行霈先生说"李白的魅力就是盛唐的魅力"[①],说说你对这一观点的理解。

【近思】

1. 后代诗人对李白充满欣赏与赞美,你能否找出后代诗人赞美李白的诗句,说说李白对后代诗人来说意味着什么?
2. 李白在这首诗中描写了庐山秀美的景象,同学们可否将这首诗改写成一篇优美的散文,要求能体现原诗磅礴的气势和情感的跌宕起伏。

秋兴八首·其三

杜 甫

千家山郭静朝晖,日日江楼坐翠微[1]。
信宿渔人还泛泛,清秋燕子故飞飞[2]。
匡衡抗疏功名薄[3],刘向传经心事违[4]。
同学少年多不贱,五陵衣马自轻肥[5]。

(选自仇兆鳌注. 杜诗详注[第四册]. 北京:中华书局,1979)

---

③ 袁行霈. 李白诗歌与盛唐文化. 文学遗产,1986(1):3.

【注释】

[1] 坐翠微：置身翠微之中。翠微，缥青的山色。

[2] 信宿二句：借渔人之泛泛，燕子之飞飞，寄托自己飘荡江湖，无所归宿的感慨。信宿，隔宿。意谓天天如此。

[3] 匡衡句：匡衡，汉元帝时，官博士给事中，曾上疏论政治得失，迁光禄大夫、太子少傅。事见《汉书·匡衡传》。杜甫任左拾遗时，上疏论救房琯，故以匡衡自比。功名薄，是说自己因上疏而触犯朝廷，遭受贬斥。

[4] 刘向句：刘向本名更生，历事汉宣帝、元帝、成帝三朝，曾上疏言事，未见重用。他于宣帝时，讲论五经于石渠阁。成帝即位，领校内府五经秘书。事见《汉书·刘向传》。这句是说，自己求如刘向之传经而不可得。

[5] 五陵：长安附近一带，汉朝五代帝王陵墓之所在。衣马轻肥：语本《论语·雍也》："乘肥马，衣轻裘。"这里讥讽同学少年生活奢侈，神意自得。

（注释参选朱东润. 中国历代文学作品选［中编第一册］. 上海：上海古籍出版社，1980）

【温故】

● 杜甫

杜甫（712—770年），字子美，生于河南巩县，祖父是著名诗人杜审言。天宝年间客居长安十年，因曾在长安城南少陵居住，故自称少陵野老，世称杜少陵。安史之乱起，曾在战争中颠沛流离。唐肃宗时，官任左拾遗，因上疏营救房琯被贬，任华州司功参军。不久后即弃官入蜀，定居成都，一度在剑南节度使严武幕中任检校工部员外郎，故又有杜工部之称。晚年举家东迁，后漂泊鄂、湘一带，贫病交加，逝于舟中。

杜甫出身于一个"奉儒守官"的士大夫家庭，并处在唐王朝由盛转衰的时代，心存爱国济世的信念，却不能一展志向，仕途失意，历经战乱，坎坷流离。因此，他能深刻地认识社会现实，理解民生疾苦。杜甫作品常常紧密结合时事，思想深厚，境界开阔，具有强烈的现实主义色彩，他的作品被后人称为"诗史"。杜甫作诗能够融各家之长、兼备众体，并形成了具有强烈个人特色的沉郁顿挫的风格，人称"诗圣"。有《杜工部集》传世。

● 《秋兴八首》

《秋兴八首》是大历元年（766）秋杜甫在夔州时所作一组七言律诗，因秋而感发诗兴，所以名为《秋兴》。这一组诗历来被公认为杜甫律诗中艺术性最高的诗。八首诗是一个完整的内容，脉络贯通，首尾呼应，使用了"秋天"和"大江"两组意象群，共同表现了作者的"身世之悲"与"故国之思"。本文所选的是其第三首。

【知新】

杜甫被后人称为"诗圣"，他的诗歌留下了"千家注杜"的壮观现象，中国文学史上，没有哪位文学家的作品像杜甫那样拥有那么多的注本。莫砺锋先生在《杜甫的文化意义》一文中写道："杜甫是集中体现中华民族的民族性格的典型人物，是中华传统文化精神在文学领域内的闪光点。后人向他献上'诗圣'的桂冠，其中固然有褒扬其诗歌造诣集前代之大成的意义，但是更重要的原因则是他的人格精神在古代诗歌史上发出无与伦比的光辉。'诗圣'的称号既有文学的含义，更有文化的性质，而且主要的意义在于后者。"[1]

《秋兴八首·其三》写了诗人清晨静坐江边的所见所感，凄清的秋景让诗人不由得想到自身的遭遇，曾像匡衡、刘向那样直言谏主，却没能得到应有的重用，从时光流逝叹抱负落空。《秋兴八首》作于杜甫去世前五年。此时杜甫身在夔州，他在诗中忆往昔，感盛衰，伤沦落，叹身世，悲时局，感情沉郁厚重。杜甫一生几经磨难，志在报效国家却始终无法实现自己的理想，又时时感受到朝廷的黑暗与黎民的疾苦，多种复杂深沉的情感在杜甫晚年时融合交汇成一股浩荡深厚的悲情，这种悲情此时不再是杜甫感伤一己之悲的悲情，也不是一时一地的偶然触发，而是一种经过时间涵容酝酿，负载诗人全部人生经历与体验的情感。叶嘉莹先生评杜诗时，将这种经过综合酝酿而形成的感情境界称之为"意象化之感情"，"杜甫在这些诗中所表现的，就已经不再是'现实的感情'，而是一种经过酝酿的'意象化的感情'了"[2]。杜诗中这种博大与深厚的情感，每欲喷薄而出时，他的儒家涵养带给他的中和处世的心态，使得他不忍明言，也不能尽言，于是感情的抒发变得缓慢深沉，低回顿挫，形成了杜诗最主要的风格——沉郁顿挫。

【切问】

1. 自宋玉"悲哉，秋之为气也"一句始，"悲秋"便逐渐成为了中国文学的一个重要主题，"秋"往往与寂寥凄清的环境结合，也往往能传递出作者萧索抑郁的

---

[1] 莫砺锋. 古典诗学的文化观照. 北京：中华书局，2005：124.
[2] 叶嘉莹. 秋兴八首集说. 北京：北京大学出版社，2008：42.

创作心理。请结合这一文学传统，分析这首诗中秋景与作者情感的关系。
2. "用典"是中国古代诗歌的一种常用的写作手法，使用典故可以更含蓄、更深刻地表达自己蕴于诗中的感情。这首诗中也用了很多典故，请找出这些典故，并分析这些典故的作用。

【近思】

杜甫在其《江汉》一诗中说自己是"乾坤一腐儒"。联系诗人的生平，你认为杜甫是"一腐儒"吗？你觉得中国当下是否还有儒者？

西塞山怀古

刘禹锡

西晋楼船下益州[1]，金陵王气漠然收[2]。
千寻铁锁沉江底，一片降幡出石头[3]。
人世几回伤往事[4]，山形依旧枕寒流。
今逢四海为家日[5]，故垒萧萧芦荻秋。

（选自卞孝萱校订. 刘禹锡集［上］. 北京：中华书局，1990）

【注释】

[1] 西晋句："西晋"一作"王濬"，这句写晋伐吴事，晋益州州治在四川省成都市，晋武帝谋伐吴，派益州刺史王濬造大船，方一百二十余步，船上以木为城，起楼，可容纳二千余人。

[2] 金陵句：写吴国国运告终，呈现亡国之象。金陵王气，古人认为帝王所在之地有王气。漠，一作"黯"。

[3] 千寻铁锁二句：写王濬水军突破吴国江防，直抵金陵，孙皓投降。吴国人用铁索横绝江面，阻拦晋船，晋人用火烧熔它。降幡（fān），表示投降的旗帜。石头，城名，即金陵，故址在今江苏省南京市清凉山。《三国志·吴

志·孙权传》:"建安十六年（211），（孙）权治秣陵。明年，城石头，改秣陵为建业。"

[4] 人世句：人世屡经兴亡盛衰，但此山依然如旧。

[5] 今逢：一作"而今"。四海为家：意谓全国统一，归一个朝廷统治。

（注释参选卞孝萱校订. 刘禹锡集 [上]. 北京：中华书局，1990）

【温故】

● 刘禹锡

　　刘禹锡（772—842年），字梦得，洛阳人。刘禹锡21岁中进士，后又中博学宏词科；曾加入以王叔文为首的政治革新集团、任屯田员外郎，并推行了一系列改革措施。但此次政治革新运动很快因保守势力的联合反击而失败，刘禹锡也先后被贬至朗州、永州、柳州二十余年。因此刘禹锡的文学作品多是抒发内心不得志的苦闷情怀，或表达自己身处逆境却坚毅不屈的执着精神。其咏史怀古诗以及谪居生涯中受俚歌俗调影响创作的民歌历来为人称道。刘禹锡的诗作有简捷明快、风情俊爽的特点，并透露出哲人的睿智和诗人的真情，蕴含着一种历史兴衰以及人生无常的变幻沧桑之感，这一特点使刘禹锡的诗作在中唐的诗坛中独树一帜。刘禹锡与柳宗元并称"刘柳"，与白居易并称为"刘白"，有《刘梦得文集》传世。

●《西塞山怀古》

　　《西塞山怀古》是刘禹锡咏史怀古诗的代表作，他的《金陵五题》《金陵怀古》《荆州道怀古》等咏史怀古作品也为人称道。他在这一类诗歌中反思历史，总结王朝盛衰的原因，同时表达出一种对时间、空间转移变换的思考与追问。西塞山在今湖北省大冶东面的长江边，曾是六朝有名的军事要塞。公元280年（西晋太康元年），晋武帝司马炎命王濬率领以高大的战船"楼船"组成的西晋水军，顺江而下，讨伐东吴。东晋水军在西塞山一役的成功，导致东吴覆灭，东吴都城金陵的"王气"也黯然失色，刘禹锡在路经西塞山时想起这一段历史，心有所感，提笔写下这一不朽诗篇。在诗中，作者表明所谓王气、天然的地形、千寻的铁锁皆不足恃，表达了作者"兴废由人事，山川空地形"（《金陵怀古》）的慨叹。

【知新】

　　刘禹锡在本诗中首先回顾了当年王濬率军攻打东吴时的战争场面，以及东晋灭吴的历史事件，环顾西塞山的风景，举目所见是秋日里凄清的自然景色，寒流绕山、芦荻萧萧，想起历史上此地的繁荣景象到如今只剩"山形依旧"，在今日得以"四海为家"的时代，山下江边留下的只有秋日里的故垒与芦荻。由此他看到的是两重风景：一重是眼前的西塞山，另一重是因眼前风景联想到的想象中的东吴时期的金陵。但这一重想象中的风景在诗中并未具体写出来，只是蕴含在诗意之中供读者自行想象。诗中的"山形""寒流""故垒"见证了古往今来发生于此地的历史事件。如宇文所安所论，这首诗里描写了一种"缺失的景象"，这种景象在诗词中往往表现为废墟、瓦砾、陵墓等过去辉煌残留的标志。自然景观仍然存在，并未改变，在自然风景之上的城市以及城市代表的历史与文明已经烟消云散，废墟上往往长满荒草，如诗中所言"故垒萧萧芦荻秋"，"在这一景象中，自然世界唤起在当地曾经发生过的重大事件的缺失感……自然景色确实继续存在，但已不再仅仅是自然景色了：它成为大自然，以自己的永恒存在而取代了过去。"[1] 因此，这首诗不单是作者对六朝覆灭教训的思考，同时，也传达了一种深深的哲理意蕴，那就是"自然和风景之永恒延续与人类及其成就之短暂无常相对立"。[2]

【切问】

1. 刘禹锡在诗中描绘了西塞山的风景，借风景来表现他对历史往事的思考，请结合其他咏史怀古诗（例如崔颢《黄鹤楼》、李白《登金陵凤凰台》），说说景物描写在咏史怀古诗中的作用。

2. "人世几回伤往事，山形依旧枕寒流"体现了一种哲学思考，即永恒与瞬间的相对关系，你认同刘禹锡的思考吗？如果是你站在西塞山上，你会想到什么？

【近思】

1. 刘禹锡在另一首怀古诗《金陵怀古》中说"兴废由人事，山川空地形"，你认为一个国家的强盛与衰败关键在于什么？结合历史与现实说说你的理解。

2. 唐代诗人孟浩然曾有诗云："人事有代谢，往来成古今。江山留胜迹，我辈复登临。水落鱼梁浅，天寒梦泽深。羊公碑尚在，读罢泪沾襟。"（《与诸子登岘山》）登临怀古历来是我国文人的传统，请你回忆曾经游览过的历史遗迹，以咏史怀古为主题，写一首诗歌或一篇散文。

---

[1] 宇文所安. 晚唐：九世纪中叶的中国诗歌. 北京：生活·读书·新知三联书店，2014：208.
[2] 宇文所安. 晚唐：九世纪中叶的中国诗歌. 北京：生活·读书·新知三联书店，2014：191.

八声甘州（对潇潇暮雨洒江天）

柳 永

对潇潇[1]、暮雨洒江天，一番洗清秋。渐风霜凄惨[2]，关河冷落[3]，残照当楼。是处红衰翠减[4]，苒苒物华休[5]。惟有长江水，无语东流。　不忍登高临远，望故乡渺邈[6]，归思[7]难收。叹年来踪迹，何事苦淹留[8]。想佳人妆楼颙望[9]，误几回、天际识归舟[10]。争知我，倚阑干处，正恁凝愁[11]。

（选自柳永著，薛瑞生校注．乐章集校注［卷下］．北京：中华书局，1994）

【注释】

［1］潇潇：急骤的雨声。

［2］风霜凄惨：形容秋风寒冷萧瑟。风霜凄惨，有的版本作"霜风凄紧"。霜风，寒风。凄，冷。惨，指风急。

［3］关河：泛指关塞河川。

［4］是处红衰翠减：到处花朵凋零，绿叶枯萎。是处，到处。红、翠，指代花草树木。

［5］苒（rǎn）苒：渐渐。物华休：景物凋残。

［6］渺邈：遥远。

［7］归思：归家的心情。

［8］淹留：久留。

［9］颙（yóng）望：举头凝望。

［10］误几回、天际识归舟：多少次错把远处驶来的船误认作心上人的归舟。语出谢朓《之宣城郡出新林浦向板桥》诗："天际识归舟，云中辨江树。"

［11］争知：怎知。恁（nèn）：如此。凝愁：忧愁凝结不解。

（注释参选柳永著，薛瑞生校注．乐章集校注．北京：中华书局，1994）

【温故】

● 柳永

柳永（987—1053年），北宋词人。原名三变，字景庄，后改名柳永，字耆卿，因排行第七，又称柳七，福建崇安人，宋仁宗朝进士，官至屯田员外郎，世称柳屯田。柳永出身于世代官宦之家，年青时游迹于青楼乐馆，善为歌辞，相传教坊乐工每得新腔，必求柳永写词，其词流传甚广，宋人笔记称"凡有井水处，即能歌柳词"。其作品仅《乐章集》一卷流传至今。柳永对宋词的发展贡献很大：柳永大力创作慢词，发展了词的体制，小令是唐五代以来词的基本体制，柳永将敷陈其事的铺叙手法移植于词，使词的表现力增强；柳永同时是两宋词坛上创用词调最多的词人，存词213首，用词调133种，宋词中有100多个词调是柳永首创或首次使用；风格上，柳永词有追求通俗化的一面，运用俚词俗语表现世俗化的市民生活情调和丰富多彩的市井风情。

●《八声甘州》

《八声甘州》又名《甘州》，《甘州》为唐玄宗时教坊大曲，来自西域，后为词调。词调前后片共用八韵，故名《八声甘州》，属慢词。这首词上阕描写登高所见，用层层铺叙的手法描写了凄清冷落的秋景；下阕由景入情，以"不忍登高临远"转入，抒发思乡之情，在写思乡之情的同时，拟想佳人在妆楼颙望，历数归舟，痴情地等待远行人归来的情态，从对方的角度想象，化实为虚，缠绵动人。

【知新】

柳永对词的创新，除了大力创作慢词、开创词调外，还将词人自我形象引入词中。柳永在词中塑造了一个失意文人的形象。中国古典诗歌写的感情一般有两种，一是春女善怀，一是秋士易感。唐五代花间词人往往写"春女善怀"，写她们的思念与寂寞，其词中的抒情主人公为红粉佳人。而柳永这首词中的抒情主人公则为一个因仕宦而处在羁旅行役中的文人。"叹年来踪迹，何事苦淹留"写他一年到头在外漂泊，"望故乡渺邈，归思难收"写回乡不得，因而闲倚阑干，满怀愁闷。叶嘉莹先生说："柳永直接写出了士人的悲慨，这也是词在内容上的一种开拓。这种秋士易感的生命无常，意志落空的悲慨，因为黄昏下雨这种大自然的变化而更加强了。"[①] 在词的上阕，他铺叙了一个清冷凋零的秋景："风霜凄惨，

---

① 叶嘉莹. 古典诗词讲演集. 石家庄：河北教育出版社，1997：232.

关河冷落，残照当楼。是处红衰翠减，苒苒物华休。"这种凋零的自然秋景引发了他对生命的共感。

宋词中的抒情主人公由红粉佳人变为志士文人，经历了一个发展过程，韦庄、李煜、范仲淹是在柳永之前推动了这种变化的人，但柳永的贡献更为明显。王兆鹏先生说："真正动摇了词世界由红粉佳人一统天下的格局的是'才子词人，自是白衣卿相'的柳永，约占其词作总数30%的60余首羁旅行役词，展示出了'升平'时代一位为追求功名利禄而'携书剑'浪迹天涯、四处干谒却屡屡失望、苦闷的下层士大夫的形象。"[①]柳永词中塑造的抒情主人公形象，由红粉佳人变为才子文人，影响了后来进一步开拓词境的苏轼、辛弃疾等人对词中抒情主人公形象的塑造。

【切问】

1. 苏轼曾说："《八声甘州》'渐霜风凄紧，关河冷落，残照当楼'，此语于诗句不减唐人。"为什么说不减唐人？试分析苏轼的这一观点，说说你的理解。
2. 王国维读柳永词《蝶恋花》（伫倚危楼风细细）中"衣带渐宽终不悔，为伊消得人憔悴"一句，读出了一种"古今成大事业大学问者"的人生境界。在这首词中，你最喜欢哪一句？你从中读到了什么？

【近思】

很多人从"文以载道"的角度看柳永的词，认为他总写市井男女情爱，是鄙俗的，品格不高，你是否赞同这种观点？说说你的看法。

临江仙（梦后楼台高锁）

晏几道

梦后楼台高锁，酒醒帘幕低垂[1]。去年春恨却来时[2]。落花人独立，微雨燕双

---

① 王兆鹏. 唐宋词的审美层次及其嬗变. 文学遗产, 1994（1）：51.

飞[3]。　记得小蘋初见，两重心字罗衣[4]。琵琶弦上说相思。当时明月在，曾照彩云归[5]。

（晏殊、晏几道著，张草纫笺注．二晏词笺注．上海：上海古籍出版社，2008）

【注释】

［1］梦后二句：写梦后酒醒时孤独愁闷的心情。楼台高锁、帘幕低垂，都用以表示所想念的人已经远去。低垂，意即虚掩。

［2］去年句：去年春天的离恨恰巧这时候又涌上心头。

［3］落花二句：唐翁宏《春残》诗："又是春残也，如何出翠帏？落花人独立，微雨燕双飞。"（见《全唐诗》卷七六二）燕双飞，用以反衬人的孤独。

［4］心字罗衣：杨慎《词品》卷二"心字香"条，"所谓心字香者，以香末萦篆成心字也。'心字罗衣'则谓心字香薰之尔。或谓女人衣曲领如心字，又与此别。"这里"心字"似还含有深情蜜意的双关之意。

［5］当时二句：谓当时映照小蘋归去的明月如今还在。彩云，比喻小蘋。李白《宫中行乐词》："只愁歌舞散，化作彩云飞。"

（注释参选朱东润．中国历代文学作品选［中编第二册］．上海：上海古籍出版社，1980）

【温故】

● 晏几道

晏几道（约1030—约1106年），北宋著名词人。字叔原，号小山，汉族，临川（今江西南昌）人，是晏殊的幼子。晏几道虽出身贵胄，但并不凭借父亲的权势加官进爵，而是依靠自己的努力谋求官职，历任颍昌府许田镇监官、开封府推官等，职位低微。中年时期家境中落，但生性孤傲，不肯依附权贵。晏几道与父亲晏殊并称为"二晏"。其词作多是小令，语言清丽，感情深挚，有《小山词》传世。晏几道是生活在北宋中后期的词人，他沿袭花间词传统，从语言的精美度与情感的深度两方面把《花间集》以来的小令词发展到极致，深得词之韵味。

●《临江仙》

《临江仙》是唐玄宗时教坊曲名，后用作词调名。《临江仙》本为写仙事，五代词人多用此调，内容由写仙事转为写艳情。本篇为晏几道追忆心中所爱女子而写。晏几道在《小山词跋》中回忆，友人沈廉书、陈君龙家里有莲、鸿、蘋、云几位歌女，他曾于友人家与她们一起填词唱曲，饮酒娱欢，后来他的朋友与这几位歌女或去世，或生病，或飘零失散，他回想起悲欢离合之事，觉人生如幻如电，光阴易逝，在词中不断追忆她们。词中写词人在酒醒后发现梦里所见皆是虚幻，小蘋以及当年的欢歌乐舞早已不复，追忆往昔，表达对小蘋深切的思念以及过往美好时光不复存在的无限怅惘。

【知新】

王国维于《人间词话》中说："境非独谓景物也。喜怒哀乐，亦人心中之一境界。故能写真景物、真感情者，谓之有境界。"晏几道可谓能写真感情者。晏几道为人执着痴情，黄庭坚曾在《小山词序》中评价晏几道有四痴，其中于感情之痴为："人百负之而不恨，已信人终不疑其欺已，此又一痴也。"[①]他深于情，也导致他往往在词中大量注入自己的情感，这种情感不是一般词作中思恋对象泛化的情感，而是一种有具体思念对象的情感。这首词中我们也可以看到作者的深情，词中所写的歌女小蘋已离他而去，他却清晰地记得当时初见她时的细节"记得小蘋初见，两重心字罗衣"。

小晏词对情感的表现往往采取"追忆"和"梦境"的叙事。这首词中晏几道以小蘋入梦，以梦入词，却无奈有酒醒梦碎之时，一梦一醒之间，相隔的是无数的光阴。词人以追忆开篇，篇中追忆往昔与感受现实这两种情感交替出现，展现了旧日的美好与今朝的清冷。"全词从追忆起，又以追忆结，从'追忆'的窗口里展开那一段不能忘怀的旧事，展现那起伏反侧的心态。"[②]"追忆"与"梦境"的使用给词涂上一层迷离梦幻的色彩，拉开了与审美对象的距离，增加了词境的悲感和美感。在词中通过"追忆"与"梦境"表现人的内心世界与无意识世界，这正是晏几道词的特色。据统计，他的词作260首，有52首写到"梦"。"晏几道不顾别人怎样生活，怎样写作，而只沿着他情感的垂直线向狭深的内心世界开掘，开掘，终于掘别的词人不曾特别珍视的东西：无理性却又孕含着人生哲理的'梦'。"[③]

【切问】

1. 有人说："晏几道是一个沉溺在睡梦中的词人。"[④]你怎样理解这句话？

[①] 晏殊、晏几道著．张草纫笺注．二晏词笺注．上海：上海古籍出版社，2008：603．
[②] 杨海明．唐宋词史．天津：天津古籍出版社，1998：245．
[③] 陶尔夫，刘敬沂．晏几道梦词的理性思考．文学评论，1990（2）：84．
[④] 陶尔夫，刘敬沂．晏几道梦词的理性思考．文学评论，1990（2）：75．

2. 词中写男女爱情时往往虚化人物，将情感落在一个虚幻的身影上，鲜少指出具体的人是谁，例如柳永《雨霖铃·寒蝉凄切》通篇写深情送别，却未提出主人公是谁。晏几道的词作却反其道而行之，经常指出具体思念的人物，如"小莲风韵出瑶池"（《鹧鸪天》）、"赚得小鸿眉黛也低颦"（《虞美人》）。请你结合以前学过的词作，比较虚化与实化主人公的差异，并说出你的看法。

【近思】

1. "落花人独立，微雨燕双飞"是唐人翁宏《春残》诗中的句子，晏几道在自己的词中巧妙借用这一联；同时"当时明月在，曾照彩云归"也化用李白"只愁歌舞在，化作彩云飞"（《宫中行乐词》）的诗句。比较一下原诗和晏几道的这首词，你觉得晏几道的化用有没有超越原诗之处？
2. 晏殊和晏几道是中国古代有名的词人父子，请读读他们两人的作品，比较一下父子二人词风的差异，谈谈这种差异的原因。

水龙吟·登建康赏心亭[1]

辛弃疾

楚天千里清秋，水随天去秋无际。遥岑远目，献愁供恨，玉簪螺髻[2]。落日楼头，断鸿声里[3]，江南游子[4]。把吴钩看了[5]，栏杆拍遍，无人会，登临意。　　休说鲈鱼堪鲙，尽西风，季鹰归未[6]？求田问舍，怕应羞见，刘郎才气[7]。可惜流年，忧愁风雨，树犹如此[8]！倩何人唤取，红巾翠袖，揾英雄泪[9]？

（选自辛弃疾撰，邓广铭笺注. 稼轩词编年笺注. 上海：上海古籍出版社，1993）

【注释】

［1］建康赏心亭：《景定建康志》卷二十二："赏心亭在下水门之城上，下临秦淮，尽观览之胜。丁晋公谓建。"

［2］遥岑三句：谓远处的山峰看起来很像美人头上的碧玉簪、青螺髻（螺形的

发髻），却惹人愁恨。

[3] 断鸿：失群孤雁。

[4] 江南游子：作者自称。宋时建康属江南东路，故云。

[5] 把吴钩句：看刀抚剑，是希望使用它以立功的意思。吴钩，一种弯形的刀。李贺《南国》诗："男儿何不带吴钩，收取关山五十州。"

[6] 休说三句：表示自己不愿意学张翰忘怀时事，弃官归乡。季鹰，张翰字。《晋书·张翰传》："翰因见秋风起，乃思吴中菰菜、莼羹、鲈鱼脍，曰'人生贵得适志，何能羁官数千里以要名爵乎！'遂命驾而归。"鲙，通"脍"，把鱼肉切细。

[7] 求田三句：表示自己不愿意求田问舍，作富家翁。刘郎，指刘备。据《三国志·魏志·陈登传》记载，刘备曾与许汜共论天下人，许汜谈到陈元龙是草莽之人，豪气不除，自己去拜访陈元龙时，陈元龙让客人卧下床，自己卧上床，刘备认为陈元龙忧心国家，心存救世之志，让客人卧下床是因为客人言谈之间皆是求田问舍的小事，如果是自己遇到这种情况，会让客人卧地上，自己身处百尺楼头，差距岂止上下床之间。

[8] 可惜流年三句：自惜年华在国势飘摇中逝去，正无异于树木的愁风愁雨，终于衰老。树犹如此，出刘义庆《世说新语·言语》："桓公（桓温）北伐，经金城，见前为琅琊时种柳皆已十围，慨然曰：'木犹如此，人何以堪！'攀枝折条，泫然流泪。"庾信《枯树赋》引桓温语作"树犹如此，人何以堪！"

[9] 倩何人二句：自伤英雄抱负不能实现，心头郁结，得不到慰藉。红巾翠袖，指歌女，宋时宴会席上多用歌伎劝酒，故云。红巾，一作"盈盈"。揾（wèn），擦拭。

（注释参选朱东润. 中国历代文学作品选［中编第二册］.
上海：上海古籍出版社，1980）

【温故】

● 辛弃疾

辛弃疾（1140—1270年），字幼安，号稼轩，历城（今山东济南）人。22岁时，参加耿京的抗金起义军，为掌书记，失败后南归。辛弃疾具有论政、治国、统兵的才能，曾向宋孝宗进献《美芹十论》《九议》等，讨论当时政治、军事、经济、财政等问题。辛弃疾历任江苏、湖北、湖南等地官职，在任期间在政治和军事方面都采取利国便民的措施，但13年间调换14任官职，无法有大的建树和作为。42岁时被当权者所忌赋闲上饶十年之久，52岁起复，三年后又被人诬陷再度赋闲八年。辛弃疾一生历经坎坷，多次遭贬谪甚至被撤职，但辛弃疾始终坚持抗击外敌，不肯苟且偷安。

辛弃疾的人生理想与当时的政治环境相冲突，平生以气节自负的辛弃疾希望横戈杀敌，收复失地，南归后却无法大展其雄才将略，因而将一生的经历、生命体验和精神个性写入词中。辛弃疾写词崇尚雄豪壮大之美，情怀激烈，意象雄奇，语言刚健又不失沉郁妩媚，是豪放派词人的代表，与苏轼并称"苏辛"，著有《稼轩长短句》与《稼轩词》。

● 《水龙吟·登建康赏心亭》

词调《水龙吟》又名《龙吟曲》《鼓笛慢》《海天阔处》，清代毛先舒《填词名解》说此调采自唐李白"笛奏龙吟水"诗句，陈元龙在《片玉集注》说本于李贺诗"雌龙怨吟寒水光"诗句，作为词调首先见于柳永。

辛弃疾此词写于任建康府通判时，赏心亭为建康（南京）城秦淮河边名胜。其时，辛弃疾心中充满着报国无路、英雄失意的悲情。作者没有直接地抒发他的失意悲愤，而是以赏心亭上所见的自然风光起兴，写楚天、大江、落日、山色、断鸿等秋景，在阔大苍凉的背景上突出一位登临感慨、栏杆拍遍的江南游子失意落寞的形象。下阕连用三个典故，借历史人物曲笔写出了对上阵抗敌、报效国家的渴望，对朝廷昏聩无能的激愤，对自身功业未就的抑郁哀叹。上阕与下阕一直一曲、一显一隐，表现了词人英雄无用武之地的压抑感与孤独感。

【知新】

辛弃疾始终用词来展现自我形象，辛词里总有一个清晰完整的士大夫形象，辛弃疾的英雄情怀与个人生命之悲也蕴于其中。词中的抒情主人公唐五代时为红粉佳人，北宋时为失意文人，到辛弃疾时已扩展为虎啸风生、横刀跃马的英雄形象。辛弃疾词中常常表现豪迈壮烈之情，而其词却并不显得浅薄或张狂。这是因为他的词中不仅有表面所抒发的情思，更蕴含着一种内在的精神境界。叶嘉莹先生解释说，"由于作者本身之修养、性格、志意和遭遇的种种因素，因而遂形成了一种曲折深蕴的品质，而且在抒写和表达时，其艺术形式也足以与其内容之曲折含蕴之品质相配合。所以虽在超旷和豪迈中，便也仍能具有一种深隐幽微之意致。这可以说是属于词之第二类的'要眇'之美。"[①]

---

① 叶嘉莹. 词学新诠. 北京：北京大学出版社，2008：166.

缪钺先生也评论说："惟具凄美之情者，往往不能壮阔，而有雄豪之情者，又多失于粗疏。稼轩虽雄姿英发，虎视龙骧，而其内心则蕴含一种细美之情感，此其天禀特异之处。盖无细美之情感，则不能深得词体之妙，而无英发之雄姿，则又不能具碧海掣鲸之力量以开拓词之境域。二者相合，遂成奇迹。"[①] 可以这样说，辛弃疾能用深婉之笔写豪放之情，而豪放之情中又内蕴着忠厚缠绵之词心。这是辛弃疾词的成功之处。

【切问】

1. 辛弃疾善于"以文为词"，在词中多用经史典故。作者在这首词中也运用了大量典故，请找出这些典故，跟大家说说这些故事。这种手法对词作本身产生了怎样的影响？
2. 词人辛弃疾一向被看作是豪放派的代表人物，但宋词本身就有"委婉曲折、含蓄蕴藉"的特点，你觉得他的作品符合宋词这一审美特征吗？

【近思】

1. 现代学者缪钺先生曾说："宋词之有辛稼轩，几如唐诗之有杜甫。"你认同这种观点吗？你觉得他提出这种观点的依据是什么？辛弃疾与杜甫有何相似之处？
2. 辛弃疾词中常常出现历史中的英雄人物，请同学们课后读读辛弃疾的其他作品，找出其中出现的英雄人物，说一说这些人物有哪些共同点，今天世人对这些人物的评价和辛弃疾的评价是否相同。

关山月

陆 游

和戎诏下十五年[1]，将军不战空临边。朱门沉沉按歌舞[2]，厩马肥死弓断弦[3]。

---

① 缪钺. 缪钺说词. 上海：上海古籍出版社，1999：143.

戍楼刁斗催落月[4]，三十从军今白发。笛里谁知壮士心[5]，沙头空照征人骨。中原干戈古亦闻，岂有逆胡传子孙[6]。遗民忍死望恢复[7]，几处今宵垂泪痕！

（选自陆游著，钱仲联校注．剑南诗稿校注．杭州：浙江教育出版社，2011）

【注释】

[1] 和戎句：隆兴元年（1163），宋孝宗以王之望为金国通问使，进行议和。次年，订立和约。自隆兴元年至作此诗时为十五年。

[2] 朱门：指豪门贵族。沉沉：形容屋宇重深。

[3] 厩（jiù）马：这里指官马。厩，马房。

[4] 戍楼句：在刁斗声中，一夜复一夜，十五年的边地生活很快就过去了。戍楼，守望边境的楼，相当于后来的碉堡。刁斗：古代行军用具，斗行有柄，铜制，白天用来烧饭，晚上敲击巡更。

[5] 笛里句：意谓在《关山月》曲调中，寓有壮士报国无路的悲哀，这心情谁能理解？《关山月》乐器用笛。王昌龄《从军行》："更吹羌笛《关山月》。"

[6] 逆胡传子孙：金自太祖阿骨打建国，其后进犯中原，灭北宋，至此已传国五世，故云。

[7] 遗民：指金人统治下的汉族人民。

（注释参选朱东润．中国历代文学作品选［中编第二册］．上海：上海古籍出版社，1980）

【温故】

● 陆游

陆游（1125—1210年），字务观，号放翁，越州山阴（今浙江绍兴）人。他出生第二年即逢靖康之乱，幼时见到父辈的悲惨经历，很早便立下"上马击狂胡，下马草军书"的壮志。陆游参加进士考试，因触怒秦桧而被黜落，46岁入蜀从军，在以后的仕途中又因为力主抗金两次被免，66岁后在浙江山阴赋闲20年，85岁辞世。在民族矛盾尖锐、国家形势危急的南宋，陆游坚持理想，以"扫胡尘""靖国难"为己任，将爱国主义高扬到前所未有的高度。陆游是南宋爱国诗人，流传至今的诗歌就有9400多首。他的诗歌题材极为广泛，凡日常生活中一草一木，一鱼一鸟，无不裁剪入诗，其中最主要的是爱国主题和日常生活情景的诗歌。他的诗歌情感炽热，雄浑豪健，想象丰富，观察入微，精练细致，表达了广大人民恢复中原的强烈渴望。其诗歌在后代有深远影响,每当国势倾危,陆游诗往往成为鼓舞人民反抗外来侵略的精神力量。著有《渭南文集》《剑南诗稿》。

● 《关山月》

《关山月》本是乐府诗古题,常被用来表达征人思妇的凄楚感情或戍边将士的思国之情。但是陆游另辟蹊径,开拓视野,对传统主题进行了更深的挖掘,将戍边将士的思乡之情融入到爱国之中来,汇入了更加深刻的感情。陆游借用汉乐府旧题,假托一位戍守边疆的老兵之口,抒发自己对统治者以议和方式来换得醉生梦死的生活的愤慨,表达了爱国将士报国无门的愤恨和沦陷区百姓对中原统一的渴望。

【知新】

《关山月》一诗立意、结构和设想别具一格,以"和戎诏"和冷月清光为线索,将朱门权贵、吹笛壮士和垂泪遗民三种场景的所见、所闻、所感交织在一起,如同三个分镜头般描绘出相对独立又紧密关联的画面,共同突出对现实的怨愤之情。作品情景交融。

陆游是古代诗人中存诗最多的一位,他一生创作了近万首诗歌。他的诗歌内容主要有两方面,钱锺书先生在《宋诗选注》中说道:"一方面是悲愤激昂,要为国家报仇雪耻,收复丧失的疆土,解放沦陷的人民;一方面是闲适细腻,咀嚼出日常生活的深永的滋味,熨贴出当前景物的曲折的情状。"[1]陆游诗歌中的爱国主题贯穿了他一生长达60年的诗歌创作历程,已经融入他的整个生命,成为陆游诗的精华和灵魂。正如梁启超在《读陆放翁集》一诗中所写:"诗界千年靡靡风,兵魂销尽国魂空。集中十九从军乐,亘古男儿一放翁!"[2]钱锺书不无诗意地评价道:"爱国情绪饱和在陆游的整个生命里,洋溢在他的全部作品里;他看到一幅画马,碰见几朵鲜花,听了一声雁唳,喝几杯酒,写几行草书,都会惹起报国仇、雪国耻的心事,血液沸腾起来,而且这股热潮冲出了他的白天清醒生活的边界,还泛滥到他的梦境里去。这也是在旁人的诗集里找不到的。"[3]

【切问】

1. 作者所写的"和戎诏下十五年"是哪一年?请同学们查查资料,介绍当时的时代背景。

---

[1] 钱锺书. 宋诗选注. 北京:生活·读书·新知三联书店,2002:270.
[2] 梁启超. 饮冰室文集. //饮冰室合集(第5册). 北京:中华书局,1989:4.
[3] 钱锺书. 宋诗选注. 北京:生活·读书·新知三联书店,2002:272.

2. 诗歌忌重字,"沙头空照征人骨"这句却与前面的"将军不战空临边"重复使用了"空"字,对此,你怎么看?
3. 有人说陆游的《关山月》比李白的《关山月》更胜一筹,你是如何看待的?请找出李白的《关山月》比较阅读,并说明理由。

【近思】

1. 从屈原到杜甫,再到陆游,爱国情怀在士大夫的身上不断地体现出来。除了这三位诗人,还有哪些爱国诗人及作品?对比近代爱国诗人作品与陆游作品的异同,并试着分析背后的原因。
2. 钱锺书说陆游诗的另一方面是"闲适细腻,咀嚼出日常生活的深永的滋味,熨贴出当前景物的曲折情状",请读读下面这首诗,说说这里面日常生活的深永滋味是怎样表现的,并比较陆游诗歌两种不同风格。

临安春雨初霁(陆游)

世味年来薄似纱,谁令骑马客京华。小楼一夜听春雨,深巷明朝卖杏花。矮纸斜行闲作草,晴窗细乳戏分茶。素衣莫起风尘叹,犹及清明可到家。

正气歌[1]

文天祥

予囚北庭,坐一土室,室广八尺,深可四寻[2],单扉[3]低小,白间[4]短窄,污下而幽暗。当此夏日,诸气萃[5]然:雨潦[6]四集,浮动床几,时则为水气;涂泥半朝[7],蒸沤历澜[8]。时则为土气;乍晴暴热,风道四塞,时则为日气;檐阴薪爨[9],助长炎虐,时则为火气;仓腐寄顿,陈陈逼人[10],时则为米气;骈肩杂遝[11],腥臊[12]污垢。时则为人气;或圊溷[13]、或毁尸、或腐鼠,恶气杂出,时则为秽气。叠是数气,当侵沴[14],鲜不为厉[15]。而予以孱弱[16],俯仰其间[17],于兹二年矣,无恙,是殆有养致然[18]。然尔亦安知所养何哉?孟子曰:"我善养吾浩然之气[19]。"彼气有七,吾气有一,以一敌七,吾何患焉[20]。况浩然者,乃天地之正气也。作《正气歌》一首。

天地有正气，杂然赋流形[21]：下则为河岳，上则为日星[22]；于人曰"浩然"，沛乎塞苍冥[23]。皇路当清夷[24]，含和吐明庭[25]。时穷节乃见[26]，一一垂丹青[27]：在齐太史简[28]，在晋董狐笔[29]，在秦张良椎[30]，在汉苏武节[31]；为严将军头[32]，为嵇侍中血[33]，为张睢阳齿[34]，为颜常山舌[35]；或为辽东帽[36]，清操厉冰雪[37]；或为《出师表》[38]，鬼神泣壮烈[39]；或为渡江楫[40]，慷慨吞胡羯[41]；或为击贼笏[42]，逆竖头破裂[43]。是气所磅礴[44]，凛烈万古存[45]。当其贯日月[46]，生死安足论[47]！地维赖以立[48]，天柱赖以尊[49]。三纲实系命[50]，道义为之根[51]。嗟予遘阳九[52]，隶也实不力[53]。楚囚缨其冠，传车送穷北[54]。鼎镬甘如饴[55]，求之不可得[56]。阴房阗鬼火[57]，春院闭天黑[58]。牛骥同一皂[59]，鸡栖凤凰食[60]。一朝蒙雾露[61]，分作沟中瘠[62]。如此再寒暑[63]，百沴自辟易[64]。哀哉沮洳场[65]，为我安乐国。岂有他谬巧[66]，阴阳不能贼[67]？顾此耿耿在[68]，仰视浮云白[69]。悠悠我心悲，苍天曷有极[70]！哲人日以远[71]，典型在夙昔[72]。风檐展书读，古道照颜色[73]。

（选自文天祥，黄兰波选注．文天祥诗选．北京：人民文学出版社，1979）

【注释】

[1] 这首诗作于至元十八年夏。

[2] 寻：古时八尺为一寻。

[3] 单扉：单扇的门。

[4] 白间：窗。

[5] 萃：聚集。

[6] 潦（lǎo）：大雨所形成的积水。

[7] 朝：疑作"潮"，这是说狱房墙土一半是潮湿的。

[8] 沤（òu）：浸渍。历澜：浸泡的时间长。

[9] 爨（cuàn）：作为名词是灶，作为动词是生火做饭。在此皆可通。

[10] 仓腐：指仓里腐烂的米谷。顿：贮。陈陈：即陈陈相因、旧上加旧的意思。《史记·平准书》："太仓（古代京城积谷的仓）之粟，陈陈相因。"

[11] 骈（pián）肩：肩并肩。杂遝（tà）：多而杂乱的样子。

[12] 腥臊：鱼肉发臭的气味，此以喻"人气"。

[13] 圊溷（qīnghùn）：厕所。

[14] 沴（lì）：阴阳之气不协调，这里指种种污秽之气。侵沴，恶气侵人。

[15] 鲜：少。厉：疾病。

[16] 孱：虚弱。

[17] 俯仰其间：生活其中的意思。

[18] 养：修养。致然：使然。

[19]《孟子·公孙丑》："我养吾浩然之气。……其为气也，至大至刚，以直养而无害，则塞于天地之间。"浩然，盛大流行之貌。至大，无限量。至刚，不可屈挠。据孟子说，这"浩然之气"，是用"配义与道"的方法培养出来的。它是"集义所生"的，也就是说，它是由于积聚许多道德行为而成长壮大的，有了"浩然之气"，便能临事无所畏惧而不"动心"。

[20] 在我国古代儒家和道家的思想中，常认为这种浩然正气对于人身有不可想象的力量。《管子·内业篇》说："浩然和平，以气为渊。渊之不涸，四体乃固。乃能穷天地，被四海（这与孟子的'塞于天地之间'意思相同），中无惑意，外无邪灾。心全于中，形全于外，不逢天灾，不遇人害，谓之至人。"《庄子·达生篇》说："至人，潜行不窒，蹈火不热，行乎万物之上而不慄"，因为是有"纯气之守"。这种种，都是他们所想象的关于"气"的不可思议的效果。作者便是承袭这种说法。

[21] 杂然：多种多样。赋：给予。流形：不同品类。

[22] 道家和阴阳家的所谓"气"，是一种物质实体。他们认为宇宙是"气"所形成，气之轻清上浮者为天，重浊下凝者为地。《管子·内业篇》说，这种精气（正气），"下生五谷，上为列星"。

[23] 沛乎：充满旺盛的样子。塞苍冥：塞于天地之间的意思。

[24] 皇路：国步、国运。清夷：清平、太平。

[25] 含和：怀着祥和的气。吐：表露。明庭：政事修明的朝廷。

[26] 节乃见：才能见出忠节。

[27] 垂：留存、流传。丹青：图画。古帝王常把能出力拥护王朝统治权的臣子的肖像和事迹叫画工画出来。

[28] 春秋时，齐国大夫崔杼杀其国君，齐国太史（史官）在史册上写道："崔杼弑其君。"崔杼怒，杀太史。太史之弟继为太史，仍作同样记载，又被崔杼杀了。这样，太史的两个弟弟连续被杀。简：古代用以书写文字的竹片。

[29] 春秋时，晋国卫灵公为赵穿所杀，晋大夫赵盾没有表示态度，晋太史董狐在史册上写道："赵盾弑其君。"孔子赞董狐这样写是"良史"（好史官）笔法。

[30] 秦始皇灭六国后，张良要替韩国报仇。当秦始皇东游时，张良募得力士，用一百二十斤重的铁锤，在博浪沙（今河南新乡南）伏击秦始皇。误中副车。始皇大怒，大索天下，不获。

[31] 苏武在汉武帝时为中郎将，出使匈奴，被单于（匈奴国王）拘留。苏武不投降，杖节（节是古代使者所执的信物）牧羊十九年，终得归汉。作者借苏武事表示不屈节降敌。

[32] 汉末，刘璋使严颜守巴郡，为张飞所擒，飞欲其降，严颜说："我州但有断头将军，无降将军。"

[33] 晋惠帝时，河间王颙、成都王颖叛。帝与战，侍卫皆散，只有嵇绍以身体捍卫惠帝。嵇绍被杀，血溅帝衣。乱事平定后，惠帝不让人洗这件衣服，说："此嵇侍中血，勿洗！"

[34]《新唐书·张巡传》：张巡守睢阳，城破被俘，安禄山部尹子奇问张巡："闻公督战大呼，辄眦（眼眶）裂、血面、嚼齿皆碎，何至是？"巡答："吾欲气吞逆贼，顾力屈耳！"尹怒以刀抉其口，齿存者三四。

[35] 安禄山使史思明等猛攻常山。颜杲卿苦战六昼夜，粮尽矢竭，城陷被擒。杲卿被送至洛阳见安禄山时，瞋目骂禄山，禄山大怒，缚杲卿于天津桥柱而剐之。杲卿仍骂不绝口。禄山钩断杲卿的舌头，问杲卿："复能骂否？"杲卿在骂声含糊中气绝。

[36] 汉末，管宁避乱居辽东，魏文帝征为大中大夫、明帝征为光禄勋，皆辞不受。居辽东三十年，戴皂（黑色）帽，着布裙，安贫讲学。

[37] 清操：清高的节操。厉：严肃的样子。冰雪：喻洁白。

[38] 诸葛亮出兵伐魏，临行向蜀后主上《出师表》。

[39] 鬼神泣：形容极能感动人。

[40] 晋时，"五胡"乱华，祖逖渡江中流击楫（船桨）而誓曰："予生不能清中原而后继者，有如此江！"

[41] 胡羯：古代北方少数民族的名称。旧日史书称晋时匈奴、羯、鲜卑、氐、羌等五族为"五胡"。

[42] 唐德宗时，朱泚叛唐，泚欲称帝，思得段秀实附己，召秀实议事，秀实以笏（官吏朝见时所持的手版）击朱泚，大骂曰："狂贼！吾恨不斩汝万段，岂从汝反耶？"

[43] 逆竖：指朱泚。段秀实以笏击朱泚，中其额，血流满面。

[44] 是气：指"浩然之气"。磅礴：丰满充塞的意思。

[45] 凛烈：使人敬畏的样子。这句是说上面所举十二人的行为是不朽的。

[46] 当其句：意思是说"正气"的光芒可贯通日月。

[47] 生死句：意思是说"正气"永不消失，不因人身生死而存亡。论，读平声。

[48] 地维句：地维要靠"正气"支撑。古人误以为地形是方的，有四边，边角叫"地维"。

[49] 天柱句：天柱也要靠"正气"的支持。天柱：喻最高的山。《神异经》："昆仑之山有铜柱焉，其高入天，所谓'天柱'也。"

[50] 三纲句：伦理道德靠"正气"的维系而存在。三纲：封建时代以君臣、父子、夫妇三种关系为三纲；仁义礼智信为五常。这是当时统治阶级用以维持封建社会秩序的条目。

[51] 道义句：道义为"浩然之气"的根本。即孟子所说的"配道与义"的意思。

[52] 阳九：古人用以比喻"厄运"。

[53] 隶也：《晋书·石苞传》：阳翟郭玄信奉使求人为御（驾车），司马以石苞及邓艾给之。行十余里，信谓二人曰："子后当并至卿相。"苞曰："御，隶也，何卿相乎？"这里借"隶也"以指当时位居卿相其实只配当奴才的人如贾似道、留梦炎、陈宜中、吴坚、贾馀庆等。有人以为这句是文天祥指责所部将士在五坡岭不肯力战，致己被执。这样解说，恐怕有错。五坡岭之败是由于元军突至，是将士不及作战，不是不肯力战。而且在五坡岭被执与被杀的将士如邹洬、刘监簿、陈少卿、萧资、林琦等，作者都集杜诗哭之，哀悼他们的壮烈牺牲。在作者诗文里从没透露过埋怨他的将士在五坡岭不力战的意思。可见此说不足信。

[54] 传（zhuàn）：驿站。传车，驿站所设置的车辆。穷北：极北方，此指燕京。

[55] 鼎镬（huò）：本是煮食物用的大锅，古代有烹人的酷刑，也用鼎镬。饴：饴糖。这里是说视鼎镬如饴糖，表示不畏牺牲的精神。

[56] 作者被捕后，向张弘范、博罗、元世祖屡次求死而不能。所以说"求之不可得"。

[57] 阴房：阳光照不到的居处。阒（qù）：静无人声。鬼火：磷火。杜甫《玉华宫》："阴房鬼火青。"

[58] 閟（bì）：深、闭。杜甫《大云诗赞公房》："天黑閟春院。"

[59] 骥：好马。皁：马槽。这句是说自己不得不与狱卒、囚犯们共居一处的

愤慨。

[60] 鸡栖：鸡舍。这句是说凤凰食于鸡舍，与鸡同居处，与上句意同。

[61] 蒙：受、感冒。雾露：喻气候不合。

[62] 分（fèn）：料、当。沟中瘠：《说苑》："死则不免为沟中之瘠。"这句是说：自料当死于沟壑中。

[63] 再寒暑：两年。

[64] 百沴：百病、百害。辟易：退避、不能侵犯。以上二句是说：被囚两年竟没有病死。

[65] 沮洳（jù rú）场：低下潮湿的地方。

[66] 谬巧：也写作"缪巧"，是"智谋、诈术"的意思。

[67] 阴阳：指寒暑。贼：害。

[68] 耿耿：光明貌，这里形容忠诚。这句对上两句作答，意思是说：顾视自己有忠贞之志，亦即充满着"正气"。

[69] 这句与上面"当其贯日月"意思相同，是说忠贞正气可充塞宇宙与白云比高低。以上八句说以"正气"御病害。

[70] 悠悠：忧思的样子。《楚辞·七谏·初放》："悠悠苍天兮。"曷：何。这两句是说：亡国悲痛与天一样，没有边际。

[71] 哲人：指上面齐太史、晋董狐等十二人。日以远：是说离作者时代久远了。

[72] 典型：模范事迹。夙昔：过去。这句是说十二人已往的事迹还遗留在史册上。

[73] 这两句是说，在短檐下展开史册来读，古人具有"正气"的光辉形象，与作者的容颜相映照。

（注释参选文天祥著，黄兰波选注．文天祥诗选．北京：人民文学出版社，1979）

【温故】

● 文天祥

文天祥（1236—1283年），字履善，一字宋瑞，号文山，吉州庐陵（今江西吉安）人。宋代政治家，文学家。以忠烈的民族英雄、抗金名将身份名传后世，被誉为宋、辽、金、西夏时期最为杰出的军事统帅。文天祥作品诸体皆备，杰作甚多，德祐以后的爱国诗作主要收集在《指南录》和《指南后录》中，在大都狱中曾集杜诗，称颂杜诗的"诗史"精神，获得强烈情感共鸣，而他自己在颠沛流离中所作之诗表现了他对理想的追求，格调高朗，苍凉激壮，是宋代后期爱国主义诗歌的高峰，其也成为宋末史诗性作品。仅存作品，编为《文山集》21卷，又《指南录》4卷，《指南后录》3卷。

● 正气

亦称"浩然正气"，源自孟子的"我善养吾浩然之气"。"其为气也，至大至刚，以直养而无害，则塞于天地之间。其为气也，配义与道；无是，馁也。是集义所生者，非义袭而取之也。"（《孟子·公孙丑上》）正气是通过修养集义与道而生的一种恢弘的精神气质，体现为"富贵不能淫，贫贱不能移，威武不能屈"（《孟子·滕文公下》）的"大丈夫"气概。后儒称之为"德操""名节""风骨"。明末民族英雄文天祥身陷囹圄，坚贞不屈，写下气壮山河的《正气歌》，将"正气"升华为崇高的民族气节和人格操守。

【知新】

1. 抗战期间，无论是电影还是话剧，都围绕着"爱国"与"抵抗"这条主线，掀起了一股公演历史爱国剧的浪潮。1939年12月，上海中华戏剧研究会出版了会员孔麟的独幕剧本《文天祥》。1940年3月23日，难民协会在新世界主办救难游艺大会，演出了五个独幕话剧，其中孔麟所作的《文天祥》被誉为最精彩、最成功的一部，赢得了"千百个观众热烈而本能的鼓掌"。次日，《申报》记者发表《文天祥昨公演》一文，评价说此剧"已无数次给许多剧团公演"，"《明末遗恨》以外，《文天祥》是本年度最好的一个精悍短小独幕剧了"。而后，随着剧团的发展，业余剧团已多得不可计数，《李秀成殉国》《正气歌》《岳飞》《清宫怨》等历史剧相继公演，均获得不俗的成绩。

2. 文山先生文武双全，后世仁人志士皆陶醉在"正气"之风中。文山先生之气概可见"天下一波，诸流一砥，则忠义其也，而文山亦可谓集有宋一代理学文章之大成矣"（清代隶元宽《重刊文信国公全集·卷十七》）。文山就义所塑英雄之精神，与其所作《正气歌》的"正气"融为一体，"此正气与浩然之气所以同论也"。清代吴铨《文山先生文集序》中说道："《正气》一歌，川原动色。历今五百余年，而其遗集流播寰区，令人读之，凛然犹有生气。"清代涂宗震则说"读《正气歌》，一往情深，讽咏不缀于口"，由此可见，随着《正气歌》和文天祥英雄事迹的广为流传，"正气"成为大义凛然、坚持真理、不畏强暴的崇高品格和民族气节的代称，成为志士仁人和革命战士的精神支柱。

【切问】

1. 作者在诗中提到了十二位历史人物，结合具体生平事件，谈谈这些历史人物之间有何相同之处?
2. 用你自己的话谈谈什么是"正气",除了作者在诗中列举的人物事件,你还能想到哪些能体现"正气"的人物事件?

【近思】
1. 结合文天祥的生平与儒家经典,谈谈儒家思想对知识分子的影响。
2. 你觉得"正气"在今天的生活中是否依然存在?你如何看待它在今日的价值与意义?

我有一个恋爱

徐志摩

我有一个恋爱,
我爱天上的明星,
我爱他们的晶莹——
　　人间没有这异样的神明。

在冷峭的暮冬的黄昏,
在寂寞的灰色的清晨,
在海上,在风雨后的山顶——
　　永远有一颗,万颗的明星!

山涧边小草花的知心,
高楼上小孩童的欢欣,
旅行人的灯亮与南针——
　　万万里外闪烁的精灵!

我有一个破碎的魂灵,

像一堆破碎的水晶，

散布在荒野的枯草里——

　　饱啜你一瞬瞬的殷勤。

人生的冰激与柔情，

我也曾尝味，我也曾容忍；

有时阶砌下蟋蟀的秋吟——

　　引起我心伤，逼迫我泪零。

我袒露我的坦白的胸襟，

献爱与一天的明星；

任凭人生是幻是真

地球存在或是消泯——

　　太空中永远有不昧的明星！

（选自徐志摩. 志摩的诗. 北京：人民文学出版社，1983）

【温故】

● 徐志摩

　　徐志摩（1896—1931年），浙江海宁人，新月派代表诗人。出身于富商家庭，幼年受古典文学影响，大学读书期间，广泛结识文人学者、社会名流。1918年赴美留学，攻读银行学和政治学。1920年由美抵英，进入剑桥大学学习，受到英国19世纪浪漫主义诗歌的影响，兴趣转到文学方面。1922年回国后历任北京大学、清华大学教授，1923年与闻一多等人组建文学团体"新月社"，1925年出版第一部诗集《志摩的诗》。1928年与胡适等人筹办新月书店，创办《新月》杂志。1931年2月19日，乘飞机去北京，不幸遇到空难，机坠身亡。主要作品有诗集《志摩的诗》（1925）、《翡冷翠的一夜》（1927）、《猛虎集》（1928）、《云游》（1931）。

● 新月派

　　现代新诗史上一个重要的诗歌流派，该诗派大体上以1927年为界分为前后两个时期。前期自1926年春始，以北京的《晨报副刊·诗镌》为阵地，主要成员有闻一多、徐志摩、朱湘、饶孟侃、孙大雨、刘梦苇等。他们不满于"五四"以后"自由诗人"忽视诗艺的作风，提倡新格律诗，主张"理性节制情感"，反对滥情主义和诗的散文化倾向，从理论到实践上对新诗的格律化进行了认真的探索。闻一多在《诗的格律》中提出了著名的"三美"主张，即"音乐美、绘画美、建筑美"。因此新月派又被称为"新格律诗派"。新月派纠正了早期新诗创作过于散文化的弱点，也使新诗进入了自觉创造的时期。

1927年春，胡适、徐志摩、闻一多、梁实秋等人创办新月书店，次年又创办《新月》月刊，"新月派"的主要活动转移到上海，这是后期新月派。它以《新月》月刊和1930年创刊的《诗刊》季刊为主要阵地，新加入成员有陈梦家、方玮德、卞之琳等。后期新月派提出了"健康""尊严"的原则，坚持的仍是超功利的、自我表现的、贵族化的"纯诗"的立场，讲求"本质的醇正、技巧的周密和格律的谨严"，但诗的艺术表现、抒情方式与现代派趋近。

【知新】

徐志摩是在中国"五四"时期新诗运动中有突出贡献的诗人，他的诗歌思想成就有相当一部分来自他对国外西方文化的深入了解。在20世纪初，徐志摩的国外留学及后来游历欧洲的经历，使他的诗歌创作深受西方浪漫主义诗歌的影响，他的诗歌在想象和激情方面与郭沫若有相似之处。此外，他还有独特的冲淡飘逸和温文尔雅的风格。孙绍振认为，徐志摩虽受浪漫主义影响颇深，却仍能够在诗歌中对强烈的情感有所节制。"他显然已经从新诗的狂暴中解放出来，抑制了夸张，不以滔滔不绝为能事，而以情绪的单纯、意象的集中和构思的完整为目标。正是这种结构的功能、章法的有机，使得这个浪漫主义诗人把诗歌意蕴留在语言结构的空白中，而不是直接流泻出来，就比字句上直接表现出来深沉丰富多了。这对于当时风行一时的滥情话语泛滥来说，无疑是一个惊异。"[①] 在这种情感表达方法上，徐志摩开辟了一片淡雅的艺术天地。

【切问】

1. 这首诗中的"明星"有何象征意义？如何理解诗中"我"对"天上的明星"的爱？
2. 赏析这首诗的意象。
3. 这首诗中作者抒情的手法有哪些？
4. 梁实秋曾说："志摩的单纯的信仰，换个说法，即是'浪漫的爱'……这爱永远处于可望不可及的地步，永远存在于追求的状态中，永远被视为一种极圣洁

[①] 孙绍振. 浪漫主义和象征主义的互相渗透——新诗的第一个十年研究之一. 东南学术，2002：129.

高贵极虚无缥缈的东西。"你怎么看待徐志摩的恋爱观与世界观？

【近思】

《我有一个恋爱》是徐志摩的抒情名篇，被台湾作曲家冉天豪谱曲，编入了《风雪恋星——徐志摩诗四首》，请寻找并聆听歌曲版《我有一个恋爱》，品味二者的异同。

断　章

卞之琳

你站在桥上看风景，
看风景人在楼上看你。

明月装饰了你的窗子，
你装饰了别人的梦。

（选自卞之琳．鱼目集．北京：人民文学出版社，2000）

【温故】

● 卞之琳

卞之琳（1910—2000年），江苏海门人，现代诗人、翻译家、外国文学研究专家。1929年考入北京大学，1930年开始发表新诗，先后出版过《三秋草》（1933年）、《鱼目集》（1935年），并翻译外国文学名著。1936年与何其芳、李广田合出诗集《汉园集》。1940年后任教于西南联大外文系、南开大学。1947年赴英国牛津任旅居研究员，1949年回国，任职于北京大学西语系。新中国成立后，任中国社会科学院外国文学研究所研究员。

卞之琳20世纪30年代的诗曾受新月派和法国象征派的影响，善于吸取中国古典诗词的精华，并借鉴西方现代主义诗歌，形成自己独特的风格。他的诗精巧玲珑，联想丰富，跳跃性强，显示出一种着意克制感情、含蓄蕴藉、追求思辨、意蕴深奥的特色，被评家认为是化古化欧，出"新月"而入"现代"。其影响流布当时，下及20世纪40年代的"九叶"诗派，甚至对新时期以来"朦胧诗"的探索与发展也产生过一定影响。

◉ 汉园三诗人

"汉园三诗人"是20世纪30年代北大三个学生诗人的总称，他们分别是哲学系的何其芳、外文系的卞之琳和李广田。三人几乎同时发表诗作。1936年出版的《汉园集》（因"汉花园"是北京大学所在地而得名），内收何其芳《燕泥集》、李广田《行云集》、卞之琳《数行集》。三人的创作风格并不完全一致，何其芳的诗浓艳绮丽，卞之琳的诗精巧别致，他们都有些近似成熟的晚唐之风；而李广田的诗朴实、舒展、大方，像一个北方大地之子。虽然他们的诗风不同，日后的发展方向也完全不一样，但他们以诗成友，并保持着终生的友情，因而被文学史家称为"汉园三诗人"，成为中国文坛上的一段佳话。

【知新】

卞之琳的哲理诗是主智派诗歌的代表，这一派别在20世纪30年代的现代派诗歌中占重要地位。细品卞之琳的诗歌，我们会发现，他的诗歌虽为现代诗歌，却与我国传统诗词有着千丝万缕的联系。杨景龙认为，"比起浪漫派和部分初期象征派诗人的散漫作风，卞之琳无疑表现出更严肃的创作态度"[1]，所以把他视为"现代诗群注意词句的锤炼功夫"的代表，而这种语言风格，则"主要师承了南宋词人姜夔的'炼字法'，例如《断章》等诗，写得确有韵味与意境，这与他精心琢句、锤炼语言的努力是分不开的。"[2] 此外，卞之琳的智性化诗歌也与古代宋诗理趣传统有着深层联系。王晨龙提出："这种联系主要体现在理趣与知性诗学的内在关联，情理合一与情知合一的会通，'以议论为诗'和'非个人化抒情'书写方式的相仿，平淡之美与平中见奇审美旨趣的共同属性。"[3]

【切问】

1. 《断章》一诗中，诗人是怎样用形象的画面来阐释抽象的哲理的？
2. 冯文炳在《谈新诗》中说："卞之琳的新诗好比是古风，他的格调最新，他的风趣却最古了。"谈谈你对这句话的理解。

---

[1] 杨景龙. 中国古典诗学与新诗名家. 北京：人民文学出版社，2012：88.
[2] 杨景龙. 中国古典诗学与新诗名家. 北京：人民文学出版社，2012：89.
[3] 王泽龙，王晨晨. 卞之琳诗歌与宋诗理趣传统. 天津社会科学，2013（3）：96.

3. 学者、翻译家李健吾先生认为,这首诗在"装饰"两字上做文章,诗面呈浮的是不在意,暗地里却埋着说不尽的悲哀——人生不过是互相装饰。你同意吗?为什么?

【近思】

请模仿卞之琳《断章》中的哲理思辨思维,写一首哲理性明显的小诗,题目、视角自定,同时结合自己的创作经验,谈谈你对诗人与普通人之间的不同的理解。

太 阳

艾 青

从远古的墓茔
从黑暗的年代
从人类死亡之流的那边
震惊沉睡的山脉
若火轮飞旋于沙丘之上
太阳向我滚来……

它以难掩的光芒
使生命呼吸
使高树繁枝向它舞蹈
使河流带着狂歌奔向它去

当它来时,我听见
冬蛰的虫蛹转动于地下

群众在旷场上高声说话

　　城市从远方

　　用电力与钢铁召唤它

　　于是我的心胸

　　被火焰之手撕开

　　陈腐的灵魂

　　搁弃在河畔

　　我乃有对于人类再生之确信

（选自艾青. 艾青诗选. 北京：人民文学出版社，1979）

【温故】

● 艾青

　　艾青（1910—1996年），原名蒋海澄，浙江金华人，现代文学家、诗人。1928年中学毕业后考入国立杭州西湖艺术院，1929年赴法国习画，接触欧洲现代派诗歌。1932年初加入中国左翼美术家联盟，因思想激进被捕，1935年出狱，1941年赴延安，任《诗刊》主编。抗战胜利后历任陕甘宁边区参议员，华北联合大学文艺学院副院长。新中国成立后，担任《人民文学》主编。在政治运动中被下放到东北、新疆，创作中断二十余年。直到1976年平反，任中国作家协会副主席。1996年病故。

　　艾青的成名作《大堰河——我的保姆》发表于1933年，这首诗奠定了他诗歌的基本艺术特征和现代文学史上的重要地位。作品有诗集《大堰河》《北方》《旷野》等，长诗《向太阳》《火把》等。艾青是对中国新诗产生重要影响的诗人，被智利诗人聂鲁达誉为"中国诗坛泰斗"。

● 七月诗派

　　"七月诗派"是抗战时期和解放战争时期国统区重要的现实主义诗歌流派，因胡风主编《七月》得名。代表诗人有艾青、田间和绿原、牛汉、阿垅等，他们以《七月》《希望》《泥土》为阵地，以倡导现实主义为主题，主张把诗歌与斗争紧密结合起来，同时强调诗歌中主观与客观的统一，历史与个人的融合，多写自由诗，其中又以政治抒情诗为主。"七月诗派"在革命现实主义雄浑的总风格中，又显示出各诗人充满个性的特色。

【知新】

艾青从美术起步，进入丰富多彩的艺术世界，这对于他日后的诗歌创作，尤其是意象的选择，有着重要影响。艾青在文章中曾指出，"诗与绘画同样都是为真善美在劳动。绘画应是彩色的诗，诗应是文字的绘画。"[1] 这一主张造就了艾青诗歌不同于众的独特性。郭茂全认为，"诗画结合的传统一直影响着宋朝以来的诗人，从小就热爱绘画的艾青，自然也受到了这种传统的影响。"[2] 此外，艾青又广泛接受了西方艺术的熏陶，西方的绘画技艺也深深地影响了他。李夫泽认为，"艾青具有全球化的大视野，西方印象派绘画和象征派诗歌的影响和艺术活动的实践使他形成了诗画兼融的艺术直觉，在他的忧郁性情感的推动下，用艺术直觉'向世界寻求意象'，然后在形象思维指导下完成他的现实主义现代派的诗歌创作，从而显示其诗歌作品的独创性和审美价值。"[3] 在艾青的诗中，太阳是较常见的意象，此外，也有很多与太阳有关的边缘意象，如光、黎明、火、朝霞等，以及它们通红、金色、浅黄的色调，或强烈或温柔的光度，这都显示了艾青对光明的渴望与追求，也看得出艾青诗歌的太阳以及相关意象融入了西方印象派的特征，将西方现代艺术的风格与中国本土情感极好地融为一体，使新诗的发展注入了新鲜活力。

【切问】

1. "太阳"是艾青诗中常见的意象，请结合艾青其他歌颂太阳的诗歌，如《向太阳》《太阳的话》等，总结艾青诗歌中"太阳"的象征意义，探究"太阳"所表现的诗人的人生态度。

2. 这首诗的"太阳向我滚来"一句，曾受到闻一多先生的质疑。闻一多先生认为这句诗不应这样写，这样写表现出了一种小资产阶级情调。按照闻一多先生的意思，应该写"我"向太阳奔去，才合乎道理。你认为呢？

3. 艾青说："诗是人类向未来寄发的信息；诗给人类以朝向理想的勇气。"在这首诗中，艾青是如何讴歌这个时代的？

【近思】

拍一组关于太阳的照片，配两行自己创作的短诗，分享一下你对"太阳"这一意象的体悟，并尝试着思考一下摄影与诗歌的异同。

---

[1] 艾青. 母鸡为什么下鸭蛋. 人物，1980（3）.
[2] 王喜绒等. 20世纪中国文学的跨学科研究. 北京：中国社会科学出版社，2004：56.
[3] 李夫泽. 直觉·情感·意象——对艾青诗歌独创性和审美价值根源的探索. 中国文学研究，2013（7）：98.

蛇

冯 至

我的寂寞是一条蛇，
静静地没有言语——
姑娘，你万一梦到它时，
千万啊，莫要悚惧！

它是我忠诚的侣伴，
心里害着热烈的乡思；
它在想着那茂盛的草原——
你头上的，浓郁的乌丝。

它月光一般轻轻地
从你那儿潜潜走过；
为我把你的梦境衔了来，
像一只绯红花朵！

（选自冯至. 冯至诗文选集. 北京：人民文学出版社，1955）

【温故】

● 冯至

冯至（1905—1993 年），原名冯承植，河北涿州人，中国现代著名诗人、学者、翻译家。1921 年考入北京大学，开始诗歌创作，1923 年加入文学团体浅草社，1925 年与杨晦、陈鹤翔、陈炜谟等成立沉钟社，出版《沉钟》周刊。1927 年出版诗集《昨日之歌》，在诗歌界反响甚大，被鲁迅誉为"中国最为杰出的抒情诗人"。1930 年赴德国留学，其间受到德语诗人里尔克的影响。1935 年回国，1939 年任西南联大外语系德语教授，在长期沉默之后，写下了诗集

《十四行集》、散文集《山水》和小说《伍子胥》。1949 年以后，历任北京大学西语系主任、中国社会科学院外文所所长、中国作协副主席等职。1993 年 2 月 20 日在京去世。

● 十四行诗歌理论的引进与发展

早在 20 世纪 20 年代，闻一多已在《诗的音节的研究》及《律诗的研究》里推崇十四行诗，将其译为"商籁体"。

后期新月派诗人将其转借与创造，徐志摩认为，转借十四行诗，正是"我们钩寻中国语言的柔韧性，乃至探检语体文的浑成、密致及别的一种单纯的'文字的音乐'的可能性的较为方便的一条路。"后期新月派诗人在十四行诗中找到了中西诗歌诗体形式上的契合点，从而为新诗形式创造提供了新的经验。

冯至善于从最平凡的现象中发现存在的真谛，不仅在取材上，而且在想象上，既在美学情调方面，又在结构和技巧方面，体现了中国气质对外来诗歌的融化改造。《十四行集》不仅代表了冯至诗歌创作的新成就，也代表着十四行体在中国的最高水平，是中国十四行诗成熟的标志。

【知新】

冯至的这首《蛇》透出一种哀婉的腔调，同时又有着幽玄神秘的色彩。正是这样一种奇谲的意象，学者们对"蛇"的解读众说纷纭。丹妤认为，冯至的这首诗表现了年轻人对女性的朦胧的情思，"冯至在《蛇》里表白的，正是'一己暗恋之情思'——'心里害着热烈的乡思'，年轻的生命萌动出正常的渴求，因此对心中美好的异性怀着亲近的愿望，然而'种族记忆'里的民族性格决定了诗人不可能将热烈的相思化作热烈的表白，这里面更有诗人怯懦的性格、节制的古典追求。"[①] 而骆寒超意识到这首诗与性有关，但却没有明确表明它是色情诗，"如果承认该诗梦中的图象都是睡眠中器官状态的象征，梦中的'戏剧化'都是以具体的形象来表现抽象的欲望的话，那么《蛇》中这些图象和'戏剧化'表现就可以解释为某种白日梦中性行为的象征，而隐义则是追求超文化的动物本能之意这一主体怪异情结的泄露。"[②] 通过比较众多对《蛇》的解读，我们可以认定，新诗的解读及诗歌批评需要解读者敢于讲真话，"要确立富有'中国特色'和'当下特色'的新诗细读式批评的原则和方法。"[③]

---

① 丹妤. 行走的花朵——冯至、邵洵美诗《蛇》的读解. 诗探索，2004（冬季卷）：36.
① 骆寒超. 20 世纪新诗综论. 上海：学林出版社，2001：23.
② 王珂. 冯至《蛇》细读历史的细读——新诗细读式批评反思. // 诗歌批评与细读学术研讨会论文集. 北京大学中国新诗研究所、首都师范大学中国诗歌研究中心，2012.

【切问】

1. 诗人借助"蛇"这个意象,抒发了怎样的感受和渴望?
2. 这首诗曾被解读为爱情诗、思乡诗甚至哲理诗,你更赞同哪一种解读?
3. 冯至曾在《自选琐记》中说过:"我在晚唐诗、宋词、德国浪漫派诗人的影响下写抒情诗和叙事诗。"请结合本诗,谈谈你对这句话的理解。

【近思】

阅读闻一多《死水》、李金发《有感》、波特莱尔《恶之花》以及冯至的《蛇》等诗歌,写一篇文章,试着评论一下这种以丑为美的审美趣味。

相信未来

食 指

当蜘蛛网无情地查封了我的炉台,
当灰烬的余烟叹息着贫困的悲哀,
我依然固执地铺平失望的灰烬,
用美丽的雪花写下:相信未来。

当我的紫葡萄化为深秋的露水,
当我的鲜花依偎在别人的情怀,
我依然固执地用凝露的枯藤,
在凄凉的大地上写下:相信未来。

我要用手指那涌向天边的排浪,
我要用手掌那托住太阳的大海,
摇曳着曙光那枝温暖漂亮的笔杆,
用孩子的笔体写下:相信未来。

我之所以坚定地相信未来,
是我相信未来人们的眼睛——
她有拨开历史风尘的睫毛,
她有看透岁月篇章的瞳孔。

不管人们对于我们腐烂的皮肉,
那些迷途的惆怅,失败的苦痛,
是寄予感动的热泪,深切的同情,
还是给以轻蔑的微笑,辛辣的嘲讽。

我坚信人们对于我们的脊骨,
那无数次的探索、迷途、失败和成功,
一定会给予热情、客观、公正的评定,
是的,我焦急地等待着他们的评定。

朋友,坚定地相信未来吧,
相信不屈不挠的努力,
相信战胜死亡的年青,
相信未来,热爱生命。

1968 年

(选自食指. 食指的诗. 北京:人民文学出版社,2000)

【温故】

● 食指

食指(1948—),当代诗人。原名郭路生,祖籍山东鱼台,在北京长大。1968 年与 21 名北京知青落户杏花村插队,写出了代表作《相信未来》《这是四点零八分的北京》,在知青群落产生了广泛的影响。1973 年因情绪压抑患上精神分裂症。1978 年首次使用笔名食指,并于同年创作著名诗歌《疯狗》。1990 年进入北京第三福利院疗养,2002 年出院回家。几十年来诗人笔耕不辍,保持着对纯粹诗歌写作的热忱和旺盛的创作活力。出版的诗集有《食指黑大春抒情诗合集》《诗探索金库·食指卷》《食指的诗》等。

● 食指与"文革"时期的"地下诗歌"

食指是当之无愧的"'文革'中新诗歌运动第一人"[①]。他自觉坚持"新格律体诗"的写作规范，运用浪漫主义与象征主义的手法，在诗中表达了对个体生命和人的尊严的呼唤，使当时以阶级性、党性为主体的诗歌开始转变为以个体性为主体的诗歌，直接启发并推动了后来的朦胧诗运动，被公认为开一代诗风的先驱性诗人。北岛曾说："我的启蒙老师是郭路生。"食指的美学风格可以被看作朦胧诗人的"一个小小的传统"[②]。

【知新】

食指真诚的"一次性"生命人格体验既赋予了他的诗歌以征服力与感染力，更作为一种宝贵的精神资源，给当代作家和诗人以深刻启示。正如张清华所说："某种意义上，食指对希望、青春、爱情和挫折的咏叹已经具有了'纯诗'的性质，每一位读者在面对他的诗时，都会唤起相似的人生感受。人格和历史，生命的悲剧与意义，同时闪现在食指的诗中。"[③]他的诗往往能达到"幻觉写真"的艺术高度，具有丰沛的情感力量以感染读者。食指存在的意义在于其追求生命理想的写作姿态使得他超越了时代的局限，"从某种意义上说，食指抗争的性格本身正是置身于历史与人生实践中知识分子和写作者必要的姿态……它构成了对当代作家和诗人写作中普遍的'智性（知识）在场'而'人格缺席'的状况的有力反衬与批评。"[④]

【切问】

1. 结合作品，食指从哪些方面延续了"五四"的新诗传统？
2. 诗中对"相信未来"的反复吟唱，表达了作者怎样的思想情怀？

【近思】

与当代大多数诗人不同，食指自觉遵守新格律诗的创作规范，几乎每一首诗都富有乐感，对比其他当下诗人中你最喜欢的诗人及其作品，体会食指诗歌的内在情感世界和诗歌在声音意义上的艺术特征。

---

① 杨健. "文化大革命"中的地下文学. 北京：朝华出版社，1993：87.
② 李宪瑜. 食指：朦胧诗人的"一个小小的传统". 诗探索，1998（1）：71.
③④ 张清华. 内心的迷津：当代诗歌与诗学求问录. 济南：山东文艺出版社，2002：145.

回　答

北　岛

卑鄙是卑鄙者的通行证，
高尚是高尚者的墓志铭。
看吧，在那镀金的天空中，
飘满了死者弯曲的倒影。

冰川纪过去了，
为什么到处都是冰凌？
好望角发现了，
为什么死海里千帆相竞？

我来到这个世界上，
只带着纸、绳索和身影，
为了在审判之前，
宣读那些被判决了的声音：

告诉你吧，世界，
我——不——相——信！
纵使你脚下有一千名挑战者，
那就把我算做第一千零一名。

我不相信天是蓝的；
我不相信雷的回声；
我不相信梦是假的；
我不相信死无报应。

如果海洋注定要决堤，
就让所有的苦水都注入我心中；
如果陆地注定要上升，
就让人类重新选择生存的峰顶。

新的转机和闪闪的星斗，
正在缀满没有遮拦的天空，
那是五千年的象形文字，
那是未来人们凝视的眼睛。

1976 年

（选自北岛. 北岛作品精选. 武汉：长江文艺出版社，2011）

【温故】

● 北岛

　　北岛（1949—　），原名赵振开，生于北京，祖籍浙江湖州，中国当代诗人，为"朦胧诗"代表人物之一。1978 年，与诗人芒克创办了民间诗歌刊物《今天》。20 世纪 80 年代旅居法国。先后获瑞典笔会文学奖、美国西部笔会中心自由写作奖、古根海姆奖学金等，被选为美国艺术文学院终身荣誉院士。出版的诗集有《北岛诗选》《太阳城札记》《在天涯》等。

● 朦胧诗派

　　20 世纪 70 年代末 80 年代初出现的诗派。"朦胧诗"并没有形成统一的组织形式，也未曾发表宣言，然而却以各自独立又呈现出共性的艺术主张和创作实绩，构成一个"崛起的诗群"。"朦胧诗"精神内涵的三个层面：一是揭露黑暗和社会批判；二是在黑暗中寻找光明，反思与探求意识以及浓厚的英雄主义色彩；三是在人道主义基础上建立起来的对"人"的特别关注。"朦胧诗"改写了以往诗歌单纯描摹"现实"与图解政策的传统模式，把诗歌作为探求人生的重要方式，在哲学意义上达到了前所未有的高度。从某种意义上讲，"朦胧诗"的崛起，也是中国文学生命之树的崛起。

【知新】

　　北岛 20 世纪 70 年代后期到 80 年代的诗歌创作，表现出其独立的人格力量和先驱意识，这使得他的作品也成为一种重要的文化现象，不仅在中国大陆，而且在港台、西方世界都有相当高的知名度，同时，这在一定程度上也导致了多年来对北岛诗歌解读的泛政治化倾向。欧阳江河认为，仅仅将北岛视为一个政治诗人是不公正的，"因为他首先是一个诗人，通过自己的作品与读者和世界对话，而读者由于先入之见的干扰很可能听不到作为诗人的北岛的声音，因为这声音被凌驾其上的许多别的声音给遮蔽了。例如，一些西方读者主要是从世俗政治的角度去解读北岛诗作的，这或许有助于政治上的划界行为，但却无助于人们理解什么是诗。政治读法主要是从语言世界与非语言世界的关系去理解诗歌的，而对语言世界内部的复杂关系甚少加以探究。"[①] 因此，不仅是西方读者，中国读者同样也需要将北岛还原为诗人，单纯从诗歌方面对北岛进行评价，这样才能保证评价的公正性。

【切问】
1. 这首诗的题目是《回答》，北岛在诗中"回答"了什么？
2. 北岛在诗中向世界喊出"我不相信"，这表达了一种怎样的情感？
3. 有论者曾在评价朦胧诗和北岛时说："从我们民族本身而言，从朦胧诗运动对当代中国人精神生活的启蒙和重建作用而言，从北岛在朦胧诗人中所居的重要地位而言，他无疑是我们新时期文学前十年中的大诗人，绝无仅有的诗坛偶像、文化英雄。"本首诗展现了朦胧诗怎样的特点？

【近思】
　　北岛的《回答》一诗被认为是"以孤篇压倒当代"，其诗反映了20世纪80年代青年觉醒的心声，是与已逝的一个时代彻底告别的"宣言书"。请结合当时的时代背景以及其他相关文学作品，思考文学与社会之间的关系。

神女峰

舒　婷

在向你挥舞的各色花帕中
是谁的手突然收回
紧紧捂住了自己的眼睛

---
① 欧阳江河. 站在虚构这边. 北京：生活·读书·新知三联书店，2001：192.

当人们四散离去，谁
还站在船尾
衣裙漫飞，如翻涌不息的云
江涛
　　　高一声
　　　　　低一声
美丽的梦留下美丽的忧伤
人间天上，代代相传
但是，心
真能变成石头吗
为眺望远天的杳鹤
而错过无数次春江月明

沿着江岸
金光菊和女贞子的洪流
正煽动新的背叛
　　　与其在悬崖上展览千年
　　　不如在爱人肩头痛哭一晚

1981年6月于长江

（选自舒婷. 舒婷的诗. 北京：人民文学出版社，2000）

【温故】

● 舒婷

　　舒婷（1952—　），当代诗人，"朦胧诗"代表诗人。原名龚佩瑜，生于福建石码，长于厦门，1969年在闽西山区插队，1972年返城当工人。1979年4月，《诗刊》从《今天》上转载了舒婷的成名作《致橡树》，两个月后又发表了她的《祖国啊，我亲爱的祖国》和《这也是一切》，引起了人们的关注。舒婷的诗作具有鲜明的女性色彩和时代特征，熔古典情趣与浪漫色彩于一炉，其独特的抒情风格被形容为"美丽的忧伤"。1982年后曾一度搁笔，复出后诗歌内容和形式均带有明显的现代倾向。

● 舒婷与女性诗歌

　　作为"朦胧诗派"最负盛名的女诗人,舒婷的创作明显地表现出自我主体意识的觉醒,为20世纪80年代中期产生的女性诗歌潮流奠定了基础。以舒婷为代表的女性诗人,是伴随着"朦胧诗"的主体意识觉醒而产生的,她们以个体人性话语反叛以男性或者以父权为特征的社会价值观念,不断向社会吁求男女之间的平等地位。她的《惠安女人》《神女峰》《致橡树》表述了女性从渴望到反叛、再到重建彼此平等的生命。这种反叛的意识发展到80年代中后期,出现了以翟永明、唐亚平等的创作为代表的女性诗歌。

【知新】

　　在1985年出版的《朦胧诗选》中,舒婷入选29首诗,仅次于北岛。这使舒婷当之无愧地成为了"朦胧诗"的主将。然而,舒婷的诗是否能承担"朦胧"之名一直存在争议。综观舒婷80年代的诗歌作品,其"朦胧"的程度很难与同一时期的北岛、顾城相比,很少出现"读不懂"的情况。对于舒婷的"朦胧诗人"身份的争议,我们应该以文学史的眼光来看待。舒婷的诗被称为"朦胧诗",更多地缘于其作品中对传统意识的反叛,它反映的是文学观念和文学批评标准的变化。如张立群、史文菲所说:"'朦胧诗'的命名以及舒婷诗人的身份,充分反映了新时期文学转型阶段新旧两种文学观念、文学评判标准之间的冲突。"[①]"朦胧诗"已成为历史,但其开拓性与过渡性为中国当代诗歌的发展做出了不可磨灭的贡献。对舒婷的"朦胧诗"的研究,也已超出诗歌自身内容与形式的范畴获得了文学史的意义。"'朦胧诗'已成为命名舒婷诗歌的一个挥之不去的历史性称谓,而研究的文字记录及其历史功能必将使其传承下去。"[②]

【切问】

1. 赏析《神女峰》一诗的艺术特征。
2. 结合《致橡树》,谈谈舒婷的爱情观。
3. 谢冕认为舒婷是"新诗潮最早的一位诗人,也是传统诗潮最后的一位诗人。她是沟,她更是桥,她体现了诗的时代分野。把诗从外部世界的随意泛滥凝聚到

[①②] 张立群,史文菲. 舒婷论——"朦胧诗化"、女性意识的拓展与经典化. 文艺争鸣,2011(11):102.

人的情感风暴的核心，舒婷可能是一个开始"[1]。你如何理解这段话？

【近思】

选择一个传统意象，赋予其反传统的意义，作成一首诗，题目不限，字数不限。

亚洲铜

海 子

亚洲铜，亚洲铜
祖父死在这里，父亲死在这里，我也将死在这里
你是唯一的一块埋人的地方

亚洲铜，亚洲铜
爱怀疑和爱飞翔的是鸟，淹没一切的是海水
你的主人却是青草，住在自己细小的腰上，守住野花的手掌和秘密

亚洲铜，亚洲铜
看见了吗？那两只白鸽子，它是屈原遗落在沙滩上的白鞋子
让我们——我们和河流一起，穿上它吧

亚洲铜，亚洲铜
击鼓之后，我们把在黑暗中跳舞的心脏叫做月亮
这月亮主要由你构成

1984. 10

（选自海子. 海子诗全编. 上海：上海三联书店，1997）

---

[1] 盛英. 二十世纪中国女性文学史（下）. 天津：天津人民出版社，1995：785.

【温故】

◉ 海子

海子（1964—1989 年），当代诗人。原名查海生，出生于安徽省安庆市怀宁县。海子在农村长大。1979 年 15 岁时考入北京大学法律系，1983 年自北大毕业后分配至中国政法大学哲学教研室工作。1982 年大学期间开始诗歌创作，1989 年 3 月 26 日在河北山海关附近卧轨自杀。短短的七八年间，海子创作了几百首优秀的抒情短诗和七部总名为《太阳七部书》的长诗作品。海子是伟大的抒情诗人，但他具有更宏大的诗歌抱负："我的诗歌理想是在中国成就一种伟大的集体的诗……我只想融合中国的行动成就一种民族和人类的结合，诗和真理合一的大诗。"①

◉ 海子的诗歌世界

海子是第三代诗人中游离于任何流派之外的孤独诗人。海子的诗歌世界非常复杂，显示出异于第三代诗人的创作风格。海子的抒情诗具有强烈而本色化的抒情品质，充满了神启式的灵悟意味，处处可见神秘的精神体验。同时又融合了现代主义的悲剧与死亡意识，对死亡的"倾心"是使他的作品焕发出神性与不朽力量的原因之一。海子的长诗是海子诗歌世界的重心，表达了一个天才诗人对历史、宇宙、生命的神性、哲学与艺术的理解，仍有许多未"破译"的部分有待发掘与研究。

【知新】

20 世纪 80 年代初期开始诗歌创作的海子，显示出了与同属于 60 年代出生的诗人的截然不同的创作特征，成为"第三代诗歌"浪潮中伟大抒情的个例。海子的诗歌朝向的是历史与内在。正如陈超所言："海子诗歌'开启'的向度却不是'未来'，毋宁说是'过去'；其诗歌的'标准'和'规范'也不是由'时代进步'的幻觉所透支的，而是朝向但丁、歌德、荷尔德林、莎士比亚以及浪漫主义经典诗歌的努力；而从精神维度上，海子也试图再造新时代的上下维度的信仰，指向精神空间而非世俗'时间'。"②在这种诗歌理想的指引下，海子不仅创作出了被称为"有新诗以来中国现代诗歌史上的一个奇迹"③的长诗《太阳七部书》，也在大量的抒情短诗创作中体现了历史、民族与乡土的厚重感。在《亚洲铜》中，"亚洲"与"铜"的结合充满了东方文化意蕴，种族记忆在这里复活。"亚洲铜"的意象也与海子诗中常见的"麦地"一样，深入中国乡村民族心理之根，获得了不朽的意义。

---

① 海子. 海子诗全编. 上海：上海三联书店，1997：889.
① 陈超. 海子论. 文艺争鸣，2007（10）：117.
② 燎原. 海子评传. 长春：时代文艺出版社，2006：184.

【切问】
1. 分析"亚洲铜"的象征意义。
2. 《亚洲铜》一诗的现代性表现在哪些方向？
3. 结合海子的诗歌理想，你如何看待海子的自杀？

【近思】
　　海子留下的诗歌遗产是一座尚待挖掘的宝库。请举办一场关于海子的诗歌阅读会，选择一首或多首诗谈谈你的理解，感受海子诗歌的深度抒情与复杂内涵。

乡　愁

余光中

小时候
乡愁是一枚小小的邮票
我在这头
母亲在那头

长大后
乡愁是一张窄窄的船票
我在这头
新娘在那头

后来啊
乡愁是一方矮矮的坟墓
我在外头
母亲在里头

而现在
乡愁是一湾浅浅的海峡

我在这头

大陆在那头

而未来

乡愁是一条长长的桥

我去那头

你来这头

（选自余光中．余光中．北京：人民文学出版社，2006）

【温故】

● 余光中

余光中（1928—　），台湾诗人、评论家。籍贯福建泉州市永春。生于江苏南京，故也自称"江南人"。1947年考入金陵大学外语系，其后又转入厦门大学。1948年随父母迁往香港，次年到台湾定居。1958年赴美留学，获美国爱荷华大学硕士学位。1974年到香港中文大学任教。现任台湾中山大学文学院院长。曾主编《蓝星周刊》和《现代文学》杂志，主要作品有诗集《梦与地理》《守夜人》《天狼星》《莲的联想》《白玉苦瓜》等，散文集《逍遥游》《望乡的牧神》《听听那冷雨》《凭一张地图》等，其诗歌代表作主要有《乡愁》《白玉苦瓜》等。

● 蓝星诗社与台湾现代诗

蓝星诗社是覃子豪、余光中等人于1954年成立的现代诗歌文学团体，并逐渐形成了蓝星诗群诗歌流派，代表诗人有余光中、覃子豪、钟鼎文、罗门、蓉子、夐虹等。蓝星诗社出版了《蓝星诗刊》《蓝星诗页》《蓝星年刊》等诗刊杂志，其基本倾向是标榜创作纯粹的自由诗，强调个性张扬和民族精神，在创作中既接受西方技巧又尊重传统，艺术取向较为稳健持重。蓝星诗社对台湾现代诗歌的发展发挥了重要的推动作用。

【知新】

"而未来／乡愁是一条长长的桥／我去那头／你来这头。"这是余光中老先生续写的《乡愁》第五段诗句，2007年3月于北师大珠海分校创作。20世纪70年代的一首《乡愁》脍炙人口，传诵海峡两岸，余光中也被冠以"乡愁诗人"的称号。近年来，他以古稀之年来往两岸达三四十次之多，意识到不能再写往日的"乡愁"了。"哪里还愁呢？全新的环境和全新的生活感受让我更愿意进行诗歌的纪实创作，于是，我将乡愁拐一个弯，创作出了一系列既源自于乡愁，又明显不同于昔日乡愁的诗歌作品。"

但是，正如余老先生所说："乡愁是一条不归路。""拐弯"过后那些物是人非、山川变幻而生出的无限感慨补充了"乡愁"的内涵，《乡愁》创作三十年后余老先生的续写也赋予了乡愁主题新的生命。

【切问】

1. 《乡愁》一诗为何具有感人的情感力量？
2. 有人将台湾的现代诗称为"台湾朦胧诗"，你认为合理吗？
3. 当代台湾诗歌与大陆诗歌的发展脉络呈现很大差异，你觉得在这背后有哪些方面的原因？

【近思】

请根据你对乡愁的理解，尝试续写第六段。

卖火柴的小女孩*

傅天虹

世上有许许多多的童话
我都读过
卖火柴的小女孩
使我流泪最多

小女孩哟

---

* 本诗原载于北京《诗刊》1982年第12期。

安徒生发现你
在大雪纷飞中
在大年夜的黑暗角落
他把炽热的感情
注入你凄凉的心窝
他让你借助火柴光的一闪
看见了圣诞树上的烛火
看见了填满果酱的烤鹅
看见了慈爱的
唯一疼你的老祖母
看见了光明而又温暖的
天国生活

你含笑倒下了
眼泪流成了一条河
流入我的童年的梦境
流来你的悲歌
我们夜夜相见哟
也不知道
我梦你
还是你梦我
也许是安徒生爷爷
派你来找我
我也没有妈妈呀
我也想借助神奇的火柴
在它美丽的光焰中
看清妈妈模糊的轮廓

可我是不会倒下的
因为我知道
从来没有见过面
远去台湾的妈妈呀

一定希望我

在人世间顽强活着……

世上有许许多多童话

我都读过

卖火柴的小女孩

使我流泪最多

（选自傅天虹．傅天虹诗存．北京：作家出版社，2008）

【温故】

● 傅天虹

　　傅天虹（1947— ），本名杨来顺，祖籍安徽，生于南京。两岁时，父母去台湾，被寄养于外祖父处，1983年移居香港。香港广大学院文学学士、美国世界文化艺术学院荣誉文学博士。自幼酷爱写诗，大陆版《中国文学通史》、香港版《香港文学史》等多部辞书均有专节介绍。1987年，诗人创办大型诗学杂志《当代诗坛》，多年来一直致力于"汉语新诗"和"中生代"的命名研究与诗学视野的建构，其创作与文化活动跨越两岸四地，是一位著名的诗人、学者、出版家和社会活动家。现任北师大珠海分校国际华文文学发展研究所名誉所长，当代诗学研究中心主任，文学院教授。

● 《卖火柴的小女孩》

　　《卖火柴的小女孩》是丹麦著名诗人、作家安徒生的作品，最早发表于1845年。其创意源自于作家从隆拜耶的一幅画上得到的灵感：那幅画画的是一个伸手乞讨的小女孩，手里托着一把火柴，画上有一句这样的话："尽你可能给点儿吧！"

　　该童话主要讲述了一个卖火柴的小女孩大年夜在街头凄凉死去的故事，死去前她划亮了身上所有的火柴，在火光里，她先后看见了香喷的烤鸭，美丽的圣诞树，疼爱自己的外婆。这篇作品是安徒生"融幻想于现实"类童话的代表作。

【知新】

　　傅天虹是一位多年致力于"汉语新诗"相关研究的诗人与学者，关于"汉语新诗"这一概念的优势，诗人曾总结如下：

　　第一，它避免了白话新诗这样一种非正式的、命意上有明显重复的缺憾，以一种学术的严整和科学性体现出一种以现代汉语操作的新诗的本质特征。第二，它避免了中国新诗之类的命名对中国以外甚至是中国以内的台港澳诗歌的人为排斥，在汉语文化共同体的意义上给予新诗以稳定的文化定位。第三，它避免了汉语旧体诗在现代和当代的复现模糊地带，避免了含混地容纳进相关概念的尴尬，例如现代诗歌，当代诗歌，现代汉语诗歌等等概念。汉语新诗的命名有助于整合汉语文化圈的地域中心主义，从而将汉语文化理解成一个没有政治边际的文化共同体。[①]

【切问】

1. 文学创作一般很忌讳雷同，可作者为什么选一则童话的名称作为自己诗歌的题目？结合原文，谈谈你的理解。
2. 诗歌最后一句写道"卖火柴的小女孩，使我流泪最多"，作者为什么会流泪？为什么这个作品使他流泪"最多"？

【近思】

1. 鉴赏诗人的另一首小诗《残雪》，试从自己视角谈谈诗人与生活、生命之间的关系。

残　雪

金鱼缸破裂于偶然
失去形状的水
流浪
成了唯一的语言

2. 请寻找中国不同时期其他有关母亲的文学作品，尝试从文学视角思考母亲在中国文化中有何特殊的地位或含义。

二十岁

于　坚

二十岁是一只脏足球从玻璃窗飞进来又跳到床上弹起来落下去
在臭袜子黑枕头通洞的内裤和几本黄色杂志里滚几下就不动了

[①] 傅天虹. 对"汉语新诗"概念的几点思考——由两部诗选集谈起. 暨南学报（哲学社会科学版），2009(1)：42—43.

呼噜呼噜大睡挨着枕头就死掉了没有梦醒过来已是下午三点半
　二十岁是一棵非常年轻的树在阳光中勃起向天空喷射着绿叶
　是隔着牛仔裤的千千万万次冲动是灵魂出窍的爱是狼嚎
　想垮掉想疯掉想砸烂想撕裂想强奸想脱得精光想拥抱着但不想死去
　一次次年轻的性交在四月的天空中被迫成为见不得人的手淫
　一个个伟大的念头在钢筋水泥的世界里碰成一颗血淋淋的脑壳
　二十岁充满汁液充满肌肉充满爆发有一万次机会的二十岁
　我的年轻我的令少女们发抖我的使世界失去安全感的好时光
　我骂拿破仑是杂种拍着上帝的肩头宣布要和他老婆睡觉
　那年代每个二十岁都是一个大王一个将军一个司令一个皇帝
　二十岁有一个军团的希特勒有十颗原子弹有十万条枪足以攻打全世界
　那时候打就打了杀就杀了干就干了无所顾忌赢了也说不定啊
　二十岁世界多大啊多陌生啊多不得了啊路多得你数也数不清了
　二十岁没有领土没有官衔没有存折没有风度没有病历本
　二十岁胡思乱想从非洲驰骋到西伯利亚坚信着总有一天
　敢想不能干能说不得做世界的大餐桌上没有二十岁的座次
　大骂这个老态龙钟的国家这个世故保守的国家这个喜欢当爹的国家
　终于有一天你发现二十岁的花蛋糕已吃光掉才明白世界并不当你一回事
　只得开步走只有两条腿属于你走也得走不走也得走
　愣头愣脑糊里糊涂懵懵懂懂胡说八道一头撞在铁上
　你发现这条路是你最不愿意走的那一条最不喜欢的那一条
　没办法啊是你自己的脚把你的足球踢出去落下去了
　踢就踢了落就落了人生不可能老悬在脚上总得落个实处
　只是有些感伤有些遗憾茫然二十岁本来有更多的名堂
　只剩下些流行歌曲只剩下些青春诗句只有些麦地玫瑰月光

1983 年

（选自于坚. 于坚的诗. 北京：人民文学出版社，2000）

【温故】

● 于坚

　　于坚（1954—　），当代诗人。云南昆明人，1984年毕业于云南大学中文系，现于云南师范大学文学院任教，云南作家协会副主席。大学期间开始诗歌创作，1985年与韩东等人合办诗刊《他们》，积极参加20世纪80年代的诗歌运动。1986年发表成名作《尚义街六号》。于坚是"第三代诗歌"的代表诗人之一，诗集主要有《诗六十首》《对一只乌鸦的命名》《一枚穿过天空的钉子》《便条集》等，代表作品主要有《尚义街六号》《零档案》《对一只乌鸦的命名》等。

● 第三代诗

　　"第三代诗"即"第三代诗人"创作的诗歌。所谓"第三代诗人"，是相对于1949—1976年间的第一代诗人和以朦胧诗为代表的第二代诗人而言的，泛指朦胧诗以后到20世纪90年代这段时间出现的一批诗人。第三代诗也被称为新生代诗、后朦胧诗、后新诗潮。第三代诗歌流派众多，影响较大的有"非非主义""他们"文学社、莽汉主义等。第三代诗歌显示出"反诗"的美学追求，多用平白如话的语言表达平民的日常生活与情感体验，表现出反崇高、反英雄、反理性、反文化的倾向。代表人物有周伦佑、韩东、于坚、李亚伟等。

【知新】

　　"每一个时代都有自己的诗歌精神"，于坚倍感传统诗歌精神的压抑与窒息，决然地走向了恢复诗歌的个人本质和重建诗歌精神的道路。他坚持民间立场，随心所欲地用平白如话的语言书写最普通的日常生活，却于简单中见深刻。正如唐晓渡所言："深刻与浅薄、幽默与油滑、纯粹与简单、复杂与芜杂之间似乎消失了清晰可辨的表面界限，而诸如采用口语化、砥砺机锋；提炼警句、刻画'诗眼'与否，也统统成为第二义的问题。诗人如同走钢丝一样，在生命和语言之间保持着一种必要的张力。"[①] 在这个意义上，诗性在于坚这里得以重铸。然而，于坚的诗学思想又是相当庞杂且不系统的，其无所羁绊的语言与思维给读者的理解造成了困难。因此在读于坚的诗时，也需要对其简易直白的话语进行鉴别，寻找语言背后的真实意义。崔修建就此指出，读者"需要在那些他试图用最简单的语言概括相当复杂的事实，从而在强调了某一方面事实而遮蔽了其他方面事实的偏

---

① 唐晓渡. 一种启示：于坚和他的诗. 文艺报，1987（18）：7.

激或带有明显漏洞的叙述之中，分辨出他真实的所指，而不能陷入他的能指与所指分离的泥淖。"①

【切问】
1. 于坚描述的二十岁与你以往阅读经验里的二十岁有什么区别？
2. 有人评价于坚的诗为"平淡的深刻"，结合本诗谈谈你的理解。

【近思】
　　以于坚为代表的诗人的创作在价值取向与语言形式方面都颠覆了之前的朦胧诗，从教材所选诗歌中你可以解读出于坚及其所代表诗人具有怎样的文化心态？

---

② 崔修建. 中国先锋诗歌批评研究. 北京：中国社会科学出版社，2013：228.

散 文

李将军列传（节选）

司马迁

匈奴大入上郡，天子使中贵人从广勒习兵击匈奴[1]。中贵人将骑数十纵[2]，见匈奴三人，与战。三人还射，伤中贵人，杀其骑且尽。中贵人走广[3]。广曰："是必射雕者也。[4]"广乃遂从百骑往驰三人。三人亡马步行[5]，行数十里。广令其骑张左右翼，而广身自射彼三人者，杀其二人，生得一人，果匈奴射雕者也。已缚之，上马，望匈奴有数千骑，见广，以为诱骑，皆惊，上山陈[6]。广之百骑皆大恐，欲驰还走。广曰："吾去大军数十里，今如此以百骑走，匈奴追射我立尽。今我留，匈奴必以我为大军诱之[7]，必不敢击我。"广令诸骑曰："前！"前，未到匈奴陈二里所，止。令曰："皆下马解鞍！"其骑曰："虏多且近，即有急，奈何？"广曰："彼虏以我为走，今皆解鞍以示不走，用坚其意[8]。"于是胡骑遂不敢击。有白马将出护其兵[9]，李广上马与十余骑犇射杀胡白马将[10]，而复还至其骑中，解鞍，令士皆纵马卧[11]。是时会暮，胡兵终怪之，不敢击。夜半时，胡兵亦以为汉有伏军于旁，欲夜取之，胡皆引兵而去。平旦[12]，李广乃归其大军。大军不知广所之，故弗从[13]。

居久之，孝景崩，武帝立[14]，左右以为广名将也，于是广以上郡太守为未央卫尉[15]，而程不识亦为长乐卫尉[16]。程不识故与李广俱以边太守将军屯[17]，及出击胡，而广行无部伍行阵[18]，就善水草屯[19]，舍止[20]，人人自便，不击刁斗以自卫[21]，莫府省约文书籍事[22]，然亦远斥候[23]，未尝遇害。程不识正部曲行伍营陈[24]，击刁斗，士吏治军簿至明[25]，军不得休息，然亦未尝遇害。不识曰："李广军极简易，然虏卒犯之，无以禁也[26]；而其士卒亦佚乐[27]，咸乐为之死[28]。我军虽烦扰，然虏亦不得犯我。"是时汉边郡李广、程不识皆为名将，然匈奴畏李广之略[29]，士卒亦多乐从李广而苦程不识。程不识孝景时以数直谏为太中大夫[30]。为人廉，谨于文法[31]。

后，汉以马邑城诱单于[32]，使大军伏马邑旁谷，而广为骁骑将军，领属护军将军[33]。是时单于觉之，去，汉军皆无功[34]。其后四岁[35]，广以卫尉为将军，出雁门击匈奴[36]。匈奴兵多，破败广军，生得广。单于素闻广贤，令曰："得李广必生致之[37]！"胡骑得广，广时伤病，置广两马间，络而盛卧广[38]。行十余里，广佯死，睨其旁有一胡儿骑善马[39]，广暂腾而上胡儿马[40]，因推堕儿，取其弓，鞭马南驰数十里，复得其余军，因引而入塞[41]。匈奴捕者，骑数百追之，广行取胡儿弓[42]，射杀追骑，以故得脱。于是至汉。汉下广吏[43]，吏当广所失亡多[44]，为虏所生得，当斩，赎为庶人[45]。

顷之[46]，家居数岁。广家与故颍阴侯孙屏野居蓝田南山中射猎[47]。尝夜从一骑出，从人田间饮。还至霸陵亭[48]，霸陵尉醉[49]，呵止广。广骑曰："故李将军。"尉曰："今将军尚不得夜行，何乃故也[50]！"止广宿亭下。居无何[51]，匈奴入，杀辽西太守[52]，败韩将军[53]，韩将军后徙右北平[54]。于是天子乃召拜广为右北平太守。广即请霸陵尉与俱，至军而斩之。广居右北平，匈奴闻之，号曰"汉之飞将军"，避之数岁，不敢入右北平。

广出猎，见草中石，以为虎而射之，中石没镞[55]，视之石也。因复更射之，终不能复入石矣。广所居郡闻有虎，尝自射之。及居右北平，射虎，虎腾伤广，广亦竟射杀之。

广廉，得赏赐辄分其麾下[56]，饮食与士共之。终广之身，为二千石四十余年[57]，家无余财，终不言家产事。广为人长，猿臂[58]，其善射亦天性也。虽其子孙他人学者，莫能及广。广讷口少言[59]，与人居则画地为军陈，射阔狭以饮[60]。专以射为戏，竟死[61]。广之将兵，乏绝之处[62]，见水，士卒不尽饮，广不近水；士卒不尽食，广不尝食。宽缓不苛，士以此爱乐为用[63]。其射，见敌急，非在数十步之内，度不中不发，发即应弦而倒。用此[64]，其将兵数困辱，其射猛兽亦为所伤云。

……

太史公曰：传曰："其身正，不令而行；其身不正，虽令不从。"[65] 其李将军之谓也！余睹李将军，悛悛如鄙人[66]，口不能道辞[67]。及死之日，天下知与不知，皆为尽哀。彼其忠实心诚信于士大夫也[68]。谚曰："桃李不言，下自成蹊[69]。"此言虽小，可以谕大也[70]。

（选自司马迁．史记．中华书局，1982）

【注释】

[1] 天子：指汉景帝。中贵人：宫中贵人，指皇帝宠幸的太监。勒：受部勒，受约束。习兵：习军事。

[2] 纵：纵马驰骋。

[3] 走广：逃奔到李广处。

[4] 雕：猛禽，飞翔迅速，非善射者不能得。

[5] 亡：失，丢掉。

[6] 陈：通"阵"，这里作布置阵地解。

[7] 为大军诱之：给自己大军来引诱他们中埋伏的。

[8] 用坚其意：以不走来坚定胡骑的猜疑，以为我们是诱骑。

[9] 白马将：骑白马的胡将。

[10] 犇：同"奔"。

[11] 纵马卧：把马匹放开，各自就地躺下。

[12] 平旦：天刚亮时。

[13] 从：跟从接应。

[14] 武帝：景帝子彻，在位五十四年（公元前141—前87年）。

[15] 未央卫尉：未央宫（皇帝所居）禁卫军的长官。

[16] 长乐卫尉：长乐宫（太后所居）禁卫军的长官。

[17] 故：旧时，从前。边太守：边郡太守。将军屯：掌管军队驻防的事。将，将领，掌管。屯，驻防。

[18] 部伍行（háng）阵：部队的编制和军队的行列阵势。

[19] 善水草：水草好的地方。

[20] 舍止：留居、留宿。

[21] 刁斗：铜锅。行军时白天用来炊饭，夜里敲着它巡更。

[22] 莫：通"幕"。幕府，将帅驻扎的大帐幕，引申为将帅的办事处。省约文书籍事，简化文书簿籍等事项。

[23] 远斥候：远远地布置哨兵。斥候，侦察候望，指哨兵。一说，远斥候指李广率部远离边塞警戒线而深入敌境。

[24] 正：整齐划一。部曲：古时军队编制有部，部下分曲。陈：通"阵"。

[25] 治军簿至明：办理军事文书直到天亮。

[26] 卒：同"猝"，突然。这两句说，然而敌人突然侵袭也不能制服他。一说，这两句意谓，但敌人仓猝来犯他无法抵御。

[27] 佚乐：同"逸乐"。

[28] 咸乐句：都心甘情愿替他拼命。

[29] 略：策略。

[30] 太中大夫：掌议论的官。

[31] 谨于文法：严格执行文书法令。

[32] 马邑：在今山西朔县。武帝元光二年（公元前133年），汉朝派马邑人聂壹去诱单于，自称愿给单于做内应。单于相信了他，带十万骑兵进攻马邑。

[33] 而广为二句：骁骑和护军都是将军的头衔。当时韩安国为护军将军，是主将。领属护军将军，指李广受韩安国的指挥。

[34] 是时三句：当时匈奴单于抓住一个汉朝的尉吏（武官），从他口里知道汉兵埋伏在山谷中，随即退回。汉人发觉以后，发兵去追，没有追着。

[35] 其后四岁：汉武帝元光六年（公元前129年）。

[36] 雁门：关名，在今山西代县西北。

[37] 生致之：把活的抓来。

[38] 络：用绳结成的网。盛：放。这句说，把李广放在网络里躺着，搭在两马之间。

[39] 睨（nì）：斜视。

[40] 暂：突然。

[41] 塞（sài）：边关。

[42] 行取：且行且取。

[43] 下广吏：把李广交给执法官审问。

[44] 当（dàng）：判决。

[45] 赎为庶人：纳金赎罪，免去死刑，降为平民。

[46] 顷之：不久。

[47] 故颍阴侯孙：已故的颍阴侯灌婴之孙名强。屏野：退隐田野。蓝田南山：今陕西蓝田终南山，为当时朝贵退休之地。

[48] 霸陵：汉县名，在今陕西省长安县东。亭：驿亭。

[49] 尉：主办盗贼的地方官吏。

[50] 今将军二句：现任将军也不得犯禁夜行，何况是退职的呢！

[51] 居无何：过时不久。

[52] 匈奴二句：匈奴军侵入汉境，杀害了辽西太守。事在汉武帝元朔元年（公元前128年）。

[53] 韩将军：指韩安国，时驻守渔阳（今北京密云县西南）。

[54] 右北平：郡名，今河北蓟县以东，以及辽宁部分地区。

[55] 中石没镞：射中石头，箭头全部陷入石内。镞，箭头。

[56] 麾（huī）下：部下。

[57] 为二千石句：指为二千石级（太守、郎中令等）的长官四十余年。

[58] 猨：同猿。古代传说，有通臂猿，其两臂可通过肩部而自由伸缩，使两臂长度集中到一边来。猿臂，喻两臂像猿臂那样灵活。

[59] 讷口：说话迟钝。

[60] 射阔狭以饮：比较射程的远近来赌酒。

[61] 竟死：一直到死。

[62] 广之将兵二句：李广统率军队，遇到粮食缺乏、水源断绝的地方。

[63] 爱乐为用：爱戴李广而乐于为他所用。

[64] 用此：因此。

[65] 其身正四句：孔子语，见《论语·子路篇》。

[66] 悛（xún）悛：通"恂恂"，诚谨貌。鄙人：乡野的人。

[67] 不能道辞：不善于说话。

[68] 彼其句：他那忠实的思想品德却能使士大夫信任。

[69] 桃李二句：桃李不能言语，但华实并茂，引起人们的爱慕，把它下面的泥土踩成一条条的小路。蹊（xī），小路。

[70] 谕：通"喻"。

（注释参选朱东润. 中国历代文学作品选［上编第二册］. 上海：上海古籍出版社，1979）

【温故】

● 司马迁

司马迁（前145年—？），字子长，夏阳（今陕西韩城）人。司马迁的父亲司马谈曾任太史令，通晓诸子学术，著有《论六家要旨》。家学渊源对司马迁影响极深，使司马迁具有极高的史料理解和鉴别能力，司马迁年轻时曾到东南之地漫游，这加深了其对历史的理解和认识。司马谈逝世后，司马迁继任太史令，并继承父亲的遗志，开始《史记》的写作，意欲继承古代史学传统，"究天人之际，通古今之变，成一家之言"（《报任安书》）。在李陵投降匈奴之后，司马迁为李陵辩解却被捕入狱，施以官刑，司马迁的修史动机也因此有所改变，认为包括他自身在内的许多人写作都是为了抒发遭受磨难后内心的抑郁不平。因此，《史记》人物传记中多融入作者身世之叹，磊落而多感慨，在史传中别具一格，是一部具有丰富情感内涵的通史。

● 史记

《史记》原名《太史公书》，是中国历史上第一部纪传体通史。全书一百三十篇，包括十二本纪、十表、八书、三十世家、七十列传五个部分。"本纪"是历代帝王的历史大事纪，是全书的纲领；"表"是记录诸侯帝王列国间的大事，是全书叙事的补充；"书"是有关经济、文化、天文、历法等方面的专门叙述；"世家"主要涉及贵族王侯的历史；"列传"是不同阶层、不同类型，但卓越有才、对社会产生重要影响的人物的传记。记载上自黄帝、下至汉武帝长达三千年的历史。《史记》规模巨大，体系完备，具有"不虚美不隐恶"的实录精神，对此后的史书编写产生了巨大的影响。《史记》同时又是一部文学巨著。它对人物形象的刻画鲜明生动，具有个性特征，对复杂历史事件的叙写深邃宏阔，形成"雄深雅健"的风格。鲁迅先生在他的《汉文学史纲要》一书中称赞《史记》是"史家之绝唱，无韵之离骚"。

【知新】

本篇记述的是汉代名将李广的生平事迹。李广一生与匈奴战斗七十余次，常常以少胜多，险中取胜，以至匈奴人闻名丧胆，称之为"飞将军"。李广治军简易、体恤士卒，对士兵从不苛刻，他与士卒同甘共苦的作风，深得将士们的敬佩。司马迁善于抓住人物的主要特征来突出人物形象，文中具体叙述了李广百步穿杨消灭匈奴射雕手，受伤被俘而能从匈奴手中佯死逃脱，以石为虎、射虎而矢入石，治军简易而士兵未尝遇害，与士兵同甘共苦等事迹。作者将正面描写、侧面衬托与反面对比相结合，为读者呈现出了一个英勇善战、胆识过人、智谋超群、廉洁爱兵的英雄形象。

司马迁对李广称赞有加，引用"其身正，不令而行；其身不正，虽令不从""桃李不言，下自成蹊"等句来肯定李广高尚的品质。但司马迁没有刻意隐藏李广的性格弱点，如实记载了李广斩首霸陵尉这一事件，给读者展示了李广气量小的一面。这是一种"不虚美，不隐恶"的"实录"精神，即班固在《汉书·司马迁传》中所评价的："迁有良史之材，服其善序事理，辨而不华，质而不俚，其文直，其事核，不虚美，不隐恶，故谓之实录。"①

李广抗击匈奴功高却难以封侯，年逾花甲仍请缨杀敌，却被迫自刎而死。司马迁在李广身上感受到历史和人生的不确定、不公平，因此在立传的时候，注入了深切的同情。《史记》全书具有浓郁的悲剧气氛，刻画了一大批各种类型的悲剧人物形象。"这些人物还都有一种慷慨悲壮的色彩。他们为了事业，为了功名，为了某种道德观念，而不怕挫折，不怕困辱，不惜以身殉'功名'，以身殉'事业'。"②朱光潜先生曾说："悲剧全在于对灾难的反抗。"③司马迁笔下的李广正是一位命运的顽强抗争者，他不惜以身殉事业，体现出一种强大的精神力量和一种不可阻遏的壮烈气势。

【切问】

1. 文中记载了许多李广的生平事件，最打动你的是哪一件？为什么？
2. 司马迁善于抓住人物的主要特征来突出人物形象，文中突出了李广善射的特点，请具体分析作者是怎样塑造一位"神射手"的？
3. 阅读《史记》中《李将军列传》全文，说说造成李广的命运悲剧的原因有哪些？

【近思】

1. 《史记》从文学角度将人物塑造得非常成功，于是有人说，《史记》中因为有文学描写，只能当作文学读，不能当信史，你怎么看？结合《李将军列传》以及你所读过的《史记》中其他作品，谈谈历史真实与文学诗意的关系。
2. 李广的命运在历代文人中都能激起共鸣，请找出历代描写李将军或使用李广典故的诗词作品，分析其中李广的形象具有什么共同点。

---

① 班固. 汉书. 北京：中华书局，2007.
② 韩兆琦. 司马迁的审美观. 北京师范大学学报，1982（2）：10.
③ 朱光潜. 悲剧心理学. 北京：中华书局，2012：203.

与山巨源绝交书

嵇 康

康白：足下昔称吾于颍川[1]，吾常谓之知言[2]。然经怪此意[3]，尚未熟悉于足下，何从便得之也。前年从河东还[4]，显宗阿都[5]，说足下议以吾自代，事虽不行，知足下故不知之[6]。足下傍通[7]，多可而少怪[8]。吾直性狭中[9]，多所不堪，偶与足下相知耳，间闻足下迁[10]，惕然不喜[11]，恐足下羞庖人之独割，引尸祝以自助[12]，手荐鸾刀[13]，漫之膻腥[14]，故具为足下陈其可否[15]。

吾昔读书，得并介之人[16]，或谓无之，今乃信其真有耳。性有所不堪，真不可强；今空语同知有达人无所不堪[17]，外不殊俗，而内不失正，与一世同其波流，而悔吝不生耳[18]。老子庄周，吾之师也，亲居贱职[19]，柳下惠、东方朔，达人也，安乎卑位[20]，吾岂敢短之哉[21]。又仲尼兼爱[22]，不羞执鞭[23]，子文无欲卿相[24]，而三登令尹[25]，是乃君子思济物之意也[26]。所谓达能兼善而不渝[27]，穷则自得而无闷，以此观之，故尧舜之君世[28]，许由之岩栖[29]，子房之佐汉[30]，接舆之行歌[31]，其揆一也[32]。仰瞻数君，可谓能遂其志者也[33]。故君子百行，殊途而同致，循性而动，各附所安，故有处朝廷而不出，入山林而不反之论[34]。且延陵高子臧之风[35]，长卿慕相如之节[36]，志气所托，不可夺也[37]。

吾每读尚子平臺孝威传[38]，慨然慕之，想其为人。少加孤露[39]，母兄见骄[40]，不涉经学，性复疏懒，筋驽肉缓，头面常一月十五日不洗，不大闷痒，不能沐也[41]。每常小便，而忍不起，令胞中略转乃起耳[42]。又纵逸来久，情意傲散，简与礼相背，懒与慢相成[43]，而为侪类见宽[44]，不攻其过。又读庄、老，重增其放，故使荣进之心日颓[45]，任实之情转笃[46]。此由禽鹿少见驯育[47]，则服从教制，长而见羁，则狂顾顿缨[48]，赴蹈汤火，虽饰以金镳[49]，飨以嘉肴，逾思长林而志在丰草也[50]。

阮嗣宗口不论人过，吾每师之，而未能及，至性过人，与物无伤，唯饮酒过差耳[51]；至为礼法之士所绳[52]，疾之如仇[53]，幸赖大将军保持之耳[54]。吾不如嗣宗之资[55]，而有慢弛之阙，又不识人情，闇于机宜[56]；无万石之慎[57]，而有好尽之累[58]，久与事接，疵衅日兴[59]，虽欲无患，其可得乎？

又人伦有礼[60]，朝廷有法，自惟至熟[61]，有必不堪者七，甚不可者二：卧喜晚起，而当关呼之不置[62]，一不堪也；抱琴行吟，弋钓草野[63]，而吏卒守之，不得妄动，二不堪也；危坐一时，痹不得摇[64]，性复多虱，把搔无已[65]，而当裹以章服[66]，揖拜上官，三不堪也；素不便书[67]，又不喜作书，而人间多事，堆案盈机[68]，不相酬答，则犯教伤义，欲自勉强，则不能久，四不堪也；不喜吊丧，而人道以此为重，已为未见恕者所怨[69]，至欲见中伤者，虽惧自责[70]，然性不可化[71]，欲降心顺俗[72]，则诡故不情[73]，亦终不能获无咎无誉如此[74]，五不堪也；不喜俗人，而当与之共事，或宾客盈坐，鸣声聒耳[75]，嚣尘臭处[76]，千变百伎[77]，在人目前，六不堪也；心不耐烦，而官事鞅掌[78]，机务缠其心[79]，世故繁其虑，七不堪也。又每非汤武而薄周孔[80]，在人间不止，此事会显[81]，世教所不容[82]，此甚不可一也；刚肠疾恶，轻肆直言[83]，遇事便发，此甚不可二也。以促中小心之性[84]，统此九患，不有外难，当有内病，宁可久处人间邪？又闻道士遗言：饵术黄精[85]，令人久寿。意甚信之；游山泽，观鱼鸟，心甚乐之；一行作吏，此事便废，安能舍其所乐，而从其所惧哉[86]？

夫人之相知，贵识其天性[87]，因而济之[88]。禹不偪伯成子高，全其节也[89]。仲尼不假盖于子夏，护其短也[90]。近诸葛孔明不偪元直以入蜀[91]，华子鱼不强幼安以卿相[92]，此可谓能相终始[93]，真相知者也。足下见直木必不可以为轮[94]，曲木不可以为桷[95]，盖不欲以枉其天才[96]，令得其所也。故四民有业[97]，各以得志为乐，唯达者为能通之[98]，此足下度内耳[99]。不可自见好章甫，强越人以文冕也[100]；已嗜臭腐，养鸳雏以死鼠也[101]。吾顷学养生之术，方外荣华[102]，去滋味[103]，游心于寂寞[104]，以无为为贵。纵无九患[105]，尚不顾足下所好者；又有心闷疾，顷转增笃[106]，私意自试[107]，不能堪其所不乐，自卜已审[108]，若道尽途穷则已耳，足下无事冤之[109]，令转于沟壑也[110]。

吾新失母兄之欢，意常凄切，女年十三，男年八岁，未及成人，况复多病，顾此恨恨[111]，如何可言！今但愿守陋巷，教养子孙，时与亲旧叙离阔[112]，陈说平生，浊酒一杯，弹琴一曲，志愿毕矣。足下若嬲之不置[113]，不过欲为官得人，以益时用耳[114]；足下旧知吾潦倒粗疏[115]，不切事情，自惟亦皆不如今日之贤能也[116]。若以俗人皆喜荣华，独能离之，以此为快，此最近之[117]可得言耳。然使长才广度[118]，无所不淹[119]，而能不营[120]，乃可贵耳。若吾多病困，欲离事自全，以保余年，此真所乏耳[121]，岂可见黄门而称贞哉[122]？若趣欲共登王途[123]，期于相致[124]，时为欢益[125]，一旦迫之，必发其狂疾，自非重怨，不至于此也[126]。

野人有快炙背而美芹子者，欲献之至尊[127]，虽有区区之意，亦已疏矣[128]。愿足下勿似之，其意如此，既以解足下[129]，并以为别。嵇康白[130]。

(选自嵇康撰，戴明扬校注．嵇康集校注．中华书局，2014)

【注释】

[1] 称：称扬，指称扬嵇康不愿出仕。颍川：山涛叔父山嶔曾为颍川太守，古代常以某人的任职地名、籍贯、官名等作为某人的代称，此颍川即指山嶔。

[2] 知言：相知之言。

[3] 经：常常。此意：嵇康不愿出仕的意志。

[4] 河东：黄河流经山西西境，在河以东的地区称河东。

[5] 显宗：公孙崇，字显宗，谯国人，曾为尚书郎。阿都：吕安，字仲悌，小名阿都，东平人，与嵇康为至交。

[6] 知足下句：知道你原来并不了解我。故：原来。

[7] 傍通：这里是善于应变的意思。

[8] 多可句：多所许可少所怪责，指对人宽容大度。

[9] 狭中：指心地狭窄。

[10] 间闻句：指山涛从吏部郎（选曹郎）迁为大将军从事中郎。一说，迁散骑常侍。间，近来。迁，调动官职。

[11] 惕然：恐惧貌。

[12] 恐足下二句：恐怕山涛推荐自己出去做官，好像厨子硬要拉尸祝去代庖一样。庖人，厨子。尸祝，祭祀时读祝辞的人。《庄子·逍遥游》："庖人虽不治庖，尸祝不越樽俎而代之矣。"

[13] 荐：举。鸾刀：祭祀时割牺牲用的环上有铃的刀。

[14] 漫：污染。以上两句是说，使我手执屠刀，也沾上一身膻腥气。

[15] 本段叙述所以要写信给山涛的原因是怕他推荐自己做官。

[16] 并：指兼济天下。介：指耿介孤直。并介之人，指既能兼济天下又是耿介孤直的人。

[17] 今空语二句：现在空话说有一种于世事无所不堪的通达的人。

[18] 外不殊俗四句：外表上跟一般俗人没有两样，而内心仍能保持自己的主张，能够与世浮沉而没有什么遗恨。

[19] 老子三句：老子，姓李名耳，为周朝的柱下史、守藏史。庄子，名周，为

宋国蒙县漆园吏，二人职位都很低。

[20] 柳下惠三句：柳下惠，姓展名禽，春秋时鲁国人。居柳下，卒谥惠，故曰柳下惠，为鲁士师。《孟子·公孙丑》中曾说他"不卑小官，遗佚而不怨，厄穷而不悯"。东方朔，汉武帝时人，《汉书·东方朔传》说他为侍郎，曾"著论设客难己，用位卑以自慰谕"。

[21] 短：轻视。

[22] 仲尼：孔子的字。兼爱：谓博爱无私。

[23] 这句是说，不以担任执鞭的贱职为羞。《论语·述而》："子曰：富而可求也，虽执鞭之士，吾亦为之。"

[24] 子文：春秋时楚国人。姓斗，名谷於菟。无欲卿相：不想做卿相。

[25] 三登令尹：令尹，官名，春秋时楚国执政的上卿。《论语·公冶长》："令尹子文，三仕为令尹，无喜色；三已之，无愠色。"

[26] 济物：济世。

[27] 不渝：不改变。

[28] 君世：为君于世。君，做动词用。

[29] 许由：尧时的隐士。尧要把天下传给他，他不肯接受，就到箕山之下去隐居。岩栖：隐居山林。

[30] 子房：张良，字子房，曾帮助汉高祖刘邦平定天下。

[31] 接舆：春秋时楚国的隐士。孔子游宦到楚国，接舆唱着讥刺孔子的歌走过孔子的车前。

[32] 揆：道。指以上这些人的处世之道是一致的，都是顺乎本性。

[33] 遂其志：实现心愿。遂，从。

[34] 故有二句：《韩诗外传》："朝廷之士为禄，故入而不出；山林之士为名，故往而不返。"反，通"返"。

[35] 延陵：地名，今江苏武进。吴季札居其地，人称延陵季子。这里"延陵"即指季札。高子臧之风：以子臧的作风为高。"高"做动词用。子臧，曹国公子欣时。曹宣公卒，曹人欲立欣时为君，欣时拒不接受。季札贤，其父兄欲立为嗣君，季札自比曹公子子臧，拒不接受。

[36] 长卿句：《史记·司马相如传》："司马相如字长卿，其亲名之犬子。相如既学，慕蔺相如之为人，更名相如。"节，气概。

[37] 夺：改变。

[38] 尚子平：有道术，为县功曹，休归，自入山担薪，卖以供食饮。《后汉书·逸民传》作"向子平"，记他于儿女婚姻事毕后，对家务不再过问，肆意游五岳名山，不知所终。臺孝威：名佟，隐居武安山，凿穴而居，采药为业。（见《后汉书·逸民传》）

[39] 孤露：谓父母俱无，无所荫庇。

[40] 母兄：同母兄，指嵇喜。见骄：谓为母兄所溺爱而骄纵。

[41] 性复疏懒五句：骛，迟钝。缓，松弛。沐，洗发。能，通"耐"，不耐，即不愿。

[42] 每常小便三句：小便常常忍到使膀胱胀得几乎转动，才起身去便。胞，原为胎衣，这里指膀胱。

[43] 简与礼二句：指行为简慢失礼。简，简略。背，违背。慢，怠慢。

[44] 侪类：指朋辈。

[45] 颓：低落，减弱。

[46] 任实：指放任本性。转笃：加强。

[47] 禽：古代对鸟兽的通称。一说，禽，通"擒"。驯育：驯服养育。

[48] 狂顾：急剧地转头张望。顿：绝去。缨：绳索。

[49] 镳（biāo）：马勒旁的铁，即马衔。

[50] 本段是说人各有志，不可相强，自己赋性疏懒，对做官不感兴趣。

[51] 过差：犹过度。一说，过差谓过失。

[52] 绳：做动词用，纠人之失曰"绳"。何曾曾在司马昭面前说阮籍任性放荡，坏礼伤教，宜投之四裔，以絜王道。司马昭说，他素来病弱，应当宽恕。

[53] 疾：憎恨。

[54] 大将军：指司马昭。保持：犹保护。

[55] 资：材量。

[56] 机宜：随机应付的方法。

[57] 万石：汉代石奋历事高祖、文帝、景帝，以谨慎著称，奋及四子皆官至二千石，合为万石，故汉景帝号奋为万石君。

[58] 好尽：尽情而言，不知忌讳。累：过失。

[59] 疵：缺点。衅（xìn）：仇隙。

[60] 人伦：指君臣、父子、夫妇、兄弟、朋友之间的一定关系。

[61] 惟：思。熟：精详。

[62] 当关：守门的人。

[63] 弋（yì）：用拖着绳子的箭射取禽鸟。这里即射禽鸟的意思。

[64] 危坐二句：危坐，端端正正地坐。痹（bì）：麻痹。

[65] 性：身体。把搔：一作把搔，指搔痒。

[66] 章服：指官服。

[67] 不便：不习。书：书札。

[68] 机，同"几"，几案。

[69] 已为句：已经被不见谅的人们所怨恨。

[70] 惧：惊惧。

[71] 化：改变。

[72] 降心：指压抑自己傲散的情意。

[73] 诡：做动词用，违反。故：指本性。不情：不合常情。

[74] 无咎无誉：犹无荣无辱。

[75] 聒（guō）耳：噪耳。

[76] 嚣尘：喧杂多尘。

[77] 百伎：指人善弄机巧。伎，一作"技"，指机巧，伎俩。

[78] 鞅掌：事务繁忙。

[79] 机务：政务。

[80] 汤武：商汤和周武王。薄：轻视。周孔：周公和孔子。

[81] 此事：指非汤武薄周孔之事。会显：会当显著，言为众人所知。

[82] 这句是说，自己经常非汤武、薄周孔的行径，显扬出去，必为当世礼教所不容。

[83] 肆：放肆。

[84] 促中小心：都是指内心偏窄。

[85] 饵：服食。术、黄精：都是药名，古人认为久服可以轻身延年。

[86] 本段提出不能做官的具体理由，并说自己爱好游山泽观鱼鸟的生活，不能舍其所乐而从其所不欲。

[87] 天性：天生的本性。

[88] 济：成全。

[89] 偪：同"逼"，逼迫。《庄子·天地》记载，禹想把天下禅让给诸侯伯成子高，子高不愿接受而隐居耕种。

[90] 假盖：借遮雨的盖。子夏：姓卜名商，是孔子学生。《孔子家语·致思》记载，有一次下雨，孔子无伞，门人告诉他可以向卜商借伞。孔子说："商之为人也吝，短于财。吾闻与人交者，推其长者，违其短者，故能久也。"

[91] 元直：徐庶的字。徐庶与诸葛亮同事刘备。后其母为曹操所获，他就辞别刘备而归曹操。（见《三国志·诸葛亮传》）

[92] 华子鱼句：华歆字子鱼，管宁字幼安，两人为同学好友。魏明帝时，华歆为太尉，曾举管宁接任自己的职务，宁推辞不受。（见《三国志·管宁传》）

[93] 相终始：对朋友的了解和爱护，能始终如一。

[94] 轮：车轮。

[95] 桷（jué）：屋上承瓦的木条，俗称椽子。

[96] 枉：屈。天才：指本性。

[97] 四民：指士、农、工、商。

[98] 通之：了解它。

[99] 度内：度量之内。能想得到。

[100] 不可二句：《庄子·逍遥游》："宋人资章甫而适诸越，越人断发文身，无所用之。"章甫，殷朝的冠名。诸越，指今江、浙以南越人所居之地。文冕，漂亮的帽子。古时越人"断发文身"，不戴帽子。

[101] 己嗜二句：《庄子·秋水》："南方有鸟，其名为鹓雏……非梧桐不止，非练实不食，非醴泉不饮。于是鸱得腐鼠，鹓雏过之，仰而视之，曰：'吓！'"以上四句都是用比喻说明不要因为自己喜欢做官而勉强别人也来做官。

[102] 方：正。外荣华：以荣华为身外之事。外，疏远，做动词用。

[103] 滋味：美味。

[104] 寂寞：安静。

[105] 九患：指上七不堪和二甚不可。

[106] 增笃：加重。

[107] 自试：自己设想。

[108] 卜：考虑。审：明确。

[109] 无事：不要。冤：犹委屈。

[110] 转于沟壑：指死亡。

[111] 悢（liàng）悢：悲恨。

[112] 叙离阔：叙述离别之情。

[113] 嬲（niǎo）：纠缠。不置：不放。

[114] 时用：为世所用。

[115] 潦倒粗疏：犹放任散漫的意思。

[116] 贤能：指在朝做官的人。

[117] 此最近之：这样讲最接近我的本情。

[118] 长才广度：指有高才大度的人。

[119] 淹：通达。

[120] 不营：不求，指不求仕进。

[121] 此真所乏：这的确是我本性有所欠缺（指没有长才广度）。

[122] 黄门：即宦官。称贞：称赞其有贞节。宦官不淫乱，不是能贞，而是失去生理条件。

[123] 趣：音"促"，急。登王途：指任职朝廷。

[124] 期：希望。致：招致。

[125] 欢益：欢悦。

[126] 自非二句：言假如你不是对我有重怨，不会迫我发狂疾。

[127] 野人二句：《列子·杨朱》中记载的故事，说有一个野人（农夫）冬天在地里干活，太阳照在身上，感到特别温暖，于是，他决定把自己的这个发现献给国君，相信会得到重赏。而乡里的富人嘲笑他说，以前有一个乡人认为戎菽、芹、萍等东西是美味的，因而对乡豪称美，结果乡豪品尝之后觉得味道很差，大家于是笑话这个乡人的寒碜与无知，不喜欢他。

[128] 疏：远于事理。

[129] 解足下：意谓山涛荐己是不相知，故为此书以解之。"解"有"解释、晓喻"之意。

[130] 本段写凡事不可勉强，不能把自己的志趣强加在别人身上，进一步申述自己不愿做官的意志。

（注释参选朱东润．中国历代文学作品选［上编第二册］．上海：上海古籍出版社，1980）

【温故】

● 嵇康

嵇康（223—262 年），字叔夜，三国魏谯郡铚（今安徽宿县）人，"竹林七贤"之一，与阮籍齐名。因曾官至中散大夫，故后世称嵇中散。嵇康一生处在司马氏与曹魏集团权力之争的夹缝中，崇尚老庄，公开"非汤武而薄周礼"，拒绝与司马氏合作，最终被司马昭所杀。嵇康的诗常常以回归自然，高蹈独立、鄙弃功名为主要内容，以清峻、峻切见称，代表作为《赠兄秀才入军》十八首和《幽愤诗》。但在文学方面的主要成就是散文。他的散文立论大胆，锋颖精密，词采壮丽，感情充沛，锋芒毕露，被刘勰赞为"兴高而采烈"，独具一格。

● 竹林七贤

魏晋时期司马氏和曹魏之间的权力斗争激烈，一时腥风血雨弥漫于整个朝野。为了远离争斗、保全自身，嵇康、阮籍、山涛、向秀、刘伶、王戎及阮咸七人组成的名士群体，放浪形骸，寄游于山水之间，常在竹林之下肆意酣畅，由此展示出对自由与超越的向往，世谓"竹林七贤"。

山涛是"竹林七贤"的核心人物，"竹林七贤"在对司马氏集团的态度上是不同的，嵇康、阮籍、刘伶对司马氏集团采取不合作态度，山涛、王戎等则先后投靠司马氏。《与山巨源绝交书》是嵇康写给朋友山涛（字巨源）的一封信，嵇康听说山涛在由选曹郎调任大将军从事中郎时，想荐举他代其原职，因而写了这一封信。

【知新】

嵇康在信中拒绝了山涛的引荐，并说自己性疏懒，不堪礼法约束，申明"有不堪者七，甚不可者二"，揭露、讽刺了当时政治的黑暗和官场的丑恶。嵇康在信中明确写出自己"非汤武而薄周孔"。这是与司马氏统治划清界限，也是对虚伪的封建礼教制度的强烈抨击。司马氏集团一直标榜"名教"，主张"以孝治天下"，但这种名教是具有礼法上的虚伪性的。宗白华先生说："孔子知道道德的精神在于诚，在于真性情，真血性，所谓赤子之心。扩而充之，就是所谓'仁'。一切的礼法，只是它托寄的外表。舍本执末，丧失了道德和礼法的真精神真意义，甚至于假借名义以便其私，那就是'乡愿'。"[①] 嵇康反对的并不是真正的儒家的道德，而是虚伪的礼法之士，在一定程度上揭发了司马氏统治的虚伪性，正如宗白华先生所说："魏晋人以狂狷来反抗这乡原的社会，反抗这桎梏性灵的

[①] 宗白华. 艺境. 北京：商务印书馆，2011：165.

礼教和士大夫阶层的庸俗，向自己的真性情、真血性里掘发人生的真意义、真道德。"①

【切问】

1. 题目中的"绝"应解为拒绝，还是绝交？嵇康是真的与山巨源绝交了吗？他为什么要写这封信？你是如何理解的？
2. 嵇康以哪些理由拒绝了山巨源的推荐？请具体说一说。

【近思】

1. 明代人李贽评论说："此书实峻绝可畏，千载之下，犹可想见其人。"② 读了这封信，你能想象嵇康是一个什么样的人？
2. 讽刺贯穿了《与山巨源绝交书》的始末，这与鲁迅先生的杂文有异曲同工之处，请说说嵇康的散文与鲁迅杂文的异同。

原　道

刘　勰

文之为德也大矣，与天地并生者何哉[1]？夫玄黄色杂，方圆体分[2]，日月叠璧，以垂丽天之象；山川焕绮，以铺理地之形[3]。此盖道之文也[4]。仰观吐曜，俯察含章，高卑定位，故两仪既生矣[5]。惟人参之，性灵所钟，是谓三才，为五行之秀，实天地之心[6]。心生而言立，言立而文明，自然之道也。旁及万品，动植皆文[7]：龙凤以藻绘呈瑞，虎豹以炳蔚凝姿；云霞雕色，有逾画工之妙；草木贲华，无待锦匠之奇[8]。夫岂外饰，盖自然耳。至于林籁结响，调如竽瑟；泉石激韵，和若球锽[9]。故形立则章成矣，声发则文生矣[10]。夫以无识之物，郁然有采，有心之器，其无文欤[11]？

人文之元，肇自太极[12]，幽赞神明，易象惟先[13]。庖牺画其始，仲尼翼其终[14]。

---

② 宗白华. 艺境. 北京：商务印书馆，2011：165.
③ 李贽. 焚书. 北京：中华书局，1974：565.

而乾坤两位，独制文言。言之文也，天地之心哉[15]！若乃河图孕八卦，洛书韫乎九畴[16]，玉版金镂之实，丹文绿牒之华，谁其尸之？亦神理而已[17]。

自鸟迹代绳，文字始炳[18]，炎皞遗事，纪在《三坟》，而年世渺邈，声采靡追[19]。唐虞文章，则焕乎始盛[20]。元首载歌，既发吟咏之志；益稷陈谟，亦垂敷奏之风[21]。夏后氏兴，业峻鸿绩，九序惟歌，勋德弥缛[22]。逮及商周，文胜其质，雅颂所被，英华日新[23]。文王患忧，繇辞炳曜，符采复隐，精义坚深[24]。重以公旦多材，振其徽烈，制诗缉颂，斧藻群言[25]。至夫子继圣，独秀前哲，熔钧六经，必金声而玉振[26]；雕琢情性，组织辞令，木铎起而千里应，席珍流而万世响，写天地之辉光，晓生民之耳目矣[27]。

爰自风姓，暨于孔氏，玄圣创典，素王述训[28]：莫不原道心以敷章，研神理而设教，取象乎河洛，问数乎蓍龟，观天文以极变，察人文以成化[29]；然后能经纬区宇，弥纶彝宪，发辉事业，彪炳辞义[30]。故知道沿圣以垂文，圣因文以明道，旁通而无滞，日用而不匮[31]。易曰："鼓天下之动者存乎辞[32]。"辞之所以能鼓天下者，乃道之文也。

赞曰：道心惟微，神理设教[33]。光采玄圣，炳耀仁孝。龙图献体，龟书呈貌。天文斯观，民胥以效[34]。

（选自刘勰著，周振甫注．文心雕龙注释．北京：人民文学出版社，1981）

【注释】

［1］文之为德：本篇里有时称"文"，有时称"章"，有时称"文章"。就广义说，文即《情采》中所指的三种文：一，形文，指形状色采，如日是圆的，云霞有采色；二，声文，如泉石激韵；三，情文，如作品。狭义说，文指文辞，形文指文辞要讲究文采，声文指要讲究音韵，情文指要讲究情意。文又可指礼乐教化，如"察人文以成化"，这个文兼指典籍。文之为德是用广义的文，其中形文、声文是与天地并生，情文是有了人类以后才有，但作者认为人文始自太极，也与天地并生，这是误解（见下）。德，指功用或属性，如就礼乐教化说，德指功用；就形文、声文说，德指属性。就行文、声文说，物都有形或声的属性；就情文说，又有教化的功用。文的属性或功用是这样遍及宇宙，所以说"大矣"。

［2］玄黄：天和地（土）的颜色。方圆：古人误以为天圆地方。《易·坤·文言》："天玄而地黄。"《大戴礼记·曾子天圆》："天道曰圆，地道曰方。"

[3] 日月叠璧：用璧玉来比日月。垂：示。丽天：附着在天上。《书·顾命》"宜重光"正义："日月如叠璧。"说日和月像重叠的璧玉，这是想象，事实上不可能重叠。焕绮：光彩绮丽。铺：分布。理地：使大地构成文理。

[4] 道之文：《易·系辞》上："一阴一阳之谓道。"上文指天地、日月，属阳和阴，即指天地、日月之文。

[5] 吐曜：发光，指日月星。含章：含有文章，指地上的文彩。《易·坤》："含章可贞（正）。"坤指地。高卑：天高地卑。两仪：天地。《易·系辞》上："是故易有大（太）极，是生两仪。"

[6] 参：三，人配天地为三。性灵：指人的天性灵智。钟：聚。三才：天地人。《易·说卦》："是以立天之道曰阴与阳，立地之道曰柔与刚，立人之道曰仁与义，兼三才而两之，故易六画而成卦。"五行之秀：即天地之秀气，古人以天地万物为金木水火土五行所构成的。《礼记·礼运》："人者……五行之秀气也。"又："人者，天地之心也。"

[7] 旁：广。万品：万类，万物。

[8] 藻绘：指文彩。炳：光彩鲜明。蔚：色彩繁多。凝姿：构成毛色的美。《易·革·象辞》："大人虎变，其文炳也。"又："君子豹变，其文蔚也。"雕色：犹设色；雕，饰画。贲华：开出多彩的花。贲，状文彩，做动词。华，花。《书·汤诰》："贲若草木。"

[9] 林籁：风吹林木所发的声音。籁，风吹孔窍所发声。竽：似笙，有三十六簧。瑟：似琴，有五十或二十五弦。和：声相应。球锽：《说文》："球，玉磬也。"又："锽，钟声也。"

[10] 形立章成，声发文生：这里交错成文，称章称文，意义一致。章本指音乐奏完一曲，作者不用此义，只是文的意思。

[11] 郁然：状繁复。有心之器：指人。器，形体。其：岂。

[12] 人文：《情采》中作"情文"，指五性。五性发而为文章。元：始。肇：开端。太极：天地未分以前的元气。太极生天地，天地的灵秀之气孕育成人的五性，就是人文。这是从理论上说明人文与天地并生。其实人文是人类产生以后才有，不可能始于太极。

[13] 幽赞神明：幽是隐而难见，故深；赞是助成，使微的著明，故明；神明是变化不测的道。指圣人通过《易》来说明神明之道。《易·说卦》："幽赞于神明而生蓍（用蓍草来占卜）。"

[14] 庖牺：即伏羲，传说中三皇之首，相传他创作八卦。《易·系辞上》："古者庖牺氏之王天下也，仰则观象于天，俯则观法于地，观鸟兽之文与地之宜，近取诸身，远取诸物，于是始作八卦，以通神明之德，以类万物之情。"仲尼：孔子字。翼其终：用《十翼》来完成对《易》象的解释。翼，辅佐。按《易》分经和传两部分：经指六十四卦和每卦的说明称《彖》；又一卦有六划称六爻，每爻各有一个说明称《象》。《易传》有《上象》《下象》是解释《彖》辞的，《上象》《下象》是解释《象》辞的，《系辞》上《系辞》下是总释经文的，《文言》是申说《乾》《坤》两卦的《彖》《象》的，《说卦》《序卦》《杂卦》是讲卦的，总称十翼。《汉书·艺文志》："孔氏为《彖》《象》《系辞》《文言》《序卦》之属十篇。"汉儒认为《十翼》是孔子作，实际是孔子后的儒家所作。

[15] 本书《丽辞》讲《易》的《文言》，认为《乾卦》的四德，便句句相衔："云从龙，风从虎"，便字字相对。这就是指"言之文也"。

[16] 《河图》《洛书》：《易·系辞》上："河出图，洛出书，圣人则（仿效）之。"《汉书·五行志》："刘歆以为伏羲氏继天而王，受《河图》，则（仿效）而画之，八卦是也。禹治洪水，赐《雒书》，法（取法）而陈之，《洪范》是也。"洪范指九类治国的大法，亦称九畴，见《书·洪范》篇。说黄河里出现图，洛水里出现书，八卦本于《河图》，《洪范》本于《洛书》，是古人宣传神权迷信的说法。

[17] 玉版金镂：在玉版上嵌有金字。《王子年拾遗记》："河洛之滨得玉版，方尺，图天地之形。"丹文绿牒：绿色的板上有红字。《尚书中候握河纪》："河龙出图，洛龟书威，赤文绿字，以授轩辕。"谁其尸之：谁主宰这些。尸，主。语见《诗·召南·采蘋》。

[18] 鸟迹代绳：用模仿鸟兽蹄迹的文字来代替结绳记事。《易·系辞》下："上古结绳而治，后世圣人易之以书契（文字）。"《说文序》："皇帝之史仓颉，见鸟兽蹄远（蹄印）之迹，知分理之可相别异也，初作书契。"

[19] 炎皞（hào）：炎帝神农氏，太皞伏羲氏，上古三皇之二。《三坟》：孔安国《尚书序》："伏羲、神农、皇帝之书谓之《三坟》。"渺邈：渺茫。靡追：无从追索。

[20] 唐虞：唐尧、虞舜。《论语·泰伯》："子曰：'大哉尧之为君也！……焕乎其有文章。'"

[21] 元首：指舜。载歌：开始唱歌。《书·益稷》记舜唱道："股肱（指大臣）喜哉！元首起（兴起）哉！百工（百官）熙（明）哉！"益稷：舜的臣子伯益和后稷。陈谟：述说谋议。敷奏之风：进言的风气。《书·尧典》："敷奏以言。"

[22] 夏后氏：指禹。业峻鸿绩：即业峻绩鸿，功业高，成绩大。九序惟歌：九种功绩各有顺序，加以歌颂。勋德弥缛：功德更盛。《书·大禹谟》："禹曰：'于（乌，犹啊），帝（舜）念哉！德惟善政，政在养民。水、火、金、木、土、谷惟修，正德、利用、厚生惟和。九功惟叙，九叙惟歌。'"

[23] 逮：及。文胜其质：文胜任它的质，即文质并美。《礼·表记》："子曰：'殷周之文，至矣。'"按下文以《诗》的《雅》《颂》与文王作《易》的繇辞来说明商周的文质并美。刘勰认为周有《雅》和《周颂》，商有《商颂》，文王繇辞作于商代，故殷周并称。按《商颂》是周代宋人作，非商诗。雅：周王畿的乐歌，当时以为正声。颂：宗庙祭祀的乐歌，配合舞蹈的。所被：影响所及。

[24] 文王患忧：《史记·太史公自序》："昔西伯（文王，被纣王）拘羑里，演《周易》。"繇（zhòu）辞：《易》的卦辞和爻辞。《周易正义序》："卦辞、爻辞并是文王所作。"符采复隐：文采丰富，指文美。隐，盛。符采，玉的横文。《文选·蜀都赋》："符采彪炳。"精义坚深：含义确切深刻，指质美。

[25] 重以：加以。公旦：周文王子周公旦。振：发扬。徽烈：美好的功业。缉颂：作颂和乐。斧藻：修订润饰。据《毛诗·豳风·七月》序，《七月》，周公作；据《书·金縢》，《鸱鸮》，周公作；是周公作诗。据《国语·周语》上，《时迈》，周公作，是周公作颂。《尚书大传》："周公摄政六年，制礼作乐。"

[26] 夫子：指孔子。秀：高出，超出。熔钧：指编著；熔，冶金属的模型；钧，制陶器的转轮。金声玉振：奏乐时，先击钟（金）发声，最后击磬（玉）收声，指始终有条理。《孟子·万章》上："孔子之谓集大成。集大成也者，金声而玉振之也。金声也者，始条理也；玉振之也者，终条理也。"

[27] 雕琢情性：陶冶性情。木铎（duó）：木舌的大铃，宣传政教时摇木铎。席珍：席位上的珍宝，指儒家所提倡的修身治国的理论。流：流播。写：抒发、刻画。晓：开通。《论语·八佾》："天将以夫子为木铎。"《礼记·

儒行》:"儒有席上之珍以待聘。"

[28] 爰:发语词。风姓:指伏羲。暨:及。玄圣:指伏羲。玄:幽远。素王:空王,指孔子有王智之德而无其位。《礼记·月令》正义引《帝王世纪》:"太皞帝庖牺氏,风姓也。"《论衡·超奇》:"孔子之《春秋》,素王之业也。"

[29] 敷章:杨补注:唐逢行珪《进鬻子表》有"莫不原道心以裁章"语,即袭于此。则此文当作"裁章"。敷,陈述。问数乎蓍(shī)龟:从蓍草龟甲中去求知定数,指占卜吉凶。乎,于。蓍龟,蓍草龟甲,供占卜用。成化:成就教化。

[30] 经纬区宇:治理天下。弥纶彝宪:包举各种永久不变的道理。彝,常;宪,法,道。发辉:孙诒让引《御览》改作"发挥"。彪炳辞义:使文彩鲜明。

[31] 旁通:广通,通贯一切。不匮:不穷。

[32] 见《易·系辞》上。存乎辞:在于文辞。

[33] 赞:明,说明,有总结意。《书·伪大禹谟》:"道心惟微。"道心好比神理,是微暗难知的,所以需要靠圣人来阐明。

[34] 天文:天然的文理,指《河图》《洛书》。斯:助词。胥:都。效:仿效。

(注释参选刘勰著,周振甫注.文心雕龙注释.北京:人民文学出版社,1981)

【温故】

● 刘勰

刘勰(465—约522年),字彦和,祖籍东莞(今山东莒县),先人避永嘉之乱渡江南下。父亲名刘尚,曾担任越骑校尉。刘勰少孤家贫,跟随沙门僧佑十余载,终身未娶。刘勰此期间一面研习佛理,一面博览群书,如今定林寺里面藏的经文,都是刘勰编写修订的。

天监初年,刘勰开始担任奉朝请,兼职做中军临川王宏的秘书,后升职担任车骑仓曹参军。担任太末县县令时,政绩清正廉洁。兼任东官咨询专家时,刘勰向皇上建议佛教和道教都应该与其他的宗教祭祀一起改革。皇帝下诏书讨论此提案并按刘勰所提建议通过。后升任步兵校尉。奉皇命和慧震在定林寺撰写订正经文,后请求出家,帝允许出家,法名慧地,不久后去世。

● 文心雕龙

南齐末年（501—502年），刘勰撰成《文心雕龙》。它是一部理论系统、结构严密、论述细致的文学理论专著。是中国文学理论批评史上第一部有严密体系的、"体大而虑周"的文学理论专著。

全书共50篇，前五篇为《原道》《徵圣》《宗经》《正纬》《辨骚》，是全书的总纲。从《明诗》到《书记》共20篇，是文体论，从《神思》到《物色》（不包括《时序》）20篇，是创作论，《时序》《才略》《知音》《程器》四篇，是关于文学史和文学批评的论述。最后一篇《序志》是全书总结。

《文心雕龙》中很多范畴都是成对出现，如：道与文、情与采、真与奇、华与实、情与志、风与骨、隐与秀，而作者评论时大多体现了中庸原则，同时，刘勰特别强调同儒家思想相联系的阳刚之美，比如在关于"风骨"的论述时，表现出对齐梁柔靡文风进行矫正的倾向。

【知新】

1. 关于"文"与"道"之间的关系，我国古代有很多学者都有自己的观点，比如：刘勰提出"圣因文而明道"，柳宗元在《答韦中立论师道书》里提出"乃知文者以明道"，李汉在《昌黎先生集序》提出"文者贯道之器也"，宋代周敦颐在《通书·文辞》提出"文所以载道也"，而周振甫先生认为，这些"都不如'明道'。'贯道'像用绳串钱，'载道'像用车载物，把道同文分成两物。实际上道同文是内容和形式的关系，不宜这样分开的，都不如'明道'的提法正确。"[①]

2. 作为一个受儒、释、道多种文化浸染影响的学者，刘勰《文心雕龙》中体现了多种文化思想特征。关于它们之间的关系，很多学者认为儒家思想的地位相对更核心，比如，林衡勋曾有下面的一段论述："刘勰所说的道，是天道与人道相贯通的天人合一之道，其中既包括有道家之道的思想成分如自然天道，也有佛教的道的思想成分，如'神理'等就与佛教有关，但最后都统辖于儒家的人道。从本文的'赞曰'看，刘勰讲的人道之文是要'彪炳仁孝'的。'仁'是孔子儒家哲学的核心范畴。至于'孝'，孔子说：'孝弟也者，其为仁之本与'（《论语·学而》），'孝弟'是'仁'的血缘根本，'仁孝'标志的正是儒家心性人道。这也就是说，刘勰的道，是指天道与心性人道相贯通的天人合一之道，从哲学归属上讲，是属于儒家心性哲学或中国心性哲学范畴。"[②]

[①] 刘勰著，周振甫注. 文心雕龙注释. 人民文学出版社，1981：9.
[②] 林衡勋. 刘勰《文心雕龙·原道》中之"道"新探索. 文艺理论研究，2009（1）：48.

【切问】

1. 什么是刘勰文学理论体系中的"道"？结合文中细节，谈谈你的理解。
2. 在文中，作者认为"文心"与文学之间的关系是怎样的？

【近思】

1. 中国古代思想史上以"原道"为题的文章有四篇：刘向《淮南子·原道训》、刘勰《文心雕龙·原道》、韩愈《原道》、章学诚《文史通义·原道》，请对比梳理并思考这四篇文章中的"道"的含义有何异同。
2. 关于文学的价值和意义，中国近代文学史上曾出现过"为人生的艺术"与"为艺术的艺术"的论争，请你结合刘勰的观点，谈谈你对这一问题的思考。

张中丞传后序

韩 愈

元和二年四月十三日夜[1]，愈与吴郡张籍阅家中旧书[2]，得李翰[3]所为《张巡传》。翰以文章自名，为此传颇详密，然尚恨有阙者：不为许远立传[4]，又不载雷万春事首尾[5]。

远虽材若不及巡者，开门纳巡，位本在巡上，授之柄而处其下[6]，无所疑忌，竟与巡俱守死、成功名；城陷而虏，与巡死先后异耳[7]。两家子弟材智下，不能通知二父志[8]，以为巡死而远就虏，疑畏死而辞服于贼[9]。远诚畏死，何苦守尺寸之地，食其所爱之肉[10]，以与贼抗而不降乎？当其围守时，外无蚍蜉蚁子之援[11]，所欲忠者，国与主耳；而贼语以国亡主灭[12]。远见救援不至，而贼来益众，必以其言为信。外无待而犹死守[13]，人相食且尽，虽愚人亦能数日而知死处矣[14]。远之不畏死亦明矣！乌有城坏其徒俱死，独蒙愧耻求活？虽至愚者不忍为。呜呼！而谓远之贤而为之邪？

说者又谓远与巡分城而守，城之陷，自远所分始[15]。以此诟远[16]，此又与儿童之见无异。人之将死，其藏腑必有先受其病者；引绳而绝之，其绝必有处[17]。观者见其然，从而尤之[18]，其亦不达于理矣！小人之好议论，不乐成人之美，如是哉！如巡、远之所成就，如此卓卓，犹不得免，其他则又何说！

当二公之初守也，宁能知人之卒不救，弃城而逆遁[19]？苟此不能守，虽避之他处何益？及其无救而且穷也，将其创残饿羸之余[20]，虽欲去，必不达。二公之贤，其讲之精矣！守一城，捍天下[21]，以千百就尽之卒，战百万日滋之师，蔽遮江淮，沮遏其势，天下之不亡，其谁之功也！当是时，弃城而图存者，不可一二数；擅强兵坐而观者，相环也：不追议此，而责二公以死守，亦见其自比于逆乱[22]，设淫辞而助之攻也[23]。

愈尝从事于汴徐二府[24]，屡道于两府间，亲祭于其所谓双庙者[25]。其老人往往说巡、远时事云：南霁云之乞救于贺兰也[26]，贺兰嫉巡、远之声威功绩出己上，不肯出师救；爱霁云之勇且壮，不听其语，强留之，具食与乐，延霁云坐。霁云慷慨语曰："云来时，睢阳之人，不食月余日矣！云虽欲独食，义不忍；虽食，且不下咽！"因拔所佩刀，断一指，血淋漓，以示贺兰。一座大惊，皆感激为云泣下。云知贺兰终无为云出师意，即驰去；将出城，抽矢射佛寺浮图[27]，矢著其上砖半箭，曰："吾归破贼，必灭贺兰，此矢所以志也。"愈贞元中过泗州[28]，船上人犹指以相语。城陷，贼以刃胁降巡，巡不屈，即牵去，将斩之；又降霁云，云未应。巡呼云曰："南八[29]，男儿死耳，不可为不义屈！"云笑曰："欲将以有为也。公有言，云敢不死！"即不屈。

张籍曰："有于嵩者，少依于巡。及巡起事[30]，嵩常在围中[31]。籍大历中于和州乌江县见嵩[32]，嵩时年六十余矣。以巡初尝得临涣县尉[33]，好学无所不读。籍时尚小，粗问巡、远事，不能细也。云：巡长七尺余，须髯若神[34]。尝见嵩读《汉书》，谓嵩曰：'何为久读此？'嵩曰：'未熟也。'巡曰：'吾于书读不过三遍，终身不忘也。'因诵嵩所读书，尽卷不错一字。嵩惊，以为巡偶熟此卷，因乱抽他帙以试[35]，无不尽然。嵩又取架上诸书试以问巡，巡应口诵无疑。嵩从巡久，亦不见巡常读书也。为文章，操纸笔立书，未尝起草。初守睢阳时，士卒仅万人，城中居人户，亦且数万，巡因一见问姓名，其后无不识者。巡怒，须髯辄张。及城陷，贼缚巡等数十人坐，且将戮，巡起旋[36]，其众见巡起，或起或泣。巡曰：'汝勿怖！死，命也。'众泣不能仰视。巡就戮时，颜色不乱，阳阳如平常[37]。远宽厚长者，貌如其心；与巡同年生，月日后于巡，呼巡为兄，死时年四十九。"嵩贞元初死于亳宋间[38]，或传嵩有田在亳宋间，武人夺而有之，嵩将诣州讼理[39]，为所杀。嵩无子。张籍云。

（选自韩愈著，钱仲联、马茂元校点. 韩愈全集. 上海：上海古籍出版社，1997）

【注释】

[1] 元和：唐宪宗李纯的年号；元和二年，即公元807年。

[2] 张籍：字文昌，吴郡（今江苏苏州）人，唐代著名诗人，韩愈学生。

[3] 李翰：字子羽，赵州赞皇（今河北元氏）人，官至翰林学士。与张巡友善，客居睢阳时，曾亲见张巡战守事迹。张巡死后，有人诬其降贼，因撰《张巡传》上肃宗，并有《进张中丞传表》。

[4] 许远：字令威，杭州盐官（今浙江海宁）人。安史乱时，任睢阳太守，后与张巡合守孤城，城陷被掳往洛阳，至偃师被害。

[5] 又不载雷万春事首尾：雷万春和南霁云是张巡两员得力部将，此文后面叙南霁云轶事，而不及雷万春，当是雷的事迹在当时已不可考，因而追恨李翰没有详载其始末，为后人留下足征的历史文献。一说，此处"雷万春"三字，当是"南霁云"之误，作南霁云，前后文始相应。

[6] 开门纳巡三句：肃宗至德二载（757）正月，叛军安庆绪部将尹子奇带兵十三万围睢阳，许远向张巡告急，张巡自宁陵率军入睢阳城（见《资治通鉴》卷二一九）。

[7] 城陷而虏二句：至德二载（757）十月，睢阳陷落，张巡、许远被虏。张巡与部将被斩，许远被送往洛阳。

[8] 两家子弟材智下二句：据《新唐书·许远传》载，安史乱平定后，大历年间，张巡之子张去疾轻信小人挑拨，上书代宗，谓城破后张巡等被害，惟许远独存，是屈降叛军，请追夺许远官爵。诏令下至尚书省，令张去疾与许远之子许岘及百官议此事。两家子弟即指张去疾、许岘。不能通知二父志，即指此。通知，通晓。

[9] 辞服：请降。

[10] 食其所爱之肉：尹子奇久围睢阳，城中粮尽，军民以雀鼠为食，最后只得以妇女与老弱男子充饥。当时，张巡曾杀爱妾，许远曾杀奴仆以充军粮。

[11] 蚍蜉（pí fú）蚁子之援：形容极微小的援助。蚍蜉，黑色大蚁。蚁子，幼蚁。

[12] 贼语以国亡主灭：安史乱后，玄宗逃往蜀中，两京沦陷，当时叛军可能以"国亡主灭"为词，招降张巡、许远。

[13] 外无待而犹死守：睢阳围急，时御史大夫、河南节度使贺兰进明屯兵临淮，许叔冀、尚衡次彭城，皆观望，莫肯救。贼知外援绝，围益急。（见《新唐书·张巡传》）

[14] 亦能数日而知死处矣：也能够计算日期而知道自己的死所。意谓城破身死，已知必不可免。数，计算。

[15] 说者又谓远与巡分城而守三句：张巡和许远各守睢阳城的一方，张守东北，许守西南。城破时，是先从许远所守部分打开缺口的。

[16] 诟（gòu）：诽谤。

[17] 人之将死四句：用两个比喻，说明睢阳城的陷落，由于粮尽援绝，兵力不支，而不能单看某种现象，认为是防守上的疏忽。藏腑，同"脏腑"。引，拉。

[18] 尤之：指归咎于先受病的脏腑和绳断的地方。用以比喻许远所守部分的被攻陷。

[19] 逆遁：事先转移。

[20] 创残饿羸之余：指久经战斗，受伤残废，饥饿瘦弱的士兵。

[21] 守一城二句：意谓守住一个城，捍卫了国家。

[22] 自比于逆乱：自附于逆乱。比，依附。

[23] 淫辞：淫滥的邪说。

[24] 愈尝从事于汴徐二府：董晋镇汴州（今河南开封），张建封镇徐州（今江苏徐州）时，韩愈曾先后为推官。唐时通称幕僚为从事，这里做动词用，犹言任职。

[25] 双庙：张巡、许远死后，肃宗追赠张巡为扬州大都督，许远为荆州大都督，立庙睢阳，岁时祭祀，号双庙。（见《新唐书·张巡传》）

[26] 南霁云：魏州顿丘（今河南清丰县西南）人，少微贱，为人操舟。禄山反，钜野尉张沼起兵讨贼，拔以为将。后为尚衡前锋，至睢阳，与张巡计事。感巡厚恩，遂为张巡部将。贺兰，指贺兰进明。

[27] 浮图：佛塔。

[28] 贞元：德宗李适年号（785—805）。泗州：唐属河南道，州治在临淮（今安徽盱眙县西北），为贺兰进明驻节之处。

[29] 南八：即南霁云。八，霁云在兄弟中的排行。

[30] 起事：指起兵讨贼。

[31] 围中：围城之中，指睢阳。

[32] 大历：代宗李豫的年号（766—779）。和州乌江县：即今安徽和县东北乌江镇。

[33] 以巡初尝得临涣县尉：因为张巡的荐举，曾官临涣县尉。于嵩居张巡幕中，参加睢阳城守，巡死难后，故叙功得官。

[34] 须髯（rán）：胡须的总称。在颐曰须，在颊曰髯。

[35] 帙（zhì）：书套，这里借指书。

[36] 起旋：起来小便。

[37] 阳阳：安详貌。

[38] 亳（bó）、宋间：亳州和宋州之间。亳州州治在今安徽亳县，宋州即睢阳。

[39] 讼理：即诉讼。

（注释参选朱东润．中国历代文学作品选［中编第一册］．上海：上海古籍出版社，1980）

【温故】

● 韩愈

　　韩愈（768—824年），字退之，河阳（今河南孟州）人，祖籍河北昌黎，故后人称其为韩昌黎，谥号"文"，又称"韩文公"。中唐时文学家、思想家，他领导了古文运动，被推为唐宋八大家之首，与柳宗元并称"韩柳"，有"文章巨公"和"百代文宗"之名。在思想上，韩愈推尊儒学，力排佛老，同时宣扬天命论。在文学上，他反对六朝以来的骈偶之风，提倡文道合一、务去陈言、文从字顺的古文，主张文章要突破形式的束缚，有实质的内容。苏轼称赞韩愈"文起八代之衰，道济天下之溺"（《潮州韩文公庙碑》）。韩愈的诗，诗气壮阔，宏伟不凡，笔力雄健，意境开阔，语言奇峭，开了"以文为诗"的风气，对宋诗有很大的影响。散文融先秦、两汉散体文和六朝骈体文、散体文的长处，取其精华，推陈出新，形成了雄放怪奇、汪洋恣肆的独特文风。著有《韩昌黎集》四十卷，《外集》十卷。

● 古文运动

　　古文运动是指唐代中期开始至宋代所进行的以提倡古文、反对骈文为特点的文体改革运动，是一场文学革新运动，又是一场思想运动。韩愈提出"古文"这一概念，提倡师法先秦散文和两汉散文，主张不受格律的束缚，不堆砌华丽的辞藻，讲求"文以明道"。韩愈提倡古文，目的在于恢复古代的儒学道统，将改革文风与儒学复兴融合在一起，两者相辅相成。唐宋古文不单把古文当作"明道"的手段，也重视其艺术上和美学上的追求，因而具有生命力。其他代表人物有：柳宗元、欧阳修、王安石、曾巩、苏洵、苏轼、苏辙。

【知新】

  这篇作品是对李翰所写的《张巡传》的补记，不是专人立传。本篇文章不但入选清人编写的《古文观止》，而且历代学者普遍对其评价很高，尤其是很多学者关注到其风格和司马迁《史记》之间的关系。文章所写人物众多，事迹也庞杂，但作者并没使文章散漫无序，而是章法有序。清人沈德潜曾评价说："辩许远降贼之理，全用议论；后于老人言补南霁云乞师，全用叙事；末从张籍口中叙述于嵩述张巡轶事，拉杂错综，史笔中变体也。争光明，气博云霄，文至此可云不朽。"（沈德潜《唐宋八家文读本》卷二）

  关于作家，后代学者各种视角下的评论很多，其中钱穆先生的评价较为深入而且精辟："然其排释老而返之儒，昌言师道，确立道统，则皆宋儒之所滥觞也。尝试论之，唐之学者，治诗赋取进士第得高官，卑者渔猎富贵，上者建树功名，是谓入世之士。其遁迹山林、栖心玄寂，求神仙，溺虚无，归依释老，则为出世之士……独昌黎韩氏，进不愿为富贵功名，退不愿为神仙虚无，而昌言乎古之道……此皆宋学精神也，治宋学者首昌黎，则可不昧乎其所入矣。"①

【切问】

1. 本篇文章题目为《张中丞传后序》，可作者为何使用大量笔墨来写南霁云？
2. 清代诗人沈德潜曾评价本文为"史笔中变体"，《古文苑》一书也评《张中丞传后序》说："此退之文之极似太史公者。韩文所以雄峙千古，赖有此数篇耳。"②请结合教材中的《史记》选篇，谈谈你对沈德潜这一评价的理解。

【近思】

1. 苏轼评论韩愈为"文起八代之衰，道济天下之溺"（《潮州韩文公庙碑》）。请读读韩愈的其他作品，说说韩愈作为一个古代文人士大夫的代表，他的厚重的历史责任感表现在哪些方面？他的思想有没有局限性的方面？
2. 毛泽东 1936 年在延安会见斯诺时曾说："学校里有一个国文老师，学生给他起了个'袁大胡子'的外号。他嘲笑我的文章，说它是新闻记者的手笔。他看不起我视为楷模的梁启超，认为他是一个半通不通的人。我不得不改变我的文风，去钻研韩愈的文章，学会了古文的措辞。所以，多亏袁大胡子，今天我如果需要的话，仍然能够写出一篇过得去的古文。"③你觉得我们现在是否还有

---

① 钱穆. 中国近三百年学术史（上册）. 北京：商务印书馆，1997：2.
① 张清华评注. 韩愈诗文评述. 郑州：中州古籍出版社，1991：208.
② 马连儒，柏裕江. 毛泽东自述. 北京：人民出版社，1996：33.

"写出一篇过得去的古文"能力的需要？怎样的古文又才称得上是"过得去"的古文？走访身边有这样能力的人，了解一下他们的看法。

喜雨亭记

苏 轼

亭以雨名，志喜也。古者有喜，则以名物，示不忘也。周公得禾，以名其书[1]；汉武得鼎，以名其年[2]；叔孙胜狄，以名其子[3]。其喜之大小不齐，其示不忘一也。

余至扶风之明年[4]，始治官舍，为亭于堂之北，而凿池其南，引流种树，以为休息之所。是岁之春，雨麦于岐山之阳[5]，其占为有年[6]。既而弥月不雨，民方以为忧。越三月乙卯，乃雨[7]，甲子又雨，民以为未足，丁卯，大雨，三日乃止。官吏相与庆于庭，商贾相与歌于市，农夫相与抃于野[8]，忧者以乐，病者以愈，而吾亭适成。

于是举酒于亭上以属客，而告之曰[9]："五日不雨，可乎？"曰："五日不雨，则无麦。""十日不雨，可乎？"曰："十日不雨，则无禾[10]。"无麦无禾，岁且荐饥[11]，狱讼繁兴，而盗贼滋炽，则吾与二三子，虽欲优游以乐于此亭，其可得耶！今天不遗斯民，始旱而赐之以雨，使吾与二三子，得相与优游而乐于此亭者，皆雨之赐也。其又可忘耶！

既以名亭，又从而歌之，曰：使天而雨珠，寒者不得以为襦。使天而雨玉，饥者不得以为粟。一雨三日，繄谁之力[12]。民曰太守[13]，太守不有。归之天子，天子曰不[14]然。归之造物[15]，造物不自以为功。归之太空，太空冥冥[16]。不可得而名，吾以名吾亭。

（选自孔凡礼点校．苏轼文集［卷十一］．北京：中华书局，1986）

【注释】

［1］周公得禾二句：《尚书·周书·微子之命》："唐叔得禾，异亩同颖，献诸天子。王命唐叔，归周公于东，作《归禾》。周公既得命禾，旅天子之命，作《嘉禾》。"唐叔得到一种祥瑞之禾，献给了周天子。成王命令唐叔东去将它送给

周公，作《归禾》以纪念。周公接受了成王让唐叔送来的嘉禾，履行天子指派的使命，作《嘉禾》以纪念。《归禾》《嘉禾》为《尚书》篇名，均佚。

[2] 汉武得鼎二句：《史记·孝武本纪》载汉武帝元狩七年夏六月中得宝鼎于汾水上，改年号为元鼎元年（前116）。

[3] 叔孙胜狄二句：《左传》文公十一年载敌人侵鲁，鲁文公使叔孙得臣追之，击败狄军，获侨如，叔孙得臣遂更其子名为"侨如"。

[4] 扶风：凤翔府。

[5] 雨（读去声）麦句：在岐山以南天上落下麦子。雨，做动词，谓如雨下。岐山，在凤翔东北。雨麦，一说麦苗返青时正好下雨。

[6] 有年：丰年。

[7] 越三月：过了三月。乙卯：四月初二日。

[8] 抃（biàn）：欢欣。

[9] 属（zhǔ）客：酌酒敬客，意同劝酒。

[10] 十日不雨二句：这是麦子即将成熟、禾稻下种的时候，故云。

[11] 荐（jiàn）饥：连年不熟或麦禾皆不熟而引起饥荒。重至曰荐，此指麦禾皆不熟。

[12] 繄（yī）：语助词。一本作"伊"。

[13] 太守：州府的行政长官。时凤翔太守为陈希亮，一说为宋选。

[14] 不：同"否"，意为不然。

[15] 造物：古时以万物为天所生成，故称天为造物。

[16] 冥冥：渺茫。

（注释参选朱东润．中国历代文学作品选 [中编第二册]．上海：上海古籍出版社，1980）

【温故】

● 苏轼

苏轼（1037—1101年），字子瞻，又字和仲，号东坡居士，北宋眉州眉山（今属四川眉山）人。为宋仁宗嘉祐二年进士，仕途坎坷，数次遭贬，但是所到之处，必定修其政绩，造福当地百姓。苏轼天资聪颖，学识渊博，思想通达，诗、词、文、书、画样样精通，被认为代表宋代文学的最高成就。其词题材广阔，豪迈奔放，刚柔相济，开豪放派之先河，与辛弃疾并称"苏辛"。诗歌气象阔大，纵横恣意,理趣横生,与黄庭坚并称"苏黄"。散文自然天成,行云流水,与欧阳修并称"欧苏"。代表作品有《苏东坡集》《东坡乐府》等。苏轼在文学史上的影响,不单在于其文学成就,更在于其人生态度:融合儒、释、道三家思想,既执着于人生,又超然物外,进退自如,宠辱不惊,乐观旷达,成为后代士大夫追求的人格典型。

● 记

记是古代散文的一种体裁,可以叙事、写景、记物、记人来抒发作者内心的情感、抱负、见解,在写法上大多以记述为主而兼有议论、抒情成分。古代一些为宫室庙宇、亭台楼阁或修河浚渠等事而作的杂记,往往要刻石立碑,以垂后世,"记"这种文体的写作,在古代很受文人重视。宋代大量为亭台楼阁而写的"记"都成为经典的文学作品而流传,如范仲淹的《岳阳楼记》、欧阳修的《醉翁亭记》、苏轼的《喜雨亭记》、曾巩的《清心亭记》、苏辙的《东轩记》等。这些描写亭台楼阁的散文,之所以会成为经典文学作品,在于这些作品不只是单纯记事,还在记事中注入作者的主体意识和审美情趣,体现作者忧乐天下、仁政爱民、志古传道的思想,成为宋代士人理想人格与审美情趣体现的载体。

【知新】

《喜雨亭记》是苏轼初入仕途,在凤翔府任签书判官时所作。文章构思巧妙,苏轼从叙述一个亭子的命名过程入手,引出了关于国计民生的思考,从而表达了作者重农重民、与民同忧、与民同乐的为政思想,跟欧阳修的《醉翁亭记》有异曲同工之处。明朝文学家王世贞认为这篇文章与范仲淹的《岳阳楼记》可以相提并论,都是"笔力有千钧重"[①]。

全文脉络清晰,围绕"喜""雨""亭"三字,先后写了命名的原因,建亭的经过,久旱得雨后老百姓的欢喜。文章多用对偶句、排比句,具有强烈的抒情性和音乐感。文章末尾以作歌的方式,精练优美,论一雨三日,是谁之功劳。老百姓归之于太守、太守归之于天子、天子归之于造物主,造物主归之于太空,都不居功,涉笔成趣,轻松幽默而又见作者广阔的胸怀和不俗的视野。王水照先生论述苏文的艺术风格曾说,"苏轼喜欢用'行云流水'来评文。《答谢民师书》说:'大略如行云流水,初无定质,但常行于所当行,常止于不可不止,文理自然,姿态横生。'云、水两物,都具有流动性和多变性的特点,而其流动性、多变性又以自然本色、绝无雕饰的形态表现出来,这正是苏轼在散文写作中所追求的艺

---

① 朱一清.《古文观止》赏析集评. 合肥:安徽文艺出版社,1997:160.

术美的三个特质：圆活流转之美、错综变化之美和自然真率之美。"① 这篇散文正体现了这种"行云流水"之美。

【切问】

1. 元代学者虞集认为："此篇题小而语大，议论干涉国政民生大体，无一点尘俗气，自非具眼者，未易知也。"② 按照你的理解，本文谈论了什么国政民生的问题呢？"无一点尘俗气"怎么理解？

2. 请对比苏轼的《喜雨亭记》与我们学过的欧阳修的《醉翁亭记》、范仲淹的《岳阳楼记》，说说这几篇文章有什么共同点与不同点？你更喜欢哪一篇作品？为什么？

【近思】

　　从杜甫的"安得广厦千万间，大庇天下寒士俱欢颜，风雨不动安如山！"（《茅屋为秋风所破歌》）到范仲淹的"先天下之忧而忧，后天下之乐而乐"（《岳阳楼记》），再到本文的"与民同喜"，古代的知识分子都以天下为己任来要求自己。而当今有人提出"知识分子都去哪了"③ 这个问题，认为知识分子失去了承担真理的勇气，日益被边缘化。你怎么看这个问题呢？请联系实际说说你的看法。

徐文长传

袁宏道

　　余一夕坐陶太史[1]楼，随意抽架上书，得《阙编》诗一帙，恶楮毛书[2]，烟煤败黑，微有字形，稍就灯间读之。读未数首，不觉惊跃，忽呼周望[3]："《阙编》何人作者？今耶？古耶？"周望曰："此余乡徐文长先生书也。"两人跃起，灯影下，读复

---

② 王水照. 论苏轼散文的艺术美. 社会科学战线，1985（3）：311.
③ 朱一清.《古文观止》赏析集评. 合肥：安徽文艺出版社，1997：160.
① 弗兰克·富里迪. 知识分子都到哪里去了：对抗21世纪的庸人主义. 南京：江苏人民出版社，2012：7.

叫，叫复读。僮仆睡者皆惊起。盖不佞[4]生三十年，而始知海内有文长先生。噫，是何相识之晚也。因以所闻于越人士者，略为次第，为徐文长传。

徐渭，字文长，为山阴诸生[5]，声名籍甚[6]。薛公蕙校越时[7]，奇其才，有国士之目。然数奇[8]，屡试辄蹶[9]。中丞胡公宗宪[10]闻之，客诸幕。文长每见，则葛衣乌巾，纵谈天下事，胡公大喜。是时，公督数边兵[11]，威振东南，介胄之士，膝语蛇行，不敢举头，而文长以部下一诸生傲之，议者方之刘真长、杜少陵[12]云。会得白鹿，属文长代作表，表上，永陵[13]喜。公以是益奇之，一切疏记，皆出其手。

文长自负才略，好奇计，谈兵多中，视一世士，无可当意者，然竟不偶。文长既已不得志于有司，遂乃放浪曲糵[14]，恣情山水，走齐、鲁、燕、赵之地，穷览朔漠。其所见山崩海立，沙起云行，风鸣树偃，幽谷大都，人物鱼鸟，一切可惊可愕之状，一一皆达之于诗。其胸中又有勃然不可磨灭之气，英雄失路，托足无门之悲，故其为诗，如嗔，如笑，如水鸣峡，如种出土，如寡妇之夜哭，羁人之寒起。虽其体格时有卑者，然匠心独出，有王者气，非彼巾帼而事人者所敢望也。文有卓识，气沉而法严，不以模拟损才，不以议论伤格，韩、曾之流亚[15]也。文长既雅不与时调合，当时所谓骚坛[16]主盟者，文长皆叱而奴之，故其名不出于越，悲夫！喜作书，笔意奔放如其诗，苍劲中姿媚跃出。欧阳公所谓"妖韶女老自有余态"[17]者也。间以其余，旁溢为花鸟，皆超逸有致。卒以疑，杀其继室，下狱论死。张太史元汴[18]力解，乃得出。晚年愤益深，佯狂益甚。显者至门，或拒不纳；时携钱至酒肆，呼下隶与饮；或自持斧击破其头，血流被面，头骨皆折，揉之有声；或以利锥锥其两耳，深入寸余，竟不得死。

周望言："晚岁诗文益奇，无刻本，集藏于家。"余同年有官越者，托以抄录，今未至。余所见者，《徐文长集》、《阙编》二种而已，然文长竟以不得志于时，抱愤而卒。

石公曰：先生数奇不已，遂为狂疾；狂疾不已，遂为囹圄[19]。古今文人，牢骚困苦未有若先生者也。虽然，胡公间世豪杰，永陵英主：幕中礼数异等[20]，是胡公知有先生矣；表[21]上，人主[22]悦，是人主知有先生矣。独身未贵耳。先生诗文崛起，一扫近代芜秽之习，百世而下，自有定论。胡为不遇哉！梅客生[23]尝寄余书曰："文长吾老友，病奇于人，人奇于诗。"余谓文长，无之而不奇者也。无之而不奇，斯无之而不奇也，悲夫！

（选自袁宏道著，钱伯城笺校. 袁宏道集笺校. 上海：上海古籍出版社，2008）

【注释】

[1] 陶太史：陶望龄，字周望，号石篑，会稽人。万历年间进士，授编修之职，故称太史。

[2] 恶楮：坏纸。

[3] 周望：即前文陶太史，字周望。

[4] 不佞：不才，用于自称的谦词。

[5] 山阴：今浙江绍兴。诸生：明代经过省内各级考试，录取入府、州、县学者，称生员。生员有廪生、增生、附生等名称，统称诸生。

[6] 声名藉甚：名声很大。

[7] 薛公蕙：薛蕙，字君采，亳州（今安徽亳州）人，官至吏部考功司郎中，曾任绍兴府乡试官，主持越中考试，所以称"校越"。国士：一国之中才能杰出的人。

[8] 数奇（jī）：命运不好。

[9] 屡试辄蹶（jué）：每次考试总是挫败。

[10] 中丞胡公宗宪：胡宗宪，嘉靖进士，任浙江巡抚，总督军务，以平倭功，加右都御史、太子太保。因投靠严嵩，严嵩倒台后，他也下狱死。

[11] 公督数边兵：嘉靖年间，倭寇猖獗，胡宗宪曾任总督大臣，总督江南、江北、浙江、山东、福建、湖广诸军。

[12] 刘真长：东晋刘惔，字真长，著名清谈家，曾为简文帝幕中上宾。杜少陵：杜甫，唐代诗人，在蜀时曾作剑南节度使严武的幕僚，严武待杜甫以上宾之礼。方之：比作。

[13] 永陵：明世宗嘉靖皇帝的陵墓，宋元明人以陵墓代指已故的皇帝。

[14] 曲蘖（niè）：即酒母，酿酒的发酵物，后遂以之代指酒。

[15] 韩、曾：唐宋古文八大家中的韩愈、曾巩。流亚：匹配的人物。

[16] 骚坛：文坛。主盟者：指嘉靖时后七子的代表人物王世贞、李攀龙等。

[17] 妖韶：美艳。欧阳修《水谷夜行寄子美圣俞》有句云："譬如妖韶女，老自有余态。"

[18] 张太史元汴：张元汴，山阴人。隆庆年间状元，授翰林侍读，故称太史。

[19] 囹圄（língyǔ）：监狱。

[20] 礼数异等：胡宗宪请徐文长时，文长再三推辞，最后提出要保持宾客的地位，得到胡宗宪的同意。可以说，在胡宗宪幕府中，文长始终是受特殊优

待的，因此说礼数异等。

[21] 表：徐文长代胡宗宪所写的献给皇帝的《献白鹿表》。

[22] 人主：皇帝。

[23] 梅客生：梅国桢，字客生。万历进士，官至兵部右侍郎。

【温故】

● 袁宏道

袁宏道（1568—1610年），字中郎，号石公。湖广公安（今湖北公安）人。万历二十年进士，授吴县令，官至吏部郎中。袁宏道是明代文学"公安派"代表人物，与其兄袁宗道、其弟袁中道并称"公安三袁"。他们在文学上反对明代前、后七子所倡导的"文必秦汉，诗必盛唐"的流弊，主张文学作品要"独抒性灵，不拘格套"，认为作诗为文都应通于人之喜怒哀乐，以见从肺腑中流溢出的真性情。他的理论与创作扫清了明代复古主义的习气，开一代清新活泼的文风。作品有《袁中郎全集》。

● 徐渭

徐渭（1521—1593年），字文长，又字文清，号天池、青藤道士、田水月、天池山人等。山阴（今浙江绍兴）人。徐渭是一个天才卓绝的艺术家，书、画、诗、文、戏曲等领域都极有成就。在书画上，他擅长书法、精于水墨画，开创了我国写意画派，对后世影响很大。在文学上，徐渭的诗文和戏曲都有很大成就，诗文集有《徐文长集》，戏曲著作有杂剧《四声猿》，戏曲理论《南词叙录》。徐渭在文学艺术上不喜依傍他人，独创一格，具有强烈的个性，风格豪迈而放逸。这样一位极具才华的人，却在科举考试中屡试不中。他个性狂傲，曾在中年入胡宗宪幕府，极受重视，后因精神失常杀妻而下狱。在狱中待了7年，几次自杀。出狱后纵情山水，以诗文书画糊口，穷困以终。

【知新】

袁宏道的《徐文长传》并未全面介绍徐文长的一生，而是抓住了徐渭人生中最有代表性、最具个性的片断来展现他的才华与个性。文章用大量的笔墨对徐文长诗、文、书、画等才能进行介绍与肯定。文章围绕着"才奇"与"数奇"这一对矛盾，深刻写出了徐文长才华横溢却命运坎坷的悲剧。全文以奇立骨，以情贯注，不同于一般人传记的冷静叙事，袁宏道在这篇文章里自始至终都倾注着他的热情，洒脱不羁，情辞并盛，如开头写自己读到徐文长作品时的狂喜情态，中间提到徐文长才华时的夹叙夹议，时时表露出他对徐渭才气性情的折服激赏。

袁宏道并不认识徐渭，终生未曾谋面，也没有受到人的委托写传，但在读到他的作品后，惊喜交加，感慨相识之晚，因而把他所听到、看到的关于徐渭的事迹略为整理，写出了这一篇独具个性的传记。袁宏道之所以为徐渭写传记，是因为他非常欣赏徐渭的个性，又同情他的遭遇，同时，徐文长的作品与袁宏道的文学主张有某种深刻的契合性，可以说徐渭是"公安派诸人大力推崇的晚明文学的一面旗帜"[①]。有学者这样解释："文长傲视权贵，孤行癖举种种狂的本质，在于以坚守个性构成对封建礼法的反叛。作者也是大力揄扬个性解放，呼唤纯真自然的人生，反对虚伪的纲常，亦曾有过程度不同的放浪形骸的疏狂，这是二人在人奇上的契合点。对这样一位志同道合者，作者惜才、悲人、抒愤，其深层机心，乃在为同道也就是自己一派张目。"[②]

【切问】

1. 文中写了徐文长哪些方面的才华？突出了其什么样的特点？
2. "故其为诗，如嗔，如笑，如水鸣峡，如种出土，如寡妇之夜哭，羁人之寒起。"这里写其诗歌风格，连用了六个比喻，这六个比喻带来什么样的表达效果？从这些比喻中，你可以看出徐文长的诗歌风格具有什么特点？

【近思】

1. 徐渭曾写过《自为墓志铭》，请读读他为自己写的墓志铭，说说你对他的理解。
2. 徐文长如此才华横溢却又如此命运坎坷，这是为什么呢？造成徐文长一生悲剧的原因是什么？你对徐文长的命运有何感想？

西湖七月半

张　岱

西湖七月半，一无可看，止可看看七月半之人。看七月半之人，以五类看之。其

---

① 吴承学. 晚明小品研究. 南京：江苏古籍出版社，1998：40.
① 魏中林.《徐文长传》鉴赏. // 陈振鹏，章培恒主编. 古文鉴赏辞典. 上海：上海辞书出版社，1997：1684.

一，楼船箫鼓，峨冠盛筵[1]，灯火优傒[2]，声光相乱，名为看月而实不见月者，看之；其一，亦船亦楼，名娃闺秀，携及童娈[3]，笑啼杂之，环坐露台[4]，左右盼望，身在月下而实不看月者，看之；其一，亦船亦声歌，名妓闲僧，浅斟低唱，弱管轻丝，竹肉相发[5]，亦在月下，亦看月而欲人看其看月者，看之；其一，不舟不车，不衫不帻[6]，酒醉饭饱，呼群三五，跻入人丛，昭庆、断桥[7]，嚣呼嘈杂[8]，装假醉，唱无腔曲[9]，月亦看，看月者亦看，不看月者亦看，而实无一看者，看之；其一，小船轻幌[10]，净几暖炉，茶铛旋煮[11]，素瓷静递[12]，好友佳人，邀月同坐，或匿影树下，或逃嚣里湖[13]，看月而人不见其看月之态，亦不作意看月者[14]，看之。

杭人游湖，已出酉归[15]，避月如仇。是夕好名，逐队争出，多犒门军酒钱，轿夫擎燎[16]，列俟岸上。一入舟，速舟子急放断桥[17]，赶入胜会。以故二鼓以前，人声鼓吹[18]，如沸如撼[19]，如魇如呓[20]，如聋如哑；大船小船一齐凑岸，一无所见，止见篙击篙，舟触舟，肩摩肩，面看面而已。少刻兴尽，官府席散，皂隶喝道去[21]。轿夫叫船上人，怖以关门[22]，灯笼火把如列星，一一簇拥而去。岸上人亦逐队赶门，渐稀渐薄，顷刻散尽矣。

吾辈始舣舟近岸[23]。断桥石磴始凉，席其上，呼客纵饮。此时月如镜新磨，山复整妆，湖复颒面[24]，向之浅斟低唱者出，匿影树下者亦出，吾辈往通声气，拉与同坐。韵友来，名妓至，杯箸安，竹肉发。月色苍凉，东方将白，客方散去。吾辈纵舟，酣睡于十里荷花之中，香气拍人，清梦甚惬[25]。

（选自张岱著，夏咸淳、程维荣校注. 陶庵梦忆：西湖梦寻. 上海：上海古籍出版社，2001）

【注释】

[1] 峨冠：高冠。峨冠博带是封建士大夫的服装，这里用以代表这些人。

[2] 优傒：倡优歌伎及奴仆。

[3] 童娈（luán）：亦作娈童，美童也。

[4] 露台：指楼船上的平台。

[5] 竹肉相发：箫笛声和着歌声。竹，箫笛等竹制乐器。肉，歌喉。

[6] 帻：古代男子包发的头巾。

[7] 昭庆、断桥：昭庆寺、断桥都是西湖名胜。

[8] 嚣呼：高声乱嚷。

[9] 无腔曲：不成腔调的歌曲。

[10] 轻幌：细薄帷幔。

[11] 茶铛（chēng）：烧茶小锅。

[12] 素瓷：精致雅洁的瓷杯。

[13] 里湖：金沙堤与苏堤东浦桥相接，北面是岳王庙，南面为里湖。

[14] 作意：故意做作。

[15] 巳出酉归：巳时出城，酉时返城。巳时，约上午九时至十一时之间。酉时，约下午五时至七时之间。

[16] 擎燎：举着火把。

[17] 速：催促。

[18] 鼓吹：音乐声。

[19] 如沸如撼：如水沸声，如物体震撼声。

[20] 如魇如呓：如梦魇，如呓语。

[21] 皂隶：官署中的衙役。

[22] 怖以关门：以关城门来恐吓游人，使其早归。

[23] 舣舟近岸：拢船靠岸。

[24] 颒（huì）面：洗面。指湖面重新呈现出明洁的样子。

[25] 惬：适意。

（注释参考朱东润. 中国历代文学作品选［下编第一册］. 上海：上海古籍出版社，1980）

【温故】

● 张岱

张岱（1597—1679年），字宗子，又字石公，号陶庵，山阴（今浙江绍兴）人，出身于世代簪缨之家，其高祖、曾祖、祖父皆中进士，三代荣显，家学渊源极深。张岱的前半生处于明代崇祯时期，生于富贵之家，自称曾为纨绔子弟，多才多艺，兴趣广泛。曾力逐功名却屡试屡败，遂潜心修史，一生未入仕途。张岱后半生遭遇了明清易代的剧变，家道中落，但张岱仍坚持著述，最终完成明史《石匮书》。顺治三年，绍兴沦落，张岱拒绝臣服清廷，遂携家人入山隐居。张岱著作等身，作品包罗宏富，涉及了天文、历法、历史、地理、医药、文字、音韵、经学等方面，思想鲜活，才情美富，学术造诣深厚。张岱的文学成就以散文为代表，其代表作有《陶庵梦忆》《西湖梦寻》等。

● 小品文

　　小品文是中国古代散文的一种体裁形式，是指篇幅短小、文辞简约、情韵隽永的散文。"小品"本是佛教用语，指佛经的节本，后来这一词被运用到文学领域，专指篇幅短小的杂记类文章。小品文题材的包容性强，体裁也较为自由，尺牍、游记、日记、序跋均可成为小品文。内容多是对生活经历的记叙和赏玩物事的描述，其成就在于独抒性灵，不拘格套，笔调活泼。小品文在明清时期较为兴盛，出现了许多经典的作家和作品，如李渔《闲情偶寄》、张岱《陶庵梦忆》、张潮《幽梦影》、沈复《浮生六记》等。张岱的代表作《陶庵梦忆》以回忆录的形式追述了年少时期经历的种种繁华往事，文字隽永，简短传神，为读者展现了一幅晚明时期的社会风俗和生活画卷。

【知新】

　　《西湖七月半》这篇作品选自张岱的散文集《陶庵梦忆》。《陶庵梦忆》一书是张岱的代表作，也是晚明小品的代表作之一。《陶庵梦忆》是作者历经家国巨变、痛失家园之后的追忆之作，内容涉及晚明社会生活的方方面面，如都市风情、山川景物、风俗人情、文学艺术、美食茶道、古董珍玩等，可以说是一个艺术家眼中的晚明文化风俗小史。对于《陶庵梦忆》的写作，史景迁写道："他就像我们一般，钟情于形形色色的人、事、物，不过他更是个挖掘者，试图探索深邃幽暗之境。他理解到只要有人追忆，往事就不必如烟，于是他决心尽其所能一点一滴挽回对明朝的回忆。我们无法确信他诉说的每件事都真实无误，但可以肯定，这些事他都想留给后世。"[①]

　　张岱的作品中往往表现出对晚明时期新的社会思潮的迎纳，对新兴市民文化的赏悦，注重写出富有活力的民俗和民间文化生活。《西湖七月半》即写杭人七月半时游西湖的热闹场景，重点以西湖游人的情态来烘托繁华热闹的节日气氛。西湖的山水景物只是背景，几笔点染而已，而对几类赏月人的白描勾勒则是其重点表现之处。周作人先生在《〈陶庵梦忆〉序》中精辟点出："张宗子是个都会诗人，他所注意的是人事而非天然，山水不过是他所写的生活的背景。"[②] 吴承学先生也在《晚明小品研究》中指出："张岱的眼光与普通文人不同，他特别重视对于世态人情和众生相的细致考察和描写，他的许多小品就像一幅幅色彩明丽的风俗画。"[③]

---

① 史景迁. 前朝梦忆：张岱的浮华与苍凉. 桂林：广西师范大学出版社，2010：11.
② 周作人.《陶庵梦忆》序. // 周作人. 知堂序跋. 北京：人民大学出版社，2004：278.
③ 吴承学. 晚明小品研究. 南京：江苏古籍出版社，1998：230.

【切问】

1. 《西湖七月半》中写了哪几类赏月的人，各有什么特点？你觉得张岱欣赏哪一类人？为什么？
2. 《西湖七月半》本应该是对赏月时游历过程和风景的描写，作者却用大量的笔墨写了五种赏月的人，你如何看待作者这样的创作方式？作者这样写是否跑题？

【近思】

1. 张岱对民间艺术与民俗风情非常感兴趣，他在《陶庵梦忆》中写过关于茶艺的《闵老子茶》，写过关于制灯艺术的《世美堂灯》，写过关于清明扫墓的《越俗扫墓》，也写过说书艺术的《柳敬亭说书》……他总是以深深赏悦的态度来写这些民俗风情。同学们能否也去探访一下你身边的传统民俗艺术，写一篇小品文来介绍这种民俗艺术呢？
2. 古代的杭州人在七月半这一天去西湖赏月，却"避月如仇"，请你分析一下这种现象的原因。如今的社会，也不乏旅游时走马观花式的游人，请你结合本文谈一谈对这种现象的看法。

北京的茶食

周作人

在东安市场的旧书摊上买到一本日本文章家五十岚力的《我的书翰》，中间说起东京的茶食店的点心都不好吃了，只有几家如上野山下的空也，还做得好点心，吃起来馅和糖及果实浑然融合，在舌头上分不出各自的味来。想起德川时代江户的二百五十年的繁华，当然有这一种享乐的流风余韵留传到今日，虽然比起京都来自然有点不及。北京建都已有五百余年之久，论理于衣食住方面应有多少精微的造就，但实际似乎并不如此，即以茶食而论，就不曾知道什么特殊的有滋味的东西。固然我们对于北京情形不甚熟悉，只是随便撞进一家饽饽铺里去买一点来吃，但是就撞过的经验来说，总没有很好吃的点心买到过。难道北京竟是没有好的茶食，还是有而我们不知道呢？这也未必全是为贪口腹之欲，总觉得住在古老的京城里吃不到包含历史的精炼的或颓废的点心是一个很大的缺陷。北京的朋友们，能够告诉我两三家做得上好点心的饽饽铺么？

我对于二十世纪的中国货色，有点不大喜欢，粗恶的模仿品，美其名曰国货，要卖得比外国货更贵些。新房子里卖的东西，便不免都有点怀疑，虽然这样说好像遗老的口吻，但总之关于风流享乐的事我是颇迷信传统的。我在西四牌楼以南走过，望着异馥斋的丈许高的独木招牌，不禁神往，因为这不但表示他是义和团以前的老店，那模糊阴暗的字迹又引起我一种焚香静坐的安闲而丰腴的生活的幻想。我不曾焚过什么香，却对于这件事很有趣味，然而终于不敢进香店去，因为怕他们在香盒上已放着花露水与日光皂了。我们于日用必需的东西以外，必须还有一点无用的游戏与享乐，生活才觉得有意思。我们看夕阳，看秋河，看花，听雨，闻香，喝不求解渴的酒，吃不求饱的点心，都是生活上必要的——虽然是无用的装点，而且是愈精炼愈好。可怜现在的中国生活，却是极端地干燥粗鄙，别的不说，我在北京彷徨了十年，终未曾吃到好点心。

1924 年 2 月

（选自周作人．雨天的书．北京：人民文学出版社，2000）

【温故】

● 周作人

周作人（1885—1967 年），浙江绍兴人，鲁迅（周树人）之弟，中国现代著名散文家、文学理论家、评论家、诗人、翻译家、中国民俗学开拓人。1901 年考入江南水师学堂，1906 年赴日留学，1911 年回国。1917 年 4 月到北京，任北京大学教授，兼任师大、女师大、燕京大学教授。他是文学研究会和语丝社的主要发起人。1921 年起，提倡"美文"，并身体力行。早期散文集有《雨天的书》《谈虎集》等。1928 年后，由于对现实的失望，退回书斋。抗战爆发后，附逆下水，出任伪北京大学图书馆馆长等职。1945 年日本投降，他以汉奸罪被捕入狱。新中国成立后，定居北京，主要从事文史资料和翻译工作，于 1967 年病逝。

● 周作人与"人的文学"

在《人的文学》一文中，周作人以灵肉统一，即神性与兽性的统一，来阐释他所理解的"人类正当生活"。这种统一，他后来又从蔼理斯的议论中吸取灵感，进一步将其解释为"禁欲与纵欲的调和"，即在追求"人类正当生活"的过程中，既反对禁欲，从而对社会上形形色色的道学思想展开批评；同时也反对纵欲，即对"不顾灵魂的快乐派"的反对，因而提倡一种"新的自由与新的节制"，并以此为基础"建造中国的新文明"。在周作人看来，这样一种新的文明表现为一种新的社会秩序，"用中国固有的字来说便是所谓礼"，也就是"生活之艺术"。正是这样的思考中，现代资本主义对于物的高效追逐，在周作人的眼里呈现出无可免的缺陷；而他的美文写作，他对于日常生活趣味的强调，也就可以看作是他就此而采取的解救措施之一。

【知新】

周作人的散文具有一种平淡文字背后的反抗意味。在《北京的茶食》中，他说，"我们于日用必需的东西以外，必须还有一点无用的游戏与享乐，生活才觉得有意思。我们看夕阳，看秋河，看花，听雨，闻香，喝不求解渴的酒，吃不求饱的点心，都是生活上必要的——虽然是无用的装点，而且是愈精炼愈好"。这不仅仅表明了文学与政治相区别的思想，更重视以文学滋养个体精神。正如朱晓江所说，周作人"对文学抒情特性的强调，就不但成为他的美学选择，而且还成为他的文化选择。就是说，对于一种'平淡自然'的散文风格的选择，以及对于一种完全个性化的日常生活的书写，从一开始，其背后就隐含着周氏建立一种'新的自由与新的节制，去建造中国的新文明'的文化主张，亦即体现着他对中国社会现代化的理解与探索。"[①]

【切问】

1. 作者为什么"在北京彷徨了十年，终未曾吃到好点心"？这体现了作者一种怎样的情感？
2. "我们于日用必需的东西以外，必须还有一点无用的游戏与享乐，生活才觉得有意思。"你同意作者的这种生活追求吗？为什么？
3. 请结合所学课文，试分析周作人所创作的散文与传统文化、日本俳句之间的联系。

【近思】

随着《舌尖上的中国》的热播，各地的传统小吃越来越受人欢迎。请你讲出几种家乡的传统小吃，并探寻传统小吃背后的民俗文化。

---

① 朱晓江. 周作人美文写作的脉络及其文化意义. 中国现代文学研究丛刊，2013（3）：52.

骂人的艺术

梁实秋

古今中外没有一个不骂人的人。骂人就是有道德观念的意思，因为在骂人的时候，至少在骂人者自己总觉得那人有该骂的地方。何者该骂，何者不该骂，这个抉择的标准，是极道德的。所以根本不骂人，大可不必。骂人是一种发泄感情的方法，尤其是那一种怨怒的感情。想骂人的时候而不骂，时常在身体上弄出毛病，所以想骂人时，骂骂何妨？

但是，骂人是一种高深的学问，不是人人都可以随便试的。有因为骂人挨嘴巴的，有因为骂人吃官司的，有因为骂人反被人骂的，这都是不会骂人的缘故。今以研究所得，公诸同好，或可为骂人时之助乎？

一　知己知彼

骂人是和动手打架一样的，你如其敢打人一拳，你先要自己忖度下，你吃得起别人的一拳否。这叫做知己知彼。骂人也是一样。譬如你骂他是"屈死"，你先要反省，自己和"屈死"有无分别。你骂别人荒唐，你自己想想曾否吃喝嫖赌。否则别人回敬你一二句，你就受不了。所以别人有着某种短处，而足下也正有同病，那么你在骂他的时候只得割爱。

二　无骂不如己者

要骂人须要挑比你大一点的人物，比你漂亮一点的或者比你坏得万倍而比你得势的人物。总之，你要骂人，那人无论在好的一方面或坏的一方面都要能胜过你，你才不吃亏的。你骂大人物，就怕他不理你，他一回骂，你就算骂着了。在坏的一方面胜过你的，你骂他就如教训一般，他即便回骂，一般人仍不会理会他的。假如你骂一个无关痛痒的人，你越骂他他越得意，时常可以把一个无名小卒骂出名了，你看冤与不冤？

三　适可而止

骂大人物骂到他回骂的时候，便不可再骂，再骂则一般人对你必无同情，以为你是无理取闹。骂小人物骂到他不能回骂的时候，便不可再骂；再骂下去则一般人对你也必无同情，以为你是欺负弱者。

四　旁敲侧击

他偷东西，你骂他是贼；他抢东西，你骂他是盗，这是笨伯。骂人必须先明虚实掩映之法，须要烘托旁衬，旁敲侧击，于要紧处只一语便得，所谓杀人于咽喉处着刀。越要骂他你越要原谅他，即便说些恭维话亦不为过，这样的骂法才能显得你所骂的句句是真实确凿，让旁人看起来也可见得你的度量。

五　态度镇定

骂人最忌浮躁。一语不合，面红筋跳，暴躁如雷，此灌夫骂座，泼妇骂街之术，不足以骂人。善骂者必须态度镇静，行若无事。普通一般骂人，谁的声音高便算谁占理，谁来得势猛便算谁骂赢，惟真善骂人者，乃能避其而击其懈。你等他骂得疲倦的时候，你只消轻轻的回敬他一句，让他再狂吼一阵。在他暴躁不堪的时候，你不妨对他冷笑几声，包管你不费力气，把他气得死去活来，骂得他针针见血。

六　出言典雅

骂人要骂得微妙含蓄，你骂他一句要使他不甚觉得是骂，等到想过一遍才慢慢觉悟这句话不是好话，让他笑着的面孔由白而红，由红而紫，由紫而灰，这才是骂人的上乘。欲达到此种目的，深刻之用词故不可少，而典雅之言词尤为重要。言词典雅则可使听者不致刺耳。如要骂人骂得典雅，则首先要在骂时万万别提起女人身上的某一部分，万万不要涉及生理学范围。骂人一骂到生理学范围以内，底下再有什么话都不好说了。譬如你骂某甲，千万别提起他的令堂令妹。因为那样一来，便无是非可言，并且你自己也不免有令堂令妹，他若回敬起来，岂非势均力敌，半斤八两？再者骂人的时候，最好不要加人以种种难堪的名词，称呼起来总要客气，即使他是极卑鄙的小人，你也不妨称他先生，越客气，越骂得有力量。骂得时节最好引用他自己的词句，这不但可以使他难堪，还可以减轻他对你骂的力量。俗话少用，因为俗话一览无遗，不若典雅古文曲折含蓄。

七　以退为进

两人对骂，而自己亦有理屈之处，则处于开骂伊始，特宜注意，最好是毅然将自己理屈之处完全承认下来，即使道歉认错均不妨事。先把自己理屈之处轻轻遮掩过去，然后你再重整旗鼓，着着逼人，方可无后顾之忧。即使自己没有理屈的地方，也绝不可自行夸张，务必要谦逊不遑，把自己的位置降到一个不可再降的位置，然后骂起人来，自有一种公正光明的态度。否则你骂他一两句，他便以你个人的事反唇相讥，一场对骂，会变成两人私下口角，是非曲直，无从判断。所以骂人者自己要低声下气，此所谓以退为进。

八　预设埋伏

你把这句话骂过去，你便要想想看，他将用什么话骂回来。有眼光的骂人者，便处处留神，或是先将他要骂你的话替他说出来，或是预先安设埋伏，令他骂回来的话失去效力。他骂你的话，你替他说出来，这便等于缴了他的械一般。预设埋伏，便是在要攻击你的地方，你先轻轻的安下话根，然后他骂过来就等于枪弹打在沙包上，不能中伤。

九　小题大做

如对方有该骂之处，而题目甚小，不值一骂，或你所知不多，不足一骂，那时节你便可用小题大做的方法，来扩大目标。先用诚恳而怀疑的态度引申对方的意思，由不紧要之点引到大题目上去，处处用严谨的逻辑逼他说出不逻辑的话来，或是逼他说出合于逻辑但不合乎理的话来，然后你再大举骂他，骂到体无完肤为止，而原来惹动你的小题目，轻轻一提便了。

十　远交近攻

一个时候，只能骂一个人，或一种人，或一派人。决不宜多树敌。所以骂人的时候，万勿连累旁人，即时必须牵涉多人，你也要表示好意，否则回骂之声纷至沓来，使你无从应付。

骂人的艺术，一时所能想起来的有上面十条，信手拈来，并无条理。我做此文的用意，是助人骂人。同时也是想把骂人的技术揭破一点，供爱骂人者参考。挨骂的人看看，骂人的心理原来是这样的，也算是揭破一张黑幕给你瞧瞧！

（选自梁实秋．中华散文珍藏本：梁实秋卷．北京：人民文学出版社，2001）

【温故】

● 梁实秋

梁实秋（1903—1987年），原名梁治华，出生于北京，原籍浙江杭县，散文家、学者、文学批评家、翻译家。1915年考入外交部清华留美预备学校，1921年开始写诗和杂感，1923年赴美留学，获哈佛大学文学硕士学位。1926年回国，在南京东南大学任教。1928年主编《新月》，是新月派的骨干。1930年任青岛大学外文系主任，1934年任北大英文系教授，主编《自由评论》周刊。1949年6月去台湾，后任国立编译馆馆长等职。1987年11月3日病逝于台北，享年84岁。

主要作品有杂文集《骂人的艺术》，散文集《雅舍小品》《秋室杂忆》《文学因缘》，文艺论著《浪漫的与古典的》《文学的纪律》，译有《莎士比亚全集》等。

● 自由主义文艺思想理论

20世纪30年代自由主义作家在理论上的主要代表人物有梁实秋、朱光潜、沈从文等，他们的理论宣言中，都公开地表示反对"为艺术而艺术"。自由主义文艺理论家们反复强调"超脱现实"的原则，即所谓"艺术和实际人生的距离"，在美学上自有一定的积极意义，反映了艺术创作的某些规律；但作为一种强调独立的文艺观，又是与当时强调现实批判和社会功利性的文学主潮相对的。[①]他们不可能完全无视民族、国家的呼唤，而是以自己不同于革命的作家的方式，通过也许更为曲折的道路，与自己的民族、人民以及社会现实生活保持某种联系，以自己的方式思考社会人生，探求民族复兴的道路。

【知新】

儒家文化作为中国传统文化的主流，影响了一代又一代的中国传统知识分子。在文学方面，"中庸"体现为"温柔敦厚"的文学表达方式。梁实秋虽为新式文人，具有中国和西方两种文化背景，这对他散文风格的形成产生了重要影响——没有鲁迅的辛辣讽刺，也没有徐志摩的华丽铺张，而是一种现代作家罕见的平和冲淡。有研究者认为，"儒家文化作为梁实秋个体文化的核心和主体，也使其散文烙刻着浓厚的儒家文化印记。梁实秋在散文创作方面强调理智对情感的节制作用，拒绝感情的咆哮，他的散文平和冲淡、幽默雅谑，是典型的士大夫散文风格。"[②]

---

① 钱理群. 现代文学三十年. 北京：北京大学出版社，1998：215.
② 张春艳. 梁实秋散文的儒家文化烙印. 世界华文文学论坛，2012（4）：43.

【切问】

1. 如何理解作者所谈的骂人的艺术？
2. 作者通过对"骂人"这一难登大雅之堂的行为的诙谐解读，表现了一种怎样的人生态度？
3. 余光中在评价梁实秋散文时说："机智闪烁，谐趣迭生，时或滑稽突梯，却能适可而止，不堕俗趣。他的笔锋有如猫爪戏人而不伤人，即使讥讽，针对的也是众生的共相，而非私人，所以自有一种温柔的美感距离。"你怎么看？

【近思】

语言的艺术体现在生活的各个方面，联系身边的生活实例，你觉得"文才"与"口才"哪个更重要？孔子说："文胜质则史，质胜文则野"，你觉得在现实生活中我们应该如何看待"骂人"这种现象呢？

天才梦

张爱玲

我是一个古怪的女孩，从小被目为天才，除了发展我的天才外别无生存的目标。然而，当童年的狂想逐渐褪色的时候，我发现我除了天才的梦之外一无所有——所有的只是天才的乖僻缺点。世人原谅瓦格涅[1]的疏狂，可是他们不会原谅我。

加上一点美国式的宣传，也许我会被誉为神童。我三岁时能背诵唐诗。我还记得摇摇摆摆地立在一个满清遗老的藤椅前朗吟"商女不知亡国恨，隔江犹唱后庭花"，眼看着他的泪珠滚下来。七岁时我写了第一部小说，一个家庭悲剧。遇到笔画复杂的字，我常常跑去问厨子怎样写。第二部小说是关于一个失恋自杀的女郎。我母亲批评说：如果她要自杀，她决不会从上海乘火车到西湖去自溺，可是我因为西湖诗意的背景，终于固执地保存了这一点。

我仅有的课外读物是《西游记》与少量的童话，但我的思想并不为它们所束缚。

八岁那年，我尝试过一篇类似乌托邦的小说，题名《快乐村》。快乐村人是一好战的高原民族，因克服苗人有功，蒙中国皇帝特许，免征赋税，并予自治权。所以快乐村是一个与外界隔绝的大家庭，自耕自织，保存着部落时代的活泼文化。我特地将半打练习簿缝在一起，预期一本洋洋大作，然而不久我就对这伟大的题材失去了兴趣。现在我仍旧保存着我所绘的插画多帧，介绍这种理想社会的服务，建筑，室内装修，包括图书馆，"演武厅"，巧格力店，屋顶花园。公共餐室是荷花池里一座凉亭。我不记得那里有没有电影院与社会主义——虽然缺少这两样文明产物，他们似乎也过得很好。

九岁时，我踌躇着不知道应当选择音乐或美术作我终身的事业。看了一张描写穷困的画家的影片后，我哭了一场，决定做一个钢琴家，在富丽堂皇的音乐厅里演奏。

对于色彩，音符，字眼，我极为敏感。当我弹奏钢琴时，我想象那八个音符有不同的个性，穿戴了鲜艳的衣帽携手舞蹈。我学写文章，爱用色彩浓厚、音韵铿锵的字眼，如"珠灰"、"黄昏"、"婉妙"、"splendor"[2]、"melancholy"[3]，因此常犯了堆砌的毛病。直到现在，我仍然爱看《聊斋志异》与俗气的巴黎时装报告，便是为了这种有吸引力的字眼。

在学校里我得到自由发展。我的自信心日益坚强，直到我十六岁时，我母亲从法国回来，将她睽隔多年的女儿研究了一下。"我懊悔从前小心看护你的伤寒症，"她告诉我，"我宁愿看你死，不愿看你活着使你自己处处受痛苦。"

我发现我不会削苹果。经过艰苦的努力我才学会补袜子。我怕上理发店，怕见客，怕给裁缝试衣裳。许多人尝试过教我织绒线，可是没有一个成功。在一间房里住了两年，问我电铃在哪儿我还茫然。我天天乘黄包车上医院去打针，接连三个月，仍然不认识那条路。总而言之，在现实的社会里，我等于一个废物。

我母亲给我两年的时间学习适应环境。她教我煮饭；用肥皂粉洗衣；练习行路的姿势；看人的眼色；点灯后记得拉上窗帘；照镜子研究面部神态；如果没有幽默天才，千万别说笑话。

在待人接物的常识方面，我显露惊人的愚笨。我的两年计划是一个失败的试验。除了使我的思想失去均衡外，我母亲的沉痛警告没有给我任何的影响。

生活的艺术，有一部分我不是不能领略。我懂得怎么看"七月巧云"，听苏格兰兵吹 bagpipe[4]，享受微风中的藤椅，吃盐水花生，欣赏雨夜的霓虹灯，从双层公共汽车上伸出手摘树巅的绿叶。在没有人与人交接的场合，我充满了生命的欢悦。可是我一天不能克服这种咬啮性的小烦恼,生命是一袭华美的袍,爬满了蚤子。

（选自张爱玲. 流言. 北京：北京十月文艺出版社，2006）

【注释】

［1］瓦格涅：通译为瓦格纳（Richard. Wagner, 1813—1883），德国作曲家、文学家，一生致力于歌曲创作，代表作有《尼伯龙根指环》等。

［2］splendor：辉煌，壮丽。

［3］melancholy：忧郁。

［4］bagpipe：风笛。

（注释参选张爱玲全集：流言. 北京：人民文学出版社，2008）

【温故】

● 张爱玲

张爱玲（1920—1995年），现代作家。祖籍河北丰润，生于上海，出自没落贵族家庭，祖父张佩纶是清朝大臣，母亲是清朝名臣李鸿章的女儿。1938年考入伦敦大学，由于战争关系改入香港大学。太平洋战争爆发后，未读完大学便返回上海从事文学创作。从1943年开始，她陆续在当时上海的《万象》《天地》等刊物上发表中短篇和散文作品。1944年出版《传奇》及散文集《流言》。上海解放后，曾以梁京为笔名在上海《亦报》发表小说。1952年去香港，后旅居美国。主要作品有中短篇小说集《传奇》《怨女》《半生缘》，散文集《流言》等。

● 国统区文学、解放区文学与沦陷区文学

国统区文学是指"七七事变"直至新中国成立期间国民党统治区之内的文学创作。主要集中在重庆、桂林等地。此时期最主要的文学形式是长篇小说、多幕剧、长篇叙事诗和抒情诗。审美风格上侧重于讽刺性和悲剧性，创作更富于理性精神和深邃的历史感，更富有社会文化意义。

与国统区文学不同的是解放区文学，它以对新社会制度、解放区的人民、士兵、干部为描述对象，运用明朗朴素的基调探求文学的民族化和大众化。解放区文学的出现可追溯到1927年大革命失败，工农红军建立红色政权时期，"七七事变"后至新中国成立期间逐渐形成、发展与成熟。

1941年12月太平洋战争爆发，结束了上海孤岛文学时代，进入了沦陷区文学时代。此前已有1931年"九一八"事变后的东北沦陷区文学，1937年"七七事变"后以北平为中心的华北沦陷区文学，统称"沦陷区文学"。1941年上海完全沦陷时，最有影响的《万象》团结一大批在上海的进步作家，发表大量揭示旧社会黑暗腐朽生活的具有爱国主义理想的作品，如师陀的《无望存的馆主》，张爱玲的《传奇》，苏青的《结婚十年》等。

【知新】

张爱玲就读香港大学时写了这篇《天才梦》，文学天赋初露锋芒。张爱玲家庭文化背景非同寻常，她从家族中得到的最宝贵的遗产是她深厚的文化素养、古典文学趣味以及西方人文观念。这在一定程度上导致了张爱玲的早熟。"生命是一袭华美的袍，上面爬满了虱子"，这样苍凉的感叹竟然出自一个青春正当好的女子。张爱玲在生活上和文学上的早熟，一定程度上促成了她情有独钟的叙事焦点——传写末世人性之变与乱世人情之常。传统观点认为张爱玲在创作上着意沟通新与旧、雅与俗，是因为看到了"五四"以来的文学趋势，而解志熙认为这种观点仍嫌笼统。他指出，"张爱玲是经过了一番慎重的比较思考而自觉选择了抓小放大、俗事文讲、凡中求奇、参差对照的叙事策略……于是她便决意逃避崇高宏大的叙事而钟情于凡俗人物庸常生活的描写。进而言之，'反传奇的传奇'在张爱玲那里乃是一种折中浪漫主义和写实主义的创作取向，而她的折中乃是以其试图调适非常时世与日常生活之紧张关系的现世主义生存美学观念为基础的。"[①]

【切问】

1. 作者是如何叙述自己的经历的？这种自我描述客观吗？
2. "生命是一袭华美的袍，爬满了虱子。"这句话体现了作者怎样的情感？请简要谈谈你对这句话的理解。
3. 通过阅读这篇文章，你认为张爱玲所说的"天才梦"意味着什么？

【近思】

1. 请尝试写一篇自传，注意描述的客观性。
2. 有人说，天才意味着精神和心灵的痛苦。也有人说，天才意味着享受事业成功的快乐。联系身边的生活，你怎么看？

---

① 解志熙."反传奇的传奇"及其他——论张爱玲叙事艺术的成就与限度. 中国现代文学研究丛刊，2009（1）：25.

十年一梦

巴 金

我十几岁的时候，读过一部林琴南翻译的英国小说，可能就是《十字军英雄记》吧，书中有一句话，我一直忘记不了："奴在身者，其人可怜；奴在心者，其人可鄙。"话是一位公主向一个武士说的，当时是出于误会，武士也并不是真的奴隶，无论在身或者在心。最后好像是"有情人终成眷属"。

使我感到兴趣的并不是这个结局。但是我也万想不到小说中一句话竟然成了十年浩劫中我自己的写照。经过那十年的磨炼，我才懂得"奴隶"这个字眼的意义。在悔恨难堪的时候，我常常想起那一句名言，我用它来跟我当时的处境对照，我看自己比任何时候更清楚。奴隶，过去我总以为自己同这个字眼毫不相干，可是我明明做了十年的奴隶！这十年的奴隶生活也是十分复杂的。我们写小说的人爱说，有生活跟没有生活大不相同，这倒是真话。从前我对"奴在身者"和"奴在心者"这两个词组的理解始终停留在字面上。例如我写《家》的时候，写老黄妈对觉慧谈话，祷告死去的太太保佑这位少爷，我心想这大概就是"奴在心者"；又如我写鸣凤跟觉慧谈话，觉慧说要同她结婚，鸣凤说不行，太太不会答应，她愿做丫头伺候他一辈子。我想这也就是"奴在心者"吧。在"文革"期间我受批斗的时候，我的罪名之一就是"歪曲了劳动人民的形象"。有人举出了老黄妈和鸣凤为例，说她们应当站起来造反，我却把她们写成向"阶级敌人"低头效忠的奴隶。过去我也常常翻阅、修改自己的作品，对鸣凤和黄妈这两个人物的描写不曾看出什么大的问题。忽然听到这样的批判，觉得问题很严重，而且当时只是往牛角尖里钻，完全跟着"造反派"的逻辑绕圈子。我想，我是在官僚地主的家庭里长大的，受到旧社会、旧家庭各式各样的教育，接触了那么多的旧社会、旧家庭的人，因此我很有可能用封建地主的眼光去看人看事。越想越觉得"造反派"有理，越想越觉得自己有罪。说我是地主阶级的"孝子贤孙"，我承认；说我写《激流》是在为地主阶级树碑立传，我也承认；一九七〇年我们在农村"三秋"劳动，我给揪到田头，同当地地主一起挨斗，我也低头认罪；我想我一直到二十三岁都是靠老家养活，吃饭的钱都是农民的血汗，挨批挨斗有什么不可以！但是一九七〇年的我和一九六七、六八年的我已经不相同了。六六年九月以后在"造反派"的"引导"和威胁之下（或者说用鞭子引导之下），我完全用别人的脑子思考，别人大吼"打倒巴金"！我也高举右手响应。这个举动我现在回想起来，觉得不大好理解。但当时我并不是作假，我真心表示自己愿意让人彻底打倒，以便从头做起，重新做人。我还有通过吃苦完成自我改造的决心。我甚至因为"造反派"不"谅解"我这番用心而感到苦恼。我暗暗对自己说："他们不相信你，不要紧，你必须经得住考验。"每次批斗之后，"造反派"照例要我写《思想汇报》，我当时身心十分疲倦，很想休息。但听说马上要交卷，就打起精神，认真汇报自己的思想，总是承认批判的发言打中了我的要害，批斗真是为了挽救我，"造反派"是我的救星。那一段时期，我就是只按照"造反派"经常高呼的口号和反复宣传的"真理"思考的。我再也没有自己的思想。倘使追问下去，我只能回答说：只求给我一条生路。六九年后我渐渐地发现"造反派"要我相信的"真理"他们自己并不相信，他们口里所讲的并不是他们心里所想的。最奇怪的是六九年五月二十三日学习毛主席的《讲话》我写了《思想汇报》。我们那个班组的头头大加表扬，把《汇报》挂出来，加上按语说我有认罪服罪、向人民靠拢的诚意。但是过两三天上面讲了什么话，他们又把我揪出来批斗，说我假意认罪、骗取同情。谁真谁假，我开始明白了。我仍然按时写《思想汇报》，引用"最高指示"痛骂自己，但是自己的思想暗暗地、慢慢地在进行大转弯。我又有了新的发现：我就是"奴在心者"，而且是死心塌地的精神奴隶。

这个发现使我十分难过！我的心在挣扎，我感觉到奴隶哲学像铁链似的紧紧捆住我全身，我不是我自己。

没有自己的思想，不用自己的脑子思考，别人举手我也举手，别人讲什么我也讲什么，而且做得高高兴兴，——这不是"奴在心者"吗？这和小说里的黄妈不同，和鸣凤不同，她们即使觉悟不"高"，但她们有自己的是非观念，黄妈不愿意"住浑水"，鸣凤不肯做冯乐山的小老婆。她们还不是"奴在心者"。固然她们相信"命"，相信"天"，但是她们并不低头屈服，并不按照高老太爷的逻辑思考。她们相信命运，她们又反抗命运。她们决不像一九六七、六八年的我。那个时候我没有反抗的思想，一点也没有。

我没有提一九六六年。我是六六年八月进"牛棚"，九月十日被抄家的，在那些夜晚我都是服了眠尔通才能睡几小时。那几个月里我受了多大的折磨，听见捶门声就浑身发抖。但是我一直抱着希望：不会这样对待我吧，对我会从宽吧；这样对我威胁只是一种形式吧。我常常暗暗地问自己："这是真的吗？"我拼命拖住快要完全失去的希望，我不能不这样想：虽然我"有罪"，但几十年的工作中多少总有一点成绩吧。接着来的是十二月。这可怕的十二月！它对于我是沉重的当头一击，它对于萧珊的病和死亡也起了促进的作用。红卫兵一批一批接连跑到我家里，起初翻墙入内，后来是大摇大摆地敲门进来，凡是不曾贴上封条的东西，他们随意取用。晚上来，白天也来。夜深了，我疲劳不堪，还得低声下气，哀求他们早些离开。不说萧珊挨过他们的铜头皮带！这种时候，这种情况，我还能有什么希望呢？从此我断了念，来一个急转弯，死心塌地做起"奴隶"来。从一九六七年起我的精神面貌完全不同了。我把自己心灵上过去积累起来的东西丢得一干二净。我张开胸膛无条件地接收"造反派"的一切"指示"。我自己后来分析说，我入了迷，中了催眠术。其实我还挖得不深。在那两年中间我虔诚地膜拜神明的时候，我的耳边时时都有一种仁慈的声音：你信神你一家人就有救了。原来我脑子里始终保留着活命哲学。就是在入迷的时候，我还受到活命思想的指导。在一九六九年以后我常常想到黄妈，拿她同我自己比较。她是一个真实的人，姓袁，我们叫她"袁袁"，我和三哥离开成都前几年中间都是她照料我们。她喜欢我们，我们出川后不久，她就辞工回家了，但常常来探问我们的消息，始终关心我们。一九四一年年初我第一次回到成都，她已经死亡。我无法打听到她的坟在什么地方，其实我也不会到她墓前去感谢她的服务和关怀。只有在拿她比较的时候，我才知道我欠了她一笔多么深切的爱。她不是奴隶，更不是"奴在心者"。

我在去年写的一则《随想》中讲起那两年在"牛棚"里我跟王西彦同志的分歧。我当时认为自己有大罪，赎罪之法是认真改造，改造之法是对"造反派"的训话、勒令和决定句句照办。西彦不服，他经常跟监督组的人争论，他认为有些安排不合情理，是有意整人。我却认为磨练越是痛苦，对我们的改造越有好处。今天看来我的想法实在可笑，我用"造反派"的训话思考，却得出了陀思妥耶夫斯基式的结论。对"造反派"来说，陀思妥耶夫斯基是"反动的"作家。可是他们用了各种方法，各种手段逼迫我、也引导我走上陀思妥耶夫斯基的路。这说明大家的思想都很混乱，谁也不正确。我说可笑，其实也很可悲。我自称为知识分子，也被人当做"知识分子"看待，批斗时甘心承认自己是"精神贵族"，实际上我完全是一个"精神奴隶"。

到六九年，我看出一些"破绽"来了：把我们当做奴隶、在我们面前挥舞皮鞭的人其实是空无所有，他们并不知道自己的明天。有人也许奇怪我会有这样的想法，其实这也是容易理解的。我写了几十年的书嘛，总还有那么一点"知识"。我现在完全明白"四人帮"为什么那样仇恨"知识"了。哪怕只有那么一点"知识"，也会看出

"我"的"破绽"来。何况是"知识分子",何况还有文化!"你"有了对付"我"的武器,不行!非缴械不可。其实武器也可以用来为"你"服务嘛。不,不放心!"你"有了武器,"我"就不能安枕。必须把"你"的"知识"消除干净。

六七、六八年两年中间我多么愿意能够把自己那一点点"知识"挖空,挖得干干净净,就像扫除尘土那样。但是这怎么能办到呢?果然从一九六九年起,我那么一点点"知识"就作怪起来了。迷药的效力逐渐减弱。我自己的思想开始活动。除了"造反派"、"革命左派",还有"工宣队"、"军代表"……他们特别爱讲话!他们的一言一行,我都看在眼里,听在耳里,记在心上。我的思想在变化,尽管变化很慢,但是在变化,内心在变化。这以后我也不再是"奴在心者"了,我开始感觉到做一个"奴在心者"是多么可鄙的事情。

在外表上我没有改变,我仍然低头沉默,"认罪服罪"。可是我无法再用别人的训话思考了。我忽然发现在我周围进行着一场大骗局。我吃惊,我痛苦,我不相信,我感到幻灭。我浪费了多么宝贵的时光啊!但是我更加小心谨慎,因为我害怕。当我向神明的使者虔诚跪拜的时候,我倒有信心。等到我看出了虚伪,我的恐怖增加了,爱说假话的人什么事都做得出来!无论如何我要保全自己。我不再相信通过苦行的自我改造了,在这种场合连陀思妥耶夫斯基的道路也救不了我。我渐渐地脱离了"奴在心者"的精神境界,又回到"奴在身者"了。换句话说,我不是服从"道理",我只是屈服于权势,在武力之下低头,靠说假话过日子。同样是活命哲学,从前是:只求给我一条生路;如今是:我一定要活下去,看你们怎样收场!我又记起一九六六年我和萧珊用来互相鼓舞的那句话:坚持下去就是胜利。

萧珊逝世,我却看到了"四人帮"的灭亡。

编造假话,用假话骗人,也用假话骗了自己,而终于看到假话给人戳穿,受到全国人民的唾弃,这便是"四人帮"的下场。以"野蛮"征服"文明"、用"无知"战胜"知识"的时代也跟着他们永远地去了。

一九六九年我开始抄录、背诵但丁的《神曲》,因为我怀疑"牛棚"就是"地狱"。这是我摆脱奴隶哲学的开端。没有向导,一个人在摸索,我咬紧牙关忍受一切折磨,不再是为了赎罪,却是想弄清是非。我一步一步艰难地走着,不怕三头怪兽,不怕黑色魔鬼,不怕蛇发女怪,不怕赤热沙地……我经受了几年的考验,拾回来"丢开"了的"希望",终于走出了"牛棚"。我不一定看清别人,但是我看清了自己。虽然我十分衰老,可是我还能用自己的思想思考。我还能说自己的话,写自己的文章。我不再是"奴在心者",也不再是"奴在身者"。我是我自己。我回到我自己身上了。

那动乱的十年，多么可怕的一场大梦啊！

6月中旬

（选自巴金．随想录．北京：生活·读书·新知三联书店，1987）

【温故】

● 巴金

　　巴金（1904—2005年），现当代作家、翻译家、社会活动家。原名李尧棠，四川成都人。"五四"新思想的冲击，使少年巴金冲出封建家庭外出求学。1927年去法国，开始文学创作，处女作长篇小说《灭亡》获得成功，次年底回国后一直从事文学创作和文学编辑工作。1935年任上海文化生活出版社总编辑。1950年任上海文联副主席。1966年遭批判，被关进"牛棚"，随后在上海奉贤县"五七干校"劳动两年半。80年代中期以后出版了《随想录》之《病中集》《无题集》等作品。2003年11月，中国国务院授予巴金"人民作家"称号。2005年10月17日在上海逝世，享年101岁。作品有长篇小说《雾》《雨》《电》《家》《春》《秋》，中篇小说《寒夜》《憩园》等，以及大批散文、杂文。

● 20世纪80年代的历史反思散文

　　反思包括"文革"在内的"当代"中国历史，是20世纪80年代以来文学的一个重要主题。这一时期散文的"真实性"和"个人性"得到强调。一些作家，主要是老年作家，写了一批回忆往事的散文。或追悼、怀念亲友，或提供个人亲身经历的琐碎、片段的回忆，或针对一些发生在身边的事件，不拘形式地传递深沉而凝重的切身感受。这些作家写诗、写小说、写剧本，可能已力不从心，而供写作散文随笔的材料，可以说是俯拾即是。从积极的意义上说，这样的问题，对直接表达作家的情感、体验、思索，自有其便利之处。这些作品主要有巴金的《随想录》《再思录》，杨绛的《干校六记》《将饮茶》，孙犁的《晚华集》《无为集》，丁玲的《"牛棚"小品》等。

【知新】

　　巴金的《随想录》用沉重得令人压抑的文字让人醒悟，但这种觉醒并不局限于反思社会生活中的封建糟粕的残余，这在当代其他作家也同样做过。《随想录》在更大程度上是属于内省的，直指人的内心，是对人性的叩问。陈思和与李辉认为,《随想录》所揭示的真正精彩之处,是巴金用忏悔的方式写出了我们每一个同时代人身上的封建意识,"巴金对自己在五十年代开始的政治运动中一些行为的反思,挖掘到另一个思想层次上了:即是在专制主义统治之下,为了保全自己而被迫牺牲正义与朋友,为专制主义作帮凶。这才是真正的醒悟,是一个个体的人面对着社会而发出的独立宣言。"① 这种对内心的反思,使得《随想录》在同时代的"历史反思散文"中占据着独特的地位。

【切问】

1. 作者引用林琴南翻译的《十字军英雄记》中"奴在身者,其人可怜;奴在心者,其人可鄙"这句话,表达了怎样的思想情感?
2. 作者在这十年中经历了哪几段心路历程?
3. 为什么作者"用'造反派'的训话思考,却得出了陀思妥耶夫斯基式的理论"?

【近思】

古人云:"吾一日三省吾身。"《随想录》是巴金先生对过去的真诚反思。你会经常反思自己的一些行为吗?请尝试每天写一篇反思日记,总结自己一天中的言行,从中吸取经验教训。

沉默的大多数

王小波

一

君特·格拉斯在《铁皮鼓》里,写了一个不肯长大的人。小奥斯卡发现周围的世界太过荒诞,就暗下决心要永远做小孩子。在冥冥之中,有一种力量成全了他的决心,所以他就成了个侏儒。这个故事太过神奇,但很有意思。人要永远做小孩子虽办不到,但想要保持沉默是能办到的。在我周围,像我这种性格的人特多——在公众场

---

① 陈思和、李辉. 巴金研究论稿. 上海:复旦大学出版社,2009:135.

合什么都不说，到了私下里则妙语连珠，换言之，对信得过的人什么都说，对信不过的人什么都不说。起初我以为这是因为经历了严酷的时期（"文革"），后来才发现，这是中国人的通病。龙应台女士就大发感慨，问中国人为什么不说话。她在国外住了很多年，几乎变成了个心直口快的外国人。她把保持沉默看做怯懦，但这是不对的。沉默是一种生活方式，不但是中国人，外国人中也有选择这种生活方式的。

我就知道这样一个例子：他是前苏联的大作曲家肖斯塔科维奇。有很长一段时间他写自己的音乐，一声也不吭。后来忽然口授了一厚本回忆录，并在每一页上都签了名，然后他就死掉了。据我所知，回忆录的主要内容，就是谈自己在沉默中的感受。阅读那本书时，我得到了很大的乐趣——当然，当时我在沉默中。把这本书借给一个话语圈子里的朋友去看，他却得不到任何的乐趣，还说这本书格调低下，气氛阴暗。那本书里有一段讲到了前苏联三十年代，有好多人忽然就不见了，所以大家很害怕，人们之间都不说话；邻里之间起了纷争都不敢吵架，所以有了另一种表达感情的方式，就是往别人烧水的壶里吐痰。顺便说一句，前苏联人盖过一些宿舍式的房子，有公用的卫生间、盥洗室和厨房，这就给吐痰提供了方便。我觉得有趣，是因为像肖斯塔科维奇那样的大音乐家，戴着夹鼻眼镜，留着山羊胡子，吐起痰来一定多有不便。可以想见，他必定要一手抓住眼镜，另一手护住胡子，探着头去吐。假如就这样被人逮到揍上一顿，那就更有趣了。其实肖斯塔科维奇长得什么样，我也不知道。我只是想象他是这个样子，然后就哈哈大笑。我的朋友看了这一段就不笑，他以为这样吐痰动作不美，境界不高，思想也不好。这使我不敢与他争辩——再争辩就要涉入某些话语的范畴，而这些话语，就是阴阳两界的分界线。

看过《铁皮鼓》的人都知道，小奥斯卡后来改变了他的决心，也长大了。我现在已决定了要说话，这样我就不是小奥斯卡，而是大奥斯卡。我现在当然能同意往别人的水壶里吐痰是思想不好，境界不高。不过有些事继续发生在我身边，举个住楼的人都知道的例子：假设有人常把一辆自行车放在你门口的楼道上，挡了你的路，你可以开口去说——打电话给居委会；或者直接找到车主，说道：同志，"五讲四美"，请你注意。此后他会用什么样的语言来回答你，我就不敢保证。我估计他最起码要说你"事儿"，假如你是女的，他还会说你"事儿妈"，不管你有多大岁数，够不够做他妈。当然，你也可以选择沉默的方式来表达自己对这种行为的厌恶之情：把他车胎里的气放掉。干这件事时，当然要注意别被车主看见。还有一种更损的方式，不值得推荐，那就是在车胎上按上个图钉。有人按了图钉再拔下来，这样车主找不到窟窿在哪儿，补胎时更嫌难。假如车子可以搬动，把它挪到难找的地方去，让车主找不着它，也是一种选择。这方面就说这么多，因为我不想教坏。这些事使我想到了福柯先生的话：话语即权力。这话应该倒过来说：权力即话语。就以上面的例子来说，你要给人讲"五讲四美"，最好是戴上个红箍。根据我对事实的了解，红箍还不大够用，最好穿上一身警服。"五讲四美"虽然是些好话，讲的时候最好有实力或者说是身份作为保证。话说到这个地步，可以说说当年和朋友讨论肖斯塔科维奇，他一说到思想、境界等等，我为什么就一声不吭——朋友倒是个很好的朋友，但我怕他挑我的毛病。

一般人从七岁开始走进教室，开始接受话语的熏陶。我觉得自己还要早些，因为从我记事时开始，外面总是装着高音喇叭，没黑没夜地乱嚷嚷。从这些话里我知道了土平炉可以炼钢，这种东西和做饭的灶相仿，装了一台小鼓风机，嗡嗡地响着，好像一窝飞行的屎壳郎。炼出的东西是一团团火红的粘在一起的锅片子，看起来是牛屎的样子。有一位手持钢钎的叔叔说，这就是钢。那一年我只有六岁，以后有好长一段时间，一听到钢铁这个词，我就会想到牛屎。从那些话里我还知道了一亩地可以产三十万斤粮，然后我们就饿得要死。总而言之，从小我对讲出来的话就不大相信，越是声色俱厉，嗓门高亢，我越是不信，这种怀疑态度起源于我饥饿的肚肠。和任何话语相比，饥饿都是更大的真理。除了怀疑话语，我还有一个恶习，就是吃铅笔。上小学时，在课桌后面一坐定就开始吃。那种铅笔一毛三一支，后面有橡皮头。我从后面吃起，先吃掉柔软可口的橡皮，再吃掉柔韧爽口的铁皮，吃到木头笔杆以后，软糟糟的没什么味道，但有一点香料味，诱使我接着吃。终于把整支铅笔吃得只剩了一支铅芯，用橡皮膏缠上接着使。除了铅笔之外，课本、练习本，甚至课桌都可以吃。我说到的这些东西，有些被吃掉了，有些被啃得十分狼藉。这也是一个真理，但没有用话语来表达过：饥饿可以把小孩子变成白蚁。

这个世界上有个很大的误会，那就是以为人的种种想法都是由话语教出来的。假设如此，话语就是思维的样板。我说它是个误会，是因为世界还有阴的一面。除此之外，同样的话语也可能教出些很不同的想法。从我懂事的年龄起，就常听人们说：我们这一代，生于一个神圣的时代，多么幸福；而且肩负着解放天下三分之二受苦人的神圣使命，等等。同年龄的人听了都很振奋，很爱听，但我总有点疑问，这么多美事怎么都叫我赶上了。除此之外，我以为这种说法不够含蓄。而含蓄是我们的家教。在三年困难时期，有一天开饭时，每人碗里有一小片腊肉。我弟弟见了以后，按捺不住心中的狂喜，冲上阳台，朝全世界放声高呼：我们家吃大鱼大肉了！结果是被我爸爸拖回来臭揍了一顿。经过这样的教育，我一直比较深沉。所以听到别人说我们多么幸福，多么神圣，别人在受苦，我们没有受等等，心里老在想着：假如我们真遇上了这么多美事，不把它说出来会不会更好。当然，这不是说，我不想履行自己的神圣职责。对于天下三分之二的受苦人，我是这么想的：与其大呼小叫说要去解放他们，让人家苦等，倒不如一声不吭，忽然有一天把他们解放，给他们一个意外惊喜。总而言之，我总是从实际的方面去考虑，而且考虑得很周到。幼年的经历、家教和天性谨慎，是我变得沉默的起因。

二

在我小时候，话语好像是一池冷水，它使我一身一身起鸡皮疙瘩。但不管怎么说吧，人来到世间，仿佛是来游泳的，迟早要跳进去。我可没有想到自己会保持沉默直到四十岁，假如想到了，未必有继续生活的勇气。不管怎么说吧，我听到的话也不总是那么疯，是一阵疯，一阵不疯。所以在十四岁之前，我并没有终身沉默的决心。

小的时候，我们只有听人说话的份儿。当我的同龄人开始说话时，给我一种极恶劣的印象。有位朋友写了一本书，写的是自己在"文革"中的遭遇，书名为《血统》。可以想见，她出身不好。她要我给她的书写个序，这件事使我想起来自己在那些年的所见所闻。"文革"开始时，我十四岁，正上初中一年级。有一天，忽然发生了惊人的变化，班上的一部分同学忽然变成了红五类，另一部分则成了黑五类。我自己的情况特殊，还说不清是哪一类。当然，这红和黑的说法并不是我们发明出来的，这个变化也不是由我们发起的。在这方面我们毫无责任。只是我们中间的一些人，该负一点欺负同学的责任。

照我看来，红的同学忽然得到了很大的好处，这是值得祝贺的。黑的同学忽然遇上了很大的不幸，也值得同情。不等我对他们一一表示祝贺和同情，一些红的同学就把脑袋刮光，束上了大皮带，站在校门口，问每一个想进来的人：你什么出身？他们对同班同学问得格外仔细，一听到他们报出不好的出身，就从牙缝里迸出三个字："狗崽子！"当然，我能理解他们突然变成了红五类的狂喜，但为此非要使自己的同学在大庭广众下变成狗崽子，未免也太过分。当年我就这么想，现在我也这么想：话语教给我们很多，但善恶还是可以自明。话语想要教给我们，人与人生来就不平等。在人间，尊卑有序是永恒的真理，但你也可以不听。

我上小学六年级时，暑期布置的读书作业是《南方来信》。那是一本记述越南人民抗美救国斗争的读物，其中充满了处决、拷打和虐杀。看完以后，心里充满了怪怪的想法。那时正在青春期的前沿，差一点要变成个性变态了。总而言之，假如对我的那种教育完全成功，换言之，假如那些园丁、人类灵魂的工程师对我的期望得以实现，我就想象不出现在我怎能不嗜杀成性、怎能不残忍，或者说，在我身上，怎么还会保留了一些人性。好在人不光是在书本上学习，还会在沉默中学习。这是我人性尚存的主因。至于话语，它教给我的是：要横扫一切牛鬼蛇神，把"文化革命"进行到底。当时话语正站在人性的反面上。假如完全相信它，就不会有人性。

三

现在我来说明自己为什么人性尚存。"文化革命"刚开始时，我住在一所大学里。有一天，我从校外回来，遇上一大伙人，正在向校门口行进。走在前面的是一伙大学生，彼此争论不休，而且嗓门很大；当然是在用时髦话语争吵，除了毛主席的教导，还经常提到"十六条"。所谓十六条，是中央颁布的展开"文革"的十六条规定，其中有一条叫做"要文斗，不要武斗"。在那些争论的人之中，有一个人居于中心地位。但他双唇紧闭，一声不吭，唇边似有血迹。在场的大学生有一半在追问他，要他开口说话，另一半则在维护他，不让他说话。"文化革命"里到处都有两派之争，这是个具体的例子。至于队伍的后半部分，是一帮像我这么大的男孩子，一个个也是双唇紧闭，一声不吭，但唇边没有血迹，阴魂不散地跟在后面。有几个大学生想把他们拦住，但是不成功，你把正面拦住，他们就从侧面绕过去，但保持着一声不吭的态度。这件事相当古怪，因为我们院里的孩子相当的厉害，不但敢吵敢骂，而且动起手来，大学生还未必是个儿，那天真是令人意外的老实。我立刻投身其中，问他们出了什么事，怪的是这些孩子都不理我，继续双唇紧闭，两眼发直，显出一种坚忍的态度，继续向前行进——这情形好像他们发了一种集体性的癔症。

有关癔症，我们知道，有一种一声不吭，只顾扬尘舞蹈；另一种喋喋不休，就不大扬尘舞蹈。不管哪一种，心里想的和表现出来的完全不是一回事。我在北方插队时，村里有几个妇女有癔症，其中有一位，假如你信她的说法，她其实是个死去多年的狐狸，成天和丈夫（假定此说成立，这位丈夫就是个兽奸犯）吵吵闹闹，以狐狸的名义要求吃肉。但肉割来以后，她要求把肉煮熟，并以大蒜佐餐，很显然，这不合乎狐狸的饮食习惯。所以，实际上是她，而不是它要吃肉。至于"文化革命"，有几分像场集体性的癔症，大家闹的和心里想的也不是一回事。当然，这要把世界阴的一面考虑在内。只考虑阳的一面，结论就只能是：当年大家胡打乱闹，确实是为了保卫毛主席，保卫党中央。

但是我说的那些大学里的男孩子其实没有犯癔症。后来，我揪住了一个和我很熟的孩子，问出了这件事的始末：原来，在大学生宿舍的盥洗室里，有两个学生在洗脸时相遇，为各自不同的观点争辩起来。争着争着，就打了起来。其中一位受了伤，已被送到医院。另一位没受伤，理所当然地成了打人凶手，就是走在队伍前列的那一位。这一大伙人在理论上是前往某个机构（叫做校革委还是筹委会，我已经不记得了）讲理，实际上是在校园里做无目标的布朗运动。这个故事还有另一个线索：被打伤的学生血肉模糊，有一只耳朵（是左耳还是右耳已经记不得，但我肯定是两者之一）的一部分不见了，在现场也没有找到。根据一种阿加莎·克里斯蒂式的推理，这块耳朵不会在别的地方，只能在打人的学生嘴里，假如他还没把它吃下去的话；因为此君不但脾气暴躁，急了的时候还会咬人，而且咬了不止一次了。我急于交待这件事的要点，忽略了一些细节，比方说，受伤的学生曾经惨叫了一声，别人就闻声而来，使打人者没有机会把耳朵吐出来藏起来，等等。总之，此君现在只有两个选择，或是在大庭广众之下把耳朵吐出来，证明自己的品行恶劣，或者把它吞下去。我听到这些话，马上就加入了尾随的行列，双唇紧闭，牙关紧咬，并且感觉到自己嘴里仿佛含了一块咸咸的东西。

现在我必须承认，我没有看到那件事的结局：因为天晚了，回家太晚会有麻烦。但我的确关心着这件事的进展，几乎失眠。这件事的结局是别人告诉我的：最后，那个咬人的学生把耳朵吐了出来，并且被人逮住了。不知你会怎么看，反正当时我觉得如释重负：不管怎么说，人性尚存。同类不会相食，也不会把别人的一部分吞下去。当然，这件事可能会说明一些别的东西：比方说，咬掉的耳朵块太大，咬人的学生嗓子眼太细，但这些可能性我都不愿意考虑。我说到这件事，是想说明我自己曾在沉默中学到了一点东西。你可以说，这些东西还不够，但这些东西是好的，虽然学到它的方式不值得推广。

我把一个咬人的大学生称为人性的教师，肯定要把一些人气得发狂。但我有自己的道理：一个脾气暴躁、动辄使用牙齿的人，尚且不肯吞下别人的肉体，这一课看起来更有力量。再说，在"文化革命"的那一阶段里，人也不可能学到更好的东西了。

有一段时间常听到年长的人说我们这一代人不好，是"文革"中的红卫兵，品格低劣。考虑到红卫兵也不是孤儿院里的孩子，他们都是学校教育出来的，对于这种低劣品行，学校和家庭教育应该负一定的责任。除此之外，对我们的品行，大家也过虑了。这是因为，世界不光有阳的一面，还有阴的一面。后来我们这些人就去插队。在插队时，同学们之间表现得相当友爱，最起码这是可圈可点的。我的亲身经历就可证明：有一次农忙时期我生了重病，闹得实在熬不过去了，当时没人来管我，只有一个同样在生病的同学，半搀半拖，送我涉过了南宛河，到了医院。那条河虽然不深，但当时足有五公里宽，因为它已经泛滥得连岸都找不着了。假如别人生了病，我也会这样送他。因为有这些表现，我以为我们并不坏，不必青春无悔，留在农村不回来；也不必听从某种暗示而集体自杀，给现在的年轻人空出位子来。而我们的人品的一切可取之处，都该感谢沉默的教诲。

四

有一件事大多数人都知道：我们可以在沉默和话语两种文化中选择。我个人经历过很多选择的机会，比方说，插队的时候，有些插友就选择了说点什么，到"积代会"上去"讲用"，然后就会有些好处。有些话年轻的朋友不熟悉，我只能简单地解释道：积代会是"活学活用毛主席著作积极分子代表大会"，讲用是指讲自己活学活用毛主席著作的心得体会。参加了积代会，就是积极分子。而积极分子是个好意思。另一种机会是当学生时，假如在会上积极发言，再积极参加社会活动，就可能当学生干部，学生干部又是个好意思。这些机会我都自愿地放弃了。选择了说话的朋友可能不相信我是自愿放弃的，他们会认为，我不会说话或者不够档次，不配说话。因为话语即权力，权力又是个好意思，所以的确有不少人挖空心思要打进话语的圈子，甚至在争夺"话语权"。我说我是自愿放弃的，有人会不信——好在还有不少人会相信。主要的原因是进了那个圈子就要说那种话，甚至要以那种话来思索，我觉得不够有意思。据我所知，那个圈子里常常犯着贫乏症。

二十多年前，我在云南当知青。除了穿着比较干净、皮肤比较白皙之外，当地人怎么看待我们，是个很费猜的问题。我觉得，他们以为我们都是台面上的人，必须用台面上的语言和我们交谈——最起码在我们刚去时，他们是这样想的。这当然是一个误会，但并不讨厌。还有个讨厌的误会是：他们以为我们很有钱，在集市上死命地朝我们要高价，以致我们买点东西，总要比当地人多花一两倍的钱。后来我们就用一种独特的方法买东西：不还价，甩下一叠毛票让你慢慢数，同时把货物抱走。等你数清了毛票，连人带货都找不到了。起初我们给的是公道价，后来有人就越给越少，甚至在毛票里杂有些分票。假如我说自己洁身自好，没干过这种事，你一定不相信；所以我决定不争辩。终于有一天，有个学生在这样买东西时被老乡扯住了——但这个人决不是我。那位老乡决定要说该同学一顿，期期艾艾地憋了好半天，才说出：哇！不行啦！思想啦！斗私批修啦！后来我们回家去，为该老乡的话语笑得打滚。可想而知，在今天，那老乡就会说：哇！不行啦！"五讲"啦！"四美"啦！"三热爱"啦！同样也会使我们笑得要死。从当时的情形和该老乡的情绪来看，他想说的只是一句很简单的话，那一句话的头一个字发音和洗澡的澡有些相似。我举这个例子，绝不是讨了便宜又要卖乖，只是想说明一下话语的贫乏。用它来说话都相当困难，更不要说用它来思想了。话语圈子里的朋友会说，我举了一个很恶劣的例子——我记住这种事，只是为了丑化生活；但我自己觉得不是的。

我在沉默中过了很多年：插队，当工人，当大学生，后来又在大学里任过教。当教师的人保持沉默似乎不可能，但我教的是技术性的课程，在讲台上只讲技术性的话，下了课我就走人。照我看，不管干什么都可以保持沉默。当然，我还有一个终生爱好，就是写小说。但是写好了不拿去发表，同样也保持了沉默。至于沉默的理由，很是简单，那就是信不过话语圈。从我短短的人生经历来看，它是一座声名狼藉的疯人院。当时我怀疑的不仅是说过亩产三十万斤粮、炸过精神原子弹的那个话语圈，而是一切话语圈子。假如在今天能证明我当时犯了一个以偏概全的错误，我会感到无限的幸福。

五

我说自己多年以来保持了沉默，你可能会不信。这说明你是个过来人。你不信我从未在会议上"表过态"，也没写过批判稿。这种怀疑是对的：因为我既不能证明自己是哑巴，也不能证明自己不会写字，所以这两件事我都是干过的。但是照我的标准，那不叫说话，而是上着一种话语的捐税。我们听说，在过去的年代里，连一些伟大的人物都"讲过一些违心的话"，这说明征税面非常的宽。因为有征话语捐的事，不管我们讲过什么，都可以不必自责：话是上面让说的嘛。但假如一切话语都是征来的捐税，事情就不很妙。拿这些东西可以干什么？它是话，不是钱，既不能用来修水坝，也不能拿来修电站；只能搁在那里臭掉，供后人耻笑。当然，拿征募来的话语干什么，不是我该考虑的事，也许它还有别的用处我没有想到。我要说的是：征收话语捐的事是古已有之。说话的人往往有种输捐纳税的意识，融化在血液里，落实在口头上。在这方面有个例子，是古典名著《红楼梦》。在那本书里，有两个姑娘在大观园里联句，联着联着，冒出了颂圣的词句。这件事让我都觉得不好意思：两个十几岁的小姑娘，躲在后花园里，半夜三更作几句诗，都忘不了颂圣，这叫什么事？仔细推敲起来，毛病当然出在写书人的身上，是他有这种毛病。这种毛病就是：在使用话语时总想交税的强迫症。

我认为，可以在话语的世界里分出两极。一极是圣贤的话语，这些话是自愿的捐献。另一极是沉默者的话语，这些话是强征来的税金。在这两极之间的话，全都暧昧难明：既是捐献，又是税金。在那些说话的人心里都有一个税吏。中国的读书人有很强的社会责任感，就是交纳税金，做一个好的纳税人——这是难听的说法。好听的说法就是以天下为己任。

我曾经是个沉默的人，这就是说，我不喜欢在各种会议上发言，也不喜欢写稿子。这一点最近已经发生了改变，参加会议时也会发言，有时也写点稿。对这种改变我有种强烈的感受，有如丧失了童贞。这就意味着我违背了多年以来的积习，不再属于沉默的大多数了。我还不致为此感到痛苦，但也有一点轻微的失落感。开口说话并不意味着恢复了交纳税金的责任感，假设我真是这么想，大家就会见到一个最大的废话篓子。我有的是另一种责任感。

几年前，我参加了一些社会学研究，因此接触了一些"弱势群体"，其中最特别的就是同性恋者。做过了这些研究之后，我忽然猛醒到：所谓弱势群体，就是有些话没有说出来的人。就是因为这些话没有说出来，所以很多人以为他们不存在或者很遥远。在中国，人们以为同性恋者不存在。在外国，人们知道同性恋者存在，但不知他们是谁。有两位人类学家给同性恋者写了一本书，题目就叫做 *Word Is Out*。然后我又猛省到自己也属于古往今来最大的一个弱势群体，就是沉默的大多数。这些人保持沉默的原因多种多样，有些人没能力，或者没有机会说话；还有人有些隐情不便说话；还有一些人，因为种种原因，对于话语的世界有某种厌恶之情。我就属于这最后一种。作为最后这种人，也有义务谈谈自己的所见所闻。

六

我现在写的东西大体属于文学的范畴，所谓文学，在我看来就是：先把文章写好看了再说，别的就管他妈的。除了文学，我想不到有什么地方可以接受我这些古怪想法。赖在文学上，可以给自己在圈子中找到一个立脚点。有这样一个立脚点，就可以攻击这个圈子，攻击整个阳的世界。

几年前，我在美国读书。有个洋鬼子这样问我们：你们中国那个阴阳学说，怎么一切好的东西都属阳，一点不给阴剩下？当然，她这样发问，是因为她正是一个五体不全之阴人。但是这话也有些道理。话语权属于阳的一方，它当然不会说阴的一方任何好话。就是夫子也未能免俗，他把妇女和小人攻击了一通。这句话几千年来总被人引用，但我就没听到受攻击一方有任何回应。人们只是小心提防着不要做小人，至于怎样不做妇人，这问题一直没有解决。就是到了现代，女变男的变性手术也是一个难题，而且也不宜推广——这世界上假男人太多，真男人就会找不到老婆。简言之，话语圈里总是在说些不会遇到反驳的话。往好听里说，这叫做自说自话；往难听里说，就让人想起了一个形容缺德行为的顺口溜：打聋子骂哑巴扒绝户坟。仔细考较起来，恐怕聋子、哑巴、绝户都属阴的一类，所以遇到种种不幸也是活该——笔者的国学不够精深，不知这样理解不对。但我知道一个确定无疑的事实：任何人说话都会有毛病，圣贤说话也有毛病，这种毛病还相当严重。假如一般人犯了这种病，就会被说成精神分裂症。在现实生活里，我们就是这样看待自说自话的人。

如今我也挤进了话语圈子。这只能说明一件事：这个圈子已经分崩离析。基于折中不幸的现实，可以听到各种要求振奋的话语：让我们来重建中国的精神结构，等等。作为从另一个圈子里来的人，我对新圈子里的朋友有个建议：让我们来检查一下自己，看看傻不傻，疯不疯？有各种各样的镜子可供检查自己之用：中国的传统是一面镜子，外国文化是另一面镜子。还有一面更大的镜子，就在我们身边，那就是沉默的大多数。这些议论当然是有感而发的。几年前，我刚刚走出沉默，写了一本书，送给长者看。他不喜欢这本书，认为书不能这样来写。照他看来，写书应该能教育人民，提升人的灵魂。这真是金玉良言。但是在这世界上的一切人之中，我最希望予以提升的一个，就是我自己。这话很卑鄙，很自私，也很诚实。

（选自王小波. 沉默的大多数. 上海：上海三联书店，2008）

【温故】

● 王小波

王小波（1952—1997年），当代著名学者、作家。出生于北京，先后当过知青、民办教师、工人，1978年考入中国人民大学，在此之前，他"只上过一年中学，还是十二年前上的"。1980年与中国第一位研究性的女社会学家李银河结婚。1984年赴美国匹兹堡大学东亚研究中心求学，两年后获得硕士学位。1988年回国，任北京大学社会学所讲师，1991年任中国人民大学会计系讲师。1992年9月辞去教职，做自由撰稿人。1997年4月11日因心脏病突发辞世，享年45岁。

王小波的代表作品有《黄金时代》《白银时代》《青铜时代》《沉默的大多数》等。王小波被誉为中国的乔伊斯兼卡夫卡，亦是唯一一位两次获得世界华语文学界的重要奖项——台湾联合报系文学奖中篇小说大奖的中国大陆作家。

● 王小波现象

王小波生前的出版颇为艰难，国内也只有艾晓明、李公明少数几位评论家对王小波的小说给予高度评价。1997年王小波去世之后，他的作品几乎全部出版，各种形式的王小波纪念会、作品研讨会层出不穷，一股"王小波热"席卷文坛、文艺界与文学批评界，成为了一种文化现象。讨论话题已经超出了王小波作品本身而与中国当代的文化状态、知识分子状态结合在一起。王小波作为自由知识分子的独立精神与批判精神，引发了对当代中国知识分子在现代社会中的立场、态度的思考与讨论。"自由"与"理性"是王小波留给人们的重要话题。

【知新】

反抗奴役，是王小波人生哲学的根本思想及其小说的主要精神特征。在这个层面上，王小波继承了鲁迅的思想遗产和精神传统。张伯存对此有精到的论述："以争取、维护人的精神独立与自由，反对对人的一切奴役为内涵的'立人'思想，是贯穿他（鲁迅）的全部著述的中心思想，同时也构成了他的基本价值尺度，成为他的终身不渝的理想，以至信仰。'必须扫荡暗中窥视并诱惑人的各种精致的奴役形式。'在此，王小波的思想无疑是和鲁迅相通的。"[1] 反抗一切奴役，意味着要致力于所有人的独立与自由。王小波在散文《有与无》中表达了自己的观点："我个人以为，做爱做的事才是'有'，做自己也不知为什么要做的事则是'无'……我这一生绝不会向虚无投降。我会一直战斗到死。"这无疑是追求个人独立与自由的宣言。

【切问】

1. "沉默的大多数"为何沉默？
2. 经过长时期的沉默之后，王小波为什么放弃沉默，进入话语圈？他想告诉大家什么？
3. 王小波说："如今我也挤进了话语圈子，这只能说明一件事：这个圈子已经分崩离析。基于这种不幸的现实，可以听到各种要求振奋的话语：让我们来重建中国的精神结构，等等。作为从另一个圈子里来的人，我对新圈子里的朋友有个建议：让我们来检查一下自己，看看傻不傻，疯不疯？有各种各样的镜子可供检查自己之用：中国的传统是一面镜子，外国文化是另一面镜子。还有一面更大的镜子，就在我们身边，那就是沉默的大多数。"结合这句话，谈谈你对当下的话语圈子的看法。

【近思】

从春秋时期起，以孔孟、老庄为代表的思想家就对知识分子的理想人格做出了要求，儒家主张的"修身、齐家、治国、平天下"，与道家的"无为""逍

---

[1] 张伯存. 文化症候与文学精神. 上海：上海三联书店，2007：139.

遥"，经过几千年的积淀，已内化在各个历史时期的知识分子人格中。你认为现代知识分子应具有什么样的品性呢？

一个王朝的背影

余秋雨

一

我们这些人，对清代总有一种复杂的情感阻隔。记得很小的时候，历史老师讲到"扬州十日"、"嘉定三屠"时眼含泪花，这是清代的开始；而讲到"火烧圆明园"、"戊戌变法"时又有泪花了，这是清代的尾声。年迈的老师一哭，孩子们也跟着哭，清代历史，是小学中唯一用眼泪浸润的课程。从小种下的怨恨，很难化解得开。

老人的眼泪和孩子们的眼泪拌和在一起，使这种历史情绪有了一种最世俗的力量。我小学的同学全是汉族。没有满族，因此很容易在课堂里获得一种共同语言，好像汉族理所当然是中国的主宰，你满族为什么要来抢夺呢？抢夺去了能够弄好倒也罢了，偏偏越弄越糟，最后几乎让外国人给瓜分了。于是，在闪闪泪光中，我们懂得了什么是汉奸、什么是卖国贼、什么是民族大义、什么是气节。我们似乎也知道了中国之所以落后于世界列强，关键就在于清代，而辛亥革命的启蒙者们重新点燃汉人对清人的仇恨，提出"驱除鞑虏，恢复中华"的口号，又是多么有必要，多么让人解气。清朝终于被推翻了，但至今在很多中国人心里，它仍然是一种冤孽般的存在。

年长以后，我开始对这种情绪产生警惕。因为无数事实证明，在我们中国，许多情绪化的社会评判规范，虽然堂而皇之地传之久远，却包含着极大的不公正。我们缺少人类普遍意义上的价值启蒙，因此这些情绪化的社会评判规范大多是从封建正统观念逐渐引申出来的，带有很多盲目性。先是姓氏正统论，刘汉、李唐、赵宋、朱明……，在同一姓氏的传代系列中所出现的继承人，哪怕是昏君、懦夫、色鬼、守财奴、精神失常者，都是合法而合理的，而外姓人氏若有觊觎，即便有一千条一万条道理，也站不住脚，真伪、正邪、忠奸全由此划分。由姓氏正统论扩而大之，就是民族正统论。这种观念要比姓氏正统论复杂得多，你看辛亥革命的闯将们与封建主义的姓氏正统论势不两立，却也需要大声宣扬民族正统论，便是例证。民族正统论涉及到几乎一切中国人都耳熟能详的许多著名人物和著名事件，是一个在今后仍然要不断争论的麻烦问题。在这儿请允许我稍稍回避一下，我需要肯定的仅仅是这样一点：满族是中国的满族，清朝的历史是中国历史的一部分；统观全部中国古代史，清朝的皇帝在总体上还算比较好的，而其中的康熙皇帝甚至可说是中国历史上最好的皇帝之一，他与唐太宗李世民一样使我这个现代汉族中国人感到骄傲。

既然说到了唐太宗，我们又不能不指出，据现代历史学家考证，他更可能靠近于鲜卑族的血统。

如果说先后在巨大的社会灾难中迅速开创了"贞观之治"和"康雍乾盛世"的两位中国历史上最杰出帝王都不是汉族，如果我们还愿意想一想那位虽未执掌中原却至今还在被全世界历史学家惊叹的建立了赫赫战功的元太祖成吉思汗，那么我们的中华历史观一定会比小学里的历史课开阔得多，放达得多。

汉族当然非常伟大，汉族当然没有理由要受到外族的屠杀和欺凌，当自己的民族遭受危难时当然要挺身而出进行无畏的抗争，为了个人的私利不惜出卖民族利益的无耻之徒当然要受到永久的唾弃，这些都是没有异议的。问题是，不能由此而把汉族等同于中华，把中华历史的正义、光亮、希望，全部押在汉族一边。与其他民族一样，汉族也有大量的污浊、昏聩和丑恶，它的统治者常常一再地把整个中国历史推入死胡同。在这种情况下，历史有可能做出超越汉族正统论的选择，而这种选择又未必是倒退。

《桃花扇》中那位秦淮名妓李香君，身份低贱而品格高洁，在清兵浩荡南下、大明江山风雨飘摇时节保持着多大的民族气节！但是，她万万没有想到，就在她和她的恋人侯朝宗为抗清扶明不惜赴汤蹈火、奔命呼号的时候，恰恰正是苟延残喘而仍然荒淫无度的南明小朝廷，作践了他们。那个在当时当地看来既是明朝也是汉族的最后代表的弘光政权，根本不要她和她的姊妹们的忠君泪、报国心，而只要她们作为一个女人最可怜的色相。李香君真想与恋人一起为大明捐躯流血，但叫她恶心的是，竟然是大明的官僚来强逼她成婚而使她血溅纸扇，染成"桃花"。"桃花扇底送南朝"，这样的朝廷就让它去了吧，长叹一声，气节、操守、抗争、奔走，全都成了荒诞和自嘲。《桃花扇》的作者孔尚任是孔老夫子的后裔，连他，也对历史转折时期那种盲目的正统观念产生了深深的怀疑。他把这种怀疑，转化成了笔底的灭寂和苍凉。

对李香君和侯朝宗来说，明末的一切，看够了，清代会怎么样呢？不想看了。文学作品总要结束，但历史还在往前走，事实上，清代还是很可看看的。

为此，我要写写承德的避暑山庄。清代的史料成捆成扎，把这些留给历史学家吧，我们，只要轻手轻脚地绕到这个消夏的别墅里去偷看几眼也就够了。这种偷看其实也是偷看自己，偷看自己心底从小埋下的历史情绪和民族情绪，有多少可以留存，有多少需要校正。

二

承德的避暑山庄是清代皇家园林，又称热河行宫、承德离宫，虽然闻名史册，但久为禁苑，又地处塞外，历来光顾的人不多，直到这几年才被旅游者搅得有点热闹。我原先并不知道能在那里获得一点什么，只是今年夏天中央电视台在承德组织了一次国内优秀电视编剧和导演的聚会，要我给他们讲点课，就被他们接去了。住所正在避暑山庄的背后。刚到那天的薄暮时分，我独个儿走出住所大门，对着眼前黑黝黝的山岭发呆。查过地图，这山岭便是避暑山庄北部的最后屏障，就像一张罗圈椅的椅背。在这张罗圈椅上，休息过一个疲惫的王朝。奇怪的是，整个中华版图都已归属了这个王朝，为什么还要把这张休息的罗圈椅放到长城之外呢？清代的帝王们在这张椅子上面南而坐的时候在想一些什么呢？月亮升起来了，眼前的山壁显得更加巍然怆然。北京的故宫把几个不同的朝代混杂在一起，谁的形象也看不真切，而在这里，远远的、静静的、纯纯的、悄悄的，躲开了中原王气，藏下了一个不羼杂的清代。它实在对我产生了一种巨大的诱惑，于是匆匆讲完几次课，便一头埋到了山庄里边。

山庄很大，本来觉得北京的颐和园已经大得令人咋舌了，它竟比颐和园还大整整一倍，据说装下八九个北海公园是没有问题的。我想不出国内还有哪个古典园林能望其项背。

山庄外面还有一圈被称之为"外八庙"的寺庙群，这暂不去说它，光说山庄里面，除了前半部有层层叠叠的宫殿外，主要是开阔的湖区、平原区和山区。尤其是山区，几乎占了整个山庄的八成左右，这让游惯了别的园林的人很不习惯。园林是用来休闲的，何况是皇家园林，大多追求方便平适，有的也会堆几座小山装点一下，哪有像这儿的，硬是圈进莽莽苍苍一大片真正的山岭来消遣？这个格局，包含着一种需要我们抬头仰望、低头思索的审美观念和人生观念。

山庄里有很多楹联和石碑，上面的文字大多由皇帝们亲自撰写。他们当然想不到多少年后会有我们这些陌生人闯入他们的私家园林，来读这些文字，这些文字是写给他们后辈继承人看的。朝廷给别人看的东西很多，有大量刻印广颁的官样文章，而写在这里的文字，尽管有时也咬文嚼字，但总的来说是说给儿孙们听的体己话，比较真实可信。我踏着青苔和蔓草，辨识和解读着一切能找到的文字，连藏在山间树林中的石碑都不放过，读完一篇，便舒松开筋骨四周看看。一路走去，终于可以有把握地说，山庄的营造，完全出自一代政治家在精神上的强健。

首先是康熙，山庄正宫午门上悬挂着的"避暑山庄"四个字就是他写的，这四个汉字写得很好，撇捺间透露出一个胜利者的从容和安详，可以想见他首次踏进山庄时的步履也是这样的。他一定会这样，因为他是走了一条艰难而又成功的长途才走进山庄的，到这里来喘口气，应该。

他一生的艰难都是自找的。他的父辈本来已经给他打下了一个很完整的华夏江山，他八岁即位，十四岁亲政，年轻轻一个孩子，坐享其成就是了，能在如此辽阔的疆土、如此兴盛的运势前做些什么呢？他稚气未脱的眼睛，竟然疑惑地盯上了两个庞然大物，一个是朝廷中最有权势的辅政大臣鳌拜，一个是自恃当初做汉奸领清兵入关有功、拥兵自重于南方的吴三桂。平心而论，对于这样与自己的祖辈、父辈都有密切关系的重要政治势力，即便是德高望重的一代雄主也未免下得了决心去动手，但康熙却向他们，也向自己挑战了，十六岁上干脆利落地除了鳌拜集团，二十岁开始向吴三桂开战，花八年时间的征战取得彻底胜利。他等于把到手的江山重新打理了一遍，使自己从一个继承者变成了创业者。他成熟了，眼前几乎已经找不到什么对手，但他还是经常骑着马，在中国北方山林草泽间徘徊，这是他祖辈崛起的所在，他在寻找着自己的生命和事业的依托点。

他每次都要经过长城，长城多年失修，已经破败。对着这堵受到历代帝王切切关心的城墙，他想了很多。他的祖辈是破长城进来的，没有吴三桂也绝对进得了，那么长城究竟有什么用呢？堂堂一个朝廷，难道就靠这些砖块去保卫？但是如果没有长城，我们的防线又在哪里呢？他思考的结果，可以从一六九一年他的一份上谕中看出个大概。那年五月，古北口总兵官蔡元向朝廷提出，他所管辖的那一带长城"倾塌甚多，请行修筑"，康熙竟然完全不同意，他的上谕是：

秦筑长城以来，汉、唐、宋亦常修理，其时岂无边患？明末我太祖统大兵长驱直入，诸路瓦解，皆莫能当。可见守国之道，惟在修德安民。民心悦则邦本得，而边境自固，所谓"众志成城"者是也。如古北、喜峰口一带，朕皆巡阅，概多损坏，今欲修之，兴工劳役，岂能无害百姓？且长城延袤数千里，养兵几何方能分守？

说得实在是很有道理。我对埋在我们民族心底的"长城情结"一直不敢恭维，读了康熙这段话，简直找到了一个远年知音。由于康熙这样说，清代成了中国古代基本上不大修长城的一个朝代，对此我也觉得不无痛快。当然，我们今天从保护文物的意义上去修理长城完全是另外一回事了。

　　康熙希望能筑起一座无形的长城。"修德安民"云云说得过于堂皇而蹈空，实际上他有硬的一手和软的一手。硬的一手是在长城外设立"木兰围场"，每年秋天，由皇帝亲自率领王公大臣、各级官兵一万余人去进行大规模的"围猎"，实际上是一种声势浩大的军事演习，这既可以使王公大臣们保持住勇猛、强悍的人生风范，又可顺便对北方边境起一个威慑作用。"木兰围场"既然设在长城之外的边远地带，离北京就很有一点距离，如此众多的朝廷要员前去秋猎，当然要建造一些大大小小的行宫，而热河行宫，就是其中最大的一座。软的一手是与北方边疆的各少数民族建立起一种常来常往的友好关系，他们的首领不必长途进京也有与清廷彼此交谊的机会和场所，而且还为他们准备下各自的宗教场所，这也就需要有热河行宫和它周围的寺庙群了。总之，软硬两手最后都汇集到这一座行宫、这一个山庄里来了，说是避暑，说是休息，意义却又远远不止于此。把复杂的政治目的和军事意义转化为一片幽静闲适的园林，一圈香火缭绕的寺庙，这不能不说是康熙的大本事。然而，眼前又是道道地地的园林和寺庙，道道地地的休息和祈祷，军事和政治，消解得那样烟水葱茏、慈眉善目，如果不是那些石碑提醒，我们甚至连可以疑惑的痕迹都找不到。

　　避暑山庄其实就是康熙的"长城"，与蜿蜒千里的秦始皇长城相比，哪个更高明些呢？

　　康熙几乎每年立秋之后都要到"木兰围场"参加一次为期二十天的秋猎，一生参加了四十八次。每次围猎，情景都极为壮观，先由康熙选定逐年轮换的狩猎区域（逐年轮换是为了生态保护），然后就搭建一百七十多座大帐篷为"内城"，二百五十多座大帐篷为"外城"，城外再设警卫。第二天拂晓，八旗官兵在皇帝的统一督导下集结围拢，在上万官兵的齐声呐喊下，康熙首先一马当先，引弓射猎，每有所中便引来一片欢呼，然后扈从大臣和各级将士也紧随康熙射猎。康熙身强力壮，骑术高明，围猎时智勇双全，弓箭上的功夫更让王公大臣由衷惊服，因而他本人的猎获就很多。晚上，营地上篝火处处，肉香飘荡，人笑马嘶，而康熙还必须回到帐篷里批阅每天疾驰送来的奏章文书。康熙一生身先士卒打过许多著名的仗，但在晚年，他最得意的还是自己打猎的成绩，因为这纯粹是他个人生命力的验证。一七一九年康熙自"木兰围场"行猎后返回避暑山庄时曾兴致勃勃地告谕御前侍卫：

　　　　朕自幼至今已用鸟枪弓矢获虎一百五十三只，熊十二只，豹二十五只，猞二十只，麋鹿十四只，狼九十六只，野猪一百三十三只，哨获之鹿已数百，其余围场内随便射获诸兽不胜记矣。朕于一日内射兔三百一十八只，若庸常人毕世亦不能及此一日之数也。

这笔流水账，他说得很得意，我们读得也很高兴。身体的强健和精神的强健往往是连在一起的，须知中国历史上多的是有气无力病恹恹的皇帝，他们即便再"内秀"，也何以面对如此庞大的国家。

由于强健，他有足够的精力处理挺复杂的西藏事务和蒙古事务，解决治理黄河、淮河和疏通漕运等大问题，而且大多很有成效，功泽后世。由于强健，他还愿意勤奋地学习，结果不仅武功一流，"内秀"也十分了得，成为中国历代皇帝中特别有学问、也特别重视学问的一位，这一点一直很使我震动，而且我可以肯定，当时也把一大群冷眼旁观的汉族知识分子震动了。

谁能想得到呢，这位清朝帝王竟然比明代历朝皇帝更热爱和精通汉族传统文化！大凡经、史、子、集、诗、书、音律，他都下过一番功夫，其中对朱熹哲学钻研最深。他亲自批点《资治通鉴纲目大全》，与一批著名的理学家进行水平不低的学术探讨，并命他们编纂了《朱子大全》《理性精义》等著作。他下令访求遗散在民间的善本珍籍加以整理，并且大规模地组织人力编辑出版了卷帙浩繁的《古今图书集成》《康熙字典》《佩文韵府》《大清会典》，文化气魄铺地盖天，直到今天，我们研究中国古代文化还离不开这些极其重要的工具书。他派人通过对全国土地的实际测量，编成了全国地图《皇舆全览图》。在他倡导的文化气氛下，涌现了一大批在整个中国文化史上都可以称得上第一流大师的人文科学家，在这一点上，几乎很少有朝代能与康熙朝相比肩。

以上讲的还只是我们所说的"国学"，可能更让现代读者惊异的是他的"西学"。因为即使到了现代，在我们印象中，国学和西学虽然可以沟通但在同一个人身上深潜两边的毕竟不多，尤其对一些官员来说更是如此。然而早在三百年前，康熙皇帝竟然在北京故宫和承德避暑山庄认真研究了欧几里德几何学，经常演算习题，又学习了法国数学家巴蒂的《实用和理论几何学》，并比较它与欧几里德几何学的差别。他的老师是当时来中国的一批西方传教士，但后来他的演算比传教士还快。他亲自审校译成汉文和满文的西方数学著作，而且一有机会就向大臣们讲授西方数学。以数学为基础，康熙又进而学习了西方的天文、历法、物理、医学，与中国原有的这方面知识比较，取长补短。在自然科学问题上，中国官僚和外国传教士经常发生矛盾，康熙不祖护中国官僚，也不主观臆断，而是靠自己发愤学习，真正弄通西方学说，几乎每次都做出了公正的裁断。他任命一名外国人担任钦天监监副，并命令礼部挑选一批学生去钦天监学习自然科学，学好了就选拔为博士官。西方的自然科学著作《验气图说》《仪象志》《赤道南北星图》《穷理学》《坤舆图说》等等被一一翻译过来，有的已经译成汉文的西方自然科学著作如《几何原理》，前六卷他又命人译成满文。

　　这一切，居然与他所醉心的"国学"互不排斥，居然与他一天射猎三百十八只野兔互不排斥，居然与他一连串重大的政治行为、军事行为、经济行为互不排斥！我并不认为康熙给中国带来了根本性的希望，他的政权也做过不少坏事，如臭名昭著的"文字狱"之类，我想说的只是，在中国历代帝王中，这位少数民族出身的帝王具有超乎寻常的生命力，他的人格比较健全。有时，个人的生命力和人格，会给历史留下重重的印记。与他相比，明代的许多皇帝都活得太不像样了，鲁迅说他们是"无赖儿郎"，确有点像。尤其让人生气的是明代万历皇帝（神宗）朱翊钧，在位四十八年，亲政三十八年，竟有二十五年时间躲在深宫之内不见外人的面，完全不理国事，连内阁首辅也见不到他，不知在干什么。没见他玩过什么，似乎也没有好色的嫌疑，历史学家们只能推断他躺在烟榻上抽了二十多年的鸦片烟！他聚敛的金银如山似海，但当清军起事，朝廷束手无策时问他要钱，他死也不肯拿出来，最后拿出一个无济于事的小零头，竟然都是因窖藏太久变黑发霉、腐蚀得不能见天日的银子！这完全是一个失去任何人格支撑的心理变态者，但他又集权于一身，明朝怎能不垮？他死后还有儿子朱常洛（光宗）、孙子朱由校（熹宗）和朱由检（思宗）先后继位，但明朝已在他的手里败定了，他的儿孙们非常可怜；康熙与他正相反，把生命从深宫里释放出来，在旷野、猎场和各个知识领域挥洒，避暑山庄就是他这种生命方式的一个重要吐纳口站，因此也是当时中国历史的一所"吉宅"。

三

　　康熙与晚明帝王的对比，避暑山庄与万历深宫的对比，当时的汉族知识分子当然也感受到了，心情比较复杂。

　　开始大多数汉族知识分子都是抗清复明，甚至在赳赳武夫们纷纷掉头转向之后，一群柔弱的文人还宁死不屈。文人中也有一些著名的变节者，但他们往往也承受着深刻的心理矛盾和精神痛苦。我想这便是文化的力量。一切军事争逐都是浮面的，而事情到了要摇撼某个文化生态系统的时候才会真正变得严重起来。一个民族，一个国家，一个人种，其最终意义不是军事的、地域的、政治的，而是文化的。当时江南地区好几次重大的抗清事件，都起之于"削发"之争，即汉人历来束发而清人强令削发，甚至到了"留头不留发，留发不留头"的地步。头发的样式看来事小却关及文化生态，结果，是否"毁我衣冠"的问题成了"夷夏抗争"的最高爆发点。这中间，最能把事情与整个文化系统联系起来的是文化人，最懂得文明和野蛮的差别，并把"鞑虏"与野蛮连在一起的也是文化人。老百姓的头发终于被削掉了，而不少文人还在拼死坚持。著名大学者刘宗周住在杭州，自清兵进杭州后便绝食，二十天后死亡；他的门生，另一位著名大学者黄宗羲投身于武装抗清行列，失败后回余姚家乡事母著述；又一位著名大学者顾炎武比黄宗羲更进一步，武装抗清失败后还走遍全国许多地方图谋复明，最后终老陕西……这些一代宗师如此强硬，他们的门生和崇拜者们当然也多有追随。

但是，事情到康熙那儿却发生了一些微妙的变化。文人们依然像朱耷笔下的秃鹫，以"天地为之一寒"的冷眼看着朝廷，而朝廷却奇怪地流泻出一种压抑不住的对汉文化的热忱。开始大家以为是一种笼络人心的策略，但从康熙身上看好像不完全是。他在讨伐吴三桂的战争还没有结束的时候，就迫不及待地下令各级官员以"崇儒重道"为目的，朝廷推荐"学问兼优、文词卓越"的士子，由他亲自主考录用，称作"博学鸿词科"。这次被保荐、征召的共一百四十三人，后来录取了五人。其中有傅山、李颙等人被推荐了却宁死不应考。傅山被人推荐后又被强抬进北京，他见到"大清门"三字便滚倒在地，两泪直流，如此行动康熙不仅不怪罪反而免他考试，任命他为"中书舍人"。他回乡后不准别人以"中书舍人"称他，但这个时候说他对康熙本人还有多大仇恨，大概谈不上了。

李颙也是如此，受到推荐后称病拒考，被人抬到省城后竟以绝食相抗，别人只得作罢。这事发生在康熙十七年，康熙本人二十六岁，没想到二十五年后，五十余岁的康熙西巡时还记得这位强硬的学人，召见他，他没有应召，但心里毕竟已经很过意不去了，派儿子李慎言做代表应召，并送自己的两部著作《四书反身录》和《二曲集》给康熙。这件事带有一定的象征性，表示最有抵触的汉族知识分子也开始与康熙和解了。

与李颙相比，黄宗羲是大人物了，康熙更是礼仪有加，多次请黄宗羲出山未能如愿，便命令当地巡抚到黄宗羲家里，把黄宗羲写的书认真抄来，送入宫内以供自己拜读。这一来，黄宗羲也不能不有所感动。与李颙一样，自己出面终究不便，由儿子代理，黄宗羲让自己的儿子黄百家进入皇家修史局，帮助完成康熙交下的修《明史》的任务。你看，即便是原先与清廷不共戴天的黄宗羲、李颙他们，也觉得儿子一辈可以在康熙手下好生过日子了。这不是变节，也不是妥协，而是一种文化生态意义上的开始认同。既然康熙对汉文化认同得那么诚恳，汉族文人为什么就完全不能与他认同呢？政治军事，不过是文化的外表罢了。

黄宗羲不是让儿子参加康熙下令编写的《明史》吗？编《明史》这事给汉族知识界震动不小。康熙任命了大历史学家徐元文、万斯同、张玉书、王鸿绪等负责此事，要他们根据《明实录》如实编定，说"他书或以文章见长，独修史宜直书实事"，他还多次要大家仔细研究明代晚期破败的教训，引以为戒。汉族知识界要反清复明，而清廷君主竟然亲自领导着汉族的历史学家在冷静研究明代了。这种研究又高于反清复明者的思考水平，那么，对峙也就不能不渐渐化解了。《明史》后来成为整个二十四史中写得较好的一部，这是直到今天还要承认的事实。

当然，也还余留着几个坚持不肯认同的文人。例如康熙时代浙江有个学者叫吕留良的，在著书和讲学中还一再强调孔子思想的精义是"尊王攘夷"，这个提法，在他死后被湖南一个叫曾静的落第书生看到了，很是激动，赶到浙江找到吕留良的儿子和学生几人，策划反清。这时康熙也早已过世，已是雍正年间，这群文人手下无一兵一卒，能干成什么事呢？他们打听到川陕总督岳钟琪是岳飞的后代，想来肯定能继承岳飞遗志来抗击外夷，就派人带给他一封策反的信，眼巴巴地请他起事。这事说起来已经有点近乎笑话，岳飞抗金到那时已隔着整整一个元朝、整整一个明朝，清朝也已过了八九十年，算到岳钟琪身上都是多少代的事情啦，还想着让他凭着一个"岳"字拍案而起，中国书生的昏愚和天真就在这里。岳钟琪是清朝大官，做梦也没想到过要反清，接信后虚假地应付了一下，却理所当然地报告了雍正皇帝。雍正下令逮捕了这个谋反集团，又亲自阅读了书信、著作，觉得其中有好些观念需要自己写文章来与汉族知识分子辩论，而且认为有过康熙一代，朝廷已有足够的事实和勇气证明清代统治者并不差，为什么还要对抗清廷？于是这位皇帝亲自编了一部《大义觉迷录》颁发各地，而且特免肇事者曾静等人的死罪，让他们专到江浙一带去宣讲。

雍正的《大义觉迷录》写得颇为诚恳。他的大意是：不错，我们是夷人，我们是"外国"人，但这是籍贯而已，天命要我们来抚育中原生民，被抚育者为什么还要把华、夷分开来看？你们所尊重的舜是东夷之人，文王是西夷之人，这难道有损于他们的圣德吗？吕留良这样著书立说的人，连前朝康熙皇帝的文治武功、赫赫盛德都加以隐匿和诬蔑，实在是不顾民生国运只泄私愤了。外族入主中原，可以反而勇于为善，如果著书立说的人只认为生在中原的君主不必修德行仁也可享有名分，而外族君主即便精励图治也得不到褒扬，外族君主为善之心也会因之而懈怠，受苦的不还是中原百姓吗？

雍正的这番话，带着明显的委屈情绪，而且是给父亲康熙打抱不平，也真有一些动人的地方。但他的整体思维能力显然比不上康熙，口口声声说自己是"外国"人，"夷人"，尽管他所说的"外国"只是指外族，而且也仅指中原地区之外的几个少数民族，与我们今天所说的外国不同，但无论如何在一些前提性的概念上把事情搞复杂了，反而不利。他的儿子乾隆看出了这个毛病，即位后把《大义觉迷录》全部收回，列为禁书，杀了被雍正赦免了的曾静等人，开始大兴文字狱。康熙、雍正年间也有丑恶的文字狱，但来得特别厉害的是乾隆，他不许汉族知识分子把清廷看成是"夷人"，连一般文字中也不让出现"虏""胡"之类字样，不小心写出来了很可能被砍头。他想用暴力抹去这种对立，然后一心一意做个好皇帝。除了华夷之分的敏感点外，其他地方他倒是比较宽容、有度量，听得进忠臣贤士们的尖锐意见和建议，因此在他执政的前期，做了很多好事，国运可称昌盛。这样一来，即便存有异念的少数汉族知识分子也不敢有什么想头，到后来也真没有什么想头了。其实本来这样的人已不可多觅，雍正和乾隆都把文章做过了头。真正第一流的大学者，在乾隆时代已不想做反清复明的事了。乾隆靠着人才济济的智力优势，靠着康熙、雍正给他奠定丰厚基业，也靠着他本人的韬略雄才，做起了中国历史上福气最好的大皇帝。承德避暑山庄，他来得最多，总共逗留的时间很长，因此他的踪迹更是随处可见。乾隆也经常参加"木兰秋猎"，亲自射获的猎物也极为可观，但他的主要心思却放在边疆征战上，避暑山庄和周围的外八庙内，记载这种征战成果的碑文极多。这种征战与汉族的利益没有冲突，反而弘扬了中国的国威，连汉族知识界也引以为荣，甚至可以把乾隆看成是华夏圣君了，但我细看碑文之后却产生一个强烈的感觉：有的迫不得已，打打也可以，但多数边境战争的必要性深可怀疑。需要打得这么大吗？需要反复那么多次吗？需要这样强横地来对待邻居吗？需要杀得如此残酷吗？

好大喜功的乾隆把他的所谓"十全武功"雕刻在避暑山庄里乐滋滋地自我品尝，这使山庄回荡出一些燥热而又不祥的气氛。在满、汉文化对峙基本上结束之后，这里洋溢着的是中华帝国的自得情绪。江南塞北的风景名胜在这里聚会，上天的唯一骄子在这里安驻，再下令编一部综览全部典籍的《四库全书》在这里存放，几乎什么也不缺了。乾隆不断地写诗，说避暑山庄里的意境已远远超过唐宋诗词里的描绘，而他则一直等着到时间卸任成为"林下人"，在此间度过余生。在山庄内松云峡的同一座石碑上，乾隆一生竟先后刻下了六首御制诗表述这种自得情怀。

是的，乾隆一朝确实不算窝囊，但须知这已是十八世纪（乾隆正好死于十八世纪最后一年），十九世纪已经迎面而来，世界发生了多大的变化！乾隆打了那么多仗，耗资该有多少？他重用的大贪官和珅又把国力糟蹋到了何等地步？事实上，清朝，乃至于中国的整体历史悲剧，就在乾隆这个貌似全盛期的皇帝身上，在山水宜人的避暑山庄内，已经酿就。但此时的避暑山庄，还完全沉湎在中华帝国的梦幻之中，而全国的文化良知，也都在这个梦幻的边沿或是陶醉，或是喑哑。

一七九三年九月十四日，一个英国使团来到避暑山庄，乾隆以盛宴欢迎，还在山庄的万树园内以大型歌舞和焰火晚会招待，避暑山庄一片热闹。英方的目的是希望乾隆同意他们派使臣常驻北京，在北京设立洋行，希望中国开放天津、宁波、舟山为贸易口岸，在广州附近拨一些地方让英商居住，又希望英国货物在广州至澳门的内河流通时能获免税和减税的优惠。本来，这是可以谈判的事，但对居住在避暑山庄、一生喜欢用武力炫耀华夏威仪的乾隆来说却不存在任何谈判的可能。他给英国国王写了信，信的标题是《赐英吉利国王敕书》，信内对一切要求全部拒绝，说"天朝尺土俱归版籍，疆址森然，即使岛屿沙洲，亦必划界分疆各有专属""从无外人等在北京城开设货行之事""此与天朝体制不合，断不可行！"，也许至今有人认为这几句话充满了爱国主义的凛然大义，与以后清廷签订的卖国条约不可同日而语，对此我实在不敢苟同。

本来康熙早在一六八四年就已开放海禁，在广东、福建、浙江、江苏分设四个海关欢迎外商来贸易，过了七十多年乾隆反而关闭其他海关只许外商在广州贸易，外商在广州也有许多可笑的限制，例如不准学说中国话、买中国书，不许坐轿，更不许把妇女带来，等等。我们闭目就能想象朝廷对外国人的这些限制是出于何种心理规定出来的。康熙向传教士学西方自然科学，关系不错，而乾隆却把天主教给禁了。自高自大，无视外部世界，满脑天朝意识，这与以后的受辱挨打有着必然的逻辑联系。乾隆在避暑山庄训斥外国帝王的朗声言词，就连历史老人也会听得不太顺耳了。这座园林，已掺杂进某种凶兆。

四

我在山庄松云峡细读乾隆写了六首诗的那座石碑时，在碑的西侧又读到他儿子嘉庆的一首。嘉庆即位后经过这里，读了父亲那些得意洋洋的诗后不禁长叹一声：

父亲的诗真是深奥，而我这个做儿子的却实在觉得肩上的担子太重了！（"瞻题蕴精奥，守位重仔肩"）嘉庆为人比较懦弱宽厚，在父亲留下的这副担子前不知如何是好，他一生都在面对内忧外患，最后不明不白地死在避暑山庄。

道光皇帝继嘉庆之位时已四十来岁，没有什么才能，只知艰苦朴素，穿的裤子还打过补丁。这对一国元首来说可不是什么佳话。朝中大臣竞相摹仿，穿了破旧衣服上朝，一眼看去，这个朝廷已经没有多少气数了。父亲死在避暑山庄，畏怯的道光也就不愿意去那里了，让它空关了几十年，他有时想想也该像祖宗一样去打一次猎，打听能不能不经过避暑山庄就可以到"木兰围场"，回答说没有别的道路，他也就不去打猎了。像他这么个可怜巴巴的皇帝，似乎本来就与山庄和打猎没有缘分，鸦片战争已经爆发，他忧愁的目光只能一直注视着南方。

避暑山庄一直关到一八六〇年九月，突然接到命令，咸丰皇帝要来，赶快打扫。咸丰这次来时带的银两特别多，原来是来逃难的，英法联军正威胁着北京。咸丰这一来就不走了，东走走西看看，庆幸祖辈留下这么个好地方让他躲避。他在这里又批准了好几份丧权辱国的条约，但签约后还是不走，直到一八六一年八月二十二日死在这儿，差不多住了近一年。

咸丰一死，避暑山庄热闹了好些天，各种政治势力围着遗体进行着明明暗暗的较量。一场被历史学家称之为"辛酉政变"的行动方案在山庄的几间屋子里制定，然后，咸丰的灵柩向北京启运了，刚继位的小皇帝也出发了，浩浩荡荡。避暑山庄的大门又一次紧紧地关住了，而就在这支浩浩荡荡的队伍中间，很快站出来一个二十七岁的青年女子，她将统治中国数十年。

她就是慈禧，离开了山庄后再也没有回来。不久又下了一道命令，说热河避暑山庄已经几十年不用，殿亭各宫多已倾圮，只是咸丰皇帝去时稍稍修治了一下，现在咸丰已逝，众人已走，"所有热河一切工程，着即停止。"

这个命令，与康熙不修长城的谕旨前后辉映。康熙的"长城"也终于倾坍了，荒草凄迷，暮鸦回翔，旧墙斑驳，霉苔处处，而大门却紧紧地关着。关住了那些宫殿房舍倒也罢了，还关住了那么些苍郁的山，那么些晶亮的水。在康熙看来，这儿就是他心目中的清代，但清代把它丢弃了，被丢弃了的它可怜，丢弃了它的清代更可怜，连一把罗圈椅也坐不到了，凄凄惶惶，丧魂落魄。慈禧在北京修了一个颐和园，与避暑山庄对抗，塞外朔北的园林不会再有对抗的能力和兴趣，它似乎已属于另外一个时代。康熙连同他的园林一起失败了，败在一个没有读过什么书，没有建立过什么功业的女人手里。热河的雄风早已吹散，清朝从此阴气重重、劣迹斑斑。

当新的一个世纪来到的时候，一大群汉族知识分子向这个政权发出了毁灭性声讨，民族仇恨重新在心底燃起，三百年前抗清志士的事迹重新被发掘和播扬。避暑山庄，在这个时候是一个邪恶的象征，老老实实躲在远处，尽量不要叫人发现。

五

清朝灭亡后，社会震荡，世事忙乱，人们也没有心思去品咂一下这次历史变更的苦涩厚味，匆匆忙忙赶路去了。直到一九二七年六月一日，大学者王国维先生在颐和园投水而死，才让全国的有心人肃然深思。

王国维先生的死因众说纷纭，我们且不管它，只知道这位汉族文化大师拖着清代的一条辫子，自尽在清代的皇家园林里，遗嘱为"五十之年，只欠一死；经此事变，义无再辱"。他不会不知道明末清初为汉族人是束发还是留辫之争曾发生过惊人的血案，他不会不知道刘宗周、黄宗羲、顾炎武这些大学者的慷慨行迹，他更不会不知道按照世界历史的进程，社会巨变乃属必然，但是他还是死了。我赞成陈寅恪先生的说法，王国维先生并不死于政治斗争、人事纠葛，或仅仅为清廷尽忠，而是死于一种文化：

> 凡一种文化值衰落之时，为此文化所化之人，必感苦痛，其表现此文化之程量愈宏，则其所受之苦痛亦愈甚；迨既达极深之度，殆非出于自杀无以求一己之心安而义尽也。

（《王观堂先生挽词并序》）

王国维先生实在又无法把自己为之而死的文化与清廷分割开来。在他的书架里，《古今图书集成》、《康熙字典》、《四库全书》、《红楼梦》、《桃花扇》、《长生殿》、乾嘉学派、纳兰性德等等都把两者连在一起了，于是对他来说，衣冠举止、生态心态，也莫不两相混同。我们记得，在康熙手下，汉族高层知识分子经过剧烈的心理挣扎已开始与朝廷产生某种文化认同，没有想到的是，当康熙的政治事业和军事事业已经破败之后，文化认同竟还未消散。为此，宏才多学的王国维先生要以生命来祭奠它。他没有从心理挣扎中找到希望，死得可惜又死得必然。知识分子总是不同寻常，他们总要在政治、军事的折腾之后表现出长久的文化韧性。文化变成了他们的生命，只有靠生命来拥抱文化了，别无他途；明末以后是这样，清末以后也是这样。但清末又是整个中国封建制度的末尾，因此王国维先生祭奠的该是整个中国传统文化。清代只是他的落脚点。

王国维先生到颐和园这也还是第一次，是从一个同事处借了五元钱才去的，颐和园门票六角，死后口袋中尚余四元四角，他去不了承德，也推不开山庄紧闭的大门。

今天，我们面对着避暑山庄的清澈湖水，却不能不想起王国维先生的面容和身影。我轻轻地叹息一声，一个风云数百年的朝代，总是以一群强者英武的雄姿开头，而打下最后一个句点的，却常常是一些文质彬彬的凄怨灵魂。

（选自余秋雨. 余秋雨散文. 北京：人民文学出版社，2005）

【温故】

● 余秋雨

　　余秋雨（1946—　），当代学者、散文家、艺术理论家。浙江余姚人。1962年开始发表作品，1966年毕业于上海戏剧学院戏剧文学系，以戏剧学者的身份活跃于文学舞台，著有《戏剧理论史稿》《中国戏剧文化史述》《戏剧审美心理学》《艺术创造工程》等学术著作。80年代后期开始主要从事散文创作，1991年加入中国作家协会。有系列散文集《文化苦旅》《山居笔记》《文明的碎片》《霜冷长河》《千年一叹》《行者无疆》《借我一生》《我等不到了》等。余秋雨的历史文化散文使他成为20世纪90年代以来最具影响力的散文家之一。

● 余秋雨与文化散文

　　"文化散文"是出现在20世纪八九十年代散文创作中的瞩目现象。佘树森先生在1990年正式使用了"文化散文"这一概念，新世纪初，武汉大学中文系的於可训教授明确地给"文化散文"下了定义："'文化散文'是指那种在创作中注重作品的文化含量、往往取材于具有一定历史文化内涵的自然事物和人文景观，或通过一些景物人事探究一种历史文化精神的散文。……作者多为一些学者或具有较深文化修养的学者型作家。"[①]"文化散文"在取材和行文上表现出鲜明的文化意识和理性思考色彩，在美学风格上熔理性的凝重与诗意的激情于一炉。

　　在文化散文中，余秋雨的《文化苦旅》被认为是"能够得上散文新潮的第一个成果并且作为里程碑出现的散文作品集"[②]。余秋雨的历史文化散文以自然山水与历史遗迹为载体，探求与透视民族文化底蕴、传统文化精神与古代知识分子精神品格，表现出文化反思、理性批判精神以及对现代精英知识分子的人格重构的思考，开创了文化散文的新局面。

【知新】

　　对于余秋雨的文化散文，一直存在着赞美与批判两种声音。一方面，这些散文因其题材的创新意义、内容的文化意识与理性色彩受到文艺界高度评价。充满智性与理性的内容配以优美的文笔，余秋雨的文化散文将当代散文推向了新的艺术高度。以《一个王朝的背影》为例，作者将目光投向了历史与文化，并将主体的思考与想象浸入其中，得出新颖的观点，既扩大了散文的题材，也增强了散文的智性与

[①] 於可训. 近十年"文化散文"创作评述. 文艺评论，2003（2）：37.
[①] 楼肇明. 当代散文潮流回顾. 当代作家评论，1994（3）：112.

思辨力量。然而，另一方面，余秋雨的文化散文也存在对历史的解读过于随意之嫌。以社会最高统治者的生命力与人格，还是以社会经济基础来衡量一个王朝的高下，本就是一个复杂多向度的命题，对历史的随意解读、主观则是许多文化散文的通病。一些学者对散文这种个人化的文学形式能否承担解读历史的重大使命提出了疑问。如严家炎认为，"以文化解读历史的抱负固然令人起敬，但学问与文章、历史理性与个人情怀的矛盾也充分呈现出来了：它们在这些散文中，不是互相生发，而是互相抵消。"① 对余秋雨的文化散文，我们也应辩证地看待，既肯定其文质兼美的优点，也要注意跳出作者个人情怀的圈子，追求理性的历史与文化认识。

【切问】

1. 你认为文中康熙与汉族皇帝的对比、避暑山庄与长城的对比是否合理？
2. 作者以"殉文化"为由来解释王国维的自杀，你同意吗？
3. 你如何看待近年来对余秋雨的批判？

【近思】

1. 2008年，余秋雨以反盗版为由，推出新书《文化苦旅全书》，对《文化苦旅》与《山居笔记》中的一些篇目进行了大幅度的改写，其中《一个王朝的背影》被改写为《山庄里的背影》。请找来《山庄里的背影》读一读，谈谈作者为什么要做出这些修改。
2. 有人认为，清王朝是我国封建制度而非古代文化的顶峰，古代文化的巅峰时期在春秋战国时期。谈谈你对这种说法的理解。

《金庸作品集》新序

金 庸

小说是写给人看的。小说的内容是人。

小说写一个人、几个人、一群人、或成千成万人的性格和感情。他们的性格和感情从横面的环境中反映出来，从纵面的遭遇中反映出来，从人与人之间的交往与关系

---

② 严家炎主编. 二十世纪中国文学史（下）. 北京：高等教育出版社，2010：309.

中反映出来。长篇小说中似乎只有《鲁滨孙漂流记》，才只写一个人，写他与自然之间的关系，但写到后来，终于也出现了一个仆人"星期五"。只写一个人的短篇小说多些，尤其是近代与现代的新小说，写一个人在与环境的接触中表现他外在的世界、内心的世界，尤其是内心世界。有些小说写动物、神仙、鬼怪、妖魔，但也把他们当作人来写。

西洋传统的小说理论分别从环境、人物、情节三个方面去分析一篇作品。由于小说作者不同的个性与才能，往往有不同的偏重。

基本上，武侠小说与别的小说一样，也是写人，只不过环境是古代的，主要人物是有武功的，情节偏重于激烈的斗争。任何小说都有它所特别侧重的一面。爱情小说写男女之间与性有关的感情，写实小说描绘一个特定时代的环境与人物，《三国演义》与《水浒》一类小说叙述大群人物的斗争经历，现代小说的重点往往放在人物的心理过程上。

小说是艺术的一种，艺术的基本内容是人的感情和生命，主要形式是美，广义的、美学上的美。在小说，那是语言文笔之美、安排结构之美，关键在于怎样将人物的内心世界通过某种形式而表现出来。什么形式都可以，或者是作者主观的剖析，或者是客观的叙述故事，从人物的行动和言语中客观的表达。

读者阅读一部小说，是将小说的内容与自己的心理状态结合起来。同样一部小说，有的人感到强烈的震动，有的人却觉得无聊厌倦。读者的个性与感情，与小说中所表现的个性与感情相接触，产生了"化学反应"。

武侠小说只是表现人情的一种特定形式。作曲家或演奏家要表现一种情绪，用钢琴、小提琴、交响乐或歌唱的形式都可以，画家可以选择油画、水彩、水墨、或版画的形式。问题不在采取什么形式，而是表现的手法好不好，能不能和读者、听者、观赏者的心灵相沟通，能不能使他的心产生共鸣。小说是艺术形式之一，有好的艺术，也有不好的艺术。

好或者不好，在艺术上是属于美的范畴，不属于真或善的范畴。判断美的标准是美，是感情，不是科学上的真或不真（武功在生理上或科学上是否可能），道德上的善或不善，也不是经济上的值钱不值钱，政治上对统治者的有利或有害。当然，任何艺术作品都会发生社会影响，自也可以用社会影响的价值去估量，不过那是另一种评价。

在中世纪的欧洲，基督教的势力及于一切，所以我们到欧美的博物院去参观，见到所有中世纪的绘画都以圣经故事为题材,表现女性的人体之美,也必须通过圣母的形象。直到文艺复兴之后,凡人的形象才在绘画和文学中表现出来,所谓文艺复兴,是在文艺上复兴希腊、罗马时代对"人"的描写,而不再集中于描写神与圣人。

中国人的文艺观,长期以来是"文以载道",那和中世纪欧洲黑暗时代的文艺思想是一致的,用"善或不善"的标准来衡量文艺。《诗经》中的情歌,要牵强附会地解释为讽刺君主或歌颂后妃。陶渊明的"闲情赋",司马光、欧阳修、晏殊的相思爱恋之词,或者惋惜地评之为白璧之玷,或者好意地解释为另有所指。他们不相信文艺所表现的是感情,认为文字的唯一功能只是为政治或社会价值服务。

我写武侠小说,只是塑造一些人物,描写他们在特定的武侠环境(中国古代的、没有法治的、以武力来解决争端的不合理社会)中的遭遇。当时的社会和现代社会已大不相同,人的性格和感情却没有多大变化。古代人的悲欢离合、喜怒哀乐,仍能在现代读者的心灵中引起相应的情绪。读者们当然可以觉得表现的手法拙劣,技巧不够成熟,描写殊不深刻,以美学观点来看是低级的艺术作品。无论如何,我不想载什么道。我在写武侠小说的同时,也写政治评论,也写与历史、哲学、宗教有关的文字,那与武侠小说完全不同。涉及思想的文字,是诉诸读者理智的,对这些文字,才有是非、真假的判断,读者或许同意,或许只部分同意,或许完全反对。

对于小说,我希望读者们只说喜欢或不喜欢,只说受到感动或觉得厌烦。我最高兴的是读者喜爱或憎恨我小说中的某些人物,如果有了那种感情,表示我小说中的人物已和读者的心灵发生联系了。小说作者最大的企求,莫过于创造一些人物,使得他们在读者心中变成活生生的、有血有肉的人。艺术是创造,音乐创造美的声音,绘画创造美的视觉形象,小说是想创造人物、以及人的内心世界。假使只求如实反映外在世界,那么有了录音机、照相机,何必再要音乐、绘画?有了报纸、历史书、记录电视片、社会调查统计、医生的病历记录、党部与警察局的人事档案,何必再要小说?

武侠小说虽说是通俗作品,以大众化、娱乐性强为重点,但对广大读者终究是会发生影响的。我希望传达的主旨,是:爱护尊重自己的国家民族,也尊重别人的国家民族;和平友好,互相帮助,重视正义和是非,反对损人利己,注重信义,歌颂纯真的爱情和友谊;歌颂奋不顾身的为了正义而奋斗。轻视争权夺利、自私可鄙的思想和行为。武侠小说并不单是让读者在阅读时做"白日梦"而沉湎在伟大成功的幻想之中,而希望读者们在幻想之时,想象自己是个好人,要努力做各种各样的好事,想象自己要爱国家、爱社会、帮助别人得到幸福，由于做了好事、做出积极贡献，得到所爱之人的欣赏和倾心。

武侠小说并不是现实主义的作品。有不少批评家认定，文学上只可肯定现实主义一个流派，除此之外，全应否定。这等于是说：少林派武功好得很，除此之外，什么武当派、崆峒派、太极拳、八卦掌、弹腿、白鹤派、空手道、跆拳道、柔道、西洋拳、泰拳等等全部应当废除取消。我们主张多元主义，既尊重少林武功是武学中的泰山北斗，而觉得别的小门派也不妨并存，它们或许并不比少林派更好，但各有各的想法和创造。爱好广东菜的人，不必主张禁止京菜、川菜、鲁菜、徽菜、湘菜、淮扬菜、杭州菜、法国菜、意大利菜等等派别，所谓"萝卜青菜，各有所爱"是也。不必把武侠小说提得高过其应有之分，也不必一笔抹杀。什么东西都恰如其分，也就是了。

撰写这套总数三十六册的《作品集》，是从一九五五年到一九七二年，前后约十三四年，包括十二部长篇小说，两篇中篇小说，一篇短篇小说，一篇历史人物评传，以及若干篇历史考据文字。出版的过程很奇怪，不论在香港、台湾、海外地区，还是中国大陆，都是先出各种各样翻版盗印本，然后再出版经我校订、授权的正版本。在中国大陆，在"三联版"出版之前，只有天津百花文艺出版社一家，是经我授权而出版了《书剑恩仇录》。他们校印认真，依足合同支付版税。我依足法例缴付所得税，余数捐给了几家文化机构及支助围棋活动。这是一个愉快的经验。除此之外，完全是未经授权的，直到正式授权给北京三联书店出版。"三联版"的版权合同到二〇〇一年年底期满，以后中国内地的版本由另一家出版社出版，主因是地区邻近，业务上便于沟通合作。

翻版本不付版税，还在其次。许多版本粗制滥造，错讹百出。还有人借用"金庸"之名，撰写及出版武侠小说。写得好的，我不敢掠美；至于充满无聊打斗、色情描写之作，可不免令人不快了。也有些出版社翻印香港、台湾其他作家的作品而用我笔名出版发行。我收到过无数读者的来信揭露，大表愤慨。也有人未经我授权而自行点评，除冯其庸、严家炎、陈墨三位先生功力深厚、兼又认真其事，我深为拜嘉之外，其余的点评大都与作者原意相去甚远。好在现已停止出版，纠纷已告结束。

有些翻版本中，还说我和古龙、倪匡合出了一个上联"冰比冰水冰"征对，真正是大开玩笑了。汉语的对联有一定规律，上联的末一字通常是仄声，以便下联以平声结尾，但"冰"字属蒸韵，是平声。我们不会出这样的上联征对。大陆地区有许许多多读者寄了下联给我，大家浪费时间心力。

为了使得读者易于分辨，我把我十四部长、中篇小说书名的第一个字凑成一副对联："飞雪连天射白鹿，笑书神侠倚碧鸳"。（短篇《越女剑》不包括在内，偏偏我的围棋老师陈祖德先生说他最喜爱这篇《越女剑》。）我写第一部小说时，根本不知道会不会再写第二部；写第二部时，也完全没有想到第三部小说会用什么题材，更加不知道会用什么书名。所以这副对联当然说不上工整，"飞雪"不能对"笑书"，"连天"不能对"神侠"，"白"与"碧"都是仄声。但如出一个上联征对，用字完全自由，总会选几个比较有意思而合规律的字。

　　有不少读者来信提出一个同样的问题："你所写的小说之中，你认为哪一部最好？最喜欢哪一部？"这个问题答不了。我在创作这些小说时有一个愿望："不要重复已经写过的人物、情节、感情，甚至是细节。"限于才能，这愿望不见得能达到，然而总是朝着这方向努力，大致来说，这十五部小说是各不相同的，分别注入了我当时的感情和思想，主要是感情。我喜爱每部小说中的正面人物，为了他们的遭遇而快乐或惆怅、悲伤，有时会非常悲伤。至于写作技巧，后期比较有些进步。但技巧并非最重要，所重视的是个性和感情。

　　这些小说在香港、台湾、中国内地、新加坡曾拍摄为电影和电视连续集，有的还拍了三四个不同版本，此外有话剧、京剧、粤剧、音乐剧等。跟着来的是第二个问题："你认为哪一部电影或电视剧改编演出得最成功？剧中的男女主角哪一个最符合原著中的人物？"电影和电视的表现形式和小说根本不同，很难拿来比较。电视的篇幅长，较易发挥；电影则受到更大限制。再者，阅读小说有一个作者和读者共同使人物形象化的过程，许多人读同一部小说，脑中所出现的男女主角却未必相同，因为在书中的文字之外，又加入了读者自己的经历、个性、情感和喜憎。你会在心中把书中的男女主角和自己的情人融而为一，而别人的情人肯定和你的不同。电影和电视却把人物的形象固定了，观众没有自由想象的余地。我不能说哪一部最好，但可以说：把原作改得面目全非的最坏、最蔑视作者和读者。

　　武侠小说继承中国古典小说的长期传统。中国最早的武侠小说，应该是唐人传奇的《虬髯客传》《红线》《聂隐娘》《昆仑奴》等精彩的文学作品。其后是《水浒传》《三侠五义》《儿女英雄传》等等。现代比较认真的武侠小说，更加重视正义、气节、舍己为人、锄强扶弱、民族精神、中国传统的伦理观念。读者不必过分推究其中某些夸张的武功描写，有些事实上不可能，只不过是中国武侠小说的传统。聂隐娘缩小身体潜入别人的肚肠，然后从他口中跃出，谁也不会相信是真事，然而聂隐娘的故事，千余年来一直为人所喜爱。

我初期所写的小说，汉人皇朝的正统观念很强。到了后期，中华民族各族一视同仁的观念成为基调，那是我的历史观比较有了些进步之故。这在《天龙八部》《白马啸西风》《鹿鼎记》中特别明显。韦小宝的父亲可能是汉、满、蒙、回、藏任何一族之人。即使在第一部小说《书剑恩仇录》中，主角陈家洛后来也对回教增加了认识和好感。每一个种族、每一门宗教、某一项职业中都有好人坏人。有坏的皇帝，也有好皇帝；有很坏的大官，也有真正爱护百姓的好官。书中汉人、满人、契丹人、蒙古人、西藏人……都有好人坏人。和尚、道士、喇嘛、书生、武士之中，也有各种各样的个性和品格。有些读者喜欢把人一分为二，好坏分明，同时由个体推论到整个群体，那决不是作者的本意。

历史上的事件和人物，要放在当时的历史环境中去看。宋辽之际、元明之际、明清之际，汉族和契丹、蒙古、满族等民族有激烈斗争；蒙古、满人利用宗教作为政治工具。小说所想描述的，是当时人的观念和心态，不能用后世或现代人的观念去衡量。我写小说，旨在刻画个性，抒写人性中的喜愁悲欢。小说并不影射什么，如果有所斥责，那是人性中卑污阴暗的品质。政治观点、社会上的流行理念时时变迁，人性却变动极少。

在刘再复先生与他千金刘剑梅合写的《父女两地书》（共悟人间）中，剑梅小姐提到她曾和李陀先生的一次谈话，李先生说，写小说也跟弹钢琴一样，没有任何捷径可言，是一级一级往上提高的，要经过每日的苦练和积累，读书不够多就不行。我很同意这个观点。我每日读书至少四五小时，从不间断，在报社退休后连续在中外大学中努力进修。这些年来，学问、知识、见解虽有长进，才气却长不了，因此，这些小说虽然改了三次，相信很多人看了还是要叹气。正如一个钢琴家每天练琴二十小时，如果天分不够，永远做不了肖邦、李斯特、拉赫曼尼诺夫、巴德鲁斯基，连鲁宾斯坦、霍洛维兹、阿胥肯那吉、刘诗昆、傅聪也做不成。

这次第三次修改，改正了许多错字讹字、以及漏失之处，多数由于得到了读者们的指正。有几段较长的补正改写，是吸收了评论者与研讨会中讨论的结果。仍有许多明显的缺点无法补救，限于作者的才力，那是无可如何的了。读者们对书中仍然存在的失误和不足之处，希望写信告诉我。我把每一位读者都当成是朋友，朋友们的指教和关怀自然永远是欢迎的。

二〇〇二年四月　于香港

（选自金庸. 金庸作品集·书剑恩仇录. 广州：广州出版社，2002）

【温故】

● 金庸

　　金庸（1924— ），当代小说家、新闻学家、企业家、政治评论家、社会活动家。原名查良镛，生于浙江海宁。1944年考入重庆中央政治大学外交系。抗战胜利后，曾任职于杭州《东南日报》和上海《大公报》，1952年调入《新晚报》编辑副刊，并写出《绝代佳人》《兰花花》等电影剧本。1959年，于香港跟别人创办《明报》。1998年，获文学创作终身成就奖。2009年被聘为中国作协第七届全国委员会名誉副主席，同年荣获2008年影响世界华人终身成就奖。因其在武侠小说领域的突出成就，被誉为华人武侠小说家的泰山北斗。代表作品《射雕英雄传》《神雕侠侣》《倚天屠龙记》《天龙八部》等深受大众喜爱，并被搬上荧幕。

● 金庸小说与传统文化

　　金庸的武侠小说中蕴含着丰厚的传统文化的内容。金庸对传统文化很有感情，也曾自豪地引用英国历史学家汤因比的话，称"中国文明历史悠久且连续不断，是世界惟一的"[1]。他往往"以写'义'为核心，寓文化于技击，借武技较量写出中华文化的内在精神，又借传统文化学理来阐释武功修养乃至人生哲理，做到互为启发，相得益彰。这里涉及儒、释、道、墨、诸子百家，涉及千百年来中华民族众多的文史科技典籍，涉及传统文学艺术的各个门类如诗、词、曲、赋、绘画、音乐、雕塑、书法、棋艺等等"[2]。

　　对于传统文化，金庸并非全盘接受，而是在继承中有反思。在他的作品中，传统文化的丰富和贫弱、优长与缺失是同时呈现的，在对传统文化总体肯定的同时，也存在局部的批判与否定，显示了金庸对传统文化的理性态度。

【知新】

　　武侠小说作为俗文学的一种，一直被视为"不登大雅之堂"，被排挤在主流文学之外。因此，金庸小说的"经典化"尤其令人瞩目。在王一川教授主持修订的"20世纪中国文学大师文库"中，金庸仅次于鲁迅、沈从文、巴金，位列第四名，排在老舍、郁达夫、王蒙之前，而茅盾排在二十名开外。北京大学严家炎教授在中文系开设"金庸小说研究"，美国科罗拉多大学举行"金庸小说与20世纪中国文学"的国际会议，无不意味着金庸的武侠小说被主流文学接受和承认。金庸的武侠小说超越俗文学，被赋予了"经典"的意义。

---

[1] 金庸. 金庸的中国历史观. 香港明报月刊，1994（12）.
[2] 严家炎. 金庸小说论稿. 北京：北京大学出版社，1999：210.

金庸小说的"经典化",是时代的造就,而根本原因在于其作品中丰富深刻的文化内蕴。冯其庸就指出金庸胸中含藏着一座"文化高原":"他(金庸)的作品所孕含的文化、历史、民族、民俗、宗教、艺术、山川、地理等等的内涵十分深厚丰富,可以说是胸含天地,腹藏万卷。他对历史哲学、佛教哲学尤有深刻的认识和领悟。而对于中国的传统文学、诗词、散文、小说、戏曲,以至于艺术都有高深的修养。他的小说,是以以上这些文化、历史、文学、艺术、哲学修养为基础的。"[1] 随着金庸作品的"经典化",金庸现象衍生的课题也超出了武侠小说这一通俗文学类型的范围,走向"文学价值判断、文学思潮走势、社会审美心理等一系列领域"[2]。

【切问】

1. 金庸曾说:"武侠小说本身是娱乐性的东西,但是我希望它多少有一点人生哲理或个人的思想,通过小说可以表现一些自己对社会的看法。"[3]结合这句话,你能从这篇序言中总结出金庸什么样的文艺观?
2. 请扩展阅读一些金庸的小说和散文,试着谈谈金庸对我国古代儒、墨、道、释、法各家思想的态度。

【近思】

金庸塑造了众多深受读者喜爱的有血有肉的武侠人物,请以"我最喜欢的金庸武侠人物"为主题开展一场讨论,并谈谈从这些人物中可以得出金庸什么样的文化价值取向,这些形象和现实生活有怎样的关系。

民国的文人

陈丹青

在《鲁迅是谁?》的演讲中,你讲到"鲁迅的被扭曲,是现代中国一桩超级

---

[1] 冯其庸. 冯其庸文集(第3卷·文心集). 青岛:青岛出版社,2012:275.
[2] 陈洪,孙勇进. 世纪回首:关于金庸作品经典化及其他. 南开学报(哲学社会科学版),1999(6):112.
[3] 严家炎. 金庸小说论稿. 北京:北京大学出版社,1999:202.

公案"，与此类似的是否还有一批与他同时代，而后在1949年选择去了台湾的学人，同样陷入这种"公案"中，如胡适、梁实秋等？

陈：许多学者做了大量研究鲁迅的工作。我不是学者，居然一再谈论鲁迅，是为了说出我们的处境——如果诸位同意鲁迅被扭曲，那就有可能同意：被扭曲的是我们自己。

五十年代初鲁迅被神化，同时是胡适的被妖魔化。当政府为鲁迅补办国葬时，胡适批判在全国范围展开，他的书被全部禁止，就像鲁迅的著作在台湾也被一律禁止。此后至少两代人，在大陆读胡适、在台湾读鲁迅，都是政治行为，都有政治危险。所以独尊鲁迅、抹杀胡适，不是关于鲁迅，也不是关于胡适，而是我们几代人被控制被洗脑的漫长过程。

这一洗脑过程，在大陆，采取同一模式，就是：在各个领域选择民国时期某一位人物，以"政治上的正确"给予褒扬、抬高，不可怀疑，不可反对，直到被神化，同时，贬斥该领域其他重要人物，批判、压制，直到被抹杀、被遗忘。以下一组粗略的名单，是人文艺术领域的小公案：

在文学界宣扬茅盾、巴金，封杀沈从文、张爱玲的所有小说；在思想界抬高艾思奇，贬低冯友兰；在史学界抬高郭沫若，抑制陈寅恪——说起来不伦不类，郭沫若的身份严格说来并不是历史学家，但解放后他公开批判自己在民国时期的创作，从事历史与考古学——再譬如音乐家，我们从小只知道聂耳和冼星海，长期不知道黄自和黎锦晖，因为不准播放他们的歌曲；美术界则高度肯定徐悲鸿，批判刘海粟、林风眠，停止出版民国美术的非左翼作品；在演艺界，推崇梅兰芳，抑制程砚秋、尚小云等名家；电影界，除了民国时期左翼人物被启用，非左翼电影人逐渐消失……

以上人物和鲁迅、胡适的名声不能等量齐观，但大致是学术艺术领域中第一流人物。其中，凡是被抬高利用的"正角"多半死去或建国初期死去，譬如徐悲鸿和梅兰芳，很方便被神化。在世的则比较难办，譬如郭沫若，他到"文革"时期的表态更进了一步，公开宣称要烧毁自己的所有著作，事实上，他在民国时期的文艺创作并未再出版。至于那些被批判的"反派"，长期处境难堪：冯友兰很早作出公开检查，自我羞辱；沈从文完全放弃写作，并曾自杀；刘海粟成为右派；林风眠六十年代被逮捕监禁；民国时期广有票房的京剧名角，诸位可以阅读章诒和女士的《伶人往事》，就知道他们解放后从萎缩到灭绝的命运。

到了"文革"时期，几乎所有"正派角色"，亦即解放后的无产阶级文艺家，也几乎全部遭殃。所以"反派"人物远远不止这份名单。其中凡是留在大陆的,不容许他们出现在任何媒体,凡是走出境外的人物,迅速被抹杀,即便出现他们的名字,也是诸如梁实秋等被鲁迅骂过的人物,但我们不可能读到梁实秋的任何文字,不知道他也骂过鲁迅,而鲁迅文字中没有提到的人物,便自动消失。这就是为什么直到八十年代初,我们这代人才逐渐知道学者傅斯年、罗家伦、陈寅恪、钱穆、钱锺书,小说家沈从文、废名、张爱玲……这是一份长长的名单,目前就我记忆,列举以上这些。

在这些人物中,鲁迅和胡适名气最大,代表性最强,被褒贬的规格也就最高。

最近二十多年,政府相对理性,逐渐松动意识形态封锁,历史景观得以局部恢复,相对正常的学术研究成为可能。但是,长期以政治目的切割历史,因人废言,成为一种思维模式遗留给我们几代人,成为我们的细胞,甚至基因。譬如当胡适和大批民国人物的学说著作逐步解禁、公开谈论后,随即出现一种相反倾向,即贬斥鲁迅、褒扬胡适。这些议论部分言之成理,胡适的再出现也确实有益于了解鲁迅,但如果今天我们还在二者之间试图厚此薄彼,刻意贬褒,就仍然没有摆脱意识形态魔咒,因此,同样扭曲。区别,只是过去被迫扭曲,现在主动扭曲。

鲁迅、胡适,不是谁对谁错的问题,而是物种与生态的问题。他们二位的是非,牵涉复杂的学术问题、政治问题、历史问题、心理问题,这里不展开。我的意思是说,人不免有所偏爱、有所倾向,但前提是有所判断、有所选择。从五四直到1949年,中国幸亏有一位胡适,也幸亏有一位鲁迅,幸亏有人反对胡适,也幸亏有人反对鲁迅——在他们二位之外,中国还幸亏有其他不同主张、不同学说、不同性格、不同来历的人物。可是到了我们的时代,鲁迅被独尊、胡适被批判,绝大部分知识分子被抹杀,总的目的,就是剥夺我们的常识、判断与选择。这种剥夺的后果,是政治生态迅速败坏、文艺生态迅速荒芜,我们从此失去选择、失去记忆,最后,失去历史。

我爱鲁迅,自以为熟读他的著作。八十年代以来,我开始读到胡适的著作、梁实秋的散文,还包括徐志摩、沈从文、张爱玲等等其他民国文人的作品——我发现,我喜欢梁实秋的散文,喜欢沈从文与张爱玲的小说,2007年我读过的最好的书,就是胡颂平编写的《胡适晚年谈话录》,我同时发现,阅读民国其他作者的作品,使我对鲁迅的敬爱与了解,获得更深的理由,这种了解,有一部分即来自胡适。

五十年代初,当中国神化鲁迅、批判胡适时,胡适正在纽约流亡,他知道对他,对死去的鲁迅,发生了什么,他有一次对周策纵说:"鲁迅是个自由主义者,绝不会为外力所屈服,鲁迅是我们的人。"大家会说,这是一面之词,不可能得到鲁迅的同意或反对,因为鲁迅那时已去世将近二十年,但不论我们是否相信,或怎样解释这句话，胡适说了这句话，这句话也说出了胡适，并说出了五四那代人的关系。

一个文人艺术家身后的毁誉，不绝于史，本来不奇怪，但像鲁迅与胡适这样的公案，我不知道中国历史上是否曾经发生过。孔夫子自称"丧家狗"，不是因为政治迫害，而是报国无门；诗人屈原投江的原因之一，是失宠于楚怀王；画家毛延寿被皇帝处死是他隐瞒了王昭君的美貌；纪晓岚得罪了主子，被放逐新疆，结果乾隆帝想念他，又将他召回来；至于司马迁、嵇康和金圣叹这些人物的致残和致死，是属于言论获罪。这类记载不绝于史，但毕竟那是古代，而鲁迅与胡适的故事发生在新中国。

苏联也发生过类似的故事，但远远比不上我们。此外，有哪个现代国家的政府、政党，以至于全国、全民，会对两个文学家思想家作出类似的贬褒？在法国，萨特与他的同学，同样是哲学家的阿隆，思想对立长达半世纪，萨特和他存在主义的同志加缪，公开绝交，可是法国政府和政党不会介入这种文人的分歧。更早时，纪德与罗曼·罗兰前后访问苏联，作出截然相反的评价，出了书，引起激烈争论，可是政府和政党也没有对哪一方肯定或者批判。大家知道美国著名的所谓公共知识分子，有乔姆斯基，有苏珊·桑塔格，可是美国还有许多正直的知识分子未必喜欢他们，认同他们。为什么呢？

道理很简单，在鲁迅与胡适的时代，有左翼，有右翼，还有别的主张与派系，有国民党，有共产党，还有别的政党，即便在各种党派或集团内部，也有左翼、右翼、激进派、保守派、温和派，如果要细分，还有极左、极右，或者中间偏左、中间偏右，等等等等。在文艺群体中，同样有各种主张、各种主义、各种派别，虽然有的很强大，占据主流，有的很脆弱，处于边缘，有的比较成熟，有的非常幼稚，但都能够发出声音，做点事情，能够保有各自的空间。

到了五十年代中期，左翼文艺开始遭遇厄运，其中代表人物如胡风、丁玲、艾青、萧军、江丰等等"反党分子"与"右派分子"的命运，大家耳熟能详，不多说，到"文革"发生，文艺教皇周扬、努力改造的小说家巴金、革命作曲家贺绿汀，还有几乎全部的革命画家、革命导演、革命演员，甚至为国争光的运动员，大批遭殃，或者被迫害，或者被置于死地……

今天的博士生应该做好多论文，详细寻找1949年以后在各个专业领域被刻意褒贬的名单。

鲁迅与这批学人的关系究竟如何？有过一些有趣的交往吗？在那个时代的文化版图上，他们的位置又是一个怎样的格局？

陈：从鲁迅个人交往录去了解民国的"文化版图"，肯定是片面的。厦门大学的谢泳教授近年对民国学者做了大量清理研究，诸位有兴趣，应该读他的书。

所谓物以类聚，人以群分。在文人之间，不同门派、师承、游历、眼界，自然会有不同的圈子。鲁迅和章太炎的弟子们是留日派，胡适和傅斯年、罗家伦他们是英美派，虽说都是海归，但不免有隔阂，分亲疏。这本来不奇怪，改革开放以来，许许多多从不同国家、不同学校、不同时期留学归国的海归，彼此之间也有隔阂，也分亲疏。而北大、清华、复旦、南大的教授们，包括从事不同专业的学者，都会有不同的圈子，有隔阂，分亲疏。此外，即便同一院校、同一专业的文人学者，由于不同籍贯、辈分、出身、境遇、性格，彼此谈得来，谈不来，经常走动，或从不来往，在所难免。

九十年前，新文化运动的真领袖，是陈独秀和胡适，鲁迅对他们敬而远之，有合作，有来往，遇见大是非，彼此声援，或者辩论，但平时未必是朋友，也未必是冤家。读鲁迅日记，五月四号那一天他写道："昙。星期休息。徐吉轩为父设奠，上午赴吊并赙三元。下午孙福源君来。刘半农来，交与书籍二册，是丸善寄来者。"通篇没有一个字记载那场五四运动。

诸位有兴趣，可以查看鲁迅和胡适的书信，他俩在新文化运动早期很客气地交往过，胡适很喜欢周家兄弟，佩服他俩的文才。胡适是交际型人物，少年得志，成名早，在主流社会地位很高，和鲁迅的经历、性格很不一样，鲁迅年纪比较大，作风比较地倾向旧式文人，胡适年纪轻，属于西方回来的新派知识分子，但这种差别也谈不上是非。

说起是非，1925年前后为"女师大"事件、"三一八"惨案，留日那群人和留学英美那群人意见相左，彼此的对立公开化，形成明显的营垒，建国后全部采取官方教科书说法，独尊鲁迅，抹杀其他。今天，史料研究早已公布当时各方意见，平心而论，英美派比留日派更理性，更超越，更具有现代国家的法制观念与公民意识。但不要说八十年前的语境，即便事情发生在今天，这些西方观念仍然会与国情发生深刻冲突，难以奏效。以我在美国的生存经验，我自然倾向胡适等英美派当时的意见，但以切切实实的中国生存经验，在更深的层面，我同情鲁迅，因鲁迅更懂得中国问题的纠葛，看破人心的险恶。今日中国许多大问题、大是非，英美式的理性姿态与法制观，越来越被认同，但在现实深层，处处遭遇国情的阻挠。"女师大"、"三一八"这类历史悲剧，在我们的时代多次发生，规模更大、剧情更离奇、代价更惨重，可是英美式的理性毫无余地。"三一八"事件发生后，各路知识分子能够立即在各种媒体上发言、争论、抗议、写挽联、开追悼会，可是鲁迅和胡适如果活在今天，唯一的选择是绝对沉默，此外一无所能。道理很简单，那时中国形形色色的文人还谈得上所谓"文化版图"，今日中国的文化人结构，顶多只能称作"文化板块"吧。

总之，用今天种种新观念强求八十年前的中国人、中国事，并以此作出贬褒，划分对错，那我们的进步其实有限，对中国现实的认知，也还是有限。

鲁迅交友之广，也是这个演讲中提到了的，但后人在照例的宣传中，只知道他有共产党朋友。鲁迅一生在对待朋友、与朋友相处方面，大致是怎样的性情？

陈：除了不可能查证核实的隐私，没有一位中国作家像鲁迅那样被详详细细暴露在公众面前。由于长期独尊鲁迅，他生前的所有生活记录——日记、书信、大量回忆和旁证——不但全都出版，而且重复出版。诸位如果真要了解鲁迅，可能要比了解任何其他中国作家更方便。这些资料中充满鲁迅对待朋友的故事和细节，诸位有兴趣，很方便查证。

然而长期被政权神化、非人化、政治化，鲁迅反而被过度简化，鲁迅资料中丰富翔实的日常细节，后人视而不见，绝大部分人谈起他，就是好斗、多疑、不宽容。语文教科书长期强迫学生阅读鲁迅，成功地使一代代年轻人厌烦他，疏远他，今日的文艺中青年多半不愿了解他，因为怎样看待鲁迅早已被强行规定，以致几代人对威权的厌烦、冷漠和敷衍，也变成对鲁迅的厌烦、冷漠和敷衍。敷衍一位历史人物，最有效的办法就是简化他，给他一个脸谱，很不幸，鲁迅正是一个早已被简化的脸谱。

鲁迅很早就说过，你要灭一个人，一是骂杀，一是捧杀。大家现在看见了，过去半世纪，胡适被骂杀，鲁迅被捧杀。近年情况反了一反，是鲁迅开始被骂，胡适开始被捧，然而还是中国人的老办法：要么骂，要么捧，总不能平实地面对一个人，了解一种学说，看待一段历史。

"兄弟失和是他最难释怀的内伤"，这几乎也可算鲁迅生涯中的一桩超级情感公案。而且，尤具戏剧性的是，他与周作人在进入历史书写中所处的境地，甚至都可以用"神鬼"之别来描述。这个方面，除了失和内情的悬疑，周氏兄弟在对待亲情方面，性格有很大的不同吗？就鲁迅的作品来讲，有涉及这些的吗？

陈：鲁迅不是神，周作人也不是鬼。周作人曾在早年说，自己心中有一个"绅士鬼"，一个"流氓鬼"，这是文学的说法，修辞的巧妙，我们就此说周作人是鬼，那是不懂修辞，不懂文学，别说当不成绅士，恐怕还不如流氓，中国从前的流氓，有性情，会说话，用词很别致。如果因为周作人当过汉奸，就说他是鬼，更不应该。你是陈独秀，是胡适，是周作人的同辈，你或许有资格骂他一句，贬他一贬，到了我们这一代，有什么资格呢？我不认为我有资格责难前辈，看不出我们有什么道德的高度可以遥远地责难一位五四时期的文人——那是多么轻佻的道德姿态。诸位请看看今日中国成千上万的贪官、污吏、黑矿主、王八蛋，那才真是妖魔鬼怪啊。

至于周家兄弟的情感关系，哥哥弟弟都写过。中国从前的规矩，母亲死了，大姐在家就是母亲，父亲死了，大哥就是父亲，担当权威，负起责任。鲁迅的父亲早死，此后一生，他一直是位好哥哥，不摆权威，尽责任。他留学回来，接母亲到北京，给弟弟在北大安排教职，北京两处房产是他的薪水盖起来。弟弟得病，他比弟弟还急，后来写在《兄弟》这篇小说里。但是彼此失和，直到去世，在可见的文字中，两兄弟都很得体，即便在大观点大是非上有所暗示，有所表达，也十分厚道，十分守度。从前有句话，叫作"君子绝交，不出恶言"，何况兄弟失和。大家要知道，他们周家兄弟在当时是极端新派的、前卫的文人，但他们的行为大致遵行旧道德，不但他们，英美派海归的为人处世也谨守旧道德的规范。胡适在台湾去世后，蒋介石挽联就说出这层意思，我记不得原话，大致是："新文化中旧道德的楷模，旧伦理中新思想的师表。"我们再回头看看从1949年直到今天，中国的文人之间、师生之间、朋友和亲人之间，发生多少卑鄙丑恶、乖张惨痛的故事，像周家兄弟那般失和，像五四文人那种有教养的绝交关系，在今天，寥若晨星。

据说周作人晚景凄凉，他一生是不是都对鲁迅怀了怨恨之心？

陈：周作人晚年不是凄凉，而是孤立和悲惨。说他孤立，因为建国后他被提前释放，毛泽东批示将他养起来，写回忆，弄翻译，月薪两百元，相当高。但他不再有朋友，不再有社会地位。说他悲惨，是这样的日子过了十多年，到"文革"，他就被红卫兵折磨，撵到破屋子里，有个老婆子偷偷伺候他，不久就死了。

周作人晚年有一方印章叫作"寿则多辱"，说的是实话。但他刻这方印时，还想不到会领教"文革"时期的侮辱。他因汉奸罪被审判，坐监牢，属于惩罚，不是受辱。

至于他一生是否对鲁迅怨恨，我以为不要随便揣测。即便有怨恨，那也并非是错，因他是鲁迅的弟弟。而像这样的兄弟恩怨，不是外人可以任意揣测的。在座诸位可能是独生子女，没有兄弟姐妹，但有父母、亲人、好朋友，外人公开揣测议论你们的私人感情关系，你们会同意、会接受吗？

"政治化的鲁迅遗产以不可抗拒的方式灌输至今，看不出停止的迹象——在中国，鲁迅和马克思各有分工：鲁迅专门负责诅咒万恶的旧中国，马克思专门负责证明社会主义的必然性。"这个意思，就是事实上的鲁迅并不只是诅咒万恶的旧中国，他诅咒之外的东西，可以简要介绍一下吗？

陈："吃人"的"礼教"，顽劣的"国民性"，军阀统治，国民政府的压迫，等等等等——这些主题，是鲁迅一代知识分子全都诅咒的事物。陈独秀、胡适，当年就是发起反礼教、主张文学革命、呼吁改造国民性的先锋人物。

可是为什么大家只知道鲁迅一个人在"诅咒"呢？就因为五四一代知识分子和知识遗产，被高度政治化——胡适的知识背景是英美那一套，后来又和国民政府合作，所以他的革命性全部不算，变成反动派；陈独秀因为二十年代末不服苏联的管制，既被共产国际抛弃，又被中共党内打击，所以他的革命性也全部不算，连创建共产党的大功劳也不算。鲁迅死得早，没有介入国民政府，也不是共产党员，而他的"诅咒"具有高度的文学性，他在新文学运动中的影响力和权威性，其他新兴知识分子比不上，所以鲁迅在建国后最有利用价值，最方便被以一种极不道德的方式树立为一个道德的，甚至超道德的形象，来压迫大家。

在这一场巨大的阳谋中，真正被利用的是我们几代人。独尊鲁迅的真目的，是为了使我们无知，不怀疑，盲从意识形态教条。我应该说，我们几代人被成功地利用了。现在一部分人知道被利用，于是掉过头来诅咒鲁迅。

那么鲁迅是否"诅咒"过其他事物呢？第一，鲁迅固然诅咒过古文、礼教之类，但对其他事物，他不是诅咒，而是怀疑、讽刺、批评；第二，他议论过的事物太多了，譬如文人相轻问题，翻译问题，美术问题，小孩子和妇女问题，留胡子和拍照问题，书籍封面设计和毛笔钢笔问题，等等等等。但他怀疑批判的方式多种多样，有轻重，有曲直，亦庄亦谐，即便被他引述最多的批判命题，也不像长期宣传的那么极端、片面、简单。所以第三，今天议论鲁迅的年轻人，阅读过几本鲁迅的书？阅读过多少其他五四文本？假如阅读过，应该不会有以上问题，不会问鲁迅时代的其他文人是什么状况，鲁迅怎样对待他的朋友或兄弟，尤其不该问鲁迅是否还诅咒过其他事物。为什么呢？因为只要阅读鲁迅，阅读那个时代的作品，就不会有以上疑问，即便有，也不是这么问法。

总之，半个世纪的洗脑，弄得本来应该知道的事情，变得不知道，本来蛮清楚的是非，变得不清楚，本来很普通的常识，变得很稀罕。独尊鲁迅的后果，不是我们只知道鲁迅，不知道其他人，而是我们连鲁迅也不知道，也要来问。

我今天回答的，其实都不该是问题，结果都变成问题，要破解这些问题，很简单，请阅读鲁迅。可我从来不劝告别人读鲁迅，因为几代人被逼着读鲁迅，读了等于没读，或者，还不如不读——这就是我为什么说：扭曲鲁迅，就是我们的被扭曲。

在这个演讲中，陈先生也认为"中国毕竟有所进步了，今天，鲁迅的读者有可能稍微接近鲁迅生前的语境"，那么，鲁迅生前的语境究竟是怎样的？通过鲁迅的作品，我们是否能比较全面客观地了解到？或者说，我们需要如何自觉地破除掉那种强加的误导去通过鲁迅作品，而真正了解那个时代？

陈：当我们说怎样"真正了解那个时代"，似乎暗示：我们已经了解自己的时代——我们真的了解自己的时代么？我看不了解。我们为什么要了解"那个时代"呢？就是为了了解我们自己的时代。

鲁迅时代的所谓"语境"，当然可以在鲁迅作品中到处感受。譬如他们两兄弟伙同北京一帮不安分的教授，一再写文章公开痛骂当时的教育总长章士钊，现在哪个文人敢骂现任教育部部长？就算有，哪家媒体敢发表？又譬如鲁迅多次提到检察机关任意删除他的文章，可是当他将那些文章凑成集，还可以补全被删除的句子和段落，而且在下面标上黑线，告诉读者这些字句段落曾经被删除。诸位要想"全面客观"了解"那个时代"，读一个人的书，绝对做不到。最笨的办法就是读各种各样的书。如今的书店和图书馆，各种各样的书越来越多，只要你想了解，你就去买来借来读，好不好？

至于怎样"自觉破除那种强加的误导"，我的意见，是先从语言开始，从我们张口说话开始。我们几代人，包括今天八九十年代出生的大学生，一开口，一下笔，都是党的语言，党的文化，除了这种语言，我们没有别的语言，没有别的表达方式——但这个问题太大了，这里不展开。

《笑谈大先生》说了鲁迅的好看好玩，印象最深的还有那些评价，说一些人，在中国近代史都称得起先驱和导师，"他们的事功，可以说均在鲁迅之上"，这点真的显出有"不仅还原鲁迅，还还原着一个时代"之感。希望仍以这样生动可信的方法，为我们再画一个时代轮廓背景里的鲁迅像。

陈：这也是多读书的问题。"事功"在鲁迅之上的人物，民国时代太多了。譬如鲁迅是晚清的留学生，早期留美学生中有位詹天佑，曾经建立大功劳，就是发明了

"人"字形铁轨，修成京张铁路。留日学生中有位大名鼎鼎的秋瑾姑娘，为了反清，脑袋给割下来。鲁迅从来没有发明任何有用的工具，也没有为革命蹲过一天监狱，更别说献出生命，他只写了一篇几千字的小说，叫作《药》，算是纪念秋瑾。

可是这几千字，可能比秋瑾姑娘的牺牲更有价值。秋瑾献出自己的性命，未能阻止在她身后多少百万的性命继续牺牲，白白牺牲。鲁迅借她这条性命告诉大家，中国的许多场革命何其虚妄，中国的亿万百姓何其昏昧，多少烈士以为一死之后，可以唤醒大众，可是后来几十年，上百年——容我说句残忍的话——成千上万的烈士真是白白死掉，他们以为自己的血可以免除民族的罪孽，结果民族的种种罪孽不但没有减少，反而变本加厉，今天社会上许许多多悲惨离奇、丧尽天良的事，在秋瑾和鲁迅的时代，不但没有，而且说给他们听，他们根本听不懂。

可是民众不想到感念烈士，而且多数早给忘了。鲁迅在二三十年代的几篇杂文中就写道，民国人早已忘了建立民国的黄花岗七十二烈士，现在大家看看，什么七十二烈士，什么秋瑾姑娘，包括《药》这样的小说，包括小说中揭示的道理，多少人记得？多少人在乎？这就是鲁迅的小说的厉害——在中国，你为大家死，你死了也白死，而鲁迅呢，我看是写了也白写，他的书写得残酷，犹如血迹，是让人看了害怕而厌恶，赶紧清洗掉，弄得不像出过血才好。

所谓"事功"，大约是指某人为社会、为国家做成什么事情，可是我用这个词，意思是我们怎样看待一位文学家，怎样看待一件毫无用处的文学作品。现在对鲁迅的许多非议，其中一条就是说鲁迅只管批评，没有正面的建议。这话很好听，仿佛很正确，也是今天经常听见的漂亮话，说是许多知识分子只知道批评，不做实事——没错。鲁迅不会建造青藏铁路，不会弄个卫星升天，也不可能发明一项手机功能，或者给诸位找份工作，加点工资，教你怎样升官发财……中国这一百多年关于物质的事功，何止千万，诸位今天大学毕业，如果以为多少万年薪，弄个公寓，买辆好车，便是人生的大幸福，大目的，那真是别去读什么鲁迅与胡适，赶紧痛快赚钱，赶紧做官，任期内闹点政绩，拆几条马路，圈几块地皮，撵走居民，盖几座高楼，那才是伟大的事功啊！

在《鲁迅与死亡》中，记得有说鲁迅写故友或纪念文字，总能击中人心，音容笑貌愈加清晰，但后人再来写故去的鲁迅，却是越描越模糊。为什么意识形态会戕害人心到这个地步呢？

陈：鲁迅是个至情至性的人，鲁迅又是现代中国罕见的文体家。有这两条，鲁迅的文章这才深沉动人。所谓"意识形态"教育的恶果，一面是泯灭人性，一面是破坏文体。为什么文体那么重要呢？因为感情性情，人皆有之，但你得将复杂细微的内心情感说出来、说得好，却是非常难。别说悼念文章，就是哭丧也要绝好的技巧。我在乡下插队落户时，亲眼见过发丧的家族特意花钱请乡里公认的专业哭丧人，调动情绪，营造气氛，那是哭得来出神入化，从低音到高音，从喃喃私语到放声号啕，那节奏、音量、姿态、表情的控制，简直叹为观止……这样来比喻鲁迅的文章，固然不妥帖，不过诸位要是读一读鲁迅的书，再查对文章写成的日期，你就会发现，鲁迅几天前写写调皮的短文，今天沉痛地悼念朋友，再过几天，他又去写妙趣横生的时评，或者老老实实的学术文章。

其实民国时代，连朱德这样的武人悼念母亲的文字，也是质朴真挚，比今日的文人写得好。那时的文人描述亲友，悼念故人，有不少好篇章，譬如朱自清的《背影》，虽然我不认为写得那么好，但也情性毕露，很可读。

这五六十年，全社会发展出一整套语言，煽情、造作、夸张、空洞，打开电视，几乎每个节目主持都用这种语言说话，日常生活中我们也这样说话，即便说的是真人真事、真挚的感情，语言却是空洞、夸张、造作、煽情，而且大家不觉得这有什么不好，我们是从丧失语言开始，丧失了传统、丧失了天性。你去听听一个幼儿园孩子说话，说到自己的爸爸妈妈，就已经造作不堪，不像一个孩子的说话。但这个题目太大了，今天也不展开。

> 鲁迅其实有比较长的教书生涯。他是个好老师吗？是怎么样风格的一个老师？他有情感传奇，有一场轰轰烈烈的师生恋。你也曾教书。对他的教书经历，有过特别的关注、兴趣和研究吗？

陈：鲁迅的所谓"师生恋"，在民国人物中并不格外"传奇"，算不得"轰轰烈烈"。当时著名的恋爱太多了，暗中的罗曼蒂克故事也不少。单是第一代共产党内的爱情故事就多得很，不方便说，可以公开说的，譬如徐志摩与陆小曼，徐悲鸿与孙多慈，都是有名的例子，在当时公开登报的……胡适与原配白头到老，名声很好，但他与美国恋人几十年的情书，台湾早已出版，他女朋友不止一位，当然都很得体。那位曾经要和鲁迅打官司的顾颉刚，在原配之外曾长期追求一位刚烈的革命女生，书信日记里是死去活来，那女同志解放后还在政协做官。被军阀枪毙的著名报人邵飘萍，三房夫人，都是红颜知己，大好人。北大前校长蒋梦麟丧妻后，与一位女子的婚恋在台湾闹得一帮老朋友伤透脑筋。还有左翼大王、文化主管周扬同志的发妻，是一位大家闺秀，变卖家当支持老公闹革命，结果周扬去延安后将她抛弃，娶了新人，一直瞒着，以致含辛茹苦的夫人得知后，发疯至死。另外，建国后第一任文化部部长茅盾先生也有一场漫长的婚外恋，那女子解放后还写了痛苦的回忆。

鲁迅因为被独尊，所以他的所有故事被放大，挡住了许多民国往事。现在，民国史料大量面世，我们可以自己看一看。上海老中医陈存仁先生的《银元时代生活史》，其中写他和章太炎、于右任、吴稚晖的亲身交往，充满细节，好看极了。譬如于右任曾经长期躲在上海的妓院，不是为了风流，而是为了清静，又譬如吴稚晖，自己德行还好，却非常喜欢讲黄段子，逗人乐。

我不曾特别留心鲁迅的教书生涯。鲁迅不自恋，很少谈自己，谈起来，只是自嘲，他对自己的身份地位，譬如教授啊、名人啊、导师啊，要么从不说起，要么就是嘲笑。可是民国的老师普遍有师德，爱学生，例子很多，举不过来。

鲁迅与年轻人的关系十分著名，生前不知帮助过多少年轻人。给他画封面的画家陶元庆夭折了，他来出钱造坟。韦素园和瞿秋白死了，遗稿都是他亲自整理，花钱出版。这些人都比他年轻十几二十岁。有些晚生后来背叛他，攻击他，鲁迅至死也并不因此失去对别的后生的好心意。而胡适对学生和年轻人也是关爱提携，不遗余力，经常慷慨出钱赞助。他提倡新诗新文学，可是自己缺少文学的才华，有位年轻诗人他赏识，可惜名字我忘记了，这小年轻老是跟他开口要钱，他也居然一次一次给，一百银元，甚至两三百，这在当时是很大的数目。"文革"中自杀的前北京市副市长吴晗，胡适就曾非常赏识，亲自介绍他到清华学明代史，吴晗不久入了地下党，解放后出任北京市副市长，还不得不批判恩师胡适之。台湾那位李敖年轻时穷困，就曾得到胡适的资助，现在李敖为了感谢他，还要自己花钱在北京大学给胡适造个铜像，我猜北大不会批准的，虽然北大的光荣，北大之所以是北大，和胡适很有关系。

鲁迅教书的细节，据学生回忆，一是清晰，一是好玩，经常逗得哄堂大笑，有位北大学生听他的课，笑得受不了，说是"好玩死了"。我只记得一个细节，是他文学史课讲到古代舞女一种发型，那发型的字，很古僻，又说到一种舞姿，是身体向后仰，鲁迅就当场作出向后仰的姿势，弯腰弯到支持不住，几乎倒下去，于是直起身子，说："非不为也，余不能也。"其实鲁迅哪里看见过魏晋隋唐的舞女怎样跳舞，他是从古书古画中看来，凭自己想象，当场做点动作，然后特意用古语说："不是我不愿意呀，是我学不像呀。"逗大家笑笑。

好了。我现在也来借这句话:"非不为也,余不能也。"——今天给大家勉强讲鲁迅,应该到此为止了。

2008 年 3 月 16 日写于纽约

(选自陈丹青. 笑谈大先生. 桂林:广西师范大学出版社,2011)

【温故】

● 陈丹青

陈丹青(1953—),当代画家、文艺评论家、作家。1953 年生,上海人。1970 年至 1978 年,陈丹青辗转赣南与苏北农村插队落户,在生活劳动中仍坚持自习绘画,其作品入选"全军美展""全国美展",产生了一定影响。1978 年考入中央美术学院油画研究生班,毕业后留校任教。1980 年创作出具有时代意义的油画——《西藏组画》引起极大轰动,与罗中立的《父亲》并称为中国当代美术史的里程碑作品。1982 年辞职移居美国,2000 年回国担任清华大学美术学院教授、博士生导师。2004 年因"至今不能认同现行人文艺术教育体制"而辞职,再一次站在舆论的风口浪尖。著有文集《纽约琐记》《多余的素材》《退步集》《退步集续编》《荒废集》等。陈丹青的文风如其人一样卓然率真,于朴实中显出睿智。

●《笑谈大先生》

《民国的文人》选自陈丹青的演讲集《笑谈大先生》,该书收录了作者近年来关于鲁迅的七篇演讲文稿。在汗牛充栋的鲁迅研究中,《笑谈大先生》可以说是独辟蹊径,为鲁迅研究注入了新鲜的空气。不同于那些书斋学者,陈丹青力图把鲁迅由公共话语的议题还原到私人语境中去,从个人视角呈现一位"好看""好玩""绝望"的大先生。

《笑谈大先生》体现了陈丹青文字的一贯风格:"言之在我,我的感觉第一;道在我心,生命体验第一;我情在我,真实生动第一",具有鲜明的个体意识。与此同时,还能欣赏到"上海老派文人那种源自生命本性的克制与精致"[①]。不同门类的艺术是融会贯通的,屡屡跨界而为的陈丹青,对艺术形式的探求更加自觉,艺术眼光与笔力更为敏锐多变,并于创作中彰显人格智慧。

【知新】

孙郁先生在《算是求疵》中说道:"从苏联式的现实主义理论,到今天的

---

① 老村. 给陈丹青散文叫声好. 名作欣赏,2010(19):12—13.

'全球化',鲁迅一直成为时尚话语中的映衬。"①陈丹青的几次演讲虽然并非严格意义上的鲁迅研究,却很好地冲破了鲁迅研究中的实用主义和时尚化倾向。然而,应当注意,陈丹青对鲁迅的理解也不过是"想象之一种",其中的一些观点也有待商榷。萧沉就认为,陈丹青崇拜鲁迅、盛赞鲁迅无可非议,但"文章总透着'情人眼里尽西施'的感觉,就会影响腔调,有碍客观"②。陈丹青把鲁迅与同时代的民国文人联系起来,为鲁迅、胡适等民国的文人们安排了一张张坦然率真的脸。然而韩松落却认为,这些"民国范儿"十足的人物形象是"摆在水果摊的第一排水果,而这种对水果摊的美化从根本上来源于我们想印证一种理想"③。对民国文人的向往,折射的是对当今文人生存环境与作为的不满。毋庸置疑,陈丹青的独特视角为鲁迅及民国研究提供了新意,不过,读者也应保持批判的眼光与辩证的思维。

【切问】

1. 从本文中你能读出与鲁迅同时期的哪些文人的哪些性格特点?你理解的民国时期的文化氛围是怎样的?
2. 鲁迅的作品一直是中小学语文教材中的必修内容,陈丹青认为鲁迅形象已经被简化和脸谱化了,结合你自己的学习体验,你是否认同他的说法?人民教育出版社新版的中学语文教材中,鲁迅的作品明显减少,你认为这是鲁迅与中学语文的双向解放还是鲁迅作品已经"过时"?

【近思】

    作为自由知识分子的代表,陈丹青对"话语"表现出了强烈的关注,他在本文中提出:"我们是从丧失语言开始,丧失了传统、丧失了天性。"然而,孔子却说"君子欲讷于言而敏于行""敏于事而慎于言",如何理解两种观点间的不同?谈谈你的思考。

---

② 孙郁. 算是求疵. 鲁迅研究月刊, 2000(7):34.
① 萧沉. 由丹青到愤青. 文学自由谈, 2006(4):32.
② 韩松落. 你看到的只是第一排水果. 中外文摘, 2012(17):5.

小　说

世说新语（二则）

刘义庆

刘伶病酒

　　刘伶病酒[1]，渴甚，从妇求酒。妇捐酒毁器[2]，涕泣谏曰："君饮太过，非摄生之道[3]，必宜断之！"伶曰："甚善。我不能自禁，唯当祝鬼神，自誓断之耳！便可具酒肉。"妇曰："敬闻命。"供酒肉于神前，请伶祝誓。伶跪而祝曰："天生刘伶，以酒为名，一饮一斛[4]，五斗解酲[5]。妇人之言，慎不可听！"便引酒进肉，隗然已醉矣[6]。

（选自刘义庆著，余嘉锡笺疏. 世说新语笺疏. 北京：中华书局，1983）

【注释】

　　[1] 刘伶：字伯伦，沛国（今安徽宿县西北）人。"竹林七贤"之一。性嗜酒，曾作《酒德颂》。病酒，饮酒过多致病。

　　[2] 捐：倒掉。

[3] 摄生：保养身体。

[4] 斛：古时十斗为一斛。

[5] 酲（chéng）：病酒，酒醒后神志不清犹如患病的感觉。

[6] 隤（wéi）：或作"隤"，隤、隤同在灰部。《广韵》："隤，下坠也。"隤然，醉倒貌。

（注释参选朱东润. 中国历代文学作品选［上编第二册］. 上海：上海古籍出版社，2002）

王子猷居山阴

王子猷居山阴[1]。夜大雪，眠觉，开室，命酌酒，四望皎然[2]。因起彷徨，咏左思《招隐诗》[3]。忽忆戴安道[4]。时戴在剡[5]，即便夜乘小船就之。经宿方至[6]，造门不前而返[7]。人问其故，王曰："吾本乘兴而行，兴尽而返，何必见戴？"

（选自刘义庆著，余嘉锡笺疏. 世说新语笺疏. 北京：中华书局，1983）

【注释】

[1] 王子猷（yóu）：王徽之的字，王羲之的儿子。山阴，今浙江绍兴。

[2] 皎然：洁白光明貌。

[3] 左思：西晋著名诗人。他的《招隐诗》是描写隐居田园乐趣的诗。

[4] 戴安道：戴逵的字。逵，谯国（今安徽北部）人，学问广博，善属文，音乐、书、画等方面也很有修养，隐居不仕。

[5] 剡（shàn）：今浙江嵊县。

[6] 经宿方至：经过一宿的工夫才到达。

[7] 造：到，至。

（注释参选朱东润. 中国历代文学作品选［上编第二册］. 上海：上海古籍出版社，2002）

【温故】

● 刘义庆

刘义庆（403—约444年），彭城（今江苏徐州）人，南朝宋文学家。刘义庆是刘宋武帝的堂侄，袭封临川王，在诸王中颇为出色，一生历任要职。其中秘书监一职使他有机会接触与博览皇家的典籍，对《世说新语》的编撰奠定了良好的基础。刘义庆自幼才华出众，爱好文学，秉性简素，寡嗜欲，不热衷政治，不愿卷入王室斗争。38岁开始招聚文学之士，编撰《世说新语》，42岁病逝于建康（今南京）。除《世说新语》外，还编有志怪小说《幽明录》。

● 《世说新语》

《世说新语》是志人小说集，由刘义庆和门下文人杂采众书编纂润色而成。《世说新语》原为八卷，今本作三卷，分德行、言语、政事、文学、方正、雅量、识鉴、赏誉等三十六门，主要记载了自汉魏至东晋的士大夫的遗闻轶事，广泛地反映了这一时期士族阶层的生活方式、精神面貌及其清谈放诞的风气，可以说是一部魏晋风流的故事集，被鲁迅先生称为"名士底教科书"。这部书对后世笔记小说的发展有着深远的影响，书中不少故事，或成为后世戏曲小说的素材，或成为后世诗文常用的典故。

【知新】

《世说新语》一书对魏晋人的精神面貌、人物性格、人生追求以及时代的风气都有生动的描写，文笔简约玄澹，鲁迅先生在《中国小说史略》中评价其艺术特色为"记言则玄远冷隽，记行则高简瑰奇"[1]。

宗白华在《论〈世说新语〉和晋人的美》一文中对魏晋时代有过精辟介绍，他指出："汉末魏晋六朝是中国政治上最混乱，社会上最苦痛的时代，然而却是精神史上极自由、极解放，最富于智慧、最浓于热情的一个时代。因此也就是最富有艺术精神的一个时代。"[2]在这个时代，政治黑暗、社会失序，伦常无纪，文人士大夫慨叹人生苦短，追求及时行乐，玄学、清谈盛行，玄理的辩论和人物品藻是这一时期社交的主要内容。魏晋文人士大夫思想性格显示出独特风姿神韵，使他们的生命迈入审美的境界，他们追求一味绝俗的唯美的人生态度，具体体现在："一是把玩'现在'，在刹那的现量的生活里求极量的丰富和充实，不为着将来或过去而放弃现在价值的体味和创造。……二则美的价值是寄于过程的本身，不在于外在的目的，所谓'无所为而为'的态度"[3]。这两点正注解了刘伶不忧心摄生之道而以酒解酒和王子猷"乘兴而行，尽兴而返"等行为的审美价值。正是这种向内肯定自我价值、向外钟情于山水自然的变化使魏晋士人对生活和对自我的关注有了种种诗意化的显现，提供了一种具有人格与人性审美的文化景观——魏晋风度。

---

[1] 鲁迅. 中国小说史略. 上海：上海古籍出版社，1998：38.
[2] 宗白华. 艺境. 北京：商务印书馆，2011：151.
[3] 宗白华. 艺境. 北京：商务印书馆，2011：163.

【切问】

1. 刘伶一生与酒结下不解之缘，关于刘伶饮酒《世说新语》有五处记载，他也曾作《酒德颂》。请了解刘伶的相关故事，说说他为什么会钟情饮酒？《刘伶病酒》一则塑造了怎样的"酒鬼"形象？
2. 王子猷"种竹""访戴"之事几乎成了历史上士族人生姿态的象征，你怎样评价他们的人生态度？

【近思】

  对魏晋人的饮酒，宋人叶梦得说："晋人多言饮酒，有至于沉醉者，此未必意真在于酒。盖方时艰难，人各惧祸，惟托于醉，可以粗远世故……传至嵇、阮、刘伶之徒，遂欲全然用此，以为保身之计……饮者未必剧饮，醉者未必真醉耳！"[①]

  鲁迅曾指出："这种清谈，本从汉之清议而来。汉末政治黑暗，一般名士议论政事，其初在社会上很有势力，后来遭执政者之嫉视，渐渐被害，如孔融、祢衡等都被曹操设法害死，所以到了晋代底名士，就不敢再议论政事，而一变为专谈玄理；清议而不谈政事，这就成了所谓清谈了。但这种清谈的名士，当时在社会上却仍旧很有势力，若不能玄谈的，好似不够名士底资格；而《世说》这部书，差不多就可以看作一部名士底教科书。"[②]

  魏晋时期"正始名士服药，竹林名士饮酒"[③]以逃避现实。我们应该怎样看待这种"魏晋风度，名士风流"？这部"教科书"真的能够解决当时士人知识分子面临的社会问题，使他们获得尊严和自由吗？

枕中记

沈既济

  开元七年，道士有吕翁者，得神仙术，行邯郸道中[1]，息邸舍，摄帽弛带，隐囊

---

① 叶梦得. 石林诗话. 北京：中华书局，1991：27.
② 鲁迅. 中国小说的历史变迁. // 鲁迅全集（第9卷）. 北京：人民文学出版社，1981：309.
③ 鲁迅. 魏晋风度及文章与药及酒之关系. // 鲁迅全集（第3卷）. 北京：人民文学出版社，1981：510.

而坐[2]。俄见旅中少年，乃卢生也。衣短褐，乘青驹，将适于田，亦止于邸中，与翁共席而坐，言笑殊畅。久之，卢生顾其衣装敝亵，乃长叹息曰："大丈夫生世不谐，困如是也！"翁曰："观子形体，无苦无恙，谈谐方适，而叹其困者，何也？"生曰："吾此苟生耳。何适之谓？"翁曰："此不谓适，而何谓适？"答曰："士之生世，当建功树名，出将入相，列鼎而食，选声而听，使族益昌而家益肥，然后可以言适乎。吾尝志于学，富于游艺[3]，自惟当年青紫可拾[4]。今已适壮，犹勤畎亩，非困而何？"言讫，而目昏思寐。

时主人方蒸黍[5]。翁乃探囊中枕以授之，曰："子枕吾枕，当令子荣适如志。"其枕青瓷，而窍其两端。生俯首就之，见其窍渐大，明朗。乃举身而入，遂至其家。数月，娶清河崔氏女[6]。女容甚丽，生资愈厚。生大悦，由是衣装服驭，日益鲜盛。明年，举进士[7]，登第；释褐秘校[8]；应制[9]，转渭南尉[10]；俄迁监察御史[11]；转起居舍人[12]，知制诰[13]。三载，出典同州[14]，迁陕牧[15]。生性好土功，自陕西凿河八十里，以济不通。邦人利之，刻石纪德。移节汴州[16]，领河南道采访使[17]，征为京兆尹[18]。

是岁，神武皇帝方事戎狄[19]，恢宏土宇。会吐蕃悉抹逻及烛龙莽布支攻陷瓜沙[20]，而节度使王君㚟新被杀[21]，河湟震动[22]。帝思将帅之才，遂除生御史中丞[23]，河西道节度。大破戎虏，斩首七千级，开地九百里，筑三大城以遮要害。边人立石于居延山以颂之[24]。归朝册勋，恩礼极盛。转吏部侍郎[25]，迁户部尚书兼御史大夫[26]。时望清重，群情翕习。大为时宰所忌，以飞语中之，贬为端州刺史[27]。

三年，征为常侍[28]。未几，同中书门下平章事[29]。与萧中令嵩，裴侍中光庭同执大政十余年[30]，嘉谟密命，一日三接，献替启沃[31]，号为贤相。同列害之，复诬与边将交结，所图不轨。制下狱[32]。府吏引从至其门而急收之。生惶骇不测，谓妻子曰："吾家山东，有良田五顷，足以御寒馁，何苦求禄？而今及此。思衣短褐，乘青驹，行邯郸道中，不可得也。"引刃自刎。其妻救之，获免。其罹者皆死，独生为中官保之，减罪死，投驩州[33]。数年，帝知冤，复追为中书令，封燕国公，恩旨殊异。生五子，曰俭，曰传，曰位，曰倜，曰倚，皆有才器。俭进士登第，为考功员外[34]；传为侍御史[35]；位为太常丞[36]；倜为万年尉[37]；倚最贤，年二十八，为左襄。其姻媾皆天下望族。有孙十余人。两窜荒徼，再登台铉[38]，出入中外，徊翔台阁[39]，五十余年，崇盛赫奕。性颇奢荡，甚好佚乐，后庭声色，皆第一绮丽。前后赐良田、甲第、佳人、名马，不可胜数。

后年渐衰迈，屡乞骸骨[40]，不许。病，中人候问，相踵于道，名医上药，无不至焉。将殁，上疏曰："臣本山东诸生，以田圃为娱。偶逢圣运，得列官叙。过蒙殊奖，特秩鸿私，出拥节旄，入升台辅。周旋中外，绵历岁时。有忝天恩，无裨圣化。负乘贻寇[41]，履薄增忧，日惧一日，不知老至。今年逾八十，位极三事[42]，钟漏并歇[43]，筋骸俱耄，弥留沈顿，待时益尽[44]。顾无成效，上答休明，空负深恩，永辞圣代。无任感恋之至。谨奉表陈谢。"

诏曰："卿以俊德，作朕元辅。出拥藩翰[45]，入赞雍熙[46]，升平二纪[47]，实卿所赖。比婴疾疹，日谓痊平。岂斯沉痼，良用悯恻。今令骠骑大将军高力士就第候省[48]。其勉加针石，为予自爱。犹冀无妄，期于有瘳。"

是夕，薨。

卢生欠伸而悟[49]，见其身方偃于邸舍，吕翁坐其傍，主人蒸黍未熟，触类如故。生蹶然而兴，曰："岂其梦寐也？"翁谓生曰："人生之适，亦如是矣。"生怃然良久，谢曰："夫宠辱之道，穷达之运，得丧之理，死生之情，尽知之矣。此先生所以窒吾欲也。敢不受教。"稽首再拜而去。

（选自汪辟疆校录．唐人小说．上海：上海古籍出版社，1978）

【注释】

[1] 邯郸：战国时赵国都城，故城即今河北邯郸。

[2] 隐囊：供人依凭的软囊，犹今之靠枕。

[3] 游艺：谓游憩于六艺之中，此处泛指学艺的修养。

[4] 青紫：本为古时公卿绶带之色，因借指高官显爵。

[5] 黍：粮食作物名。籽实去皮后称黏黄米。

[6] 清河：唐代郡名，故治即今河北清河。唐时为崔姓郡望。

[7] 举进士：被选送参加进士考试。

[8] 释褐：脱下布衣，换上官服，即做官之意。秘校：校勘书籍的官，属秘书省。

[9] 应制：参加制科考试。制科，唐代朝廷特设的一些考试考目，如贤良方正极言直谏科、才识兼茂明于体用科等。对录取者优予官职。

[10] 渭南尉：渭南，县名，在今陕西省。尉，掌典狱和捕盗的官。

[11] 监察御史：职官名，掌内外纠察，并监察祭祀及诸君出使等事。

[12] 起居舍人：皇帝的侍从官，掌记录皇帝言行等事。

[13] 知制诰：职官名，负责代皇帝起草诏令。

[14] 同州：州名，唐辖境相当于今陕西大荔、合阳、韩城、澄城、白水等地。

[15] 陕：陕州，州名。辖境相当于今河南三门峡、陕县、洛宁、渑池、灵宝，

陕西平陆、芮城，山西运城东北部地区。

[16] 移节：转任。汴州：即今河南开封，为河南道采访使治所。

[17] 河南道采访使：唐开元时分天下为十五道。河南道辖境约当今山东、河南两省黄河故道以南，江苏、安徽两省淮河以北地区。采访使为负责举劾道所属州县官吏的官员。

[18] 京兆尹：管理京师的地方长官。

[19] 神武皇帝：指唐玄宗。事戎狄，指与吐蕃等西域邻国开战。

[20] 吐蕃：古代藏族建立的政权，唐时最强盛，屡犯唐边境。悉抹逻、荠布支：二人均为西域少数民族将领。瓜沙：瓜州和沙州，均为古代西域地名。

[21] 王君㚟：当时任河西节度使，因结怨于回纥诸部落首领，被杀。

[22] 河湟：指黄河、湟水两流域的地方。

[23] 御史中丞：御史台长官名，地位仅次于御史大夫，掌监察、执法。

[24] 居延山：其地不详，今内蒙古额济纳旗北境有居延海。按：以上所述事件之时间、地点、人名与史实颇有差异，只可以小说家言视之。

[25] 吏部侍郎：吏部为掌管全国官吏任免、考核、升降、调动等事务的政府机构。侍郎是吏部的副长官。

[26] 户部尚书：户部的长官，掌管全国户口、财赋、度支、出纳等事。

[27] 端州：即今广东肇庆端州区及高要市。

[28] 常侍：即散骑常侍，地位尊贵，多为将相大臣的兼职。

[29] 同中书门下平章事：唐代职官名，为宰相之职。

[30] 萧中令嵩：即萧嵩，曾任中书令。他在开元时被提拔为中书舍人，历宋州刺史、迁尚书左丞。开元十四年，以兵部尚书领朔方节度使。正值吐蕃大将悉抹逻及烛龙莽布支陷瓜州，回纥又杀凉州守将王君㚟，唐玄宗即调迁他任河西节度使判凉州事。他到任后，击溃吐蕃，屡受朝廷封赏，升任中书令。后因与裴光庭不和，坚请辞职。一门荣华，寿进八十。本文所述卢生梦中经历，实与萧嵩相似。裴侍中光庭：即裴光庭，与萧嵩同为当时朝廷重臣。侍中，门下省长官，裴光庭曾任侍中兼吏部尚书。

[31] 献替："献可替否"的简称，意思是进献可行者，废去不可行者，谓对君主进谏，劝善规过。启沃：《书·说命上》："启乃心，沃朕心。"孔颖达疏："当开启心所有，以灌沃我心，欲令以彼所见，教己未知故也。"后因以"启沃"谓竭诚开导、辅佐君王。

[32] 制下狱：皇帝特命监禁罪人的狱所。
[33] 驩州：州名，辖境相当于今越南义安省南部和河静省。
[34] 考功员外：吏部的属官，掌官吏的考课黜陟，兼考察内外百官。
[35] 侍御史：御史台属官。
[36] 太常丞：官名，掌宗庙礼仪，为汉朝九卿之一。至唐代则称太常寺卿。
[37] 万年：唐县名，与长安同为京兆郡治，故城在今陕西临潼东北。
[38] 台铉：指宰相的职位。
[39] 台阁：尚书省官署。
[40] 乞骸骨：封建时代官员年老退休称"乞骸骨"。
[41] 负乘贻寇：即"负乘致寇"，意思是卑贱者背着人家的财务，又坐上大马车显耀，就会招致强盗来抢。后以"负乘致寇"谓居非其位，才不称职，就会招致祸患。典出《易·解》："六三：负且乘，致寇至，贞吝。《象》曰：'负且乘，亦可丑也。自我致戎，又谁咎也。'"孔颖达疏："乘者，君子之器也。负者，小人之事也。施之于人，即在车骑之上而负于物也，故寇盗知其非己所有，于是竟欲夺之。"
[42] 三事：三公，指宰相之位。
[43] 钟漏：钟和刻漏，喻残念。
[44] 待时益尽：益，《广记》作"溢"，是。
[45] 藩翰：《诗·大雅·板》："价人维藩，大师维垣，大邦维屏，大宗维翰。"毛传："藩，屏也；翰，幹也。"后以"藩翰"喻捍卫王室的重臣。
[46] 雍熙：和乐升平。
[47] 纪：十二年为一纪。
[48] 高力士：唐玄宗最宠幸的太监。
[49] 悟：通"寤"，睡醒。

（注释参选鲁迅辑录，程小铭、袁政谦、邱瑞祥译注．唐宋传奇集全译［修订版］．贵阳：贵州人民出版社，2008）

【温故】

● 沈既济

沈既济（约 750—800 年），唐代史学家、小说作家。字号不详。苏州吴（今江苏苏州）人。《元和姓纂》说为吴兴武康人，即今浙江德清县人。既济在青年时期便以"博通群籍，史笔尤工"而闻名，为吏部侍郎杨炎所称赏。建中初（780），推荐既济才堪史任。朝廷召拜左拾遗，史馆修撰。建中二年（781），杨炎以主张改革忤旨得罪，既济遭受牵连，坐贬处州（今浙江丽水）司户参军。后复入朝，终官礼部员外郎。病卒后，追赠太子少保。沈既济撰有历史著作《建中实录》十卷、《选举志》十卷，人称其写得真实，但未见传本。留传于世的是他的传奇小说《任氏传》和《枕中记》，尤以《枕中记》影响深远。

● 传奇小说

唐代文言短篇小说。唐人小说之称为"传奇"，始自晚唐裴铏的《传奇》一书，宋以后遂以之概称唐人小说，其始于唐初，由六朝志怪小说发展演变而来。内容广泛，多以历史、爱情、侠义、神怪故事等为题材；注重于人物性格刻画，情节奇特，描写生动，尤工虚构艺术，富有浪漫色彩，为小说发展开辟了广阔的前景。唐代传奇的产生，标志着我国小说的发展已逐渐趋于成熟。单独的"传奇"一词，因社会和文学的发展而有多种不同的含义，如宋以诸宫调为传奇，元以杂剧为传奇，明代则单指区别于北方杂剧的南戏。因此，一般不孤立使用"传奇"一词，通常称"唐传奇""宋传奇""明传奇"，以示区别。

【知新】

1. 《枕中记》（一名《黄粱梦》）对后世各式文学体裁的主题、内容影响深远。鲁迅在《中国小说的历史的变迁》中说"大历中，先有沈既济做的《枕中记》——这书在社会上很普通，差不多没有人不知道的。"[①] 可见《枕中记》影响之深远。宋初《文苑英华》曾辑入的《枕中记》，在《太平广记》录为"黄粱梦"一语。"黄粱梦"成为后世著名的典故，在文学创作中屡见不鲜，如宋人话本有《黄粱梦》（见《醉翁谈录》）；宋、元南戏中有《吕洞宾黄粱梦》（见徐渭《南词叙录》），均已亡佚；元人杂剧有马致远、李时中、花李郎、红字李二合作的《开坛阐教黄粱梦》；明人汤显祖有《邯郸记》传奇；清代小说《续黄粱》（见蒲松龄《聊斋志异》）等作品，模仿《枕中记》构思的小说、戏剧为数甚多。

2. 与沈既济《枕中记》具有异曲同工之妙的唐传奇小说还有李公佐的《南柯太守传》。两篇作品都借梦境的破灭，对热衷功名利禄、富贵之举予以讽刺。汪辟疆在其校录的《唐人小说》中《枕中记》一文后按："唐时佛道思想，遍播士流，故文学受其感化；篇什尤多。本文于短梦中忽历一生，其间荣悴悲懽，刹

---

① 鲁迅. 中国小说史略. 北京：人民文学出版社，1973：281.

那而尽；转念尘世实境，等类齐观。出世之想，不觉自生。影响所及，逾于庄列矣。惟造意制辞，实本宋刘义庆《幽明录》所记杨林一事；而唐人所记之《樱桃青衣》(《广记》二百八十一引不载出处)与李公佐之《南柯太守记》，皆与此篇命意相同。"① 之后，又在《南柯太守传》一文后按："此文造意制辞，与沈既济《枕中记》，大略相同，皆受道家思想所感化者也。唐时佛道思想，最为普遍。其影响于文学者，随处可见。"②

【切问】
1. 结合文中细节，谈谈作者是如何一步步反思、否定重功名重利禄的世俗价值观的？
2. 结合作者历史时代背景，谈谈这篇作品产生并广为流传的原因。

【近思】
1. 你如何看待作品中提倡的价值观？这种价值观在当下有何积极意义？
2. 除了古代文学作品，在中国近现代文学中是否也有表现与本文类似思想观点的作品？你觉得这种观点依然存在（或消失）的原因是什么？

霍小玉传

蒋 防

大历[1]中，陇西李生名益[2]，年二十，以进士擢第。其明年，拔萃[3]，俟试于天官[4]。夏六月，至长安，舍于新昌里。生门族清华，少有才思，丽词嘉句，时谓无双；先达丈人[5]，翕然推伏[6]。每自矜风调[7]，思得佳偶，博求名妓，久而未谐。长安有媒鲍十一娘者，故薛驸马家青衣[8]也；折券从良[9]，十余年矣。性便辟[10]，巧言语，豪家戚里，无不经过，追风挟策[11]，推为渠帅[12]。当受生诚托厚赂，意颇德之。

经数月，李方闲居舍之南亭。申未间，忽闻叩门甚急，云是鲍十一娘至。摄衣从之，迎问曰："鲍卿今日何故忽然而来？"鲍笑曰："苏姑子[13]作好梦也未？有一仙

---

① 汪辟疆校录. 唐人小说. 上海：上海古籍出版社，1978：39.
② 汪辟疆校录. 唐人小说. 上海：上海古籍出版社，1978：90.

人，谪在下界，不邀财货，但慕风流。如此色目[14]，共十郎相当矣。"生闻之惊跃，神飞体轻，引鲍手且拜且谢曰："一生作奴，死亦不惮。"因问其名居[15]。鲍具说曰："故霍王[16]小女，字小玉，王甚爱之。母曰净持。净持，即王之宠婢也。王之初薨，诸弟兄以其出自贱庶，不甚收录[17]。因分与资财，遣居于外，易姓为郑氏，人亦不知其王女。姿质秾艳，一生未见，高情逸态，事事过人，音乐诗书，无不通解。昨遣某求一好儿郎格调[18]相称者。某具说十郎。他亦知有李十郎名字，非常欢惬。住在胜业坊古寺曲[19]，甫上车门宅是也。已与他作期约。明日午时，但至曲头觅桂子，即得矣。"

鲍既去，生便备行计。遂令家僮秋鸿，于从兄[20]京兆参军尚公处假青骊驹，黄金勒[21]。其夕，生浣衣沐浴，修饰容仪，喜跃交并，通夕不寐。迟明[22]，巾帻[23]，引镜自照，惟惧不谐也。徘徊之间，至于亭午[24]。遂命驾疾驱，直抵胜业。至约之所，果见青衣立候，迎问曰："莫是李十郎否？"即下马，令牵入屋底，急急锁门。见鲍果从内出来，遥笑曰："何等儿郎，造次[25]入此？"生调诮[26]未毕，引入中门。庭间有四樱桃树；西北悬一鹦鹉笼，见生入来，即语曰："有人入来，急下帘者！"生本性雅淡，心犹疑惧，忽见鸟语，愕然不敢进。

逡巡，鲍引净持下阶相迎，延入对坐。年可四十余，绰约[27]多姿，谈笑甚媚。因谓生曰："素闻十郎才调风流，今又见仪容雅秀，名下固无虚士。某有一女子，虽拙教训，颜色不至丑陋，得配君子，颇为相宜。频见鲍十一娘说意旨，今亦便令永奉箕帚[28]。"生谢曰："鄙拙庸愚，不意顾盼[29]，倘垂采录，生死为荣。"遂命酒馔，即令小玉自堂东阁子中而出。生即拜迎。但觉一室之中，若琼林玉树，互相照曜，转盼精彩射人。既而遂坐母侧。母谓曰："汝尝爱念'开帘风动竹，疑是故人来。'[30]即此十郎诗也。尔终日吟想，何如一见。"玉乃低鬟微笑，细语曰："见面不如闻名。才子岂能无貌？"生遂连起拜曰："小娘子爱才，鄙夫重色。两好相映，才貌相兼。"母女相顾而笑，遂举酒数巡。生起，请玉唱歌。初不肯，母固强之。发声清亮，曲度精奇。

酒阑，及暝，鲍引生就西院憩息。闲庭邃宇，帘幕甚华。鲍令侍儿桂子、浣沙与生脱靴解带。须臾，玉至，言叙温和，辞气宛媚。解罗衣之际，态有余妍，低帏昵枕，极其欢爱。生自以为巫山、洛浦[31]不过也。中宵之夜，玉忽流涕观生曰："妾本倡家，自知非匹。今以色爱，托其仁贤。但虑一旦色衰，恩移情替[32]，使女萝无托，秋扇见捐[33]。极欢之际，不觉悲至。"生闻之，不胜感叹，乃引臂替枕，徐谓玉曰："平生志愿，今日获从，粉骨碎身，誓不相舍。夫人何发此言！请以素缣[34]，著之盟约。"玉因收泪，命侍儿樱桃褰幄[35]执烛，授生笔研。玉管弦之暇，雅好诗书，筐箱笔研，皆王家之旧物。遂取绣囊，出越姬乌丝栏[36]素缣三尺以授生。生素多才思，援笔成章，引谕山河，指诚日月，句句恳切，闻之动人。染毕[37]，命藏于宝箧之内。自尔婉娈[38]相得，若翡翠之在云路也[39]。

如此二岁，日夜相从。其后年春，生以书判拔萃登科，授郑县主簿[40]。至四月，将之官，便拜庆[41]于东洛[42]。长安亲戚，多就筵钱。时春物尚余，夏景初丽，酒阑宾散，离思萦怀。玉谓生曰："以君才地名声，人多景慕[43]，愿结婚媾，固亦众矣。况堂有严亲，室无冢妇[44]，君之此去，必就佳姻。盟约之言，徒虚语耳。然妾有短愿，欲辄指陈[45]，永委君心[46]，复能听否？"生惊怪曰："有何罪过，忽发此辞？试说所言，必当敬奉。"玉曰："妾年始十八，君才二十有二，迨君壮室[47]之秋，犹有八岁。一生欢爱，愿毕此期。然后妙选高门，以谐秦晋，亦未为晚。妾便舍弃人事，剪发披缁[48]，夙昔之愿，于此足矣。"生且愧且感，不觉涕流。因谓玉曰："皎日之誓[49]，死生以之，与卿偕老，犹恐未惬素志，岂敢辄有二三[50]。固请不疑，但端居[51]相待。至八月，必当却到[52]华州，寻使奉迎，相见非远。"

更数日，生遂诀别东去。到任旬日，求假往东都觐亲。未至家日，太夫人已与商量表妹卢氏，言约已定。太夫人素严毅，生逡巡不敢辞让，遂就礼谢，便有近期。卢亦甲族也，嫁女于他门，聘财必以百万为约，不满此数，义在不行。生家素贫，事须求贷，便托假故[53]，远投亲知，涉历江淮，自秋及夏。生自以孤[54]负盟约，大愆[55]回期。寂不知闻，欲断其望，遥托亲故，不遣漏言。

玉自生逾期，数访音信。虚词诡说，日日不同。博求师巫，遍询卜筮，怀忧抱恨，周岁有余，羸卧空闺，遂成沉疾。虽生之书题[56]竟绝，而玉之想望不移，赂遗亲知，使通消息。寻求既切，资用屡空，往往私令侍婢潜卖箧中服玩之物，多托于西市寄附铺[57]侯景先家货卖。曾令侍婢浣沙将紫玉钗一只，诣景先家货之。路逢内作[58]老玉工，见浣沙所执，前来认之曰："此钗，吾所作也。昔岁霍王小女将欲上鬟[59]，令我作此，酬我万钱。我尝不忘。汝是何人，从何而得？"浣沙曰："我小娘子，即霍王女也。家事破散，失身于人。夫婿昨向东都，更无消息。悒怏[60]成疾，今欲二年。令我卖此，赂遗于人，使求音信。"玉工凄然下泣曰："贵人男女，失机落节[61]，一至于此。我残年向尽，见此盛衰，不胜伤感。"遂引至延光公主[62]宅，具言前事。公主亦为之悲叹良久，给钱十二万焉。

时生所定卢氏女在长安，生既毕于聘财，还归郑县。其年腊月，又请假入城就亲。潜卜静居[63]，不令人知。有明经[64]崔允明者，生之中表弟也。性甚长厚，昔岁常与生同欢于郑氏之室，杯盘笑语，曾不相间。每得生信，必诚告于玉。玉常以薪刍[65]衣服，资给于崔。崔颇感之。生既至，崔具以诚告玉。玉恨叹曰："天下岂有是事乎！"遍请亲朋，多方召致。生自以愆期负约，又知玉疾候沉绵[66]，惭耻忍割[67]，终不肯往。晨出暮归，欲以回避。玉日夜涕泣，都忘寝食，期一相见，竟无因由。冤愤益深，委顿[68]床枕。

自是长安中稍有知者。风流之士，共感玉之多情；豪侠之伦，皆怒生之薄行[69]。时已三月，人多春游。生与同辈五六人诣崇敬寺玩牡丹花，步于西廊，递吟诗句。有京兆韦夏卿者，生之密友，时亦同行。谓生曰："风光甚丽，草木荣华。伤哉郑卿，衔冤空室！足下终能弃置，实是忍人。丈夫之心，不宜如此。足下宜为思之！"

叹让[70]之际，忽有一豪士，衣轻黄纻衫，挟弓弹，丰神隽美，衣服轻华，唯有一剪头胡雏从后，潜行而听之。俄而前揖生曰："公非李十郎者乎？某族本山东[71]，姻连外戚。虽乏文藻，心尝乐贤。仰公声华，常思觏止[72]。今日幸会，得睹清扬[73]。某之敝居，去此不远，亦有声乐，足以娱情。妖姬八九人，骏马十数匹，唯公所欲。但愿一过。"生之侪辈[74]，共聆斯语，更相叹美。因与豪士策马同行，疾转数坊，遂至胜业。生以近郑之所止，意不欲过，便托事故，欲回马首。豪士曰："敝居咫尺，忍相弃乎？"乃挽挟其马，牵引而行。迁延之间，已及郑曲。生神情恍惚，鞭马欲回。豪士遽命奴仆数人，抱持而进。疾走推入车门，便令锁却，报云："李十郎至也！"一家惊喜，声闻于外。

先此一夕，玉梦黄衫丈夫抱生来，至席，使玉脱鞋。惊寤而告母。因自解曰："鞋者，谐也，夫妇再合。脱者，解也。既合而解，亦当永诀。由此征[75]之，必遂相见，相见之后，当死矣。"凌晨，请母梳妆。母以其久病，心意惑乱，不甚信之。黾勉[76]之间，强为妆梳。妆梳才毕，而生果至。玉沉绵日久，转侧须人。忽闻生来，欻然自起，更衣而出，恍若有神。遂与生相见，含怒凝视，不复有言。羸质娇姿，如不胜致[77]，时复掩袂，返顾李生。感物伤人，坐皆欷歔。

顷之，有酒肴数十盘，自外而来。一座惊视，遽问其故，悉是豪士之所致也。因遂陈设，相就而坐。玉乃侧身转面，斜视生良久，遂举杯酒，酬地[78]曰："我为女子，薄命如斯。君是丈夫，负心若此。韶颜稚齿[79]，饮恨而终。慈母在堂，不能供养。绮罗弦管，从此永休。征痛黄泉，皆君所致。李君李君，今当永诀！我死之后，必为厉鬼，使君妻妾，终日不安！"乃引左手握生臂，掷杯于地，长恸号哭数声而绝。母乃举尸，置于生怀，令唤之，遂不复苏矣。生为之缟素[80]，旦夕哭泣甚哀。将葬之夕，生忽见玉缞帷[81]之中，容貌妍丽，宛若平生。着石榴裙，紫裆裆[82]，红绿帔子[83]。

斜身倚帷，手引绣带，顾谓生曰："愧君相送，尚有余情。幽冥之中，能不感叹？"言毕，遂不复见。明日，葬于长安御宿原[84]。生至墓所，尽哀而返。

　　后月余，就礼于卢氏。伤情感物，郁郁不乐。夏五月，与卢氏偕行，归于郑县。至县旬日，生方与卢氏寝，忽帐外叱叱作声。生惊视之，则见一男子，年可二十余，姿状温美，藏身映幔，连招卢氏。生惶遽走起，绕幔数匝，倐然不见。生自此心怀疑恶，猜忌万端，夫妻之间，无聊生矣。或有亲情，曲相劝喻。生意稍解。后旬日，生复自外归，卢氏方鼓琴于床，忽见自门抛一斑犀钿花合子，方圆一寸余，中有轻绢，作同心结[85]，坠于卢氏怀中。生开而视之，见相思子[86]二，叩头虫一，发杀觜[87]一，驴驹媚[88]少许。生当时愤怒叫吼，声如豺虎，引琴撞击其妻，诘令实吐，卢氏亦终不自明。尔后往往暴加捶楚[89]，备诸毒虐，竟讼于公庭而遣[90]之。卢氏既出[91]，生或侍婢媵妾之属，暂同枕席，便加妒忌。或有因而杀之者。生尝游广陵，得名姬曰营十一娘者，容态润媚，生甚悦之。每相对坐，尝谓营曰："我尝于某处得某姬，犯某事，我以某法杀之。"日日陈说，欲令惧已，以肃清闺门。出则以浴斛[92]覆营于床，周回封署，归必详视，然后乃开。又畜一短剑，甚利，顾谓侍婢曰："此信州葛溪铁[93]，唯断作罪过头！"大凡生所见妇人，辄加猜忌，至于三娶，率皆如初焉。

　　　　　　　　　　　（选自汪辟疆校录．唐人小说．上海：上海古籍出版社，1978）

【注释】

　　[1] 大历：唐代宗李豫年号，公元766—779年。

　　[2] 陇西李生名益：李益，字君虞，陇西姑藏（今甘肃武威）人，中唐诗人。大历四年（769）进士，官至礼部尚书。

　　[3] 拔萃：即参加吏部主持的试判。《旧唐书·选举志》："选未满而试文三篇，谓之宏辞；试判三条，谓之拔萃，中者即授官。"

　　[4] 天官：即吏部。

　　[5] 先达丈人：前贤长辈。

　　[6] 翕然推伏：一致称赞。伏，通"服"。

　　[7] 风调：风度才华。

　　[8] 青衣：婢女。

　　[9] 折券从良：折毁了卖身契，嫁给家世清白的人。

　　[10] 便（pián）辟：善于逢迎谄媚。

　　[11] 追风挟策：原意为挥鞭驱马，这里是指很会说风情做媒人。追风，良马

名。挟策，手拿马鞭。

[12] 渠帅：首领。

[13] 苏姑子：未详，当系媒婆对李益的戏称。

[14] 色目：名目，东西。这里指人（妓女）。

[15] 名居：姓名住址。

[16] 霍王：指李元轨长子绪之孙晖，元轨为高祖李渊第十四子。

[17] 不甚收录：不肯收留。

[18] 格调：品格才调。

[19] 曲：小巷。

[20] 从兄：堂兄。

[21] 勒：马笼头。

[22] 迟明：黎明。

[23] 巾帻：系上包发的头巾。巾，动词。

[24] 亭午：正午。

[25] 造次：冒失。

[26] 调诮：调笑戏谑的话。

[27] 绰约：姿态柔和优美的样子。

[28] 奉箕帚：谦辞，供事洒扫，代指做妻妾之意。

[29] 不意顾盼：没想到被您看上。

[30] 开帘风动竹，疑是故人来：李益《竹窗闻风寄苗发司空曙》诗作"开门复动竹，疑是故人来"。

[31] 巫山、洛浦：指巫山神女和洛神。浦，水边。

[32] 替：变衰。

[33] 秋扇见捐：秋凉时节扇子被弃置。汉班婕妤《团扇歌》云："新裂齐纨素，皎洁如霜雪；裁成合欢扇，团团似明月。出入君怀袖，动摇微风发。常恐秋节至，凉飙夺炎热。弃捐箧笥中，恩情中道绝。"

[34] 素缣（jiān）：白色的细绢。

[35] 褰（qiān）帷：掀起帷帐。

[36] 乌丝栏：绢上所织黑丝格线。

[37] 染毕：写好。

[38] 婉娈（luán）：亲爱。

[39] 若翡翠之在云路：如翡翠鸟在天空比翼双飞。翡翠，青羽雀，雄为翡，雌为翠。

[40] 郑县：唐县名，今陕西省华县。

[41] 拜庆：即"拜家庆"，回乡探双亲。

[42] 东洛：东都洛阳。

[43] 景慕：羡慕。

[44] 冢妇：嫡长子之妻。这里指正妻。

[45] 欲辄指陈：想立即表白。

[46] 永委君心：即永委心于君。

[47] 壮室：即壮年，三十岁。

[48] 剪发披缁：剪去头发穿上缁衣，意即当尼姑。缁（zī），缁衣，黑色衣衲。

[49] 皎日之誓：对着白日所发的誓言。《诗经·大车》："谓予不信，有如皎日。"

[50] 二三：即"二三其德"的省语，语出《诗经·氓》。

[51] 端居：安心起居。

[52] 却到：回到。

[53] 托假故：找借口。

[54] 辜：同"辜"。

[55] 愆：罪恶。

[56] 书题：书信、题咏。

[57] 寄附铺：犹典当行。

[58] 内作：皇家工匠。

[59] 上鬟：指女子成年。十五岁及笄，将垂发挽成双鬟，插上簪钗，也叫上鬟。

[60] 悒怏：忧愁不快。

[61] 失机落节：背运落魄。

[62] 延光公主：唐肃宗李亨的女儿。延光，封号。

[63] 潜卜静居：暗中寻找僻静的居处。

[64] 明经：指唐代科举考试中的明经科出身。明经考经义。

[65] 薪刍（chú）：代指日常零用钱。

[66] 疾候沉绵：症状沉重。

[67] 惭耻忍割：惭愧羞耻，忍心割爱。

[68] 委顿：疲惫衰颓。

[69] 薄行：无行，无情无义。

［70］让：责备。

［71］山东：指华山以东地区。

［72］觏止：相遇。觏（gòu）：通"遘"，遇见。止，词尾语助词。

［73］清扬：《诗经·郑风·野有蔓草》："有美一人，清扬婉兮。"后因以"清扬"形容眉目清秀。此犹"尊容"之意。

［74］侪（chái）辈：同辈，同伴。

［75］征：证，验。

［76］黾（mǐn）勉：勉力人事。

［77］致：情态。

［78］酹地：泼在地上以设誓。

［79］韶颜稚齿：犹言青春年少。韶，美好。

［80］缟（gǎo）素：白色衣服，意即丧服。

［81］繐（suì）帷：灵帐。

［82］褡（kè）裆：古代妇女所穿外袍。

［83］帔（pèi）子：披纱。

［84］御宿原：墓地，在长安城南。

［85］同心结：古人用锦带结为连环回文的形状称为"同心结"。

［86］相思子：即红豆。

［87］发杀觜（zī）：似媚药。

［88］驴驹媚：传说中的一种媚药。

［89］捶楚：棍杖打击。

［90］遣：休弃。

［91］出：妇女违犯封建礼教规定的妇德而被休。

［92］浴斛（hú）：澡盆之类。

［93］信州：治所在今江西上饶。信州葛溪产好铁。

（注释参选周建忠．中国古代文学作品选．南京：南京大学出版社，2012）

【温故】

● 蒋防

蒋防（792—835年），字子徵，又字如城，唐代义兴（今江苏宜兴）人。长庆年间任右补阙、司封员外郎，加知制诰，后贬迁汀州、连州、袁州等地。蒋防幼年时期勤奋好学，长而能诗善文。有文集一卷，赋集一卷。《全唐诗》录存其诗十二首，《全唐文》收录其赋二十篇及杂文六篇。其传奇《霍小玉传》尤为著名，收录于《太平广记》，是唐传奇中的上乘佳作。

● **唐传奇**

唐传奇是指唐代流行的文言小说，作者大多以记、传名篇，以史家笔法，传奇人奇事。其名称起源于中晚唐，自从明代胡应麟《少室山房笔丛》将《莺莺传》《霍小玉传》等小说列入"传奇"，此后"传奇"就成为唐代流行的文言小说的通称。传奇以叙事为主，文体近于野史，中间常穿插诗歌韵语，结尾缀以小段议论，即所谓"文备众体"。它远继神话传说和史传文学，近承魏晋南北朝志怪和志人小说，是一种以史家笔法，记录奇闻逸事的小说体式，唐传奇是古代文言短篇小说文体成熟的标志，中唐时期是唐传奇的兴盛时期。唐传奇大多取材于现实生活，涉及爱情、历史、政治、豪侠、梦幻、神仙等诸多方面。其中，婚姻爱情题材的作品数量最多、成就最高。现存的大部分唐传奇作品都收在宋初李昉等人编的《太平广记》一书中，《文苑英华》《太平御览》《全唐文》等也有收录。

【知新】

唐代科举取士，重视文学，举子考前"行卷"往往选择"文备众体"的传奇，这也促进了唐传奇的繁荣。鲁迅评价唐传奇："小说亦如诗，至唐代而一变，虽尚不离于搜神记逸，然叙述宛转，文辞华艳，与六朝之粗陈梗概者较，演进之迹甚明，而尤显者乃在是时则始有意为小说。"[①] 可以说，唐传奇有意虚构、想象、夸张，是小说作家创作主体意识觉醒的作品。

中唐传奇的压卷之作当属蒋防的《霍小玉传》，明人胡应麟认为这篇作品绰有情致，是唐人最精彩之传奇小说。小说写名门望族出身的陇西新第进士李益与妓女霍小玉的爱情悲剧。李益实有其人，是唐朝与李贺齐名的诗人，唐代宗大历年间进士，当过礼部尚书。作者根据李益生平的某些事实和传闻，加以渲染而写成小说。《霍小玉传》在唐传奇中很有代表性，其中包括唐传奇中的三个典型模式：士妓爱恋情节、豪侠仗义情节、复仇情节，每一情节都是环环相扣，推动故事发展。

小说写了李益与霍小玉的婚姻悲剧，塑造了霍小玉的至情形象。霍小玉爱慕李益的才华，自知出身娼门的自己无法和李益一生相守，无法拥有婚姻之名，于是提出与李益八年欢爱的愿望，八年之后出家为尼，但没有想到，这样的愿望也无法实现。霍小玉的形象深深感动后人，关四平教授评价道："她要以一当十，以八年之期完成常人一生的欢爱，以加大生命密度来胜过别人的生命长度。秦观笔下为人传

---

① 鲁迅. 中国小说史略. 上海：上海古籍出版社，1998：44—45.

诵的名句'两情若是久长时，又岂在朝朝暮暮'所表达的超越思想，早已寓于霍小玉的'短愿'之中，且内涵更为丰富。此后她欲转化为六根清净的空门生活，说明在感情世界里，她的生命已经结束，而将进入另一个与感情绝缘的空灵世界。这体现了霍小玉浪漫的理想化的性格，是她超凡脱俗的高层次追求，闪现出具有超时空的人性美、感情美、理想美的光彩。本篇中霍小玉最耀眼的闪光点应在此。"①

霍小玉的悲剧反映了唐代社会的婚姻真实情况，霍小玉可以说是唐代门阀婚姻的牺牲品。唐代门第观念很强，婚姻攀高门是普遍的社会风气，与豪门世族联姻可以改变许多底层士子的人生命运，因此，在追求功名利禄的过程中，一些士子往往选择高门大户作为联姻对象。

【切问】

1. 你认为李益是一个负心汉吗？霍小玉与李益的爱情为什么不能长久与圆满？请结合当时的时代特点谈谈原因。
2. "黄衫客"是怎样一个人？在小说中有何作用？你能否从唐传奇其他故事中找出同样形象的人？

【近思】

李益抛弃霍小玉后，《霍小玉传》中记载的舆论倾向是"自是长安中稍有知者。风流之士，共感玉之多情；豪侠之伦，皆怒生之薄行"，大家批评李益的薄情。而《莺莺传》中元稹抛弃崔莺莺后，大家认为他是"善补过者"，对他的"始乱终弃"给予了最大限度的宽容和谅解。你认为哪种情况更符合唐代社会的现实呢？它跟今天世人的观点又有何异同？这些异同背后的原因是什么？

剑　侠

王士禛

某中丞巡抚上江。一日，遣吏赍[1]金数三千赴京师，途宿古庙中，肩镪[2]甚固。

---

① 关四平. 唐传奇《霍小玉传》新解. 文学遗产，2005（4）：93.

晨起，已失金所在，而门钥宛然，怪之，归以告中丞。中丞怒，亟责偿官，吏告曰："偿固不敢辞，但事甚疑怪。请予假一月，往踪迹之。愿以妻子为质。"中丞许之。

比至失金处，询访久之，无所见；将归矣，忽于市中遇瞽叟[3]，胸悬一牌云："善决大疑。"漫问之，叟忽曰："君失金多少？"曰："若干。"叟曰："我稍知踪迹，可觅露车乘我，君第随往，冀可得也。"如其言，初行一日，有人烟村落；次日入深山行，不知几百里，无复村疃[4]；至三日，逾亭午，抵一大市镇。叟曰："至矣。君但入，当自得消息。"不得已，第从其言。比入市，则肩摩毂击[5]，万瓦鳞次。忽一人来问曰："君非此间人，奚至此？"告以故，与俱至市口，觅瞽叟，已失所在。

乃与曲折行数街，抵一大宅，如王公之居。历阶及堂，寂无人，戒令少待。顷之，传呼令入，至后堂，堂中惟设一榻，有伟男子科跣[6]坐其上。发长及骭[7]，童子数人，执扇拂左右侍。拜跪讫[8]，男子询来意，具对，男子颐指语童子曰："可将来。"即有少年数辈，扛金至，封识宛然。曰："宁欲得金乎？"吏叩头曰："幸甚，不敢请也。"男子曰："乍来此，且好安息。"即有人引至一院，扃门而去。馈之食，极丰腆。是夜，月明如昼，启后户，视之，见粉壁上累累有物。审视之，皆人耳鼻也。大惊，然无隙可逸[9]去，彷徨达晓。前人忽来传呼，复至后堂，男子科跣坐如初，谓曰："金不可得矣！然当予子一纸书。"辄[10]据案作书，掷之，挥出，前人复导[11]至市口，惝恍疑梦中，急觅路归。

见中丞，历述前事。叱其妄。出书呈之，中丞启缄，忽色变而入。移时，传令吏归舍，释妻子，豁其赔偿。吏大喜过望。久之，乃知书中大略斥中丞贪纵，谓勿责吏偿金，否则某月日夫人夜三更睡觉，发截三寸，宁忘之乎？问之夫人，良然，始知其剑侠也。日照李洗马应廌云。

　　张山来曰：予尝遇中山狼，恨今世无剑侠，一往诉之，读此乃知尚有异人，第不识于我有缘否也。

（选自张潮辑．王根林校点．虞初新志［卷九］．上海：上海古籍出版社，2012）

【注释】

　　[1]赍（jī）：持，携带。

　　[2]扃鐍（jiōngjué）：锁闭门户。

　　[3]瞽（gǔ）叟：失明的老年人。

　　[4]村疃（tuǎn）：村庄。

[5] 肩摩毂击：形容行人车马很多，非常拥挤。

[6] 科跣：科头跣足，不戴帽子赤裸双脚，形容举止随便，无拘无束。

[7] 骭（gàn）：小腿。

[8] 讫：完毕。

[9] 逸：逃跑。

[10] 辄：立即，就。

[11] 导：指引。

（注释参选商务印书馆辞书研究中心编. 古今汉语词典. 北京：商务印书馆，2000）

【温故】

● 王士祯

王士祯（1634—1711年），字子真，一字贻上，号阮亭，又号渔洋山人。新城（今山东桓台）人。顺治十五年（1658）进士，出任扬州推官，后升礼部主事，官至刑部尚书。康熙四十三年（1704）罢官归里。王士祯论诗，以"神韵"为宗，他取司空图所谓"味在酸咸外"，严羽所谓"羚羊挂角，无迹可求"标示旨趣。所谓"神韵"，主要是指诗的意境"以清远为尚"（《池北偶谈》），要求笔调清幽淡雅，富有情趣、风韵和含蓄性。王士祯著作颇丰，有诗选《渔洋精华录》、诗话《渔洋诗话》、文言笔记《池北偶谈》《古夫于亭杂录》《香祖笔记》等。

● 池北偶谈

杂学笔记，王士祯所撰。共编分为四类："谈故"四卷、"谈献"六卷、"谈艺"九卷、"谈异"七卷，共二十六卷，一千二百九十二则。前三类许多记述，颇具参考价值，尤其是"谈艺"一类，篇幅约占全书三分之一，士祯深于诗文，故所记、所评多可观，《四库全书总目提要》称此类为"领异标新，实所独擅，全书精粹，尽在于斯"。前有康熙三十年自序，称所居先人之敝庐，西为小圃，有池，老屋数椽在其北，书数千卷庋置其中，取白居易池北书库之名名之。

【知新】

1. "剑侠"这一称谓出现较晚，最早将"剑"与"侠"相互关联的是韩非子，《韩非子·五蠹》篇说："犯禁者诛，而群侠以私剑养。"[①] 这类"持剑者"多为战国

---

① 田晓娜编. 四库全书精编（子部）. 北京：国际文化出版公司，1996：458.

时期诸侯显僚私养的门客勇士,对剑侠形象的产生有一定的影响。"剑侠"一词的出现始于唐代,至明代有人在《太平广记》"豪侠"类的框架下辑唐宋剑侠小说精品编成《剑侠传》一书,"剑侠"一词首先出现在剑侠小说的书名上;清代著名文人王士祯在《池北偶谈》中直接将"剑侠"作为小说的篇名;晚清至民国初,各种以"剑侠"为书名的白话小说和文言小说集风行世上,广为传播,足见"剑侠"一词在民间的影响力。"剑侠"一词的出现,可见中华民族独特的剑文化与传统的侠文化既区别明显又密不可分,这与中国的剑文化心理以及宗教的发展流传密切相关。

2. "剑侠"这一人物形象充分融合了"剑"与"侠"的文化内涵,囊括了神奇剑术和侠义精神,对其理解各有偏重。明代思想家李贽对"剑侠"这一称谓发表不满的言论,谓"夫万人之敌,其一剑之任耶!彼以剑侠称烈士者,真可谓不识侠者矣……夫剑之有术,亦非真英雄之所愿也"①。而《续剑侠传》的辑录者郑观应却对剑侠的剑术推崇备至,谓"其所致力者各异,其有济于世则未尝异也。余悯宇宙之迍邅,慕仙人之神妙,而剑侠一流,于今为宜,于用为切。苟有其人,何患乎异端,何虑乎强敌!"②两家观点可见剑侠之所以散发独特魅力,与剑的神异和侠的义举之间互为渗透、相得益彰的关系息息相关。

【切问】

1. 文中对剑侠伟男子的描述如"堂中惟设一榻,有伟男子科跣坐其上。发长及骭,童子数人,执扇拂左右侍",虽寥寥数语却栩栩如生,伟男子的形象有何突出特点?你如何理解作者对伟男子人物形象的设计意图?
2. 明人吴琯在《古今逸史·自序》中说道:"剑侠实刺客之余烈,若此之科,不容曲述。至于据事,则事颇区详;酌言,则言殊瑰铄矣。"他认为剑侠就是刺客的继承者,结合原文具体事例,你如何看待剑侠的"义举"?

【近思】

1. 中国的剑侠剑术法力无边、隐形潜踪,凭借其出神入化的本领惩奸伐贪、铲暴除恶;同样,在西方也有与中国剑侠相似的英雄形象——超人。剑侠与超人同样具备超自然的能力,都能运用超凡的技艺自觉履行扶危济困、匡扶正义的神圣职责。所不同的是,剑侠诞生于生产力落后、迷信的封建社会,而超人却来自科技先进、民主文明的现代社会。为什么不同的社会发展阶段,会出现类似

---

② 李贽. 焚书(卷四). 北京:中华书局,1974:538.
③ 王世贞,郑观应编. 剑侠图传全集. 河北:河北人民出版社,1987:184.

的人物形象？

2. 剑侠小说塑造的剑侠形象带着与生俱来的杀戮戾气，营造出的小说氛围也常充斥着血雨腥风，以暴制暴是剑侠扬善惩恶惯有的行为模式。明清以后倡扬"剑术为公"，主张侠义精神和社会行为规范相互协调。这对我们今天倡导民主法制、建设和谐社会有何启示？

地藏王接客

袁　枚

裘南湖者，吾乡沧晓先生之从子也[1]。性狂傲，三中副车不第[2]，发怒，焚黄于伍相国祠[3]，自诉不平。越三日，病；病三日，死。魂出杭州清波门，行水草上，沙沙有声。天淡黄色，不见日光。

前有短红墙，宛然庐舍，就之，乃老妪数人，拥大锅烹物。启之，皆小儿头足，曰："此皆人间堕落僧也，功行未满，偷得人身，故煮之，使在阳世不得长成，即夭亡耳。"裘惊曰："然则妪是鬼耶？"妪笑曰："汝自视以为尚是人耶？若人也，何能到此？"裘大哭，妪笑曰："汝焚黄求死，何哭之为？须知伍相国，吴之忠臣，血食吴越[4]，不管人间禄命事。今来唤汝者，伍公将汝状转牒地藏王[5]，故王来唤汝。"裘曰："地藏王可得见乎？"曰："汝可自书名纸，往西角佛殿投递，见不见未可定。"指前街曰："此卖纸帖所也。"

裘往买帖，见街上喧嚷扰扰，如人间唱台戏初散光景。有冠履者[6]，有科头者[7]，有老者、幼者、男者、女者，亦有生时相识者。招之[8]，绝不相顾，约略皆亡过之人，心愈悲。向前，果有纸店，坐一翁，白衫葛巾，以纸付裘。裘乞笔砚，翁与之。裘书"儒士裘某拜[9]"，翁笑曰："儒字难居[10]，汝当书'某科副榜'，转不惹地藏王呵责。"裘不以为然。

睨壁上有诗笺，题"郑鸿撰书"，兼挂纸钱甚多[11]。裘素轻郑，乃谓翁曰："郑君素无诗名，胡为挂彼诗笺？且此地已在冥间矣，要纸钱何用？"翁曰："郑虽举人，将来名位必显。阴司最势利，故吾挂之，以为光荣。纸钱正是阴间所需，汝当多备，贿地藏王侍卫之人，才肯通报。"裘又不以为然。

径至西角佛殿，果有牛头夜叉辈[12]，约数百人，胸前绣"勇"字补服[13]，向裘狰狞呵叱[14]。裘正窘急间，有抚其肩者，葛巾翁也。曰："此刻可信我言否？阳间有门包[15]，阴间独无门包乎？我已为汝带来。"即代裘将数千贯纳之。"勇"字军人方持帖进。闻东角门訇然开矣[16]，唤裘入。跪阶下，高堂峨峨，望不见王，纱窗内有人声曰："狂生裘某！汝焚牒伍公庙，自称能文，不过作烂八股时文，看高头讲章[17]，全不知古往今来多少事业学问，而自以为能文，何无耻之甚也！贴上自称'儒士'，汝现有祖母年八十余，受冻忍饥，致盲其目，不孝已甚，儒当若是耶！"裘表曰："时文之外[18]，别有学问，某实不知[19]。若祖母受苦，实某妻不贤，非某之罪。"王曰："夫为妻纲[20]，人间一切妇人罪过，阴司判者总先坐夫男[21]，然后再罪妇人。汝既为儒士，如何卸责于妻？汝三中副车，以汝祖父阴德荫庇[22]，并非仗汝之文才也。"

言未毕，忽闻殿外有鸣锣呵邺殿声甚远，内亦撞钟伐鼓应之。一"勇"字军人虎皮冠者报"朱大人到"。王下阁出迎。裘跟跄下殿，伏东厢窃视，乃刑部郎中朱履忠[23]，亦裘戚也。裘愈不平，骂曰："果然阴间势利！我虽读烂时文，毕竟是副榜。朱乃入粟得官[24]，亦不过郎中，何至地藏王亲出迎接哉！""勇"字军人大怒，以杖击其口，一痛而苏[25]。见妻女环哭于前，方知死已二日，因胸中余气未绝，故不入殓[26]。

此后南湖自知命薄，不复下场，又三年卒。

（选自袁枚. 子不语［卷九］. 上海：上海古籍出版社，2012）

【注释】

［1］吾乡：指钱塘，即今杭州，本文作者袁枚是钱塘人。沧晓：胡煦，字沧晓，号紫弦。康熙进士，雍正时官至礼部侍郎，著有《周易函书》《葆璞堂文集》。从子：侄子。

［2］三中副车不第：三次乡试，都只中了副榜，没有考中举人。

［3］黄：指用黄纸缮写的文书。伍相国祠：即伍子胥祠。杭州西湖东南胥山（也称吴山）上有伍公庙。

［4］血食：受祭祀。祭祀用牛羊猪，故称"血食"。

［5］状：状子，禀告事情的文书。转牒地藏王：把裘的文书转交给地藏王。牒，文书。地藏王，佛教菩萨名。

［6］冠履者：指做官和有功名的读书人。封建时代，这些人按等级第品各有特定的服装，平民不得穿用。

［7］科头：指头无所饰。

［8］招：打招呼。

［9］儒士：研究并信仰儒家学说的人。

［10］居：原意为"居住"，此引申为"当得起""配得上"的意思。

［11］纸钱：古代一种迷信用品，用纸做成银钱的形状，认为焚化后，可在阴间使用。

［12］牛头：佛教中阴间鬼卒名，牛头人身。

［13］补服：清代官员罩在蟒袍外面的短褂。

［14］詈（lì）：骂。

［15］门包：送给门房的钱物。

［16］阆然：伸出脑袋的样子。

［17］高头讲章：明清科举考试的八股文，试题都从四书五经中出。当时有种参考书，因讲解文字在书的上端，所以叫"高头讲章"。

［18］时文：流行的文章，即八股文。

［19］某：自称。

［20］夫为妻纲：丈夫是妻子的纲领（领导）。出自《论语·为政》"殷因于夏礼，所损益可知也"何晏集解："马融曰：'所因，谓三纲五常也'"。所谓三纲，君为臣纲，父为子纲，夫为妻纲。

［21］坐：因事判人之罪，均称"坐"。

［22］阴德荫庇：佛教说法。指一个人积了"阴德"，他及他的后代就会受到"荫庇"，即善报。

［23］郎中：官名，从隋代至清代，郎中为中央各部内各司的长官。

［24］入粟得官：向国家交纳粟米而得到爵位或官职。

［25］苏：苏醒。

［26］入殓（liàn）：把死人装进棺材。

（注释参选黄云生．中国历代文言小说精选读本．北京：中国古籍出版社，2010）

【温故】

● 袁枚

袁枚（1716—1797 年），字子才，号简斋，钱塘（今浙江杭州）人。因辞官后定居江宁小仓山随园，世称随园先生，自号仓山叟、随园老人等。乾隆四年（1739）进士，改庶吉士，入翰林院，后外放于江苏溧阳、江宁等地任县令。乾隆十三年（1748）辞官，结束仕宦生涯，隐居随园。袁枚是乾隆时期代表诗人之一，与赵翼、蒋士铨合称"乾隆三大家"；与赵翼、张问陶合称"性灵派三大家"。代表作品《小仓山房诗文集》七十余卷、《随园诗话》《随园随笔》等著作三十余种。笔记小说《子不语》，或作《新齐谐》，正集二十四卷，续集十卷，撰写于晚年。今存有《清代笔记丛刊》和《笔记小说大观》本等。

袁枚生活通脱放浪，个性独立不羁，颇具离经叛道、反叛传统的色彩。他宣扬性情至上，肯定情欲合理，在性与情上，主张即"情"求"性"（《书复性书后》），突出尊情；在言志与言情上，认为"诗言志，言诗之必本乎性情也"（《随园诗话》卷三）。他强调情是其诗论的核心，男女是真情本源。他与沈德潜等人反复辩论，公开为写男女之情的诗歌张目，在当时颇有振聋发聩之效。他还鲜明地表示："郑孔门前不掉头，程朱席上懒勾留"（《遣兴》），认为"宋学有弊，汉学更有弊"（《答惠定宇书》），宋儒偏于心性之说近乎玄虚，而汉儒偏于笺注也多附会，进而质疑"六经"，指出其言未必"皆当""皆醇"，并借庄子之语抨击"六经尽糟粕"（《偶然作》），对虚伪的假道学深恶痛绝，表现出封建社会末期个性解放思想再次苏醒。

● 性灵说

性灵说是中国古代诗论的一种诗歌创作主张，以清代袁枚提倡最力。它与神韵说、格调说、肌理说并为清代前期四大诗歌理论派别。性灵说是对于明代以公安派为代表的"独抒性灵，不拘格套"诗歌理论的继承和发展。它的核心强调创作要直接抒发诗人的心灵，表现真情实感，认为诗歌本质即是表达感情的，是人的情感的自然流露。袁枚所说的"性灵"，包含性情、个性、诗才。性情是诗歌的第一要素，"性情之外本无诗"（《寄怀钱屿纱方伯予告归里》），即是说诗生于性情，性情是诗的本源和灵魂，诗人要"自把新诗写性情"。而这种性情要表现出诗人独特的个性，"作诗不可无我""有人无我，是傀儡也"（《随园诗话》卷七），没有个性，也就丧失了真性情，《续诗品》辟"著我"一品，所谓"字字古有，言言古无"，就是明确提倡创写"有我"之旨。这是性灵说审美价值的核心。然而仅有个性、性情是不够的，还应具备表现这一切的诗才，"诗人无才，不能役典籍运心灵"（《蒋心余杂藏园诗序》）。艺术构思中的灵机与才气、天分与学识要结合并重。这一在"吟咏性情"的基点上构成完整体系的诗歌理论，冲破了传统与时代风尚，对格调模拟复古、肌理考据学问、神韵纤巧修饰、浙派琐屑饾饤给予有力的冲击，是晚期文艺思潮的隔代重兴，为清诗开创了新格局。

●《子不语》

清代笔记小说集。三十四卷。后名《新齐谐》。袁枚撰。书名取自《论语·述而》"子不语怪力乱神",即寓专讲鬼神怪异之事。后改名《新齐谐》的原因是见南北朝时已有《齐谐记》之书名,故用《新齐谐》。全书共收录故事一千零二十五则,内容多为鬼神怪异。后因元人说部之同名失佚,故后人多用《子不语》之名。本书故事多取材自作者亲朋好友口述,也有一些出自官方邸报或公文;部分采自他书。本书以鬼神怪异为躯壳,冲破封建礼教,反对禁欲主义。也揭露了吏治腐败、世风浇薄的社会现实。

本书在创作手法上不事雕琢,叙事自然流畅,章法变化多端,言简而意味隽永。鲁迅在《中国小说史略》中说:"其文屏去雕饰,反近自然,然过于率意,亦多芜秽,自题'戏编',得其实矣。"

【知新】

《聊斋志异》和《子不语》都是描写狐鬼妖魅,但两部作品中鬼狐给人的感受是截然不同的。《聊斋》世界中,狐鬼是充满人情味的;《子不语》中却是幽幽血腥气的。蒲松龄给我们营造的是"情"的世界;袁枚却给读者展示了一个"丑""恶"的世界。法国文学理论家波德莱尔认为:"在自然中人以为丑的东西在艺术中可以变成极美。因为丑恶经过艺术的表现化而为美,带有韵律和节奏的痛苦使精神充满一种平静的快乐,这是艺术的奇妙的特权之一。"在《地藏王接客》中,袁枚借煮小儿头骨反佛理;借地藏王之口反八股;最后,以阴阳对比,控诉阴间最势利,指出佛教虚伪不可信;并且反思了传统道德礼教。他以玩笑、戏谑的口吻,向现实不良风气和传统礼教发出质疑。从这个意义上来说,《子不语》是具有美学价值的,该书同时也是具有反叛精神的文学作品,代表了当时文人的觉醒和反思。

【切问】

1. 在中国佛教中,地藏王是与观音、文殊、普贤一起被尊称为四大菩萨的。他以"地狱不空,誓不成佛;众生渡尽,方登菩提"的宏大誓愿被民众所崇拜。而袁枚却在文中给我们刻画了表里不一、势利的地藏王形象。查找相关资料,结合所学,分析作者如此刻画的深意是什么?他想借此文来反映什么问题?这些社会现象的根源是什么?

2. 地藏王认为,真正的儒士应该是懂孝道、敢于担当的。而裘南湖不仅不孝敬祖母,还推责于其妻。所以,地藏王认为裘担不起儒士之名。列举你所知道的古今中外的真正的儒士的故事,与大家分享。

3. 裘南湖复活后，自知命薄，不复下场，三年后卒。就此发挥自己的想象，以裘南湖复活后，惩治地藏王，向家人转述阴间故事，以及三年阳间生活为内容，改编成小话剧并进行排演。

【近思】

1. 《地藏王接客》中的裘某自认为有学问，好作时文，却对时文之外的东西很少关注，甚至对祖母受冻忍饥"致盲其目"都充耳不闻，被地藏王痛斥后，才开始隐隐觉得"时文之外，别有学问"，可见时文毒瘤之深。早在两千多年前，孟子就提出"尽信书，不如无书"的主张。现如今，像裘某这样死读书、读死书的学者不在少数。结合自己所学所思，就如何做一名真正的读书人谈谈你自己的看法。
2. 楚诗桐说："你不能决定生命的长度，但你可以控制它的宽度。"生命的长度，是我们无法确定的，可是厚度却是由我们自己决定的。结合此题，畅谈一下，你认为什么样的生命才是有价值、有意义的？

黄　英

蒲松龄

马子才，顺天人。世好菊，至才尤甚。闻有佳种，必购之，千里不惮[1]。一日，有金陵客寓其家，自言其中表亲有一二种，为北方所无。马欣动，即刻治装，从客至金陵。客多方为之营求，得两芽[2]，襄藏如宝。归至中途，遇一少年，跨蹇从油碧车[3]，丰姿洒落。渐近与语。少年自言："陶姓。"谈言骚雅。因问马所自来，实告之。少年曰："种无不佳，培溉在人。"因与论艺菊之法。马大悦，问："将何往？"答云："姊厌金陵，欲卜居于河朔耳[4]。"马欣然曰："仆虽固贫，茅庐可以寄榻。不嫌荒陋，无烦他适。"陶趋车前，向姊咨禀。车中人推帘语，乃二十许绝世美人也。顾弟言："屋不厌卑，而院宜得广。"马代诺之，遂与俱归。

第南有荒圃，仅小室三四椽，陶喜，居之。日过北院，为马治菊。菊已枯，拔根再植之，无不活。然家清贫，陶日与马共食饮，而察其家似不举火。马妻吕，亦爱陶姊，不时以升斗馈恤之[5]。陶姊小字黄英，雅善谈，辄过吕所，与共纫绩。陶一日谓马曰："君家固不丰，仆日以口腹累知交，胡可为常。为今计，卖菊亦足谋生。"马素介[6]，闻陶言，甚鄙之，曰："仆以君风流高士，当能安贫；今作是论，则以东篱为市井，有辱黄花矣[7]。"陶笑曰："自食其力不为贪，贩花为业不为俗。人固不可苟求富，然亦不必务求贫也。"马不语，陶起而出。自是，马所弃残枝劣种，陶悉掇拾而去。由此不复就马寝食，招之始一至。未几，菊将开，闻其门嚣喧如市。怪之，过而窥焉，见市人买花者，车载肩负，道相属也[8]。其花皆异种，目所未睹。心厌其贪，欲与绝；而又恨其私秘佳本[9]，遂款其扉，将就诮让。陶出，握手曳入。见荒庭半亩皆菊畦，数椽之外无旷土。刬去者[10]，则折别枝插补之；其蓓蕾在畦者[11]，罔不佳妙；而细认之，尽皆向所拔弃也。陶入屋，出酒馔，设席畦侧，曰："仆贫不能守清戒，连朝幸得微资，颇足供醉。"少间，房中呼"三郎"，陶诺而去。俄献佳肴，烹饪良精。因问："贵姊胡以不字？"答云："时未至。"问："何时？"曰："四十三月。"又诘："何说？"但笑不言。尽欢始散。过宿，又诣之，新插者已盈尺矣。大奇之，苦求其术。陶曰："此固非可言传；且君不以谋生，焉用此？"又数日，门庭略寂，陶乃以蒲席包菊，捆载数车而去。逾岁，春将半，始载南中异卉而归[12]，于都中设花肆[13]，十日尽售，复归艺菊。问之去年买花者，留其根，次年尽变而劣，乃复购于陶。陶由此日富：一年增舍，二年起夏屋[14]。兴作从心，更不谋诸主人。渐而旧日花畦，尽为廊舍。更于墙外买田一区，筑墉四周[15]，悉种菊。至秋，载花去，春尽不归。而马妻病卒。意属黄英，微使人风示之。黄英微笑，意似允许，惟专候陶归而已。

年余，陶竟不至。黄英课仆种菊[16]，一如陶。得金益合商贾[17]，村外治膏田二十顷，甲第益壮[18]。忽有客自东粤来，寄陶生函信，发之，则嘱姊归马。考其寄书之日，即妻死之日；回忆园中之饮，适四十三月也，大奇之。以书示英，请问"致聘何所"。英辞不受采[19]。又以故居陋，欲使就南第居，若赘焉[20]。马不可，择日行亲迎礼。黄英既适马，于间壁开扉通南第[21]，日过课其仆。马耻以妻富，恒嘱黄英作南北籍[22]，以防淆乱。而家所需，黄英辄取诸南第。不半岁，家中触类皆陶家物。马立遣人一一赍还之[23]，戒勿复取。未浃旬[24]，又杂之。凡数更，马不胜烦。黄英笑曰："陈仲子毋乃劳乎[25]？"马惭，不复稽，一切听诸黄英。鸠工庀料[26]，土木大作，马不能禁。经数月，楼舍连亘，两第竟合为一，不分疆界矣。然遵马教，闭门不复业菊，而享用过于世家。马不自安，曰："仆三十年清德，为卿所累。今视息人间[27]，徒依裙带而食[28]，真无一毫丈夫气矣。人皆祝富，我但祝穷耳！"黄英曰："妾非贪鄙；但不少致丰盈，遂令千载下人，谓渊明贫贱骨[29]，百世不能发迹，故聊为我家彭泽解嘲耳。然贫者愿富，为难；富者求贫，固亦甚易。床头金任君挥去之，妾不靳也。"马曰："捐他人之金，抑亦良丑。"英曰："君不愿富，妾亦不能贫也。无已，析君居：清者自清，浊者自浊，何害。"乃于园中筑茅茨[30]，择美婢往侍马。马安之。然过数日，苦念黄英。招之，不肯至；不得已，反就之。隔宿辄至，以为常。黄英笑曰："东食西宿[31]，廉者当不如是。"马亦自笑，无以对，遂复合居如初。会马以事客金陵，适逢菊秋[32]。早过花肆，见肆中盆列甚烦，款朵佳胜，心动，疑类陶制。少间，主人出，果陶也。喜极，具道契阔，遂止宿焉。要之归，陶曰："金陵，吾故土，将婚于是。积有薄资，烦寄吾姊。我岁杪当暂去。"马不听，请之益苦。且曰："家幸充盈，但可坐享，无须复贾。"坐肆中，使仆代论价，廉其直[33]，数日尽售。逼促囊装，赁舟遂北。入门，则姊已除舍，床榻裀褥皆设，若预知弟也归者。陶自归，解装课役，大修亭园，惟日与马共棋酒，更不复结一客。为之择婚，辞不愿。姊遣二婢侍其寝处，居三四年，生一女。

陶饮素豪，从不见其沉醉。有友人曾生，量亦无对。适过马，马使与陶相较饮。二人纵饮甚欢，相得恨晚。自辰以迄四漏[34]，计各尽百壶。曾烂醉如泥，沉睡座间。陶起归寝，出门践菊畦，玉山倾倒[35]，委衣于侧，即地化为菊，高如人；花十余朵，皆大于拳。马骇绝，告黄英。英急往，拔置地上，曰："胡醉至此！"覆以衣，要马俱去，戒勿视。既明而往，则陶卧畦边。马乃悟姊弟菊精也，益敬爱之。而陶自露迹，饮益放，恒自折柬招曾，因与莫逆。值花朝[36]，曾来造访，以两仆舁药浸白酒一坛，约与共尽。坛将竭，二人犹未甚醉。马潜以一瓻续入之，二人又尽之。曾醉已惫，诸仆负之以去。陶卧地，又化为菊。马见惯不惊，如法拔之，守其旁以观其变。久之，叶益憔悴。大惧，始告黄英。英闻骇曰："杀吾弟矣！"奔视之，根株已枯。痛绝，掐其梗，埋盆中，携入闺中，日灌溉之。马悔恨欲绝，甚怨曾。越数日，闻曾已醉死矣。盆中花渐萌[37]，九月既开，短干粉朵，嗅之有酒香，名之"醉陶"，浇以酒则茂。后女长成，嫁于世家。黄英终老，亦无他异。

异史氏曰："青山白云人，遂以醉死[38]，世尽惜之，而未必不自以为快也。植此种于庭中[39]，如见良友，如对丽人，不可不物色之也。"

（选自蒲松龄著，朱其铠主编. 全本新注聊斋志异. 北京：人民文学出版社，1989）

【注释】

[1] 惮（dàn）：怕。

[2] 芽：指幼苗。

[3] 蹇（jiǎn）：跛足，这里指驴子。油碧车：指有青色帷幕的车子。一说疑是"油壁车"之误，即以油涂饰车壁的车子。古代多为妇女所乘。

[4] 河朔：泛指黄河以北地区。

[5] 恤（xù）：周济，体恤。

[6] 素介：素来耿介，含有"清高"的意思。

[7] 则以二句：意谓如果把菊花圃变作市场，把菊花当作商品来买卖，这是对菊花的侮辱。东篱，陶渊明有"采菊东篱下"的诗句，后人因以东篱作为菊圃的代称。黄花，指菊花，古代封建文人认为菊花的品格高洁。

[8] 道相属：路上相连不断。

[9] 佳本：良种。

[10] 劚（zhú）：同"斸"，大锄，引申为挖掘。

[11] 蓓蕾：花蕊，含苞待放的花。

[12] 这句是说，载着南方奇异的花卉回来。

[13] 花肆：花店。

[14] 夏屋：大屋。一本作"厦屋"。

[15] 墉（yōng）：土墙。

[16] 课：督率，考核。

[17] 合商贾：与商人合伙。

[18] 甲第：古时贵族住宅分甲乙第，这里是指大房子。

[19] 采：采礼，指订婚的聘礼。

[20] 赘：入赘，即招女婿。

[21] 间壁：一本作"壁间"。

[22] 作南北籍：把南北两第的财物分别登记在簿册上。

[23] 赍（jī）还：送还。

[24] 浃（jiā）旬：古代以干支纪日，称自甲至癸一周十日为浃日或浃旬。

[25] 陈仲子：战国时齐国著名廉士。其兄陈戴是齐国的大官。据说，他因耻食"不义之食"，与兄分居。一次误吃了人家送与其兄的鹅肉，知道以后，又吐了出来；由于饿得厉害，就爬到井上吃虫蛀过的李子。孟子曾认为陈仲子的行为矫揉造作。这里黄英用来作比，含有讥讽之意。

[26] 鸠工庀料：做好人工和物料的准备。鸠，聚集。庀（pǐ），储备。

[27] 视息：眼睛看，鼻子呼吸。指生存。视息人间犹言"活在世上"。

[28] 依裙带而食：依靠女人吃饭、生活。裙带，指妇女。
[29] 谓渊明句：渊明，晋诗人陶潜的号。陶潜曾为彭泽县令，后辞官归隐，家贫，性爱菊，故云。
[30] 茅茨（cí）：茅屋。茨，芦苇、茅草盖的屋顶。
[31] 东食西宿：比喻兼有两利。《艺文类聚》卷四十引《风俗通》，谓齐人有女，二人求之。东家子丑而富，西家子美而贫。父母疑而不决，问其女。女曰："欲东家食，西家宿。"这里以此故事嘲笑马生既要"清廉"之名，又贪"享受"之实。
[32] 菊秋：菊花盛开的秋天。
[33] 直：通"值"，即价值。
[34] 自辰以迄四漏：从上午辰时直至夜里四更。
[35] 玉山倾倒：《世说新语·容止》曾记载嵇康为人傲然若孤松独立，酒醉时"若玉山之将崩"。后因以"玉山倾倒"形容醉倒。
[36] 花朝：旧俗以农历二月十五日为百花生日，称为"花朝节"，见《梦粱录·二月望》。又，《诚斋诗话》谓东京以二月十二日为花朝；《翰墨记》则以二月二日为花朝节。
[37] 萌：发芽。
[38] 青山白云人二句：《旧唐书·傅奕传》：傅奕生平未曾请医服药。年八十五，常醉酒酣卧。一日，忽然蹶起，自言将死，因自为墓志曰："傅奕，青山白云人也，因酒醉死。"这里借指醉死的陶生。
[39] 此种：指上文所说的"醉陶"菊。种，品种。

（注释参选朱东润．中国历代文学作品选［下编第二册］．上海：上海古籍出版社，2002）

【温故】

● 蒲松龄

　　蒲松龄（1640—1715年），字留仙，一字剑臣，别号柳泉，亦称柳泉居士，明崇祯十三年（1640）生于山东淄川（今淄博淄川区）。蒲氏虽非名门大族，却世代书香。蒲松龄父亲蒲槃，因科举不利，弃儒经商。经明清战乱，家道中落，躬自教子。蒲松龄天资聪慧，勤于攻读，文思敏捷，19岁初应童子试，考中秀才。然此后屡应乡试不中，在缙绅人家坐馆30年，期间读书、教书、著书，72

岁方才援例得岁贡生的科名。他一生位卑家贫，孤介耿直，怀才不遇，转而著述。作品包括《聊斋志异》，诗千余首、词百余阕，文四百余篇，杂著数种，戏三出。其中文言小说《聊斋志异》代表了蒲松龄的文学成就。

●《聊斋志异》

聊斋，是蒲松龄的书斋名；志异，有记录奇异事件的意思。《聊斋志异》简称《聊斋》，俗名《鬼狐传》。《聊斋志异》凡490余篇。蒲松龄用浪漫主义的创作方法，造奇设幻，描绘鬼狐世界，虚构出诡谲瑰丽的故事，来针砭现实，抒发忧愤，或揭露官府黑暗，或鞭挞豪绅为富不仁，或讥讽科场考官昏庸，或嘲谑炎凉世态、浇薄风俗，或赞美爱情自由、婚姻自主，寄托理想追求。

蒲松龄作《聊斋志异》，继承了六朝志怪小说和唐人传奇的传统，因而一书而兼二体，其中有类似六朝志怪体简约记述奇闻异事的作品，也有类似唐人传奇故事委婉、描写细致生动的作品。其中第二类代表《聊斋志异》的文学成就，也是清代文言短篇小说的高峰。《聊斋志异》能够超越以前的志怪传奇小说的根本原因在于将封建迷信意识转化为文学的审美方式，小说中的神仙、狐鬼、花妖、精魅都通过作者的心灵创造，成为人情化的文学审美意象。

【知新】

《聊斋志异》中的花妖狐魅往往具有人情味，它们的性格与行为表现的是一种情志，因而成为一种象征性文学意象。《黄英》将"菊有黄花"作为文学意象来进行创作。小说讲述了"花妖菊精"黄英姐弟俩与士人马子才的交往及婚恋故事。黄英的名字是由"季秋之月，鞠（菊）有黄华"化出。屈原在《离骚》中以"朝饮木兰之坠露兮，夕餐秋菊之落英"来比拟修养自己的高洁品行；陶渊明最爱菊花之淡泊，以"采菊东篱下，悠然见南山""秋菊有佳色，露掇其英。泛此忘忧物，远我遗世情"表明了他不从流俗、不媚世好、卓然独立的高尚人格。此后，菊花成为象征高风亮节、清雅洁身人格的文学意象。

鲁迅先生在《中国小说史略》中说道："明末志怪群书，大抵简略，又多荒怪，诞而不情，《聊斋志异》独于详尽之外，示以平常，使花妖狐魅，多具人情，和易可亲，忘为异类，而又偶见鹘突，知复非人。"[①]《蒲松龄评传》中也评价道："花妖狐鬼不仅多具人情，而且富有诗人气质，以诗句表情达意，有的故事的构成便含有诗歌意蕴，有的景物描写极富诗情画意，再加上叙述语言雅洁隽永，

---

① 鲁迅. 中国小说史略. 上海：上海古籍出版社，1998：147.

《聊斋志异》便呈现出浓淡不同的诗化倾向。"[①]

　　蒲松龄笔下的黄英及其弟陶生都是菊花精,都精于种菊、卖菊,以此致富。这篇小说里读书人马子才和黄英姐弟的人生价值观有明显的分歧,黄英姐弟二人认为"自食其力不为贫,贩花为业不为俗",而马子才则不愿意经商富贵,蒲松龄让马子才在两人的分歧中总处于尴尬不能自处的位置上,体现了他对迂腐的文人的嘲笑,同时,也体现了一种新的价值观。

【切问】

1. 《黄英》中塑造的"花妖"形象具有怎样的"人情"?
2. 为什么姐弟两人一人称"黄英",一人称"陶"?在黄英的"菊花神韵"中寄寓了作者怎样的精神追求?
3. 主人公对"君子固穷"的不同态度是如何反映儒家文化与市民文化观念的冲突的?

【近思】

　　日本学者涩泽荣一在《论语与算盘》一书中提到"士魂商才"型人格[②],认为人要立足社会既要读书治四书五经,有儒士的伦理道德和知识背景;又要有商才,能够"任时而知物""权重轻而取弃之",有商人的心计和能力。"士魂商才"与传统儒家知识分子人格有何不同?你怎样看?

田七郎

蒲松龄

　　武承休,辽阳人[1],喜交游,所与皆知名士。夜梦一人告之曰:"子交游遍海内,皆滥交耳。惟一人可共患难,何反不识?"问:"何人?"曰:"田七郎非与?"醒而异之。诘朝,见所与游,辄问七郎。客或识为东村业猎者。武敬谒诸家,以马箠挝

---

① 袁世硕. 蒲松龄志. 济南:山东人民出版社,2009:5—6.
② [日]涩泽荣一著,李建忠译.《论语与算盘》.武汉:武汉出版社,2009:4.

门。未几，一人出，年二十余，貂目蜂腰[2]，着腻帢[3]，衣皂犊鼻[4]，多白补缀，拱手于额而问所自。武展姓氏；且托途中不快，借庐憩息。问七郎，答曰："我即是也。"遂延客入。见破屋数椽，木岐支壁。入一小室，虎皮狼蜕[5]，悬布楹间，更无机榻可坐。七郎就地设皋比焉[6]。武与语，言词朴质，大悦之。遽贻金作生计，七郎不受。固予之，七郎受以白母。俄顷将还，固辞不受。武强之再四，母龙钟而至[7]，厉色曰："老身止此儿，不欲令事贵客！"武惭而退，归途展转，不解其意。适从人于舍后闻母言，因以告武。先是，七郎持金白母，母曰："我适睹公子，有晦纹[8]，必罹奇祸。闻之：受人知者分人忧，受人恩者急人难。富人报人以财，贫人报人以义。无故而得重赂，不祥，恐将取死报于子矣[9]。"武闻之，深叹母贤，然益倾慕七郎。

翼日，设筵招之，辞不至。武登其堂，坐而索饮。七郎自行酒，陈鹿脯[10]，殊尽情礼。越日，武邀酬之，乃至。款洽甚欢。赠以金，即不受。武托购虎皮，乃受之。归视所蓄，计不足偿，思再猎而后献之。入山三日，无所猎获。会妻病，守视汤药，不遑操业。浃旬[11]，妻淹忽以死。为营斋葬[12]，所受金稍稍耗去。武亲临唁送，礼仪优渥。既葬，负弩山林，益思所以报武，而迄无所得。武探得其故，辄劝勿亟。切望七郎姑一临存[13]，而七郎终以负债为憾，不肯至。武因先索旧藏，以速其来。七郎检视故革，则蠹蚀殃败[14]，毛尽脱，懊丧益甚。武知之，驰行其庭，极意慰解之。又视败革，曰："此亦复佳。仆所欲得，原不以毛。"遂轴鞟出[15]，兼邀同往。七郎不可，乃自归。七郎终以不足报武，裹粮入山[16]，凡数夜，得一虎，全而馈之。武喜，治具，请三日留，七郎辞之坚，武键庭户，使不得出。宾客见七郎朴陋，窃谓公子妄交，而武周旋七郎，殊异诸客。为易新服，却不受；承其寐而潜易之，不得已而受。既去，其子奉媪命，返新衣，索其敝裰[17]。武笑曰："归语老姥，故衣已拆作履衬矣[18]。"自是，七郎日以兔鹿相贻[19]，召之即不复至。武一日诣七郎，值出猎未返。媪出，跨门语曰[20]："再勿引致吾儿[21]，大不怀好意！"武敬礼之，惭而退。

半年许，家人忽白："七郎为争猎豹，殴死人命，捉将官里去。"武大惊，驰视之，已械收在狱。见武无言，但云："此后烦恤老母。"武惨然出，急以重金赂邑宰，又以百金赂仇主。月余无事，释七郎归。母慨然曰："子发肤受之武公子[22]，非老身所得而爱惜者矣。但祝公子终百年无灾患[23]，即儿福。"七郎欲诣谢武，母曰："往则往耳，见武公子勿谢也。小恩可谢，大恩不可谢。"七郎见武，武温言慰藉，七郎唯唯。家人咸怪其疏，武喜其诚笃，益厚遇之。由是恒数日留公子家。馈遗辄受，不复辞，亦不言报。

会武初度[24]，宾从烦多，夜舍屡满[25]。武偕七郎卧斗室中，三仆即床下藉刍藁。二更向尽，诸仆皆睡去，两人犹刺刺语[26]。七郎佩刀挂壁间，忽自腾出匣数寸许[27]，铮铮作响，光闪烁如电。武惊起，七郎亦起，问："床下卧者何人？"武答："皆厮仆。"七郎曰："此中必有恶人。"武问故，七郎曰："此刀购诸异国，杀人未尝濡缕[28]，迄今佩三世矣。决首至千计[29]，尚如新发于硎[30]。见恶人则鸣跃，当去杀人不远矣。公子宜亲君子，远小人，或万一可免。"武颔之。七郎终不乐，辗转床席。武曰："灾祥数耳，何忧之深？"七郎曰："我诸无恐怖，徒以有老母在。"武曰："何遽至此？"七郎曰："无则便佳。"盖床下三人：一为林儿，是老弥子[31]，能得主人欢；一僮仆，年十二三，武所常役者；一李应，最拗拙，每因细事与公子裂眼争，武恒怒之。当夜默念，疑必此人。诘旦，唤至，善言绝令去。武长子绅，娶王氏。一日，武出，留林儿居守。斋中菊花方灿，新妇意翁出，斋庭当寂，自诣摘菊。林儿突出勾戏，妇欲遁，林儿强挟入室。妇啼拒，色变声嘶。绅奔入，林儿始释手逃去。武归闻之，怒觅林儿，竟已不知所之。过二三日，始知其投身某御史家。某官都中，家务皆委决于弟。武以同袍义[32]，致书索林儿，某弟竟置不发。武益恚，质词邑宰[33]。勾牒虽出[34]，而隶不捕，官亦不问。武方愤怒，适七郎至。武曰："君言验矣。"因与告。七郎颜色惨变，终无一语，即径去。武嘱干仆逻察林儿[35]。林儿夜归，为逻者所获，执见武。武掠楚之，林儿语侵武。武叔恒，故长者，恐侄暴怒致祸。劝不如治以官法。武从之，縶赴公庭，而御史家刺书邮至[36]，宰释林儿，付纪纲以去[37]。林儿意益肆，倡言丛众中[38]，诬主人妇与私。武无奈之，忿塞欲死。驰登御史门，俯仰叫骂[39]。里舍慰劝令归。逾夜，忽有家人白："林儿被人脔割[40]，抛尸旷野间。"武惊喜，意稍得伸。俄闻御史家讼其叔侄，遂偕叔赴质。宰不听辨，欲笞恒。武抗声曰："杀人莫须有[41]！至辱詈搢绅，则生实为之，无与叔事。"宰置不闻。武裂眦欲上，群役禁之。操杖隶皆绅家走狗[42]，恒又老耄，箠数未半[43]，奄然已死。宰见武叔垂毙，亦不复究。武号且骂，宰亦若弗闻者。遂异叔归，哀愤无所为计。因思欲得七郎谋，而七郎终不一吊问[44]。窃自念：待伊不薄，何遽如行路人？亦疑杀林儿必七郎。转念：果尔，胡得不谋？于是遣人探索其家，至则肩镡寂然，邻人并不知耗。一日，某弟方在内廨[45]，与宰关说，值晨进薪水[46]，忽一樵人至前，释担抽利刃，直奔之。某惶急，以手格刃[47]，刃落断腕，又一刀，始决其首。宰大惊，窜去。樵人犹张皇四顾。诸役吏急阖署门，操杖疾呼。樵人乃自刭死。纷纷集认，识者知为田七郎也。宰惊定，始出复验，见七郎僵卧血泊中，手犹握刃。方停盖审视，尸忽崛然跃起，竟决宰首，已而复踣。衙官捕其母、子，则亡去已数日矣。武闻七郎死，驰哭尽哀。咸谓其主使七郎。武破产贪缘当路[48]，始得免。七郎尸弃原野月余，禽犬环守之。武取而厚葬之。其子流寓于登[49]，变姓为佟。起行伍，以功至同知将军[50]。归辽，武已八十余，乃指示其父墓焉。

异史氏曰："一钱不轻受，正一饭不敢忘者也[51]。贤哉母乎！七郎者，愤未尽雪，死犹伸之，抑何其神？使荆卿能尔[52]，则千载无遗恨矣。苟有其人，可以补天网之漏[53]。世道茫茫，恨七郎少也[54]。悲夫！"

（选自蒲松龄著，朱其铠主编. 全本新注聊斋志异［上］. 北京：人民文学出版社，2007）

【注释】

[1] 辽阳：清代州名，治所在今辽宁省辽阳市辽阳县。

[2] 貙（chū）：兽名。《尔雅·释兽》："貙似狸。"《注》："今貙虎也，大如狗，文如狸。"

[3] 腻䰄（qià）：满是油污的便帽。䰄，圆形便帽。又，即"腻颜䰄"，见《世说新语·轻诋》。

[4] 皂犊鼻：黑色遮膝围裙。犊鼻，即"犊鼻裈"，围裙。

[5] 狼蜕：狼皮。蜕，蝉、蛇之类的脱皮，这里指兽皮。

[6] 皋比：虎皮。《左传·庄公十年》："公子偃……自雩门窃出，蒙皋比而先犯之。"《注》："皋比，虎皮也。"

[7] 龙钟：形容衰老、行动不便。

[8] 晦纹：主有晦气的纹理；此为旧时相者之言，晦，晦气，倒霉。

[9] 死报：以死相报。

[10] 脯：干肉。

[11] 浃旬：过了十天。浃，周匝，圆满。旬，十天。

[12] 斋葬：祭祀与葬埋。斋，斋祭。

[13] 临存：看望。

[14] 殃败：败坏。殃，败也，见《广雅·释诂》。

[15] 轴鞟（kuò）：卷起皮革。鞟，去毛的兽皮。

[16] 裹粮：携带干粮。

[17] 敝褚：破衣。

[18] 履衬：做鞋用的衬褙。

[19] 贻：赠送。

[20] 踦门：犹"踦闾"，两人倚门对语。《公羊传·成公二年》："相与踦闾而

语。"何休《注》:"间,当道门。闭一扇,开一扇,一人在外,一人在内,曰踦闾。"

[21] 引致:招引。

[22] 发肤受之武公子:犹言武公子为再生父母。发肤,代指身体。《孝经·开宗明义章》:"身体发肤,受之父母。"

[23] 终百年:犹言终生。

[24] 初度:生日。《离骚》:"皇览揆余于初度兮。"

[25] 夜舍屦(jù)满:留客过夜的馆舍,住满了人。夜舍,馆舍、客舍。屦,履,汉以前称屦。古代席地而坐,宾客入室脱鞋就席。屦满,犹客满。

[26] 剌剌:话多不停。

[27] 匣:此指刀鞘。

[28] 未尝濡缕:意谓刀过头落,血尚不及沾衣。《史记·刺客列传》谓荆轲所用匕首,"以试人,血濡缕,人无不立死者"。濡缕,沾湿衣服。

[29] 决首:斩首。

[30] 新发于硎(xíng):新从磨石上磨过。语出《庄子·养生主》。硎,磨刀石。

[31] 老弥子:指久受宠爱的娈童。弥子,春秋时卫灵公的幸臣弥子瑕。他曾假托君命,驾灵公车外出,又曾把自己吃过的桃子给灵公品尝。灵公不但不予责怪,反而更加宠信。见《韩非子·说难》。

[32] 同袍义:同事的情谊。《诗·秦风·无衣》:"岂曰无衣,与子同袍。"袍,长衣,类似后来的斗篷,军人行军时,日以当衣,夜以当被。义,情谊。

[33] 质词邑宰:具状请县令审理。质,评断。

[34] 勾牒:拘捕犯人的公文。

[35] 干仆:干练的仆人。

[36] 刺书:书信。《释名·释书契》:"书曰刺,书以笔刺纸简之上也。"

[37] 纪纲:管家;奴仆之管领者。语出《左传·僖公二十四年》。

[38] 倡言:扬言。丛众:人群。

[39] 俯仰:意谓指天划地。

[40] 脔(luán)割:碎割。脔,割成肉块。

[41] 杀人莫须有:意谓说我杀人,这是诬陷。南宋秦桧陷害岳飞,狱成,韩世忠不平,质问秦桧。桧曰:"飞子云与张宪书虽不明,其事莫须有。"世忠怫然曰:"相公,莫须有三字何以服天下乎?"见《建炎以来系年要录·绍兴

十一年》。莫须有，两可之言。俞正燮《癸巳存稿·岳武穆狱论》："莫须有者，莫、一言也，须有、一言也；桧迟疑之，又言有之。世忠截其语而合之，以诋桧之妄。"

［42］操杖隶：执行杖刑的衙役。

［43］籤数：指杖刑的杖数。封建官衙施杖刑时，审讯者确定杖数后，从公案签筒中抽籤掷地，施刑者按照吩咐的数目施刑。

［44］吊问：慰问。

［45］内廨（xiè）：官署的内舍。廨，官署房舍的通称。

［46］薪水：柴草和水。

［47］格：拒；抵挡。

［48］夤（yín）缘当路：通过关系，贿赂当权者。

［49］登：登州，明清时为府，府治在今山东省牟平县，后迁至蓬莱县。

［50］同知将军：犹言副将军。同知，佐贰官秩。

［51］一饭不敢忘：汉代韩信，少年贫困，曾钓鱼于淮阴城下，接受漂母赠食。后来，韩信为楚王，不忘一饭之德，酬谢漂母千金。见《史记·淮阴侯列传》。

［52］荆卿：指荆轲。荆轲曾奉燕太子丹之命刺秦王，不中，被秦王所杀。见《史记·刺客列传》。

［53］苟有其人二句：意谓如果多有几位像田七郎这样的人物，将可以弥补天道惩恶的疏漏。天网，上天设置的罗网，喻天道的制裁；语出《老子》："天网恢恢，疏而不失。"

［54］世道茫茫二句：意谓社会黑暗，只恨像田七郎这样的人太少。茫茫，昏暗不明。

（注释参选蒲松龄著，朱其铠主编. 全本新注聊斋志异［上］. 北京：人民文学出版社，2007）

【知新】

鲁迅在所著《中国小说史略》的第二十二篇《清之拟晋唐小说及其支流》中评价《聊斋志异》："《聊斋志异》虽亦如当时同类之书，不外记神仙狐鬼精魅故事，然描写委曲，叙次井然，用传奇法，而以志怪，变幻之状，如在目前；又或易调改弦,别叙畸人异行,出于幻域,顿入人间;偶述琐闻,亦多简洁,故读者耳目,为之一新。"①

【切问】

1. 武承休对田七郎是有意接近、施恩求报,还是真心结交、乐善好施?田七郎是报恩重义、舍己为人,还是实属无奈、被迫报恩?请谈一谈你对武承休和田七郎的看法。
2. 清人何守奇评点此篇时说:"如读刺客传。"他所说的刺客传,指的是司马迁《史记》中的《刺客列传》。请读司马迁《刺客列传》,谈谈为什么何守奇会这样说。

【近思】

1. 作者在文中结尾感叹:"一钱不轻受,正一饭不敢忘者也。贤哉母乎!七郎者,愤未尽雪,死犹伸之,抑何其神?使荆卿能尔,则千载无遗恨矣。苟有其人,可以补天网之漏,世道茫茫,恨七郎少也。悲夫!"请结合课文及当时的社会背景,谈一谈作者为何发出这样的感叹;同时,联系今天的生活,谈谈你自己对这一观点的看法。
2. 请结合现实生活,谈谈你是如何看待"大恩不言谢""知恩图报""受人滴水之恩,必将涌泉相报"这些中国传统道德准则的。

范进中举(节选)

吴敬梓

范进进学回家,母亲、妻子俱各欢喜。正待烧锅做饭,只见他丈人胡屠户,手里拿着一副大肠和一瓶酒,走了进来。范进向他作揖,坐下。胡屠户道:"我自倒运,把个女儿嫁与你这现世宝,历年以来,不知累了我多少。如今不知因我积了甚么德,

---

① 鲁迅. 中国小说史略. 北京:人民文学出版社,2006:214.

带挈你中了个相公，我所以带个酒来贺你。"范进唯唯连声，叫浑家把肠子煮了，烫起酒来，在茅草棚下坐着。母亲自和媳妇在厨下做饭。胡屠户又吩咐女婿道："你如今既中了相公，凡事要立起个体统来。比如我这行事里，都是些正经有脸面的人，又是你的长亲，你怎敢在我们跟前装大？若是家门口这些做田的，扒粪的，不过是平头百姓，你若同他拱手作揖，平起平坐，这就是坏了学校规矩，连我脸上都无光了。你是个烂忠厚没用的人，所以这些话我不得不教导你，免得惹人笑话。"范进道："岳父见教的是。"胡屠户又道："亲家母也来这里坐着吃饭。老人家每日小菜饭，想也难过。我女孩儿也吃些。自从进了你家门，这十几年，不知猪油可曾吃过两三回哩！可怜！可怜！"说罢，婆媳两个都来坐着吃了饭。吃到日西时分，胡屠户吃的醺醺的。这里母子两个，千恩万谢。屠户横披了衣服，腆着肚子去了。次日，范进少不得拜拜乡邻。魏好古又约了一班同案的朋友，彼此来往。因是乡试年，做了几个文会。不觉到了六月尽间，这些同案的人约范进去乡试。范进因没有盘费，走去同丈人商议，被胡屠户一口啐在脸上，骂了一个狗血喷头，道："不要失了你的时了！你自己只觉得中了一个相公，就'癞蛤蟆想吃起天鹅肉'来！我听见人说，就是中相公时，也不是你的文章，还是宗师看见你老，不过意，舍与你的。如今痴心就想中起老爷来！这些中老爷的都是天上的'文曲星'！你不看见城里张府上那些老爷，都有万贯家私，一个个方面大耳？像你这尖嘴猴腮，也该撒泡尿自己照照！不三不四，就想天鹅屁吃！趁早收了这心，明年在我们行事里替你寻一个馆，每年寻几两银子，养活你那老不死的老娘和你老婆是正经！你问我借盘缠，我一天杀一个猪还赚不得钱把银子，都把与你去丢在水里，叫我一家老小嗑西北风！"

一顿夹七夹八，骂的范进摸不着门。辞了丈人回来，自心里想："宗师说我火候已到，自古无场外的举人，如不进去考他一考，如何甘心？"因向几个同案商议，瞒着丈人，到城里乡试。出了场，即便回家。家里已是饿了两三天。被胡屠户知道，又骂了一顿。

到出榜那日，家里没有早饭的米，母亲吩咐范进道："我有一只生蛋的母鸡，你快拿集上去卖了，买几升米来煮餐粥吃，我已是饿的两眼都看不见了。"范进慌忙抱了鸡，走出门去。才去不到两个时辰，只听得一片声的锣响，三匹马闯将来。那三个人下了马，把马拴在茅草棚上，一片声叫道："快请范老爷出来，恭喜高中了！"母亲不知是甚事，吓得躲在屋里；听见中了，方敢伸出头来，说道："诸位请坐，小儿方才出去了。"那些报录人道："原来是老太太。"大家簇拥着要喜钱。正在吵闹，又是几匹马，二报、三报到了，挤了一屋的人，茅草棚地下都坐满了。邻居都来了，挤着看。老太太没奈何，只得央及一个邻居去寻他儿子。

那邻居飞奔到集上，一地里寻不见；直寻到集东头，见范进抱着鸡，手里插个草标，一步一踱的，东张西望，在那里寻人买。邻居道："范相公，快些回去！恭喜你中了举人，报喜人挤了一屋里。"范进当是哄他，只装不听见，低着头往前走。邻居见他不理，走上来，就要夺他手里的鸡。范进道："你夺我的鸡怎的？你又不买。"邻居道："你中了举了，叫你家去打发报子哩。"范进道："高邻，你晓得我今日没有米，要卖这鸡去救命，为甚么拿这话来混我？我又不同你顽，你自回去罢，莫误了我卖鸡。"邻居见他不信，劈手把鸡夺了，掼在地下，一把拉了回来。报录人见了道："好了，新贵人回来了。"正要拥着他说话，范进三两步走进屋里来，见中间报帖已经升挂起来，上写道："捷报贵府老爷范讳高中广东乡试第七名亚元。京报连登黄甲。"

范进不看便罢，看了一遍，又念一遍，自己把两手拍了一下，笑了一声，道："噫！好了！我中了！"说着，往后一跤跌倒，牙关咬紧，不省人事。老太太慌了，慌将几口开水灌了过来。他爬将起来，又拍着手大笑道："噫！好！我中了！"笑着，不由分说，就往门外飞跑，把报录人和邻居都吓了一跳。走出大门不多路，一脚踹在塘里，挣起来，头发都跌散了，两手黄泥，淋淋漓漓一身的水。众人拉他不住，拍着笑着，一直走到集上去了。众人大眼望小眼，一齐道："原来新贵人欢喜疯了。"老太太哭道："怎生这样苦命的事！中了一个甚么举人，就得了这个拙病！这一疯了，几时才得好？"娘子胡氏道："早上好好出去，怎的就得了这样的病！却是如何是好？"众邻居劝道："老太太不要心慌。我们而今且派两个人跟定了范老爷。这里众人家里拿些鸡蛋酒米，且管待了报子上的老爹们，再为商酌。"

当下众邻居有拿鸡蛋来的，有拿白酒来的，也有背了斗米来的，也有捉两只鸡来的。娘子哭哭啼啼，在厨下收拾齐了，拿在草棚下。邻居又搬些桌凳，请报录的坐着吃酒，商议他这疯了，如何是好。报录的内中有一个人道："在下倒有一个主意，不知可以行得行不得？"众人问："如何主意？"那人道："范老爷平日可有最怕的人？他只因欢喜狠了，痰涌上来，迷了心窍。如今只消他怕的这个人来打他一个嘴巴，说：'这报录的话都是哄你，你并不曾中。'他吃这一吓，把痰吐了出来，就明白了。"众邻都拍手道："这个主意好得紧，妙得紧！范老爷怕的，莫过于肉案子上胡老爹。好了！快寻胡老爹来。他想是还不知道，在集上卖肉哩。"又一个人道："在集上卖肉，他倒好知道了；他从五更鼓就往东头集上迎猪，还不曾回来。快些迎着去寻他。"

一个人飞奔去迎，走到半路，遇着胡屠户来，后面跟着一个烧汤的二汉，提着七八斤肉，四五千钱，正来贺喜。进门见了老太太，老太太大哭着告诉了一番。胡屠户诧异道："难道这等没福？"外边人一片声请胡老爹说话。胡屠户把肉和钱交与女儿，走了出来。众人如此这般，同他商议。胡屠户作难道："虽然是我女婿，如今却做了老爷，就是天上的星宿。天上的星宿是打不得的！我听得斋公们说：打了天上的星宿，阎王就要拿去打一百铁棍，发在十八层地狱，永不得翻身。我却是不敢做这样的事！"邻居内一个尖酸人说道："罢么！胡老爹，你每日杀猪的营生，白刀子进去，红刀子出来，阎王也不知叫判官在簿子上记了你几千条铁棍；就是添上这一百棍，也打甚么要紧？只恐把铁棍子打完了，也算不到这笔帐上来。或者你救好了女婿的病，阎王叙功，从地狱里把你提上第十七层来，也不可知。"报录的人道："不要只管讲笑话。胡老爹，这个事须是这般，你没奈何，权变一权变。"屠户被众人局不过，只得连斟两碗酒喝了，壮一壮胆，把方才这些小心收起，将平日的凶恶样子拿出来，卷一卷那油晃晃的衣袖，走上集去。众邻居五六个都跟着走。老太太赶出来叫道："亲家，你只可吓他一吓，却不要把他打伤了！"众邻居道："这自然，何消吩咐。"说着，一直去了。

来到集上，见范进正在一个庙门口站着，散着头发，满脸污泥，鞋都跑掉了一只，兀自拍着掌，口里叫道："中了！中了！"胡屠户凶神似的走到跟前，说道："该死的畜生！你中了甚么？"一个嘴巴打将去。众人和邻居见这模样，忍不住的笑。不想胡屠户虽然大着胆子打了一下，心里到底还是怕的，那手早颤起来，不敢打到第二下。范进因这一个嘴巴，却也打晕了，昏倒于地。众邻居一齐上前，替他抹胸口，捶背心，舞了半日，渐渐喘息过来，眼睛明亮，不疯了。众人扶起，借庙门口一个外科郎中的板凳上坐着。胡屠户站在一边，不觉那只手隐隐的疼将起来；自己看时，把个巴掌仰着，再也弯不过来。自己心里懊恼道："果然天上'文曲星'是打不得的，而今菩萨计较起来了。"想一想，更疼的狠了，连忙问郎中讨了个膏药贴着。

范进看了众人，说道："我怎么坐在这里？"又道："我这半日，昏昏沉沉，如在梦里一般。"众邻居道："老爷，恭喜高中了。适才欢喜的有些引动了痰，方才吐出几口痰来，好了。快请回家去打发报录人。"范进说道："是了。我也记得是中的第七名。"范进一面自绾了头发，一面问郎中借了一盆水洗洗脸。一个邻居早把那一只鞋寻了来，替他穿上。见丈人在跟前，恐怕又要来骂。胡屠户上前道："贤婿老爷，方才不是我敢大胆，是你老太太的主意，央我来劝你的。"邻居内一个人道："胡老爹方才这个嘴巴打的亲切，少顷范老爷洗脸，还要洗下半盆猪油来！"又一个道："老爹，你这手明日杀不得猪了。"胡屠户道："我那里还杀猪！有我这贤婿，还怕后半世靠不着也怎的？我每常说，我的这个贤婿，才学又高，品貌又好，就是城里头那张府、周府这些老爷，也没有我女婿这样一个体面的相貌。你们不知道，得罪你们说，我小老这一双眼睛，却是认得人的。想着先年，我小女在家里长到三十多岁，多少有钱的富户要和我结亲，我自己觉得女儿像有些福气的，毕竟要嫁与个老爷，今日果然不错！"说罢，哈哈大笑。众人都笑起来。看着范进洗了脸，郎中又拿茶来吃了，一同回家。范举人先走，屠户和邻居跟在后面。屠户见女婿衣裳后襟滚皱了许多，一路低着头替他扯了几十回。

到了家门，屠户高声叫道："老爷回府了！"老太太迎着出来，见儿子不疯，喜从天降。众人问报录的，已是家里把屠户送来的几千钱打发他们去了。范进拜了母亲，也拜谢丈人。胡屠户再三不安道："些须几个钱，不够你赏人。"范进又谢了邻居。正待坐下，早看见一个体面的管家，手里拿着一个大红全帖，飞跑了进来："张老爷来拜新中的范老爷。"说毕，轿子已是到了门口。胡屠户忙躲进女儿房里，不敢出来。邻居各自散了。

范进迎了出去，只见那张乡绅下了轿进来，头戴纱帽，身穿葵花色圆领，金带、皂靴。他是举人出身，做过一任知县的，别号静斋，同范进让了进来，到堂屋内平磕了头，分宾主坐下。张乡绅先攀谈道："世先生同在桑梓，一向有失亲近。"范进道："晚生久仰老先生，只是无缘，不曾拜会。"张乡绅道："适才看见题名录，贵房师高要县汤公，就是先祖的门生，我和你是亲切的世弟兄。"范进道："晚生侥幸，实是有愧。却幸得出老先生门下，可为欣喜。"张乡绅四面将眼睛望了一望，说道："世先生果是清贫。"随在跟的家人手里拿过一封银子来，说道："弟却也无以为敬，谨具贺仪五十两，世先生权且收着。这华居其实住不得，将来当事拜往，俱不甚便。弟有空房一所，就在东门大街上，三进三间，虽不轩敞，也还干净，就送与世先生；搬到那里去住，早晚也好请教些。"范进再三推辞，张乡绅急了，道："你我年谊世好，就如至亲骨肉一般；若要如此，就是见外了。"范进方才把银子收下，作揖谢了。又说了一会，打躬作别。胡屠户直等他上了轿，才敢走出堂屋来。

范进即将这银子交与浑家打开看，一封一封雪白的细丝锭子，即便包了两锭，叫胡屠户进来，递与他道："方才费老爹的心，拿了五千钱来。这六两多银子，老爹拿了去。"屠户把银子攥在手里紧紧的，把拳头伸过来，道："这个，你且收着。我原是贺你的，怎好又拿了回去？"范进道："眼见得我这里还有这几两银子，若用完了，再来问老爹讨来用。"屠户连忙把拳头缩了回去，往腰里揣，口里说道："也罢，你而今相与了这个张老爷,何愁没有银子用?他家里的银子,说起来比皇帝家还多些哩!他家就是我卖肉的主顾,一年就是无事,肉也要用四五千斤,银子何足为奇!"又转回头来望着女儿,说道:"我早上拿了钱来,你那该死行瘟的兄弟还不肯,我说:'姑老爷今非昔比,少不得有人把银子送上门来给他用,只怕姑老爷还不稀罕。'今日果不其然!如今拿了银子家去,骂这死砍头短命的奴才!"说了一会,千恩万谢,低着头,笑迷迷的去了。

（选自吴敬梓. 儒林外史. 上海：上海古籍出版社，2012）

【温故】

● 吴敬梓

吴敬梓（1701—1754年），字敏轩，一字文木，中年移居秦淮后自称秦淮寓客，安徽全椒人，出身于官僚地主家庭，祖辈显达，家门鼎盛。父亲吴霖起（或说是嗣父）去世后，家势日趋衰落。54岁时，结束了穷愁潦倒的一生。《儒林外史》之外，他留下四卷本的《文本山房集》，集外三十多篇诗文，以及《文本山房诗说》。已佚的有十二卷本的《文本山房集》和尚未成书的《史汉纪疑》。

● 清代科举制

在作者生活的那个时代，一个读书人要想通过科举考试谋求功名富贵，首先得参加知县主持的县试和知府主持的府试，通过以后取得童生资格，这才能依次参加科举制度规定的三级考试。每省学院（又称学道、学政、学台）主持的院试及格后为秀才（生员）。秀才不能做官，因而不能称"老爷"，只能称作"相公"。秀才身份虽不高，但却有了参加乡试的资格。乡试三年一次，通过之后为举人，这才具备了做官的资格，所以对举人可以称为"老爷"。举人要做官，也须经过一定的考选，所授官职也不高。若想尽快求得高官显职，则须再参加三年一次的会试（殿试），及格后为进士。这就是科举考试的顶点，获得进士资格就可以出仕了。

【知新】

鲁迅在所著《中国小说史略》的第二十三篇《清之讽刺小说》中专论了《儒林外史》。他评价道："迨吴敬梓《儒林外史》出，乃秉持公心，指摘时弊，机锋所向，尤在士林；其文又戚而能谐，婉而多讽：于是说部中乃始有足称讽刺之书。""吴敬梓著作皆奇数，故《儒林外史》亦一例，为五十五回；其成殆在雍正末，著者方侨居于金陵也。时距明亡未百年，士流盖尚有明季遗风，制艺而外，百不经意，但为矫饰，云希圣贤。敬梓之所描写者即是此曹，既多据自所闻见，而笔又足以达之，故能烛幽索隐，物无遁形，凡官师，儒者，名士，山人，间亦有市井细民，皆现身纸上，声态并作，使彼世相，如在目前，惟全书无主干，仅驱使各种人物，行列而来，事与其来俱起，亦与其去俱讫，虽云长篇，颇同短制；但如集诸碎锦，合为帖子，虽非巨幅，而时见珍异，因亦娱心，使人刮目矣。"①

　　胡适则评论本书："国家天天挂着孔孟的招牌，其实不许人'说孔孟的话'，也不要人实行孔孟的教训，只要人念八股文，做试帖诗；其余的'文行出处'都可以不讲究，讲究了又'那个给你官做'？不给你官做，便是专制君主困死人才的唯一妙法。要想抵制这种恶毒的牢笼，只有一个法子：就是提倡一种新社会心理，叫人知道举业的丑态，知道官的丑态；叫人觉得'人'比'官'格外可贵，学问比八股文格外可贵，人格比富贵格外可贵。社会上养成了这种心理，就不怕皇帝'不给你官做'的毒手段了。"② 同时他在《五十年来之中国文学》中认为后来的晚清谴责小说，如《二十年目睹之怪现状》《官场现形记》《老残游记》《孽海花》，以及《海上花列传》，都是继承《儒林外史》的余绪。

【切问】

1. 鲁迅曾称作者"其文戚而能谐，婉而多讽"。结合文中作者对范进的描写，你认为作者对范进这一人物的态度是怎样的？
2. 在范进中举这一故事中，主角自然是范进，但是作者在范进身上着墨不多，却腾出大量篇幅来写胡屠户这一配角，这是为什么？

【近思】

1. 科举制从隋代开始设立，到1905年取缔，中间经历了1300多年，对中国的文化、教育、政治等各方面产生了巨大影响。我们应该如何客观看待科举制度？如今，考试制度依然是中国选拔人才的主要制度。请谈谈科举制的历史经验教训对当今考试制度有何启示。
2. 著名小说家张天翼在20世纪40年代说到《儒林外史》里的人物，"只要一记起他们，就不免联想到我自己所处的世界，联想到我的一些熟人……似乎觉得他们是我同时代的人。后来越想越糊涂，简直搞不清他们是书中的人物，还是我自己的亲戚朋友了"。请你结合《范进中举》这一篇的人物形象，谈谈对这段话的理解。

---

① 鲁迅. 中国小说史略. 北京：人民文学出版社，2006：226—227.
② 胡适，欧阳哲生主编. 胡适文集（2）. 北京：北京大学出版社，1998：593.

红楼梦（节选）

曹雪芹

第五十五回　辱亲女愚妾争闲气　欺幼主刁奴蓄险心

且说元宵已过，只因当今以孝治天下，目下宫中有一位太妃欠安，故各嫔妃皆为之减膳谢妆，不独不能省亲，亦且将宴乐俱免。故荣府今岁元宵亦无灯谜之集。

刚将年事忙过，凤姐儿便小月[1]了，在家一月，不能理事，天天两三个太医用药。凤姐儿自恃强壮，虽不出门，然筹画计算，想起什么事来，便命平儿去回王夫人，任人谏劝，他只不听。王夫人便觉失了膀臂，一人能有许多的精神？凡有了大事，自己主张；将家中琐碎之事，一应都暂令李纨协理。李纨是个尚德不尚才的，未免逞纵了下人。王夫人便命探春合同李纨裁处，只说过了一月，凤姐将息好了，仍交与他。

谁知凤姐禀赋气血不足，兼年幼不知保养，平生争强斗智，心力更亏，故虽系小月，竟着实亏虚下来，一月之后，复添了下红之症。他虽不肯说出来，众人看他面目黄瘦，便知失于调养。王夫人只令他好生服药调养，不令他操心。他自己也怕成了大症，遗笑于人，便想偷空调养，恨不得一时复旧如常。谁知一直服药调养到八九月间，才渐渐的起复过来，下红也渐渐止了。此是后话。

如今且说目今王夫人见他如此，探春与李纨暂难谢事，园中人多，又恐失于照管，因又特请了宝钗来，托他各处小心："老婆子们不中用，得空儿吃酒斗牌，白日里睡觉，夜里斗牌，我都知道的。凤丫头在外头，他们还有个惧怕，如今他们又该取便了。好孩子，你还是个妥当人，你兄弟妹妹们又小，我又没工夫，你替我辛苦两天，照看照看。凡有想不到的事，你来告诉我，别等老太太问出来，我没话回。那些人不好了，你只管说。他们不听，你来回我。别弄出大事来才好。"宝钗听说只得答应了。

时届孟春，黛玉又犯了嗽疾。湘云亦因时气所感，亦卧病于蘅芜苑，一天医药不断。探春同李纨相住间隔，二人近日同事，不比往年，来往回话人等亦不便。故二人议定：每日早晨皆到园门口南边的三间小花厅上去会齐办事，吃过早饭，于午错方回房。这三间厅原系预备省亲之时众执事太监起坐之处，故省亲之后也用不着了，每日只有婆子们上夜。如今天已和暖，不用十分修饰，只不过略略的铺陈了，便可他二人起坐。这厅上也有一匾，题着"辅仁谕德"[2]四字，家下俗呼皆只叫"议事厅"儿。如今他二人每日卯正至此，午正方散。凡一应执事媳妇等来往回话者，络绎不绝。

众人先听见李纨独办，各各心中暗喜，以为李纨素日原是个厚道多恩无罚的，自然比凤姐儿好搪塞。便添了一个探春，也都想着不过是个未出闺阁的年轻小姐，且素日也最平和恬淡，因此都不在意，比凤姐儿前更懈怠了许多。只三四日后，几件事过手，渐觉探春精细处不让凤姐，只不过是言语安静，性情和顺而已。

可巧连日有王公侯伯世袭官员十几处，皆系荣宁非亲即友或世交之家，或有升迁，或有黜降，或有婚丧红白等事，王夫人贺吊迎送，应酬不暇，前边更无人。他二人便一日皆在厅上起坐。宝钗便一日在上房监察，至王夫人回方散。每于夜间针线暇时，临寝之先，坐了小轿带领园中上夜人等各处巡察一次。他三人如此一理，更觉比凤姐儿当权时倒更谨慎了些。因而里外下人都暗中抱怨说："刚刚的倒了一个'巡海夜叉'，又添了三个'镇山太岁'[3]，越性连夜里偷着吃酒顽的工夫都没了。"

这日王夫人正是往锦乡侯府去赴席，李纨与探春早已梳洗，伺候出门去后，回至厅上坐了。刚吃茶时，只见吴新登的媳妇进来回说："赵姨娘的兄弟赵国基昨日死了。昨日回过太太，太太说知道了，叫回姑娘奶奶来。"说毕，便垂手旁侍，再不言语。彼时来回话者不少，都打听他二人办事如何：若办得妥当，大家则安个畏惧之心，若少有嫌隙不当之处，不但不畏伏，出二门还要编出许多笑话来取笑。吴新登的媳妇心中已有主意，若是凤姐前，他便早已献殷勤说出许多主意，又查出许多旧例来任凤姐儿拣择施行。如今他貌视李纨老实，探春是年轻的姑娘，所以只说出这一句话来，试他二人有何主见。

探春便问李纨。李纨想了一想，便道："前儿袭人的妈死了，听见说赏银四十两。这也赏他四十两罢了。"吴新登家的听了，忙答应了是，接了对牌就走。探春道："你且回来。"吴新登家的只得回来。探春道："你且别支银子。我且问你：那几年老太太屋里的几位老姨奶奶，也有家里的也有外头的这两个分别。家里的若死了人是赏多少，外头的死了人是赏多少，你且说两个我们听听。"

一问，吴新登家的便都忘了，忙陪笑回说："这也不是什么大事，赏多少谁还敢争不成？"探春笑道："这话胡闹。依我说，赏一百倒好。若不按例，别说你们笑话，明儿也难见你二奶奶。"吴新登家的笑道："既这么说，我查旧帐去，此时却记不得。"

探春笑道:"你办事办老了的,还记不得,倒来难我们。你素日回你二奶奶也现查去?若有这道理,凤姐姐还不算利害,也就算是宽厚了!还不快找了来我瞧。再迟一日,不说你们粗心,反像我们没主意了。"吴新登家的满面通红,忙转身出来。众媳妇们都伸舌头。这里又回别的事。

一时,吴家的取了旧帐来。探春看时,两个家里的赏过皆二十两,两个外头的皆赏过四十两。外还有两个外头的,一个赏过一百两,一个赏过六十两。这两笔底下皆注有原故:一个是隔省迁父母之枢,外赏六十两;一个是现买葬地,外赏二十两。探春便递与李纨看了。探春便说:"给他二十两银子。把这帐留下,我们细看看。"吴新登家的去了。

忽见赵姨娘进来,李纨探春忙让坐。赵姨娘开口便说道:"这屋里的人都踩下我的头去还罢了。姑娘你也想一想,该替我出气才是。"一面说,一面眼泪鼻涕哭起来。探春忙道:"姨娘这话说谁,我竟不解。谁踩姨娘的头?说出来我替姨娘出气。"赵姨娘道:"姑娘现踩我,我告诉谁!"探春听说,忙站起来,说道:"我并不敢。"李纨也站起来劝。

赵姨娘道:"你们请坐下,听我说。我这屋里熬油似的熬了这么大年纪,又有你和你兄弟,这会子连袭人都不如了,我还有什么脸?连你也没脸面,别说我了!"探春笑道:"原来为这个。我说我并不敢犯法违理。"一面便坐了,拿帐翻与赵姨娘看,又念与他听,又说道:"这是祖宗手里旧规矩,人人都依着,偏我改了不成?也不但袭人,将来环儿收了外头的,自然也是同袭人一样。这原不是什么争大争小的事,讲不到有脸没脸的话上。他是太太的奴才,我是按着旧规矩办。说办的好,领祖宗的恩典、太太的恩典;若说办的不均,那是他糊涂不知福,也只好凭他抱怨去。太太连房子赏了人,我有什么有脸之处;一文不赏,我也没什么没脸之处。依我说,太太不在家,姨娘安静些养神罢了,何苦只要操心。太太满心疼我,因姨娘每每生事,几次寒心。我但凡是个男人,可以出得去,我必早走了,立一番事业,那时自有我一番道理。偏我是女孩儿家,一句多话也没有我乱说的。太太满心里都知道。如今因看重我,才叫我照管家务,还没有做一件好事,姨娘倒先来作践我。倘或太太知道了,怕我为难不叫我管,那才正经没脸,连姨娘也真没脸!"一面说,一面不禁滚下泪来。

赵姨娘没了别话答对,便说道:"太太疼你,你越发拉扯拉扯我们。你只顾讨太太的疼,就把我们忘了。"探春道:"我怎么忘了?叫我怎么拉扯?这也问你们各人,那一个主子不疼出力得用的人?那一个好人用人拉扯的?"李纨在旁只管劝说:"姨娘别生气。也怨不得姑娘,他满心里要拉扯,口里怎么说的出来。"探春忙道:"这大嫂子也糊涂了。我拉扯谁？谁家姑娘们拉扯奴才了？他们的好歹，你们该知道，与我什么相干。"赵姨娘气的问道："谁叫你拉扯别人去了？你不当家我也不来问你。你如今现说一是一，说二是二。如今你舅舅死了，你多给了二三十两银子，难道太太就不依你？分明太太是好太太，都是你们尖酸刻薄，可惜太太有恩无处使。姑娘放心，这也使不着你的银子。明儿等出了阁，我还想你额外照看赵家呢。如今没有长羽毛，就忘了根本，只拣高枝儿飞去了！"

探春没听完，已气的脸白气噎，抽抽咽咽的一面哭，一面问道："谁是我舅舅？我舅舅年下才升了九省检点，那里又跑出一个舅舅来？我倒素习按理尊敬，越发敬出这些亲戚来了。既这么说，环儿出去为什么赵国基又站起来，又跟他上学？为什么不拿出舅舅的款来？何苦来，谁不知道我是姨娘养的，必要过两三个月寻出由头来，彻底来翻腾一阵，生怕人不知道，故意的表白表白。也不知谁给谁没脸？幸亏我还明白，但凡糊涂不知理的，早急了。"李纨急的只管劝，赵姨娘只管还唠叨。

忽听有人说："二奶奶打发平姑娘说话来了。"赵姨娘听说，方把口止住。只见平儿进来，赵姨娘忙陪笑让坐，又忙问："你奶奶好些？我正要瞧去，就只没得空儿。"李纨见平儿进来，因问他来做什么。平儿笑道："奶奶说，赵姨奶奶的兄弟没了，恐怕奶奶和姑娘不知有旧例，若照常例，只得二十两。如今请姑娘裁夺着，再添些也使得。"探春早已拭去泪痕，忙说道："又好好的添什么，谁又是二十四个月养下来的？不然也是那出兵放马背着主子逃出命来过的人不成？你主子真个倒巧，叫我开了例，他做好人，拿着太太不心疼的钱乐的做人情。你告诉他，我不敢添减混出主意。他添他施恩，等他好了出来，爱怎么添添去。"平儿一来时已明白了对半，今听这一番话，越发会意，见探春有怒色，便不敢以往日喜乐之时相待，只一边垂手默侍。

时值宝钗也从上房中来，探春等忙起身让坐。未及开言，又有一个媳妇进来回事。因探春才哭了，便有三四个小丫鬟捧了沐盆、巾帕、靶镜等物来。此时探春因盘膝坐在矮板榻上，那捧盆的丫鬟走至跟前，便双膝跪下，高捧沐盆；那两个小丫鬟，也都在旁屈膝捧着巾帕并靶镜脂粉之饰。平儿见待书不在这里，便忙上来与探春挽袖卸镯，又接过一条大手巾来，将探春面前衣襟掩了。探春方伸手向面盆中盥沐。那媳妇便回道："回奶奶姑娘，家学里支环爷和兰哥儿的一年公费。"平儿先道："你忙什么！你睁着眼看，见姑娘洗脸，你不出去伺候着，先说话来。二奶奶跟前你也这么没眼色来着？姑娘虽然恩宽，我去回了二奶奶，只说你们眼里都没姑娘，你们都吃了亏，可别怨我。"唬的那个媳妇忙陪笑道："我粗心了。"一面说，一面忙退出去。

探春一面匀脸，一面向平儿冷笑道："你迟了一步，还有可笑的：连吴姐姐这么个办老了事的，也不查清楚了，就来混我们。幸亏我们问他，他竟有脸说忘了。我说他回你主子事也忘了再找去？我料着你那主子未必有耐性儿等他去找。"平儿忙笑道："他有这一次，管包腿上的筋早折了两根。姑娘别信他们。那是他们瞅着大奶奶是个菩萨，姑娘又是个腼腆小姐，固然是托懒来混。"说着，又向门外说道："你们只管撒野，等奶奶大安了，咱们再说。"门外的众媳妇都笑道："姑娘，你是个最明白的人，俗语说，'一人作罪一人当'，我们并不敢欺蔽小姐。如今小姐是娇客[4]，认真惹恼了，死无葬身之地。"

平儿冷笑道："你们明白就好了。"又陪笑向探春道："姑娘知道二奶奶本来事多，那里照看的这些，保不住不忽略。俗语说，'旁观者清'，这几年姑娘冷眼看着，或有该添该减的去处二奶奶没行到，姑娘竟一添减，头一件于太太的事有益，第二件也不枉姑娘待我们奶奶的情义了。"

话未说完，宝钗李纨皆笑道："好丫头，真怨不得凤丫头偏疼他！本来无可添减的事，如今听你一说，倒要找出两件来斟酌斟酌，不辜负你这话。"探春笑道："我一肚子气，没人煞性子，正要拿他奶奶出气去，偏他碰了来，说了这些话，叫我也没了主意了。"

一面说，一面叫进方才那媳妇来，问："环爷和兰哥儿家学里这一年的银子，是做那一项用的？"那媳妇便回说："一年学里吃点心或者买纸笔，每位有八两银子的使用。"探春道："凡爷们的使用，都是各屋领了月钱的。环哥的是姨娘领二两，宝玉的是老太太屋里袭人领二两，兰哥儿的是大奶奶屋里领。怎么学里每人又多这八两？原来上学去的是为这八两银子！从今儿起，把这一项蠲了。平儿，回去告诉你奶奶，说我的话，把这一条务必免了。"平儿笑道："早就该免。旧年奶奶原说要免的，因年下忙，就忘了。"那个媳妇只得答应着去了。就有大观园中媳妇捧了饭盒来。

待书素云早已抬过一张小饭桌来，平儿也忙着上菜。探春笑道："你说完了话干你的去罢，在这里忙什么。"平儿笑道："我原没事的。二奶奶打发了我来，一则说话，二则恐这里人不方便，原是叫我帮着妹妹们服侍奶奶姑娘的。"探春因问："宝姑娘的饭怎么不端来一处吃？"丫鬟们听说，忙出至檐外命媳妇去说："宝姑娘如今在厅上一处吃，叫他们把饭送了这里来。"探春听说，便高声说道："你别混支使人！那都是办大事的管家娘子们，你们支使他要饭要茶的，连个高低都不知道！平儿这里站着，你叫叫去。"

平儿忙答应了一声出来。那些媳妇们都忙悄悄的拉住笑道："那里用姑娘去叫，我们已有人叫去了。"一面说，一面用手帕掸石矶上说："姑娘站了半天乏了，这太阳影里且歇歇。"平儿便坐下。又有茶房里的两个婆子拿了个坐褥铺下，说："石头冷，这是极干净的，姑娘将就坐一坐儿罢。"平儿忙陪笑道："多谢。"一个又捧了一碗精致新茶出来，也悄悄笑说："这不是我们的常用茶，原是伺候姑娘们的，姑娘且润一润罢。"

平儿忙欠身接了，因指众媳妇悄悄说道："你们太闹的不像了。他是个姑娘家，不肯发威动怒，这是他尊重，你们就藐视欺负他。果然招他动了大气，不过说他个粗糙就完了，你们就现吃不了的亏。他撒个娇儿，太太也得让他一二分，二奶奶也不敢怎样。你们就这么大胆子小看他，可是鸡蛋往石头上碰。"众人都忙道："我们何尝敢大胆了，都是赵姨奶奶闹的。"

平儿也悄悄的说："罢了，好奶奶们。'墙倒众人推'，那赵姨奶奶原有些倒三不着两，有了事都就赖他。你们素日那眼里没人，心术利害，我这几年难道还不知道？二奶奶若是略差一点儿的，早被你们这些奶奶治倒了。饶这么着，得一点空儿，还要难他一难，好几次没落了你们的口声[5]。"众人都道："如何敢！"平儿道："他利害，你们都怕他，惟我知道他心里也就不算不怕你们呢。前儿我们还议论到这里，再不能依头顺尾，必有两场气生。那三姑娘虽是个姑娘，你们都横看了他。二奶奶这些大姑子小姑子里头，也就只单畏他五分。你们这会子倒不把他放在眼里了。"

正说着，只见秋纹走来。众媳妇忙赶着问好，又说："姑娘也且歇一歇，里头摆饭呢。等撤下饭桌子，再回话去。"秋纹笑道："我比不得你们，我那里等得。"说着便直要上厅去。平儿忙叫："快回来。"秋纹回头见了平儿，笑道："你又在这里充什么外围的防护？"一面回身便坐在平儿褥上。

平儿悄问："回什么？"秋纹道："问一问宝玉的月银我们的月钱多早晚才领。"平儿道："这什么大事。你快回去告诉袭人，说我的话，凭有什么事今儿都别回。若回一件，管驳一件；回一百件，管驳一百件。"秋纹听了，忙问："这是为什么了？"平儿与众媳妇等都忙告诉他原故，又说："正要找几件利害事与有体面的人开例作法子[6]，镇压与众人作榜样呢。何苦你们先来碰在这钉子上。你这一去说了，他们若拿你们也作一二件榜样，又碍着老太太、太太；若不拿着你们作一二件，人家又说偏一个向一个，仗着老太太、太太威势的就怕，也不敢动，只拿着软的作鼻子头[7]。你听听罢，二奶奶的事，他还要驳两件，才压的众人口声呢。"秋纹听了，伸舌笑道："幸而平姐姐在这里，没的臊一鼻子灰。我赶早知会他们去。"说着，便起身走了。

接着宝钗的饭至，平儿忙进来服侍。那时赵姨娘已去，三人在板床上吃饭。宝钗面南，探春面西，李纨面东。众媳妇皆在廊下静候，里头只有他们紧跟常侍的丫鬟伺候，别人一概不敢擅入。这些媳妇们都悄悄的议论说："大家省事罢，别安着没良心的主意。连吴大娘才都讨了没意思，咱们又是什么有脸的。"他们一边悄议，等饭完回事。

只觉里面鸦雀无声，并不闻碗箸之声。一时只见一个丫鬟将帘栊高揭，又有两个将桌抬出。茶房内早有三个丫头捧着三沐盆水，见饭桌已出，三人便进去了，一回又捧出沐盆并漱盂来，方有待书、素云、莺儿三个，每人用茶盘捧了三盖碗茶进去。一时等他三人出来，待书命小丫头子："好生伺候着，我们吃饭来换你们，别又偷坐着去。"众媳妇们方慢慢的一个一个的安分回事，不敢如先前轻慢疏忽了。

探春气方渐平，因向平儿道："我有一件大事，早要和你奶奶商议，如今可巧想起来。你吃了饭快来。宝姑娘也在这里，咱们四个人商议了，再细细问你奶奶可行可止。"平儿答应回去。

凤姐因问何去这一日，平儿便笑着将方才的原故细细说与他听了。凤姐儿笑道："好，好，好，好个三姑娘！我说他不错。只可惜他命薄，没托生在太太肚里。"平儿笑道："奶奶也说糊涂话了。他便不是太太养的，难道谁敢小看他，不与别的一样看了？"凤姐儿叹道："你那里知道，虽然庶出一样，女儿却比不得男人，将来攀亲时，如今有一种轻狂人，先要打听姑娘是正出庶出，多有为庶出不要的。殊不知别说庶出，便是我们的丫头，比人家的小姐还强呢。将来不知那个没造化的，挑庶正误了事呢；也不知那个有造化的，不挑庶正的得了去。"

说着，又向平儿笑到："你知道，我这几年生了多少省俭的法子，一家子大约也没个不背地里恨我的，我如今是骑上老虎了。虽然看破些，无奈一时也难宽放；二则家里出去的多，进来的少。凡百大小事仍是照着老祖宗手里的规矩，却一年进的产业又不及先时。多省俭了，外人又笑话，老太太、太太也受委屈，家下人也抱怨刻薄。若不趁早儿料理省俭之计，再几年就都赔尽了。"平儿道："可不是这话！将来还有三四位姑娘，还有两三个小爷，一位老太太，这几件大事未完呢。"

凤姐儿笑道："我也虑到这里，倒也够了：宝玉和林妹妹他两个一娶一嫁，可以使不着官中的钱，老太太自有梯己拿出来。二姑娘是大老爷那边的，也不算。剩了三四个，满破着每人花上一万银子。环哥娶亲有限，花上三千两银子，不拘那里省一抿子[8]也就够了。老太太事出来，一应都是全了的，不过零星杂项，便费也满破三五千两。如今再俭省些，陆续也就够了。只怕如今平空又生出一两件事来，可就了不得了。咱们且别虑后事,你且吃了饭,快听他商议什么。这正碰了我的机会,我正愁没个膀臂。虽有个宝玉,他又不是这里头的货,纵收伏了他也不中用。大奶奶是个佛爷,也不中用。二姑娘更不中用,亦且不是这屋里的人。四姑娘小呢。兰小子更小。环儿更是个燎毛的小冻猫子,只等有热灶火坑让他钻去罢。真真一个娘肚子里跑出这样天悬地隔的两个人来,我想到这里就不服。再者林丫头和宝姑娘他两个倒好,偏又都是亲戚,又不好管咱家务事。况且一个是美人灯儿,风吹吹就坏了;一个是拿定了主意,'不干己事不张口,一问摇头三不知',也难十分去问他。倒只剩了三姑娘一个,心里嘴里都也来的,又是咱家的正人,太太又疼他,虽然面上淡淡的,皆因是赵姨娘那老东西闹的,心里却是和宝玉一样疼呢。比不得环儿,实在令人难疼,要依我的性早撵出去了。如今他既有这主意,正该和他协同,大家做个膀臂,我也不孤不独了。按正理,天理良心上论,咱们有他这个人帮着,咱们也省些心,于太太的事也有些益。若按私心藏奸上论,我也太行毒了,也该抽头退步。回头看看了,再要穷追苦克,人恨极了,暗地里笑里藏刀,咱们两个才四个眼睛,两个心,一时不防,倒弄坏了。趁着紧溜[9]之中,他出头一料理,众人就把往日恨咱们的恨心暂可解了。还有一件,我虽知你极明白,恐怕你心里挽不过来,如今嘱咐你:他虽是姑娘家,心里却事事明白,不过是言语谨慎;他又比我知书识字,更利害一层了。如今俗语'擒贼必先擒王',他如今要作法开端,一定是先拿我开端。倘或他要驳我的事,你可别分辩,你只越恭敬,越说驳的是才好。千万别想着怕我没脸,和他一犟,就不好了。"

平儿不等说完,便笑道:"你太把人看糊涂了。我才已经行在先,这会子又反嘱咐我。"凤姐儿笑道:"我是恐怕你心里眼里只有了我,一概没有别人之故,不得不嘱咐。既已行在先,更比我明白了。你又急了,满口里'你''我'起来。"平儿道:"偏说'你'!你不依,这不是嘴巴子,再打一顿。难道这脸上还没尝过的不成!"凤姐儿笑道:"你这小蹄子,要掂多少过子[10]才罢。看我病的这样,还来怄我。过来坐下,横竖没人来,咱们一处吃饭是正经。"

说着,丰儿等三四个小丫头进来放小炕桌。凤姐只吃燕窝粥,两碟子精致小菜,每日分例菜已暂减去。丰儿便将平儿的四样分例菜端至桌上,与平儿盛了饭来。平儿屈一膝于炕沿之上,半身犹立于炕下,陪着凤姐儿吃了饭,服侍漱盥。漱毕,嘱咐了丰儿些话,方往探春处来。只见院中寂静,人已散出。要知端的——

(选自曹雪芹著,无名氏续.红楼梦.北京:人民文学出版社,1982)

【注释】

[1] 小月：即小产、流产。

[2] 辅仁谕德：辅，补益。谕，晓谕。此匾意谓对己要常补仁爱之不足，对人应宣谕良好的德性，这是旧时官僚士大夫的自谦自勉之辞。

[3] 巡海夜叉，镇山太岁：指担当巡逻和守卫职责的恶鬼凶神。夜叉：一名"药叉"，吃人的恶鬼。太岁：中国古代传说中国的值岁神，被视作凶煞，不可触犯。

[4] 娇客：娇贵的人，这里指探春。

[5] 口声：即口实、话柄。

[6] 作法子：处理某人来立威，以儆其余。

[7] 鼻子头：开头第一个，这里是开先例以儆众人的意思。

[8] 一抿子：一点点，一小宗。抿子：原指刮刷头发的小刷子，所蘸十分有限。引申做量词。

[9] 紧溜：紧要关头。

[10] 掂多少过子：以一事做话柄，反复提起。掂，掂量。

（注释参选曹雪芹著，无名氏续．红楼梦．北京：人民文学出版社，1982）

【温故】

● 曹雪芹

曹雪芹（约1715—约1763年），名霑，字梦阮，号雪芹，别号芹圃、芹溪居士。曹雪芹出生于诗礼簪缨之家，其祖父曹寅是清代著名文人、学者兼藏书家，曹寅少年时当过康熙皇帝的"伴读"，备受康熙宠信，后任江宁织造兼两淮巡盐御史，曾在扬州主持编刻《全唐诗》和编纂《佩文韵府》。康熙六次南巡，其中有四次由曹寅接驾。曹雪芹父辈曹颙、曹頫也先后继任江宁织造，祖孙三代人任江宁织造达60年之久。曹雪芹少年时在这种钟鸣鼎食之家成长，具备很好的文学艺术修养。雍正继位后，曹家卷入政治斗争。雍正五年，曹家被革职抄家，迁往北京。曹家由锦衣玉食之家落入凋零衰败之境。曹雪芹在北京的生活穷困潦倒，但为人有傲骨，纵酒赋诗，卖画为生。这种大家族的兴衰颇败的经历，这种生于繁华、终于沦落的人生体验为曹雪芹创作《红楼梦》提供了动力和源泉。

● 《红楼梦》

《红楼梦》又名《石头记》，是中国古典小说创作的巅峰之作。小说以贾、史、王、薛四大家族的兴衰为背景，以贾府大家族作为展示的舞台，以宝、黛、钗的爱情婚姻故事为线索，展示了贾府大家族由盛而衰的家庭悲剧，宝、黛、钗的爱情婚姻悲剧，以及以"金陵十二钗"为代表的女性人生悲剧。《红楼梦》体现了曹雪芹对人生的理解与探索，展示了封建贵族之家不可挽回的颓败之势，悲悼大观园中女子的爱情、青春与生命之美的毁灭，揭示批判了封建社会对爱情和人性的束缚和压迫，对一切传统的思想观念、社会秩序与封建文化进行了深刻质疑与反思。《红楼梦》还是一部文学与美学兼备的伟大著作，它可以提供众多的角度给世人解读，在书中关于园林艺术、建筑、服饰、诗词、绘画、烹调、茶学、医药等方面的描写都显示了曹雪芹丰厚的文化底蕴，深刻反映了清代中期中国社会面貌和人情世态，堪称中国古代文化的集中体现。

据红学家的考证，《红楼梦》最初以八十回抄本的形式流传，后由高鹗续写后四十回，形成一百二十回本，在乾隆年间，由书商程伟元以木活字排印出版。程、高的合作使《红楼梦》全书完整，并使其得到更广泛的传播，对《红楼梦》的流传是有贡献的。但高鹗的续写并没有领会曹雪芹的写作意图，安排了贾府复兴这一团圆结局，削弱了作品的思想性，在艺术描写上也较前八十回逊色。

【知新】

本文节选自《红楼梦》的第五十五回，这一回是对探春形象的一个集中描写，可以说是探春的小传，为下一回即第五十六回"敏探春"在大观园里的厉行改革做了铺垫。探春是贾政与赵姨娘的女儿，贾府的三小姐，金陵十二钗之一，是曹雪芹着力刻画的形象，也是贾府四姐妹中个性最为鲜明、突出的一位。第五十五、五十六回的内容，我们可以概括为"探春理家"，凤姐因操劳过度导致小产而不能主事，王夫人便命李纨、宝钗和探春一同打理家事。

在这一回中，探春为赵姨娘之弟赵国基死后的赏银问题同赵姨娘发生了尖锐的矛盾冲突。探春既不承认赵国基是自己的舅舅，也不承认赵姨娘是自己母亲的身份，她只认王夫人的弟弟——九省检点王子腾为舅舅，而称赵国基为奴才。这种观点今天看来十分令人震惊。探春是作者也是读者非常喜欢的一个人物，她美丽、机敏、开朗、目光深远、有志向、有胆魄、有才华。但是这一回里，曹雪芹写出了她绝情冷漠、心理扭曲的一面。探春对自己的庶出身份非常敏感，一心想要摆脱与赵姨娘的关系。探春的主奴等级观念和对母亲冷酷无情的态度并非与生俱来，而是封建社会的传统观念和伦理纲常所造成的。中国古代大家庭实行的是嫡庶分明、主奴分明、贵贱分明的多妻制。她的心理扭曲充分显示了封建大家庭和封建婚姻制度对身在其中的子女造成的伤害。刘再复先生这样评论:"《红楼梦》让读者和作者一样,感悟到有许多无罪的凶手,无罪的罪人,他们所构成的关系和这种关系的相关互动才是悲剧难以了结的缘由。"①

　　探春形象体现了《红楼梦》人物塑造的成就,性格鲜明、鲜活寻常而又富于社会内蕴。鲁迅先生这样解释:"其要点在敢于如实描写,并无讳饰,和从前的小说叙好人完全是好,坏人完全是坏的,大不相同,所以其中所叙的人物,都是真的人物。"②除了探春之外,《红楼梦》其他人物形象也无不如此。

【切问】

1. 俗话说"新官上任三把火",探春理家所烧的三把火分别是什么?探春为什么要这样做?
2. 在探春处理家事的过程中,王熙凤、平儿、薛宝钗、李纨分别有怎样的表现?这体现了她们怎样的性格特点?
3. 探春和王熙凤都是《红楼梦》中少有的具有男子气概的裙钗,对比阅读《红楼梦》第十三回"王熙凤协理宁国府",说说凤姐理家与探春理家的异同。

【近思】

1. 按曹雪芹的设计,金陵十二钗都是"薄命司"的女子,探春也不例外,结合探春的判词、曲子、花签,说说探春的悲剧性体现在哪些方面?
2. 《红楼梦》中关于探春形象的描写,除了本文节选的第五十五回外,还集中在以下几回,分别是:
　　第三十七回　秋爽斋偶结海棠社　蘅芜苑夜拟菊花题
　　第四十六回　尴尬人难免尴尬事　鸳鸯女誓绝鸳鸯偶
　　第五十六回　敏探春兴利除宿弊　时宝钗小惠全大体
　　第七十四回　惑奸谗抄检大观园　矢孤介杜绝宁国府
　　有人说,放在今天,探春会是一个优秀的职业经理人,是一个"白骨精",请阅读这几回,为探春制作一个简历,个人简历的内容可以有形象特点、家庭背景、特长与才干、主要生活经历等,说说你会给她设计什么样的职位。

---

① 刘再复. 永远的《红楼梦》. // 刘梦溪等著. 红楼梦十五讲. 北京:北京大学出版社, 2007:357.
② 鲁迅. 中国小说的历史的变迁. // 鲁迅全集(第九卷). 北京:人民文学出版社, 1981:338.

狂人日记[1]

鲁 迅

　　某君昆仲，今隐其名，皆余昔日在中学时良友；分隔多年，消息渐阙。日前偶闻其一大病；适归故乡，迂道往访，则仅晤一人，言病者其弟也。劳君远道来视，然已早愈，赴某地候补矣。因大笑，出示日记二册，谓可见当日病状，不妨献诸旧友。持归阅一过，知所患盖"迫害狂"之类。语颇错杂无伦次，又多荒唐之言；亦不著月日，惟墨色字体不一，知非一时所书。间亦有略具联络者，今撮录一篇，以供医家研究。记中语误，一字不易；惟人名虽皆村人，不为世间所知，无关大体，然亦悉易去。至于书名，则本人愈后所题，不复改也。七年四月二日识。

一

　　今天晚上，很好的月光。

　　我不见他，已是三十多年；今天见了，精神分外爽快。才知道以前的三十多年，全是发昏；然而须十分小心。不然，那赵家的狗，何以看我两眼呢？

　　我怕得有理。

二

　　今天全没月光，我知道不妙。早上小心出门，赵贵翁的眼色便怪：似乎怕我，似乎想害我。还有七八个人，交头接耳的议论我，又怕我看见。一路上的人，都是如此。其中最凶的一个人，张着嘴，对我笑了一笑；我便从头直冷到脚根，晓得他们布置，都已妥当了。

　　我可不怕，仍旧走我的路。前面一伙小孩子，也在那里议论我；眼色也同赵贵翁一样，脸色也铁青。我想我同小孩子有什么仇，他也这样。忍不住大声说，"你告诉我！"他们可就跑了。

　　我想：我同赵贵翁有什么仇，同路上的人又有什么仇；只有廿年以前，把古久先生的陈年流水簿子[2]，踹了一脚，古久先生很不高兴。赵贵翁虽然不认识他，一定也听到风声，代抱不平；约定路上的人，同我作冤对。但是小孩子呢？那时候，他们还没有出世，何以今天也睁着怪眼睛，似乎怕我，似乎想害我。这真教我怕，教我纳罕而且伤心。

我明白了。这是他们娘老子教的！

三

晚上总是睡不着。凡事须得研究，才会明白。

他们——也有给知县打枷过的，也有给绅士掌过嘴的，也有衙役占了他妻子的，也有老子娘被债主逼死的；他们那时候的脸色，全没有昨天这么怕，也没有这么凶。

最奇怪的是昨天街上的那个女人，打他儿子，嘴里说道，"老子呀！我要咬你几口才出气！"他眼睛却看着我。我出了一惊，遮掩不住；那青面獠牙的一伙人，便都哄笑起来。陈老五赶上前，硬把我拖回家中了。

拖我回家，家里的人都装作不认识我；他们的脸色，也全同别人一样。进了书房，便反扣上门，宛然是关了一只鸡鸭。这一件事，越教我猜不出底细。

前几天，狼子村的佃户来告荒，对我大哥说，他们村里的一个大恶人，给大家打死了；几个人便挖出他的心肝来，用油煎炒了吃，可以壮壮胆子。我插了一句嘴，佃户和大哥便都看我几眼。今天才晓得他们的眼光，全同外面的那伙人一模一样。

想起来，我从顶上直冷到脚跟。

他们会吃人，就未必不会吃我。

你看那女人"咬你几口"的话，和一伙青面獠牙人的笑，和前天佃户的话，明明是暗号。我看出他话中全是毒，笑中全是刀，他们的牙齿，全是白厉厉的排着，这就是吃人的家伙。

照我自己想，虽然不是恶人，自从踹了古家的簿子，可就难说了。他们似乎别有心思，我全猜不出。况且他们一翻脸，便说人是恶人。我还记得大哥教我做论，无论怎样好人，翻他几句，他便打上几个圈；原谅坏人几句，他便说"翻天妙手，与众不同。"我那里猜得到他们的心思，究竟怎样；况且是要吃的时候。

凡事总须研究，才会明白。古来时常吃人，我也还记得，可是不甚清楚。我翻开历史一查，这历史没有年代，歪歪斜斜的每叶上都写着"仁义道德"几个字。我横竖睡不着，仔细看了半夜，才从字缝里看出字来，满本都写着两个字是"吃人"！

书上写着这许多字,佃户说了这许多话,却都笑吟吟的睁着怪眼看我。

我也是人,他们想要吃我了!

四

早上,我静坐了一会儿。陈老五送进饭来,一碗菜,一碗蒸鱼;这鱼的眼睛,白而且硬,张着嘴,同那一伙想吃人的人一样。吃了几筷,滑溜溜的不知是鱼是人,便把他兜肚连肠的吐出。

我说"老五,对大哥说,我闷得慌,想到园里走走。"老五不答应,走了;停一会,可就来开了门。

我也不动,研究他们如何摆布我;知道他们一定不肯放松。果然!我大哥引了一个老头子,慢慢走来;他满眼凶光,怕我看出,只是低头向着地,从眼镜横边暗暗看我。大哥说,"今天你仿佛很好。"我说"是的。"大哥说,"今天请何先生来,给你诊一诊。"我说"可以!"其实我岂不知道这老头子是刽子手扮的!无非借了看脉这名目,揣一揣肥瘠:因这功劳,也分一片肉吃。我也不怕;虽然不吃人,胆子却比他们还壮。伸出两个拳头,看他如何下手。老头子坐着,闭了眼睛,摸了好一会,呆了好一会;便张开他鬼眼睛说,"不要乱想。静静的养几天,就好了。"

不要乱想,静静的养!养肥了,他们是自然可以多吃;我有什么好处,怎么会"好了"?他们这群人,又想吃人,又是鬼鬼祟祟,想法子遮掩,不敢直截下手,真要令我笑死。我忍不住,便放声大笑起来,十分快活。自己晓得这笑声里面,有的是义勇和正气。老头子和大哥,都失了色,被我这勇气正气镇压住了。

但是我有勇气,他们便越想吃我,沾光一点这勇气。老头子跨出门,走不多远,便低声对大哥说道,"赶紧吃罢!"大哥点点头。原来也有你!这一件大发现,虽似意外,也在意中:合伙吃我的人,便是我的哥哥!

吃人的是我哥哥!

我是吃人的人的兄弟!

我自己被人吃了,可仍然是吃人的人的兄弟!

五

这几天是退一步想:假使那老头子不是刽子手扮的,真是医生,也仍然是吃人的人。他们的祖师李时珍做的"本草什么"[3]上,明明写着人肉可以煎吃;他还能说自己不吃人么？

至于我家大哥，也毫不冤枉他。他对我讲书的时候，亲口说过可以"易子而食"；又一回偶然议论起一个不好的人，他便说不但该杀，还当"食肉寝皮"[4]。我那时年纪还小，心跳了好半天。前天狼子村佃户来说吃心肝的事，他也毫不奇怪，不住的点头。可见心思是同从前一样狠。既然可以"易子而食"，便什么都易得，什么人都吃得。我从前单听他讲道理，也糊涂过去；现在晓得他讲道理的时候，不但唇边还抹着人油，而且心里满装着吃人的意思。

六

黑漆漆的，不知是日是夜。赵家的狗又叫起来了。

狮子似的凶心，兔子的怯弱，狐狸的狡猾，……

七

我晓得他们的方法，直捷杀了，是不肯的，而且也不敢，怕有祸祟。所以他们大家连络，布满了罗网，逼我自戕。试看前几天街上男女的样子，和这几天我大哥的作为，便足可悟出八九分了。最好是解下腰带，挂在梁上，自己紧紧勒死；他们没有杀人的罪名，又偿了心愿，自然都欢天喜地的发出一种呜呜咽咽的笑声。否则惊吓忧愁死了，虽则略瘦，也还可以首肯几下。

他们是只会吃死肉的！——记得什么书上说，有一种东西，叫"海乙那"[5]的，眼光和样子都很难看；时常吃死肉，连极大的骨头，都细细嚼烂，咽下肚子去，想起来也教人害怕。"海乙那"是狼的亲眷，狼是狗的本家。前天赵家的狗，看我几眼，可见他也同谋，早已接洽。老头子眼看着地，岂能瞒得我过。

最可怜的是我的大哥，他也是人，何以毫不害怕；而且合伙吃我呢？还是历来惯了，不以为非呢？还是丧了良心，明知故犯呢？

我诅咒吃人的人，先从他起头；要劝转吃人的人，也先从他下手。

八

其实这种道理，到了现在，他们也该早已懂得，……

忽然来了一个人；年纪不过二十左右，相貌是不很看得清楚，满面笑容，对了我点头，他的笑也不像真笑。我便问他，"吃人的事，对么？"他仍然笑着说，"不是荒年，怎么会吃人。"我立刻就晓得，他也是一伙，喜欢吃人的；便自勇气百倍，偏要问他。

"对么?"

"这等事问他什么。你真会……说笑话。……今天天气很好。"

天气是好,月色也很亮了。可是我要问你,"对么?"

他不以为然了。含含胡胡的答道,"不……"

"不对?他们何以竟吃?!"

"没有的事……"

"没有的事?狼子村现吃;还有书上都写着,通红斩新!"

他便变了脸,铁一般青。睁着眼说,"有许有的,这是从来如此……"

"从来如此,便对么?"

"我不同你讲这些道理;总之你不该说,你说便是你错!"

我直跳起来,张开眼,这人便不见了。全身出了一大片汗。他的年纪,比我大哥小得远,居然也是一伙;这一定是他娘老子先教的。还怕已经教给他儿子了;所以连小孩子,也都恶狠狠的看我。

九

自己想吃人,又怕被别人吃了,都用着疑心极深的眼光,面面相觑。……

去了这心思,放心做事走路吃饭睡觉,何等舒服。这只是一条门槛,一个关头。他们可是父子兄弟夫妇朋友师生仇敌和各不相识的人,都结成一伙,互相劝勉,互相牵掣,死也不肯跨过这一步。

十

大清早,去寻我大哥;他立在堂门外看天,我便走到他背后,拦住门,格外沉静,格外和气的对他说,

"大哥,我有话告诉你。"

"你说就是,"他赶紧回过脸来,点点头。

"我只有几句话,可是说不出来。大哥,大约当初野蛮的人,都吃过一点人。后来因为心思不同,有的不吃人了,一味要好,便变了人,变了真的人。有的却还吃,——也同虫子一样,有的变了鱼鸟猴子,一直变到人。有的不要好,至今还是虫子。这吃人的人比不吃人的人,何等惭愧。怕比虫子的惭愧猴子,还差得很远很远。

易牙[6]蒸了他儿子,给桀纣吃,还是一直从前的事。谁晓得从盘古开辟天地以

后，一直吃到易牙的儿子；从易牙的儿子，一直吃到徐锡林[7]；从徐锡林，又一直吃到狼子村捉住的人。去年城里杀了犯人，还有一个生痨病的人，用馒头蘸血舔。

他们要吃我，你一个人，原也无法可想；然而又何必去入伙。吃人的人，什么事做不出；他们会吃我，也会吃你，一伙里面，也会自吃。但只要转一步，只要立刻改了，也就是人人太平。虽然从来如此，我们今天也可以格外要好，说是不能！大哥，我相信你能说，前天佃户要减租，你说过不能。"

当初，他还只是冷笑，随后眼光便凶狠起来，一到说破他们的隐情，那就满脸都变成青色了。大门外立着一伙人，赵贵翁和他的狗，也在里面，都探头探脑的挨进来。有的是看不出面貌，似乎用布蒙着；有的是仍旧青面獠牙，抿着嘴笑。我认识他们是一伙，都是吃人的人。可是也晓得他们心思很不一样，一种是以为从来如此，应该吃的；一种是知道不该吃，可是仍然要吃，又怕别人说破他，所以听了我的话，越发气愤不过，可是抿着嘴冷笑。

这时候，大哥也忽然显出凶相，高声喝道，"都出去！疯子有什么好看！"

这时候，我又懂得一件他们的巧妙了。他们岂但不肯改，而且早已布置；预备下一个疯子的名目罩上我。将来吃了，不但太平无事，怕还会有人见情。佃户说的大家吃了一个恶人，正是这方法。这是他们的老谱！

陈老五也气愤愤的直走进来。如何按得住我的口，我偏要对这伙人说，"你们可以改了，从真心改起！要晓得将来容不得吃人的人，活在世上。

"你们要不改，自己也会吃尽。即使生得多，也会给真的人除灭了，同猎人打完狼子一样！——同虫子一样！"

那一伙人，都被陈老五赶走了。大哥也不知那里去了。陈老五劝我回屋子里去。屋里面全是黑沉沉的。横梁和椽子都在头上发抖；抖了一会，就大起来，堆在我身上。

万分沉重，动弹不得；他的意思是要我死。我晓得他的沉重是假的，便挣扎出来，出了一身汗。可是偏要说，"你们立刻改了，从真心改起！你们要晓得将来是容不得吃人的人，……"

十一

太阳也不出，门也不开，日日是两顿饭。

我捏起筷子，便想起我大哥；晓得妹子死掉的缘故，也全在他。那时我妹子才五岁，可爱可怜的样子，还在眼前。母亲哭个不住，他却劝母亲不要哭；大约因为自己吃了，哭起来不免有点过意不去。如果还能过意不去，……妹子是被大哥吃了，母亲知道没有，我可不得而知。

母亲想也知道；不过哭的时候，却并没有说明，大约也以为应当的了。记得我四五岁时，坐在堂前乘凉，大哥说爷娘生病，做儿子的须割下一片肉来，煮熟了请他吃，才算好人；母亲也没有说不行。一片吃得，整个的自然也吃得。但是那天的哭法，现在想起来，实在还教人伤心，这真是奇极的事！

十二

不能想了。

四千年来时时吃人的地方，今天才明白，我也在其中混了多年；大哥正管着家务，妹子恰恰死了，他未必不和在饭菜里，暗暗给我们吃。

我未必无意之中，不吃了我妹子的几片肉，现在也轮到我自己，……有了四千年吃人履历的我，当初虽然不知道，现在明白，难见真的人！

十三

没有吃过人的孩子，或者还有？

救救孩子……

一九一八年四月

（选自鲁迅．鲁迅全集［第一卷］．北京：人民文学出版社，1957）

【注释】

［1］本篇最初发表于1918年5月《新青年》第四卷第五号。作者首次采用了"鲁迅"这一笔名。它是我国现代文学史上第一篇猛烈抨击"吃人"的封建礼教的小说。作者除在《呐喊·自序》中提及它产生的缘由外，又在《〈中国新文学大系〉小说二集序》中指出它"意在暴露家族制度和礼教的弊害"，可以参看。

［2］古久先生的陈年流水簿子：这里比喻我国封建主义统治的长久历史。

［3］"本草什么"：指《本草纲目》，明代医学家李时珍（1518—1593）的药物学著作，共五十二卷。该书曾提到唐代陈藏器《本草拾遗》中以人肉医治痨的记载，并表示了异议。

［4］"食肉寝皮"：语出《左传》襄公二十一年，晋国州绰对齐庄公说："然二子

者，譬于禽兽，臣食其肉而寝处其皮矣。"（按："二子"指齐国的殖绰和郭最，他们曾被州绰俘虏过。）

[5]"海乙那"：英语 hyena 的音译，即鬣狗（又名土狼），一种食肉兽，常跟在狮虎等猛兽之后，以它们吃剩的兽类的残尸为食。

[6] 易牙：春秋时齐国人，善于调味。据《管子·小称》："夫易牙以调和事公（按：指齐桓公），公曰'惟蒸婴儿之未尝'，于是蒸其首子而献之公。"桀、纣各为我国夏朝和商朝的最后一代君主，易牙和他们不是同时代人。这里说的"易牙蒸了他儿子，给桀纣吃"，也是"狂人""语颇错杂无伦次"的表现。

[7] 徐锡林：隐指徐锡麟（1873—1907），字伯荪，浙江绍兴人，清末革命团体光复会的重要成员。1907年与秋瑾准备在浙、皖两省同时起义。7月6日，他以安徽巡警处会办兼巡警学堂监督身份为掩护，乘学堂举行毕业典礼之机刺死安徽巡抚恩铭，率领学生攻占军械局，弹尽被捕，当日惨遭杀害，心、肝被恩铭的卫队挖出炒食。

（注释参选鲁迅全集．北京：人民文学出版社，2005）

【温故】

● 鲁迅

鲁迅（1881—1936年），现代作家。原名周树人，字豫才，浙江绍兴人，出生于破落的士大夫家庭，少年时期受过中国古代传统文化的教育。1898年到南京，先后进入江南水师学堂、矿务铁路学堂学习，开始接触西方的自然科学和社会科学。1902年官费留学日本。在日本，他先学医，后改学文，决心用文艺改良人生，改造落后的国民性。1909年从日本回国先后在杭州、绍兴任教。主要作品有小说集《呐喊》《彷徨》《故事新编》，散文诗集《野草》，杂文集《坟》《热风》《华盖集》《且介亭杂文》等。

● 《狂人日记》与象征主义

《狂人日记》具有鲜明的象征主义手法，象征作家面对现实世界所抱有的复杂心理。这也是我们要注意的。《狂人日记》包含了"五四"以来的最积极的因素，比如：对人性黑暗的深刻批判，与传统社会的彻底决裂，对语言传统的颠覆，然后是象征主义的艺术手法，这也是当时欧洲文坛上最流行的创作思潮。1920年前后西方世界的著名文学大师，像梅特林克、叶芝、里尔克、瓦雷里、斯特林堡、卡夫卡等,都大量使用了象征的艺术手法,有些诗歌就是西方象征主义的代表作。在20世纪第二个十年中,鲁迅创作的整个文化内涵,是与西方文学精神主流相通的。这就是鲁迅所代表的先锋文学的证明。读《狂人日记》,我们能够举一反三地来看"五四"新文化运动所达到的最高的精神水平。[1]

【知新】

《狂人日记》表达了彻底的、不妥协的反封建精神。鲁迅自述,《狂人日记》受到了果戈理同名小说和尼采思想的影响,但却"比果戈里(理)的忧愤深广,也不如尼采的超人的渺茫"。《狂人日记》在表现"礼教吃人"的同时,还表现了强烈的反叛和变革精神,具有鲜明的时代特征,显示了"五四"时期思想启蒙的高度。李欧梵认为,"《狂人日记》中的'狂人',是鲁迅小说中'摩罗诗人'们的第一个直接后代。但是故事讲述的方式却使我们难于肯定这位叛逆者和'精神界之战士'的思想见解可能被他的听众所接受。'狂人'的见解越是卓越超群,在别人的眼中便越是显得狂乱,他从而也越是遭到冷遇并被迫害所包围。事实上,'狂人'的清醒反而成了对他存在的诅咒,注定他要处于一种被疏远的状态中,被那些他想转变其思想的人们所拒绝。"[2]

【切问】

1. "狂人"有何象征意义?
2. "吃人"的内涵是什么?
3. 《狂人日记》是中国现代文学史上第一篇白话小说,为什么却在日记前加一则文言小序?

【近思】

1. 你觉得什么是狂人?鲁迅笔下的狂人和你心中的狂人有何差别?古代的狂人又是怎样的?如果楚狂人活在今天,你觉得他会生活在怎样的境遇中?
2. 请将鲁迅《狂人日记》主人公心理意识的流程用图表的形式绘制出来,看看有什么新发现。

---

[1] 陈思和. 中国现当代文学名篇十五讲. 北京:北京大学出版社,2013:32.
[2] 李欧梵. 铁屋中的呐喊. 石家庄:河北教育出版社,2000:67.

断魂枪[*]

老 舍

"生命是闹着玩，事事显示如此，从前我这么想过，现在我懂得了。"

沙子龙的镖局已改成客栈。

东方的大梦没法子不醒了。炮声压下去马来与印度野林中的虎啸。半醒的人们，揉着眼，祷告着祖先与神灵；不大会儿，失去了国土、自由与权利。门外立着不同面色的人，枪口还热着。他们的长矛毒弩，花蛇斑彩的厚盾，都有什么用呢；连祖先与祖先所信的神明全不灵了啊！龙旗的中国也不再神秘，有了火车呀，穿坟过墓破坏着风水。枣红色多穗的镖旗，绿鲨皮鞘的钢刀，响着串铃的口马，江湖上的智慧与黑话，义气与声名，连沙子龙，他的武艺、事业，都梦似的变成昨夜的。今天是火车，快枪，通商与恐怖。听说，有人还要杀下皇帝的头呢！

这是走镖已没有饭吃，而国术还没被革命党与教育家提倡起来的时候。

谁不晓得沙子龙是短瘦、利落、硬棒，两眼明得象霜夜的大星？可是，现在他身上放了肉。镖局改了客栈，他自己在后小院占着三间北房，大枪立在墙角，院子里有几只楼鸽。只是在夜间，他把小院的门关好，熟习熟习他的"五虎断魂枪"。这条枪与这套枪，二十年的工夫，在西北一带，给他创出来："神枪沙子龙"五个字，没遇见过敌手。现在，这条枪与这套枪不会再替他增光显胜了；只是摸摸这凉、滑、硬而发颤的杆子，使他心中少难过一些而已。只有在夜间独自拿起枪来，才能相信自己还是"神枪沙"。在白天，他不大谈武艺与往事；他的世界已被狂风吹了走。

在他手下创练起来的少年们还时常来找他。他们大多数是没落子的，都有点武艺，可是没地方去用。有的在庙会上去卖艺：踢两趟腿，练套家伙，翻几个跟头，附带着卖点大力丸，混个三吊两吊的。有的实在闲不起了，去弄筐果子，或挑些毛豆角，赶早儿在街上论斤吆喝出去。那时候，米贱肉贱，肯卖膀子力气本来可以混个肚

---

[*] 本文发表于1935年9月天津《大公报》副刊《文艺》第13期。

儿圆；他们可是不成：肚量既大，而且得吃口管事儿的；干饽饽、辣饼子咽不下去。况且他们还时常去走会：五虎棍，开路，太狮少狮……虽然算不了什么——比起走镖来——可是到底有个机会活动活动，露露脸。是的，走会捧场是买脸的事，他们打扮的得象个样儿，至少得有条青洋绉裤子，新漂白细市布的小褂，和一双鱼鳞洒鞋——顶好是青缎子抓地虎靴子。他们是神枪沙子龙的徒弟——虽然沙子龙并不承认——得到处露脸，走会得赔上俩钱，说不定还得打场架。没钱，上沙老师那里去求。沙老师不含糊，多少不拘，不让他们空着手儿走。可是，为打架或献技去讨教一个招数，或是请给说个"对子"——什么空手夺刀，或虎头钩进枪——沙老师有时说句笑话，马虎过去："教什么？拿开水浇吧！"有时直接把他们赶出去。他们不大明白沙老师是怎么了，心中也有点不乐意。

可是，他们到处为沙老师吹腾，一来是愿意使人知道他们的武艺有真传授，受过高人的指教；二来是为激动沙老师：万一有人不服气而找上老师来，老师难道还不露一两手真的么？所以：沙老师一拳就砸倒了个牛！沙老师一脚把人踢到房上去，并没使多大的劲！他们谁也没见过这种事，但是说着说着，他们相信这是真的了，有年月，有地方，千真万确，敢起誓！

王三胜——沙子龙的大伙计——在土地庙拉开了场子，摆好了家伙。抹了一鼻子茶叶末色的鼻烟，他抡了几下竹节钢鞭，把场子打大一些。放下鞭，没向四围作揖，叉着腰念了两句："脚踢天下好汉，拳打五路英雄！"向四围扫了一眼："乡亲们，王三胜不是卖艺的；玩艺儿会几套，西北路上走过镖，会过绿林中的朋友。现在闲着没事，拉个场子陪诸位玩玩。有爱练的尽管下来，王三胜以武会友，有赏脸的，我陪着。神枪沙子龙是我的师傅；玩艺地道！诸位，有愿下来的没有？"他看着，准知道没人敢下来，他的话硬，可是那条钢鞭更硬，十八斤重。

王三胜，大个子，一脸横肉，努着对大黑眼珠，看着四围。大家不出声。他脱了小褂，紧了紧深月白色的"腰里硬"，把肚子杀进去。给手心一口唾沫，抄起大刀来："诸位，王三胜先练趟瞧瞧。不白练，练完了，带着的扔几个；没钱，给喊个好，助助威。这儿没生意口。好，上眼！"大刀靠了身，眼珠努出多高，脸上绷紧，胸脯子鼓出，象两块老桦木根子。一跺脚，刀横起，大红缨子在肩前摆动。削砍劈拨，蹲越闪转，手起风生，忽忽直响。忽然刀在右手心上旋转，身弯下去，四围鸦雀无声，只有缨铃轻叫。刀顺过来，猛的一个"跺泥"，身子直挺，比众人高着一头，黑塔似的。收了势："诸位！"一手持刀，一手叉腰，看着四围。稀稀的扔下几个铜钱，他点点头。"诸位！"他等着，等着，地上依旧是那几个亮而削薄的铜钱，外层的人偷偷散去。他咽了口气："没人懂！"他低声的说，可是大家全听见了。

"有功夫！"西北角上一个黄胡子老头儿答了话。"啊？"王三胜好似没听明白。

"我说：你——有——功——夫！"老头子的语气很不得人心。

放下大刀，王三胜随着大家的头往西北看。谁也没看重这个老人：小干巴个儿，披着件粗蓝布大衫，脸上窝窝瘪瘪，眼陷进去很深，嘴上几根细黄胡，肩上扛着条小黄草辫子，有筷子那么细，而绝对不象筷子那么直顺。王三胜可是看出这老家伙有功夫，脑门亮，眼睛亮——眼眶虽深，眼珠可黑得象两口小井，深深的闪着黑光。王三胜不怕：他看得出别人有功夫没有，可更相信自己的本事，他是沙子龙手下的大将。"下来玩玩，大叔！"王三胜说得很得体。

点点头，老头儿往里走。这一走，四外全笑了。他的胳臂不大动；左脚往前迈，右脚随着拉上来，一步步的往前拉扯，身子整着，象是患过瘫痪病。蹭到场中，把大衫扔在地上，一点没理会四围怎样笑他。

"神枪沙子龙的徒弟，你说？好，让你使枪吧；我呢？"老头子非常的干脆，很象久想动手。

人们全回来了，邻场耍狗熊的无论怎么敲锣也不中用了。"三截棍进枪吧？"王三胜要看老头子一手，三截棍不是随便就拿得起来的家伙。

老头子又点点头，拾起家伙来。

王三胜努着眼，抖着枪，脸上十分难看。

老头子的黑眼珠更深更小了，象两个香火头，随着面前的枪尖儿转，王三胜忽然觉得不舒服，那俩黑眼珠似乎要把枪尖吸进去！四外已围得风雨不透，大家都觉出老头子确是有威。为躲那对眼睛，王三胜耍了个枪花。老头子的黄胡子一动："请！"王三胜一扣枪，向前躬步，枪尖奔了老头子的喉头去，枪缨打了一个红旋。老人的身子忽然活展了，将身微偏，让过枪尖，前把一挂，后把撩王三胜的手。拍，拍，两响，王三胜的枪撒了手。场外叫了好。王三胜连脸带胸口全紫了，抄起枪来；一个花子，连枪带人滚了过来，枪尖奔了老人的中部。老头子的眼亮得发着黑光；腿轻轻一屈，下把掩挡，上把打着刚要抽回的枪杆；拍，枪又落在地上。

场外又是一片彩声。王三胜流了汗，不再去拾枪，努着眼，木在那里。老头子扔下家伙，拾起大衫，还是拉拉着腿，可是走得很快了。大衫搭在臂上，他过来拍了王三胜一下："还得练哪，伙计！"

"别走！"王三胜擦着汗："你不离，姓王的服了！可有一样，你敢会会沙老师？"

"就是为会他才来的！"老头子的干巴脸上皱起点来，似乎是笑呢。"走；收了吧；晚饭我请！"

王三胜把兵器拢在一处，寄放在变戏法二麻子那里，陪着老头子往庙外走。后面跟着不少人，他把他们骂散了。"你老贵姓？"他问。

"姓孙哪，"老头子的话与人一样，都那么干巴。"爱练；久想会会沙子龙。"

沙子龙不把你打扁了！王三胜心里说。他脚底下加了劲，可是没把孙老头落下。他看出来，老头子的腿是老走着查拳门中的连跳步；交起手来，必定很快。但是，无论他怎么快，沙子龙是没对手的。准知道孙老头要吃亏，他心中痛快了些，放慢了些脚步。

"孙大叔贵处？"

"河间的，小地方。"孙老者也和气了些："月棍年刀一辈子枪，不容易见功夫！说真的，你那两手就不坏！"王三胜头上的汗又回来了，没言语。

到了客栈，他心中直跳，唯恐沙老师不在家，他急于报仇。他知道老师不爱管这种事，师弟们已碰过不少回钉子，可是他相信这回必定行，他是大伙计，不比那些毛孩子；再说，人家在庙会上点名叫阵，沙老师还能丢这个脸么？"三胜，"沙子龙正在床上看着本《封神榜》，"有事吗？"三胜的脸又紫了，嘴唇动着，说不出话来。

沙子龙坐起来，"怎么了，三胜？"

"栽了跟头！"

只打了个不甚长的哈欠，沙老师没别的表示。

王三胜心中不平，但是不敢发作；他得激动老师："姓孙的一个老头儿，门外等着老师呢；把我的枪，枪，打掉了两次！"他知道"枪"字在老师心中有多大分量。没等吩咐，他慌忙跑出去。

客人进来，沙子龙在外间屋等着呢。彼此拱手坐下，他叫三胜去泡茶。三胜希望两个老人立刻交了手，可是不能不沏茶去。孙老者没话讲，用深藏着的眼睛打量沙子龙。沙很客气：

"要是三胜得罪了你，不用理他，年纪还轻。"

孙老者有些失望，可也看出沙子龙的精明。他不知怎样好了，不能拿一个人的精明断定他的武艺。"我来领教领教枪法！"他不由地说出来。

沙子龙没接碴儿。王三胜提着茶壶走进来——急于看二人动手，他没管水开了没有，就沏在壶中。

"三胜，"沙子龙拿起个茶碗来，"去找小顺们去，天汇见，陪孙老者吃饭。"

"什么！"王三胜的眼珠几乎掉出来。看了看沙老师的脸，他敢怒而不敢言地说了声"是啦!"走出去,撅着大嘴。"教徒弟不易!"孙老者说。

"我没收过徒弟。走吧,这个水不开!茶馆去喝,喝饿了就吃。"沙子龙从桌子上拿起缎子褡裢,一头装着鼻烟壶,一头装着点钱,挂在腰带上。

"不,我还不饿!"孙老者很坚决,两个"不"字把小辫从肩上抡到后边去。

"说会子话儿。"

"我来为领教领教枪法。"

"功夫早搁下了,"沙子龙指着身上,"已经放了肉!""这么办也行,"孙老者深深的看了沙老师一眼:"不比武,教给我那趟五虎断魂枪。"

"五虎断魂枪?"沙子龙笑了:"早忘干净了!早忘干净了!告诉你,在我这儿住几天,咱们各处逛逛,临走,多少送点盘缠。"

"我不逛,也用不着钱,我来学艺!"孙老者立起来,"我练趟给你看看,看够得上学艺不够!"一屈腰已到了院中,把楼鸽都吓飞起去。拉开架子,他打了趟查拳:腿快,手飘洒,一个飞脚起去,小辫儿飘在空中,象从天上落下来一个风筝;快之中,每个架子都摆得稳、准,利落;来回六趟,把院子满都打到,走得圆,接得紧,身子在一处,而精神贯串到四面八方。抱拳收势,身儿缩紧,好似满院乱飞的燕子忽然归了巢。

"好!好!"沙子龙在台阶上点着头喊。

"教给我那趟枪!"孙老者抱了抱拳。

沙子龙下了台阶,也抱着拳:"孙老者,说真的吧;那条枪和那套枪都跟我入棺材,一齐入棺材!"

"不传?"

"不传!"

孙老者的胡子嘴动了半天,没说出什么来。到屋里抄起蓝布大衫,拉拉着腿:"打搅了,再会!"

"吃过饭走!"沙子龙说。

孙老者没言语。

沙子龙把客人送到小门,然后回到屋中,对着墙角立着的大枪点了点头。

他独自上了天汇,怕是王三胜们在那里等着。他们都没有去。

王三胜和小顺们都不敢再到土地庙去卖艺,大家谁也不再为沙子龙吹腾;反之,他们说沙子龙栽了跟头,不敢和个老头儿动手;那个老头子一脚能踢死个牛。不要说王三胜输给他,沙子龙也不是他的对手。不过呢,王三胜到底和老头子见了个高低,而沙子龙连句硬话也没敢说。"神枪沙子龙"慢慢似乎被人们忘了。

夜静人稀，沙子龙关好了小门，一气把六十四枪刺下来；而后，拄着枪，望着天上的群星，想起当年在野店荒林的威风。叹一口气，用手指慢慢摸着凉滑的枪身，又微微一笑，"不传！不传！"

（选自老舍. 老舍全集［7 小说］. 北京：人民文学出版社，2013）

【温故】

● 老舍

老舍（1899—1966年），现当代作家。原名舒庆春，满族正红旗人，生于北京。1918年北京师范学校毕业后在中小学任教。曾赴英国、美国讲学，新中国成立后任中国文联副主席、中国作家协会副主席、中国民间文艺研究会副主席等职。1966年在太平湖跳湖自尽，1978年初得到平反，恢复了"人民艺术家"的称号，在象征性的骨灰盒里面，放着老舍使用过的钢笔、毛笔、眼镜、一筒茉莉花茶和一小片被保留下来的血衣残片，墓上面刻写着老舍抗战爆发前所写的《入会誓词》中的一句话："文艺界尽责的小卒，睡在这里。"

● 京派文学与京味文学

京派文学是20世纪30年代活跃在京津一带的文学流派，其成员大多不是北京的土著，主要有周作人、沈从文、林语堂、废名、李健吾、萧乾、凌淑华等。这些作家大多为高校师生，他们的创作远离当时的政治斗争，也远离商业氛围。他们的作品追求"纯正的文学趣味"和古朴原始的人性美、人情美。

京味文学是指洋溢着浓郁北京风情的文学作品，突出北京自己的"味"，用北京口语，写北京城的风俗文化与人情事态，展现出浓郁的京华色彩。开创鼻祖是老舍，其后的代表作家有老向、邓友梅、陈建功、刘心武、刘恒、王朔等。

【知新】

国民精神的范畴来自鲁迅等先驱，但老舍自有其独特贡献。老舍的眼睛既是市民的眼睛，又是受过西方文明洗礼的现代知识分子的眼睛。他眼中的国民精神是全面的、发展的，从简单的善恶对立发展到辩证的交错组合。他笔下国民精神的主流是他舍尽心血描写的大量平凡而又复杂的中间人物。老舍是集传统精神之大成的现代知识分子。他的内心世界与处世态度存在着矛盾，因而他又是一个十分复杂的知识分子。国民精神具有时代性，当代作家应从老舍的成就和不足中领会出国民精神与当代文学发展的关系。

……

老舍曾向日本作家井上靖讲述过"壶"的故事：一个乞丐，带着一只心爱的壶四处流浪，无论遇到什么情况都不肯割爱；临终之前，他把壶摔得粉碎。井上靖因此称老舍之死为"壶碎人亡"。这只"壶"是否可以象征着老舍心中美好的、理想的精神世界和艺术世界呢？应该说，老舍虽然含冤而死，但那只"壶"并没有碎。老舍的作品给我们保存了一个活生生的国民精神的世界，这个世界与老舍本人留给我们的精神一道，启发我们在文学的各个领域同国民精神的关系上做出更深的思考，从而推动我们的文学在民族性、世界性上取得更加光辉的成就。

——选自孔庆东《老舍与国民精神》

【切问】

1. 沙子龙为什么不传断魂枪？
2. 有人认为"沙子龙仍沉湎于自己昔日的辉煌，不肯接受现实，表现出孤傲和落寞的复杂心理，反映了近代一些中国人不愿正视现实、故步自封的文化心理"。你怎么看？
3. 沙子龙为什么叫"沙子龙"？断魂枪为什么叫"断魂枪"？

【近思】

和沙子龙手中的断魂枪一样，我们身边很多传统民间手艺也面临着"失传"的境遇。请你寻找身边的一位老手工艺者，对他进行采访，并体会他的心理状态，与沙子龙进行对比。

大淖记事

汪曾祺

这地方的地名很奇怪，叫做大淖。全县没有几个人认得这个淖字。县境之内，也再没有别的叫做什么淖的地方。据说这是蒙古话。那么这地名大概是元朝留下的。元朝以前这地方有没有，叫做什么，就无从查考了。

淖，是一片大水。说是湖泊，似还不够，比一个池塘可要大得多，春夏水盛时，是颇为浩淼的。这是两条水道的河源。淖中央有一条狭长的沙洲。沙洲上长满茅草和芦荻。春初水暖，沙洲上冒出很多紫红色的芦芽和灰绿色的蒌蒿，很快就是一片翠绿了。夏天，茅草、芦荻都吐出雪白的丝穗，在微风中不住地点头。秋天，全都枯黄了，就被人割去，加到自己的屋顶上去了。冬天，下雪，这里总比别处先白。化雪的时候，也比别处化得慢。河水解冻了，发绿了，沙洲上的残雪还亮晶晶地堆积着。这条沙洲是两条河水的分界处。从淖里坐船沿沙洲西面北行，可以看到高阜上的几家炕房。绿柳丛中，露出雪白的粉墙，黑漆大书四个字："鸡鸭炕房"，非常显眼。炕房门外，照例都有一块小小土坪，有几个人坐在树桩上负曝闲谈。不时有人从门里挑出一副很大的扁圆的竹笼，笼口络着绳网，里面是松花黄色的，毛茸茸，挨挨挤挤，啾啾乱叫的小鸡小鸭。由沙洲往东，要经过一座浆坊。浆是浆衣服用的。这里的人，衣服被里洗过后，都要浆一浆。浆过的衣服，穿在身上沙沙作响。浆是芡实水磨，加一点明矾，澄去水分，晒干而成。这东西是不值什么钱的。一大盆衣被，只要到杂货店花两三个铜板，买一小块，用热水冲开，就足够用了。但是全县浆粉都由这家供应（这东西是家家用得着的），所以规模也不算小。浆坊有四五个师傅忙碌着。喂着两头毛驴，轮流上磨。浆坊门外，有一片平场，太阳好的时候，每天晒着浆块，白得叫人眼睛都睁不开。炕房、浆坊附近还有几家买卖荸荠、茨菇、菱角、鲜藕的鲜货行，集散鱼蟹的鱼行和收购青草的草行。过了炕房和浆坊，就都是田畴麦垅，牛棚水车，人家的墙上贴着黑黄色的牛屎粑粑，——牛粪和水，拍成饼状，直径半尺，整齐地贴在墙上晾干，作燃料，已经完全是农村的景色了。由大淖北去，可至北乡各村。东去可至一沟、二沟、三垛，直达邻县兴化。

大淖的南岸，有一座漆成绿色的木板房，房顶、地面，都是木板的。这原是一个轮船公司。靠外手是候船的休息室。往里去，临水，就是码头。原来曾有一只小轮船，往来本城的兴化，隔日一班，单日开走，双日返回。小轮船漆得花花绿绿的，飘着万国旗，机器突突地响，烟筒冒着黑烟，装货、卸货、上客、下客，也有卖牛肉、高粱酒、花生瓜子、芝麻灌香糖的小贩，吆吆喝喝，是热闹过一阵的。后来因为公司赔了本，股东无意继续经营，就卖船停业了。这间木板房子倒没有拆去。现在里面空荡荡、冷清清，只有附近的野孩子到候船室来唱戏玩，棍棍棒棒，乱打一气；或到码头上比赛撒尿。七八个小家伙，齐齐地站成一排，把一泡泡骚尿哗哗地撒到水里，看谁尿得最远。

大淖指的是这片水，也指水边的陆地。这里是城区和乡下的交界处。从轮船公司往南，穿过一条深巷，就是北门外东大街了。坐在大淖的水边，可以听到远远地一阵一阵朦朦胧胧的市声，但是这里的一切和街里不一样。这里没有一家店铺。这里的颜色、声音、气味和街里不一样。这里的人也不一样。他们的生活，他们的风俗，他们的是非标准、伦理道德观念和街里的穿长衣念过"子曰"的人完全不同。

由轮船公司往东往西，各距一箭之遥，有两丛住户人家。这两丛人家，也是互不相同的，各是各乡风。

西边是几排错错落落的低矮的瓦屋。这里住的是做小生意的。他们大都不是本地人，是从下河一带，兴化、泰州、东台等处来的客户。卖紫萝卜的（紫萝卜是比荸荠略大的扁圆形的萝卜，外皮染成深蓝紫色，极甜脆），卖风菱的（风菱是很大的两角的菱角，壳极硬），卖山里红的，卖熟藕（藕孔里塞了糯米煮熟）的。还有一个从宝应来的卖眼镜的，一个从杭州来的卖天竺筷的。他们像一些候鸟，来去都有定时。来时，向相熟的人家租一间半间屋子，住上一阵，有的住得长一些，有的短一些，到生意做完，就走了。他们都是日出而作，日入而息。吃罢早饭，各自背着、扛着、挎着、举着自己的货色，用不同的乡音，不同的腔调，吟唱吆唤着上街了。到太阳落山，又都像鸟似的回到自己的窝里。于是从这些低矮的屋檐下就都飘出带点甜味而又呛人的炊烟（所烧的柴草都是半干不湿的）。他们做的都是小本生意，赚钱不大。因为是在客边，对人很和气，凡事忍让，所以这一带平常总是安安静静的，很少有吵嘴打架的事情发生。

这里还住着二十来个锡匠，都是兴化帮。这地方兴用锡器，家家都有几件锡制的家伙。香炉、蜡台、痰盂、茶叶罐、水壶、茶壶、酒壶，甚至尿壶，都是锡的。嫁闺女时都要赔送一套锡器。最少也要有两个能容四五升米的大锡罐，摆在柜顶上，否则就不成其为嫁妆。出阁的闺女生了孩子，娘家要送两大罐糯米粥（另外还要有两只老母鸡，一百鸡蛋），装粥用的就是娘柜顶上的这两个锡罐。因此，二十来个锡匠并不显多。

锡匠的手艺不算费事，所用的家什也较简单。一副锡匠担子，一头是风箱，绳系里夹着几块锡板；一头是炭炉和两块二尺见方，一面裱着好几层表芯纸的方砖。锡器是打出来的，不是铸出来的。人家叫锡匠来打锡器，一般都是自己备料，——把几件残旧的锡器回炉重打。锡匠在人家门道里或是街边空地上，支起担子，拉动风箱，在锅里把旧锡化成锡水，——锡的熔点很低，不大一会就化了；然后把两块方砖对合着（裱纸的一面朝里），在两砖之间压一条绳子，绳子按照要打的锡器圈成近似的形状，绳头留在砖外，把锡水由绳口倾倒过去，两砖一压，就成了锡片；然后，用一个大剪子剪剪，焊好接口，用一个木槌在铁砧上敲敲打打，大约一两顿饭工夫就成型了。锡是软的，打锡器不像打铜器那样费劲，也不那样吵人。粗使的锡器，就这样就能交活。若是细巧的，就还要用刮刀刮一遍，用砂纸打一打，用竹节草（这种草中药店有卖的）磨得锃亮。

这一帮锡匠很讲义气。他们扶持疾病，互通有无，从不抢生意。若是合伙做活，工钱也分得很公道。这帮锡匠有一个头领，是个老锡匠，他说话没有人不听。老锡匠人很耿直，对其余的锡匠（不是他的晚辈就是他的徒弟）管教得很紧。他不许他们赌钱喝酒；嘱咐他们出外做活，要童叟无欺，手脚要干净；不许和妇道嬉皮笑脸。他教他们不要怕事，也绝不要惹事。除了上市应活，平常不让到处闲游乱窜。

老锡匠会打拳，别的锡匠也跟着练武。他屋里有好些白蜡杆，三节棍，没事便搬到外面场地上打对儿。老锡匠说：这是消遣，也可以防身，出门在外，会几手拳脚不吃亏。除此之外，锡匠们的娱乐便是唱唱戏。他们唱的这种戏叫做"小开口"，是一种地方小戏，唱腔本是萨满教的香火（巫师）请神唱的调子，所以又叫"香火戏"。这些锡匠并不信萨满教，但大都会唱香火戏。戏的曲调虽简单，内容却是成本大套，李三娘挑水推磨，生下咬脐郎；白娘子水漫金山；刘金定招亲；方卿唱道情，……可以坐唱，也可以化了装彩唱。遇到阴天下雨，不能出街，他们能吹打弹唱一整天。附近的姑娘媳妇都挤过来看，——听。

老锡匠有个徒弟，也是他的侄儿，在家大排行第十一，小名就叫个十一子，外人都只叫他小锡匠。这十一子是老锡匠的一件心事。因为他太聪明，长得又太好看了。他长得挺拔厮称，肩宽腰细，唇红齿白，浓眉大眼，头戴遮阳草帽，青鞋净袜，全身衣服整齐合体。天热的时候，敞开衣扣，露出扇面也似的胸脯，五寸宽的雪白的板带煞得很紧。走起路来，高抬脚，轻着地，麻溜利索。锡匠里出了这样一个一表人才，真是鸡窝里飞出了金凤凰。老锡匠心里明白：唱"小开口"的时候，那些挤过来的姑娘媳妇，其实都是来看这位十一郎的。

老锡匠经常告诫十一子，不要和此地的姑娘媳妇拉拉扯扯，尤其不要和东头的姑娘媳妇有什么勾搭："她们和我们不是一样的人！"

轮船公司东头都是草房，茅草盖顶，黄土打墙，房顶两头多盖着半片破缸破瓮，防止大风时把茅草刮走。这里的人，世代相传，都是挑夫。男人、女人、大人、孩子，都靠肩膀吃饭。挑得最多的是稻子。东乡、北乡的稻船，都在大淖靠岸。满船的稻子，都由这些挑夫挑走。或送到米店，或送进哪家大户的廒仓，或挑到南门外琵琶闸的大船上，沿运河外运。有时还会一直挑到车逻、马棚湾这样很远的码头上。单程一趟，或五六里，或七八里、十多里不等。一二十人走成一串，步子走得很匀，很快。一担稻子一百五十斤，中途不歇肩。一路不停地打着号子。换肩时一齐换肩。打头的一个，手往扁担上一搭，一二十副担子就同时由右肩转到左肩上来了。每挑一担，领一根"筹子"，——尺半长，一寸宽的竹牌，上涂白漆，一头是红的。到傍晚凭筹领钱。

稻谷之外，什么都挑。砖瓦、石灰、竹子（挑竹子一头拖在地上，在砖铺的街面上擦得刷刷地响），桐油（桐油很重，使扁担不行，得用木杠，两人抬一桶）……因此，一年三百六十天，天天有活干，饿不着。

十三四岁的孩子就开始挑了。起初挑半担，用两个柳条笆斗。练上一二年，人长高了，力气也够了，就挑整担，像大人一样的挣钱了。

挑夫们的生活很简单：卖力气，吃饭。一天三顿，都是干饭。这些人家都不盘灶，烧的是"锅腔子"——黄泥烧成的矮瓮，一面开口烧火。烧柴是不花钱的。淖边常有草船，乡下人挑芦柴入街去卖，一路总要撒下一些。凡是尚未挑担挣钱的孩子，就一人一把竹笆，到处去搂。因此，这些顽童得到一个稍带侮辱性的称呼，叫做"笆草鬼子"。有时懒得费事，就从乡下人的草担上猛力拽出一把，拔腿就溜。等乡下人撂下担子叫骂时，他们早就没影儿了。锅腔子无处出烟，烟子就横溢出来，飘到大淖水面上，平铺开来，停留不散。这些人家无隔宿之粮，都是当天买，当天吃。吃的都是脱粟的糙米。一到饭时，就看见这些茅草房子的门口蹲着一些男子汉，捧着一个蓝花大海碗，碗里是骨堆堆的一碗紫红紫红的米饭，一边堆着青菜小鱼、臭豆腐、腌辣椒，大口大口地在吞食。他们吃饭不怎么嚼，只在嘴里打一个滚，咕冬一声就咽下去了。看他们吃得那样香，你会觉得世界上再没有比这个饭更好吃的饭了。

他们也有年，也有节。逢年过节，除了换一件干净衣裳，吃得好一些，就是聚在一起赌钱。赌具，也是钱。打钱，滚钱。打钱：各人拿出一二十铜元，叠成很高的一摞。参与者远远地用一个钱向这摞铜钱砸去，砸倒多少取多少。滚钱又叫"滚五七寸"。在一片空场上，各人放一摞钱；一块整砖支起一个斜坡，用一个铜元由砖面落下，向钱注密处滚去，钱停住后，用事前备好的两根草棍量一量，如距钱注五寸，滚钱者即可吃掉这一注；距离七寸，反赔出与此注相同之数。这种古老的博法使挑夫们得到极大的快乐。旁观的闲人也不时大声喝彩，为他们助兴。

这里的姑娘媳妇也都能挑。她们挑得不比男人少，走得不比男人慢。挑鲜货是她们的专业。大概是觉得这种水淋淋的东西对女人更相宜，男人们是不屑于去挑的。这些"女将"都生得颀长俊俏，浓黑的头发上涂了很多梳头油，梳得油光水滑（照当地说法是：苍蝇站上去都会闪了腿）。脑后的发髻都极大。发髻的大红头绳的发根长到二寸，老远就看到通红的一截。她们的发髻的一侧总要插一点什么东西。清明插一个柳球（杨柳的嫩枝，一头拿牙咬着，把柳枝的外皮连同鹅黄的柳叶使劲往下一抹，成一个小小球形），端午插一丛艾叶，有鲜花时插一朵栀子、一朵夹竹桃，无鲜花时插一朵大红剪绒花。因为常年挑担，衣服的肩膀处易破，她们的托肩多半是换过的。旧衣服，新托肩，颜色不一样，这几乎成了大淖妇女的特有的服饰。一二十个姑娘媳妇，挑着一担担紫红的荸荠、碧绿的菱角、雪白的连枝藕，走成一长串，风摆柳似的嚓嚓地走过，好看得很！

她们像男人一样的挣钱，走相、坐相也像男人。走起来一阵风，坐下来两条腿叉得很开。她们像男人一样赤脚穿草鞋（脚指甲却用凤仙花染红）。她们嘴里不忌生冷，男人怎么说话她们怎么说话，她们也用男人骂人的话骂人。打起号子来也是"好大娘个歪歪子咧！"——"歪歪子咧……"

没出门子的姑娘还文雅一点，一做了媳妇就简直是"姜太公在此百无禁忌"，要多野有多野。有一个老光棍黄海龙，年轻时也是挑夫，后来腿脚有了点毛病，就在码头上看看稻船，收收筹子。这老头儿老没正经，一把胡子了，还喜欢在媳妇们的胸前屁股上摸一把，拧一下。按辈分，他应当被这些媳妇称呼一声叔公，可是谁都管他叫"老骚胡子"。有一天，他又动手动脚的，几个媳妇一咬耳朵，一二三，一齐上手，眨眼之间叔公的裤子就挂在大树顶上了。有一回，叔公听见卖饺面的挑着担子，敲着竹梆走来，他又来劲了："你们敢不敢到淖里洗个澡？——敢，我一个人输你们两碗饺面！"——"真的？"——"真的！"——"好！"几个媳妇脱了衣服跳到淖里扑通扑通洗了一会。爬上岸就大声喊叫："下面！"

这里人家的婚嫁极少明媒正娶，花轿吹鼓手是挣不着他们的钱的。媳妇，多是自己跑来的；姑娘，一般是自己找人。他们在男女关系上是比较随便的。姑娘在家生私孩子；一个媳妇，在丈夫之外，再"靠"一个，不是稀奇事。这里的女人和男人好，还是恼，只有一个标准：情愿。有的姑娘、媳妇相与了一个男人，自然也跟他要钱买花戴，但是有的不但不要他们的钱，反而把钱给他花，叫做"倒贴"。

因此，街里的人说这里"风气不好"。

到底是哪里的风气更好一些呢？难说。

大淖东头有一户人家。这一家只有两口人，父亲和女儿。父亲名叫黄海蛟，是黄海龙的堂弟（挑夫里姓黄的多）。原来是挑夫里的一把好手。他专能上高跳。这地方大粮行的"窝积"（长条芦席围成的粮囤），高到三四丈，只支一只单跳，很陡。上高跳要提着气一口气窜上去，中途不能停留。遇到上了一点岁数的或者"女将"，抬头看看高跳，有点含糊，他就走过去接过一百五十斤的担子，一支箭似的上到跳顶，两手一提，把两箩稻子倒在"窝积"里，随即三五步就下到平地。因为为人忠诚老实，二十五岁了，还没有成亲。那年在车逻挑粮食，遇到一个姑娘向他问路。这姑娘留着长长的刘海，梳了一个"苏州俏"的发髻，还抹了一点胭脂，眼色张皇，神情焦急，她问路，可是连一个准地名都说不清，一看就知道是大户人家逃出来的使女。黄海蛟和她攀谈了一会，这姑娘就表示愿意跟着他过。她叫莲子。——这地方丫头、使女多叫莲子。

莲子和黄海蛟过了一年，给他生了个女儿。七月生的，生下的时候满天都是五色云彩，就取名叫做巧云。

莲子的手很巧、也勤快，只是爱穿件华丝葛的裤子，爱吃点瓜子零食，还爱唱"打牙牌"之类的小调："凉月子一出照楼梢，打个呵欠伸懒腰，瞌睡子又上来了。哎哟，哎哟，瞌睡子又上来了⋯⋯"这和大淖的乡风不大一样。

巧云三岁那年，她的妈莲子，终于和一个过路戏班子的一个唱小生的跑了。那天，黄海蛟正在马棚湾。莲子把黄海蛟的衣裳都浆洗了一遍，巧云的小衣裳也收拾在一起，闷了一锅饭，还给老黄打了半斤酒，把孩子托给邻居，说是她出门有点事，锁了门，从此就不知去向了。

巧云的妈跑了，黄海蛟倒没有怎么伤心难过。这种事情在大淖这个地方也值不得大惊小怪。养熟的鸟还有飞走的时候呢，何况是一个人！只是她留下的这块肉，黄海蛟实在是疼得不行。他不愿巧云在后娘的眼皮底下委委屈屈地生活，因此发心不再续娶。他就又当爹又当妈，和女儿巧云在一起过了十几年。他不愿巧云去挑扁担，巧云从十四岁就学会结渔网和打芦席。

巧云十五岁，长成了一朵花。身材、脸盘都像妈。瓜子脸，一边有个很深的酒窝。眉毛黑如鸦翅，长入鬓角。眼角有点吊，是一双凤眼。睫毛很长，因此显得眼睛经常是眯䁖着；忽然回头，睁得大大的，带点吃惊而专注的神情，好像听到远处有人叫她似的。她在门外的两棵树杈之间结网，在淖边平地上织席，就有一些少年人装着有事的样子来来去去。她上街买东西，甭管是买肉、买菜，打油、打酒，撕布、量头绳，买梳头油、雪花膏，买石碱、浆块，同样的钱，她买回来，分量都比别人多，东西都比别人的好。这个奥秘早被大娘、大婶们发现，她们都托她买东西。只要巧云一上街，都拎了好几个竹篮，回来时压得两个胳臂酸疼酸疼。泰山庙唱戏，人家都自己扛了板凳去。巧云散着手就去了。一去了，总有人给她找一个得看的好座。台上的戏唱得正热闹,但是没有多少人叫好。因为好些人不是在看戏,是看她。

巧云十六了,该张罗着自己的事了。谁家会把这朵花迎走呢?炕房的老大?浆坊的老二?鲜货行的老三?他们都有这意思。这点意思黄海蛟知道了,巧云也知道。不然他们老到淖东头来回晃摇是干什么呢?但是巧云没怎么往心里去。

巧云十七岁,命运发生了一个急转直下的变化。她的父亲黄海蛟在一次挑重担上高跳时,一脚踏空,从三丈高的跳板上摔下来,摔断了腰。起初以为不要紧,养养就好了。不想喝了好多药酒,贴了好多膏药,还不见效。她爹半瘫了,他的腰再也直不起来了。他有时下床,扶着一个剃头担子上用的高板凳,格登格登地走一截,平常就只好半躺下靠在一摞被窝上。他不能用自己的肩膀为女儿挣几件新衣裳,买两枝花,却只能由女儿用一双手养活自己了。还不到五十岁的男子汉,只能做一点老太婆做的事:绩了一捆又一捆的供女儿结网用的麻线。事情很清楚:巧云不会撇下她这个老实可怜的残废爹。谁要愿意,只能上这家来当一个倒插门的养老女婿。谁愿意呢?这家的全部家产只有三间草屋(巧云和爹各住一间,当中是一个小小的堂屋)。老大、老二、老三时不时走来走去,拿眼睛瞟着隔着一层渔网或者坐在雪白的芦席上的一个苗条的身子。他们的眼睛依然不缺乏爱慕,但是减少了几分急切。

老锡匠告诫十一子不要老往淖东头跑,但是小锡匠还短不了要来。大娘、大婶、姑娘、媳妇有旧壶翻新,总喜欢叫小锡匠来。从大淖过深巷上大街也要经过这里,巧云家门前的柳阴是一个等待雇主的好地方。巧云织席,十一子化锡,正好做伴。有时巧云停下活计,帮小锡匠拉风箱。有时巧云要回家看看她的残废爹,问他想不想吃烟喝水,小锡匠就压住炉里的火,帮她织一气席。巧云的手指划破了(织席很容易划破手,压扁的芦苇薄片,刀一样的锋快),十一子就帮她吮吸指头肚子上的血。巧云从十一子口里知道他家里的事:他是个独子,没有兄弟姐妹。他有一个老娘,守寡多年了。他娘在家给人家做针线,眼睛越来越不好,他很担心她有一天会瞎……好心的大人路过时会想:这倒真是两只鸳鸯,可是配不成对。一家要招一个养老女婿,一家要接一个当家媳妇,弄不到一起。他们俩呢,只是很愿意在一处谈谈坐坐。都到岁数了,心里不是没有。只是像一片薄薄的云,飘过来,飘过去,下不成雨。

有一天晚上,好月亮,巧云到淖边一只空船上去洗衣裳(这里的船泊定后,把桨拖到岸上,寄放在熟人家,船就拴在那里,无人看管,谁都可以上去)。她正在船头把身子往前倾着,用力涮着一件大衣裳,一个不知轻重的顽皮野孩子轻轻走到她身后,伸出两手咯吱她的腰。她冷不防,一头栽进了水里。她本会一点水,但是一下了慒了。这几天水又大,流很急。她挣扎了两下,喊救人,接连喝了几口水。她被水冲走了！正赶上十一子在炕房门外土坪上打拳，看见一个人冲了过来，头发在水上漂着。他褪下鞋子，一猛子扎到水底，从水里把她托了起来。

十一子把她肚子里的水控了出来，巧云还是昏迷不醒。十一子只好把她横抱着，像抱一个婴儿似的，把她送回去。她浑身是湿的，软绵绵，热乎乎的。十一子觉得巧云紧紧挨着他，越挨越紧。十一子的心怦怦地跳。

到了家，巧云醒来了。（她早就醒来了！）十一子把她放在床上。巧云换了湿衣裳（月光照出她的美丽的少女的身体）。十一子抓一把草，给她熬了半锦子姜糖水，让她喝下去，就走了。

巧云起来关了门，躺下。她好像看见自己躺在床上的样子。月亮真好。

巧云在心里说："你是个呆子！"

她说出声来了。

不大一会，她也就睡死了。

就在这一天夜里，另外一个人，拨开了巧云家的门。

由轮船公司对面的巷子转东大街，往西不远，有一个道士观，叫做炼阳观。现在没有道士了，里面住了不到一营水上保安队。这水上保安队是地方武装。他们名义上归县政府管辖，饷银却由县商会开销，水上保安队的任务是下乡剿土匪。这一带土匪很多，他们抢了人，绑了票，大都藏匿在芦荡湖泊中的船上（这地方到处是水），如遇追捕，便于脱逃。因此，地方绅商觉得很需要成立一个特殊的武装力量来对付这些成帮结伙的土匪。水上保安队装备是很好的。他们乘的船是"铁板划子"——船的三面都有半人高、三四分厚的铁板，子弹是打不透的。铁板划子就停在大淖岸边，样子很高傲。一有任务，就看见大兵们扛着两挺水机关，用箩筐抬着多半筐子弹（子弹不用箱装，却使箩抬，颇奇怪），上了船，开走了。

或七八天，或十天半月，他们得胜回来了（他们有铁板划子，又有水机关，对土匪有压倒优势，很少有伤亡）。铁板划子靠了岸，上岸列队，由深巷，上大街，直奔县政府。这队伍是四列纵队。前面是号队。这不到一营的人，却有十二支号。一上大街，就"打打打滴打大打滴大打"，齐齐整整地吹起来。后面是全队弟兄，一律荷枪实弹。号队之后，大队之前的正中，是捉来的土匪。有时三个五个，有时只有一个，都是五花大绑。这队伍是很神气的。最妙的是被绑着的土匪也一律都合着号音，步伐整齐，雄赳赳气昂昂地走着。甚至值日官喊"一、二、三、四"，他们也随着大声地喊。大队上街之前，要由地保事先通知沿街店铺，凡有鸟笼的（有的店铺是养八哥、画眉的），都要收起来，因为土匪大哥看见不高兴，这是他们忌讳的（他们到了县政府，都下在大狱里，看见笼中鸟，就无出狱希望了）。看看这样的铜号放光，刺刀雪亮，还夹着几个带有传奇色彩的土匪英雄的威武雄壮的队伍，是这条街上的民众的一件快乐事情。其快乐程度不下于看狮子、龙灯、高跷、抬阁、和僧道齐全、六十四杠的大出丧。

除了下乡办差，保安队的弟兄们没有什么事。他们除了把两挺水机关扛到大淖边突突地打两梭（把淖岸上的泥土打得簌簌地往下掉），平常是难得出操、打野外的。使人们感觉到这营把人的存在的，是这十二个号兵早晚练号。早晨八九点钟，下午四五点钟，他们就到大淖边来了。先是拔长音，然后各自吹几段，最后是合吹进行曲、三环号（他们吹三环号只是吹着玩，因为从来没有接受检阅的时候）。吹完号，就解散，想干什么干什么。有的，就轻手轻脚，走进一家的门外，咳嗽一声，随着，走了进去，门就关起来了。

这些号兵大都衣着整齐，干净爱俏。他们除了吹吹号，整天无事干，有的是闲空。他们的钱来得容易，——饷钱倒不多，但每次下乡，总有犒赏；有时与土匪遭遇，双方谈条件，也常从对方手中得到一笔钱，手面很大方，花钱不在乎。他们是保护地方绅商的军人，身后有靠山，即或出一点什么事，谁也无奈他何。因此，这些大爷就觉得不风流风流，实在对不起自己，也辜负了别人。

十二个号兵，有一个号长，姓刘，大家都叫他刘号长。这刘号长前后跟大淖几家的媳妇都很熟。

拨开巧云家的门的，就是这个号长！

号长走的时候留下十块钱。

这种事在大淖不是第一次发生。巧云的残废爹当时就知道了。他拿着这十块钱，只是长长地叹了一口气。邻居们知道了，姑娘、媳妇并未多议论，只骂了一句："这个该死的！"

巧云破了身子，她没有淌眼泪，更没有想到跳到淖里淹死。人生在世，总有这么一遭！只是为什么是这个人？真不该是这个人！怎么办？拿把菜刀杀了他？放火烧了炼阳观？不行！她还有个残废爹。她怔怔地坐在床上，心里乱糟糟的。她想起该起来烧早饭了。她还得结网，织席，还得上街。她想起小时候上人家看新娘子，新娘子穿了一双粉红的缎子花鞋。她想起她的远在天边的妈。她记不得妈的样子，只记得妈用一个筷子头蘸了胭脂给她点了一点眉心红。她拿起镜子照照，她好像第一次看清楚自己的模样。她想起十一子给她吮手指上的血，这血一定是咸的。她觉得对不起十一子，好像自己做错了什么事。

她非常失悔：没有把自己给了十一子！

她的这个念头越来越强烈。这个号长来一次，她的念头就更强烈一分。

水上保安队又下乡了。

一天，巧云找到十一子，说："晚上你到大淖东边来，我有话跟你说。"

十一子到了淖边。巧云踏在一只"鸭撇上"上（放鸭子用的小船，极小，仅容一人。这是一只公船，平常就拴在淖边。大淖人谁都可以撑着它到沙洲上挑蒌蒿，割茅草，拣野鸭蛋），把蒿子一点，撑向淖中央的沙洲，对十一子说："你来！"过了一会，十一子泅水到了沙洲上。

他们在沙洲的茅草丛里一直待到月到中天。

月亮真好啊！

十一子和巧云的事，师兄们都知道，只瞒着老锡匠一个人。

他们偷偷地给他留着门，在门窝子里倒了水（这样推门进来没有声音）。十一子常常到天快亮的时候才回来。有一天，又是这时候才推开门。刚刚要钻被窝，听见老锡匠说："你不要命啦！"

这种事情怎么瞒得住人呢？终于，传到刘号长的耳朵里。其实没有人跟他嚼舌头，刘号长自己还不知道？巧云看见他都讨厌，她的全身都是冷淡的。刘号长咽不下这口气。本来，他跟巧云又没有拜过堂，完过花烛，闲花野草，断了就断了。可是一个小锡匠，夺走了他的人，这丢了当兵的脸。太岁头上动土，这还行！这种事从来没有发生过。连保安队的弟兄也都觉得面上无光，在人前矬了一截。他是只许自己在别人头上拉屎撒尿，不许别人在他脸上溅一星唾沫的。若是闭着眼过去，往后，保安队的人还混不混了？

有一天，天还没亮，刘号长带了几个弟兄，踢开巧云家的门，从被窝里拉起了小锡匠，把他捆了起来。把黄海蛟、巧云的手脚也都捆了，怕他们去叫人。

他们把小锡匠弄到泰山庙后面的坟地里，一人一根棍子，搂头盖脸地打他。

他们要小锡匠卷铺盖走人，回他的兴化，不许再留在大淖。

小锡匠不说话。

他们要小锡匠答应不再走进黄家的门，不挨巧云的身子。小锡匠还是不说话。

他们要小锡匠告一声饶，认一个错。

小锡匠的牙咬得紧紧的。

小锡匠的硬铮把这些向来是横着膀子走路的家伙惹怒了，"你这样硬！打不死你！"——"打"，七八根棍子风一样、雨一样打在小锡匠的身子。

小锡匠被他们打死了。

锡匠们听说十一子被保安队的人绑走了，他们四处找，找到了泰山庙。

老锡匠用手一探，十一子还有一丝悠悠气。老锡匠叫人赶紧去找陈年的尿桶。他经验过这种事，打死的人，只有喝了从桶里刮出来的尿碱，才有救。

十一子的牙关咬得很紧，灌不进去。

巧云捧了一碗尿碱汤，在十一子的耳边说："十一子，十一子，你喝了！"

十一子微微听见一点声音，他睁了睁眼。巧云把一碗尿碱汤灌进了十一子的喉咙。

不知道为什么，她自己也尝了一口。

锡匠们摘了一块门板，把十一子放在门板上，往家里抬。

他们抬着十一子，到了大淖东头，还要往西走。巧云拦住了：

"不要。抬到我家里。"

老锡匠点点头。

巧云把屋里存着的渔网和芦席都拿到街上卖了，买了七厘散，医治十一子身子里的瘀血。

东头的几家大娘、大婶杀了下蛋的老母鸡，给巧云送来了。

锡匠们凑了钱，买了人参，熬了参汤。

挑夫，锡匠，姑娘，媳妇，川流不息地来看望十一子。他们把平时在辛苦而单调的生活中不常表现的热情和好心都拿出来了。他们觉得十一子和巧云做的事都很应该，很对。大淖出了这样一对年轻人，使他们觉得骄傲。大家的心喜洋洋，热乎乎的，好像在过年。

刘号长打了人，不敢再露面。他那几个弟兄也都躲在保安队的队部里不出来。保安队的门口加了双岗。这些好汉原来都是一窝"草鸡"！

锡匠们开了会。他们向县政府递了呈子，要求保安队把姓刘的交出来。

县政府没有答复。

锡匠们上街游行。这个游行队伍是很多人从未见过的。没有旗子，没有标语，就是二十来个锡匠挑着二十来副锡匠担子，在全城的大街上慢慢地走。这是个沉默的队伍，但是非常严肃。他们表现出不可侵犯的威严和不可动摇的决心。这个带有中世纪行帮色彩的游行队伍十分动人。

游行继续了三天。

第三天，他们举行了"顶香请愿"。二十来个锡匠，在县政府照壁前坐着，每人头上用木盘顶着一炉炽旺的香。这是一个古老的风俗：民有沉冤，官不受理，被逼急了的百姓可以用香火把县大堂烧了，据说这不算犯法。

这条规矩不载于《六法全书》，现在不是大清国，县政府可以不理会这种"陋习"。但是这些锡匠是横了心的，他们当真干起来，后果是严重的。县长邀请县里的绅商商议，一致认为这件事不能再不管。于是由商会会长出面，约请了有关的人：一个承审——作为县长代表，保安队的副官，老锡匠和另外两个年长的锡匠，还有代表挑夫的黄海龙，四邻见证，——卖眼镜的宝应人，卖天竺筷的杭州人，在一家大茶馆里举行会谈，来"了"这件事。

会谈的结果是：小锡匠养伤的药钱由保安队负担（实际是商会拿钱），刘号长驱逐出境。由刘号长画押具结。老锡匠觉得这样就给锡匠和挑夫都挣了面子，可以见好就收了。只是要求在刘某人的甘结上写上一条：如果他再踏进县城一步，任凭老锡匠一个人把他收拾了！

过了两天，刘号长就由两个弟兄持枪护送，悄悄地走了。他被调到三垛去当了税警。

十一子能进一点饮食，能说话了。巧云问他："他们打你，你只要说不再进我家的门，就不打你了，你就不会吃这样大的苦了。你为什么不说？"

"你要我说么？"

"不要。"

"我知道你不要。"

"你值么。"

"我值。"

"十一子，你真好！我喜欢你！你快点好。"

"你亲我一下，我就好得快。"

"好，亲你！"

巧云一家有了三张嘴。两个男的不能挣钱，但要吃饭。大淖东头的人家就没有积蓄，也没有什么东西可以变卖典押。结渔网，打芦席，都不能当时见钱。十一子的伤一时半会不会好，日子长了，怎么过呢？巧云没有经过太多考虑，把爹用过的箩筐找出来，磕磕尘土，就去挑担挣"活钱"去了。姑娘媳妇都很佩服她。起初她们怕她挑不惯，后来看她脚下很快，很匀，也就放心了。从此，巧云就和邻居的姑娘媳妇在一起，挑着紫红的荸荠、碧绿的菱角、雪白的连枝藕，风摆柳似地穿街过市，发髻的一侧插着大红花。她的眼睛还是那么亮，长睫毛忽扇忽扇的。但是眼神显得更深沉，更坚定了。她从一个姑娘变成了一个很能干的小媳妇。

十一子的伤会好么?

会。

当然会!

一九八一年二月四日,旧历大年三十

(选自汪曾祺全集. 北京:人民文学出版社,2014)

【温故】

● 汪曾祺

汪曾祺(1920—1997年),江苏高邮人,著名作家。自幼受到中国传统文化的熏陶。1939年考入西南联合大学中国文学系,是沈从文先生的入室弟子,期间深受西方现代主义文学的影响。1940年开始发表小说、散文、诗歌,早期小说呈现西方现代派和京派传统相遇和的面貌。汪曾祺厚积薄发,大器晚成,20世纪80年代以后达到创作高峰,创作了许多描写风俗人情的小说,如《受戒》《大淖记事》等。曾在海内外出版过小说集、散文集30余部。主要作品有短篇小说集《邂逅集》《羊舍的夜晚》《寂寞与温暖》等,散文集有《塔上随笔》等。

● 汪曾祺的短篇小说

汪曾祺在文学史上是一位具有承前启后意义的小说家。汪曾祺一生致力于短篇小说的探索。一方面,他是最后一位"京派"作家,把废名、沈从文等人所开创的散文化小说传统延续了下来,开创了新时期"小说散文化"的先河;另一方面,又开启了中国当代文学中"寻根文学"之先,影响了一批小说家和文学潮流,他的小说以描写乡土中国的自然和人性之美见长,具有浓郁的"中国味儿"。

汪曾祺的短篇小说从小说观念到创作实绩,有独特的文化趣味与美学追求。其叙述方式、语言、结构及"淡中有味,飘而不散"的诗化、散文化风格,更新了小说观念,启动了当代作家的文体意识和语言感觉,使小说自身的审美功能得以回归。

【知新】

汪曾祺的小说历来被视为"语言具有丰富的审美意义"的文学范本,表现了一种自由散淡、意味绵长的情调。其小说语言既有古典文言的意蕴之美,又有现代白话的流畅之美,从而形成一种可称为"现代韵白"的语言形式。这与鲁迅、郁达夫等现代作家的短篇小说有着非常显著的区别,王一川称之为"文人小说"。

在小说语言这一问题上，王一川认为，"汪曾祺背靠古代汉语的审美神韵，建构现代白话的全新形象"，"以现代白话生成一种类似于古代汉语余韵无穷的审美效果的语言"，在这里，"韵"既指语言富有韵律节奏，也指语言生成的意义含蕴不尽、意蕴无穷，"这种'现代韵白'标志着'现代文人文学'传统的复兴与成熟；而作为汉语形象之一种，它又成为重建中的文人自我的精神镜像。"[①]《大淖记事》正是作者艺术性重建知识分子视域下的中国传统生活方式的镜像式作品。

【切问】

1. 试分析十一子、巧云等主要人物形象，以及作品的乡土文化意义。
2. 汪曾祺是深受中国传统文化特别是儒家思想熏陶的作家。他的作品充满了地道中国味的审美风格，在总体创作倾向上，他"追求的是和谐，希望容奇崛于平淡"。试结合文本内容，分析《大淖记事》所体现的汪曾祺的审美追求。
3. 季红真说："汪曾祺的小说中有一种难以言传的感受，似乎隐匿着一种深厚的意蕴。"你认为这篇小说包含了哪些意蕴？

【近思】

试比较分析汪曾祺《大淖记事》与沈从文《边城》的异同，并结合你熟悉的民间故事传说，谈谈本篇小说对于民间故事叙事模式的继承与突破。

游园惊梦

白先勇

钱夫人到达台北近郊天母窦公馆的时候，窦公馆门前两旁的汽车已经排满了，大多是官家的黑色小轿车。钱夫人坐的出租车开到门口她便命令司机停了下来。窦公馆的两扇铁门大敞，门灯高烧，大门两侧一边站了一个卫士，门口有个随从打扮的人正在那儿忙着招呼宾客的司机。钱夫人一下车，那个随从便赶紧迎了上来，他穿了一身

[①] 王一川主编. 现代文学中的汉语形象：文学现代性的语言论观照. 北京：北京师范大学出版社，2012：142.

藏青哔叽的中山装，两鬓花白。钱夫人从皮包里掏出了一张名片递给他，那个随从接过名片，即忙向钱夫人深深地行了一个礼，操了苏北口音，满面堆着笑容说道："钱夫人，我是刘副官，夫人大概不记得了？"

"是刘副官吗？"钱夫人打量了他一下，微带惊愕地说道，"对了，那时在南京到你们公馆见过你的。你好，刘副官。"

"托夫人的福，"刘副官又深深地行了一礼，赶忙把钱夫人让了进去，然后抢在前面用手电筒照路，引着钱夫人走上一条水泥砌的汽车过道，绕着花园往正屋里行去。

"夫人这向好？"刘副官一行引着路，回头笑着向钱夫人说道。

"还好，谢谢你，"钱夫人答道，"你们长官夫人都好呀？我有好几年没见着他们了。"

"我们夫人好，长官最近为了公事忙一些。"刘副官应道。

窦公馆的花园十分深阔，钱夫人打量了一下，满园子里影影绰绰，都是些树木花草，围墙周遭却密密地栽了一圈椰子树，一片秋后的清月，已经升过高大的椰树干子来了。钱夫人跟着刘副官绕过了几丛棕榈树，窦公馆那座两层楼的房子便赫然出现在眼前，整座大楼，上上下下灯火通明，亮得好象烧着了一般。一条宽敞的石级引上了楼前一个弧形的大露台，露台的石栏边沿上却整整齐齐地置了十来盆一排齐胸的桂木，钱夫人一踏上露台，一阵桂花的浓香便侵袭过来了。

楼前正门大开，里面有几个仆人穿梭一般来往着。刘副官停在门口，哈着身子，做了个手势，毕恭毕敬地说了声："夫人请。"

钱夫人一走入门内前厅，刘副官便对一个女仆说道："快去报告夫人，钱将军夫人到了。"

前厅只摆了一堂精巧的红木几椅，几案上搁了一套景泰蓝的瓶樽，一只鱼篓瓶里斜插了几枝万年青；右侧壁上，嵌了一面鹅卵形的大穿衣镜。钱夫人走到镜前，把身上那件玄色秋大衣卸下，一个女仆赶忙上前把大衣接了过去。钱夫人往镜里瞟了一眼，很快地用手把右鬓一绺松弛的头发挽了一下。下午六点钟才去西门町红玫瑰做的头发，刚才穿过花园，吃风一撩，就乱了。钱夫人往镜子又凑近了一步，身上那件墨绿杭绸的旗袍，她也觉得颜色有点不对劲儿。她记得这种丝绸，在灯光底下照起来，绿汪汪翡翠似的，大概这间前厅不够亮，镜子里看起来，竟有点发乌。难道真的是料子旧了？

这份杭绸还是从南京带出来的呢。这些年都没舍得穿，为了赴这场宴才从箱子里拿出来裁了。早知如此，还不如到鸿翔绸庄去买份新的。可是她总觉得台湾的衣料粗糙，光泽扎眼，尤其是丝绸，哪里及得上大陆货那么细致，那么柔熟？

"五妹妹到底来了。"一阵脚步声，窦夫人走了出来，一把便攥住了钱夫人的双手笑道。

"三阿姐，"钱夫人也笑着叫道，"来晚了，累你们好等。"

"哪里的话，恰是时候，我们正要入席呢。"

窦夫人说着便挽了钱夫人往正厅走去。在走廊上，钱夫人用眼角扫了窦夫人两下，她心中不禁觇敲起来；桂枝香果然还是没有老。临离开南京那年，自己明明还在梅园新村的公馆替桂枝香请过三十岁的生日酒，得月台的几个姐妹淘都差不多到齐了——嫁给上海棉纱大王陶鼎新的老二露凝香，桂枝香的妹子后来嫁给任主席任子久小的十三天辣椒，还有她自己的亲妹妹十七月月红——几个人还学洋派凑份子替桂枝香定制了一个三十寸两层楼的大寿糕，上面足足插了三十根红蜡烛。现在她总该有四十大几了吧？钱夫人又朝窦夫人瞄了一下。窦夫人穿了一身银灰洒朱砂的薄纱旗袍。足上也配了一双银灰闪光的高跟鞋，右手的无名指上戴了一只莲子大的钻戒，左腕也笼了一副白金镶碎钻的手串，发上却插了一把珊瑚缺月钗，一对寸把长的紫瑛坠子直吊下发脚外来，衬得她丰白的面庞愈加雍容矜贵起来。在南京那时，桂枝香可没有这般风光，她记得她那时还做小，窦瑞生也不过是个次长，现在窦瑞生的官大了，桂枝香也扶了正，难为她熬了这些年，到底给她熬出了头了。

"瑞生到南部开会去了，他听说五妹妹今晚要来，特地着我向你问好呢。"窦夫人笑着侧过头来向钱夫人说道。

"哦，难为窦大哥还那么有心。"钱夫人答道。一走近正厅，里面一阵人语喧笑便传了出来，窦夫人在正厅门口停了下来，又握住钱夫人的双手笑道："五妹妹，你早就该搬来台北了，我一直都挂着，你一个人住在南部那种地方有多冷清呢？今夜你是无论如何缺不得席的——十三也来了。"

"她也在这儿吗？"钱夫人问道。

"你知道呀，任子久一死，她便搬出了任家。"窦夫人说着又凑到钱夫人耳边笑道，"任子久是有几份家当的，十三一个人也算过得舒服了。今晚就是她起的哄，来到台湾还是头一遭呢。她把天香票房里的几位朋友搬了来，锣鼓笙箫都是全的，他们还巴望着你上去显两手呢。"

"罢了，罢了，哪里还能来这个玩意儿！"钱夫人急忙挣脱了窦夫人，摆着手笑道。

"客气话不必说了，五妹妹，你当年的老功夫一定是在的，连你蓝田玉都说不能，别人还敢开腔吗？"窦夫人笑道，也不等钱夫人分辩便挽了她往正厅里走去。

正厅里东一堆西一堆，锦簇绣丛一般，早坐满了衣裙明艳的客人。厅堂异常宽大，呈凸字形，是个中西合璧的款式。

左半边置着一堂软垫沙发，右半边置着一堂紫檀硬木桌椅，中间地板上却隔着一张两寸厚刷着二龙抢珠的大地毯。沙发两长四短，对开围着，黑绒底子洒满了醉红的海棠叶儿，中间一张长方矮几上摆了一只两尺高天青细瓷胆瓶，瓶里冒着一大蓬金骨红肉的龙须菊。右半边八张紫檀椅子团团围着一张嵌纹石桌面的八仙桌。桌子上早布满了各式的糖盒茶具。厅堂凸字尖端，也摆着六张一式的红木靠椅，椅子三三分开，圈了个半圆，中间缺口处却高高竖了一档乌木架流云蝙蝠镶云母片的屏风。钱夫人看见那些椅子上搁满了铙钹琴弦，椅子前端有两个木架，一个架着一只小鼓，另一只却齐齐地插了一排笙箫管笛。厅堂里灯光辉煌，两旁的座灯从地面斜射上来，照得一面大铜锣金光闪烁。

窦夫人把钱夫人先引到厅堂左半边，然后走到一张沙发跟前对一位五十多岁穿了珠灰旗袍，带了一身玉器的女客说道："赖夫人，这是钱夫人，你们大概见过的吧？"

钱夫人认得那位女客是赖祥云的太太，以前在南京时，社交场合里见过几面，那时赖祥云大概是个司令官，来到台湾，报纸上倒常见到他的名字。

"这位大概就是钱鹏公的夫人了？"赖夫人本来正和身旁一位男客在说话，这下才转过身来，打量了钱夫人半晌，款款地立了起来笑着说道。一面和钱夫人握手，一面又扶了头。

说道："我是说面熟得很！"

然后转向着身边一位黑红脸身材硕肥头顶光秃穿了宝蓝丝葛长袍的男客说："刚才我还和余参军长聊天，梅兰芳第一次到上海在丹桂第一台唱的是甚么戏，再也想不起来了。你们瞧，我的记性！"

余参军长老早立了起来，朝着钱夫人笑嘻嘻地行了一个礼说道："夫人久违了。那年在南京励志社大会申瞻仰过夫人的风采的。我还记得夫人票的是'游园惊梦'呢！"

"是呀。"赖夫人接嘴道，"我一直听说钱夫人的盛名，今天晚上总算有耳福要领教了。"

钱夫人赶忙向余参军长谦谢了一番，她记得余参军长在南京时来过她公馆一次，可是她又仿佛记得他后来好象犯了什么大案子被革了职退休了。接着窦夫人又引着她过去把在座的几位客人都一一介绍一轮。几位夫人太太她一个也不认识，她们的年纪都相当年轻，大概来到台湾才兴起来的。

"我们到那边去吧，十三和几位票友都在那儿。"

窦夫人说着又把钱夫人领到厅堂的右手边去。她们两人一过去，一位穿红旗袍的女客便踏着碎步迎了上来，一把便将钱夫人的手臂勾了过去，笑得全身乱颤说道："五阿姐，刚才三阿姐告诉我你也要来，我就喜得叫道：'好哇，今晚可真把名角给抬了出来了！'"

钱夫人方才听窦夫人说天辣椒蒋碧月也在这里，她心中就踌躇了一番，不知天辣椒嫁了人这些年，可收敛了一些没有。那时大伙儿在南京夫子庙得月台清唱的时候，有风头总是她占先，扭着她们师傅专拣讨好的戏唱。一出台，也不管清唱的规矩，就脸朝了那些捧角的，一双眼睛钩子一般，直伸到台下去。同是一个娘生的，性格儿却差得那么远。论到懂世故，有担待，除了她姐姐桂枝香再也找不出第二个人来。

桂枝香那儿的便宜，天辣椒也算捡尽了。任子久连她姐姐的聘礼都下定了，天辣椒却有本事拦腰一把给夺了过去。也亏桂枝香有涵养，等了多少年才委委曲曲做了窦瑞生的三房。难怪桂枝香老叹息说：是亲妹子才专拣自己的姐姐往脚下踹呢！

钱夫人又打量了一下天辣椒蒋碧月，蒋碧月穿了一身火红的缎子旗袍，两只手腕上，铮铮锵锵，直戴了八只扭花金丝镯，脸上勾得十分入时，眼皮上抹了眼圈膏，眼角儿也着了墨，一头蓬得像鸟窝似的头发，两鬓上却刷出几只俏皮的月牙钩来。

任子久一死，这个天辣椒比从前反而愈更标劲，愈更佻达了，这些年的动乱，在这个女人身上，竟找不出半丝痕迹来。

"哪，你们见识见识吧，这位钱夫人才是真正的女梅兰芳呢！"

蒋碧月挽了钱夫人向座上几个男女票友客人介绍道。几位男客都慌忙不迭站了起来朝了钱夫人含笑施礼。

"碧月，不要胡说，给这几位内行听了笑话。"

钱夫人一行还礼，一行轻轻责怪蒋碧月道。

"碧月的话倒没有说差。"窦夫人也插嘴笑道，"你的昆曲也算是得了梅派的真传了。"

"三阿姐——"

钱夫人含糊地叫了一声，想分辩几句。可是若论到昆曲，连钱鹏志也对她说过："老五，南北名角我都听过，你的'昆腔'也算是个好的了。"

钱鹏志说，就是为着在南京得月台听了她的"游园惊梦"，回到上海去，日思夜想，心里怎么也丢不下，才又转了回来娶她的。钱鹏志一径对她讲，能得她在身边，唱几句"昆腔"作娱，他的下半辈子也就无所求了。那时她刚在得月台冒红，一句

"昆腔"，台下一声满堂彩，得月台的师傅说：一个夫子庙算起来，就数蓝田玉唱得最正派。

"就是说呀，五阿姐。你来见见。这位徐太太也是个昆曲大王呢！"蒋碧月把钱夫人引到一位着黑旗袍，十分净扮的年青女客跟前说道，然后又笑着向窦夫人说："三阿姐，回头我们让徐太太唱'游园'，五阿姐唱'惊梦'，把这出昆腔的戏祖宗搬出来，让两位名角上去较量较量，也好给我们饱饱耳福。"

那位徐太太连忙立了起来，道了不敢，钱夫人也赶忙谦让了几句，心中却着实嗔怪天辣椒讲话太过冒失，今天晚上这些人，大概没有一个不懂戏的，恐怕这位徐太太就现放着是个好角色，回头要真给抬了上去，倒不可以大意呢。运腔转调，这些人都不足畏，倒是在南部这么久，嗓子一直没有认真吊过，却不知如何了。而且裁缝师傅的话果然说中：台北不兴长旗袍喽。在座的——连那个老得脸上起了鸡皮皱的赖夫人在内，个个的旗袍下摆都缩到差不多到膝盖上去，露出大半截腿子来。在南京那时，哪个夫人的旗袍不是长得快拖到脚面上来了的？后悔没有听从裁缝师傅，回头穿了这身长旗袍站出去，不晓得还登不登样。一上台，一亮相，最要紧了。那时在南京梅园新村请客唱戏，每次一站上去，还没开腔就先把那台下压住了的。

"程参谋，我把钱夫人交给你。你不替我好好伺候着，明天罚你作东。"

窦夫人把钱夫人引到一个三十多岁的军官面前笑着说道，然后转身悄声对钱夫人说："五妹妹，你在这里聊聊，程参谋最懂戏的，我得进去招呼着上席了。"

"钱夫人久仰了。"

程参谋朝着钱夫人，立了正，倒落的一鞠躬，行了一个军礼。他穿了一身浅色凡呢丁的军礼服，外套的翻领上别了一副金亮的两朵梅花中校领章，一双短统皮鞋靠在一起，乌光水滑的。钱夫人看见他笑起来时，咧着一口齐垛垛净白的牙齿，容长的面孔，下巴剃得青亮，眼睛细长上挑，随一双飞扬的眉毛，往两鬓插去，一杆葱的鼻梁，鼻尖却微微下佝，一头墨浓的头发，处处都抿得妥妥贴贴的。他的身段颀长，着了军服分外英发，可是钱夫人觉得他这一声招呼里却又透着温柔，半点也没带武人的粗糙。

"夫人请坐。"

程参谋把自己的椅子让了出来，将椅子上那张海绵椅垫挪挪正，请钱夫人就了座，然后立即走到那张八仙桌端了一盅茉莉香片及一个四色糖盒来，钱夫人正要伸手去接过那盅石榴红的瓷杯，程参谋却低声笑道："小心烫了手，夫人。"

然后打开了那个描金乌漆糖盒，佝下身去，双手捧到钱夫人面前，笑吟吟地望着钱夫人，等她挑选。钱夫人随手抓了一把松瓢，程参谋忙劝止道："夫人，这个东西顶伤嗓子。我看夫人还是尝颗蜜枣，润润喉吧。"

随着便拈起一根牙签挑了一枚蜜枣，递给钱夫人。钱夫人道了谢，将那枚蜜枣接了过来，塞到嘴里，一阵沁甜的蜜味，果然十分甘芳。程参谋另外搬了一张椅子，在钱夫人右侧坐了下来。

"夫人最近看戏没有？"程参谋坐定后笑着问道。他说话时，身子总是微微倾斜过来，十分专注似的，钱夫人看见他又露出了一口白净的牙齿来，灯光下，照得莹亮。

"好久没看了，"钱夫人答道，她低下头去，细细地啜了一口手里那盅香片，"住在南部，难得有好戏。"

"张爱云这几天正在国光戏院演'洛神'呢，夫人。"

"是吗？"钱夫人应道，一直俯着首在饮茶，沉吟了半晌才说道，"我还是在上海天蟾舞台看她演过这出戏——那是好久以前了。"

"她的做工还是在的，到底不愧是'青衣祭酒'，把个宓妃和曹子建两个人那段情意，演得细腻到了十分。"

钱夫人抬起头来，触到了程参谋的目光，她即刻侧过了头去。程参谋那双细长的眼睛，好象把人都罩住了似的。

"谁演得这般细腻呀？"天辣椒蒋碧月插了进来笑道，程参谋赶忙立起来，让了座。蒋碧月抓了一把朝阳瓜子，跷起腿嗑着瓜子笑道："程参谋，人人说你懂戏，钱夫人可是戏里的通天教主，我看你趁早别在这儿班门弄斧了。"

"我正在和钱夫人讲究张爱云的'洛神'，向钱夫人讨教呢。"程参谋对蒋碧月说着，眼睛却瞟向了钱夫人。

"哦，原来是说张爱云吗？"蒋碧月噗哧笑了一下，"她在台湾教教戏也就罢了，偏偏又要去唱'洛神'，扮起宓妃来也不像呀！上礼拜六我才去国光看来，买到了后排，只见她嘴巴动，声音也听不到，半出戏还没唱完，她嗓子先就哑掉了——嗳哟，三阿姐来请上席了。"

一个仆人拉开了客厅通到饭厅的一扇镂空心X字的桃花心木推门，窦夫人已经从饭厅里走了出来。整座饭厅银素装饰，明亮得像雪洞一般，两桌席上，却是猩红的细布桌面，杯碗羹箸一律都是银的。客人们进去后都你推我让，不肯上坐。

"还是我占先吧，这样让法，这餐饭也吃不成了，倒是辜负了主人这番心意！"

赖夫人走到第一桌的主位坐了下来，然后又招呼着余参军长说道："余参军长，你也来我旁边坐下吧。刚才梅兰芳的戏，我们还没有论出头绪来呢。"

余参军长把手一拱,笑嘻嘻地道了一声:"遵命。"客人们哄然一笑便都相随入了席。到了第二桌,大家又推让起来了,赖夫人隔着桌子向钱夫人笑着叫道:"钱夫人,我看你也学学我吧。"

窦夫人便过来拥着钱夫人走到第二桌主位上,低声在她耳边说道:"五妹妹,你就坐下吧。你不占先,别人不好入座的。"

钱夫人环视了一下,第二桌的客人都站在那儿带笑瞅着她。钱夫人赶忙含糊地推辞了两句,坐了下去,一阵心跳,连她的脸都有点发热了。倒不是她没经过这种场面,好久没有应酬,竟有点不惯了。从前钱鹏志在的时候,筵席之间,十有八九的主位,倒是她占先的。钱鹏志的夫人当然上坐,她从来也不必推让。南京那起夫人太太们,能僭过她辈分的,还数不出几个来。她可不能跟那些官儿的姨太太们去比,她可是钱鹏志明公正道迎回去做填房夫人的。可怜桂枝香那时出面请客都没份儿,连生日酒还是她替桂枝香做的呢。到了台湾桂枝香才敢这么出头摆场面,而她那时才冒二十岁,一个清唱的姑娘,一夜间便成了将军夫人了。卖唱的嫁给小户人家还遭多少议论,又何况是入了侯门?连她亲妹子十七月月红还刻薄过她两句:姐姐,你的辫子也该铰了,明日你和钱将军走在一起,人家还以为你是他的孙女儿呢!钱鹏志娶她那年已经六十靠边了,然而怎么说她也是他正正经经的填房夫人啊。她明白她的身份,她也珍惜她的身份。跟了钱鹏志那十几年,筵前酒后,哪次她不是捏着一把冷汗,任是多大的场面,总是应付得妥妥帖帖的?走在人前,一样风华翩跹,谁又敢议论她是秦淮河得月台的蓝田玉了?

"难为你了,老五。"

钱鹏志常常抚着她的腮对她这样说道。她听了总是心里一酸,许多的委曲却是没法诉的。难道她还能怨钱鹏志吗?是她自己心甘情愿的。钱鹏志娶她的时候就分明和她说清楚了,他是为着听了她的"游园惊梦"才想把她接回去伴他的晚年的。可是她妹子月月红说的呢,钱鹏志好当她的爷爷了,她还要希冀什么?到底应了得月台瞎子师娘那把铁嘴:五姑娘,你们这种人只有嫁给年纪大的,当女儿一般疼惜算了,年轻的,哪里靠得住?可是瞎子师娘偏偏又捏着她的手,眨巴着一双青光眼叹息道:荣华富贵你是享定了,蓝田玉,只可惜你长错了一根骨头,也是你前世的冤孽!不是冤孽还是什么?

除却天上的月亮摘不到,世上的金银财宝,钱鹏志怕不都设法捧了来讨她的欢心。她体验得出钱鹏志那番苦心。钱鹏志怕她念着出身低微,在达官贵人面前气馁胆怯,总是百般怂恿着她讲排场,耍派头。梅园新村钱夫人宴客的款式怕不噪反了整个南京城，钱公馆里的酒席钱，"袁大头"就用得罪过花啦的。单就替桂枝香请生日酒那天吧，梅园新村的公馆里一摆就是十台，吹箫的是琴雪芳那儿搬来的吴声豪，大厨司却是花了十块大洋特别从桃叶渡的绿柳居接来的。

"窦夫人，你们大司务是哪儿请来的呀？来到台湾我还是头一次吃到这么讲究的鱼翅呢。"赖夫人说道。

"他原是黄钦之黄部长家在上海时候的厨子，来台湾才到我们这儿的。"窦夫人答道。

"那就难怪了，"余参军长接口道，"黄钦公是有名的吃家呢。"

"哪天要能借府上的大司务去烧个翅，请起客来就风光了。"赖夫人说道。

"那还不容易？我也乐得去白吃一餐呢！"窦夫人说道，客人们都笑了起来。

"钱夫人，请用碗翅吧。"程参谋盛了一碗红烧鱼翅，加了一匙羹镇江醋，搁在钱夫人面前，然后又低声笑道："这道菜，是我们公馆里出了名的。"

钱夫人还没来得及尝鱼翅，窦夫人却从隔壁桌子走了过来，敬了一轮酒，特别又叫程参谋替她斟满了，走到钱夫人身边，按着她的肩膀笑道："五妹妹，我们两个好久没对过杯了。"

说完便和钱夫人碰了一下杯，一口喝尽，钱夫人也细细地干掉了。窦夫人离开时又对程参谋说道："程参谋，好好替我劝酒啊！你长官不在，你就在那一桌替他做主人吧。"

程参谋立起，执了一把银酒壶，弯了身，笑吟吟便往钱夫人杯里筛酒，钱夫人忙阻止道："程参谋，你替别人斟吧，我的酒量有限得很。"

程参谋却站着不动，望着钱夫人笑道："夫人，花雕不比别的酒，最易发散。我知道夫人回头还要用嗓子，这个酒暖过了，少喝点儿，不会伤喉咙的。"

"钱夫人是海量，不要饶过她！"

坐在钱夫人对面的蒋碧月却走了过来，也不用人让，自己先斟满了一杯，举到钱夫人面前笑道："五阿姐，我也好久没有和你喝过双盅儿了。"

钱夫人推开了蒋碧月的手，轻轻咳了一下说道："碧月，这样喝法要醉了。"

"到底是不赏妹子的脸，我喝双份儿好啦，回头醉了，最多让他们抬回去就是了。"

蒋碧月一仰头便干了一杯，程参谋连忙捧上另一杯，她也接过去一气干了，然后把个银酒杯倒过来，在钱夫人脸上一晃。客人们都鼓起掌来喝道："到底是蒋小姐豪兴！"

钱夫人只得举起了杯子，缓缓地将一杯花雕饮尽。酒倒是烫得暖暖的，一下喉，就像一股热流般，周身游荡起来了。

可是台湾的花雕到底不及大陆的那么醇厚，饮下去终究有点割喉。虽说花雕容易发散，饮急了，后劲才凶呢。没想到真正从绍兴办来的那些陈年花雕也那么伤人。那晚到底中了她们的道儿！她们大伙儿都说，几杯花雕哪里就能把嗓子喝哑了？难得是桂枝香的好日子，姐妹们不知何日才能聚得齐，主人尚且不开怀，客人哪能恣意呢？连月月红十七也夹在里面起哄：姐姐，我们姐妹俩儿也来干一杯，亲热亲热一下。月月红穿了一身大金大红的缎子旗袍，艳得像只鹦哥儿，一双眼睛，鹘伶伶地尽是水光。姐姐不赏脸，她说，姐姐到底不赏妹子的脸，她说道。逞够了强，捡够了便宜，还要赶着说风凉话。难怪桂枝香叹息：是亲妹子才专拣自己的姐姐往脚下踹呢。月月红——就算她年轻不懂事，郑彦青他就不该也跟了来胡闹了。他也捧了满满的一杯酒，咧着一口雪白的牙齿说道：夫人，我也来敬夫人一杯。他喝得两颧鲜红，眼睛烧得像两团黑水，一双带刺的马靴啪哒一声并在一起，弯着身腰柔柔地叫道：夫人——

"这下该轮到我了，夫人。"程参谋立起身，双手举起了酒杯，笑吟吟地说道。

"真的不行了，程参谋。"钱夫人微俯着首，喃喃说道。

"我先干三杯，表示点敬意，夫人请随意好了。"

程参谋一连便喝了三杯，一片酒晕把他整张脸都盖了过去了。他的额头发出了亮光，鼻尖上也冒出几颗汗珠子来。钱夫人端起了酒杯，在唇边略略沾了一下。程参谋替钱夫人拈了一只贵妃鸡的肉翅，自己也挟了一个鸡头来过酒。

"嗳唷，你敬的是什么酒呀？"

蒋碧月站起来，伸头前去嗅了一下余参军长手里那杯酒，尖着嗓门叫了起来，余参军长正捧着一只与众不同的金色鸡缸杯在敬蒋碧月的酒。

"小姐，这杯是'通宵酒'哪！"余参军长笑嘻嘻地说道，他那张黑红脸早已喝得像猪肝似的了。

"呀呀哗，何人与你们通宵哪！"蒋碧月把手一挥，打起京白说道。"蒋小姐，百花亭里还没摆起来，你先就'醉酒'了。"赖夫人隔着桌子笑着叫道，客人们又一声哄笑起来。窦夫人也站了起来对客人们说道："我们也该上场了，请各位到客厅那边去吧。"

客人们都立了起来，赖夫人带头，鱼贯而入进到客厅里，分别坐下。几位男票友却走到那档屏风面前几张红木椅子就了座，一边调弄起管弦来。六个人，除了胡琴外，一个拉二胡，一个弹月琴，一个管小鼓拍板，另外两个人立着，一个擎了一双铙钹，一个手里却吊了一面大铜锣。

"夫人，那位杨先生真是把好胡琴，他的洞箫，台湾还找不出第二个人呢，回头你听他一吹，就知道了。"

　　程参谋指着那位拉胡琴姓杨的票友，在钱夫人耳根下说道。钱夫人微微斜靠在一张单人沙发上，程参谋在她身旁一张皮垫矮圆凳上坐了下来。他又替钱夫人沏了一盅茉莉香片，钱夫人一面品着茶，一面顺着程参谋的手，朝那位姓杨的票友望去。那位姓杨的票友约莫五十上下，穿了一件古铜色起暗团花的熟罗长衫，面貌十分清癯，一双手指修长，洁白得像十管白玉一般，他将一柄胡琴从布袋子里抽了出来，腿上垫一块青搭布，将胡琴搁在上面，架上了弦弓，随便咿呀地调了一下，微微将头一垂，一扬手，猛地一声胡琴，便像抛线一般窜了起来，一段西皮流水，奏得十分清脆滑溜，一奏毕，余参军长便头一个跳了起来叫了声："好胡琴！"客人们便也都鼓起掌来。接着锣鼓齐鸣，奏出了一只"将军令"的上场牌子来。窦夫人也跟着满客厅一一去延请客人们上场演唱，正当客人们互相推让间，余参军长已经拥着蒋碧月走到胡琴那边，然后打起丑腔叫道："启娘娘，这便是百花亭了。"

　　蒋碧月双手捂着嘴，笑得前俯后仰，两只腕上几个扭花金镯子，铮铮锵锵地抖响着。客人们都跟着起哄喝彩起来，胡琴便奏出了"贵妃醉酒"里的四平调。蒋碧月身也不转，面朝了客人便唱了起来。唱到过门的时候，余参军长跑出去托了一个朱红茶盘进来，上面搁了那只金色的鸡缸杯，一手撩了袍子，在蒋碧月跟前做了个半跪的姿势，效那高力士叫道："启娘娘，奴婢敬酒。"

　　蒋碧月果然装了醉态，东歪西倒地做出了种种身段，弯下身去，用嘴将那只酒杯衔了起来，然后又把杯子当一声掷到地上，唱出了两句：

　　　　人生在世如春梦
　　　　且自开怀饮几盅

　　客人们早笑得滚做了一团，窦夫人笑得岔了气，沙着喉咙对了赖夫人喊道："我看我们碧月今晚真的醉了！"

　　赖夫人笑得直用绢子揩眼泪，一面大声叫道："蒋小姐醉了倒不要紧，只是莫学那杨玉环又去喝一缸醋就行了。"

　　客人们正在闹着要蒋碧月唱下去，蒋碧月却摇摇摆摆地走了下来，把那位徐太太给抬了上去，然后对客人们宣布道："昆曲大王来给我们唱'游园'了，回头再请另外一位昆曲泰斗——钱夫人来接唱'惊梦'。"

　　钱夫人赶忙抬起了头来，将手里的茶杯搁到左边的矮几上，她看见徐太太已经站到了那档屏风前面，半背着身子，一只手却扶在插笙箫的那只乌木架上。她穿了一身净黑的丝绒旗袍，脑后松松地挽了一个贵妇髻，半面脸微微向外，莹白的耳垂露在发外，上面吊着一丸翠绿的坠子。客厅里几只喇叭形的座灯像数道注光，把徐太太那细挑的身影，袅袅娜娜地推到那档云母屏风上去。

"五阿姐，你仔细听听，看看徐太太的'游园'跟你唱的可有个高下。"

蒋碧月走了过来，一下子便坐到了程参谋的身边，伸过头来，一只手拍着钱夫人的肩，悄声笑着说道。

"夫人，今晚总算我有缘，能领教夫人的'昆腔'了。"

程参谋也转过头来，望着钱夫人笑道。钱夫人睇着蒋碧月手腕上那只金光乱窜的扭花镯子，她忽然感到一阵微微的晕眩。一股酒意涌上了她的脑门似的，刚才灌下去的那几杯花雕好象渐渐着力了，她觉得两眼发热，视线都有点朦胧起来。蒋碧月身上那袭红旗袍如同一团火焰，一下子明晃晃地烧到了程参谋的身上，程参谋衣领上那几枚金梅花，便像火星子般，跳跃了起来。蒋碧月的一对眼睛像两丸黑水银在她醉红的脸上溜转起来，程参谋那双细长的眼睛却眯成了一条缝，射出了逼人的锐光，两张脸都向着她，一齐咧着整齐的白牙，朝她微笑着，两张红得发油光的脸庞渐渐地靠拢起来，凑在一块儿，咧着白牙，朝她笑着。洞箫和笛子都鸣了起来，笛音如同流水，把靡靡下沉的箫声又托了起来，送进"游园"的"皂罗袍"中去——

　　原来姹嫣红开遍
　　似这般都付与断井颓垣
　　良辰美景奈何天
　　赏心乐事谁家院——

杜丽娘唱的这段"昆腔"便算是昆曲里的警句了。连吴声豪也说：钱夫人，您这段"皂罗袍"便是梅兰芳也不能过的。可是吴声豪的箫却偏偏吹得那么高（吴师傅，今晚让她们灌多了，嗓子靠不住，吹低些吧）。吴声豪说，练嗓子的人，第一要忌酒；然而月月红十七却端着那杯花雕过来说道：姐姐，我们姐妹俩儿也来干一杯。她穿得大金大红的，还要说，姐姐，你不赏脸。不是这样说，妹子，不是姐姐不赏脸，实在为着他是姐姐命中的冤孽。瞎子师娘不是说过：荣华富贵——蓝田玉，可惜你长错了一根骨头。冤孽呵。他可不就是姐姐命中招的冤孽了？懂吗，妹子，冤孽。然而他也捧着酒杯来叫道：夫人。他笼着斜皮带，戴着金亮的领章，腰杆子扎得挺细，一双带白铜刺的长统马靴乌光水滑的啪哒一声靠在一起，眼皮都喝得泛了桃花，却叫道：夫人。谁不知道南京梅园新村的钱夫人呢？钱鹏公，钱将军的夫人啊。钱鹏志的夫人。

钱鹏志的随从参谋。钱将军的夫人,钱将军的参谋,钱将军。难为你了,老五,钱鹏志说道,可怜你还那么年轻。然而年轻的人哪里会有良心呢?瞎子师娘说,你们这种人,只有年纪大的才懂得疼惜啊。荣华富贵——只可惜长错了一根骨头。懂吗?妹子,他就是姐姐命中招的冤孽了。钱将军的夫人。钱将军的随从参谋。将军夫人。随从参谋。冤孽,我说。冤孽,我说。(吴师傅,吹得低一些,我的嗓子有点不行了。哎,这段"山坡羊")

　　没乱里春情难遣
　　蓦地里怀人幽怨
　　则为俺生小婵娟
　　拣名门一例一例里神仙眷
　　甚良缘把青春抛的远
　　俺的睡情谁见——

　　那团红火焰又熊熊的冒了起来了,烧得那两道飞扬的眉毛,发出了青湿的汗光。两张醉红的脸又渐渐地靠拢在一处,一齐咧着白牙,笑了起来。紫箫上那几根玉管子似的手指,上下飞跃着。那袭袅娜的身影儿,在那档雪青的云母屏风上,随着灯光,仿仿佛佛地摇曳起来。洞箫声愈来愈低沉,愈来愈凄咽,好象把杜丽娘满腔的怨情都吹了出来似的。杜丽娘快要入梦了,柳梦梅也该上场了。可是吴声豪却说,"惊梦"里幽会那一段,最是露骨不过的。(吴师傅吹低一点,今晚我喝多了酒。)然而他却偏捧着酒杯过来叫道:夫人,他那双乌光水滑的马靴啪哒一声靠在一处,一双白铜马刺扎得人的眼睛都发痛了。他喝得眼皮泛了桃花,还要那么叫道:夫人,我来扶你上马,夫人,他说道,他的马裤把两条修长的腿子翻得滚圆,夹在马肚子上,像一双钳子。他的马是白的,路也是白的,树干子也是白的,他那匹白马在猛烈的太阳底下照得发了亮。他们说:到中山陵的那条路上两旁种满了白桦树。

　　他那匹白马在桦树林子里奔跑起来,活像一头麦秆丛中乱窜的兔儿。太阳照在马背上,蒸出一缕缕的白烟来。一匹白的,一匹黑的——两匹马都在流汗了。而他身上却沾满了触鼻的马汗。他的眉毛变得碧青,眼睛像两团烧着了的黑火,汗珠子一行行从他额上流到他鲜红的颧上来。太阳,我叫道。太阳照得人的眼睛都睁不开了。那些树干子,又白净,又细滑,一层层的树皮都卸掉了,露出里面赤裸裸的嫩肉来。他们说:那条路上种满了白桦树。太阳,我叫道,太阳直射到人的眼睛上来了。于是他便放柔了声音唤道:夫人。钱将军的夫人。钱将军的随从参谋。钱将军的——老五,钱鹏志叫道，他的喉咙已经咽住了。老五，他喑哑地喊道，你要珍重吓。他的头发乱得像一丛枯白的茅草，他的眼睛坑出了两只黑窟窿，他从白床单下伸出他那只瘦黑的手来，说道，珍重吓，老五。他抖索地打开了那只描金的百宝匣儿，这是祖母绿，他取出了第一层抽屉。这是猫儿眼。这是翡翠叶子。珍重吓，老五，他那乌青的嘴皮颤抖着，可怜你还这么年轻。荣华富贵——只可惜你长错了一根骨头，冤孽，妹子，他就是姐姐命中招的冤孽了。你听我说，妹子，冤孽呵。荣华富贵——可是我只活过那么一次。懂吗？妹子，他就是我的冤孽了。荣华富贵——只有那一次。荣华富贵——我只活过一次。懂吗？妹子，你听我说，妹子。姐姐不赏脸，月月红却端着酒过来说道，她的眼睛亮得剩了两泡水。姐姐到底不赏妹子的脸，她穿得一身大金大红的，像一团火一般，坐到了他的身边去。（吴师傅，我喝多了花雕。）

迁延，这衷怀那处言
淹煎，泼残生除问天——

就是那一刻，泼残生——就是那一刻，她坐到他身边，一身大金大红的，就是那一刻，那两张醉红的面孔渐渐地凑拢在一起，就在那一刻，我看到了他们的眼睛：她的眼睛，他的眼睛。完了，我知道，就在那一刻，除问天——（吴师傅，我的嗓子。）完了，我的喉咙，你摸摸我的喉咙，在发抖吗？完了，在发抖吗？天——天——（吴师傅，我唱不出来了。）天——天——完了，荣华富贵——可是我只活过一次，——冤孽、冤孽、冤孽——天——天——（吴师傅，我的嗓子。）——就在那一刻，就在那一刻，哑掉了——天——天——天——

"五阿姐，该是你'惊梦'的时候了。"蒋碧月站了起来，走到钱夫人面前，伸出了她那一双戴满了扭花金丝镯的手臂，笑吟吟地说道。

"夫人——"程参谋也立了起来，站在钱夫人跟前，微微倾着身子，轻轻地叫道。

"五妹妹，请你上场吧。"窦夫人走了过来，一面向钱夫人伸出手说道。

锣鼓笙箫一齐鸣了起来，奏出了一只"万年欢"的牌子来。客人们都倏地离了座，钱夫人看见满客厅里都是些手臂在交挥拍击，把徐太太团团围在客厅中央。笙箫管笛愈吹愈急切，那面铜锣高高地举了起来，敲得金光乱闪。

"我不能唱了。"钱夫人望着蒋碧月，微微摇了摇两下头，喃喃说道。

"那可不行！"蒋碧月一把捉住了钱夫人的双手，"五阿姐，你这位名角儿今晚无论如何逃不掉的。"

"我的嗓子哑了。"钱夫人突然用力摔开了蒋碧月的双手，嘎声说道，她觉得全身的血液一下子都涌到头上来了似的，两腮滚热，喉头好象猛让刀片拉了一下，一阵阵地刺痛起来，她听见窦夫人插进来说："五妹妹不唱算了——余参军长，我看今晚还是你这位名黑头来压轴吧。"

"好呀，好呀，"那边赖夫人马上响应道，"我有好久没有领教余参军长的'八大锤了'。"

说着赖夫人便把余参军长推到了锣鼓那边。余参军长一站上去，便拱了手朝下面道了一声"献丑"，客人们一阵哄笑，他便开始唱了一段金兀术上场时的"点绛唇"；一面唱着，一面又撩起了袍子，做了个上马的姿势，踏着马步便在客厅中央环走起来，他那张宽肥的醉脸胀得紫红，双眼圆睁，两道粗眉一齐竖起，几声呐喊，把胡琴都压了下去。赖夫人笑得弯了腰，跑上去，跟在余参军长后头直拍着手，蒋碧月即刻上去加入了他们的行列，不停地尖起嗓子叫着"好黑头！好黑头！"另外几位女客也上去跟了她们喝彩，团团围走，于是客厅里的笑声便一阵比一阵暴涨了起来。余参军长一唱歇，几个着白衣黑裤的女佣已经端了一碗碗的红枣桂圆汤进来让客人们润喉了。

窦夫人引了客人们走出到屋外的露台上的时候，外面的空气里早充满了风露，客人们都穿上了大衣，窦夫人却围了一张白丝的大披肩，走到了台阶的下端去。钱夫人立在露台的石栏旁边，往天上望去，她看见那片秋月恰恰地升到中天，把窦公馆花园里的树木路阶都照得镀了一层白霜，露台上那十几盆桂花，香气却比先前浓了许多，像一阵湿雾似的，一下子罩到了她的面上来。

"赖将军夫人的车子来了。"刘副官站在台阶下面，往上大声通报各家的汽车。头一辆开进来的，便是赖夫人那架黑色崭新的林肯，一个穿着制服的司机赶忙跳了下来，打开车门，弯了腰毕恭毕敬地候着。赖夫人走下台阶，和窦夫人道了别，把余参军长也带上了车，坐进去后，却伸出头来向窦夫人笑道："窦夫人，府上这一夜戏，就是当年梅兰芳和金少山也不能过的！"

"可是呢，"窦夫人笑着答道，"余参军长的黑头真是赛过金霸王了。"

立在台阶上的客人都笑了起来，一齐向赖夫人挥手作别。

第二辆开进来的，却是窦夫人自己的小包车，把几位票友客人都送走了。接着程参谋自己开了一辆吉普军车进来，蒋碧月马上走了下去，捞起旗袍，跨上车子去，程参谋赶着过来，把她扶上了司机旁边的座位上，蒋碧月却歪出半个身子来笑道："这架吉普车连门都没有，回头怕不把我摔出马路上去呢！"

"小心点开啊，程参谋。"窦夫人说道，又把程参谋叫了过去，附耳嘱咐了几句，程参谋直点着头笑应道："夫人请放心。"

然后他朝了钱夫人，立了正，深深地行了一个礼，抬起头来笑道："钱夫人，我先告辞了。"

说完便利落地跳上了车子，发了火，开动起来。

"三阿姐再见！五阿姐再见！"

蒋碧月从车门伸出手来，不停地招挥着，钱夫人看见她臂上那一串扭花镯子，在空中划了几个金圈圈。

"钱夫人的车子呢？"客人快走尽的时候，窦夫人站在台阶下问刘副官道。"报告夫人，钱将军夫人是坐出租车来的。"刘副官立了正答道。

"三阿姐——"钱夫人站在露台上叫了一声，她老早就想跟窦夫人说替她叫一辆出租车来了，可是刚才客人多，她总觉得有点堵口。钱鹏志过世后，她那辆官家汽车已经归还政府了。

"那么我的汽车回来，立刻传进来送钱夫人吧。"窦夫人马上接口道。

"是，夫人。"刘副官接了命令便退走了。

窦夫人回转身，便向着露台走了上来，钱夫人看见她身上那块白披肩，在月光下，像朵云似的簇拥着她。一阵风掠过去，周遭的椰树都沙沙地鸣了起来。把窦夫人身上那块大披肩吹得姗姗扬起，钱夫人赶忙用手把大衣领子锁了起来，连连打了两个寒噤。刚才滚热的面腮，吃这阵凉风一扬逼，汗毛都张开了。

"我们进去吧，五妹妹。"窦夫人伸出手来，搂着钱夫人的肩膀往屋内走去，"我叫人沏壶茶来，我们正好谈谈心——你这么久没来，可发觉台北变了些没有？"

钱夫人沉吟了半晌，侧过头来答道："变多喽。"

走到房子门口的时候，她又轻轻地加了一句："变得我都快不认识了——起了好多新的高楼大厦。"

（选自白先勇．台北人．北京：人民文学出版社，1992）

【温故】

● 白先勇

白先勇（1937— ），台湾作家。广西桂林临桂人，回族，中国国民党高级将领白崇禧之子。早年在重庆生活，后随父母迁居南京、香港、台北。1958年发表第一篇小说《金大奶奶》。1960年与陈若曦、欧阳子等创办《现代文学》

杂志。1965年旅居美国。出版了短篇小说集《寂寞的十七岁》《纽约客》《台北人》，散文集《蓦然回首》，长篇小说《孽子》等。2008年被聘为北京师范大学珠海分校文学院荣誉院长职务。

白先勇自幼喜爱中国民间故事和古典小说，其小说受《红楼梦》的影响，不仅是在人物、对话、环境、服饰、戏剧性等方面，更重要的是人生感悟与思考方式。但白先勇最初是打着现代派的旗帜登上台湾文坛的。他说："现代主义对我影响很深的，主要是在手法上。"[①]欧阳子在研究白先勇代表作《台北人》时指出："潜流于这十四篇中的撼人心魄之失落感，则源于作者对国家兴衰、社会剧变之感慨，对面临危机的传统中国文化之乡愁，而最基本的，是作者对于人类生命之'有限'，对人类永远无法长葆青春，停止时间激流的万古怅恨。"[②]

小说《游园惊梦》以昆曲《牡丹亭·游园》中"皂罗袍"的曲调为线索，用心理意识流的手法，将钱夫人昔日的富贵荣华和风流缱绻，与今日美人迟暮和社会地位的变迁巧妙地勾连穿插起来，折射出人生如戏亦如梦的沧桑之感。白先勇承认，"事实上《游园惊梦》的主题跟《红楼梦》也相似，就是表现中国传统中世事无常，浮生若梦的佛道哲理。"[③]

● 白先勇的昆曲情结

白先勇钟爱昆曲之深，可谓自幼痴迷、终身不渝。谈到小说《游园惊梦》，白先勇曾说："是我写得最辛苦的一篇小说，前后写过五遍。因为头三遍用传统叙述法，无法写出时空交错的回忆片段，一直到我尝试用意识流手法，才打破时空限制，将昆曲的节奏与诗意融入小说情节中，可以说，昆曲是这篇小说的主要灵感来源。"[④]从著名作家到"昆曲义工"，白先勇通过青春版《牡丹亭》的改编制作以及演讲、访谈、撰文等各种不同的方式，赋予古典艺术遗产以青春的生命，也为青年学子提供了与传统、古典对话的空间，圆了他自己关于"文化复兴"的"梦"。

【知新】

两岸许多学者都评论过《台北人》的"怀旧"色彩，尤其是作者扉页上的

---

① 曾秀萍. 白先勇谈创作与生活. 中外文学，2001（7）：198.
② 欧阳子. 王谢堂前的燕子. 台北：尔雅出版社，1983：10.
③ 白先勇. 蓦然回首. 上海：文汇出版社，2000：213.
④ 白先勇. 蓦然回首. 上海：文汇出版社，2000：267.

献题"纪念先父母以及他们那个忧患重重的时代",也与刘禹锡的《乌衣巷》再次呼应。"尊重传统,但不模仿传统或激烈地废除传统",为了需要,可以做一点"破坏的建设工作"的白先勇,用"西方现代主义作品中叛逆的声音,哀伤的调子"不断"求新望变彷徨摸索"的白先勇,隔了时空距离回望父辈的那个时代,除了同情与留恋,更会有反思与诘问。对于这一点,李欧梵说得很中肯:"我看出他对国民党那一代人的同情式的反讽,是基于一种家世和内心的矛盾与无奈,这种现代性的历史感,却以古典诗词和戏曲作为照明,可谓前所未闻……多年来,白先勇的《台北人》也被'政治正确'的人士误解,讥他是'殡仪馆的化妆师',殊不知他的'化妆'手法是内藏玄机的,至今尚未完全'解码',但由于它内中丰富的文化和艺术内涵,反而至时过境迁之后,得以永垂不朽,成为现代文学经典。"[①]

白先勇的小说艺术别具一格,众多文学评论家和作家都对他给予了高度的评价。

夏志清先生说:白先勇"是当代中国短篇小说的奇才,'五四'以来,艺术成就上能与他匹敌的,从鲁迅到张爱玲,五六人而已","旅美的作家中,最有毅力,潜心自己艺术进步,想为当今文坛留下几篇值得给后世朗诵的作品的,有两位:於梨华和白先勇"。他既有"这一代中国人特有的历史感和文化上的乡愁",又是"一个力求创新,充满现代文学精神品质的作家"。

欧阳子女士说:"白先勇才气纵横,不甘受拘;他尝试过各种不同样式的小说,处理过不同类似的题材……白先勇讲述故事的方式很多。"

余光中诗人说:"白先勇的小说……在主题上可以说为当代台湾中上层社会塑下了多面浮雕,在技巧上可以说熔中国古典小说和西洋小说于一炉……小说家白先勇是现代中国最敏感的伤心人,他的作品最具历史感。"

【切问】

1. 从哪些方面可以看出白先勇小说传统与现代、历史与人生的高度融合?
2. 怎样理解《游园惊梦》主人公钱夫人的沧桑感与孤独感?
3. 除了人生如梦,世事无常之外,你还能从小说中读出些什么?

【近思】

白先勇是台湾当代著名文学家,请寻找并阅读其他台湾著名作家的作品,选

---

① 李欧梵. 回望文学年少——白先勇与现代文学创作. 中外文学, 2001(7):175.

取你认为最有代表性的几篇作品,对比思考同一时期台湾文学与大陆文学之间的异同,以及背后的原因。

棋　王

阿　城

一

车站是乱得不能再乱,成千上万的人都在说话。谁也不去注意那条临时挂起来的大红布标语。这标语大约挂了不少次,字纸都折得有些坏。喇叭里放着一首又一首的语录歌儿,唱得大家心更慌。

我的几个朋友,都已被我送走插队,现在轮到我了,竟没有人来送。父母生前颇有些污点,运动一开始即被打翻死去。家具上都有机关的铝牌编号,于是统统收走,倒也名正言顺。我虽孤身一人,却算不得独子,不在留城政策之内。我野狼似的转悠一年多,终于还是决定要走。此去的地方按月有二十几元工资,我便很向往,争了要去,居然就批了。因为所去之地与别国相邻,斗争之中除了阶级,尚有国际,出身孬一些,组织上不太放心。我争得这个信任和权利,欢喜是不用说的,更重要的是,每月二十几元,一个人如何用得完?只是没人来送,就有些不耐烦,于是先钻进车厢,想找个地方坐下,任凭站台上千万人话别。

车厢里靠站台一面的窗子已经挤满各校的知青,都探出身去说笑哭泣。另一面的窗子朝南,冬日的阳光斜射进来,冷清清地照在北边儿众多的屁股上。两边儿行李架上塞满了东西。我走动着找我的座位号,却发现还有一个精瘦的学生孤坐着,手拢在袖管儿里,隔窗望着车站南边儿的空车皮。

我的座位恰与他在一个格儿里,是斜对面儿,于是就坐下了,也把手拢在袖里。那个学生瞄了我一下,眼里突然放出光来,问:"下棋吗?"倒吓了我一跳,急忙摆手说:"不会!"他不相信地看着我说:"这么细长的手指头,就是个捏棋子儿的,你肯定会。来一盘吧,我带来家伙呢。"说着就抬身从窗钩上取下书包,往里掏着。我说:"我只会马走日,象走田。你没人送吗?"他已把棋盒拿出来,放在茶几上。塑料棋盘却搁不下，他想了想，就横摆了，说："不碍事，一样下。来来来，你先走。"我笑起来，说："你没人送吗？这么乱，下什么棋？"他一边码好最后一个棋子，一边说："我他妈要谁送？去的是有饭吃的地方，闹得这么哭哭啼啼的。来，你先走。"我奇怪了，可还是拈起炮，往当头上一移。我的棋还没移到，他的马却"啪"的一声跳好，比我还快。我就故意将炮移过当头的地方停下。他很快地看了一眼我的下巴，说："你还说不会？这炮二平六的开局，我在郑州遇见一个名手，就是这么走，险些输给他。炮二平五当头炮，是老开局，可有气势，而且是最稳的。嗯？你走。"我倒不知怎么走了，手在棋盘上游移着。他不动声色地看着整个棋盘，又把手袖笼起来。

就在这时，车厢乱了起来。好多人拥进来，隔着玻璃往外招手。我就站起身，也隔着玻璃往北看月台上。站上的人都拥到车厢前，都在叫，乱成一片。车身忽地一动，人群"嗡"地一下，哭声四起。我的背被谁捅了一下，回头一看，他一手护着棋盘，说："没你这么下棋的，走哇！"我实在没心思下棋，而且心里有些酸，就硬硬地说："我不下了。这是什么时候！"他很惊愕地看着我，忽然像明白了，身子软下去，不再说话。

车开了一会儿，车厢开始平静下来。有水送过来，大家就掏出缸子要水。我旁边的人打了水，说："谁的棋？收了放缸子。"他很可怜的样子，问："下棋吗？"要放缸的人说："反正没意思，来一盘吧。"他就很高兴，连忙码好棋子。对手说："这横着算怎么回事儿？没法儿看。"他搓着手说："凑合了，平常看棋的时候，棋盘不等于是横着的？你先走。"对手很老练地拿起棋子儿，嘴里叫着："当头炮。"他跟着跳上马。对手马上把他的卒吃了，他也立刻用马吃了对方的炮。我看这种简单的开局没有大意思，又实在对象棋不感兴趣，就转了头。

这时一个同学走过来，像在找什么人，一眼望到我，就说："来来来，四缺一，就差你了。"我知道他们是在打牌，就摇摇头。同学走到我们这一格，正待伸手拉我，忽然大叫："棋呆子，你怎么在这儿？你妹妹刚才把你找苦了，我说没见啊。没想到你在我们学校这节车厢里，气儿都不吭一声儿。你瞧你瞧，又下上了。"

棋呆子红了脸，没好气地说："你管天管地，还管我下棋？走，该你走了。"就又催促我身边的对手。我这时听出点音儿来，就问同学："他就是王一生？"同学睁了眼，说："你不认识他？哎呀，你白活了。你不知道棋呆子？"我说："我知道棋呆子就是王一生，可不知道王一生就是他。"说着，就仔细看着这个精瘦的学生。王一生勉强笑一笑，只看着棋盘。

王一生简直大名鼎鼎。我们学校与旁边几个中学常常有学生之间的象棋厮杀，后来拼出几个高手。几个高手之间常摆擂台，渐渐地，几乎每次冠军就都是王一生了。我因为不喜欢象棋，也就不去关心什么象棋冠军，但王一生的大名，却常被班上几个棋篓子供在嘴上，我也就对其事迹略闻一二，知道王一生外号棋呆子，棋下得很神不用说，而且在他们学校那一年级里数理成绩总是前数名。我想棋下得好而且有个数学脑子，这很合情理，可我又不信人们说的那些王一生的呆事，觉得不过是大家寻逸闻鄙事，以快言论罢了。后来运动起来，忽然有一天大家传说棋呆子在串连时犯了事儿，被人押回学校了。我对棋呆子能出去串连表示怀疑，因为以前大家对他的描述说明他不可能解决串连时的吃喝问题。可大家说呆子确实去串连了，因为老下棋，被人瞄中，就同他各处走，常常送他一点儿钱，他也不问，只是收下。后来才知道，每到一处，呆子必要挤地头看下棋。看上一盘，必要把输家挤开，与赢家杀一盘。初时大家见他其貌不扬，不与他下。他执意要杀，于是就杀。几步下来，对方出了小汗，嘴却不软。呆子也不说话，只是出手极快，像是连想都不想。待到对方终于闭了嘴，连一圈儿观棋的人也要慢慢思索棋路而不再支招儿的时候，与呆子同行的人就开始摸包儿。大家正看得紧张，哪里想到钱包已经易主？待三盘下来，众人都摸头。这时呆子倒成了棋主，连问可有谁还要杀？有那不服的，就坐下来杀，最后仍是无一盘得利。后来常常是众人齐做一方，七嘴八舌与呆子对手。呆子也不忙，反倒促众人快走，因为师傅多了，常为一步棋如何走自家争吵起来。就这样，在一处呆子可以连杀上一天。后来有那观棋的人发觉钱包丢了，闹嚷起来。慢慢有几个有心计的人暗中观察，看见有人掏包，也不响，之后见那人晚上来邀呆子走，就发一声喊，将扒手与呆子一齐绑了，由造反队审。呆子糊糊涂涂，只说别人常给他钱，大约是可怜他，也不知钱如何来，自己只是喜欢下棋。审主看他呆像，就命人押了回来，一时各校传为逸事。后来听说呆子认为外省马路棋手高手不多，不能长进，就托人找城里名手近战。有个同学就带他去见自己的父亲，据说是国内名手。名手见了呆子，也不多说，只摆一副据说是宋时留下的残局，要呆子走。呆子看了半晌，一五一十道来，替古人赢了。名手很惊奇，要收呆子为徒。不料呆子却问："这残局你可走通了？"名手没反应过来，就说："还未通。"呆子说："那我为什么要做你的徒弟？"名手只好请呆子开路，事后对自己的儿子说："你这同学桀骜不驯，棋品连着人品，照这样下去，棋品必劣。"又举了一些最新指示，说若能好好学习，棋锋必健。后来呆子认识了一个捡烂纸的老头儿，被老头儿连杀三天而仅赢一盘。呆子就执意要替老头儿去撕大字报纸，不要老头儿劳动。不料有一天撕了某造反团刚贴的"檄文"，被人拿获，又被这造反团栽诬于对立派，说对方"施阴谋，弄诡计"，必讨之，而且是可忍，孰不可忍！对立派又阴使人偷出呆子，用了呆子的名义，对先前的造反团反戈一击。一时呆子的大名"王一生"贴得满街都是，许多外省来取经的革命战士许久才明白王一生原来是个棋呆子，就有人请了去外省会一些江湖名手。交手之后，各有胜负，不过呆子的棋据说是越下越精了。只可惜全国忙于革命，否则呆子不知会有什么造就。

　　这时我旁边的人也明白对手是王一生，连说不下了。王一生便很沮丧。我说："你妹妹来送你，你也不知道和家里人说说话儿，倒拉着我下棋！"王一生看着我说："你哪儿知道我们这些人是怎么回事儿？你们这些人好日子过惯了，世上不明白的事儿多着呢！你家父母大约是舍不得你走了？"我怔了怔，看着手说："哪儿来父母，都死球了。"我的同学就添油加醋地叙了我一番，我有些不耐烦，说："我家死人，你倒有了故事了。"王一生想了想，对我说："那你这两年靠什么活着？"我说："混一天算一天。"王一生就看定了我问："怎么混？"我不答。待了一会儿，王一生叹一声，说："混可不易。一天不吃饭，棋路都乱。不管怎么说，你父母在时，你家日子还好过。"我不服气，说："你父母在，当然要说风凉话。"我的同学见话不投机，就岔开说："呆子，这里没有你的对手，走，和我们打牌去吧。"呆子笑一笑，说："牌算什么，瞌睡着也能赢你们。"我旁边儿的人说："据说你下棋可以不吃饭？"我说："人一迷上什么，吃饭倒是不重要的事。大约能干出什么事儿的人，总免不了有这种傻事。"王一生想一想，又摇摇头，说："我可不是这样。"说完就去看窗外。

　　一路下去，慢慢我发觉我和王一生之间，既开始有互相的信任和基于经验的同情，又有各自的疑问。他总是问我与他认识之前是怎么生活的，尤其是父母死后的两年是怎么混的。我大略地告诉他，可他又特别在一些细节上详细地打听，主要是关于吃。例如讲到有一次我一天没有吃到东西，他就问："一点儿都没吃到吗？"我说："一点儿也没有。"他又问："那你后来吃到东西是在什么时候？"我说："后来碰到一个同学，他要用书包装很多东西，就把书包翻倒过来腾干净，里面有一个干馒头，掉在地上就碎了。我一边儿和他说话，一边儿就把这些碎馒头吃下去。不过，说老实话，干烧饼比干馒头解饱得多，而且顶时候儿。"他同意我关于干烧饼的见解，可马上又问："我是说，你吃到这个干馒头的时候是几点？过了当天夜里十二点吗？"我说："噢，不。是晚上十点吧。"他又问："那第二天你吃了什么？"我有点儿不耐烦。讲老实话，我不太愿意复述这些事情，尤其是细节。我觉得这些事情总在腐蚀我，它们与我以前对生活的认识太不合辙，总好像是在嘲笑我的理想。我说："当天晚上我睡在那个同学家。第二天早上，同学买了两个油饼，我吃了一个。上午我随他去跑一些事，中午他请我在街上吃。晚上嘛，我不好意思再在他那儿吃，可另一个同学来了，知道我没什么着落，硬拉了我去他家，当然吃得还可以。怎么样？还有什么不清楚？"他笑了，说："你才不是你刚才说的什么'一天没吃东西'。你十二点以前吃了一个馒头，没有超过二十四小时。更何况第二天你的伙食水平不低，平均下来，你两天的热量还是可以的。"我说："你恐怕还是有些呆！要知道，人吃饭，不但是肚子的需要，而且是一种精神需要。不知道下一顿在什么地方，人就特别想到吃，而且，饿得快。"他说："你家道尚好的时候，有这种精神压力吗？恐怕没有什么精神需求吧？有，也只不过是想好上再好，那是馋。馋是你们这些人的特点。"我承认他说得有些道理，禁不住问他："你总在说你们、你们，可你是什么人？"他迅速看着其他地方，只是不看我，说："我当然不同了。我主要是对吃要求得比较实在。唉，不说这些了，你真的不喜欢下棋？何以解忧？唯有象棋。"我瞧着他说："你有什么忧？"他仍然不看我，"没有什么忧，没有。'忧'这玩意儿，是他妈文人的佐料儿。我们这种人，没有什么忧，顶多有些不痛快。何以解不痛快？唯有象棋。"

我看他对吃很感兴趣，就注意他吃的时候。列车上给我们这几节知青车厢送饭时，他若心思不在下棋上，就稍稍有些不安。听见前面大家拿吃时铝盒的碰撞声，他常常闭上眼，嘴巴紧紧收着，倒好像有些恶心。拿到饭后，马上就开始吃，吃得很快，喉结一缩一缩的，脸上绷满了筋。常常突然停下来，很小心地将嘴边或下巴上的饭粒儿和汤水油花儿用整个儿食指抹进嘴里。若饭粒儿落在衣服上，就马上一按，拈进嘴里。若一个没按住，饭粒儿由衣服上掉下地，他也立刻双脚不再移动，转了上身找。这时候他若碰上我的目光，就放慢速度。吃完以后，他把两只筷子吮净，拿水把饭盒冲满，先将上面一层油花吸净，然后就带着安全到达彼岸的神色小口小口的呷。有一次，他在下棋，左手轻轻地叩茶几。一粒干缩了的饭粒儿也轻轻地小声跳着。他一下注意到了，就迅速将那个饭粒儿放进嘴里，腮上立刻显出筋络。我知道这种干饭粒儿很容易嵌到槽牙里，巴在那儿，舌头是赶它不出的。果然，待了一会儿，他就伸手到嘴里去抠。终于嚼完，和着一大股口水，"咕"地一声儿咽下去，喉节慢慢地移下来，眼睛里有了泪花。他对吃是虔诚的，而且很精细。有时你会可怜那些饭被他吃得一个渣儿都不剩，真有点儿惨无人道。我在火车上一直看他下棋，发现他同样是精细的，但就有气度得多。他常常在我们还根本看不出已是败局时就开始重码棋子，说："再来一盘吧。"有的人不服输，非要下完，总觉得被他那样暗示死刑存些侥幸。他也奉陪，用四五步棋逼死对方，说："非要听'将'，有瘾？"

我每看到他吃饭，就回想起杰克·伦敦的《热爱生命》，终于在一次饭后他小口呷汤时讲了这个故事。我因为有过饥饿的经验，所以特别渲染了故事中的饥饿感觉。

他不再喝汤，只是把饭盒端在嘴边儿，一动不动地听我讲。我讲完了，他呆了许久，凝视着饭盒里的水，轻轻吸了一口，才很严肃地看着我说："这个人是对的。他当然要把饼干藏在褥子底下。照你讲，他是对失去食物发生精神上的恐惧，是精神病？不，他有道理，太有道理了。写书的人怎么可以这么理解这个人呢？杰……杰什么？嗯，杰克·伦敦，这个小子他妈真是饱汉子不知饿汉饥。"我马上指出杰克·伦敦是一个如何如何的人。他说："是呀，不管怎么样，像你说的，杰克·伦敦后来出了名，肯定不愁吃的，他当然会叼着根烟，写些嘲笑饥饿的故事。"我说："杰克·伦敦丝毫也没有嘲笑饥饿，他是……"他不耐烦地打断我说："怎么不是嘲笑？把一个特别清楚饥饿是怎么回事儿的人写成发了神经，我不喜欢。"我只好苦笑，不再说什么。可是一没人和他下棋了，他就又问我："嗯？再讲个吃的故事？其实杰克·伦敦那个故事挺好。"我有些不高兴地说："那根本不是个吃的故事，那是一个讲生命的故事。你不愧为棋呆子。"大约是我脸上有种表情，他于是不知怎么办才好。我心里有一种东西升上来，我还是喜欢他的，就说："好吧，巴尔扎克的《邦斯舅舅》听过吗？"他摇摇头。我就又好好儿描述一下邦斯舅舅这个老饕。不料他听完，马上就说："这个故事不好，这是一个馋的故事，不是吃的故事。邦斯这个老头儿若只是吃而不馋，不会死。我不喜欢这个故事。"他马上意识到这最后一句话，就急忙说："倒也不是不喜欢。不过洋人总和咱们不一样，隔着一层。我给你讲个故事吧。"我马上感了兴趣：棋呆子居然也有故事！他把身体靠得舒服一些，说："从前哪，"笑了笑，又说："老是他妈从前，可这个故事是我们院儿的五奶奶讲的。嗯——老辈子的时候，有这么一家子，吃喝不愁。粮食一囤一囤的，顿顿想吃多少吃多少，嘿，可美气了。后来呢，娶了个儿媳妇。那真能干，就没说把饭做糊过，不干不稀，特解饱。可这媳妇，每做一顿饭，必抓出一把米来藏好……"听到这儿，我忍不住插嘴："老掉牙的故事了，还不是后来遇了荒年，大家没饭吃，媳妇把每日攒下的米拿出来，不但自家有了，还分给穷人？"他很惊奇地坐直了，看着我说："你知道这个故事？可那米没有分给别人，五奶奶没有说分给别人。"我笑了，说："这是教育小孩儿要节约的故事，你还拿来有滋有味儿地讲，你真是呆子。这不是一个吃的故事。"他摇摇头，说："这太是吃的故事了。首先得有饭，才能吃，这家子有一囤一囤的粮食。可光穷吃不行，得记着断顿儿的时候，每顿都要欠一点儿。老话儿说'半饥半饱日子长'嘛。"我想笑但没笑出来，似乎明白了一些什么。为了打消这种异样的感触，就说："呆子，我跟你下棋吧。"他一下高兴起来，紧一紧手脸，啪啪啪就把棋码好，说："对，说什么吃的故事，还是下棋。下棋最好，何以解不痛快？唯有下象棋。啊？哈哈哈！你先走。"我又是当头炮,他随后把马跳好。我随便动了一个子儿,他很快地把兵移前一格儿。我并不真心下棋,心想他念到中学,大约是读过不少书的,就问:"你读过曹操的《短歌行》?"他说:"什么《短歌行》?"我说:"那你怎么知道'何以解忧,唯有杜康'?"他愣了,问:"杜康是什么?"我说:"杜康是一个造酒的人,后来也就代表酒,你把杜康换成象棋,倒也风趣。"他摆了一下头,说:"啊,不是。这句话是一个老头儿说的,我每回和他下棋,他总说这句。"我想起了传闻中的捡烂纸老头儿,就问:"是捡烂纸的老头儿吗?"他看了我一眼,说:"不是。不过,捡烂纸的老头儿棋下得好,我在他那儿学到不少东西。"我很感兴趣地问:"这老头儿是个什么人?怎么下得一手好棋还捡烂纸?"他很轻地笑了一下,说:"下棋不当饭。老头儿要吃饭,还得捡烂纸。可不知他以前是什么人。有一回,我抄的几张棋谱不知怎么找不到了,以为当垃圾倒出去了,就到垃圾站去翻。正翻着,这老头儿推着筐过来了,指着我说:'你个大小伙子,怎么抢我的买卖?'我说不是,是找丢了的东西,他问什么东西,我没搭理他。可他问个不停,'钱,存折儿?结婚帖子?'我只好说是棋谱,正说着,就找到了。他说叫他看看。他在路灯底下挺快就看完了,说'这棋没根哪'。我说这是以前市里的象棋比赛。可他说,'哪儿的比赛也没用,你瞧这,这叫棋路?狗脑子。'我心想怕是遇上异人了,就问他当怎么走。老头儿哗哗说了一通棋谱儿,我一听,真的不凡,就提出要跟他下一盘。老头让我先说。我们俩就在垃圾站下盲棋,我是连输五盘。老头儿棋路猛听头几步,没什么,可着子真阴阴狠,打闪一般,网得开,收得又紧又快。后来我们见天儿在垃圾站下盲棋,每天回去我就琢磨他的棋路,以后居然跟他平过一盘,还赢过一盘。其实赢的那盘我们一共才走了十几步。老头儿用铅丝扒子敲了半天地面,叹一声,'你赢了。'我高兴了,直说要到他那儿去看看。老头儿白了我一眼,说,'撑的?!'告诉我明天晚上再在这儿等他。第二天我去了,见他推着筐远远来了。到了跟前,从筐里取出一个小布包,递到我手上,说这也是谱儿,让我拿回去,看瞧得懂不。又说哪天有走不动的棋,让我到这儿来说给他听听,兴许他就走动了。我赶紧回到家里,打开一看,还真他妈不懂。这是本异书,也不知是哪朝哪代的,手抄,边边角角儿,补了又补。上面写的东西,不像是说象棋,好像是说另外的什么事儿。我第二天又去找老头儿,说我看不懂,他哈哈一笑,说他先给我说一段儿,提个醒儿。他一开说,把我吓了一跳。原来开宗明义,是讲男女的事儿,我说这是四旧。老头儿叹了,说什么是旧?我这每天捡烂纸是不是在捡旧?可我回去把它们分门别类,卖了钱,养活自己,不是新?又说咱们中国道家讲阴阳,这开篇是借男女讲阴阳之气。阴阳之气相游相交,初不可太盛,太盛则折,折就是'折断'的'折'。我点点头。'太盛则折，太弱则泻'。老头儿说我的毛病是太盛。又说，若对手盛，则以柔化之。可要在化的同时，造成克势。柔不是弱，是容，是收，是含。含而化之，让对手入你的势。这势要你造，需无为而无不为。无为即是道，也就是棋运之大不可变，你想变，就不是象棋，输不用说了，连棋边儿都沾不上。棋运不可悖，但每局的势要自己造。棋运和势既有，那可就无所不为了。玄是真玄，可细琢磨，是那么个理儿。我说，这么讲是真提气，可这下棋，千变万化，怎么才能准赢呢？老头儿说这就是造势的学问了。造势妙在契机。谁也不走子儿，这棋没法儿下。可只要对方一动，势就可入，就可导。高手你入他很难，这就要损。损他一个子儿，损自己一个子儿，先导开，或找眼钉下，止住他的入势，铺排下自己的入势。这时你万不可死损，势式要相机而变。势势有相因之气，势套势，小势开导，大势含而化之，根连根，别人就奈何不得。老头儿说我只有套，势不太明。套可以算出百步之远，但无势，不成气候。又说我脑子好，有琢磨劲儿，后来输我的那一盘，就是大势已破，再下，就是玩了。老头儿说他日子不多了，无儿无女，遇见我，就传给我吧。我说你老人家棋道这么好，怎么干这种营生呢？老头儿叹了一口气，说这棋是祖上传下来的，但有训——'为棋不为生'，为棋是养性，生会坏性，所以生不可太盛。又说他从小没学过什么谋生本事，现在想来，倒是训坏了他。"我似乎听明白了一些棋道，可很奇怪，就问："棋道与生道难道有什么不同么？"王一生说："我也是这么说，而且魔症起来，问他天下大势。老头儿说，棋就是这么几个子儿，棋盘就是这么大，无非是道同势不同，可这子儿你全能看在眼底。天下的事，不知道的太多。这每天的大字报，张张都新鲜，虽看出点道儿，可不能究底。子儿不全摆上，这棋就没法儿下。"

我就又问那本棋谱。王一生很沮丧地说："我每天带在身上，反复地看。后来你知道，我撕大字报被造反团捉住，书就被他们搜了去，说是四旧，给毁了，而且是当着我的面儿毁的。好在书已在我脑子里，不怕他们。"我就又和王一生感叹了许久。

火车终于到了，所有的知识青年都又被用卡车运到农场。在总场，各分场的人上来领我们。我找到王一生，说："呆子，要分手了，别忘了交情，有事儿没事儿，互相走动。"他说当然。

二

这个农场在大山林里，活计就是砍树，烧山，挖坑，再栽树。不栽树的时候，就种点儿粮食。交通不便，运输不够，常常就买不到煤油点灯。晚上黑灯瞎火，大家凑在一起臭聊，天南地北。又因为常割资本主义尾巴，生活就清苦得很，常常一个月每人只有五钱油，吃饭钟一敲，大家就疾跑如飞。大锅菜是先煮后搁油，油又少，只在汤上浮几个大花儿。落在后边，常常就只能吃清水南瓜或清水茄子。米倒是不缺，国家供应商品粮，每人每月四十二斤。可没油水，挖山又不是轻活，肚子就越吃越大。我倒是没有什么，毕竟强似讨吃。每月又有二十几元工薪，家里没有人惦记着，又没有找女朋友，就买了烟学抽，不料越抽越凶。

山上活儿紧时，常常累翻，就想：呆子不知怎么干？那么精瘦的一个人。晚上大家闲聊，多是精神会餐。我又想，呆子的吃相可能更恶了。我父亲在时，炒得一手好菜，母亲都比不上他，星期天常邀了同事，专事品尝，我自然精于此道。因此聊起来，常常是主角，说得大家个个儿腮胀，常常发一声喊，将我按倒在地上，说像我这样儿的人实在是祸害，不如宰了炒吃。下雨时节，大家都慌忙上山去挖笋，又到沟里捉田鸡，无奈没有油，常常吃得胃酸。山上总要放火，野兽们都惊走了，极难打到。即使打到，野物们走惯了，没膘，熬不得油。尺把长的老鼠也捉来吃，因鼠是吃粮的，大家说鼠肉就是人肉，也算吃人吧。我又常想，呆子难道不馋？好上加好，固然是馋，其实饿时更馋。不馋，吃的本能不能发挥，也不得寄托。又想，呆子不知还下棋不下棋。我们分场与他们分场隔着近百里，来去一趟不容易，也就见不着。

转眼到了夏季。有一天，我正在山上干活儿，远远望见山下小路上有一个人。大家觉得影儿生，就议论是什么人。有人说是小毛的男的吧。小毛是队里一个女知青，新近在外场找了一个朋友，可谁也没见过。大家就议论可能是这个人来找小毛，于是满山喊小毛，说她的汉子来了。小毛丢了锄，跌跌撞撞跑过来，伸了脖子看。还没等小毛看好，我却认出来人是王一生——棋呆子。于是大叫，别人倒吓了一跳，都问："找你的？"我很得意。我们这个队有四个省市的知青，与我同来的不多，自然他们不认识王一生。我这时正代理一个管三四个人的小组长，于是对大家说："散了，不干了。大家也别回去，帮我看看山上可有什么吃的弄点儿。到钟点儿再下山，拿到我那儿去烧。你们打了饭，都过来一起吃。"大家于是就钻进乱草里去寻了。

我跳着跑下山，王一生已经站住，一脸高兴的样子，远远地问："你怎么知道是我？"我到了他跟前说："远远就看你呆头呆脑，还真是你。你怎么老也不来看我？"他跟我并排走着，说："你也老不来看我呀！"我见他背上的汗浸出衣衫，头发已是一绺一绺的，一脸的灰土，只有眼睛和牙齿放光，嘴上也是一层土，干得起皱，就说："你怎么摸来的？"他说："搭一段儿车，走一段儿路，出来半个月了。"我吓了一跳，问："不到百里，怎么走这么多天？"他说："回去细说。"

说话间已经到了沟底队里。场上几只猪跑来跑去，个个儿瘦得赛狗。还不到下班时间，冷冷清清的，只有队上伙房隐隐传来叮叮当当的声音。

到了我的宿舍，就直进去。这里并不锁门，都没有多余的东西可拿，不必防谁。我放了盆，叫他等着，就提桶打热水来给他洗。到了伙房，与炊事员讲，我这个月的五钱油全数领出来，以后就领生菜，不再打熟菜。炊事员问："来客了？"我说："可不！"炊事员就打开锁了的柜子，舀一小匙油找了个碗盛给我，又拿了三只长茄子，说："明天还来打菜吧，从后天算起，方便。"我从锅里舀了热水，提回宿舍。

王一生把衣裳脱了，只剩一条裤衩，呼噜呼噜地洗。洗完后，将脏衣服按在水里泡着，然后一件一件搓，洗好涮好，拧干晾在门口绳上。我说："你还挺麻利的。"他说："从小自己干，惯了。几件衣服，也不费事。"说着就在床上坐下，弯过手臂，去挠背后，肋骨一根根动着。我拿出烟来请他抽。他很老练地敲出一支，舔了一头儿，倒过来叼着。我先给他点了，自己也点上。他支起肩深吸进去，慢慢地吐出来，浑身荡一下，笑了，说："真不错。"我说："怎么样？也抽上了？日子过得不错呀。"他看看草顶，又看看在门口转来转去的猪，低下头，轻轻拍着净是绿筋的瘦腿，半晌才说："不错，真的不错。还说什么呢？粮？钱？还要什么呢？不错，真不错。你怎么样？"他透过烟雾问我。我也感叹了，说："钱是不少，粮也多，没错儿，可没油哇。大锅菜吃得胃酸。主要是没什么玩儿的，没书，没电影儿。去哪儿也不容易，老在这个沟儿里转，闷得无聊。"他看看我，摇一下头，说："你们这些人哪！没法儿说，想的净是锦上添花。我挺知足，还要什么呢？你呀，你就叫书害了。你在车上给我讲的两个故事，我琢磨了，后来挺喜欢的。你不错，读了不少书。可是，归到底，解决什么呢？是呀，一个人拼命想活着，最后都神经了，后来好了，活下来了，可接着怎么生活呢？像邦斯那样？有吃，有喝，好收藏个什么，可有个馋的毛病，人家不请吃就活得不痛快。人要知足，顿顿饱就是福。"他不说了，看着自己的脚趾动来动去，又用后脚跟去擦另一只脚的背，吐出一口烟，用手在腿上掸了掸。

我很后悔用油来表示我对生活的不满意，还用书和电影儿这种可有可无的东西表示我对生活的不满足，因为这些在他看来，实在是超出基准线上的东西，他不会为这些烦闷。我突然觉得很泄气，有些同意他的说法。是呀，还要什么呢？我不是也感到挺好了吗？不用吃了上顿惦记着下顿，床不管怎么烂，也还是自己的，不用窜来窜去找宿夜的地方。可是我常常烦闷的是什么呢？为什么就那么想看看随便什么一本书呢？电影儿这种东西，灯一亮就全醒过来了，图个什么呢？可我隐隐有一种欲望在心里，说不清楚，但我大致觉出是关于活着的什么东西。

我问他："你还下棋吗？"他就像走棋那么快地说："当然，还用说？"我说："是呀，你觉得一切都好，干吗还要下棋呢？下棋不多余吗？"他把烟卷儿停在半空，摸了一下脸说："我迷象棋，一下棋，就什么都忘了。待在棋里舒服。就是没有棋盘，棋子儿，我在心里就能下，碍谁的事儿啦？"我说："假如有一天不让你下棋，也不许你想走棋的事儿，你觉得怎么样？"他挺奇怪地看着我说："不可能，那怎么可能？我能在心里下呀！还能把我脑子挖了？你净说些不可能的事儿。"我叹了一口气，说："下棋这事儿看来是不错。看了一本儿书，你不能老在脑子里过篇儿，老想看看新的。下棋可不一样了，自己能变着花样儿玩。"他笑着对我说："怎么样，学棋吧？咱们现在吃喝不愁了，顶多是照你说的，不够好，又活不出个大意思来。书你哪儿找去？下棋吧，有忧下棋解。"我想了想，说："我实在对棋不感兴趣。我们队倒有个人，据说下得不错。"他把烟屁股使劲儿扔出门外，眼睛又放出光来："真的？有下棋的？嘿，我真还来对了。他在哪儿？"我说："还没下班呢。看你急的，你不是来看我的吗？"他双手抱着脖子仰在我的被子上，看着自己松松的肚皮，说："我这半年，就找不到下棋的。后来想，天下异人多得很，这野林子里我就不信找不到个下棋下得好的。现在我请了事假，一路找人下棋，就找到你这儿来了。"我说："你不挣钱了？怎么活着呢？"他说："你不知道，我妹妹在城里分了工矿，挣钱了，我也就不用给家寄那么多钱了。我就想，趁这工夫儿，会会棋手。怎么样？你一会儿把你说的那人找来下一盘？"我说当然，心里一动，就又问他："你家里到底是怎么个情况呢？"他叹了一口气，望着屋顶，很久才说："穷。困难啊！我们家三口儿人，母亲死了，只有父亲、妹妹和我。我父亲嘛，挣得少，按平均生活费的说法儿，我们一人才不到十块。我母亲死后，父亲就喝酒，而且越喝越多，手里有俩钱儿就喝，就骂人。邻居劝，他不是不听，就是一把鼻涕一把泪，弄得人家也挺难过。我有一回跟我父亲说：'你不喝就不行？有什么好处呢？'他说：'你不知道酒是什么玩意儿，它是老爷们儿的觉啊！咱们这日子挺不易，你妈去了，你们又小。我烦哪，我没文化，这把年纪，一辈子这点子钱算是到头儿了。你妈死的时候，嘱咐了，怎么着也要供你念完初中再挣钱。你们让我喝口酒，啊？对老人有什么过不去的，下辈子算吧。'"他看了看我，又说："不瞒你说，我母亲解放前是窑子里的。后来大概是有人看上了，做了人家的小，也算从良。有烟吗？"我扔过一支烟给他，他点上了，把烟头儿吹得红红的，两眼不错眼珠儿地盯着，许久才说："后来，我妈又跟人跑了，据说买她的那家欺负她，当老妈子不说，还打。后来跟的这个是什么人，我不知道，我只知道我是我妈跟这个人生的。刚一解放，我妈跟的那个人就不见了。当时我妈怀着我，吃穿无着，就跟了我现在这个父亲。我这个后爹是卖力气的，可临到解放的时候儿，身子骨儿不行，又没文化，钱就挣得少。和我妈过了以后，原指着相帮着好一点儿，可没想到添了我妹妹后，我妈一天不如一天。那时候我才上小学，脑筋好，老师都喜欢我。可学校春游、看电影我都不在，给家里省一点儿是一点儿。我妈怕委屈了我，拖累着个身子，到处找活。有一回，我和我母亲给印刷厂叠书页子，是一本讲象棋的书。叠好了，我妈还没送去，我就一篇一篇对着看。不承想，就看出点儿意思来。于是有空儿就到街下看人家下棋。看了有些日子，就手痒痒，没敢跟家里要钱，自己用硬纸剪了一副棋，拿到学校去下。下着下着就熟了。于是又到街上和别人下。原先我看人家下得挺好，可我这一跟他们真下，还就赢了。一家伙就下了一晚上，饭也没吃。我妈找来了，把我打回去。唉，我妈身子弱，都打不痛我。到了家，她竟给我跪下了，说：'小祖宗，我就指望你了！你若不好好儿念书，妈就死在这儿。'我一听这话吓坏了，忙说：'妈，我没不好好儿念书。您起来，我不下棋了。'我把我妈扶起来坐着。那天晚上，我跟我妈叠页子，叠着叠着，就走了神儿，想着一路棋。我妈叹一口气说，'你也是，看不上电影儿，也不去公园，就玩儿这么个棋。唉，下吧。可妈的话你得记着，不许玩儿疯了。功课要是拉下了，我不饶你。我和你爹都不识字儿，可我们会问老师。老师若说你功课跟不上，你再说什么也不行。'我答应了。我怎么会把功课拉下呢？学校的算术，我跟玩儿似的。这以后，我放了学，先做功课，完了就下棋，吃完饭，就帮我妈干活儿，一直到睡觉。因为叠页子不用动脑筋，所以就在脑子里走棋，有的时候，魔症了，会突然一拍书页，喊棋步，把家里人都吓一跳。"我说："怨不得你棋下得这么好，小时候棋就都在你脑子里呢！"他苦笑笑说："是呀，后来老师就让我去少年宫象棋组，说好好儿学，将来能拿大冠军呢！可我妈说，'咱们不去什么象棋组，要学，就学有用的本事。下棋下得好，还当饭吃了？有那点儿工夫，在学校多学点儿东西比什么不好？你跟你们老师们说，不去象棋组，要是你们老师还有没教你的本事，你就跟老师说，你教了我，将来有大用呢。啊？专学下棋？这以前都是有钱人干的！妈以前见过这种人，那都是身份，他们不指着下棋吃饭。妈以前待过的地方，也有女的会下棋，可要的钱也多。唉，你不知道，你不懂。下下玩儿可以，别专学，啊？'我跟老师说了，老师想了想，没说什么。后来老师买了一副棋送我，我拿给妈看，妈说，'唉，这是善心人哪！可你记住，先说吃，再说下棋。等你挣了钱，养活家了，爱怎么下就怎么下，随你。'"我感叹了，说："这下儿好了，你挣了钱，你就能撒着欢儿地下了，你妈也就放心了。"王一生把脚搬上床，盘了坐，两只手互相捏着腕子，看着地下说："我妈看不见我挣钱了。家里供我念到初一，我妈就死了。死之前，特别跟我说，'这一条街都说你棋下得好，妈信。可妈在棋上疼不了你。你在棋上怎么出息，到底不是饭碗。妈不能看你念完初中，跟你爹说了，怎么着困难，也要念完。高中，妈打听了，那是为上大学，咱们家用不着上大学，你爹也不行了，你妹妹还小，等你初中念完了就挣钱，家里就靠你了。妈要走了，一辈子也没给你留下什么，只捡人家的牙刷把，给你磨了一副棋。'说着，就叫我从枕头底下拿出一个小布包来，打开一看，都是一小点儿大的子儿，磨得是光了又光，赛象牙，可上头没字儿。妈说，'我不识字，怕刻不对。你拿了去，自己刻吧，也算妈疼你好下棋。'我们家多困难，我没哭过，哭管什么呢？可看着这副没字儿的棋，我绷不住了。"

我鼻子有些酸，就低了眼，叹道："唉，当母亲的。"王一生不再说话，只是抽烟。

山上的人下来了，打到两条蛇。大家见了王一生，都很客气，问是几分场的，那边儿伙食怎么样。王一生答了，就过去摸一摸晾着的衣裤，还没有干。我让他先穿我的，他说吃饭要出汗，先光着吧。大家见他很随和，也就随便聊起来。我自然将王一生的棋道吹了一番，以示来者不凡。大家都说让队里的高手"脚卵"来与王一生下。一个人跑了去喊，不一刻，脚卵来了。脚卵是南方大城市的知识青年，个子非常高，又非常瘦。动作起来颇有些文气，衣服总要穿得整整齐齐，有时候走在山间小路上，看到这样一个高个儿纤尘不染，衣冠楚楚，真令人生疑。脚卵弯腰进来，很远就伸出手来要握，王一生糊涂了一下，马上明白了，也伸出手去，脸却红了。握过手，脚卵把双手捏在一起端在肚子前面，说："我叫倪斌，人儿倪，文武斌。因为腿长，大家叫我脚卵。卵是很粗俗的话，请不要介意，这里的人文化水平是很低的。贵姓？"王一生比倪斌矮下去两个头，就仰着头说："我姓王，叫王一生。"倪斌说："王一生？蛮好，蛮好，名字蛮好的。一生是哪两个字？"王一生直仰着脖子，说："一二三的一，生活的生。"倪斌说："蛮好，蛮好。"就把长臂曲着往外一摆，说："请坐。听说你钻研象棋？蛮好，蛮好，象棋是很高级的文化。我父亲是下得很好的，有些名气，喏，他们都知道的。我会走一点点，很爱好，不过在这里没有对手。你请坐。"王一生坐回床上，很尴尬地笑着，不知说什么好。倪斌并不坐下，只把手虚放在胸前，微微向前侧了一下身子，说："对不起，我刚刚下班，还没有梳洗，你候一下好了，我马上就来。噢，问一下，乃父也是棋道里的人么？"王一生很快地摇头，刚要说什么，但只是喘了一口气。倪斌说："蛮好，蛮好。好，一会儿我再来。"我说："脚卵洗了澡，来吃蛇肉。"倪斌一边退出去，一边说："不必了，不必了。好的，好的。"大家笑起来，向外嚷："你到底来是不来？什么'不必了，好的'！"倪斌在门外说："蛇肉当然是要吃的，一会儿下棋是要动脑筋的。"

大家笑着脚卵，关了门，三四个人精着屁股，上上下下地洗，互相开着身体的玩笑。王一生不知在想什么，坐在床里边，让开擦身的人。我一边将蛇头撕下来，一边对王一生说："别理脚卵，他就是这么神神道道的一个人。"有一个人对我说："你的这个朋友要真是有两下子，今天有一场好杀。脚卵的父亲在我们市里，真是很有名气哩。"另外的人说："爹是爹，儿是儿，棋还遗传了？"王一生说："家传的棋，有厉害的。几代沉下的棋路，不可小看。一会儿下起来看吧。"说着就紧一紧手脸。我把蛇挂起来，将皮剥下，不洗，放在案板上，用竹刀把肉划开，并不切断，盘在一个大碗内，放进一个大锅里，锅底蓄上水，叫："洗完了没有？我可开门了！"大家慌忙穿上短裤。我到外边地上摆三块土坯，中间架起柴引着，就将锅放在土坯上，把猪吆喝远了，说："谁来看看？别叫猪拱了。开锅后十分钟端下来。"就进屋收拾茄子。

有人把脸盆洗干净，到伙房打了四五斤饭和一小盆清水茄子，捎回来一棵葱和两瓣野蒜、一小块姜，我说还缺盐，就又有人跑去拿来一块，捣碎在纸上放着。

脚卵远远地来了，手里抓着一个黑木盒子。我问："脚卵，可有酱油膏？"脚卵迟疑了一下，返身回去。我又大叫："有醋精拿点儿来！"

蛇肉到了时间，端进屋里，掀开锅，一大团蒸气冒出来，大家并不缩头，慢慢看清了，都叫一声好。两大条蛇肉亮晶晶地盘在碗里，粉粉地冒蒸气。我嗖的一下将碗端出来，吹吹手指，说："开始准备胃液吧！"王一生也挤过来看，问："整着怎么吃？"我说："蛇肉碰不得铁，碰铁就腥，所以不切，用筷子撕着蘸料吃。"我又将切好的茄块儿放进锅里蒸。

脚卵来了，用纸包了一小块儿酱油膏，又用一张小纸包了几颗白色的小粒儿，我问是什么，脚卵说："这是草酸，去污用的，不过可以代替醋。我没有醋精，酱油膏也没有了，就这一点点。"我说："凑合了。"脚卵把盒子放在床上，打开，原来是一副棋，乌木做的棋子，暗暗的发亮。字用刀刻出来，笔划很细，却是篆字，用金丝银丝嵌了，古色古香。棋盘是一幅绢，中间亦是篆字：楚河汉界。大家凑过去看，脚卵就很得意，说："这是古董，明朝的，很值钱。我来的时候，我父亲给我的。以前和你们下棋，用不到这么好的棋。今天王一生来嘛，我们好好下。"王一生大约从来没有见过这么精彩的棋具，很小心地摸，又紧一紧手脸。

我将酱油膏和草酸冲好水，把葱末、姜末和蒜末投进去，叫声："吃起来！"大家就乒乒乓乓地盛饭，伸筷撕那蛇肉蘸料，刚入嘴嚼，纷纷嚷鲜。

我问王一生是不是有些像蟹肉，王一生一边儿嚼着，一边儿说："我没吃过螃蟹，不知道。"脚卵伸过头去问："你没有吃过螃蟹？怎么会呢？"王一生也不答话，只顾吃。脚卵就放下碗筷，说："年年中秋节，我父亲就约一些名人到家里来，吃螃蟹，下棋，品酒，作诗。都是些很高雅的人，诗做得很好的，还要互相写在扇子上。这些扇子过多少年也是很值钱的。"大家并不理会他，只顾吃。脚卵眼看蛇肉渐少，也急忙捏起筷子来，不再说什么。

不一刻，蛇肉吃完，只剩两副蛇骨在碗里。我又把蒸熟的茄块儿端上来，放小许蒜和盐拌了。再将锅里热水倒掉，续上新水，把蛇骨放进去熬汤。大家喘一口气，接着伸筷，不一刻，茄子也吃净。我便把汤端上来，蛇骨已经煮散，在锅底刷拉刷拉地响。这里屋外常有一二处小丛的野茴香，我就拔来几棵，揪在汤里，立刻屋里异香扑鼻。大家这时饭已吃净，纷纷舀了汤在碗里，热热的小口呷，不似刚才紧张，话也多起来了。

脚卵抹一抹头发，说："蛮好，蛮好的。"就拿出一支烟，先让了王一生，又自己叼了一支，烟包正待放回衣袋里，想了想，便放在小饭桌上，摆一摆手说："今天吃的，都是山珍，海味是吃不到了。我家里常吃海味的，非常讲究，据我父亲讲，我爷爷在时，专雇一个老太婆，整天就是从燕窝里拔脏东西。燕窝这种东西，是海鸟叼来小鱼小虾，用口水粘起来的，所以里面各种脏东西多得很，要很细心地一点一点清理，一天也就能搞清一个，再用小火慢慢地蒸。每天吃一点，对身体非常好。"王一生听呆了，问："一个人每天就专门是管做燕窝的？好家伙！自己买来鱼虾，熬在一起，不等于燕窝吗？"脚卵微微一笑，说："要不怎么燕窝贵呢？第一，这燕窝长在海中峭壁上，要拼命去挖。第二，这海鸟的口水是很珍贵的东西，是温补的。因此，舍命，费工时，又是补品，能吃燕窝，也是说明家里有钱和有身份。"大家就说这燕窝一定非常好吃。脚卵又微微一笑，说："我吃过的，很腥。"大家就感叹了，说费这么多钱，吃一口腥，太划不来。

天黑下来，早升在半空的月亮渐渐亮了。我点起油灯，立刻四壁都是人影子。脚卵就说："王一生，我们来下一盘？"王一生大概还没有从燕窝里醒过来，听见脚卵问，只微微点一点头。脚卵出去了。王一生奇怪了，问："嗯？"大家笑而不答。一会儿，脚卵又来了，穿得笔挺，身后随来许多人，进屋都看看王一生。脚卵慢慢摆好棋，问："你先走？"王一生说："你吧。"大家就上上下下围了看。

走出十多步，王一生有些不安，但也只是暗暗捻一下手指。走过三十几步，王一生很快地说："重摆吧。"大家奇怪，看看王一生，又看看脚卵，不知是谁赢了。脚卵微微一笑，说："一赢不算胜。"就伸手抽一颗烟点上。王一生没有表情，默默地把棋重新码好。两人又走。又走到十多步，脚卵半天不动，直到把一根烟吸完，又走了几步,脚卵慢慢地说:"再来一盘。"大家又奇怪是谁赢了,纷纷问。王一生很快地将棋码成一个方堆,看看脚卵问:"走盲棋?"脚卵沉吟了一下,点点头。两人就口述棋步。好几个人摸摸头,摸摸脖子,说下得好没意思,不知谁是赢家。就有几个人离开走出去,把油灯带得一明一暗。

我觉出有点儿冷,就问王一生:"你不穿点儿衣裳?"王一生没有理我。我感到没有意思,就坐在床里,看大家也是一会儿看看脚卵,一会儿看看王一生,像是瞧从来没有见过的两个怪物。油灯下,王一生抱了双膝,锁骨后陷下两个深窝,盯着油灯,时不时拍一下身上的蚊虫。脚卵两条长腿抵在胸口,一只大手将整个儿脸遮了,另一只大手飞快地将指头捏来弄去。说了许久,脚卵放下手,很快地笑一笑,说:"我乱了,记不得。"就又摆了棋再下。不久,脚卵抬起头,看着王一生说:"天下是你的。"抽出一支烟给王一生,又说:"你的棋是跟谁学的?"王一生也看着脚卵,说:"跟天下人。"脚卵说:"蛮好,蛮好,你的棋蛮好。"大家看出是谁赢了,都高兴松动起来,盯着王一生看。

脚卵把手搓来搓去,说:"我们这里没有会下棋的人,我的棋路生了。今天碰到你,蛮高兴的,我们做个朋友。"王一生说:"将来有机会,一定见见你父亲。"脚卵很高兴,说:"那好,好极了,有机会一定去见见他。我不过是玩玩棋。"停了一会儿,又说:"你参加地区的比赛,没有问题。"王一生问:"什么比赛?"脚卵说:"咱们地区,要组织一个运动会,其中有棋类。地区管文教的书记我认得,他早年在我们市里,与我父亲认识。我到农场来,我父亲给他带过信,请他照顾。我找过他,他说我不如打篮球。我怎么会打篮球呢?那是很野蛮的运动,要伤身体的。这次运动会,他来信告诉我,让我争取参加农场的棋类队到地区比赛,赢了,调动自然好说。你棋下到这个地步,参加农场队,不成问题。你回你们场,去报名就可以了。将来总场选拔,肯定会有你。"王一生很高兴,起来把衣裳穿上,显得更瘦。大家又聊了很久。

将近午夜,大家都散去,只剩下宿舍里同住的四个人与王一生、脚卵。脚卵站起来,说:"我去拿些东西来吃。"大家都很兴奋,等着他。一会儿,脚卵弯腰进来,把东西放在床上,摆出六颗巧克力,半袋麦乳精,纸包的一斤精白挂面。巧克力大家都一口咽了,来回舔着嘴唇。麦乳精冲成稀稀的六碗,喝得满屋喉咙响。王一生笑嘻嘻地说:"世界上还有这种东西?苦甜苦甜的。"我又把火升起来,开了锅,把面下了,说:"可惜没有调料。"脚卵说:"我还有酱油膏。"我说:"你不是只有一小块儿了吗?"脚卵不好意思地说:"咳,今天不容易,王一生来了,我再贡献一些。"就又拿了来。

大家吃了，纷纷点起烟，打着哈欠，说没想到脚卵还有如许存货，藏得倒严实，脚卵急忙申辩这是剩下的全部了。大家吵着要去翻，王一生说："不要闹，人家的是人家的，从来农场存到现在，说明人家会过日子。倪斌，你说，这比赛什么时候开始呢？"脚卵说："起码还有半年。"王一生不再说话。我说："好了，休息吧。王一生，你和我睡在我的床上。脚卵，明天再聊。"大家就起身收拾床铺，放蚊帐。我和王一生送脚卵到门口，看他高高的个子在青白的月光下远远去了。王一生叹一口气，说："倪斌是个好人。"

　　王一生又待了一天，第三天早上，执意要走。脚卵穿了破衣服，肩了锄来送。两人握了手，倪斌说："后会有期。"大家远远在山坡上招手。我送王一生出了山沟，王一生拦住，说："回去吧。"我嘱咐他，到了别的分场，有什么困难，托人来告诉我，若回来路过，再来玩儿。王一生整了整书包带儿，就急急地顺公路走了，脚下扬起细土，衣裳晃来晃去，裤管儿前后荡着，像是没有屁股。

三

　　这以后，大家没事儿，常提起王一生，津津有味儿的回忆王一生光膀子大战脚卵。我说了王一生如何如何不容易，脚卵说："我父亲说过的，'寒门出高士'。据我父亲讲，我们祖上是元朝的倪云林。倪祖很爱干净，开始的时候，家里有钱，当然是讲究的。后来兵荒马乱，家道败了，倪祖就卖了家产，到处走，常在荒野店投宿，很遇到一些高士。后来与一个会下棋的村野之人相识，学得一手好棋。现在大家只晓得倪云林是元四家里的一个，诗书画绝佳，却不晓得倪云林还会下棋。倪祖后来信佛参禅，将棋炼进禅宗，自成一路。这棋只我们这一宗传下来。王一生赢了我，不晓得他是什么路，总归是高手了。"大家都不知道倪云林是什么人，只听脚卵神吹，将信将疑，可也认定脚卵的棋有些来路，王一生既然赢了脚卵，当然更了不起。这里的知青在城里都是平民出身，多是寒苦的，自然更看重王一生。

　　将近半年，王一生不再露面。只是这里那里传来消息，说有个叫王一生的，外号棋呆子，在某处与某某下棋，赢了某某。大家也很高兴，即使有输的消息，都一致否认，说王一生怎会输棋呢？我给王一生所在的分场队里写了信，也不见回音，大家就催我去一趟。我因为这样那样的事，加上农场知青常常斗殴，又输进火药枪互相射击，路途险恶，终于没有去。

　　一天脚卵在山上对我说，他已经报名参加棋类比赛了，过两天就去总场，问王一生可有消息？我说没有。大家就说王一生肯定会到总场比赛，相约一起请假去总场看看。

过了两天，队里的活儿稀松，大家就纷纷找了各种借口请假到总场，盼着能见着王一生。我也请了假出来。

总场就在地区所在地，大家走了两天才到。这个地区虽是省以下的行政单位，却只有交叉的两条街，沿街有一些商店，货架上不是空的，即是"展品概不出售"。可是大家仍然很兴奋，觉得到了繁华地界，就沿街一个馆子一个馆子地吃，都先只叫净肉，一盘一盘地吞下去，拍拍肚子出来，觉得日光晃眼，竟有些肉醉，就找了一处草地，躺下来抽烟，又纷纷昏睡过去。

醒来后，大家又回到街上细细吃了一些面食，然后到总场去。

一行人高高兴兴到了总场，找到文体干事，问可有一个叫王一生的来报到。干事翻了半天花名册，说没有。大家不信，拿过花名册来七手八脚地找，真的没有，就问干事是不是搞漏掉了。干事说花名册是按各分场报上来的名字编的，都已分好号码，编好组，只等明天开赛。大家你望望我，我望望你，搞不清是怎么回事儿。我说："找脚卵去。"脚卵在运动员们住下的草棚里，见了他，大家就问。脚卵说："我也奇怪呢。这里乱糟糟的，我的号是棋类，可把我分到球类组来，让我今晚就参加总场联队训练，说了半天也不行，还说主要靠我进球得分。"大家笑起来，说："管他赛什么，你们的伙食差不了。可王一生没来太可惜了。"

直到比赛开始，也没有见王一生的影子。问了他们分场来的人，都说很久没见王一生了。大家有些慌，又没办法，只好去看脚卵赛篮球。脚卵痛苦不堪，规矩一点儿不懂，球也抓不住，投出去总是三不沾，抢得猛一些，他就抽身出来，瞪着大眼看别人争。文体干事急得抓耳挠腮，大家又笑得前仰后合。每场下来，脚卵总是嚷野蛮，埋怨脏。

赛了两天，决出总场各类运动代表队，到地区参加地区决赛。大家看看王一生还没有影子，就都相约要回去了。脚卵要留在地区文教书记家再待一两天，就送我们走一段。快到街口，忽然有人一指："那不是王一生？"大家顺着方向一看，真是他。王一生在街口另一面急急地走来，没有看见我们。我们一齐大叫，他猛地站住，看见我们，就横街向我们跑来。到了跟前，大家纷纷问他怎么不来参加比赛？王一生很着急的样子，说："这半年我总请事假出来下棋，等我知道报名赶回去，分场说我表现不好，不准我出来参加比赛，连名都没报上。我刚找了由头儿，跑上来看看赛得怎么样。怎么样？赛得怎么样？"大家一迭声儿地说早赛完了，现在是参加与各县代表队的比赛，夺地区冠军。王一生愣了半响，说："也好，夺地区冠军必是各县高手，看看也不赖。"我说："你还没吃东西吧？走，街上随便吃点儿什么去。"脚卵与王一生握过手，也惋惜不已。大家就又拥到一家小馆儿，买了一些饭菜，边吃边叹息。王一生说："我是要看看地区的象棋大赛。你们怎么样？要回去吗？"大家都说出来的时间太长了，要回去。我说："我再陪你一两天吧。脚卵也在这里。"于是又有两三个人也说留下来再耍一耍。

　　脚卵就领留下的人去文教书记家，说是看看王一生还有没有参加比赛的可能。走不多久，就到了。只见一扇小铁门紧闭着，进去就有人问找谁，见了脚卵，不再说什么，只让等一下。一会儿叫进了，大家一起走进一幢大房子，只见窗台上摆了一溜儿花草，伺候得很滋润。大大的一面墙上只一幅主席诗词的挂轴儿，绫子黄黄的很浅。屋内只摆几把藤椅，茶几上放着几张大报与油印的简报。不一会儿，书记出来，胖胖的，很快地与每个人握手，又叫人把简报收走，就请大家坐下来。大家没见过管着几个县的人的家，头都转来转去地看。书记呆了一下，就问："都是倪斌的同学吗？"大家纷纷回过头看书记，不知该谁回答。脚卵欠一下身，说："都是我们队上的。这一位就是王一生。"说着用手掌向王一生一倾。书记看着王一生说："噢，你就是王一生？好。这两天，倪斌常提到你。怎么样，选到地区来赛了吗？"王一生正想答话，倪斌马上就说："王一生这次有些事耽误了，没有报上名。现在事情办完了，看看还能不能参加地区比赛。您看呢？"书记用胖手在扶手上轻轻拍了两下，又轻轻用中指很慢地擦着鼻沟儿，说："啊，是这样。不好办。你没有取得县一级的资格，不好办。听说你很有天才，可是没有取得资格去参加比赛，下面要说话的，啊？"王一生低了头，说："我也不是要参加比赛，只是来看。"书记说："那是可以的，那欢迎。倪斌，你去桌上，左边的那个桌子，上面有一份打印的比赛日程。你拿来看看，象棋类是怎么安排的。"倪斌早一步跨进里屋，马上把材料拿出来，看了一下，说："要赛三天呢！"就递给书记。书记也不看，把它放在茶几上，掸一掸手，说："是啊，几个县嘛。啊？还有什么问题吗？"大家都站起来，说走了。书记与离他近的人很快地握了手，说："倪斌，你晚上来，嗯？"倪斌欠欠身说好的，就和大家一起出来。大家到了街上，舒了一口气，说笑起来。

　　大家漫无目的地在街上走，讲起还要在这里待三天，恐怕身上的钱支持不住。王一生说他可以找到睡觉的地方，人多一点恐怕还是有办法，这样就能不去住店，省下不少钱。倪斌不好意思地说他可以住在书记家。于是大家一起随王一生去找住的地方。

　　原来王一生已经来过几次地区，认识了一个文化馆画画儿的，于是便带了我们投奔这位画家。到了文化馆，一进去，就听见远远有唱的，有拉的，有吹的，便猜是宣传队在演练。只见三四个女的，穿着蓝线衣裤，胸蹶得不能再高，一扭一扭地走过来，近了，并不让路，直脖直脸地过去。我们赶紧闪在一边儿，都有点儿脸红。倪斌低低地说："这几位是地区的名角。在小地方，有她们这样的功夫，蛮不容易的。"大家就又回过头去看名角。

画家住在一个小角落里，门口鸡鸭转来转去，沿墙摆了一溜儿各类杂物，草就在杂物中间长出来。门又被许多晒着的衣裤布单遮住。王一生领我们从衣裤中弯腰过去，叫那画家。马上就乒乒乓乓出来一个人，见了王一生，说："来了？都进来吧。"画家只有一间小屋，里面一张小木床，到处是书、杂志、颜色和纸笔。墙上钉满了画的画儿。大家顺序进去，画家就把东西挪来挪去腾地方，大家挤着坐下，不敢再动。画家又迈过大家出去，一会儿提来一个暖瓶，给大家倒水。大家传着各式的缸子、碗，都有了，捧着喝。画家也坐下来，问王一生："参加运动会了吗？"王一生叹着将事情讲了一遍。画家说："只好这样了。要待几天呢？"王一生就说："正是为这事来找你。这些都是我的朋友。你看能不能找个地方，大家挤一挤睡？"画家沉吟半响，说："你每次来，在我这里挤还凑合。这么多人，嗯——让我看看。"他忽然眼里放出光采来，说："文化馆里有个礼堂，舞台倒是很大。今天晚上为运动会的人演出，演出之后，你们就在舞台上睡，怎么样？今天我还可以带你们进去看演出。电工与我很熟的，跟他说一声，进去睡没问题。只不过脏一些。"大家都纷纷说再好不过了。脚卵放下心的样子，小心地站起来，说："那好，诸位，我先走一步。"大家要站起来送，却谁也站不起来。脚卵按住大家，连说不必了，一脚就迈出屋外。画家说："好大的个子！是打球的吧？"大家笑起来，讲了脚卵的笑话。画家听了，说："是啊，你们也都够脏的。走，去洗洗澡，我也去。"大家就一个一个顺序出去，还是碰得叮当乱响。

原来这地区所在地，有一条江远远流过。大家走了许久，方才到了。江面不甚宽阔，水却很急，近岸的地方，有一些小洼儿。四处无人，大家脱了衣裤，都很认真地洗，将画家带来的一块肥皂用完。又把衣裤泡了，在石头上抽打，拧干后铺在石头上晒，除了游水的，其余便纷纷趴在岸上晒。画家早洗完，坐在一边儿，掏出个本子在画。我发觉了，过去站在他身后看。原来他在画我们几个人的裸体速写。经他这一画，我倒发觉我们这些每日在山上苦的人，却矫健异常，不禁赞叹起来。大家又围过来看，屁股白白的晃来晃去。画家说："干活儿的人，肌肉线条极有特点，又很分明。虽然各部分发展可能不太平衡，可真的人体，常常是这样，变化万端。我以前在学院画人体，女人体居多，太往标准处靠，男人体也常静在那里，感觉不出肌肉滚动，越画越死。今天真是个难得的机会。"有人说羞处不好看，画家就在纸上用笔把说的人的羞处涂成一个疙瘩，大家就都笑起来。衣裤干了，纷纷穿上。

这时已近傍晚，太阳垂在两山之间，江面上便金子一般滚动，岸边石头也如热铁般红起来。有鸟儿在水面上掠来掠去，叫声传得很远。对岸有人在拖长声音吼山歌，却不见影子，只觉声音慢慢小了。大家都凝了神看。许久，王一生长叹一声，却不说什么。

大家又都往回走，在街上拉了画家一起吃些东西，画家倒好酒量。天黑了，画家领我们到礼堂后台入口，与一个人点头说了，招呼大家悄悄进去，缩在边幕上看。时间到了，幕并不开，说是书记还未来。演员们化了妆，在后台走来走去，伸一伸手脚，互相取笑着。忽然外面响动起来，我拨了幕布一看，只见书记缓缓进来，在前排坐下，周围空着，后面黑压压一礼堂人。于是开演，演出甚为激烈，尘土四起。演员们在台上泪光闪闪，退下来一过边幕，就嬉笑颜开，连说怎么怎么错了。王一生倒很入戏，脸上时阴时晴，嘴一直张着，全没有在棋盘前的镇静。戏一结束，王一生一个人在边幕拍起手来，我连忙止住他，向台下望去，书记不知什么时候已经走了，前两排仍然空着。

大家出来，摸黑拐到画家家里，脚卵已在屋里，见我们来了，就与画家出来和大家在外面站着，画家说："王一生，你可以参加比赛了。"王一生问："怎么回事儿？"脚卵说，晚上他在书记家里，书记跟他叙起家常，说十几年前常去他家，见过不少字画儿，不知运动起来，损失了没有？脚卵说还有一些，书记就不说话了。过了一会儿书记又说，脚卵的调动大约不成问题，到地区文教部门找个位置，跟下面打个招呼，办起来也快，让脚卵写信回家讲一讲。于是又谈起字画古董，说大家现在都不知道这些东西的价值，书记自己倒是常在心里想着。脚卵就说，他写信给家里，看能不能送书记一两幅，既然书记帮了这么大忙，感谢是应该的。又说，自己在队里有一副明朝的乌木棋，极是考究，书记若是还看得上，下次带上来。书记很高兴，连说带上来看看。又说你的朋友王一生，他倒可以和下面的人说一说，一个地区的比赛，不必那么严格，举贤不避私嘛。就挂了电话，电话里回答说，没有问题，请书记放心，叫王一生明天就参加比赛。

大家听了，都很高兴，称赞脚卵路道粗，王一生却没说话。脚卵走后，画家带了大家找到电工，开了礼堂后门，悄悄进去。电工说天凉了，问要不要把幕布放下来垫盖着，大家都说好，就七手八脚爬上去摘下幕布铺在台上。一个人走到台边，对着空空的座位一敬礼，尖着嗓子学报幕员，说："下一个节目——睡觉。现在开始。"大家悄悄地笑，纷纷钻进幕布躺下了。

躺下许久，我发觉王一生还没有睡着，就说："睡吧，明天要参加比赛呢！"王一生在黑暗里说："我不赛了，没意思。倪斌是好心，可我不想赛了。"我说："咳，管它！你能赛棋，脚卵能调上来，一副棋算什么？"王一生说："那是他父亲的棋呀！东西好坏不说，是个信物。我妈妈留给我的那副无字棋，我一直性命一样存着，现在生活好了，妈的话，我也忘不了。倪斌怎么就可以送人呢？"我说："脚卵家里有钱，一副棋算什么呢？他家里知道儿子活得好一些了，棋是舍得的。"王一生说："我反正是不赛了，被人作了交易，倒像是我沾了便宜。我下得赢下不赢是我自己的事，这样赛，被人戳脊梁骨。"不知是谁也没睡着，大约都听见了，咕噜一声："呆子。"

四

第二天一早儿，大家满身是土地起来，找水擦了擦，又约画家到街上去吃。画家执意不肯，正说着，脚卵来了，很高兴的样子。王一生对他说："我不参加这个比赛。"大家呆了，脚卵问："蛮好的，怎么不赛了呢？省里还下来人视察呢！"王一生说："不赛就不赛了。"我说了说，脚卵叹道："书记是个文化人，蛮喜欢这些的。棋虽然是家里传下的，可我实在受不了农场这个罪，我只想有个干净的地方住一住，不要每天脏兮兮的。棋不能当饭吃的，用它通一些关节，还是值的。家里也不很景气，不会怪我。"画家把双臂抱在胸前，抬起一只手摸了摸脸，看着天说："倪斌，不能怪你。你没有什么了不得的要求。我这两年，也常常犯糊涂，生活太具体了。幸亏我还会画画儿。何以解忧？唯有——唉。"王一生很惊奇的看着画家，慢慢转了脸对脚卵说："倪斌，谢谢你。这次比赛决出高手，我登门去与他们下。我不参加这次比赛了。"脚卵忽然很兴奋，攥起大手一顿，说："这样，这样！我呢，去跟书记说一下，组织一个友谊赛。你要是赢了这次的冠军，无疑是真正的冠军。输了呢，也不太失身份。"王一生呆了呆："千万不要跟什么书记说，我自己找他们下。要下，就与前三名都下。"

大家也不好再说什么，就去看各种比赛，倒也热闹。王一生只钻在棋类场地外面，看各局的明棋。第三天，决出前三名。之后是发奖，又是演出，会场乱哄哄的，也听不清谁得的是什么奖。

脚卵让我们在会场等着，过了不久，就领来两个人，都是制服打扮。脚卵作了介绍，原来是象棋比赛的第二、三名。脚卵说："这位是王一生，棋蛮厉害的，想与你们两位高手下一下，大家也是一个互相学习的机会。"两个人看了看王一生，问："那怎么不参加比赛呢？我们在这里待了许多天，要回去了。"王一生说："我不耽误你们，与你们两人同时下。"两人互相看了看，忽然悟到，说："盲棋？"王一生点一点头。两人立刻变了态度，笑着说："我们没下过盲棋。"王一生说："不要紧，你们看着明棋下。来，咱们找个地方儿。"话不知怎么就传了出去，立刻嚷动了，会场上各县的人都说有一个农场的小子没有赛着，不服气，要同时与亚、季军比试。百十个人把我们围了起来，挤来挤去地看，大家觉得有了责任，便站在王一生身边儿。王一生倒低了头，对两个人说："走吧，走吧，太扎眼。"有一个人挤了进来，说："哪个要下棋？就是你吗？我们大爷这次是冠军，听说你不服气，叫我来请你。"王一生慢慢地说："不必。你大爷要是肯下，我和你们三人同下。"众人都轰动了，拥着往棋场走去。到了街上，百十人走成一片。行人见了，纷纷问怎么回事，可是知青打架？待明白了，就都跟着走。走过半条街，竟有上千人跟着跑来跑去。商店里的店员和顾客也都站出来张望。长途车路这里开不过，乘客们纷纷探出头来，只见一街人头攒动，尘土飞起多高，轰轰的，乱纸踏得嚓嚓响。一个傻子呆呆地在街中心，咿咿呀呀地唱，有人发了善心，把他拖开，傻子就依了墙根儿唱。四五条狗窜来窜去，觉得是它们在引路打狼，汪汪叫着。

到了棋场，竟有数千人围住，土扬在半空，许久落不下来。棋场的标语标志早已摘除，出来一个人，见这么多人，脸都白了。脚卵上去与他交涉，他很快地看着众人，连连点头儿，半天才明白是借场子用，急忙打开门，连说"可以可以"，见众人都要进去，就急了。我们几个，马上到门口守住，放进脚卵、王一生和两个得了名誉的人。这时有一个人走出来，对我们说："高手既然和三个人下，多我一个不怕，我也算一个。"众人又嚷动了，又有人报名。我不知怎么办好，只得进去告诉王一生。王一生咬一咬嘴说："你们两个怎么样？"那两个人赶紧站起来，连说可以。我出去统计了，连冠军在内，对手共是十人，脚卵说："十不吉利的，九个人好了。"于是就九个人。冠军总不见来，有人来报，既是下盲棋，冠军只在家里，命人传棋。王一生想了想，说好吧。九个人就关在场里。墙外一副明棋不够用，于是有人拿来八张整开白纸，很快地画了格儿。又有人用硬纸剪了百十个方棋子儿，用红黑颜色写了，背后粘上细绳，挂在棋格儿的钉子上，风一吹，轻轻地晃成一片，街上人也嚷成一片。

人是越来越多。后来的人拼命往前挤，挤不进去，就抓住人打听，以为是杀人的告示。妇女们也抱着孩子们，远远围成一片。又有许多人支了自行车，站在后架上伸脖子看，人群一挤，连着倒，喊成一团。半大的孩子们钻来钻去，被大人们用腿拱出去。数千人闹闹嚷嚷，街上像半空响着闷雷。

王一生坐在场当中一个靠背椅上，把手放在两条腿上，眼睛虚望着，一头一脸都是土，像是被传讯的歹人。我不禁笑起来，过去给他拍一拍土。他按住我的手，我觉出他有些抖。王一生低低地说："事情闹大了。你们几个朋友看好，一有动静，一起跑。"我说："不会。只要你赢了，什么都好办。争口气。怎么样？有把握吗？九个人哪！头三名都在这里！"王一生沉吟了一下，说："怕江湖的不怕朝廷的，参加过比赛的人的棋路我都看了，就不知道其他六个人会不会冒出冤家。书包你拿着，不管怎么样，书包不能丢。书包里有……"王一生看了看我，"我妈的无字棋。"他的瘦脸上又干又脏，鼻沟也黑了，头发立着，喉咙一动一动的，两眼黑得吓人。我知道他拼了，心里有些酸，只说："保重！"就离了他。他一个人空空地在场中央，谁也不看，静静的像一块铁。

棋开始了。上千人不再出声儿。只有自愿服务的人一会儿紧一会儿慢地用话传出棋步，外边儿自愿服务的人就变动着棋子儿。风吹得八张大纸哗哗地响，棋子儿荡来荡去。太阳斜斜地照在一切上，烧得耀眼。前几十排的人都坐下了，仰起头看，后面的人也挤得紧紧的，一个个土眉土眼，头发长长短短吹得飘，再没人动一下，似乎都把命放在棋里搏。

我心里忽然有一种很古的东西涌上来，喉咙紧紧地往上走。读过的书，有的近了，有的远了，模糊了。平时十分佩服的项羽、刘邦都目瞪口呆，倒是尸横遍野的那些黑脸士兵，从地下爬起来，哑了喉咙，慢慢移动。一个樵夫，提了斧在野唱。忽然又仿佛见了呆子的母亲，用一双弱手一张一张地折书页。

我不由伸手到王一生书包里去掏摸，捏到一个小布包儿，拽出来一看，是个旧蓝斜纹布的小口袋，上面绣了一只蝙蝠，布的四边儿都用线做了圈口，针脚很是细密。取出一个棋子，确实很小，在太阳底下竟是半透明的，像是一只眼睛，正柔和地瞧着。我把它攥在手里。

太阳终于落下去，立即爽快了。人们仍在看着，但议论起来。里边儿传出一句王一生的棋步，外面的人就嚷动一下。专有几个人骑车为在家的冠军传送着棋步，大家就不太客气，笑话起来。

我又进去，看见脚卵很高兴的样子，心里就松开一些，问："怎么样？我不懂棋。"脚卵抹一抹头发，说："蛮好，蛮好。这种阵式，我从来也没有见过，你想想看，九个人与他一个人，九局连环！车轮大战！我要写信给我的父亲，把这次的棋谱都寄给他。"这时有两个人从各自的棋盘前站起来，朝着王一生鞠躬，说："甘拜下风。"就捏着手出去了。王一生点点头儿,看了他们的位置一眼。

王一生的姿势没有变,仍旧是双手扶膝,眼平视着,像是望着极远极远的远处,又像是盯着极近的近处,瘦瘦的肩挑着宽大的衣服,土没拍干净,东一块儿,西一块儿。喉结许久才动一下。我第一次承认象棋也是运动,而且是马拉松,是多一倍的马拉松!我在学校时,参加过长跑,开始后的五百米,确实极累,但过了一个限度,就像不是在用脑子跑,而像一架无人驾驶飞机,又像是一架到了高度的滑翔机只管滑翔下去。可这象棋,始终是处在一种机敏的运动之中,兜捕对手,逼向死角,不能疏忽。我忽然担心起王一生的身体来。这几天,大家因为钱紧,不敢怎么吃,晚上睡得又晚,谁也没想到会有这么一个场面。看着王一生稳稳地坐在那里,我又替他赌一口气:死顶吧!我们在山上扛木料,两个人一根,不管路不是路,沟不是沟,也得咬牙,死活不能放手。谁若是顶不住软了,自己伤了不说,另一个也得被木头震得吐血。可这回是王一生一个人过沟坎儿,我们帮不上忙。我找了点儿凉水来,悄悄走近他,在他跟前一挡,他抖了一下,眼睛刀子似的看了我一下,一会儿才认出是我,就干干地笑了一下。我指指水碗,他接过去,正要喝,一个局号报了棋步。他把碗高高地平端着,水纹丝儿不动。他看着碗边儿,回报了棋步,就把碗缓缓凑到嘴边儿。这时下一个局号又报了棋步,他把嘴定在碗边儿,半晌,回报了棋步,才咽一口水下去,"咕"的一声儿,声音大得可怕,眼里有了泪花。他把碗递过来,眼睛望望我,有一种说不出的东西在里面游动,嘴角儿缓缓流下一滴水,把下巴和脖子上的土冲开一道沟儿。我又把碗递过去,他竖起手掌止住我,回到他的世界里去了。

我出来,天已黑了。有山民打着松枝火把,有人用手电筒照着,黄乎乎的,一团明亮。大约是地区的各种单位下班了,人更多了。狗也在人前蹲着,看人挪动棋子,眼神凄凄的,像是在担忧。几个同来的队上知青,各被人围了打听。不一会儿"王一生""棋呆子""是个知青""棋是道家的棋",就在人们嘴上传。我有些发噱,本想到人群里说说,但又止住了,随人们传吧,我开始高兴起来。这时墙上只有三局在下了。

忽然人群发一声喊。我回头一看,原来只剩了一盘,恰是与冠军的那一盘。盘上只有不多几个子儿。王一生的黑子儿远远近近地峙在对方棋营格里,后方老帅稳稳地待着,尚有一"士"伴着,好像帝王与近侍在聊天儿,等着前方将士得胜回朝;又似乎隐隐看见有人在伺候酒宴,点起尺把长的红蜡烛,有人在悄悄地调整管弦,单等有人跪奏捷报,鼓乐齐鸣。我的肚子拖长了音儿在响,脚下觉得软了,就拣个地方坐下,仰头看最后的围猎,生怕有什么差池。

红子儿半天不动，大家不耐烦了，纷纷看骑车的人来没有，嗡嗡地响成一片。忽然人群乱起来，纷纷闪开。只见一老者，精光头皮，由旁人搀着，慢慢走出来，嘴嚼动着，上上下下看着八张定局残子。众人纷纷传着，这就是本届地区冠军，是这个山区的一个世家后人，这次"出山"玩玩儿棋，不想就夺了头把交椅，评了这次比赛的大势，直叹棋道不兴。老者看完了棋，轻轻抻一抻衣衫，跺一跺土，昂了头，由人搀进棋场。众人都一拥而起。我急忙抢进了大门，跟在后面。只见老者进了大门，立定，往前看去。

王一生孤身一人坐在大屋子中央，瞪眼看着我们，双手支在膝上，铁铸一个细树桩，似无所见，似无所闻。高高的一盏电灯，暗暗地照在他脸上，眼睛深陷进去，黑黑的似俯视大千世界，茫茫宇宙。那生命像聚在一头乱发中，久久不散，又慢慢弥漫开来，灼得人脸热。

众人都呆了，都不说话。外面传了半天，眼前却是一个瘦小黑魂，静静地坐着，众人都不禁吸了一口凉气。

半晌，老者咳嗽一下，底气很足，十分洪亮，在屋里荡来荡去。王一生忽然目光短了，发觉了众人，轻轻地挣了一下，却动不了。老者推开搀的人，向前迈了几步，立定，双手合在腹前摩挲了一下，朗声叫道："后生，老朽身有不便，不能亲赴沙场。命人传棋，实出无奈。你小小年纪，就有这般棋道，我看了，汇道禅于一炉，神机妙算，先声有势，后发制人，遣龙治水，气贯阴阳，古今儒将，不过如此。老朽有幸与你接手，感触不少，中华棋道，毕竟不颓，愿与你做个忘年之交。老朽这盘棋下到这里，权做赏玩，不知你可愿意平手言和，给老朽一点面子？"

王一生再挣了一下，仍起不来。我和脚卵急忙过去，托住他的腋下，提他起来。他的腿仍是坐着的样子，直不了，半空悬着。我感到手里好像只有几斤的分量，就暗示脚卵把王一生放下，用手去揉他的双腿。大家都拥过来，老者摇头叹息着。脚卵用大手在王一生身上，脸上，脖子上缓缓地用力揉。半晌，王一生的身子软下来，靠在我们手上，喉咙嘶嘶地响着，慢慢把嘴张开，又合上，再张开，"啊啊"着。很久，才呜呜地说："和了吧。"

老者很感动的样子，说："今晚你是不是就在我那儿歇了？养息两天，我们谈谈棋？"王一生摇摇头，轻轻地说："不了，我还有朋友。大家一起来的，还是大家在一起吧。我们到、到文化馆去，那里有个朋友。"画家就在人丛里喊："走吧，到我那里去，我已经买好了吃的，你们几个一起去。真不容易啊。"大家慢慢拥了我们出来，火把一团儿照着。山民和地区的人层层团了，争睹棋王风采，又都点头儿叹息。

我挽了王一生慢慢走,光亮一直随着。进了文化馆,到了画家的屋子,虽然有人帮着劝散,窗上还是挤满了人,慌得画家急忙把一些画儿藏了。

人渐渐散了,王一生还有一些木。我忽然觉出左手还攥着那个棋子,就张了手给王一生看。王一生呆呆地盯着,似乎不认得,可喉咙里就有了响声,猛然"哇"地一声儿吐出一些黏液,呜呜地说:"妈,儿今天……妈——"大家都有些酸,扫了地下,打来水,劝了。王一生哭过,滞气调理过来,有了精神,就一起吃饭。画家竟喝得大醉,也不管大家,一个人倒在木床上睡去。电工领了我们,脚卵也跟着,一齐到礼堂台上去睡。

夜黑黑的,伸手不见五指。王一生已经睡死。我却还似乎耳边人声嚷动,眼前火把通明,山民们铁了脸,肩着柴禾林中走,咿咿呀呀地唱。我笑起来,想:不做俗人,哪儿会知道这般乐趣?家破人亡,平了头每日荷锄,却自有真人生在里面,识到了,即是幸,即是福。衣食是本,自有人类,就是每日在忙这个。可囿在其中,终于还不太像人。倦意渐渐上来,就拥了幕布,沉沉睡去。

(选自阿城. 棋王. 北京:作家出版社,2000)

【温故】

● 阿城

　　阿城(1949—),中国当代作家。原名钟阿城,出生于北京,籍贯为四川江津。阿城于1984年开始创作,《棋王》获第三届全国优秀中篇小说奖。此外还有小说《树王》《孩子王》《遍地风流》、散文《威尼斯日记》《闲话闲说》《常识与通识》等作品。他的作品擅长以白描淡彩的手法表现民俗与传统文化,在对人类生存方式的关怀中寄寓关于宇宙、生命、自然的哲学玄思,透露出浓厚隽永的人生逸趣。90年代后定居美国,仍有不少杂感和散文作品发表,依旧沿袭了他直白冲淡的语言风格。用母语写作是阿城的原则。他曾在采访中说:"语言里透露出的第二层意思,第三层意思,包括艺术中最重要的意象的东西,用第二语言是很难达到的。"

● 寻根文学

　　20世纪80年代中期,中国文坛兴起了一股"文化寻根"的热潮。作家们超越了政治批判层面,把探寻的笔触伸进了民族历史文化心理结构,通过对不同地域的民俗文化、生存状态的展示,对传统意识与民族文化心理进行挖掘与反思。韩少功发表于1985年的《文学的"根"》可以看作是寻根文学的纲领:"文学有根,文学之根应深植于民族传统的文化土壤中",作家们应该"在立足现实的同时又对现实世界进行超越，去揭示一些决定民族发展和人类生存的谜"①。寻根文学的代表作家作品有阿城"三王"（《棋王》《树王》《孩子王》）、韩少功《爸爸爸》、郑义《老井》、王安忆《小鲍庄》、贾平凹的商州系列等。

【知新】

《棋王》发表之初是作为革命现实主义的知青题材小说引起文坛关注的。阿城通过对棋王形象的刻画，表现出对"文革"的否定，对民族智慧和文化传统的赞颂。曾镇南就指出《棋王》写出了"扑不灭、压不住的民族的智慧、生机和意志，为我们留下了变幻浮动的政治闹剧后普通人民沉着凝定的面容"②。王一生的形象所渗透的道家与儒家美学又使《棋王》成为寻根小说的重要代表作。王一生以棋养性，表现的是追求超然忘我和人格独立的庄禅精神。他的棋道处处体现着无为无不为、以柔化之、大象无形的道家哲学。他对弈群雄的场面又是"凝神遐想，妙悟自然，物我两忘，离形去智"境界的绝佳写照。王一生对母亲的孝、对朋友的赤诚、"一箪食一瓢饮"也"不改其乐"的坚定执着又闪烁着儒家精神的光芒。然而，在肯定《棋王》深刻内涵的同时，也应当看到文本中蕴含着文化的某种保守色彩。有研究者认为，《棋王》总体上对庄禅合一的艺术显现缺少主体批判的热情："身处乱世求全生，回到内心独善其身，实际上是以一种虚幻的心理平衡取代人和自然界的和谐，它与儒家哲学互补，组合成了人生观念上自足的封闭系统，与西方讲的'冲突毁成'之学相比，在不少方面都显示出自身的保守落后性。"③

【切问】

1. 《棋王》作为寻根文学的代表作，所追寻的传统文化精神是什么？
2. 《棋王》的语言技术炉火纯青，请赏析第一部分王一生在火车上"吃"的描写和千人观棋的场面。
3. 王一生与老者和棋，看到"我"手中的棋子之后，呜呜地说："妈，儿今天……妈——"王一生想说些什么呢？请尝试续写补充。

【近思】

如何理解阿城"三王"系列作品《棋王》《树王》《孩子王》的精神内蕴？

---

① 韩少功. 文学的"根". 作家，1985（4）.
② 曾镇南. 异彩和深味. 上海文学，1984（10）.
③ 刘克宽. 简淡超越的文化观照体式——谈阿城《棋王》的文体审美形态. 名作欣赏，2006（13）.

白雪猪头

苏 童

我母亲买不到猪头肉，她凌晨就提着篮子去肉铺排队，可是她买不到猪头肉。人们明明看见肉联厂的小货车运来了八只猪头，八只猪头都冒着新鲜生猪特有的热气，我母亲排在第六位。肉联厂的运输工把八只猪头两只两只拎进去的时候，她点着食指，数得很清楚，可是等肉铺的门打开了，我母亲却看见柜台上只放着四只小号的猪头，另外四只大的不见了。她和排在第五位的绍兴奶奶都有点紧张，绍兴奶奶说，怎么不见了？我母亲踮着脚向张云兰的脚下看，看见的是张云兰的紫红色的胶鞋。会不会在下面，我母亲说，一共八只呢，还有四只大的，让她藏起来了？柜台里的张云兰一定听见了我母亲的声音，那只紫红色的胶鞋突然抬起来，把什么东西踢到更隐蔽的地方去了。

我母亲断定那是一只大猪头。

从绍兴奶奶那里开始猪头就售空了，绍兴奶奶用她慈祥的目光谴责着张云兰，这是没有用的。卖光了。张云兰说，猪头多紧张呀，绍兴奶奶你来晚了，早来一步就有你一只。

绍兴奶奶端详着张云兰，从对方的表情上看事情并没有回旋的余地，赔笑脸也是没有用的，绍兴奶奶便沉下脸来，眼睛向柜台里面瞄，她说，有我一只的，我看好了。你看好的？在哪儿呀？张云兰丰满的身体光明磊落地后退一步，绍兴奶奶花白的脑袋顺势越过油腻的柜面，向下面看，看见的仍然是张云兰的长筒胶鞋，紫红色闪烁着紫红色热烈而怠慢的光芒。绍兴奶奶，你这大把年纪，眼神还这么好？张云兰突然咯咯地笑起来，抬起胳膊用她的袖套擦了擦嘴角上的一个热疮，她说，你的眼睛会拐弯的？

柜台内外都有人跟着笑，人群的哄笑声显得干涩凌乱，倒不一定是对幽默的回应，主要是表明一种必要的立场。绍兴奶奶很窘，她指着张云兰的嘴角说，嘴上生疮啦！这么来一句也算是出了点气，绍兴奶奶走到割冷冻肉的老孙那里，割了四两肉，嘟嘟嚷嚷地挤出了肉铺。

我母亲却倔，她把手里的篮子扔在柜台上，人很严峻地站在张云兰面前。我数过的，一共来了八只。我母亲说，还有四只，还有四只拿出来！

四只什么？你让我拿四只什么出来？张云兰说。

四只猪头！拿出来，不像话！我告诉你我看好的。

什么猪头不像话你看好的？你这个人说外国话，我怎么听不懂？

拿出来，你不拿我自己过来拿了。我母亲以为正义在她一边，她看着张云兰负隅顽抗的样子，火气更大了，人就有点冲动，推推这人，拨拨那人，可是也不知是肉铺里人太多，或者干脆就是人家故意挡着我母亲的去路，她怎么也无法进入柜台里侧，她听见张云兰冷笑的声音，你算老几呀，自己进来拿，谁批准你进来了？

开始有人来拉我母亲的手，说，算了，大家都知道猪头紧张，睁一眼闭一眼算了，忍一忍，下次再买了，何必得罪了她呢？我母亲站在人堆里，白着脸说，他们肉铺不像话呀，这猪头难道比燕窝鱼翅还金贵，藏着掖着，排了好几次都买不到，都让他们自己带回家了！张云兰在柜台那一边说，猪头是不金贵，不金贵你偏偏盯着它，买不到还寻死觅活呢。说我们带回家了？你有证据？

我母亲急于去柜台里面搜寻证据，可是她突然发现从肉铺的店堂四周冒出了许多手和胳膊，也不知道都是谁的，它们有的很礼貌，松软地拉住她，有的却很不礼貌了，铁钳似的将我母亲的胳膊一把钳住，好像防止她去行凶杀人。一些纷乱的男女混杂的声音此起彼伏地响起来，少数声音息事宁人，大多数声音却立场鲜明，表示他们站在张云兰的一边。这个女人太过分了，大家都买不到猪头，谁也没说什么，偏偏她就特殊，又吵又闹的！那些人的手拽着我母亲，眼睛都是看着张云兰的，他们的眼神明确地告诉她，云兰云兰，我们站在你的一边。

我母亲乱了方寸，她努力地甩开了那些树杈般讨厌的手，你们这些人，立场到哪里去了？她说，拍她的马屁，你们天天有猪头拿呀？拍马屁得来的猪头，吃了让你们拉肚子！我母亲这种态度明显是不明智的，打击面太广，言辞火暴流于尖刻，那些人纷纷离开了我母亲，愤愤地向她翻白眼，有的人则是冷笑着回头瞥她一眼，充满了歧视：这种女人，别跟她一般见识。只有见喜的母亲旗帜鲜明地站在我母亲身边，她向我母亲耳语了几句，竟然就让她冷静下来了。见喜的母亲说了些什么呢？她说，你不要较真的，张云兰记仇，得罪谁也不能得罪她，我跟你一样，有五个孩子，都是长身体的年龄，要吃肉的，家里这么多嘴要吃肉，怎么去得罪她呢？告诉你，我天天跟居委会吵，就是不敢跟张云兰吵。我母亲是让人说到了痛处，她黯然地站在肉铺里想起了我们家的铁锅，那只铁锅长年少沾油腻荤腥，极易生锈。她想起我们家的厨房油盐酱醋用得多么快，而黄酒瓶永远是满的，不做鱼肉，用什么黄酒呢？我母亲想起我们兄弟姐妹五人吃肉的馋相，我大哥仗着他是挣了工资的人，一大锅猪头肉他要吃去半锅，我二哥三哥比筷子，筷子快肚子便沾光，我姐姐倒是懂事的，男孩吃肉的时候她负责监督裁判，自己最多吃一两片猪耳朵，可是腾出她一个人的肚子是杯水车薪，没什么用处的。我二哥和三哥没肉吃的时候关系还算融洽，遇到红烧猪头肉上桌的日子，他们像一头狼遇到一头虎，吃着吃着就打起来。我母亲想起猪肉与儿女们的关系不在于一朝一夕，赌气赌不得，口气就有点软了。她对见喜的母亲说，我也不是存心跟她过不去，我答应孩子的，今天做肉给他们吃，现在好了，排到手里的猪头飞了，让我做什么给他们吃？见喜的母亲指了指老孙那里，说，买点冷冻肉算了嘛。我母亲转过头去，茫然地看着柜台上的冷冻肉。那肉不好，她说，又贵又不好吃，还没有油水！猪肉这么紧张，我母亲还挑剔，见喜的母亲也不知道说什么好了，她转过身去站到队伍里，趁我母亲不注意，也向她翻了个白眼。

　　肉铺里人越来越多了，我母亲孤立地站在人堆里，她篮子里的一棵白菜不知被谁撞到了地上，白菜差点绊了她自己的脚。我母亲后来弯着腰拍打着人家的一条条腿，嘴里嚷嚷着，让一让让一让呀，我的白菜，我的白菜。我母亲好不容易把白菜捡了起来，篮子里的白菜让她看见了一条自尊的退路，不吃猪头肉也饿不死人的！她最后向柜台里的张云兰喊了一声，带着那棵白菜昂然地走出了肉铺。

　　我们街上不公平的事情很多，还是说猪头吧，有的人到了八点钟太阳升到了宝光塔上才去肉铺，却提着猪头从肉铺里出来了。比如我们家隔壁的小兵，那天八点钟我母亲看见小兵肩上扛着一只猪头往他家里走，尽管天底下的猪头长相雷同，我母亲还是一眼认出来，那就是清晨时分的肉铺失踪的猪头之一。

　　小兵家没什么了不起的，他父亲在绸布店，母亲在杂货店，不过是商业战线，可商业战线就是一条实惠的战线，一个手里管着棉布，一个手里管着白糖，都是紧俏的凭票供应的东西。我母亲不是笨人，用不着问小兵就知道个究竟了。她不甘心，尾随着小兵，好像不经意地问，你妈妈让你去拿的猪头，在张云兰那里拿的吧？小兵说，是，要腌起来，过年吃的。我母亲的一只手突然控制不住地伸了出去，捏了捏猪的两片肥大的耳朵。她叹了口气，说，好，好，多大的一只猪头啊！

　　我母亲平时善于与女邻居相处，她手巧，会裁剪，也会缝纫，小兵的母亲经常求上门来，夹着她丈夫从绸布店弄来的零头布，让我母亲缝这个缝那个的，我母亲有求必应，她甚至为小兵家缝过围裙、鞋垫。当然女邻居也给予了一定的回报，主要是赠送各种票证。我们家对白糖的需求倒不是太大，吃白糖一是吃不起，二是吃了不长肉，小兵的母亲给的糖票，让我母亲转手送给别人做了人情，煤票很好，草纸票也好，留着自己用。最好的是布票，那些布票为我母亲带来了多少价廉物美的卡其布、劳动布和花布，雪中送炭，帮了我家的大忙。我们家那么多人，到了过年的时候，几乎不花钱，每人都有新衣服新裤子穿，这种体面主要归功于我母亲，不可否认的是，里面也有小兵父母的功劳。

　　那天夜里我母亲带了一只假领子到小兵家去了。假领子本来是为我父亲缝的，现在出于某种更迫切的需要，我母亲把崭新的一个假领子送给小兵的母亲，让她丈夫戴去了。我父亲对这件事情自然很不情愿，可是他知道一只假领子担负着重大的使命，也只好眼睁睁地看着我母亲把它卷在了报纸里。

　　醉翁之意不在酒，在哪儿？我母亲与女邻居的灯下夜谈很快便切入了正题，猪头与张云兰。张云兰与猪头。我母亲的陈述多少有点闪烁其词，可是人家很快弄清楚了她的意思，她是要小兵的母亲去向张云兰打招呼，早晨的事情不是故意和她作对，都怪孩子嘴巴馋，逼她逼急了，伤着她了务必不要往心里去，不要记仇——我母亲说到这里突然又有点冲动，她说，我得罪她也就得罪了，我吃不吃猪肉都没关系的，可谁让我生下那么多男孩，肚子一个比一个大，要吃肉要吃肉，吃肉吃肉吃肉，她那把割肉刀，我得罪不起呀！

　　小兵的母亲完全赞同我母亲的意见，她认为在我们香椿树街上张云兰和新鲜猪肉其实是画等号的，得罪了张云兰便得罪了新鲜猪肉，得罪了新鲜猪肉便得罪了孩子们的肚子，犯不上的。谈话之间小兵的母亲一直用同情的眼光注视着我母亲，好像注视一个莽撞的闯了大祸的孩子。她是个聪明的女人，情急之下就想出了一个将功赎罪的方法。她说，张云兰也有四个孩子呢，整天嚷嚷她家孩子穿裤子像咬雪糕，裤腿一咬一大口，今年能穿的明年就短了，你给她家的孩子做几条裤子嘛！我母亲下意识地撇起嘴来，说，我哪能这么犯贱呢，人家不把我当盘菜，我还替她做裤子？不让人笑话？女人最了解女人，小兵的母亲说，为了孩子的肚子，你就别管你的面子了，你做好了裤子我给送去，保证你有好处。你不想想，马上要过年了，这么和她僵下去，你还指望有什么东西端给孩子们吃呀。我告诉你，张云兰那把刀是长眼睛的，你吃了她的亏都没地方去告她的状。

　　女邻居最后那番话把我母亲说动了心。我母亲说，是呀，家里养着这些孩子，腰杆也硬不起来，还有什么资格讲面子？你替我捎个口信给张云兰好了，让她把料子拿来，以后她儿女的衣服不用去买，我来做好了。

凡事都是趁热打铁的好，尤其在春节即将临近的时候。小兵的母亲第二天回家的时候带了一捆藏青色的布到我家来，她也捎来了张云兰的口信，张云兰的口信之一概括起来有点像毛主席的语录，既往不咎，治病救人，口信之二则温暖了我母亲的心，她说，以后想吃什么，再也不用起早贪黑排什么队了，隔天跟她打个招呼，第二天落了早市只管去肉铺拿。只管去拿！

此后的一个星期也许是我母亲一生中最忙碌的日子。其他的家庭主妇也忙，可她们是忙自己的家务和年货，我母亲却是为张云兰忙。张云兰提供的一捆布要求做五条长裤子，都是男裤，长短不一，尺寸被写在一张油腻腻的纸上，那张纸让我母亲贴在缝纫机上方的墙上。我们看着那张纸会联想起张云兰家的四个男孩一个男人的腿，十条腿都比我们的长，一定是骨头汤喝多了吧。我母亲看到那张纸却唉声叹气的，她埋怨张云兰的布太少，要裁出五条裤子来，难于上青天。

我母亲有时候会夸大裁剪的难度，只是为了向大家证明她的手艺是很精湛的。后来她熬夜熬了一个晚上，还是把五条裤子裁了出来，并不是像她描述的那么艰难，五条裤子一片一片地摞在缝纫机上，像一块柔软的青色的梯田。然后我们迎来了缝纫机恼人的粗笨的歌声，我母亲下班回家便坐到缝纫机前，苦了我姐姐，什么事情都交给她做了。我姐姐撅着嘴抗议，做那么多裤子，都是别人的，我的裤子呢？弟弟他们的裤子呢？我母亲说，自己的裤子急什么，过年还有几天呢，反正不会让你们穿旧裤子过年的。我姐姐有时候不知趣，唠叨起来没完，她说，你为人民服务也不能乱服务，张云兰那么势利，那么讨厌的人，你还为她做裤子！我母亲一下就火了，她说，你给我闭上你的嘴，这么大个女孩子一点事情也不懂，我在为谁忙？为张云兰忙？我在为你们的肚子忙呀！

时间紧迫，只好挑灯夜战。我们在睡梦中听见缝纫机应和着窗外的北风在歌唱，其声音有时流畅，有时迟疑，有时热情奔放，有时哀怨不已。我依稀听见我母亲和父亲在深夜的对话。我母亲在缝纫机前说，眼珠子都要掉出来了！我父亲在床上说，掉出来才好。我母亲说，这天怎么冷成这样呢，手快冻僵了。我父亲说，冻僵了才好，让你去拍那种人的马屁！

埋怨归埋怨，我母亲仍然保质保量地完成了张云兰的五条裤子，她把五条裤子交给小兵的母亲，小兵的母亲为我母亲着想，她说，你自己交给她去，说说话，以前的疙瘩不就一下子解开了嘛。我母亲摆着手说，前几天才在肉铺吵的架，这一下白脸一下红脸的戏，让我怎么唱得出来？你这中间人还是做到底吧。我母亲把五条裤子强扔在小兵家里，逃一样地逃回到家里。家里的缝纫机上又堆起了一座布的山丘，那是为我们兄弟姐妹准备的布料。我母亲在上班前夕为她忠实的缝纫机加了点菜油，我看见她蹲在缝纫机前，不时地瞥一眼上面的蓝色的灰色的卡其布，还有一种红底白格子的花布，然后她为自己发出了一声简短而精确的感叹，劳碌命呀！

而小兵的母亲后来一定很后悔充当了我母亲和张云兰的中间人。整个事情的结局出乎她的意料，当然也让我母亲哭笑不得，你猜怎么样了？张云兰从肉铺调到东风卤菜店去了！早不调晚不调，她偏偏在我母亲做好了那五条裤子以后调走了！

我记得小兵的母亲到我家来通报这个消息时哭丧着个脸。都怪我不好，多事，女邻居快哭出来了，你忙成那样，还让你一口气做了五条裤子，可是我也实在想不通，张云兰在香椿树街做了这么多年，怎么偏偏就在这节骨眼上调动了，气死我了！我母亲也气，她的脸都发白了，但是她如果再说什么难听的话，让小兵的母亲把脸往哪儿放呢？人家也是好心。事到如今我母亲只好反过来安慰女邻居，她说，没什么，没什么的，不就是熬几个夜费一点线吗，调走就调走好了，只当是学雷锋做好事了。

很少有人会尝到我母亲吞咽的苦果，受到愚弄的岂止是我母亲那双勤劳的手，我们家的缝纫机也受愚弄了，它白白地为一个势利的女人吱吱嘎嘎工作了好几天。我们兄弟姐妹五人的肠胃也受愚弄了，原来我们都指望张云兰提供最新鲜的肉、最肥的鸡和最嫩的鸭子呢。不仅如此，我们家的篮子、坛子和缸也受愚弄了，它们闲置了这么久，正准备大显身手腌这腌那呢，突然有人宣告，一切机会都丧失了，你们这些东西，还是给我空在那儿吧。

我们对于春节菜肴所有美好的想象，最终像个肥皂泡似的破灭了。我母亲明显带有一种幻灭的情绪，她对我们说，今年过年没东西吃，吃白菜，吃萝卜，谁要吃好的，四点钟给我起床，自己拿篮子去排队！

我们怎么也想不通，我母亲给张云兰做了这么多裤子，反而要让我们过一个革命化的艰苦朴素的春节！

除夕前那天夜里下了一场大雪，我记得我是让我三哥从床上拉起来的。那时候天色还早，我父母亲和其他人都没起床，因为急于到外面去玩雪，我和我三哥都没有顾上穿袜子。我们趿拉着棉鞋，一个带了一把瓦刀，一个抓着一把煤铲，计划在我们家门前堆一个香椿树街最大的雪人。我们在拉门闩的时候感觉到外面什么东西在轻轻撞着门，门打开了，我们几乎吓了一跳，有个裹红围巾穿男式工作棉袄的女人正站在我们家门前，女人的手里提着两只猪头，左手一只，右手一只，都是我们从来没见过的大猪头，更加令人印象深刻的是女人的围巾和棉袄上落满了一层白色的雪花，两只大猪头的耳朵和脑袋上也覆盖着白雪，看上去风尘仆仆。

那时候我和三哥都还小，不买菜也不社交，不认识张云兰。我三哥问她，猪头是我们家的吗？外面的女人看见我三哥要进去喊大人，一把拽住了他，她说，别叫你妈，让她睡好了，她很辛苦的。然后我们看见她一身寒气地挤进门来，把两只猪头放在了地上。她说，你妈妈等会儿起来，告诉她张云兰来过了。你们记不住我的名字也没有关系，她看见猪头就会知道，我来过了。

我们不认识张云兰，我们认为她放下猪头后应该快点离开，不能影响我们堆雪人。可是那个女人有点奇怪，她不知怎么注意到了我们的脚，大惊小怪地说，下雪的天，不能光着脚，要感冒发烧的。管管闲事也罢了，她的眼睛突然一亮，变戏法似的从棉袄口袋里掏出了一双袜子，是新的尼龙袜，商标还粘在上面。你是小五吧？她示意我把脚抬起来，我知道尼龙袜是好东西，非常配合地抬起了脚，看着那个女人蹲下来，为我穿上了我的第一双尼龙袜。我三哥已经向大家介绍过的，从小就不愿意吃亏，他在旁边看的时候，一只脚已经提前抬了起来，伸到那个女人的面前。我记得张云兰当时犹疑了一下，但她还是从她的口袋里掏出了第二双尼龙袜。这样一来，我和我三哥都在这个下雪的早晨得到了一双温暖而时髦的尼龙袜，不管从哪方面说，这都是一个意外的礼物。

我还记得张云兰为我们穿袜子时候说的一句话，你妈妈再能干，尼龙袜她是织不出来的。当时我们还小，不知道她说这句话是什么意思。张云兰还说了一句话，现在看来有点夸大其词了，她说，你们这些孩子的脚呀，讨厌死了，这尼龙袜能对付你们，尼龙袜，穿不坏的！

听我母亲说，张云兰家后来也从香椿树街搬走了，她不在肉铺工作，大家自然便慢慢地淡忘了她。我母亲和张云兰后来没有交成朋友，但她有一次在红星路的杂品店遇见了张云兰，她们都看中了一把芦花扫帚，两个人的手差点撞起来，后来又都退让，谁也不去拿。我母亲说她和张云兰在杂品店里见了面都很客气，两个人只顾说话，忘了扫帚的事情，结果那把质量上乘的芦花扫帚让别人捞去了。

（选自苏童. 垂杨柳：苏童短篇小说编年. 北京：人民文学出版社，2007）

【温故】

● 苏童

苏童（1963— ），当代作家。生于苏州，1980年考入北京师范大学中文系，现为中国作家协会江苏分会专业作家。1983年开始发表作品，代表作品有中短篇小说《1934年的逃亡》《妻妾成群》《红粉》《罂粟之家》《三盏灯》及长篇小说《我的帝王生涯》《米》《城北地带》《河岸》等。其中《妻妾成群》入选"20世纪中文小说百强",并被张艺谋改编成电影《大红灯笼高高挂》,获威尼斯电影节银狮奖,并获提名奥斯卡最佳外语片奖。2013年发表最新长篇小说《黄雀记》。

● 苏童的"香椿树街文化"

作为一名成功的作家,苏童"迄今为止最大的驱动力是来源于他的童年,来源于他那相当于'香椿树街'的、充满欢乐和感伤的童年生活阅历"[①]。苏童擅长人物与风情的描绘,在"香椿树街"系列小说中,苏童传神地描绘了童年时期江南城镇风俗生活场景,通过儿童的眼睛再现了20世纪70年代破败、混乱的社会情境。苏童的香椿树街和沈从文的湘西、莫言的高密东北乡一样,成为了一个寓言的世界。在这个寓言的世界中,孕育和潜藏了格外丰富的民间性的文化内容与人生游戏。苏童就在对这个寓言世界的不断解释与再现中,构建了自己的"香椿树街文化"。

【知新】

苏童的短篇创作追求一种"中和之美",即在处理尖锐的人性冲突时不偏重任何一方,而是对复杂的人性进行深入细致的挖掘,将人性的温情与污浊一俱呈现,最终达到"中和"的情感力量和美学效果。有研究者指出,苏童的短篇创作"始终追求一种刚柔相济、温婉敦厚、充满诗意的情感特质,感伤但不绝望,幽深却不锐利,渗透着温馨的人道情怀"[②]。在发掘复杂而微妙的人性时,苏童的策略是"通过辩证性的叙事策略,让那些对抗性元素相互渗透,凸现出某种温暖的世态人情"[③]。"中和之美"更接近人性的真实,也使苏童的短篇呈现独具匠心的艺术风貌。

【切问】

1. "白雪"与"猪头"是两个形象色彩非常不同的词语,苏童把这两个平时很难联系在一起的词语组合在一起,获得了良好的艺术效果。试解析"白雪"与"猪头"各自代表的含义。
2. 小说发生的背景是20世纪70年代的中国城市边缘地带,物质短缺,人民生活

---

① 张清华. 天堂的哀歌——苏童论. 钟山, 2001 (1): 198.
② 洪治纲. 邀约与重构. 北京: 作家出版社, 2012: 126.
③ 洪治纲. 邀约与重构. 北京: 作家出版社, 2012: 130.

困难，然而在《白雪猪头》里却有一种人与人之间脉脉的温情。请谈一谈你对人性善恶与外界环境之间的关系是如何理解的。

【近思】

对一个作家来说，童年经历是一座创作的巨大宝库，儿童视角往往能得到更好的写作效果。试着回想一下你的童年时光，以儿童的视角创作一篇小说，题目不限，字数不限。

弃　婴

莫　言

我把她从葵花地里刚刚抱起来时，心里锁着满盈盈的黏稠的黑血，因此我的心很重很沉，像冰凉的石头一样下坠着，因此我的脑子里是一片灰白的，如同寒风扫荡过的街道。后来是她的青蛙鸣叫般的响亮哭声把我从迷惘中唤醒。我不知道是该感谢她还是该恨她，更不知道我是干了一件好事还是干了一件坏事。我那时惊惧地看着她香瓜般扁长的、布满皱纹的、浅黄色的脸，看着她眼窝里汪着的两滴浅绿色的泪水和她那无牙的洞穴般的嘴——从这里冒出来的哭声又潮湿又阴冷，心里的血又全部压缩到四肢和头颅。我的双臂似乎托不动这个用一块大红绸子包裹着的婴孩。

我抱着她跟跟跄跄、戚戚怆怆地从葵花地里钻出来。团扇般的葵花叶片嚓嚓地响着，粗硬的葵花叶茎上的白色细毛摩擦着我的胳膊和脸颊。出了葵花地我就出了一身汗，被葵花茎叶锯割过的地方鲜红地凸起鞭打过似的印痕。好像，好像被毒虫蜇过般痛楚。更深刻的痛楚是在心里。明亮的阳光下，包裹婴孩的红绸子像一团熊熊的火，烫着我的眼，烫着我的心，烫得我的心里结了白色的薄冰。正是正午，田野空旷，道路灰白，路边繁茂的野草，蛇与蚯蚓般地缠贴着。西风凉爽，阳光强烈，不知道该喊冷还是该喊热，反正是个标准的秋日的正午，反正村民们都躲在村庄里没出来。路两边杂种着大豆、玉米、高粱、葵花、红薯、棉花、芝麻，葵花正盛开，黄花连缀成一片黄云，浮在遍野青翠之中。淡淡的花香里，只有几只赭红的野蜂子在飞，蝈蝈躲在叶下，忧郁地尖声鸣叫，蚂蚱在飞，燕子在捕食。悬挂在田野上空、低矮弯曲的电话线上，蹲着一排排休憩的家燕。它们缩着颈，一定在注视着平滑地流淌在绿色原野上的灰色河流。我闻到了一股浓郁得像生蜂蜜般黏稠的生命的气味。万物蓬勃向上，形势大好不是小好，形势大好的生动表现是猖獗的野草和苗壮的稼禾间升腾着燠热的水气。天蓝得令人吃惊，天上孤独地停泊着的白云像纯情的少女。她还是哭，好像受了巨大的委屈。那时我还不知道她是个被抛弃的女婴。我的廉价的怜悯施加到她身上，对她来说未必就是多大的恩泽，对我来说却是极度的痛苦了。现在我还在想，好心不得好报可能是宇宙间的一条普遍规律。你以为是在水深火热中救人，别人还以为你是在图财害命呢！我想我从此以后是再也不干好事了。当然我也不干坏事。这个小女婴折磨得我好苦，这从我把她在葵花地里抱出来时就感觉到了。

破烂不堪的公共汽车把我一个孤零零的乘客送到那三棵柳树下，是我从葵花地里捡出女婴前半个小时的事。坐在车上时，我确实是充分体验到了社会制度的优越性，车上那个面如雀蛋的女售票员也是这么说。她可能是头天夜里跟男朋友玩耍时误了觉，从坐上车时她就哈欠连天，而且打过一个哈欠就掉转那颗令人敬爱的头颅，怒气冲冲地瞪我一眼，好像我刚往她的胸膛上吐过一口痰似的，好像我刚往她的雪花膏瓶子里掺了石灰似的。我恍然觉得她的眼球上也生满了褐色雀斑，而她的一次次对我怒目而视，已经把那些雀斑像铁砂子般扫射到我的脸上。我惶恐，觉得好像挺对不起她的，因此她每次看我时我都用最真诚的笑脸迎着她。后来她原谅我。我听到她说："成了你的专车啦！"我的车长达十米，二十块玻璃破了十七块，座位上的黑革面像泡涨的大饼一样翻卷着。所有的铁器官上都遍被着红锈的专车浑身哆嗦着向前飞驰，沿着狭窄的土路，把路两边绿色的庄稼抹在车后。我的专车像一艘乘风破浪的军舰。我的司机不回头，问我："在哪儿当兵？""在××。"我受宠若惊地回答。"是要塞的吗？""是啊是啊！"我不是"要塞"的，但我知道撒谎有好处——有一个撒谎成性的人传染了我。司机情绪立刻高了，虽然他没回头，我也就看到了他亲切的脸。我无疑勾起了他许多回忆，他的兵涯回忆。我附和着他，陪着他大骂"要塞"那个流氓成性的、面如猿猴的副参谋长。他说他有一次为副参谋长开车，副参谋长与三十八团团长的老婆坐在后排。从镜子里，他看到副参谋长把手伸到团长老婆的奶子上，他龇牙咧嘴地把方向盘一打，吉普车一头撞到一棵树上……他哈哈地笑着。我也哈哈地笑着。我说："可以理解，可以理解，副参谋长也是人嘛！""回来后就让我写检查。我就写：'我看到首长在摸女人奶子，走了神，撞了车，犯了错误。'检查送上去，我们指导员在脑勺子上给了我一巴掌，骂我：'操你妈！哪有你这样写检查的，回去重写吧！'""你重写了吗？""写个屁！是指导员替我写的，我抄了一遍。"我说："你们指导员对你蛮好。""好个屁！我白送了他十斤棉花！""人无完人嘛！再说，那是'文化大革命'期间的事了嘛，是'四人帮'的罪过。""这些年部队怎么样？""挺好，挺好。"

车到"三棵树"，我的售票员小姐拉开车门，恨不得一脚把我踹到车下去，但我和司机攀上了"战友"，所以不怕她。我把一盒"9·9"牌香烟扔到驾驶台上。这盒烟劲儿挺大，司机把车开出老远还为我鸣笛致谢呢。

下车。前行。肩背一包糖，手提一箱酒。我必须顶着太阳走完这十五里不通汽车的乡间土路，去见我的爹娘与妻女。我远远地就看到那片葵花地了。我是直奔葵花地而去的。我是在柳树上看到那张纸条后跑向葵花地的。我是看到了纸条上写的字就飞跑到葵花地里去的。

纸条上写着一行歪歪扭扭的字：速到葵花地里救人！！！

那片葵花地顿时就变得非常遥远，像一块漂游在大地上的云朵，黄色的、温柔的、馨香扑鼻的诱惑强烈地召唤着我。我扔掉手提肩背的物件，飞跑。在焦灼的奔波中，我难忘的一件往事涌上心头。那是前年的暑假，我回家的路上，由一条白狗为引，邂逅了久别的朋友暖姑，生出了一串故事。这些故事被我改头换面之后，写成了一篇名为《白狗秋千架》的小说。这篇小说我至今认为是我的好小说。每次探家总有对故乡的崭新的发现，总有对过去认识的否定。纷繁多彩的农村生活像一部浩瀚的巨著，要读完它、读懂它并非易事，由此我也想到了文人的无聊和浅薄。这一次，又有什么稀奇事儿等待着我去发现呢？根据柳树上纸条的启示，用某学院文人们的口头禅说，这一次的节目将"更加激烈，更加残酷"。葵花，黄色的葵花地，是葛利高里和阿克西妮亚幽会的地方，是一片引人发痴的风流温暖的乐园。我跑到它跟前时，已经出气不迭。粗糙的葵花叶片在温存的西风吹拂下拉拉响着，油铃子、蟋蟀、蝈蝈欢快又凄凉地叫着，后来给我带来无数麻烦的女婴响亮地哭着。她的哭声是葵花地音响中的主调，节奏急促、紧张，如同火烧眉毛。

我从没有看到过成片的葵花。我看惯了的是篱笆边、院墙边上稀疏种着的葵花，它们高大、孤独，给人以欺凌者的感觉。成片的葵花温柔、亲密、互相扶持着，像一个爱情荡漾的温暖的海洋。故乡的葵花由零散种植发展到成片种植，是农村经济生活发生重大变革的生动体现。几天之后，我更加尖刻地意识到，被抛弃在美丽葵花地里的女婴，竟是一个集中着诸多矛盾的扔了不对，不扔也不对的怪物。人类进化至如今，离开兽的世界只有一张白纸那么薄；人性，其实也像一张白纸那样单薄脆弱，稍稍一捅就破了。

葵花茎秆粗壮，灰绿色，下半截的叶子脱落了，依稀可辨脱叶留下的疤痕，愈往上，叶片茂盛得愈不透光。叶色黑绿，不光滑。碗大的无数花盘挑在柔软的弯颈上，像无数颗谦恭的头颅。我循声钻进葵花地，金子般的花粉雨点般落下，落在我的头发上和手臂上，落进我的眼睛里，落在被雨水拍打得平坦如砥的土地上，落在包裹婴孩的红绸子上，落在婴孩身旁三个宝塔状的蚁巢旁边。熙熙攘攘的黑色蚂蚁正在加紧构筑着它们的堡垒。我猛然感到一阵蚀骨的绝望，蚂蚁们的辛苦劳动除了为人类提供一点气象的信息外，其实毫无价值。在如注的雨水下，高大的蚁巢连半分钟也难以支撑。人类在宇宙上的位置，比蚂蚁能优越多少呢？到处都是恐怖，到处都是陷阱，到处都是欺骗、谎言、尔虞我诈，连葵花地里都藏匿着红色的婴孩。我是有过扔掉她走我的路的想法的，但我无法做到。婴孩像焊接在了我的胳膊上。我心里好几次做出了扔的决定，但胳膊不听我的指挥。

我回到三棵树下，再一次研究那纸条上的字。字们狰狞地看着我。田野照旧空旷，苟延残喘的秋蝉在柳树上凄凉地哀鸣，通县城的弯曲的土地上泛着扎眼的黄光。一条癞皮的、被逐出家门的野猫从玉米林里钻出来，望了我一眼，叫了一声，懒洋洋地钻到芝麻地里去了。我看了看婴孩肿胀透明的嘴唇，背起包，提起箱，托着婴孩，往我的家中走。

家里的人对我的突然出现感到惊喜，但对我怀抱的婴孩则感到惊讶了。父亲和母亲用他们站立不稳的身体表示他们的惊讶，妻子用她陡然下垂的双臂表示她的惊讶，唯有我的五岁的小女儿对这个婴孩表示出极度的兴奋。她高叫着："小弟弟，小弟弟，爸爸捡回来一个小弟弟！"

我自然知道女儿对"小弟弟"的强烈兴趣是父母和妻子长期训练的结果。我每次回家，女儿就缠着我要小弟弟，而且是要两个。每逢这时，我就感觉到父亲、母亲、妻子，用他们严肃的、温柔的、期待的目光注视着我，好像对我进行严厉的审判。有一次，我惶恐地把一个粉红色的塑料男孩从旅行包里摸出来，递给吵嚷着要小弟弟的女儿。女儿接过男孩，在孩子头上拍了一巴掌，男孩头嘭一声响。女儿把男孩扔在地上，哇一声哭了。她哭着说："我不要，这是个死的……我要个会说话的小弟弟……"我捡起塑料男孩，看着他过分凸出的大眼睛里泛动着的超人的讥讽表情，沉重地叹了一口气。父亲和母亲各叹了一口气，我抬起头来，看着妻子黑漆般的脸上，两道浑黄的泪水流成了河。

家里人除女儿外，都用麻木的目光盯着我，我也麻木地盯着他们。我自我解脱般的苦笑一声，他们也跟着我苦笑，无声，只能看见他们泥偶般的脸上僵硬的、流质般的表情。

"爸爸！我看看小弟弟！"女儿在我面前蹦着喊叫。

我向他们说："捡的，在葵花地里……"

妻子愤怒地说："我能生！"

我蔫头蔫脑地说："孩子她娘，难道能见死不救吗！"

母亲说："救得好！救得好！"

父亲始终不说话。

我把婴孩放在炕上，婴孩抽搐着脸哭。

我说她饿了。妻子瞪我一眼。

母亲说："解开看看是个什么孩子。"

父亲冷笑一声，蹲在地上，掏出烟袋，吧嗒吧嗒抽起烟来。

妻子匆匆走上前去，解开拦腰捆住红绸的布条，抖开红绸，只看了一眼，就懊丧地退到一边去。

"看小弟弟！看小弟弟！"女儿挤上前来，手把着炕沿要上炕。

妻子弯下腰，对准女儿的屁股，凶狠地抓了一把。女儿尖叫一声，飞快地逃到院子里，扯着嗓子哭。

是个女婴。她蹬着沾满血污的、皱皮的小腿嚎哭。她四肢健全，五官端正，哭声洪亮，毫无疑问是个优秀的孩子。她的屁股下有一大摊黑色的屎，我知道这是"胎粪"。在红绸子上像软体动物一样蠕动着的是个初生的婴孩。

"丫头子！"母亲说。

"不是丫头子谁家割舍得扔！"父亲把烟袋锅子用力往地上磕着，阴森森地说着。

女儿在院子里哭着，好像唱歌一样。

妻子说："你从哪里抱来的，还给人家抱回哪里去！"

我说："抱回去不是明明送她死嘛！这是条人命，你别逼着我去犯罪。"

母亲说："先养着吧，先养着，打听打听看有没有缺孩子的。救人救到底，送人送到家。你们行了这个善，下一胎一定能生个男孩。"

母亲，不，全家人，念念不忘的就是要我和妻子交配生子，完成我作为儿子和丈夫的责任。这种要求的强烈程度随着我和妻子年龄的增大而增大，已临近爆发的边缘。这种毒汁般的欲念，毒害着家里人的情绪；每个人都用秤钩般的眼睛撕扯着我的灵魂。我多次想到缴械投降，但终究没有投降。现在，每逢我在大街上行走时，我就感觉到一种深深的恐怖。人们都用异样的目光打量着我，好像我是一个精神病患者抑或外星球上降落下来的人形怪物。我酸苦地瞅一眼无限虔诚地为我祝祷着的母亲，连叹息的力量也没有了。

我找出半卷手纸，为女婴擦拭胎屎。成群结队的苍蝇嗅味而来，它们从厕所里飞出来，从猪圈里飞出来，从牛棚里飞出来。汇成一股黑色的浊流，在房间里飞动。炕下的暗影里，成群的跳蚤像子弹般射来射去。胎粪又黏又滞，像化开的沥青，像熬熟的膏药，腥和臭都出类拔萃。我吃力地擦着胎粪，微微有点恶心。

妻子在外屋里说："自己的孩子不管不问，好像不是你的种，人家孩子你擦屎擦尿，好像是你亲生的。没准就是你亲生的，没准就是你在外边搭伙了一个大嫚，生了这么个小嫚……"

妻子的语言掺和在嗡嗡鸣叫的苍蝇的漩涡里，把我的脑浆子都给搅混了。我歇斯底里地吼了一声："够了！先生！"

她不说话了。我盯着她因为愤怒惊惧变成了多边形的脸，听到我的女儿在胡同里与邻居家的女孩嬉闹着。女孩，女孩，到处都是不受欢迎的女孩。

尽管小心翼翼，胎粪还是沾到了我的手上。我感到这是一件挺美好的事情，能为一个被父母抛弃的女婴擦拭她一生中第一泡屎，我认为是我的光荣。我索性用手去擦、用弯曲的手指去刮黏在女婴屁股上的黑便。我斜目看到妻子惊愕得半张开的嘴，突然爆发了一种对全人类的刻骨的仇恨。当然我更仇恨我自己。

妻子前来帮忙。我不对她表示欢迎也不对她表示反对。她走上前来，熟练地整理褓褓；我机械地退到后面，舀一点水，洗着手上的粪便。

我听到妻子喊："钱！"

我提着手站起来，看到妻子左手捏着一方剥开的红纸，右手捏着一把破烂的钱票。妻子扔下红纸，吐着唾沫，数着手里的钱。她数了两遍，肯定地说："二十一块！"

我发现她的脸上生出一些慈祥的表情。我说："你把莎莎小时用过的奶瓶拿出来涮涮，冲些奶粉喂她。"

"你真要养着她？"妻子问。

"那是以后的事，先别饿死她。"我说。

"家里没有奶粉！"

"你到供销社买去！"我从衣袋里摸出十元钱，递给她。

"不能用咱们的钱，"她晃晃手中那沓肮脏的钱票，说，"用她自己的钱买。"

一只蟋蟀从潮湿的墙角上蹦起来，跳上炕沿，在红绸子上弯弯曲曲地爬动。蟋蟀咖啡色的肉体伏在深红的绸子上，显得极端严肃。我看到它的触须神经质地颤抖着。女婴从褪褓中挣扎出一只大手，举到嘴边吮着，那只手巴骨上裂着一些白色的皮。女婴一头乌发，两扇耳朵很大，半透明。

不知什么时候，父亲和母亲也站在了我的身后，看着饥饿的女婴啃食拳头。

"她饿了。"母亲说。

"人什么都要学，就是吃不用学。"父亲说。

我回头看着两位老人，心里涌起一股滚热的浪潮。他们像参拜圣灵一样，与我一起，瞻仰着这个也许能成为盖世英杰的女婴布满血污的面孔。

妻子买回来两袋奶粉，一袋洗衣粉。我亲自动手，冲了一瓶奶，把那个被我女儿咬烂了的乳胶奶头塞到女婴嘴里。女婴晃了几下头，便敏捷地咬住了奶头，紧接着她的喉咙里发出了呼噜呼噜的声响。

吃完一瓶奶，她睁开了眼睛。两只黑蝌蚪般的眼睛。她努力看着我，目光冷漠。

我说："她在看我。"

母亲说："初生的孩子，什么也看不到。"

父亲怒气冲冲地反驳道："你怎么知道她什么也看不到？她打电话跟你说啦？"

母亲退着走，说："我不跟你抬扛，她能看到，看不到，都随她的便去。"

女儿从胡同里跑回来，高声喊叫着："娘，打雷了，上来雨啦。"

果然，站在房子里，就听到了西北方向持续滚过推磨般的雷声。通过捅破纸的后窗棂，我看到了那半边天上毛茸茸的乌云。

午后，大雨滂沱，瓦檐上的雨水像灰白的幕布垂直挂地，雨声中夹杂着青蛙的叫声。随雨降下的十几条犁铧般的大鲫鱼在院里的积水中泼剌剌跳跃。妻子搂着女儿在炕上酣睡着，父母亲在他们的炕上呼呼吹着气。我把女婴放在一面竹筛子里，端到堂屋正中的一个方凳上。我一直坐在筛子旁，看一会儿发疯般的雨水，又看一会儿躺在筛子里齁齁地安睡的女婴。瓦檐上的流水注到一只翻扣的水桶上，发出时而响亮时而沉闷的急促声响。天色晦暗，堂屋里弥漫着青蓝色的光辉，女婴的脸酷似橘皮的颜色。我生怕她饿着，手持着奶瓶，像持着一个救火器。每当她把嘴巴咧开要啼哭时，我就把奶头塞到她嘴里，把她的啼哭扼杀在萌芽状态中。一直到奶汤从她嘴里溢出来时，我才猛然醒悟：婴儿不但能饿死，同样也能撑死。我停止喂奶，用毛巾擦净她眼窝里和耳轮里的奶汁，焦灼地看着干劲不减的雨水。我深深地感到女婴已经成为我的累赘。如果没有她，此时我应躺在炕上睡觉，恢复连续乘车的疲劳。因为有了她，我只能坐在僵硬的凳子上,观赏枯燥的暴雨了。如果没有我,她也许已被暴雨灌死了,灌不死也冻死了。她也许早被汹涌的水流冲到沟里去,饥饿鱼群已经开始吮吸她的眼珠了。

院子里有一条雪白的鲫鱼搁浅在青砖甬路上。它平躺着,尾巴啪啪地抽打着甬路,闪烁出一圈黯淡的银光。后来它终于跃进甬路下的积水里。它直起身子,青色的背脊像犁铧般地划开水面。我很想冒雨出去把它抓获,使它成为父亲佐酒的佳肴。我忍住了,并不仅仅因为雨水会打湿我的衣服。

在那个急雨如乱箭的下午,我忍受着蚊虫的骚扰,考查了故乡弃婴的历史。我不必借助任何资料就把故乡的弃婴史理出了一条清晰的线索,我用回忆的利喙把尘封的历史啄出了一条幽暗的隧道。我在这条隧道里穿行,手和脚都触摸着弃婴们冰凉的白骨。

我把这些被抛弃的婴孩大致划分为四类,仅仅是大致划分,因为这四类婴孩有时处于一种交叉境况。

第一类系因家庭生活困难、无力抚养,被溺杀在尿罐里、抛弃到路边者。这种情况多发生在解放前,没有计划生育措施的情况下。这一类弃婴现象好像具有世界性的普遍意义,我记得日本有两篇小说,一篇名为《雪孩儿》,是水上勉写的;另一篇名为《陆奥偶人》,记不清作者名字了,好像就是著名小说《楢山节考》的作者。《雪孩儿》和《陆奥偶人》写的都是弃婴的事。《雪孩儿》里的弃婴就是把婴孩活活地扔到雪地里冻死——有生命力极顽强者,在雪坑里待一夜尚能呱呱啼哭,这种孩子往往被抱回去继续抚养。陆奥的弃婴方式则是在婴儿降生后,第一声啼哭没及发出之前,把婴孩倒竖在热水中溺死。他们认为婴孩未啼哭前是没有感觉的,这时把他溺死,是不违反人道的。一旦婴孩啼哭之后,就只能养着他了。这两种弃婴方式在我的故乡都曾存在过,这两种方式产生的原因一如上述——我是按弃婴的原因来为弃婴分类的。我相信在漫长的岁月里,故乡有许多婴儿是死在尿罐里的,这种杀婴方式似乎比日本陆奥的杀婴方式还要肮脏残忍。当然,我即便是问遍乡里苟活的老人,也难问出一个确凿的杀婴者。但我回忆起他们坐在篱笆边或断墙边闭目养神时的情景,我认为他们脸上的表情都是杀婴者的表情,他们中肯定有人在尿罐里溺杀过亲生儿女,或者把亲生儿女扔到路边冻饿而死——这类婴孩是无人要捡的。所以,把活着的婴孩扔到路边或是十字路口,似乎比把他溺杀在尿罐里要人道一些,其实这不过是那些贫穷善良的父母们的自我安慰罢了。这些活着送出去的孩子,生机委实渺茫得很,他们恐怕绝大多数都饱了饥肠辘辘的野狗肚腹。

　　第二类被抛弃的婴孩是有先天性的生理缺陷或怪胎。这类婴孩连进尿罐的资格都没有。一般情况下都是由婴孩的父亲在太阳出山前寻一僻静地方活埋掉。填土时，还要在婴孩的肚腹上压上一块新砖，防他来年又来投胎。但情况也有例外，解放初期我们故乡有一个大名赫赫的区长李满子，就是一个先天性的兔唇。

　　第三类弃婴是"私孩子"。"私孩子"是一句很厉害的骂人话，故乡有姑娘们被激怒时，往往用这句话詈骂仇敌。"私孩子"就是未婚的大闺女生的孩子。这类孩子一般来说大都聪明漂亮，因为凡懂得偷情的少男少女，都不是蠢货。这一类弃婴成活的可能性较大，缺少子女的夫妻愿意抱养这类孩子，往往事先就联系好了，到时由孩子的父亲趁夜送到抱养者家门口。也有弃置行人易见处的。私孩子的襁褓里多多少少总有一点财物。私孩子里有男婴，而前两类弃婴里，除有生理缺陷十分严重者外，一般无男婴。

　　解放后，由于经济生活的进步和卫生条件的提高，弃婴现象已大大减少，进入八十年代之后，弃婴现象又开始出现，而且情况倍加复杂。这类弃婴绝对无男孩。从表面上看，是计划生育政策把一些父母逼成了野兽，但深入考察，我明白，重男轻女的传统观念，是杀害这些婴儿的罪魁祸首。我知道也不能对新时代的弃婴者施行严厉的批判，我知道我如果是个农民，很可能也是一个抛弃亲生女儿的父亲。

　　这种现象不管多么有损于人民共和国的光辉声誉，但它是客观存在着的，而且短时间内难以根绝。生在臭气熏天的肮脏村落里，连金刚石的宝刀也要生锈，我现在才似乎有些"悟道"了。

　　暴雨经夜未停，平明时分，乌云破散，射出一道血红的湿热阳光。我把女婴端到妻子炕上，求妻子照应着，然后踩着浑浊的雨水，涉河去乡政府请求帮助。走在胡同里时，我看到那道由高粱秆夹成的篱笆已被风雨打倒在地上，篱笆上蓊郁的牵牛花泡在雨水里，紫色的和粉红色的牵牛花从水中擎起来，对着初晴的天空，好像忧悒地诉说着什么。篱笆倾倒，障碍撤销，一群羽毛未丰的半大鸡冲进去，疯狂地啄食着碗口大的白菜。河里正在涨水，石条搭成的小迈桥微露水面。水声哗哗地从桥石边缘的浪花上发出。我跳桥时崴了脚，走上河堤还瘸了几十步，心想此兆非吉兆，去乡政府也未必能出手这个婴儿，但还是奔着乡政府那一片红瓦房，一瘸一颠地走得生动。

　　大雨抽打得乡政府院子里房屋的建筑材料格外新鲜，红砖绿瓦，青皮竹竿，都油汪汪地闪亮。大院里人声不闻。一条尖耳削尾的杂种小狼狗卧在一条水泥台阶上，对着我睁睁眼睛，又慢慢地眯缝起来。我寻找着门口上钉着的木牌，找到办公室，然后敲门。门响三声时，忽听到身后一阵风响，腿肚子上起了一阵锐利的痛楚。急回头看时，那条咬了我一口的小狼狗又舒适地趴在水泥台阶上。它依然不吱声，伸出红舌舔舔唇，然后报我一个友好的笑容。它咬了我一口我还对它充满好感，一点也不恨它。我想这条狗是条伟大的狗。我开始考虑，它为什么要咬我呢？它不是无缘无故地咬我，世上没有无缘无故的爱，也没有无缘无故的恨。它咬我一定是要我在痛苦中顿悟。真正的危险来自后方不是来自前方，真正的危险不是龇牙咧嘴的狂吠而是蒙娜丽莎式的甜蜜微笑。不想不知道，一想吓一跳。狗，谢谢你，你这条尖嘴巴的满脸艺术色彩的狗！

我的裤管上黏腻腻的，热乎乎的，可能流的是血。我为别人流血时，喝了我的血的人转眼就骂我：你的血太腥！滚吧！这个被抛弃的女婴，会不会也骂我的血太腥呢？

绿漆剥落的房门豁啦一声打开了，迎着我的面站着一个黑铁塔般的大汉子。他打量我几眼，问："找谁？"

我说："找乡里领导。"

他说："我就是。屋里坐吧。你，你的腿淌血啦，怎么搞的？"

我说："被你们的狗咬的。"

黑汉子脸上变色，怒冲冲地说："哎哟，你看这事！对不起。这都是苏疤眼子干的好事！人民政府，又不是地主宅院，为什么要养看家狗？难道人民政府怕人民吗？难道我们要用恶狗切断与人民的血肉关系吗？"

我说："不是切断，而是建立起血肉联系。"我指指伤腿说。

伤口里的血顺着腿肚子流到脚后跟，由脚后跟流到鞋后跟，由鞋后跟流到红砖地面上。我的血泡胀了一根挺长的烟蒂，"前门"牌香烟，我看清了商标。烟丝子菊花黄。

黑大汉高声喊叫："小王！小王！"小王应声跑来，垂手听候吩咐。大汉说："你把这位解放军同志护送到卫生院上药。开个报销单回来报销。回来时去粮管所夏所长那里借支土枪，把这条狗打死！"

我站起来，说："领导，我不是为这事来的，我有紧要事向领导汇报。腿上的伤我自己去治，狗让它好好活着，它挺好的，我挺感谢它的。"

"不管你谢不谢它，我们迟早是要把它打死的！太不像话了，你不知道，它已经咬伤了二十个人！你是第二十一个！不打死它还会有人被它咬伤。"黑大汉说，"乱子够多了，还来添乱！"

我说:"领导,千万别打死它,它咬人自有它的道理。"

"行啦行啦!"黑大汉挥一下手,对我说:"你有什么事?"

我慌忙抽出一支烟敬给他,他果断地摆摆手,说:"不抽!"

我有些尴尬,点火抽着烟,战战兢兢地说:"领导,我捡了一个小女孩……"

他的目光像电火一样亮了一下,鼻子里唔了一声。

"昨天中午,在三棵树东边的葵花地里,女婴,用红绸子包着,里边有二十一块钱。"

"又是这种事!"他心烦意乱地说。

"我不能见死不救啊!"我说。

"我说让你见死不救了吗?我是说又是这种事!又是这种事!你不知道乡里压力有多大。土地一到户,农民们自由了,养孩子也自由了,养,养,一个劲儿地养,养不着男孩死不罢休!"

"不是实行独生子女政策吗?"

他苦笑一声:"独生?二生、三生、四生、五生都有了!十一亿人口?太谦虚啦,只怕十二亿也有了!哪个乡里也有三百二百的没有户口的黑孩子!反正肉烂在锅里,跑不出中国去!"

"不是有罚款政策吗?"

"有啊!生二胎罚款两千,生三胎罚四千,生四胎罚八千!可这不管用啊!有钱的不怕罚,没有钱更不怕罚。你是东村的吧?认识吴二牙?他生了四胎了,没有地,有三间破屋,屋里有一口锅,一个瓮,一条三条腿的桌子,你罚吧!他说'我没钱,用孩子抵债吧,要一个给一个,要俩给俩,反正是女孩。'你说怎么办?"

"强行结扎……不是有过这种事吗?"我小心翼翼地问。

"有啊,这几天正搞得热火呢!可他们比狗鼻子还灵,一有风声就跑,跑到东北去躲一年,开春回来,又抱回一个孩子!我手里要有一个加强连才行,他妈的!这等鸡巴事,不是人干的!我晚上都不敢走夜路,走夜路要挨黑石头!"

我的被狗咬伤的腿抖了一下。

他嘲讽地笑了笑。

通过敞着的门,我看到了那条安详地趴在水泥台阶上的小狼狗。我知道它的生命安全极了,粮管所夏所长家也决不会有什么土枪。

"我捡的女婴怎么办?"

"没法办!"黑汉子说,"你捡着就是你的,养着吧。"

"领导,你就这种态度?又不是我的孩子,凭什么要我养着?"

"你不养着难道要我养着？乡政府又不是托儿所。"

"不行，我不能养。"

"那你说怎么办？你自己捡来的孩子，又不是乡政府逼你捡的。"

"我把她送回原地去。"

"随你的便。不过，她要是在葵花地里饿死、被狗咬死，你可就犯了杀婴罪了！"

我的喉咙被烟呛住了，咳嗽，流泪。

黑大汉同情地望着我，为我倒了一杯茶过来，茶杯上的泥垢足有半钱厚。我喝了口茶，望着黑大汉。

他说："你去打听打听，看有没有孤寡要抱养孩子的，没有，你就只好养着她。你的家属在农村？有了一个孩子？你养着她，想落户口就算你生了二胎，罚款两千元！"

"王八蛋！"我把茶杯高举起来，然后轻轻地放下。我眼里噙着泪说，"领导，这个世界上还有没有正理公道？"

领导龇出一口结实的黄板牙，笑了。

我的腿奇痒难挠，一见到地上汪着的雨水就颤抖。我想，八成是得了狂犬病了。我的牙根也发痒，特别想咬人。黑汉子在我身后喊："你别着急，总会有人要的，乡里也帮你想办法。"

我只是想咬人。

三天过去了，女婴吃光了一袋奶粉，拉了六泡大便，撒了十几泡小便。我向妻子乞讨到四块尿布，轮流换洗。妻子非常不情愿把尿布借给我用。她的尿布是为她未来的儿子准备的，都叠得板板正正，洗得干干净净，像手帕一样，一摞摞摆在箱子里。我从她手里把尿布接过来时，看到她脸上悬挂着对我的沉甸甸的谴责。

女婴胃口极好，哭声洪大有力，简直不像个初生的婴儿。我蹲在筛子旁为她喂奶时，看着她吞没了整个奶头的小嘴，看着她因疯狂进食脸上出现的凶残表情，心里泛起灰白的寒冷。这个女婴令我害怕，她无疑已经成为我的灾星。有时我想，我为什么要捡她呢？正像妻子训导的一样：她的亲生父母都不管她了，你充什么善人？你"扫帚搁鳖算哪一枝子？"我蹲在盛女婴的竹筛子旁边时，经常想到那片黄光灿烂的葵花地，那些碗口大的头颅沉重地低垂着，机械地、笨拙地围着自己的茎秆转动，黄色的花粉泪珠般落在地上，连蚂蚁的巢穴都淹没了……

我嗅到腿上被狗咬出的伤口已经开始散发腐败的气息，苍蝇围绕着它盘旋。苍蝇装着满肚子的蛆虫，像挂满了炸弹的轰炸机。我想这条腿可能要烂掉，烂得像个冻僵了的冬瓜。当我施行了截肢手术，架着木拐，像挂钟般悠来荡去的时候，这个女婴会怎么想呢？我还能指望她对我感恩戴德吗？不可能，绝对不可能。我每次为别人付出重大牺牲后，得到的总是别人对我刻骨的仇恨和恶毒的詈骂，最恶毒的詈骂。我的心已经被伤透了，被戳穿了。当我把被酱油腌透的心献给别人时，人家却往我的心上撒尿。我恨透了丑恶的人类，当然包括这个食量颇大的女婴。我为什么要救她？我听到她在愤怒地质问我：你为什么要救我？你以为我会感谢你吗？没有你我早就离开了这个肮脏的人世，你这个执迷不悟的糊涂虫！应该让那条狗再咬你一口。

　　我胡思乱想着，突然发现饱食后的婴儿脸上绽开一个成熟的微笑。她笑得那么甜，像暗红色的甜菜糖浆。她的腮上有一个豆粒那么大的酒窝，她的印堂正中正在蜕皮，她的扁长的头颅正在收缩，变圆。一切都说明，这是个漂亮的、健康的女孩。面对着这样热诚的、像葵花一样辉煌的生命——我又一次想到金黄的葵花地——我否定自己的不经之想。恨人也许是不对的，那么，让我好好地爱人吧！哲学教师提醒我：纯粹的恨和纯粹的爱都是短命的，应该既恨又爱。好吧，我命令自己痛恨人类又挚爱人类。

　　女婴襁褓里的二十一元钱只够买一袋奶粉了，为女婴寻找新家园的工作毫无进展。妻子的闲言碎语一天到晚在我耳畔响。父亲和母亲更像木偶人了，他们常常一整天不说半句话。他们与我的语言功能发达的妻子形成了鲜明对照。我的女儿对我捡来的女婴有着强烈的兴趣，她常常陪着我坐在竹筛旁边，全神贯注地观赏着筛中的婴儿。我们好像在观赏奇异的热带鱼。

　　如果不能在最短的时间里把这个女婴处理掉，如果女婴吃完她亲生父母陪送给她的二十一元钱，我知道等待着我的是什么。我拖着伤腿出发了。我走遍了全乡十几个村庄，拜访了所有的缺少儿女的家庭，得到的回答几乎都是一样的：我们不要女孩，我们要男孩。我以前总认为我的故乡是个人杰地灵的地方，几天的奔波完全改变了我的印象。我见到了那么多丑陋的男孩，他们都大睁着死鱼样的眼睛盯着我看，他们额头上都布满深刻的皱纹，满脸的苦大仇深的贫雇农表情。他们全都行动迟缓，腰背佝偻，像老头一样咳嗽着。我更加深刻地体会到了人种的退化。这些严酷地说明全该淘汰的人种都像无价珍宝一样储存在村子里。我为故乡的未来深深担忧，我不敢设想这批未老先衰的人种会繁殖出一些什么样的后代。

　　有一天，我在推销女婴的归途上，碰到了一个小学时的同学。他好像是三十二三岁年龄吧，但看上去却有五十岁的样子。谈到家庭，他凄然地说："还光棍着呢，这辈子就这么着了！"我说："现在不是富了吗？"他说："富是富了一些，可女人太少啦。要是有个姐姐妹妹的，我还可以换个媳妇，我也没有姐姐妹妹。"我说："'乡规乡约'上不是严禁换亲吗？"他狐疑地看着我，说："什么是'乡规乡约'？"我点点头，与他说起我捡到的女婴和碰到的麻烦，他麻木地听着，没有丝毫同情我的表示，只是把我送给他的烟卷儿狠命地抽着。烟卷滋滋地燃烧着，他的鼻孔和嘴巴里全不见一丝青烟冒出；他好像把苦辣的烟雾全咽到胃里去了。

五天后他找到我，忸怩了半天后才说："要不……要不就把那女孩送给我吧……我把她养到十八岁……"

我痛苦地看着他比我还要痛苦的脸，等待着他往下讲。

"她十八岁时……我才五十岁……没准还能……"

我说："老兄！你别说了……"

我用自己的钱为女婴买了两袋奶粉，妻子摔碎了一个有缺口的破碗。她非常真诚地哭着说："不过了！不过了！反正你也不打算过了。俺口里不吃腔里不拉地积攒着，积攒着干什么？积攒着让你给人家的孩子买奶粉？"

我说："孩子他娘，你别折磨我了！你看不到我整天东奔西窜地为她找主吗？"

"你本来就不该捡她！"

"是的是的，我知道，可已经捡来了，总不能饿死她。"

"你多好的心肠！"

"好心不得好报，是不是？看在多年夫妻的份上，你就别絮叨啦，有什么主意就告诉我，咱们齐心协力把这个孩子送出去。"

"送走这个孩子咱自己再生一个！"妻子努着嘴，用类似撒娇的口气说。

"生！"我说。

"生个男孩！"

"生！"

"最好一胎生两个！"

"生！生！"

"你到医院找咱小姑去，让她帮着想想办法。城里的孤寡老人常有找咱小姑要孩子的。"

这是最后的斗争了。如果在医院妇产科工作的姑姑也不能帮我把这个女婴推销出去，十有八九我就成了这个女婴的养父了。这样的结果对我对女婴都将是一场无休止的灾难。夜里，我躺在炕上，忍受着跳蚤的攻击，听着妻子在睡梦中的咬牙声、巴咂嘴唇声和粗重的呼噜声，心里冰凉冰凉。我悄悄爬下炕，走到院子里，仰望着满天愁苦的星斗，好像终于觅到了知音。露水打湿了我的背膊，鼻子酸麻，我忽然悟到我必须珍惜自己的生命，我一直在为别人活着，从此之后，我应该匀出一点爱来留给我自己。回到屋里，我听到女婴在筛子里均匀地喘息着，摸到手电筒，揿亮，往筛子里照照。女婴又尿了，尿水顺着筛子网眼漏到地上。我为她换了尿布。老天保佑，但愿这是我最后一次为她换尿布。

小姑姑刚为一个妇女接完生，穿着白大褂，带着满头汗水和遍身血污，瘫坐在椅子上喘气。一年不见小姑姑，她老了许多。见到我进来，小姑姑欠欠身表示欢迎。那个安护士在里屋收拾器械，一个新生儿在产床上呱呱地哭。

我坐在我去年坐过的安护士的座位上，与姑姑对着面。那本贴满胶布的妇产科教程还摆在安护士的桌子上。

姑姑懒洋洋地问："你又来干什么？去年你来了一趟，回去写了一本书，把你姑糟蹋得不像样子！"

我羞惭地笑了，说："没写好。"

姑姑说："你还想听狐狸的故事吗？早知道连狐狸的事也能往书里写，我给你讲一火车。"

姑姑不管我愿不愿意听，不顾接生后的疲劳，又滔滔不绝地讲起来。她说去年冬天，胶县南乡一个老头清晨捡粪时碰到了一个断腿的狐狸，便背回家将养着。看看狐狸腿上的伤要好时，老头的儿子来了家。老头的儿子在部队上是个营长，愣头小伙子，一见他爹养着只狐狸，二话没说，掏出匣子枪，嘭咚一枪，把个狐狸给崩了。崩了还不算，把狐狸皮也剥了，钉在墙上风干着。老头吓坏了，儿子却像没事人似的，恣悠悠地唱小曲儿。第二天晌午头，割了牛肉包饺子，儿子亲自动手，剁馅，切上芫荽梗、韭菜心、大葱白，倒上香油、酱油、胡椒粉、味精，别提有多全味了。饺子皮是用头箩白面擀的，又白又亮，像瓷碗片一样。包好了饺子，烧开了水，嘟隆嘟隆下了锅。锅里热气冲天，一滚、两滚、三滚，熟了。儿子抄起笊篱，往锅里一捞，捞上来一笊篱驴屎蛋子，又捞一笊篱还是驴屎蛋子，再捞一笊篱还是驴屎蛋子。儿子吓草鸡了。夜里，家里所有的门窗一齐响，儿子掏出枪来，怎么勾也勾不动机。实在没法子了，只好给狐狸出了大殡。

小姑姑肚子里鬼狐故事三天三夜也讲不完，而且全都讲得有时间、地点，证据确凿，你必须相信。我真为小姑姑遗憾，她应该去编撰《续聊斋志异》。

讲了半天鬼狐，姑也恢复了精神。产房里婴儿呱呱地哭。安护士摔门出来，气愤地说："哪有这样的娘，生出孩子来，拍拍腚就跑了。"

我用探询的目光看着姑姑。

姑姑说："是黑水口子的老婆，生了三胎了，三个女孩，这一胎憋足了劲要生个儿子，生出来一看，还是个闺女。他男人一听说又生了个闺女，赶着马车就跑了。世界上难找这样的爹。女人一看丈夫跑了，从产床上跑下来，提上裤子，哭着跑了。连孩子都不要了。"

我跟着姑姑到产房里看那个被抛弃的女婴，这个女婴瘦小得像只风干猫，身体不如我捡到的女婴胖大，面孔不如我捡到的女婴漂亮，哭声不如我捡到的女婴洪大。我感到有些许的欣慰。

姑姑用手指戳着女婴的小腹说："你这个懒孩子，怎么不多长出一点来！多长一点你是宝贝疙瘩香香蛋，少长一点你是万人嫌恶臭狗屎。"

安护士说："怎么办呢？放在这里怎么办呢？"

姑姑看着我，说："三子，你把她抱回家去养着吧，我看过孩子的爹娘，五官端正，身材高大。这个孩子也差不了，养大准是个好闺女。"

没等姑姑把话说完我就逃跑了。

我坐在葵花地里发愣，潮湿的泥土麻木着我的屁股和下肢，我也不愿站起来。葵花圆盘上睫毛般的花瓣已经发黑，卷曲，圆盘上无数黑色的籽眼像无数黑色的眼睛盯着我。没有阳光，因为空中密布着破絮般的灰云。葵花六神无主，悲哀地、杂乱地垂着头。板平的泥地上，黑蚂蚁又筑起了几座城堡，比我那天见到的更伟大更壮观，它们不知道将来的急雨会再次轻而易举地把它们的城堡夷平，哪怕它们的巢穴是蚂蚁王国建筑史上最辉煌的建筑。没有一点点风，葵花地里沉闷得像个蒸笼，我酷似蒸笼里的一只肉味鲜美的鸭子。我想起在一个城市里，发生过的一个美丽的故事：一个美丽温柔的少妇，杀食年轻男子。股肉红烧，臀肉清蒸，肝和心用白醋生蒜拌之。这个女子吃了许多条男子，吃得红颜永驻。我想起在故乡的遥远的历史里，有一个叫易牙的厨师，把自己亲生的儿子蒸熟了献给齐桓公，据说易牙的儿子肉味鲜美，胜过肥羊羔。我更加明白了，人性脆弱得连薄纸都不如。风来了，粗糙的葵花叶片在我头上粗糙地摩擦着；发出粗糙的声响。粗糙的葵花叶片像砂纸一样打磨着我的凸凹不平的心，我感到空前的舒适。风停了，能够发声的昆虫都发出它们最美妙的声音给我听。

一个大蚂蚱的背上驮着一个小蚂蚱，附在葵花秆上，它们在交配。在某种意义上，它们和人类一样。它们一点也不比人类卑贱，人类一点也不比它们高尚。然而，葵花地里毕竟充满希望。无数低垂的花盘，像无数婴孩的脸盘一样，亲切地注视着我。它们给我安慰，给我感知和认识世界的力量，虽然感知和认识是如此痛苦不堪。我突然想到小说《陆奥偶人》的结尾了：作者了解了陆奥地方的溺婴习俗后，在回东京前，偶尔进一家杂货店，见货架上摆满了闭目合十的木偶，木偶上落满灰尘。由此作者联想到，这些木偶，就是那些没及睁眼、没及啼哭就被溺杀在滚水中的婴儿……我无法找一个这样的象征来寄托我的哀愁，来结束我的文章。葵花？蚂蚱？蚂蚁？蟋蟀？蚯蚓？……都非常荒唐。什么都不是生活的本来面目。我在我啄出的隧道里，触摸着弃婴的白骨，想着这些并不是不善良，并不是不淳朴，并不是不可爱的人们，发出了无法辨明是哭还是笑的声音。陆奥的弃婴已成为历史了吧？避孕套、避孕环、避孕药、结扎输精输卵管道、人工流产，可以成为消除陆奥溺婴残忍事的有效手段。可是，在这里，在这片盛开着黄花的土地上，问题多复杂。医生和乡政府配合，可以把育龄男女抓到手术床上强行结扎，但谁有妙方，能结扎掉深深植根于故乡人大脑中的十头老牛也拉不转的思想呢？

一九八六年九月

（选自莫言．白狗秋千架．北京：作家出版社，2012）

【温故】

● 莫言

　　莫言（1955—　），当代作家。原名管谟业，山东高密人。1976年参军，1984年考入解放军艺术学院文学系。1985年在《中国作家》杂志发表中篇小说《透明的红萝卜》而一举成名。1986年在《人民文学》杂志发表中篇小说《红高粱》，引起极大轰动。1991年毕业于北京师范大学鲁迅文学院创作研究生班。2011年长篇小说《蛙》获茅盾文学奖。2012年获诺贝尔文学奖，成为第一个获得诺贝尔文学奖的中国籍作家。主要作品有小说集《透明的红萝卜》《白狗秋千架》《欢乐十三章》《怀抱鲜花的女人》《长安大道上的骑驴美》《师傅越来越幽默》，长篇小说《红高粱家族》《天堂蒜薹之歌》《十三步》《酒国》《食草家族》《丰乳肥臀》《檀香刑》《四十一炮》《生死疲劳》《蛙》，散文集《会唱歌的墙》《北海道随笔》等。

　　莫言的小说想象诡谲，语言恣肆。其作品世界因其宽阔、巨大和生机勃勃而难以找到合适的词语与概念进行概括。"尤其是在《丰乳肥臀》和《檀香刑》之后,莫言已不再是一个仅用某些文化或者美学的新词概念就能概括和描述的作家了,而成了一个异常多面和丰厚的、包含了复杂的人文、历史、道德和艺术的广大领域中几乎所有命题的作家。"①

● 新历史小说

新历史小说是兴起于20世纪80年代中后期的小说创作潮流,其理论基础是西方的新历史主义。意大利哲学家克罗齐提出了"一切历史都是当代史"的著名论断,认为真实的历史不可能被叙述和书写,必定要打上主体的印记。美国历史哲学家海登·怀特则认为,任何历史的文本都是一种"关于历史的修辞想象"。中国的作家在存在主义哲学、精神分析学的影响下,开始探索阐释历史的多种可能性,进行对历史的重写。1986年,莫言的《红高粱》等系列小说开了新历史小说的先河。随后,新历史小说的重要成果还有莫言的《丰乳肥臀》、苏童的《妻妾成群》《米》《我的帝王生涯》、余华的《鲜血梅花》《古典爱情》、格非的《青黄》《敌人》等作品。在这些作品中,历史只是故事得以发生的背景,作家在叙述中表现出对权威历史观念与宏大叙事的颠覆、民间立场、生命意识或人在历史中的无力与荒谬感。

【知新】

生殖主题是莫言创作的重要内容。莫言在自己的作品中弘扬了生殖崇拜观与原始生命强力,并批判了违背生存和生殖、压抑生命强力的观念和行为。《弃婴》作于1986年,是莫言2009年出版的长篇小说《蛙》的雏形。《蛙》在《弃婴》的基础上,对人口、生育、重男轻女等问题做了文化的思考与提升,展示了历史与道德、人性与法则之间的巨大冲突,体现了生殖崇拜视角下生命本体性的回归。从《红高粱家族》《丰乳肥臀》和《蛙》这三部重要的长篇小说来看,莫言对生殖主题的叙述方式发生了变化,由对原始生命强力的张扬到对庄严的朴素的追寻再到原始生命的回归。莫言探索的重心也由激情叙述向理性反思深入。

【切问】

1. 感官世界的极大丰富是莫言作品的一个重要特色,在关于大地的描写中,处处可见生命意识与酒神精神,结合《弃婴》,谈谈莫言作品的这一特点。

---

① 张清华. 叙述的极限——论莫言. 当代作家评论, 2003 (2): 59.

2. 莫言是第一位获得诺贝尔文学奖的中国籍作家，说明其作品"入了世界文学的版图"，然而莫言获得西方高度认同的作品却是那些以高密东北乡为背景的原汁原味的"民族性"创作。如何看待文学作品的"民族性"与"世界性"？

【近思】

　　小说《弃婴》的结局是开放式的，弃婴的命运仍然未知。请结合你身边的实际生活与体验，试着续写《弃婴》，字数不限。

戏 剧

西厢记（节选）

王实甫

第四本　第三折　长亭送别

（夫人长老上云）今日送张生赴京，十里长亭安排下筵席。我和长老先行，不见张生、小姐来到。（旦末红同上）（旦云）今日送张生上朝取应，早是离人伤感，况值那暮秋天气，好烦恼人也呵！悲欢聚散一杯酒，南北东西万里程。

【正宫】【端正好】碧云天，黄花地[1]，西风紧，北雁南飞。晓来谁染霜林醉？总是离人泪[2]。

【滚绣球】恨相见得迟，怨归去得疾。柳丝长玉骢难系[3]。恨不得倩疏林挂住斜晖[4]。马儿迍迍的行[5]，车儿快快的随。却告了相思回避，破题儿又早别离[6]。听得一声"去也"，松了金钏[7]；遥望见十里长亭，减了玉肌[8]。此恨谁知[9]！

（红云）姐姐，今日怎么不打扮？（旦云）你那知我的心里呵！

【叨叨令】见安排著车儿、马儿,不由人熬熬煎煎的气;有甚么心情花儿、靥儿,打扮的娇娇滴滴的媚[10];准备著被儿、枕儿,则索昏昏沉沉的睡;从今后衫儿、袖儿,都揾做重重叠叠的泪。兀的不闷杀人也么哥,兀的不闷杀人也么哥!久已后书儿、信儿,索与我惶惶惶惶的寄。

(做到见夫人科)(夫人云)张生和长老坐,小姐这壁坐,红娘将酒来。张生,你向前来,是自家亲眷,不要回避。俺今日将莺莺与你,到京师休辱末了俺孩儿,挣揣一个状元回来者[11]。(末云)小生托夫人余荫,凭著胸中之才,视官如拾芥耳[12]。(洁云)夫人主见不差,张生不是落后的人。(把酒了,坐)(旦长吁科)

【脱布衫】下西风黄叶纷飞,染寒烟衰草萋迷。酒席上斜签著坐的[13],蹙愁眉死临侵地[14]。

【小梁州】我见他阁泪汪汪不敢垂[15],恐怕人知;猛然见了把头低,长吁气,推整素罗衣[16]。

【幺篇】虽然久后成佳配,奈时间怎不悲啼[17]。意似痴,心如醉,昨宵今日,清减了小腰围。

(夫人云)小姐把盏者。(红递酒,旦把盏长吁科云)请吃酒。

【上小楼】合欢未已,离愁相继。想著俺前暮私情,昨夜成亲,今日别离。我谂知这几日相思滋味,却元来此别离情更增十倍[18]。

【幺篇】年少呵轻远别,情薄呵易弃掷[19]。全不想腿儿相挨,脸儿相偎,手儿相携。你与俺崔相国做女婿,妻荣夫贵[20],但得一个并头莲,煞强如状元及第。

(夫人云)红娘把盏者。(红把酒科)(旦唱)

【满庭芳】供食太急,须臾对面;顷刻别离。若不是酒席间子母每当回避,有心待与他举案齐眉。虽然是厮守得一时半刻,也合著俺夫妻每共桌而食。眼底空留意[21],寻思起就里,险化做望夫石。

(红云)姐姐不曾吃早饭,饮一口儿汤水。(旦云)红娘,甚么汤水咽得下。

【快活三】将来的酒共食,尝著似土和泥;假若便是土和泥,也有些土气息,泥滋味。

【朝天子】暖溶溶玉醅[22],白泠泠似水。多半是相思泪。眼面前茶饭怕不待要吃[23],恨塞满愁肠胃。蜗角虚名,蝇头微利[24],拆鸳鸯在两下里。一个这壁,一个那壁,一递一声长吁气。

(夫人云)辆起车儿[25],俺先回去,小姐随后和红娘来。(下)(末辞洁科)(洁云)此一行别无话儿，贫僧准备买登科录看[26]，做亲的茶饭，少不得贫僧的。先生在意，鞍马上保重者。从今经忏无心礼，专听春雷第一声[27]。（下）（旦唱）

【四边静】霎时间杯盘狼藉，车儿投东，马儿向西。两意徘徊，落日山横翠。知他今宵宿在那里？有梦也难寻觅。

张生，此一行得官不得官，疾便回来。（末云）小生这一去，白夺一个状元。正是：青霄有路终须到，金榜无名誓不归[28]。（旦云）君行别无所赠，口占一绝[29]，为君送行：弃掷今何在，当时且自亲。还将旧来意，怜取眼前人[30]。（末云）小姐之意差矣，张珙更敢怜谁？谨赓一绝[31]，以剖寸心[32]：人生长远别，孰与最关亲？不遇知音者，谁怜长叹人[33]？（旦唱）

【耍孩儿】淋漓襟袖啼红泪，比司马青衫更湿。伯劳东去燕西飞，未登程先问归期。虽然眼底人千里，且尽生前酒一杯。未饮心先醉，眼中流血，心里成灰[34]。

【五煞】到京师服水土[35]，趁程途节饮食[36]，顺时自保揣身体[37]。荒村雨露宜眠早，野店风霜要起迟[38]。鞍马秋风里，最难调护，最要扶持。

【四煞】这忧愁诉与谁？相思只自知，老天不管人憔悴。泪添九曲黄河溢，恨压三峰华岳低[39]。到晚来闷把西楼倚，见了些夕阳古道，衰柳长堤。

【三煞】笑吟吟一处来，哭啼啼独自归。归家若到罗帏里，昨宵个绣衾香暖留春住，今夜个翠被生寒有梦知。留恋你别无意，见据鞍上马[40]，阁不住泪眼愁眉。

（末云）有甚言语，嘱付小生咱？（旦唱）

【二煞】你休忧文齐福不齐[41]，我则怕你停妻再娶妻[42]。休要一春鱼雁无消息，我这里青鸾有信频须寄，你却休金榜无名誓不归。此一节君须记：若见了那异乡花草，再休似此处栖迟[43]。

（末云）再谁似小姐，小生又生此念？（旦唱）

【一煞】青山隔送行，疏林不做美，淡烟暮霭相遮蔽。夕阳古道无人语[44]，禾黍秋风听马嘶[45]。我为甚么懒上车儿内？来时甚急，去后何迟！

（红云）夫人去好一会，姐姐，咱家去。（旦唱）

【收尾】四围山色中，一鞭残照里。遍人间烦恼填胸臆，量这些大小车儿如何载得起[46]？

（旦红下）（末云）仆童，赶早行一程儿，早寻个宿处。泪随流水急，愁逐野云飞[47]。（下）[48]

（选自王实甫著，张燕瑾校注．西厢记．北京：人民文学出版社，1995）

【注释】

[1]"碧云天,黄花地"句本范仲淹〔苏幕遮〕词:"碧云天,黄叶地,秋色连波,波上寒烟翠。"黄花,指菊花,菊花秋天开放。

[2]晓来二句:意谓是离人带血的眼泪,把深秋早晨的枫林染红了。霜林醉,深秋的枫树林经霜变红,就像人喝醉酒脸上有红晕一样。

[3]柳丝长句:玉骢(cōng),马名,即玉花骢,一种青白色的骏马。此句意为柳丝虽长却系不住玉骢,又寓意情虽长却留不住张生。

[4]倩(qìng):请人代己做事。

[5]迍(tún)迍:行动缓慢,留连不进的样子。

[6]却:犹恰。

[7]钏(chuàn):古代称臂环为钏,今称手镯。松金钏,意为人瘦损使手镯松脱。

[8]玉肌:肌肤光泽如玉。

[9]恨:遗憾,不满意,与今天"仇恨""怨恨"之恨有别。

[10]花儿、靥(yè)儿:即花钿。

[11]争揣:这里是争取、夺得之意。

[12]视官如拾芥(jiè):把取得官职看得像从地上拾取一根草棍那样容易。

[13]斜签著坐:侧身半坐,封建时代晚辈在长辈面前不能实坐。

[14]死临侵地:呆呆地,没精打采的样子。临侵,语助词,无义。

[15]阁泪汪汪不敢垂:强忍泪水而不敢任其流出。阁泪,含泪,噙泪。

[16]推整素罗衣:装作整理衣裳。推,借口,这里有"假装"的意思。

[17]时间:目下,眼前。

[18]我谂(shěn)知二句:意谓这几天我已经深深知道了相思滋味的苦痛难堪,原来这离别比相思更苦十倍。谂,知悉,知道。

[19]弃掷:本指抛弃,此指撇下莺莺而远离。

[20]妻荣夫贵:本指妻子可以依靠丈夫的爵位而尊贵,从夫之义。这里反其义而用之,意思是说你与俺崔相国家做女婿,本已因妻而贵,大可不必再去求取功名了。

[21]眼底空留意:意谓母亲在座,有所避忌,不得与张生同桌共食以诉衷曲,只能以眉眼传情表达心意。

[22]玉醅(pēi):美酒。

[23] 怕不待要：难道不想、何尝不想之意。

[24] 蜗角虚名：喻微小之浮名。蝇头微利：喻因小利而忘危难。蜗角、蝇头极细极微。

[25] 辆：用为动词，意为驾好、套起。

[26] 登科录：登载录取进士姓名的名册。唐人称为进士登科记，宋人称为登科小录。

[27] 春雷第一声：进士试于春正、二月举行，故称中第消息为春雷第一声。

[28] 青霄：即青云，青霄之路即致身青云之路。金榜无名：即未取得功名。

[29] 口占（zhàn）一绝：随口吟出一首绝句诗。不打草稿，随口成文叫口占。

[30] 弃掷四句：意思是，抛弃我的人儿现在何方？想当初对我是何等相亲。还应当用当时对我的一番情意，去爱怜眼前的新人。

[31] 赓（gēng）：续作。

[32] 剖：此为表白义。剖心，表白真诚之心。

[33] 人生四句：表明除莺莺之外再无知己之意。长，通"常"；孰与，与谁。

[34] 眼中二句：形容极度悲痛。

[35] 服：适应，习惯。

[36] 趁程途节饮食：意谓路途中要节制饮食。趁，赶；趁程途即赶路。

[37] 顺时句：意为要估量自己的身体情况，适应季节之变化，自己保重。

[38] 荒村二句：此二句互文见义，谓荒村野店，雨露风霜，应当早歇息晚上路。

[39] 泪添二句：上句以水喻愁之多，下句以山喻愁之重。华岳三峰，即西岳华山，在今陕西华阴南。华山的中峰莲花峰、东峰仙人掌、南峰落雁峰，世称华岳三峰。一说莲花峰、毛女峰、松桧峰为华岳三峰。

[40] 据鞍：跨鞍。

[41] 文齐福不齐：意谓有文才而缺少福分，不能考中。齐，备，全而不缺。

[42] 停妻再娶妻：指不认前妻而另行娶妻。

[43] 栖迟：即留连、逗留之意。

[44] 古道：蒲地曾为舜都，汉初置县，通长安之路久已开辟，故称古道。

[45] 禾黍：禾指谷类作物，黍指黏小米，以禾黍代指庄稼。嘶：马鸣。

[46] 量（liàng）这些句：意谓烦恼之多，量这些小小车儿怎能装得下？车本不小，愁多便嫌其小。量，审度，估量。大小，偏义复词，义取小。

[47] 泪随二句：互文见义，谓睹秋云、见流水都引起对莺莺的思念而愁生泪落。

[48] 本折张生与莺莺的分别,当在"再谁似小姐,小生又生此念?"之后,后面之〔一煞〕、〔收尾〕二曲,全是张生去后莺莺怅望情景:山遮林障,暮霭笼罩,已经看不见张生了。但张生并未下场。崔张同台,张乘马而去,莺莺徘徊目送,不忍遽归,表演出两地相望两情依依,却又未能相见的情状,正体现了中国戏曲舞台没有空间限制的特点。

(注释参选王实甫著,张燕瑾校注. 西厢记. 北京:人民文学出版社,1995)

【温故】

● 王实甫

王实甫(1260—1316年),名德信,元代大都(今北京)人,著名戏剧作家,主要创作活动大约在元成宗元贞、大德年间(1295—1307),正是元杂剧的鼎盛时期。他常年混迹于勾栏瓦舍之地。作有杂剧十四种,以儿女风情题材居多,剧作风格秀丽婉约。《西厢记》是其代表作,在元代和明代备受推崇,被称为"杂剧之冠"。

●《西厢记》与元杂剧

《西厢记》写崔莺莺和张君瑞的爱情故事。崔莺莺和母亲因兵乱寄居于蒲州普救寺西厢院,与张生产生爱情,在婢女红娘的帮助下,冲破母亲的约束,对张生以身相许,崔母提出张生必须上京考取功名作为成婚条件,最后张生高中,有情人终成眷属。故事最早起源于唐代元稹的传奇小说《莺莺传》,金代董解元据其写成了诸宫调《西厢记》,王实甫又将这部诸宫调改编成了能由多人参与演出的杂剧剧本。《西厢记》有五本二十折,不同于一般元杂剧。

元代杂剧其结构一般为一本四折,可另加"楔子",是做、念、唱结合,以唱为主的戏剧样式。杂剧的形式要素分宾白、唱词、科介三部分。杂剧的角色分为末、旦、净三类,每类又分若干种。正末即男主角,正旦即女主角,净包括喜剧滑稽角色和反面角色。杂剧的体制,一折戏里只能有一个角色演唱,其他角色只能道白。元杂剧是在宋金杂剧基础上发展而成的一种新戏曲。

【知新】

王实甫的《西厢记》改编自前人名作。王实甫的改编赋予了《西厢记》不一样的生命力。在元稹的《莺莺传》中,这是一个始乱终弃的故事,谴责莺莺是尤物;董解元在诸宫调《西厢记》中谴责了张生的薄情。王实甫一反前人,对两人真挚的爱情给予了歌颂,肯定了两位主人公,认为真正的爱情不需要发生在

"合礼""报恩"的模式下，强调"情"的自主，其主题思想可以用《西厢记》中一句曲词概括为"永老无别离，万古常完聚，愿普天下有情人的都成了眷属"。"有情的"三字可以看作是概括《西厢记》全书的"眼目"。

《西厢记》的成就，如张燕瑾教授所论："文辞之华丽、故事之曲折、情绪之跌宕、文笔之细腻、人物之传神，都堪称绝唱。"[1]王国维在《宋元戏曲史》"自序"中写道："往者读元人杂剧而善之，以为能道人情，状物态，词采俊拔，而出乎自然，盖古所未有，而后所不能仿佛也。"[2]

《西厢记》将抒情与叙事相结合，叙事手法与诗词密切关联，创造出情景交融的意境，爱情的抒发总是与具体的景致水乳交融。本篇所选《长亭送别》正典型地体现了《西厢记》曲词长于抒情、文采斐然、意境深远的特点。在这一折的唱词中，莺莺的心理得到细致描写，她的伤心、烦心、挂心、担心都得以表现，而"正宫·端正好"一曲，融合宋词与元曲多种秋景意境，对离景、离人、离情的描写深入人心，为崔张的离别渲染更多悲情。

【切问】

1. 读读课文，说说在离别的时候，莺莺的伤心、烦心、挂心、担心都有哪些具体的内容？她伤心什么，挂心什么，又担心什么呢？请找出具体唱词进行分析。
2. 戏剧表演往往通过尖锐激烈的戏剧冲突构造情节，塑造人物，吸引观众。《长亭送别》在整部《西厢记》中不是戏剧冲突最激烈的一折，但其情其景却深入人心，为什么？
3. 前人评价王实甫曲词"如花间美人"（朱权《太和正音谱》），请结合这一曲分析，其曲词美在何处？

【近思】

1. 中国古典小说戏曲经常有如《西厢记》一样的结构模式，这种结构模式可以概括为"私定终身后花园，落难公子中状元，奉旨完婚大团圆"。你怎么看待这种结构模式？
2. 试化用古诗词中写离别之情的名句，为崔张二人长亭送别一幕写一首具有中国风的歌词。

---

[1] 张燕瑾.《西厢记》前言. // 王实甫著，张燕瑾校注. 西厢记. 北京：人民文学出版社，1995：2.
[2] 王国维. 宋元戏曲史. 北京：中华书局，2010：1.

牡丹亭（节选）

汤显祖

第十出 惊 梦

【绕池游】（旦上）梦回莺啭，乱煞年光遍。人立小庭深院。（贴）炷尽沉烟[1]，抛残绣线，恁今春关情似去年？

[乌夜啼]"（旦）晓来望断梅关[2]，宿妆残。（贴）你侧著宜春髻子[3]恰凭阑。（旦）剪不断，理还乱，闷无端。（贴）已分付催花莺燕借春看。"（旦）春香，可曾叫人扫除花径？（贴）分付了。（旦）取镜台衣服来。（贴取镜台衣服上）"云髻罢梳还对镜，罗衣欲换更添香。"镜台衣服在此。

【步步娇】（旦）袅晴丝[4]吹来闲庭院，摇漾春如线。停半晌、整花钿。没揣菱花[5]，偷人半面，迤逗的彩云偏。（行介）步香闺怎便把全身现！

（贴）今日穿插的好。

【醉扶归】（旦）你道翠生生出落的裙衫儿茜，艳晶晶花簪八宝填，可知我常一生儿爱好是天然[6]。恰三春好处无人见。不提防沉鱼落雁鸟惊喧，则怕的羞花闭月花愁颤。

（贴）早茶时了，请行。（行介）你看："画廊金粉半零星，池馆苍苔一片青。踏草怕泥新绣袜，惜花疼煞小金铃[7]。"（旦）不到园林，怎知春色如许！

【皂罗袍】原来姹紫嫣红开遍，似这般都付与断井颓垣。良辰美景奈何天，赏心乐事谁家[8]院！恁般景致，我老爷和奶奶再不提起。（合）朝飞暮卷[9]，云霞翠轩；雨丝风片，烟波画船——锦屏人忒看的这韶光贱！

（贴）是花都放了，那牡丹还早。

【好姐姐】（旦）遍青山啼红了杜鹃，荼蘼[10]外烟丝醉软。春香呵，牡丹虽好，他春归怎占的先！（贴）成对儿莺燕呵。（合）闲凝眄，生生燕语明如翦，呖呖莺歌溜的圆。

（旦）去罢。（贴）这园子委是观之不足也。（旦）提他怎的！（行介）

【隔尾】观之不足由他缱，便赏遍了十二亭台是枉然。到不如兴尽回家闲过遣。

（作到介）（贴）"开我西阁门，展我东阁床。瓶插映山紫，炉添沉水香。"小姐，你歇息片时，俺瞧老夫人去也。（下）（旦叹介）"默地游春转，小试宜春面[11]。"春呵，得和你两留连，春去如何遣？咳，恁般天气，好困人也。春香那里？（作左右瞧介）（又低首沉吟介）天呵，春色恼人，信有之乎！常观诗词乐府，古之女子，因春感情，遇秋成恨，诚不谬矣。吾今年已二八，未逢折桂之夫；忽慕春情，怎得蟾宫之客？昔日韩夫人得遇于郎[12]，张生偶逢崔氏，曾有《题红记》、《崔徽传》二书。此佳人才子，前以密约偷期，后皆得成秦晋[13]。（长叹介）吾生于宦族，长在名门。年已及笄[14]，不得早成佳配，诚为虚度青春。光阴如过隙耳。（泪介）可惜妾身颜色如花，岂料命如一叶乎！

【山坡羊】没乱里春情难遣，蓦地里怀人幽怨。则为俺生小婵娟，拣名门一例、一例里神仙眷。甚良缘，把青春抛的远！俺的睡情谁见？则索因循腼腆。想幽梦谁边，和春光暗流转？迁延，这衷怀那处言！淹煎，泼残生，除问天！

身子困乏了，且自隐几而眠。（睡介）（梦生介）（生持柳枝上）"莺逢日暖歌声滑，人遇风情笑口开。一径落花随水入，今朝阮肇到天台[15]。"小生顺路儿跟著杜小姐回来，怎生不见？（回看介）呀，小姐，小姐！（旦作惊起介）（相见介）（生）小生那一处不寻访小姐来，却在这里！（旦作斜视不语介）（生）恰好花园内，折取垂柳半枝。姐姐，你既淹通书史，可作诗以赏此柳枝乎？（旦作惊喜，欲言又止介）（背想）这生素昧平生，何因到此？（生笑介）小姐，咱爱杀你哩！

【山桃红】则为你如花美眷，似水流年，是答儿闲寻遍。在幽闺女自怜。小姐，和你那答儿讲话去。（旦作含笑不行）（生作牵衣介）（旦低问）那边去？（生）转过这芍药栏前，紧靠著湖山石边。（旦低问）秀才，去怎的？（生低答）和你把领扣松，衣带宽，袖梢儿揾著牙儿苫也，则待你忍耐温存一晌眠。（旦作羞）（生前抱）（旦推介）（合）是那处曾相见，相看俨然，早难道这好处相逢无一言？（生强抱旦下）

（末扮花神束发冠，红衣插花上）"催花御史[16]惜花天，检点春工又一年。蘸客伤心红雨下，勾人悬梦彩云边。"吾乃掌管南安府后花园花神是也。因杜知府小姐丽娘，与柳梦梅秀才，后日有姻缘之分。杜小姐游春感伤，致使柳秀才入梦。咱花神专掌惜玉怜香，竟来保护他，要他云雨十分欢幸也。

【鲍老催】（末）单则是混阳蒸变，看他似虫儿般蠢动把风情搧。一般儿娇凝翠绽魂儿颤。这是景上缘[17]，想内成，因中见。呀，淫邪展污了花台殿。咱待拈片落花儿惊醒他。（向鬼门丢花介）他梦酣春透了怎留连？拈花闪碎的红如片。

秀才，才到的半梦儿；梦毕之时，好送杜小姐仍归香阁。吾神去也。（下）

【山桃红】（生、旦携手上）（生）这一霎天留人便，草藉花眠。小姐可好？（旦低头介）（生）则把云鬟点，红松翠偏。小姐休忘了呵，见了你紧相偎，慢厮连，恨不得肉儿般团成片也，逗的个日下胭脂雨上鲜。

（旦）秀才，你可去呵？（合）是那处曾相见，相看俨然，早难道这好处相逢无一言？（生）姐姐，你身子乏了，将息，将息。（送旦依前作睡介）（轻拍旦介）姐姐，俺去了。（作回顾介）姐姐，你可十分将息，我再来瞧你那。"行来春色三分雨，睡去巫山一片云。"（下）（旦作惊醒，低叫介）秀才，秀才，你去了也？（又作痴睡介）（老旦上）"夫婿坐黄堂，娇娃立绣窗。怪他裙衩上，花鸟绣双双。"孩儿，孩儿，你为甚瞌睡在此？（旦作醒，叫秀才介）咳也。（老旦）孩儿怎的来？（旦作惊起介）奶奶到此！（老旦）我儿，何不做些针指，或观玩书史，舒展情怀？因何昼寝于此？（旦）孩儿适花园中闲玩，忽值春暄恼人，故此回房。无可消遣，不觉困倦少息。有失迎接，望母亲恕儿之罪。（老旦）孩儿，这后花园中冷静，少去闲行。（旦）领母亲严命。（老旦）孩儿，学堂看书去。（旦）先生不在，且自消停。（老旦叹介）女孩儿长成，自有许多情态，且自由他。正是："宛转随儿女，辛勤做老娘。"（下）（旦长叹介）（看老旦下介）哎也，天那，今日杜丽娘有些侥幸也。偶到后花园中，百花开遍，睹景伤情。没兴而回，昼眠香阁。忽见一生，年可弱冠[18]，丰姿俊妍。于园中折得柳丝一枝，笑对奴家说："姐姐既淹通书史，何不将柳枝题赏一篇？"那时待要应他一声，心中自忖，素昧平生，不知名姓，何得轻与交言。正如此想间，只见那生向前说了几句伤心话儿，将奴搂抱去牡丹亭畔，芍药阑边，共成云雨之欢。两情和合，真个是千般爱惜，万种温存。欢毕之时，又送我睡眠，几声"将息"。正待自送那生出门，忽值母亲来到，唤醒将来。我一身冷汗，乃是南柯一梦。忙身参礼母亲，又被母亲絮了许多闲话。奴家口虽无言答应，心内思想梦中之事，何曾放怀。行坐不宁，自觉如有所失。娘呵，你教我学堂看书去，知他看那一种书消闷也。（作掩泪介）

【绵搭絮】雨香云片，才到梦儿边。无奈高堂，唤醒纱窗睡不便。泼新鲜冷汗粘煎，闪的俺心悠步躘[19]，意软鬟偏。不争多费尽神情，坐起谁忺？则待去眠。

（贴上）晚妆销粉印，春润费香篝[20]。小姐，薰了被窝睡罢。

【尾声】（旦）困春心游赏倦，也不索香薰绣被眠。天呵，有心情那梦儿还去不远。

春望逍遥出画堂，　　张　说　　间梅遮柳不胜芳。　　罗　隐
可知刘阮逢人处？　　许　浑　　回首东风一断肠。　　韦　庄

（选自汤显祖著，徐朔方、杨笑梅校注. 牡丹亭. 北京：人民文学出版社，1963）

【注释】

[1] 沉烟：沉水香，薰用的香料。

[2] 梅关：即大庾岭，宋代在这里设有梅关。在本剧故事发生地点江西南安府（大庾）的南面。

[3] 宜春髻子：相传立春那天，妇女剪彩作燕子状，戴在髻上，上贴"宜春"二字。

[4] 晴丝：游丝、飞丝，也即后文所说的烟丝，虫类所吐的丝缕，常在空中飘游。在春天晴朗的日子最易看见。

[5] 菱花：镜子。古时用铜镜，背面所铸花纹一般为菱花，因此称菱花镜，或用菱花作镜子的代称。

[6] 天然：天性使然。上文爱好，意为爱美。

[7] 惜花疼煞小金铃：出自《开元天宝遗事》："天宝初，宁王……于后园中纫红丝为绳，密缀金铃，掣于花梢之上。每有鸟鹊翔集，则令园吏掣铃索以惊之。盖惜花之故也。"疼，为惜花常常掣铃，连小金铃都被拉得疼煞了。这是夸大的拟人化描写。

[8] 谁家：哪一家。

[9] 朝飞暮卷：唐王勃《滕王阁诗》："画栋朝飞南浦云，朱帘暮卷西山雨。"

[10] 荼蘼：花名，晚春时开放。

[11] 宜春面：指新妆。

[12] 韩夫人得遇于郎：唐人传奇故事，唐僖宗时，宫女韩氏以红叶题诗，从御沟中流出，被于祐拾到。于祐也以红叶题诗，投入沟水的上流，寄给韩氏。后来两人结为夫妇。见《青琐高议》前集卷五《流红记》。汤显祖的同时代人王骥德曾以这个故事写成戏曲《题红记》，见王骥德《曲律·杂论》第三十九下。

[13] 得成秦晋：得成夫妇。春秋时代，秦、晋两国世代联姻，后世称联姻为秦晋之好。

[14] 及笄：古代女子十五岁开始以笄（簪）束发，叫及笄。见《礼记·内则》。

及笄，意指女子已成年，到了婚配的年龄。

[15] 阮肇到天台：见到爱人。用刘晨和阮肇在天台山桃源洞遇到仙女的故事。

[16] 催花御史：《说郛》卷二十七《云仙散录》引《玉尘集》：唐"穆宗，每宫中花开，则以重顶帐蒙蔽栏槛，置惜花御史掌之"。

[17] 景上缘：景，影；与下文的想、因都是佛家的说法。景上缘，想内成，喻姻缘短暂，是不真实的梦幻。因中见（现），佛家认为一切事物都由因缘造合而成。

[18] 弱冠：二十岁。《礼·曲礼》上："人生十年曰幼，学；二十曰弱，冠；三十曰壮，有室……"冠，男子到二十岁行冠礼，表示已经成人。

[19] 步䤼（duǒ）：脚步挪不动。䤼，偏斜。

[20] 香篝：即薰笼，薰香用。

（注释参选汤显祖著，徐朔方、杨笑梅校注. 牡丹亭. 北京：人民文学出版社，1963）

【温故】

● 汤显祖

汤显祖（1550—1616年），字义仍，号海若，又号若士，别号玉茗堂主人，别署清远道人。临川（今江西临川）人，明代杰出的剧作家、文学家。汤显祖出生于读书世家，他才华卓著，但个性耿介刚直，不肯趋炎附势。年轻时因拒绝首辅张居正的拉拢而两次无缘仕进。万历十一年（1583）进士，历任南京太常博士、礼部祠祭司主事，后因触怒权贵，被贬雷州徐闻任典史，两年后再贬浙江遂昌任知县，万历二十六年辞官返归故里。汤显祖一生历经嘉靖、隆庆、万历三个朝代，正是朝廷腐败、社会动荡、思想活跃的明代中晚期。他的思想受到泰州学派、李贽以及佛学大师达观的影响。汤显祖作有传奇《牡丹亭》《邯郸记》《南柯记》《紫钗记》，合称《玉茗堂四梦》。四剧皆有梦境，演绎了纷繁世间事，是汤显祖毕生思考人世现实与生命意义的结晶。

●《牡丹亭》与昆曲

《牡丹亭》又名《还魂记》，是汤显祖的代表作，也是明代戏曲的代表作。作品讲述南安太守杜宝之女杜丽娘春日游后花园而感青春流逝，游园后梦见与一俊美书生欢会，梦醒成空，感伤而逝，三年后广州书生柳梦梅上京赶考，途经南安，与杜丽娘幽魂相爱，后杜丽娘还魂成亲，柳梦梅高中状元，才子佳人团圆。

汤显祖《牡丹亭》是昆曲长期演出实践中的名剧。昆曲是我国古老的戏曲声腔、剧种，原名"昆山腔"或"昆腔"，清朝以来被称为"昆曲"，现又称"昆剧"。很多明中叶至清中叶影响深远的声腔剧种都是在昆剧的基础上发展起来的，所以其又被称为"百戏之师""百戏之祖"。昆剧具有最完整的表演体系，伴奏乐器以曲笛为主，辅以笙、箫、唢呐、三弦、琵琶等。昆曲表演最大的特点是抒情性强、动作细腻，歌唱与舞蹈的身段结合得巧妙而和谐。昆曲艺术剧目丰富多彩，文辞华丽，曲调清婉，舞姿优美，富有诗的意蕴、画的风采，融诗、乐、歌、舞、戏于一身，在中国文学史、戏曲史、音乐史、舞蹈史上都占有重要的地位。

【知新】

在《牡丹亭》中，汤显祖构建了自己的"至情"世界观，他在题词中写道："天下女子有情，宁有如杜丽娘者乎！……情不知所起，一往而深，生者可以死，死可以生。生而不可与死，死而不可复生者，皆非情之至也。"[①] 这种贯通于生死虚实之间的人间至情，在明代中晚期出现，有着独特的意义。这是汤显祖借"情"对于"理"的反抗，反对处于正统地位的理学，呼唤着精神的自由，提倡个性的解放，肯定人的情感价值。正如学者黄天骥所论："汤显祖写杜丽娘追求灵与肉自主，和李卓吾的哲学主张相呼应。他写杜丽娘回生后的种种遭遇，实际上用以说明魂与梦并非虚幻，说明人生本是真真假假、虚虚实实。"[②]

杜丽娘对爱与美的追求，在《惊梦》一出中得到集中体现。《惊梦》一出代表着《牡丹亭》的艺术风格：奇幻与现实的融合，浓郁的抒情性，典雅绚丽的曲辞，感伤、从容、浪漫、精致，是戏曲中的经典。俞平伯先生评价道："《还魂》主峰则曰《惊梦》，《惊梦》之警策只有这八个字，'如花美眷，似水流年'，竟被他脱口说出，又立即被他说完了，使后之来者无以措词，文心之美至于此乎！天下之才应非过奖矣。"[③]

【切问】

1. 有人说《牡丹亭》的构思巧妙在于"梦是序曲，死是故事的开始"，你觉得这样的故事结构有什么优点？

---

① 汤显祖．《牡丹亭》题词．//汤显祖著，徐朔方、杨笑梅校注．牡丹亭．北京：人民文学出版社，1963：1.
② 黄天骥．《牡丹亭》创作的几个问题．文学遗产，2007（1）：99.
③ 俞平伯．牡丹亭赞．//俞平伯全集（第4卷）．石家庄：花山文艺出版社，1997：525—526.

2. 汤显祖很善于写"梦的故事",他有著名的"玉茗堂四梦",《牡丹亭》即其中之一,对于梦中之情,汤显祖这样说:"梦中之情,何必非真,天下岂少梦中之人耶?"你认为这种观念与戏剧设计体现了汤显祖怎样的思想呢?
3. "至情论"是汤显祖的主张,这种主张产生在什么样的时代?为什么会在那个时代产生?在《牡丹亭》中是如何体现的?

【近思】

1. 中国戏曲重曲辞,不重情节,你赞同这个观点吗?汤显祖是中国伟大的戏曲家,而与他同一时期的西方著名戏剧家则是莎士比亚,他们都生活在16世纪,逝世于同一年(1616年)。莎士比亚的著名爱情剧《罗密欧与朱丽叶》与汤显祖的爱情剧《杜丽娘》有什么相同和不同呢?
2. 《牡丹亭》在戏曲舞台上长演不衰,白先勇先生有改编的昆曲《青春版牡丹亭》。请观赏白先勇先生的《青春版牡丹亭》,并写一篇观后感。

潘金莲

欧阳予倩

时　代:宋

登场人:潘金莲——二十余岁,一个个性很强而聪明伶俐的女子。
　　　　武　松——二十余岁,个性很强,旧伦理观念很深的勇侠少年。
　　　　西门庆——自命不凡的土霸,好勇好色的青年。
　　　　王　婆——五十余岁,老而无依,专靠作媒拉牵过日的老妇。
　　　　郓　哥——十五六岁,爱管闲事的小贩。
　　　　何　九——仵作,年约五十余岁。
　　　　士　兵——甲、乙二人。
　　　　张大户——有钱有势又老又丑的劣绅。潘金莲原是他家的丫头。
　　　　张氏姬妾三四人
　　　　丫头四五人

邻　居——赵仲铭
　　　　　胡正卿
　　　　　姚文卿
　　　　　张　老
高　升——张氏仆
酒　保——甲、乙二人
乞　丐——一人
众　客

第一幕

　　张大户的花厅。厅在舞台下手，只看见回廊和石阶的半面。上手一带竹篱，有一门通外面，篱上冒着蔷薇花，开得正很美丽。从竹篱望过去，隐约看见有许多花木，在杨柳荫中仿佛见小楼一角。阶前有一丛竹子，又罗列着一些盆栽、金鱼缸，一看就知道是个富贵人享福的所在。张大户正带着他的姬妾坐在一小石桌面前，靠着胡床，一个丫头替他按摩，一个丫头捧着唾壶，一个丫头捧着蝇帚站在后面；桌上放着茶壶、茶杯、酒器等等。小宴方罢，那些姬妾参差的坐着，一个个捧着她们的乐器，如琵琶、笙、箫等。幕铃一响，幕里就奏起音乐来，很短的一曲将终，听见一阵女子的笑声。开幕，那些姬妾都是媚态横生，她们一面调着弦，一面都偷眼看张大户，伺他的喜怒。那张大户却毫不高兴的样子；他发声要吐痰，就有丫头捧唾壶替他接着，一个姬人赶快送茶，张大户扭头表示不要。

姬　甲　你这一向为什么老是气狠狠地，什么不称心？
张大户　只怪一家人没有一个称我的心，如我的意！（说着挥开按摩的丫头，脸上带着一种莫名其妙的笑）
姬　丙　阿弥陀佛！一个人总要知足。像你住的是高堂大厦，使用着这多的奴婢，养着一群群的骡马。
张大户　都是些笨货。
姬　丁　（指姬甲）还有大姐姐一双巧手，绫罗绸缎四季衣服，替你预备齐全。
　　〔姬甲撇嘴故作不屑状。
张大户　穿够了！
姬　丁　二姐姐亲自替你下厨，天天是珍馐美味。

〔姬乙冷笑。

张大户　吃厌了！

姬　丁　还有三姐姐的一手好琵琶，弹到你心眼儿里头去。

〔姬丙笑指姬丁。

姬　丙　只有四妹妹才能干呢，又会歌又会舞，又会随着你转。（斜着眼作怪相）

〔姬丁拿桌子上的果子掷姬丙。

张大户　得了，你们还卖什么俏？我可都领教过了！我总不明白为什么人家的女人越长越好看，越长越年轻；瞧你们这些脑袋，越长越不是样儿！

姬　丙　我自己知道难看，可也不见得全是丑鬼。

姬　甲　除掉老三，我们才真是丑鬼呢！

姬　丁　就算我们长得丑，老爷，你的脸子也不够瞧的吗？

张大户　男人养女人就跟养金鱼似的，金鱼要好看，看鱼的人要好看干什么？不过是好玩儿罢了！

姬　乙　你听听，他拿我们当金鱼！

张大户　男人家只要有钱有势，什么美女弄不着？女人要没有男人宠爱就完了！所以我养着你们，就好比是行善作好事。

姬　丁　别吹了，眼前就有一个人，你降伏不了她。

张大户　你说谁？

姬　丁　我不说，怕你难为情。

张大户　你这小东西子，瞧着我抽了你的筋！你说我降伏不了潘金莲，是不是？

姬　丁　一个老爷买不动一个丫头，这不怪你没钱没势，只怪你不是一个漂亮小伙子。（笑）

张大户　人不能跟命争，金莲儿她不受抬举，还不只落得嫁一个又丑又矮，又脏又没有出息的武大？

姬　甲　可不是嘛！

张大户　人家说，金莲儿嫁武大好比一朵鲜花插在牛粪上！可是像她那样儿的气性，也只配嫁给武大去——活该，受苦的命！

姬　丁　得了，你因为金莲儿不让你收房，你气了，就故意拿她嫁给"三寸丁谷树皮"的武大，要想折磨她的性子，可是她……

姬　乙　听说武大死了，是金莲儿害的，不知道真不真？

张大户　我正在这儿查呢。

姬　甲　　那种凶狠的妇人，幸喜没有拿她收房。

姬　丁　　所以说，女子无才便是德。像我们这种笨人，尽管由着爷儿们的兴儿摆布！

张大户　　见天一样儿的口味，也摆布不出一朵花儿来。

姬　丁　　唷！啧……

〔众姬都笑，丫头们也微微的媚笑。

张大户　　像金莲儿那种人，我总有一天办得她心服口服，要不然，女人家这样猖狂，那还了得！

众　姬　　〔相视无语。张仆高升近竹篱前，探头望。

张大户　　高升！

高　升　　喳。（上场恭恭敬敬目不斜视地脸朝台外站着。大户人家内外之分很严，所以如此）

张大户　　何九叫来了没有？

高　升　　来侍候着半天了，因为老爷没叫，就没敢回。

张大户　　混蛋！

高　升　　喳，老爷。

张大户　　去叫他进来！

高　升　　喳。

张大户　　有人来了，你们都进去！

众　姬　　是哪，躲人了，进去吧！（全由下手石阶进花厅去）

〔高升引何九上。

何　九　　何九跟员外爷请安。

〔高升下。

张大户　　何九，潘金莲害死武大，你受过西门庆多少贿？

何　九　　员外，武大是怎样死的，是不得而知，外面的话也不见得靠得住；至于说何九受贿，那是冤枉，员外总可以查得出的。

张大户　　潘金莲私通西门庆，是谁都知道的。

何　九　　（抢说）何九可没有知道，不过听说好像有这么句话。

张大户　　你说不知道？武大忽然死了，是谁去成殓的？

何　九　　是我去的。

张大户　　你看武大的尸首，是病死的还是横死的？

何　九　　武大死了，他的大娘子潘金莲叫王婆来请我去殓尸，我马上就去的；谁知我

　　　　　一进武家的门就发了羊角疯，倒在地下不省人事，所以没看明白那尸首是怎样的光景。

张大户　你倒推得干净，我给你三天，赶快查明，如若不然，就叫知县重办你！地方上出了命案，看你这公事饭是怎么样儿吃的？

何　九　回员外的话，武大死了，就算死得不明，没有苦主说活，本来轮不到仵作多事！

张大户　我叫你去办你就去，我是地方上的绅士，自然是应当维持风化的。去吧！

何　九　喳。（下）

　　〔张大户颇得意的样子，有两个姬妾走出来想偷听，张瞥见叱骂。

张大户　下去！

　　〔两姬妾躲去，高升又上。

高　升　老爷，王婆也来了。

张大户　她没跟何九见面吧？

高　升　没有，王婆是走后门来的，何九是走前门去的。

张大户　好，叫她来。

　　〔高升走进竹篱，对外招手。王婆上。

高　升　（对王婆）员外传你，小心回话。

　　〔王婆点头走进去。

王　婆　张老爷，您好？我特来跟您请安的。您有什么吩咐？

张大户　你跟潘金莲干得好事！

王　婆　老爷什么事？

张大户　武大是怎么死的？

王　婆　他是心痛痛死的。

张大户　不是你勾引西门庆和潘金莲通奸，拿他害死的吗？

王　婆　阿弥陀佛！我这么大年纪，哪儿还会勾引人？

张大户　阳谷县城里可全是这么说，说潘金莲谋死亲夫。

王　婆　闲言闲语总是有的。武家大娘子长得秀，油头光棍见着她，哪个不想？想不着就得胡造谣言了。这才是"是非朝朝有，不听自然无！"

张大户　西门庆不是常在那儿走动吗？

王　婆　西门大官人不过常到我那儿喝茶，别的我可就不知道哪。

张大户　方才何九来过了，他说武大死得不明，都应在你这老虔婆的身上。

王　婆　那老天杀的，我去找他去。（说着就要走）

张大户　回来！你忙什么？

王　婆　我去找那老天杀的拼命。真是，这可哪儿说起！

张大户　哼，真有你的。我跟你说，你们一本账都在我这儿呢！我想金莲本来是我家里的丫头，她不守本分，不受抬举，只得嫁了她，她又不守妇道，闹得很不好听，我有意拿她仍旧收回来，再来管教管教她。你去对她说，只要她改过自新，我一切都能替她作主；如若不然，一旦事发了，就没有她的命了！她要是明白，你来回我的信，我就派人接她，你懂了没有？

王　婆　有点儿懂了。老爷的意思是要接她回来。可是常言说得好，"嫁出门的闺女，泼出门的水"，何况是卖出去的丫头？金莲姑娘已经是做了武家的大娘子！这会儿丈夫死了，您让她回来，当她丫头吧，她怎么愿意？管教她吧，人大心大，谁管得了？老爷，高抬贵手，放她过去就得了！

张大户　什么？胡说！像她那样胡闹，人家说起来，还说我家的丫头品行不端，我要叫她回来，她就得回来。我要管教她，谁也挡不了。伦常风化总是要紧的。只要她肯听话，我还不定怎么抬举她，她要是不肯听话，只怕连你也活不了。

王　婆　是哪，是哪，老爷！像您这样有钱有势，年纪又不大，待人又和气，又温柔，还怕娘儿们不随着您转吗？可是……

张大户　胡说，来啊！

高　升　喳。

张大户　拿这老婆子给撵出去！真是岂有此理！还怕办不了她？……（说着就由厅堂进去了）

〔王婆直看着张员外进去，莫名其妙的发呆。高升过去拍拍她。

高　升　王妈妈，你也是个老江湖了，难道还不明白吗？

王　婆　我哪儿不明白？可是男贪女爱才成世界。这会儿男贪女不爱，一面儿的官司，怎么打呢？

高　升　话是不错，只是那金莲儿也太倔强了。她不想她是什么身份，要想自己拿主意。她本来是我们这儿的丫头，员外爷要拿她收房，她不肯，偏去爱上我们这儿的一个同事的，这就是她的不是，也不怪我们员外爷生气，故意拿她嫁给武大郎，也是煞煞她的气性。你想我们员外爷不过年纪大一点儿，（轻说）不大漂亮，可总比武大郎那样高不过三尺，头大脚粗，酒糟鼻子，迷觑眼，满脸的锅烟子,满嘴的鼻涕,说话好比敲破锣,走道儿好比滚冬瓜的丑样儿好得多吧?这会儿人家都说,潘金莲私通西门庆,谋死亲夫武大郎。你要知道,这个凌迟碎剐的罪名多么可怕?可是只要跟着我们员外爷,我们员外爷就会替她作主,漫说是谋死一个亲夫,就是多谋死几个也没有什么了不得。你去对她说,只要她回心转意,见着我们员外爷多在他的胡子上亲几亲,多叫他几声好听的,我包管连那几个姨太太他都不会要了,这还不是享福的事吗?员外爷还要多多的赏你呢!

王　婆　是哪,我去说去,她肯听不肯听我可没准。不过拿贼要赃,西门大官人也是有面子的人。

高　升　胡说,你敢偏袒他?老实说,员外爷说一句是一句,哪儿容得一个臭丫头猖狂,明天我来讨回信。去吧,没有多话和你说!

王　婆　(不自然地笑)是哪是哪,你比员外爷还有威风。(下)

高　升　哼,老虔婆,不识抬举,看你怎么了!(狞笑)

——闭　幕

第二幕

　　武大家的后门院内:右边斜着角上一门通外面,更右一小门通王婆家,中间一个矮窗,木板门闭着,窗的左边一门通室内,门旁一棵枯树,窗下一个废碓臼,一把竹笤帚,树旁一张板凳。台当中偏右一口井,有个旧井栏,井上有个木架辘轳。王婆坐在臼上打瞌睡。一切都没有生气似地开幕。潘金莲从门内走出来,很懒的样子斜倚着门。

潘金莲　可闷死我了!

王　婆　(一面打哈欠一面说)天气实在不好,教人一些儿精神也没有。

潘金莲　人要死了,怪不得天气。

王　婆　这是什么话?

潘金莲　我真是想死!

王　婆　我对你说张家那个话,你也用不着记在心上,有西门大官人还怕他吗?

潘金莲　谁去理会那老狗,我自己想死。

王　婆　这会儿大官人喜欢你,吃的用的,哪样儿缺少,还不称你的心吗?

潘金莲　哼,谁能够跟他长混下去?碰得着的,还不全是冤家对头?他仗着有钱有势到这儿来买笑寻欢，他哪儿有什么真情真义？我也不过是拿他解闷儿消遣，一声厌了，马上就散。男人家有什么好的？尽只会欺负女人！女人家就有通天的本事，他也不让你出头！只好由着他们攒着在手里玩儿！

王　婆　从古到今就是男尊女卑，你白生气有什么用处？还不是过一天算一天！

潘金莲　所以我想死。趁年轻的时候，还可以靠几分颜色去迷迷男人，一到了年纪稍大一点儿，就一个钱儿也不值了！任凭你是一品夫人，男人不可怜你，你就活不了！妈妈！你还不够受的吗？

王　婆　我怎么样？

潘金莲　从前妈妈年轻的时候，不是一群群的男人跟着吗？你也听过多少的温存软语，海誓山盟；这会儿你连粗茶淡饭都为难，这不是好榜样吗？咳，女人家还是趁年轻的时候早点儿死，免得活受罪！唷，我来投井吧！（笑着走向井边，好像要投似的，王婆赶紧站起来）

王　婆　唷！你还吓我，你可知道好死不如恶活！

潘金莲　恶活不如好死！最好是女人全死他个干净！

王　婆　照你这么说，女人全死了，那些男人可怎么样？

潘金莲　那些男人们罪孽深重，还不让他们去活受去！

王　婆　这倒不错，女人死绝了，让他们男人家去受罪去，看他们难过不难过！

潘金莲　（又笑又叹气）闷死我了，也只好说说笑笑，出出怨气！

〔一个瞎眼跛脚残废的乞丐上场，推开右手的门。

乞　丐　行好事的夫人小姐们！可怜我这残废人，周济周济我吧！（叫两遍）

王　婆　残疾人可怜，来，给你两个钱吧。

乞　丐　谢谢，大慈大悲享福的人！

潘金莲　（拦住王婆不让她给钱）别给，妈妈，你给他干什么？我最恨的是这种人呢！

王　婆　这种人才可怜呢！

潘金莲　你瞧他眼也瞎了，脚也缺了，什么都不能干，不是绝了望了么？绝望还不死，倒要活受罪，有本事没饭吃的人多着呢，哪儿还有闲饭养这种东西，给钱呢？最好杀了他。

乞　丐　你别这样说，留神也有瞎眼缺腿的时候！我从前也漂亮过的啊！

潘金莲　你放心，我不到像你一半儿就死了，决不让人拿闲饭来养我。

乞　丐　你才瞎了眼呢！当我瞎眼！（睁开眼）你瞧，这不是好好儿的眼睛吗？（跺脚）你瞧，这不是好好儿的腿吗？世界上都喜欢残疾人，我没法儿，要吃饭

　　　　　才装的呢！

潘金莲　（惊视）唷，瞧不出你连我都蒙过去了，倒有一套！好了，念在你还有这点小能干，给你这几个钱吧，（与乞丐钱）可是究竟被我试出你的假来了。哈哈，得意得意！

乞　丐　这个人有点疯气，赶快走吧。

王　婆　你这个人才真识不透呢，装假骗人，不是可恨吗？倒反给他钱！

潘金莲　与其叫人可怜，不如叫人可恨！（说着回到枯树下水墩上坐着）

　　　　〔高升站在门前叫王婆。

高　升　王妈妈！王妈妈！

　　　　〔王婆正在想金莲话中的意味，听见有人叫，回头一看。

王　婆　唷，高二爷！我当是谁呢！（急忙走过去）

高　升　我来讨回信来了。到底怎么样？

　　　　〔王婆轻轻的和高升说，表示事不行。高升大声，表示很强硬。

高　升　这是什么话？员外爷面前叫我怎么好交待？难道说一个丫头还摆什么架子吗？

潘金莲　（站起来）谁呀，在那儿吵不清的？

高　升　（赶紧带笑）金莲姐，是我。

潘金莲　你这小子，倒会跑这儿撒野来了！

高　升　唷，你得放客气点儿，我跟你一般儿高，你当丫头的时候我当底下人；你嫁过来还是我送的亲。这回你又……哈哈！谁还瞒得过谁呢？你应当好好儿请请我才是，开口就骂我，喝，你的胆儿可真不小啊！

潘金莲　我问你，你来干什么来了？

高　升　我啊，来问你要点好处。

潘金莲　啊，你要好处？要好处有啊。你来，我告诉你！（伸开两臂，好像是要抱似的。高升走过去就她，她趁势就是一个嘴巴）

高　升　唷，你怎么真打！

潘金莲　打你这狗奴才，死奴才！到这儿撒野来了，没打听你妈妈是拳头上站得人，胳膊上跑得马，叮叮咣咣的婆娘？（说着拾起墙下的破笤帚就打）

　　　　〔王婆假装着劝，也帮着金莲推住高升，让潘金莲打个痛快。

高　升　（一面抵挡一面嚷叫）唷，打死人哪，打死人哪！谋死亲夫啊！又要谋死亲夫啊！

潘金莲　死奴才，死狗！我怕你嚷吗？（越发使劲打，王婆劝，这时西门庆上，见此

　　　　　情形从中间隔开。潘金莲罢手，笤帚仍然拿在手里，口里还是骂）

高　　升　哼哼！真有你们的！
潘金莲　看你怎么样？你这臭贼骨头，你这鬼！（意思好像还要打）
　　　　〔西门庆止住她，回头问高升。潘金莲退后。
西门庆　你来干什么来了！
高　　升　你来得我来不得？
西门庆　她是个寡妇，你是男人，你找她有什么事？
高　　升　你说她是寡妇，我是个男人，不应当来，那么你是个女人吗？得了得了，谁还不知道吗？别他妈的装蒜了！
西门庆　西门爷爷的事，你敢管吗！我说来就来，谁敢拿我怎么样？滚，别自讨没趣！
高　　升　喝喝，瞧不出你倒有两下子！我们员外爷正要找你……
　　　　〔西门庆急喝住他，一面骂着，一面就打。
西门庆　什么狗屁员外，扁外，还不滚？去他妈的！（抓住高升一条腿，往下随意一按，推到井前）
高　　升　哎唷，哎唷！
西门庆　你要死要活？
高　　升　饶了我吧！饶了我吧！
西门庆　滚你妈的蛋！（说着一推）
　　　　〔高升打个滚，扒起身就跑。
高　　升　改天再会。（跑下）
潘金莲　哈哈哈哈，真痛快！这小子真可恨，要是武大在的时候，又得跟他赔礼了。看起来你真有两下子！痛快痛快！
　　　　〔这时候王婆入内，拿把烟壶对金莲作个手势，表示打酒去，下。
西门庆　这算什么！漫说是这种小东西，就是天下的英雄，哪个敢跟我比试？还要你来灌米汤吗？
潘金莲　这么说起来，你可算得天下无敌了？
西门庆　那个自然。
潘金莲　那可不见得吧？
西门庆　还见过比我强的人吗？
潘金莲　你要遇见那打虎的武松，你可就没有命了！
西门庆　哈哈，你真是妇人之见。武松，论他的家财，论他的势力，论他的人品，论他的武艺，哪一样比得上我？

潘金莲　不错，论他的势力，比不上你；家财，更比不上你；要论人品武艺，他可比你高强百倍。

西门庆　你说他好，倘若是我和武松站在一处，你还是爱他呢，还是爱我？

潘金莲　那自然是爱他不爱你。

西门庆　（很惊异的样子）唔，你倒敢说！你可知道，你爱他，他不爱你。你害了他哥哥武大，他回来恐怕还要杀你！

潘金莲　你也知道怕他回来，那就是了。可是他不爱我，我爱他，那只能由着我。从前我也曾用种种方法去试探他，他始终拿得定他的主意，真是个铮铮铁汉。那时候你跪着我面前求，我还没答应呢。所以我敬爱他，我也不过是可怜你。

西门庆　（勃然大怒）你……你对我说出这种话，你是有意气我！你可知道，我拳头底下就要你的命！

潘金莲　这又何苦？明知我打不过你，又何必和我来动武呢？留着气力等有本事的来，和他比试比试吧！我可跟你斗智不斗力。

西门庆　（怒不可遏）哈哈，今天我才看出你来了，真是没有良心。（王婆上，看着奇怪）我待你不薄，你为什么这样气我？好，我从今以后再也不来了。（气着就走）

〔潘金莲一努嘴，王婆上前一拦，把酒打翻；王婆死命拉住西门庆，劝他回来。

潘金莲　妈妈，让他走吧，免得连累他吃张大户的亏。

〔西门庆听见这话觉得奇怪，又站住了没有话。

潘金莲　他又不能够跟我作主，倒不如让他气走了，有祸我自己当。

西门庆　我再也不听你的花言巧语。

潘金莲　你既知道我是花言巧语，你为什么那样认真呢？老实告诉你吧，张大户要接我去，拿我收房，我要去吧，舍不得你，不去吧，又怕你斗不过他。咳，还是去吧，天下哪有不散的筵席！（说着坐下，扭过头去，背上觉得微微的颤动，极其楚楚动人之至）

王　婆　大官人，你瞧大娘子够多贤德？

西门庆　（如有所悟）啊，原来气我走，是这个意思！这也太迂了。张家老狗哪里禁得起我一拳？我倒偏要不走，看他又怎么敢来接你去？我要是斗不过那老狗，拿我西门庆三个字倒转来！

潘金莲　看你不出还会吃醋呢！倒是个有良心的。可是说一句笑话，就拳头底下要我的命，我怕死再也不敢亲近大官人的了。（这几句话说得非常柔媚，说完似怒非怒的瞟西门庆一眼，往门里就走，西门庆上前拉住）

潘金莲　有人看见像什么样儿。（说着一抖袖子进去了，王婆看看西门庆，往里一指）

西门庆　我倒要看看你有多少变！（追进门去，王婆耸肩一笑）

——闭　幕

第三幕

武家的小厅堂。下手设武大灵桌，旁边地下睡着两个士兵，上手望见楼梯，横七竖八的摆着几张椅子和板凳。在厅堂两边，灵桌上两支点残了的蜡烛，光极暗淡。外面听见风声。武松坐在灵桌的右边，一手抱着酒壶，开幕。

武　松　（站起来又坐下，又站起来走几步，沉思，看看楼上，向灵桌站住）哥哥，听嫂嫂说，你是心痛病死的，可是我怕你死得不明，究竟怎么样，你有灵，梦也要报给我一个。倘若是有个长短，我武二一定替你作主报仇！咳！（说完瞟一瞟楼上，又看看灵牌，倒一碗酒一饮而尽。听见金莲下楼的步脚，坐下，悲愤的样子）

潘金莲　（从楼梯上露出半面，朝灵前看一看，端着茶盅走下来）叔叔。

武　松　（起立致敬）嫂嫂。

潘金莲　（很郑重地）本想是叔叔回来欢天喜地，想不到叫叔叔这般难过。咳，可是人死不能复生，叔叔也要保重身体，不必悲伤过度。

武　松　想哥哥死得很苦，我和他是亲弟兄，怎么不悲？怎么不恨？

潘金莲　咳，你哥哥在生前自不长进，连累叔叔替他常常担惊受怕；如今死后又连累着叔叔这样悲伤，叫作嫂子的怎么过意得去！

武　松　这都是武二应分的事，不与嫂嫂相干。

潘金莲　叔叔请用茶。

武　松　请嫂嫂放在桌上。

潘金莲　是。

〔台后起二更。

武　松　据嫂嫂说，哥哥是心痛病死的？

潘金莲　不是刚才叔叔到家，就对叔叔说过了吗？

武　松　装殓的时候，除了何九叔，还有什么人到场？

潘金莲　街坊邻居都到场的。

武　松　为什么要火葬呢？

潘金莲　叔叔不在家，我又不能出去找坟地，家里又没有钱，没法子想才只好焚化的。

武　松　（很恭敬很刚决地）明白了。时候不早，嫂嫂歇息去吧。

潘金莲　是。（慢慢的向楼梯走两步，又站住。眼睛微微的向武松那边瞟一瞟，想一想叹口气，再慢慢地走——很失望的样子）

武　松　嫂嫂回来！

潘金莲　（赶快回头，快走几步）是。叔叔。（一看武松很严肃地站着，一呆）

武　松　嫂嫂，我哥哥到底是得什么病死的？

潘金莲　不是告诉过叔叔好几遍了吗？咳，话又说回来了。你哥哥为人太软弱了，尽让人欺负；像他那样儿的人活着也是受罪，实在没有意思，我看倒不如死了的好。

武　松　嫂嫂，这是什么话？难道说软弱的人就应当受人欺负，那些有势力的就应该欺负人吗？我生平就欢喜打这个抱不平———心要扶弱抑强，最恨的就是那恃强欺弱。

潘金莲　咳，要是你哥哥像得了叔叔的一分半分，又怎么会撇得我这样一身无主！叔叔你哪儿知道我的心？

武　松　哼，嫂嫂，你是个聪明能干人，你想怎么样便能怎么样；哥哥在的时候，也从来作不了你的主。

潘金莲　咳，你哥哥可真磨折得我够了！你说我聪明，我真算不了聪明，可我也不是笨人。你说我能干，我真够不上能干，可我也不是糊涂人。可是，池里的鱼游不远，笼子里的鸟飞不高，叫我又怎么样呢？……咳，叔叔，你还是不知道我的心！

武　松　这些话有什么讲头，上楼去吧。

潘金莲　听说叔叔要上东京去，是真的么？

武　松　没有这个话。

潘金莲　听说叔叔要上东京到高俅那里去谋差使，是真的吗？

武　松　哼，高俅童贯那班东西，都是些奸党，我是个顶天立地的男子，岂肯到奸党门下去求差使，你当武二是什么人？

潘金莲　倘若知县相公要荐你去给那些奸党看家护院，当他们的走狗，你愿意吗？

武　　松　明珠暗投，那就不如死！

潘金莲　啊，叔叔，你也知道明珠暗投不如死？可知道男女都是一样！

〔这时候听见隐隐梆锣的声音二更二点了。

〔武松沉默如有所思，外面风声。

潘金莲　时候不早了，请叔叔上楼去睡罢。

武　　松　（急）啊？

潘金莲　叔叔不要错会我的意思，我是说楼下不干净，楼上干净一点，请叔叔楼上歇息。我下楼来替叔叔守灵，不是很好吗？

武　　松　我看这楼下并不肮脏，楼上也未必干净。武二的事，嫂嫂不要多管，快快请安置罢！

潘金莲　是，本来我就说错了，有甚么肮脏，有甚么干净？只要自己信得过就得了。

武　　松　只怕人家信不过。

潘金莲　啊，原来叔叔只顾人家信得过，不顾自己！

武　　松　杀人的强盗，害人的淫妇，人家信不过，难道说自己信得过？

潘金莲　本来，一个男人要磨折一个女人，许多男人都帮忙；乖乖儿让男人磨折死的，才都是贞节烈女。受磨折不死的，就是淫妇，不愿意受男人磨折的女人就是罪人。怪不得叔叔是吃衙门饭的，也跟县太爷一样，只会说一面儿的理。

武　　松　嫂嫂，你一派的疯话，我完全不明白。

潘金莲　叔叔，你还是糊涂点儿罢，你要是明白，你就作不了圣人之徒了。

武　　松　礼义纲常是万年不变的，嫂嫂，你至死还不明白这个吗？

潘金莲　我就是太明白了，要是糊涂一点儿，不就会长命富贵吗？我很想糊涂得连自己都忘记，可是今生做不到了！……咳，时候不早了，歇着吧，我来不及和叔叔等明天的太阳！（一面说着一面收拾茶碗，将茶泼在地下就走，走着回头柔媚地说）叔叔，我愿意你长命富贵！（一直咚咚咚上楼去了）

〔外面风声更大。

武　　松　（呆着看金莲走去）想不到世界上有这种女人！（走到桌前拿壶中酒一饮而尽，轻轻地说）咳，哥哥安得不死！（想一想）士兵，士兵，士兵！

〔士兵醒来又睡着。

武　　松　士兵，士兵！

士　　兵　二爷……天亮了吗？

武　　松　还是半夜。

士　兵　二爷，什么事？
武　松　我们走吧！
　　　　〔幕后隐隐传来二更三点。
兵　甲　二爷，夜半三更上哪儿去？
兵　乙　不怕犯夜吗？
武　松　我们巡夜去。
士　兵　（一面打呵欠，一面收拾，很不高兴的样子）二爷，为什么这样急？
武　松　这儿住不得……嫂嫂……嫂嫂关门，武二走了！
　　　　〔潘金莲慢慢下楼，站在楼梯上不作声。
武　松　收拾好了没有？
士　兵　收拾好了。
武　松　走。
士　兵　（开门，风吹进来）呵哟！
　　　　〔武松和士兵出门，潘金莲又下几步，伸头看着下手的门不动。一种很失望很恨而无可如何的样子。忽然一阵风来，灯吹灭了，台上变成漆黑。

　　　　　　　　　　　　　　　　　　　　　　　——闭　幕

第四幕

　　　　一间小酒楼，中间隐扇，右边隔着板壁，左边两扇窗，板壁旁边就是门。挂着蓝布帘子。两张桌子并排，周围摆着几张凳子。两个酒保，一个在抹桌子，一个靠着窗户看街。开幕。

酒保甲　（一面唱着小曲一面抹桌子）喂，一天到晚老看街，潘金莲又不走楼下过。
酒保乙　妈的臭嘴！你老记着潘金莲，想吃天鹅肉吗？真有你的。
酒保甲　你比武大郎儿好看得有限，别他妈的挨骂了。
酒保乙　喂！你来看。
酒保甲　看什么，看鬼？
酒保乙　真的，你来看个人。
酒保甲　谁呀？
酒保乙　你来看，那不是打虎的武都头吗？
酒保甲　他回来了吗？（走近窗口看）

酒保乙　好像是他。

酒保甲　（走近窗前）是他，是他，和他说话那个老头儿是谁？

酒保乙　那不就是何九吗？

酒保甲　他们好像要到这儿来……

酒保乙　武二回来了，恐怕要出事。

〔两人一面说一面轻开窗户。

酒保甲　出什么事？武大一死，潘金莲不久嫁了西门庆。你当武二真是三头六臂？就算是武大死得不明，又没有凭据。

酒保乙　这些话少说吧！"各人自扫门前雪"，免得多言惹是非，赶快打扫干净点儿吧，别尽顾着说闲话了。

〔酒保甲、乙两人重新收拾桌椅。

〔武松与何九里面说话。

武　松　九叔，你还客气吗？随便坐坐吧。

〔见武、何二人走进来，酒保赶快让座。

何　九　二爷回来，我还没有接风呢，就先叨扰，怎么过意得去？

武　松　且坐着！

〔何、武二人坐下来。

何　九　是，是。

武　松　酒保，拿酒来！下酒的随便两样。

〔酒保答应下去，武松无话，何九很不安的样子。

何　九　二爷这回到东京，整整两个多月了。

武　松　（点头）……

何　九　公事很得意。

武　松　（微微冷笑）……

何　九　我们都很盼望二爷回来。

〔酒保送上酒菜。

武　松　去吧。（酒保下去）九叔喝酒。

何　九　二爷，您请！（很不安的样子）

武　松　（只顾喝酒不说话）……

何　九　（看着武松，端杯子陪着，觉得不好怎样，只得拿话来试撩武松）二爷回来，知县相公见公事办得妥当，必定十分欢喜。

武　松　（冷笑着没话）……

何　九　就想不到令兄，不知道怎么好端端儿的就去世了！这才真是"天有不测风云"！

武　松　（冷冷地）我哥哥得什么病死的？

何　九　听说好像是心痛病死的。

武　松　盛殓的时候，你到场没有？

何　九　到场的。

武　松　有什么形迹可疑的地方没有？

何　九　好像没有形迹可疑的地方。

武　松　送丧你可曾去？

何　九　火葬我也在场。

武　松　有什么可疑的地方没有？

何　九　好像也没有什么可疑的地方。

〔武松站起来从衣襟下飕的拔出一把匕首，将匕首望桌上面一插。

〔何九手中酒杯吓落在桌上，往后一闪，几乎跌在地下。一个酒保在门帘后偷听，吓着赶快缩去。

武　松　九叔，冤各有头，债各有主！你不要害怕，只要实说——对我说我哥哥死的缘故，便不与你相干！我若是伤了你，不算个好汉！倘若有半句儿隐瞒，我这口刀立刻叫你身上添三四百个透明的窟窿！（瞪眼看着何九）

何　九　二爷，您别生气，这儿立即有个大见证。（一面说着一面在袖子里掏出一个口袋）

武　松　什么大见证？（接过口袋打开看，里面一锭银子，两根骨头）

何　九　前因后果我是不知道，或者是因奸谋杀也说不定。还是正月二十二那天，我正在家，因见茶坊的王婆来叫我去殓武大郎的尸首……

武　松　（抢问）你看我哥哥的尸首是怎么样的？

何　九　二爷您别忙，让我慢慢地告诉您。

武　松　你坐下说！

何　九　（坐下）我听见王婆叫我，我答应着就去了。谁知刚走到紫石街巷口，迎面看见西门庆大官人，一把拦住，拉我同去酒店喝酒。西门庆取出这锭银子交给我，他吩咐我说："你到武家去殓尸，凡百事当遮盖遮盖。"那西门庆是个恶霸，二爷您是知道的！他给我钱，我哪敢不收？当时我接了他的银子，吃了酒饭走出店来，一直到大郎家里；等我揭起千秋旛一看，只见七窍内，都有淤血，嘴唇上有牙齿咬的印子，看得出是生前中毒死的。

武　松　你为什么不说破它？

何　九　我本想说破，只是一来没有苦主——他自己的老婆，说是害心痛病死的，我哪儿还好说什么？二来西门庆我也实在惹不起他，因此我只好假装发羊角风，往后一倒，把我扶回家来了。尸首就由伙计们去殓的。第三天，听说要抬去焚化，我就买了一陌纸钱假意去做人情，暗地下捡了这两块骨头包在家里。二爷，您看这骨头带着黑色，也就是中毒身死的证据。还有这张纸上，写了年月日时和送丧人的姓名，也就是等都头您回来，好告诉您的呢。刚才您去找我，我就猜着您的意思，特意拿这个带出来，就省得您再到我家里了。

武　松　奸夫是谁？

何　九　这可不大知道，也不敢瞎说。听见说有个卖梨的郓哥，那小厮曾经和大郎去茶坊里捉过奸，这条街上谁不知道？二爷要知备细吗，最好去问郓哥。

武　松　好，既然有这个人，一同找他去。……酒保算账！

酒　保　是。

〔武松正付银要走，楼下忽听见吵闹的声音。

声　音　你这小子瞎了眼睛吗？撞了人知道吧？

声　音　我背东西，你就不会让我吗？

声　音　郓哥，你这小王八蛋还犟呢？只服王婆子打的！

〔接着又是几句口角。

何　九　巧哪，吵架的声音好像是郓哥。（跑到窗前看）

武　松　要是他，就叫上来吧！

何　九　（点头）郓哥，郓哥，别吵哪，别吵哪！上来吧，我有话同你说！

郓　哥　我不来。

何　九　你来，我请你吃点心。……快点快点！

武　松　来了吗？

何　九　他来了。

〔一阵楼梯响，郓哥走上来，酒保在里面叫。

酒　保　在这儿呢，在这儿呢。

〔郓哥进来。

何　九　郓哥，你认识这位都头武二爷么？

郓　哥　景阳岗打老虎解大虫来的时候，我就认识了。你们找我干什么？

何　九　都头有话要问你。

郓　哥　你们不说，我也有些儿明白。只是一件，我有六十岁的父亲，没人赡养，我不能陪你们打官司玩儿，您哪！

武　松　好兄弟，（说着就从身边掏出锭银子）这五两银子，你拿去给老爷子过日子。你年纪虽轻，倒很孝顺，你暂且拿这银子给父亲过活，我有用着你处。等事完了，我再给你十四五两银子作本钱。你可详细说给我，你怎么和我哥哥去捉奸的？

郓　哥　我说给你听，你可别难受。我从今年正月十三日，提着一篮雪梨去找西门庆，想要卖给他，一直没找着。问人时，说是："他在紫石街王婆茶坊里，和卖烧饼的武大的老婆在一处，如今拈上了她，每天在那儿。"我听得这话，一径奔去寻他，谁知被王婆那老猪狗拦住，不放我进屋里去。吃我把话来侵她底子，那老虔婆举手便打我，拿我叉出来，将我的梨儿都倒在街上。我气苦了，便去寻着大郎，告诉他前后的事由儿，大郎一气就要去捉奸。我说，不济事，西门庆，他的手脚还了得！你若是捉不着奸，反吃他苦倒不好。我当下就和大郎商议妥当——我出的主意：让大郎第二天少做些烧饼，我们俩约在巷口取齐，只等我看见西门庆进了王婆的店，我便先进去；我把篮儿丢在街上就是暗号，大郎就去捉奸。到了第二天，我们照计行事，我看见西门庆进了王婆的门，我就径自去骂那王婆老猪狗，那婆子就进来打我，我便一头撞在她怀里，将篮子往街上一丢。武大郎看见了，跟着就抢进去，王婆想要拦，被我顶住了动不得，她只嚷说："武大郎来了！武大郎来了！"这时候西门庆和你嫂子正在屋里，顶住了门——我可不知道他们在那儿干什么事情——大郎只顾在房门外乱嚷，却没提防西门庆开门出来，把大郎一脚踢倒。我看见你嫂子出来扶大郎，扶不动，我就溜了。从此没过几天，就听说大郎死了，怎么死的我可不知道。

武　松　你这话是真的？不要说谎！

郓　哥　我就是见官，也是这一套！

武　松　好，好兄弟！如今我要去告状，烦你们二位同去做个见证！（一面说一面包起银子和骨头）

郓　哥　我去，我去！

何　九　我，我……我也去！

武　松　我们就走！

〔武松让何九、郓哥先走，武松在后头监着的样子。何九不得已的神气，咳几声嗽，武松拍着郓哥。

——闭　幕

第五幕

布景同第三幕——灵桌上点着香烛，中间一桌酒席，王婆和姚文卿坐在上首，潘金莲和赵仲铭并坐，张老和胡正卿并坐。武松站在下手桌角边，两个士兵伺候着。

武　松　（端杯在手）众位高邻，家兄去世，武二不在家，一切多承各位邻居照应。武二太粗鲁，没有什么好款待，一杯淡酒不成敬意，各位休要笑话！（说着将酒一饮而干，坐下）

张　老　我们都还没有替都头接风呢，反而先来打扰，真是过意不去。

众　客　是呀！改天再聚吧！

胡正卿　（站起来想走）对不起，我今天很忙，要失陪了。

武　松　去不得！既来了，就忙也坐一坐！

〔胡正卿坐下。

姚文卿　（站起来）我可实在有些俗事。

武　松　正有话说，少等一会。士兵！（兵应）将杯盘暂时收了，回头再吃吧！

〔众人离席，士兵收拾杯盘，武松抹桌子，众邻居都告辞。潘金莲丝毫不慌，扯条凳子坐下无语。

众　邻　都头，谢谢了。

武　松　去不得！士兵，把好前后门！

〔士兵应，众邻居面面相觑。

众　邻　都头有话好说。

武　松　各位之中，哪位会写字？

众　邻　（推胡正卿）这位胡正卿会写字。

武　松　好，相烦写一写！士兵，预备纸笔！

士　兵　是。

〔士兵送纸笔与胡正卿，胡坐下发抖。

武　松　（从衣襟下抽出一把尖刀）各位高邻，武松虽是粗鲁，也知道"冤有头，债有主"！今天不过是请各位做个见证，并不伤犯各位；若有一位先走了，武松翻过脸来，教他先吃我几刀了，我便偿他的命也不怕！

众　邻　是是是。

武　松　（拿刀指着王婆）老狗，我哥哥的性命都在你身上！慢慢的再问你！（转面对着潘金莲）你说，我哥哥是怎样死的？

潘金莲　被人害死的。

武　松　自然是你！

潘金莲　不是。

武　松　西门庆！

潘金莲　也不是。

武　松　（重喝）啊？

潘金莲　归根究底，害你哥哥的人就是张大户。

武　松　胡说！那张大户与哥哥素无冤仇，怎么会害他的性命？（拿刀在潘金莲面前晃两晃）你敢瞎说！

潘金莲　二郎，你拿性命和我拼。我拿性命和你说话，还有假的吗？忙什么，你要忙，就杀了我，我也没话！我正想把我的事说给你知道，你不听也就罢了！

众　邻　都头，让她慢慢的说吧。

武　松　好，你说。

潘金莲　我本来是张家丫头，那张大户见我有几分姿色，就硬要拿我收房。我不肯，他就恼羞成怒，说："好，你不愿做小，我就给你个一夫一妻！"他仗着他是有钱有势的绅士，不由分说便故意把我嫁给一个又丑又矮、又脏又没出息，又讨厌，阳谷县里第一个不成形的武大。人心是肉做的，我哪里受得了这样的委屈？可是我明知道世界上的人没有一个肯帮女人说话，因此只好是嫁鸡随鸡，嫁狗随狗！可想不到又来了一个害你哥哥的人！

武　松　他是谁？

潘金莲　就是你！

〔众邻大惊。胡正卿停笔望着。

武　松　啊！（急）你不要血口喷人！

潘金莲　咳，你放心！想你们是同胞弟兄，怎么你哥哥那样丑陋，你这样英俊？怎么你哥哥那样的不成器，没出息，你就连老虎都打得死？我是地狱里头的人，见了你好比见了太阳一样！我想夫妻不相配，拆开了再配过又有什么要紧？倘若是我和你能在一处，岂不是美满姻缘，便好同偕到老？你可记得那一天——下雪的那天——你从外面回来，我烫一壶酒给你御寒，我当时就拿言语挑拨你，拿我的意思告诉你；你非但不答应，还生气，要打我。我那个时候真是恨……恨……恨你到了极处！咳，可是我恨你到了极处，爱你也到了十分！你因为想教人家称赞你是个英雄，是个圣贤，是个君子，就把您的青春断送了！我又怎么还忍心怪你？

〔胡正卿呆了，看看武松又写。

武　松　（切住潘金莲的话）你不要拿这些话来狡辩，你只快说怎样的害我哥哥！

潘金莲　自你一气出门之后，我是和丧魂失魄一般，就活着也没意思！你哥哥又格外的对着我摆他丈夫的架子，使我更加几千倍的烦恼！我正在想要自尽的时候，可巧遇见个西门庆，总算他给我一点儿温存，我就和他通奸。是的，是通奸，不过是通奸，因为我和他并不是真正相爱。咳，我疯了，我病了！我已经是没了指望，还爱惜自己作什么？——何况他还有几分像你！（激昂）我甘心情愿的作他玩意儿！我一生一世除了遇见西门庆，便连作人玩意儿的福气都没有！（悲愤）二郎你不要问了，我是在丈夫面前犯了死罪，我不愿死在你哥哥那种人手里，我就用毒药杀了你哥哥！

武　松　你当是害了我哥哥没人知道？这也是天理昭彰。我马上就杀你死！

潘金莲　死是人人有的。与其寸寸节节被人磨折死，倒不如犯一个罪，闯一个祸，就死也死一个痛快！能够死在心爱的人手里，就死也甘心情愿！二郎，你要我的头，还是要我的心？

武　松　我要剖你的心！

潘金莲　啊，你要我的心，那是好极了！我的心早已给了你了，放在这里，你没有拿去！二郎你来看！（撕开自己衣服）雪白的胸膛，里头有一颗很红很热很真的心，你拿了去吧！

〔众邻居都以惊异的眼光看着，精神兴奋，武松一把将潘金莲拉过来，潘金莲斜躺在地下。

武　松　谁容你多说，今天我只要替哥哥报仇！老实对你说，西门庆已经被我杀了。（从士兵手中取一布包掷金莲前，一颗人头滚出来）像你这种女人，就是九泉之下我哥哥也不愿见你，你还是跟西门庆去吧！（举起刀）

潘金莲　（举起双手）啊，西门庆被你杀了，可见我的眼力不错！二郎，可是你说"叫我跟西门庆去……"这句话真伤我的心！我今生今世不能和你在一处，来生来世我变头牛，剥了我的皮给你做靴子！变条蚕子，吐出丝来给你做衣裳。你杀我，我还是爱你！（张开两条胳膊想起来抱武松，用很热情的眼神盯着他）

武　松　（一退，左手抓住潘金莲的右手，瞪着眼）你爱？我……我……
　　　　〔武松一刀过去，金莲倒了。武松瞪住死尸，大家也都呆了〕

——闭　幕

（选自欧阳予倩全集．上海：上海文艺出版社，1990）

【温故】

● 欧阳予倩

　　欧阳予倩（1889—1962年），原名立袁，号南杰，笔名春柳，湖南浏阳人，中国现代戏剧史上的先驱者之一。他毕生致力于新兴话剧运动的倡导和表演，被称作"春柳社的台柱，民众剧社的主干，戏剧协社的灵魂，南国社的导师"。1907年在日本留学期间参加春柳社，在《黑奴吁天录》等剧中扮演重要角色。1911年回国后又与陆镜若先后组织新剧同志会、春柳剧社。同年加入南社。春柳剧场解散后，他投身京剧事业，编、导、演了大量剧目，如《馒头庵》《潘金莲》等，获"北梅南欧"之誉。1919年，欧阳予倩在南通创办"伶工学社"，建立"更俗剧场"，成为我国最早采用科学方法培养戏剧人才的先驱之一。1921年，在新文化运动的感召下，欧阳予倩与沈雁冰等人组织"民众剧社"，提倡戏剧改革。1922年参加戏剧协社，写出独幕话剧《泼妇》《回家以后》。1937年，上海沦为孤岛后，他和洪深等主持了上海戏剧界救亡协会。新中国成立后，欧阳予倩先后担任戏剧家协会副主席、中央实验话剧院院长、中央戏剧学院院长等职。1962年9月21日病逝。

● 春柳社

　　1907年2月，春柳社在东京成立，是中国最早的话剧团体。主要成员有李叔同、曾孝谷、陆镜若、欧阳予倩等。搬演了《茶花女》，改编并演出五幕剧《黑奴吁天录》，这是中国最早改编的话剧。春柳社在公开发表的《演艺部专刊》里宣称，他们所要创造的，主要是借鉴西方的以语言、动作为主要表现手段的新的戏剧形式，当时称之为"文明戏"。1912年，春柳社成员陆续回国，组成了"新剧同志会"。1914年在上海建立了"春柳剧场"，大张旗鼓地组织职业性演出活动。

【知新】

　　潘金莲在人们心中十恶不赦的淫妇形象已经固定下来了，而欧阳予倩却对其性格及遭遇有新的富于同情的理解，他认为潘金莲具有不同于当时软弱女子的个性。正是基于这种理解，欧阳予倩对潘金莲的性格及遭遇做了创造性的重构，尤其是结尾一幕，潘金莲"你杀我，我还是爱你"的余音引人深思。经过这样的重构，潘金莲成为一个新的艺术形象，散发出绚烂的生命活力和艺术光彩。解志熙认为，欧阳予倩的这种重构不仅受到个性主义、女权主义影响，还受到唯美—颓废主义的影响。"对唯美—颓废主义，欧阳予倩并不陌生，而且曾深受影响。他熟悉王尔德的作品自不待言，又与日本唯美派大家谷崎润一郎有过交往，并曾将谷崎润一郎的一部表现女性之恶魔般的力与美的作品《无名与爱染》改译为《空与色》，与《潘金莲》同时出版。这一切对欧阳予倩的思想和创作是不可能没有影响的。"[①]

【切问】

1. 与《水浒传》《金瓶梅》中的"潘金莲"形象相比，欧阳予倩在本剧中塑造了一个怎样的"潘金莲"？体现了作者怎样的思想？
2. 在以往的小说中，"张大户"都只是作为背景，从未详尽展开。话剧把小说中只作为影子的"张大户"搬到台前的目的是什么？

【近思】

　　中国传统旧戏一般都以大团圆为结局，而本剧却是悲剧结尾，这体现了"五四"新文学的哪些特征？反观中国当下戏剧作品？你还能找到哪些悲剧作品？对比这些作品，你觉得它们之间有哪些共性？

---

① 解志熙."青春，美，恶魔，艺术……"——唯美—颓废主义影响下的中国现代戏剧（下）．中国现代文学研究丛刊，2000（1）：33．

声　明

　　本教材所收的部分现当代文学作品已征得作者或著作权人的同意。但由于种种原因，部分作者或著作权人未能联系上。请相关作品的作者或著作权人见此声明后，与我们联系，我们将支付一定的稿酬。

　　联系人：白冰
　　联系电话：(010) 65219186

图书在版编目(CIP)数据

新理念大学语文/张铭远,傅爱兰主编. —北京:商务印书馆,2015
ISBN 978 - 7 - 100 - 11517 - 9

Ⅰ.①新… Ⅱ.①张…②傅… Ⅲ.①大学语文课—高等学校—教材 Ⅳ.①H19

中国版本图书馆CIP数据核字(2015)第191094号

所有权利保留。
未经许可,不得以任何方式使用。

XĪNLǏNIÀN DÀXUÉ YǓWÉN
新理念大学语文
张铭远 傅爱兰 主编

商 务 印 书 馆 出 版
(北京王府井大街36号 邮政编码 100710)
商 务 印 书 馆 发 行
北 京 冠 中 印 刷 厂 印 刷
ISBN 978 - 7 - 100 - 11517 - 9

2015年8月第1版　　开本 787×1092　1/16
2015年8月北京第1次印刷　印张 31¼
定价:59.00元